이십이사차기 4

Ershier shi zhaji (Critical Notes on the 22Histories)

지은이 조익(趙翼, Zhao Yi, 1727~1812)은 淸 양호(陽湖 : 江蘇省 武進縣) 사람으로 자는 운송(耘松), 호는 견북(甌北)이다. 관은 광서(廣西) 진안(鎭安) 지부(知府)에 까지 올랐으나 그의 관력보다 시인으로서 역사가로서 이름을 날렸다. 시로서는 원목(袁牧), 장사전(蔣士銓)과 함께 건륭(乾隆) 3대가라 칭해졌다. 사학 방면에는 건가(乾嘉)시대 고증사학의 3대 명저의 하나인 본『이십이사차기』 외에『해여총고(陔餘叢考)』,『황조무공기성(皇朝武功紀盛)』 등이 있다.『청사고(淸史稿)』 권485와『청사열전(淸史列傳)』 권72에 그의 열전이 있다.

옮긴이 박한제(朴漢濟, Park, Han Je)는 1946년 경남 진주에서 태어나 서울대학교 동양사학과 학사, 석사, 박사 과정을 수료하였다. 1985년 이후 같은 과의 교수로 중국 중세사(위진남북조 수당사)를 가르치고 있다. 주요저서로는『중국중세호한체제연구』가 있고,『아틀라스 중국사』를 주편하였으며, 역서로는『진인각 최후 20년』이 있다. 한국 중국학회 회장과 동양사학회 회장을 역임하였으며 일본 오짜노미즈 여자대학, 대만한학연구중심, 중국사회과학원 역사연구소, 미국 하버드 대학 옌칭연구소에서 연구한 바 있다.

이십이사차기 4

1판 1쇄 인쇄 2009년 6월 25일
1판 1쇄 발행 2009년 6월 30일

지은이 / 조익
옮긴이 / 박한제
펴낸이 / 박성모
펴낸곳 / 소명출판
등록 / 제13-522호
주소 / 137-878 서울시 서초구 서초동 1621-18 (란빌딩 1층)
대표전화 / (02) 585-7840
팩시밀리 / (02) 585-7848
somyong@korea.com / www.somyong.co.kr

값 26,000원

ISBN 978-89-5626-402-8 93920
ISBN 978-89-5626-398-4 (전5권)

이십이사차기 4

二十二史箚記 四

조익 지음 | 박한제 역주

◆ 일러두기

1. 趙注 : 撰者 趙翼이 스스로 붙인 注.
2. 王注 : 『廿二史箚記校證』(北京 : 中華書局, 1984)의 王樹民의 校注.
3. '(사마)천' : 원문에 천(遷)으로 되어 있는 것은 알기 쉽게 하기 위해서 괄호를 쓴 것임.
4. 한자표기는 각조를 한 단위로 하여 붙였음. (예) 사마천(司馬遷)
5. 번역은 가능한 한 원문에 충실하려 했기에 문맥상의 이해를 돕기 위해 필요한 문장은 (   )에 넣어 보충했음.
6. [ ]은 원문의 해당 단어 표현을 뜻함.

역자 서문

오늘날 역사라는 학문은 전공하는 학자만이 아니라 다양한 직업이나 계층의 사람들도 폭넓은 관심의 대상이 되고 있다. 우리와 이웃하고 있고, 5,000년 역사를 중단 없이 이어왔을 뿐만 아니라 줄곧 동아시아 문명권의 중심에 위치했으며, 그리고 최근 비약적인 경제 성장으로 '세계의 공장'으로 불리는 중국의 역사에 대한 관심은 더욱 더 높아지고 있다. 이런 높은 관심에도 불구하고 제대로 된 중국통사 하나 내놓지 못한 것이 우리학계의 현실이다. 그것은 단적으로 우리 중국사학계가 아직 그만한 역량을 가지지 못한 데서 비롯된 것이다. 조선시대까지만 해도 학문의 주된 영역을 차지했던 중국학이 이렇게 쇠락해 버린 것은, 우리 과거의 이해뿐만 아니라 우리 민족의 장래를 위해서도 바람직한 일은 아니다. 이런 쇠락의 원인은 한두 가지가 아니겠지만, 무엇보다 근래 서양 학문에 밀려 일반 대중의 중국학에 대한 관심과 지원이 멀어진 것을 중요한 원인으로 꼽을 수 있을 것이다. 여하튼 현재 우리 중국사학계가 일반 대중의 수요에 적절하게 대응하지 못하고 있는 것은 분명한 사실이다. 이런 문제가 여전히 해결되지 않고 있는 것은 무엇보다 전문 학자와 대중간의 유리 현상이 지속되기 때문이다. 학자는 전문적인 연구논문도 써야 하지만, 대중들에게 읽을거리를 제공하는 것도 그 못지않게 소망스런 일일 것이다. 대중의 관심으로부터 멀어지면 그 지원도 기대하기 어렵기 때문이다.

여기에 전문성과 대중성을 함께 갖춘 하나의 명저가 있으니, 바로 청(清)나라의 초기 대학자 조익(趙翼)이 저술한 『이십이사차기(二十二史箚記)』가 그것이다. 이 책은 높은 학문적 수준과 함께 중국사(先秦時代에서 明代까지)의 흐름을 일목요연하게 제시하고 있다는 점에서 대중성도 아울러 갖춘 보기 드문 저작이라 할 것이다. 이 책은 그 이름대로 '이십이사'라는 각 정사(正史)의 잘·잘못을 검토함과 동시에 재미있고 유익한 역사적 사실을 다양하게 소개하고 있다. 역사학에 접근할 때 가장 기본적인 것은 사료의 정확한 해독이다. 역사 특히 중국사를 연구하는 데 있어서 역대 학자들이 가장 관심과 정력을 쏟았던 것은, 어떻게 하면 그 많은 사료를 섭렵하고 그것을 정확히 해석해내느냐 하는 일이었다. 이를 위해서는 한 글자 한 글자의 뜻풀이에서부터 글자의 탈루, 오자의 발견과 판본에 따라 나타나는 표현의 차이 등을 정확히 고증하는 것이 가장 중요한 작업이다. 이 작업은 전통적인 훈고학(訓詁學)이나 고증학(考證學) 등의 학문을 생성시켰다. 고증사학자인 조익이 지은 『이십이사차기』는 우선 이런 역사학 연구의 가장 기본적인 문제에서부터 시작하고 있다.

중국사의 연구 자료로서 가장 기본적인 것은 두말할 필요도 없이 각 왕조의 정사(正史)일 것이다. 중국 왕조의 정사에는 1920년대 가소민(柯劭忞)이 새롭게 수찬(修撰)한 『신원사(新元史)』를 포함하여 모두 '25사'가 있다. 그러나 대개 중국 역대 정사를 일컬을 때 흔히 '24사'라 한다. 『사기(史記)』를 비롯하여 『한서(漢書)』 『후한서(後漢書)』 『삼국지(三國志)』 『진서(晉書)』 『송서(宋書)』 『남제서(南齊書)』 『양서(梁書)』 『진서(陳書)』 『남사(南史)』

『위서(魏書)』『북제서(北齊書)』『주서(周書)』『수서(隋書)』『북사(北史)』『구당서(舊唐書)』『신당서(新唐書)』『구오대사(舊五代史)』『신오대사(新五代史)』『송사(宋史)』『요사(遼史)』『금사(金史)』『원사(元史)』, 그리고 『명사(明史)』가 바로 그것이다.

조익의 『이십이사차기』는 '22사'라 하였지만, 사실은 『신당서』와 『구당서』, 그리고 『신오대사』와 『구오대사』를 비교 고찰함으로써 실제 다룬 정사는 24개사이다. 그러니 그 서명을 오히려 『이십사사차기』라고 해도 잘못이 없다. 『이십이사차기』는 조익의 생존 당시까지 전해진 모든 정사를 바탕으로 쓴 중국통사이다. '24사'는 청을 제외한 중국 역대 왕조의 가장 기본적인 사서로 총 3,243권으로 되어 있다. 중국사를 연구하면서 반드시 갖추어야 할 책이지만, 그 방대한 양의 책을 모두 통독하기란 중국사 전공자들에게 쉽지 않은 일이다. 따라서 '24사'에 기록된 역사적 흐름의 대강을 파악하는 데는 이만큼 유익한 책도 없다. 청말의 장지동(張之洞)도 "『이십이사차기』를 읽는 것으로 정사 통독을 대신할 수 있다"고 하였다. 즉 이 책을 읽는다면 실제 '24사'를 거의 섭렵하는 효과를 거둘 수 있는 것이다. 뿐만 아니라 '24사'의 찬자가 저지른 실수나 의도적인 왜곡까지도 교감하고 바로잡았으니, 24사를 읽을 적에 반드시 옆에 두고 참조해야 할 책이 바로 이 『이십이사차기』인 것이다.

앞서 말한 것처럼 정사에 대한 정확한 해석은 중국사 연구의 기본 바탕이 되는 것이기 때문에 정사에 대한 철저한 고증작업이 역대 끊임없이 이루어져 왔다. 특히 청대에 들어 이러한 작업은 전성기를 맞는다. 그 가운데 왕명성(王鳴盛), 전대흔(錢大昕), 조익 등이 이 작업을 수행한 대표적인 인물들이다. 즉 왕명성의 『십칠사상각(十七史商榷)』, 전대흔의 『이십이사고이(二十二史考異)』, 조익의 『이십이사차기』 등은 청 건륭(乾隆)·가경(嘉慶)시대 고증사학의 3대 명저라고 칭해지고 있다.

조익은 강소성 상주부(常州府) 양호(陽湖 : 江蘇省 武進縣) 출신으로 자는 운송(耘松), 호는 견북(甌北)이다. 옹정(雍正) 5년(1727)에 태어나서 가경(嘉

慶) 19년(1812) 향년 88세로 죽었다. 조익은 나면서부터 재주가 있어 세 살 때 글자를 알기 시작했고, 12세 때 하루에 7편의 글을 지었다고 한다. 19세에 현학(縣學)에 들어가고 경사(京師)에 유학(遊學)해서 재명(才名)을 떨쳤다. 1750년(乾隆 15)에 거인(擧人)이 된 후, 관학교습(官學敎習)에 보임되었다. 1754년(乾隆 19) 내각중서(內閣中書)라는 직책으로 군기처(軍機處)에 들어가 근무했고, 1761년(乾隆 26) 진사(進士)에 급제하였다. 그 후 한림원(翰林院) 편수(編修)가 되고 『통감집람(通鑑輯覽)』 등 역사서 편찬을 담당하였다. 31세(1766, 乾隆 31) 겨울 광서(廣西) 진안부(鎭安府)의 지부(知府)에 취임했다. 당시 부의 창곡(倉穀)의 출입을 담당하는 관리 중 부정을 저지르는 자가 많았기 때문에 조익은 그 폐단을 엄격하게 바로잡고 청렴의 정치를 펴니 백성들이 감복했다고 한다. 그가 관내를 순행할 때마다 주민이 다투어 영접하며 "우리 공(公)께서 이르렀다"고 칭송하고 후하게 그를 대접했다고 한다. 그 후 조익을 위하여 생사(生祠)가 세워지기에 이르렀다. 얼마 후 어떤 사건에 연루되어 탄핵을 당했지만 청조의 군대가 면전(緬甸 : 미얀마)에 파견되는 일이 발생하자 조익은 운남(雲南)에 파견되어 그 군사작전에 참여했다. 1770년(건륭 35) 광동(廣東) 광주부(廣州府)의 지부로 다시 임명되었다. 그곳에서도 결옥(決獄)을 공평하게 하고, 또 해도(海盜) 108명을 생포하여 법에 따라 참형에 처하는 등 공적이 많았다. 조익은 이렇게 변경지방의 지방관으로 주로 활약하는데, 그가 귀주(貴州) 귀서병비도(貴西兵備道)직을 맡고 있을 때인 1772년(건륭 37) 조정에서 광주 지부 당시의 재판처리 문제로 징계를 내리자, 어머니가 늙어 시양(侍養)해야 한다는 이유를 내세워 벼슬살이를 사양하고는 고향으로 돌아갔다. 그때 그의 나이가 46세였다.

어머니를 시양하기를 5년이던 해인 1787년(건륭 52) 대만사람 임상문(林爽文)이 난을 일으키자 이시요(李侍堯)가 상주를 지나면서 조익을 만나 군사에 참여시켰다. 이시요는 난을 평정하는데 극히 엄정하고 세심하였지만, 조익은 관서(寬恕)로서 대하여 그것을 평정하는 데 이르기까지 많은 힘을 기울였다. 대만이 평정되자 이시요는 그를 기용하려 하였지만 고사하고 향리로 은퇴하여 주로 저작 작업에 몰두하였다. 주로 안정서원(安定書院)에서 강론하고 평강(平江) 일대를 왕래하면서 시를 지었다. 당시 그의 시명(詩名)이 이미 높았고 특히 절동(浙東)의 산수(山水)를 유람하면서 주옥같은 시를 지어 원매(袁枚), 장사전(蔣士銓) 등과 병칭되는 유명한 시인이 되기도 하였다.

그러나 그의 해박한 지식은 역사 방면에서 특히 빛을 발했다. 가거(家居) 수십 년 만에 세상에 나온 『이십이사차기』 36권과 보유(補遺) 1권은 그 학식의 표현이었다. 『이십이사차기』의 자서[小引]를 쓴 시기가 건륭 60년(1795) 3월이니 이때가 바로 『이십이사차기』 초고의 완성 시기이다. 그의 조수 이보태(李普泰)가 서문을 쓴 것이 가경 5년(1800) 5월이고, 전대흔이 쓴 서문도 역시 가경 5년의 것인데, 이때의 판본은 그의 『전집』에 수록된 것으로 소위 증보본이다. 『명사』 부분 가운데 권36 「명조본기(明祖本紀)」 이하 「명조미가귀천(明朝米價貴賤)」까지의 22항목은 초간본에는 없던 것이니 이것들은 당연히 이 수년 내에 다시 작성된 것이었다.

그는 『이십이사차기』와 쌍벽을 이루는 『해여총고(陔餘叢考)』 43권을 발간함으로써 고증사학자로서 세상에 크게 알려졌다. 『해여총고』는 경(經)·사(史)·시(詩)·연호(年號)·관제(官制)·과거(科擧)·도량(度量)·길흉례(吉凶禮)·기구(器具)·오행(五行)·귀신(鬼神)·인사(人事)·병(兵)·고인(古人)·남녀(男女)에 관한 고증과 의견을 모은 것으로 고염무의 『일지록』, 전대흔의 『양신록(養新錄)』에 미치지는 못하지만, 문자와 사물에 관한 기원, 진위에 대한 고증 등에 특히 해박한 지식을 제공하고 있다. 그 밖에 그의 저작으로는 『황조무공기성(皇朝武功紀盛)』 4권, 『첨폭잡기(簷曝雜記)』 6권, 續 1권, 『견북시화(甌北詩話)』 12권 『견북집(甌北集)』 53권 등이 있다. 손성연(孫星衍)이 그의 전기(傳記)를 찬하였다. 그의 생애는 『청사고(淸史稿)』 권485에 있는 그의 열전에 잘 소개되어 있다.

『이십이사차기』의 저술 내용 및 동기는 그의 자서에 잘 나타나 있다.

『이십이사차기』에서 조익은 청대 고증학파의 기풍을 이어받아 정사의 교감·교정을 가장 우선으로 했다. 명말·청초는 이민족에 의한 왕조변혁으로 생긴 정치적 혼란기였다. 이런 혼란기를 맞아 일시 학술사상계는 실사구시적(實事求是的) 학문태도와 함께 통경(通經)과 치사(治史)하는 기풍이 흥기했다. 이 시기 고염무의 주장은 당시 학술계의 흐름을 대변하고 있다. 즉 고염무는 '망국(亡國)'과 '망천하(亡天下)'를 구별해야 한다는 유명한 논설을 발표하였다. 역성개호(易姓改號)의 망국은 인의(仁義)가 충색(充塞)하여 짐승이 사람을 잡아먹고, 사람이 서로 잡아먹는 소위 망천하와는 엄격히 구별되며, (망천하를 막고) 천하를 보전하는 데는 필부지천(匹夫之賤)도 그 책임이 있다(『日知錄』「正始」)고 역설하였다. 당시 청 정부도 입관(入關) 이후 민감한 정치적 토론을 문자옥(文字獄) 등으로 금지하고 처벌하였지만, 대신 회유수단으로 학자들의 순수한 학문 활동은 적극 권장하였다. 이에 고증·훈고학이 학술의 주류를 이루게 되었다. 사학 부문에서도 경학의 영향을 받아 탁월한 성취를 이룩하였으니, 전대흔의 『이십이사고이』와 왕명성의 『십칠사상각』, 조익의 『이십이사차기』 등이 그 산물이었다. 전대흔과 왕명성의 두 저작은 원래 경학자로서 경학연구과정에서 남은 힘으로 사학에 종사한 결과물이라고 한다면, 조익의 저작은 경학보다 사학에 치중한 측면이 강하였다.

이 세 저작들은 그 제목에서 나타나 있듯이 모두 정사에 대해서 고증한 책이지만 각각 다른 특징을 지니고 있다. 우선 각각 저작의 권수와 그 고증대상으로 삼은 정사를 비교하면 다음과 같다.

구 분	卷數	고증 대상 正史	비 고
『十七史商榷』	100卷	『史記』『漢書』『後漢書』『三國志』『晉書』『魏書』『北齊書』『周書』『北史』『宋書』『南齊書』『梁書』『陳書』『南史』『隋書』『新唐書』『新五代史』	실제 『舊唐書』와 『舊五代史』를 『新唐書』·『新五代史』와 비교하여 19史를 대상으로 하고 있다.
『二十二史考異』	100卷	24史에서 『舊五代史』『明史』 제외한 正史	·
『二十二史箚記』	36卷	24史에서 『舊唐書』『舊五代史』를 제외한 正史	실제 『舊唐書』·『舊五代史』도 비교하여 24史를 대상으로 하고 있다.

전·왕·조 세 명의 저작은 모두 역대 정사를 위주로 하여 역대의 사서들을 전면적으로 연토(研討)한 공통적 특징이 있다. 전씨의 저작은 『명사』와 『구오대사』가 빠져 이름 그대로 「이십이사」이고, 왕씨의 저작은 『사기』에서 시작하여 『신오대사』·『구오대사』에 와서 그친 나머지 통사로서 누락된 부분이 더욱 많다. 그리고 두 책 모두 개별사건이나 자구(字句)의 정정에 치중하였던 반면, 조익의 책은 24사 전부를 논했을 뿐만 아니라 사법(史法), 사실(史實)을 다 같이 중요하게 취급하여 그 스스로 독특한 특징을 가지고 있다. 물론 전·왕 두 학자의 학문 태도가 비교적 근엄하여 책 속에 착오가 비교적 적었고, 특히 전씨의 책이 정밀하여 경학의 여풍을 받은 것이라는 평가를 받고 있다. 반면 조익의 책은 그 점에선 전·왕씨에 비교해 결점이 있다는 평을 듣기도 했다.

그러나 조익의 책은 두 책에 비해 장점도 많다. 『이십이사차기』는 여러 정사에 보이는 기록들을 비교하여 사실의 진위(眞僞)를 고증하는 방법을 취하였다. 먼저 정사의 작자, 편찬 경과, 책의 성립 연대를 소개하고 사료의 내원과 그 진위, 사료가치 등을 충실하게 설명하였다. 이 점은 『십칠사상각』이나 『이십이사고이』와 크게 다르지 않다. 다만 『십칠사상각』은 정사에 있어서 잘못된 글을 개정하고 빠뜨린 글을 보충하며 더 들어간 글을 없앴고 때로는 역사서의 우열 및 그 작자에 대한 평론을 가하고 있지만 전체적으로 교감·고증이 강한 반면, 역사적 사실에 대한 보다 많은 논의나 깊은 고찰을 담고 있지는 않다. 『이십이사고이』도 사실에 대한 논의는 별로 없고 문자의 교감과 훈고, 전장제도에 대한 상세한 해설 등에 중점을 두고 있다. 그런데 『이십이사차기』는 이상의 두 책에 보이는 여러 특징을 고루 갖추면서도 그 이외에 역사적 사실에 대한 깊은 논의와 고찰을 가하고, 여기다 역사를 관통하는 시각을 제시하고 있다. 자서에도 나타나 있듯이 "고금의 풍상이 점차 변하고 정사가 자주 바뀜 등에 대해서는 잘 다스려짐과 어지러움, 흥기함과 쇠퇴함의 원인"에 대한 자신의 의사를 개진하고 있는 것이 조익의 책의 특징이다.

『이십이사차기』는 출판된 후 역사 연구자들에게 크게 중시되었다. 『한서』의 주를 단 당나라 초 안사고(顔師古) 이후 정사 문장의 잘못을 지적한 것으로는 이만한 책이 없다는 평가를 받았다. 이자명(李慈銘)은 함풍(咸豊) 6년(1856)부터 11년(1861)까지 6년 간 이 책을 세 번이나 읽고 제기(題記)를 써서 "이 책은 전 역사를 관통하여 서로 교정함으로써, 빠진 문장과 잘못된 해석들을 밝혀낸 것이 많을 뿐만 아니라, 각 왕조의 역사에서 그 요점을 종합하고 이문(異聞)을 뽑아 수미일관하게 되었으므로, 전 정사를 읽지 않더라도 이 책만으로 역대의 제도의 대략과 시정의 득실, 풍속의 성쇠, 역사가가 중시한 부분과 그 포폄의 소재를 명확하게 알 수 있으니, 진실로 흉년의 조[粱]와 귀리[稷]와 같은 것이다"라고 평하였다.

『이십이사차기』의 출판은 조익의 문집 『견북전집』에 수록되어 가경 초년 담이당(湛貽堂) 명의로 원각본(原刻本)이 간행되었다. 그 후 『이십이사차기』 한 책만으로 번각된 것이 매우 많아, 광서(光緖) 26년(1900) 광주 광아서국(廣雅書局)에서, 26년에는 호남(湖南) 신화서여산관(新化西畬山館)에서 간행되었는데, 이 2종이 가장 가본(佳本)이다. 담이당본은 비록 원각본이지만 교각과정에서 정밀함이 부족한 반면, 서여 2본은 문자 교정을 많이 했을 뿐만 아니라 내용이 소략한 곳을 간혹 교보(校補)하였다. 특히 서여본이 보정한 부분이 많다. 본 번역에 있어 대본으로 사용한 것은 왕수민(王樹民)이 교증하여 북경 중화서국(中華書局)에서 1984년에 출판한 『이십이사차기고증(廿二史箚記校證)』(上·下)이다. 왕수민의 교증본은 상기한 3가지 판본을 서로 비교하여 '가장 좋은 것을 따랐다(擇善而從)'고 한다. 원각본에 잘못이 있어 2본이 다 개정한 것은 모두 따랐으며, 원각본에 잘못이 없으나 2본이 모두 개정한 것은 원각본을 따랐다고 한다. 역주자는 본 역주본 주(注 : 별도로 [王注]라 표기함) 부분에서 이것을 밝혔다.

『이십이사차기』에 수록된 578편의 글은 모두 다채로우면서도 수미일관한 하나의 논문이라 해도 과언이 아니다. 이것들은 사료의 정확한 읽기를 바탕으로 하면서 역사를 바라보는 방법까지도 제시하고 있는 것이다. 『이십이사차기』를 통해서 그 자체만으로도 '22사'를 거의 섭렵하고 중국사학사를 통람하는 지식을 얻게 될 뿐만 아니라 중국사를 분석하는 시각까지도 배우게 된다.

예를 들어 권3의 「여후와 무후는 나란히 칭할 수 없다(呂武不當並稱)」라는 글은 잔인하기로 유명한 한 고조의 비 여후와 당의 무측천이라는 두 여성 권력자를 예리하게 비교하고 있다. 단순히 한 시대의 역사적 사실에만 매몰되지 않고 중국 전시대를 통괄하는 박학함을 여실히 드러내고 있다. 그 뿐만 아니라 본서에서는 현재 학계에서도 유력한 시대구분론의 하나로 거론되고 있는 중국 중세사의 특징인 귀족제사회론(貴族制社會論)이 이미 제시되었다는 점도 눈에 띈다. 즉, 권12의 「강좌의 권세 있는 가문에는 공신이 없었다(江左世族無功臣)」는 그의 또 다른 저서 『해여총고』의 「육조시대는 씨족을 중시했다(六朝重氏族)」는 항목과 함께 20세기 초 일본의 나이토 고난(內藤湖南)이 제시하여 현재까지 일본 학계의 하나의 축이 되고 있는 「중세귀족제론」의 논거 대부분을 제시하고 있어 그의 혜안을 엿보게 한다.

여기서 『이십이사차기』의 역주에서 교정과 출판과정에 얽힌 개인사를 약간 부기해 두고 싶다. 역주자가 『이십이사차기』를 처음 대한 것은 학부 2학년 때 해방 후 한국의 동양사학 특히 중국사학계를 이끌던 은사 고(故) 동빈(東濱) 김상기(金庠基) 박사의 「동양사강독(東洋史講讀)」 강의를 들으면서부터이다. 그때에는 대만 세계서국(世界書局)에서 출판한 것을 복사하여 사용하였다. 당시 강독교재로 조익의 『해여총고』도 함께 읽게 되었는데, 김 박사의 유려한 한문해석과 해박한 역사적 지식은 40년이 지난 지금 회상해도 경외로 다가오고 있다. 역주자는 1985년 이후 모교에서 설경(舌耕)하면서 학과의 필수과목인 「동양사사료강독」 과목

강의를 줄곧 맡았고 그 교재는 항상 『이십이사차기』였다. 이 책을 그렇게 자주 사용한 것은 이 책에 담겨져 있는 다양한 역사적 지식뿐만 아니라 역주자의 전공(위진남북조 · 수당)과 깊은 관련이 있다는 생각에서였다. 『이십이사차기』는 모두 36권으로 되어 있다. 그 가운데 후한 이전의 역사가 6권(1~6), 위진남북조와 수의 역사가 10권(6~15), 당의 역사가 5권(16~20), 오대의 역사가 2권(21~22), 송요금원사가 8권(23~30) 명대사가 6권(31~36)으로 되어 있다. 눈에 띄는 것은 위진남북조(수는 15권의 일부인 4항에 불과)와 명대의 분량이 가장 많다는 것이다. 명대는 조익이 살았던 청대의 바로 앞선 시대라는 점에서 이해가 되지만, 위진남북조가 가장 많다는 것은 쉽게 이해가 되지 않는다. 물론 위진남북조를 다룬 정사는 『삼국지』 이하 『남 · 북사』까지 24사 가운데 12사(隋書 포함)를 차지하고 있다는 점도 작용했을 것이다. 그러나 역주자는 조익을 감히 위진남북조 전공자였다고 생각하고 있다. 그의 『해여총고』에도 상당 부분을 할애해서 위진남북조를 다루고 있기 때문이다.

역주자는 1997년 2월부터 위진남북조시대에서 당 · 오대까지를 전공하는 석 · 박사과정 지도학생들(최재영 · 홍정아 · 이준희 · 최진열 · 김성희)과 함께 매주(혹은 격주로) 강독 겸 번역 주석작업을 시작하여, 만 6년이 걸려 2003년 2월에 그 작업을 완료하였다. 마침 한국학술진흥재단에서 이를 동서양고전번역과제로 선정하여 연구비를 제공함으로써 우리들에게 용기를 북돋아 주었다. 주석작업 초기에는 역주자가 관심을 가진 시대의 역사사실에 대한 이해에 중점을 두었다. 그래서 위진남북조시대 부분부터 읽기 시작하였다. 이어서 수당시대 부분을 읽었다. 역주자뿐만 아니라 학생들도 이 책에 점차 매료되기 시작했다. 그러나 더욱 치밀한 교정이 필요하다는 생각을 가졌다. 조익이 대단히 해박한 지식을 가진 학자이고, 훌륭한 고증학자이지만, 군데군데 오류도 적지 않게 발견하게 되었다. 그래서 그가 인용한 문장 하나하나를 정사 등의 해당 부분과 대조해 보기로 했다. 그리고 이제까지 출판된 각종 교정본을 참조하였다.

『이십이사차기』는 세계 어디에도 아직 제대로 된 번역이 없는 상태이다. 1945년 이전 일본에서 『국역한문대성(國譯漢文大成)』 제7권 「속경자사부(續經子史部)」 제3집에 『이십이사차기』에 대한 세천종랑(笹川種郎)과 공전연태랑(公田連太郎)의 역병주(譯幷注)본이 출판되었다. 일본의 것은 번역이라 하나 토와 약간의 주를 단 것에 불과하다. 그 외에는 중국대륙에서조차 번역본 내지 역주본이 나와 있지 않다.

이후 당대와 오대까지의 강독을 마쳤을 때는 강독에 그칠 것이 아니라 본격적인 역주작업을 진행하여 출판하는 것이 우리학계에 어느 정도 공헌할 수 있다는 생각을 가지게 되었다. 앞서 소개했듯이 『이십이사차기』는 모두 36권 578편으로 구성된 방대한 저작이다. 이 방대한 책을 단순히 그 해석에만 그치지 않고 조익이 인용한 정사 및 기타자료에 대해서 원문 대조 등의 주석작업까지를 목표로 한다는 것은 실로 지난한 일이었다. 특히 송대 이후 부분은 강독에 참여한 우리들에게는 매우 생소한 부분이었다. 따라서 본 번역은 일단 그 분량을 권1부터 권22 오대(五代)까지로 한정하기로 하였다. 권1~권22까지 모두 309편의 글이 실려 있고 22사 가운데 17사에 해당한다. 앞으로 송대부터 명대까지의 나머지 부분은 누군가 그 전공자가 우리 작업을 이어서 역주작업을 해 주었으면 한다.

『이십이사차기』의 역주로 중국사 연구자들에게 청대 고증학자의 중국 정사에 대한 독해와 이해를 우리글로써 전달함으로써 연구 진작에 조금이나마 도움이 될 수 있을 것으로 기대한다. 『이십이사차기』는 단지 중국사의 전문 연구자만이 아니라 일반인에게도 유용한 책임에 틀림없다. 『이십이사차기』는 중국사학사(中國史學史)와 중국통사(中國通史)의 두 가지 특징을 아우르는 성격을 지니고 있다. 뿐만 아니라 오늘날에 간행된 저명한 중국사학사나 중국통사 관련 교양서를 뛰어넘는 수준을 확보하고 있다. 『이십이사차기』를 통해서 중국사의 흐름과 중국인의 역사인식을 생생하게 느낄 수 있기를 역주자로서 기대한다.

역주원고는 2003년 이미 학술진흥재단으로부터 심사를 받아 출판을 허가 받았다. 그러나 도저히 바로 출판할 수가 없었다. 군데군데 보완점이 발견되었기 때문이다. 연구년을 맞아 미국에 1년간 동안 체류하면서 역자는 틈틈이 교정을 계속하였고 이후 귀국한 후에도 교정작업을 계속하여 2006년 1월 그 결과를 넘길 수 있었다. 3개월 후 소명출판사로부터 편집본 파일을 다시 돌려받았다. 편집본을 돌려받은 역주자는 또 다시 대대적인 보완과 수정이 필요함을 절감하게 되었다. 다른 연구자가 교정을 맡는 것이 오류를 하나라도 더 많이 발견할 수 있겠다고 생각했다. 이리 하여 다시 전반적인 교정작업을 맡기게 되었다. 13,000매가 넘는 이 역주본에 대한 지루하고 따분한 교정작업에 당초부터 강독에 참여했던 제자 홍정아 선생이 2년 가까운 기간 동안 귀중한 시간을 소비하며 실로 헌신적인 도움을 주었다. 홍 선생에게 이 자리를 빌려 참으로 고마움과 미안함을 전하고자 한다. 이 교정작업이 없었더라면 그녀는 몇 편의 논문을 더 써내었을 것으로 여겨지기 때문이다. 2008년 말 다시 출판사로부터 최종 교정본을 받았다. 다시 보니 고칠 곳이 많았다. 이때 석・박과정 학생들과 같이 매주 해오던 원서(周一良, 『魏晋南北朝史札記』) 강독을 중단하고 2개월여에 걸쳐 다시 한 글자 한 글자 읽고 바로잡았다. 그리고 이들은 무미건조한 색인 작업도 맡아 주었다. 이 교정과 색인 작업에 다시 헌신적으로 참여한 나의 제자들(최재영・홍정아・이준희・이기천・문미정・민혜란・한수정)에게 사랑과 감사의 말을 전한다.

이렇게 기본적인 역주작업 6년, 교정작업 6년, 총 12년이란 세월이 걸린 것이다. 강산이 변하고 남을 이 짧지 않은 세월 동안 역주자의 노력에도 불구하고 적지 않은 오역과 오류를 범하지 않았을까 심히 걱정된다. 그 모든 책임은 모두 역주자로 명기된 박한제에게 있음을 밝혀둔다. 추후 수정할 기회가 허여될 것인지, 아니면 이 역주본으로 끝날 것인지는 하느님만이 가진 권한일 것이다. 이제 10여 년 동안 지고 온 무거운 짐을 내려놓은 기쁨을 잠시나마 만끽하고 싶다. 좀 더 나은 역주본의 출판을 위한다는 역주자의 거듭된 변명을 의심하지 않고 수년간 인내심을 가져주신 학술진흥재단 관계자 여러분과 소명출판사 편집부 관계자 여러 선생들에게 이 자리를 빌려 심심한 사의를 표하고자 한다.

2009년 4월 박한제

권18

권19

권20

二十二史箚記 전체 차례

권16

219. 『구당서』의 편찬 시말舊唐書源委

(후)진(後晉) 출제(出帝) 개운(開運) 2년(945) 6월에 감수국사(監修國史) 유구(劉昫),[1] 사관(史官) 장소원(張昭遠)[趙注 : 나중에 (후한의 건국자) 유지원(劉智遠)의 이름을 피하여 장소(張昭)라고만 불렀으며, 『송사(宋史)』에 열전이 있다][2]이 『당서(唐書)』 본기(本紀), 지(志), 열전(列傳) 및 목록을 새로 편찬하여 모두 203권을 바치니, 차등을 두

---

1) 劉昫(888~947) : 五代 涿州 歸義縣(지금의 河北省 雄縣 서북) 사람으로 字는 輝遠이다. 젊어서 학문을 좋아하여 이름이 알려졌다. 後唐과 後晉에 벼슬하여 재상이 되었다. 後唐 때 兼判三司가 되어 租稅를 면제해 주는 선정을 베풀어 민간에서 이를 칭송했으나 三司吏들은 뇌물을 받을 기회를 잃어 원망하였다. 開運 2년(945) 史臣이 『唐書』(곧, 『舊唐書』)를 완성했는데, 당시 宰相으로 監修國史를 겸했기 때문에 撰者로 등록되었다. 契丹이 後晉을 멸하자 병으로 재상에서 물러나 太保가 되었다가 죽었다.

2) 『宋史』 卷263 「張昭傳」, 9085면, "張昭字潛夫, 本名昭遠, 避漢祖諱, 止稱昭. 自言漢常山王耳之後, 世居濮州范縣."

어 기물과 비단을 하사했다[趙注 : 「진기(晉紀)」].[3] 이는 『구당서(舊唐書)』에서 유구의 이름을 제일 앞에 놓는 까닭이다.[4] 그러나 설(거정의 『구오대사(舊五代史)』)과 구(양수의 『신오대사(新五代史)』) 두 역사책의 「유구전(劉昫傳)」에는 모두 그가 『당서』를 편찬하는 데에 공이 있다는 대목을 기록하지 않았고, 다만 그 관직이 감수국사였음을 적었을 뿐이다.[5] 아마도 (유)구가 재상이었을 때 『당서』가 마침 완성되어 결국 (유)구가 표를 올렸을 것이지만, 사실 (유)구가 편찬한 것은 아니었다.

당(唐)나라 말엽에 황제가 이리저리 옮겨 다니면서 서적이 산일되어, 고조(高祖)부터 대종(代宗)까지는 여전히 기전(紀傳)이 있고 덕종(德宗) 역시 실록이 남아 있었으나, 무종(武宗) 이후 여섯 대는 오로지 무종만이 실록 한 권이 있을 뿐 나머지는 모두 그것(실록)이 없었다[趙注 : 『오대회요(五代會要)』].[6] (후)량(後梁) 용덕(龍德) 원년(921)에 사관(史館)에서 주청하여 천하에 명을 내려 회창(會昌) 연간(841~846) 이후 공사(公私) 사적을 기록한 것이 있는 자는 베껴서 관부에 보내도록 했는데, 모두 반드시 바로 쓰고[直書], 꾸미는 문장[詞藻]을 쓰지 않도록 했다. 또 모든 내외 신료들이 공무를 상주하고 시행할 때 어떤 제도를 만든 연혁과 관련이 있는 데에서 채록할 만한 것이 있으면 아울러 관부로 보내도록 했다[趙注 : 「양기(梁紀)」].[7] (후)당(後唐)

---

3) 『舊五代史』「晉書」 卷84 「少帝紀」, 1108면, "(開運 2年)六月乙丑朔, 帝御崇元殿, 百官入閣. 監修國史劉昫、史官張昭遠等以新修唐書紀、志、列傳幷目錄凡二百三卷上之, 賜器帛有差."

4) 『舊唐書』의 撰者를 '後晉 劉昫 等撰'이라 하고 있다.

5) 『舊五代史』 卷89 「劉昫傳」, 1172면, "淸泰初, 兼判三司, 加吏部尙書・門下侍郞, 監修國史"; 『新五代史』 卷55 「劉昫傳」, 625면, "廢帝入立, 遷吏部尙書・門下侍郞, 監修國史."

6) 『五代會要』(臺北 : 世界書局, 1979) 卷18 「前代史」, 230면, "起居郞賈緯奏曰, '伏以唐高祖至代宗, 已有紀傳. 德宗亦存實錄, 武宗至濟陰廢帝凡六代, 唯有武宗錄一卷. 餘皆闕落 …….'"

7) 『舊五代史』『梁書』 卷10 「末帝紀」, 145~146면, "(龍德 元年 二月)壬申, 史館上言 : '伏見北齊文士魏收著後魏書, 于時自魏太武之初, 至于北齊, 書不獲就, 乃大徵百官家傳, 刊總斟酌, 隨條甄擧, 搜訪遺亡, 數年之間, 勒爲一代典籍, 編在北史, 固非虛言. 臣今請明下制, 內外百官及前資士子・帝戚勳家, 並各納家傳, 具述父祖事行源

(명제) 장흥(長興) 연간(930~933)에 사관에서 또 상주하여 선종(宣宗) 이하 네 황제는 아직 실록이 없으므로, 양절(兩浙) 및 형호(荊湖) 등지로 내려가 야사(野史)와 관리 임면 조칙[除目] 조보(朝報), 각 조대(朝代)마다의 일력(日曆), 은대(銀臺)[8]의 사의(事宜),[9] 안팎에 내린 조칙, 여러 관청의 장부 등을 구입해 모아 진상할 것을 청했다. 또 만약 민간에서 수장하고 있거나 은사(隱士)가 야사를 편찬한 경우라면 또한 각각 이름을 열거하고 상을 청하도록 하니, 그에 따랐다[趙注 : 「후당기(後唐紀)」[10] 및 『오대회요』].[11] 성도(成都)에 실록이 있다는 말을 듣고 곧 낭중(郎中) 유전미(庾傳美)에게 가서 찾도록 명했는데, 돌아올 때에는 겨우 아홉 황제의 실록을 얻었을 뿐이었다[趙注 : 「후당기」].[12] 『당서』가 서적의 산일(散佚)로 인하여 (후)량, (후)당 수십 년을 지나면서도 아직 완성되지 못하다가 (후)진에 이르러서야 비로소 책이 이루어졌음을 볼 수 있으니, 편찬한 여러 신료들이 찾아서 정리해 보충한 공은 없앨 수 없는 것이다. 이제 설(거정), 구(양수)의 두 『(오대)사(五代史)』 및 『오대회요』 등 여러 책에 의거해 고찰해 본다.

(후)진 천복(天福) 5년(940)[13]에 장소원, 가위(賈緯), 조희(趙熙), 정수익(鄭

流及才術德業灼然可考者, 並纂述送史館. 如記得前朝會昌已後公私, 亦任抄錄送官, 皆須直書, 不用文藻. 兼以兵火之後, 簡牘罕存, 應內外臣僚, 曾有奏行公事, 關涉制置, 或討論沿革, 或章疏文詞, 有可採者, 並許編錄送納. 候史館修撰之日, 考其所上公事, 與中書門下文案事相符會, 或格言正辭詢訪不謬者, 並與編載. 所冀忠臣名士, 共流家國之耿光; 孝子順孫, 獲記祖先之丕烈. 而且周德見乎殷紀, 舜典存乎禹功, 非唯十世可知, 庶成一朝大典. 臣叨膺委任, 獲領監修, 輒干玄覽.' 詔從之."

8) 銀臺 : 翰林院을 뜻하는 것으로 보인다. 『舊唐書』 卷43 「職官志」 「中書省」, 1853면, "翰林院.(天子 在大明宮, 其院在右銀臺門內. 在興慶宮, 院在金明門內. 若在西內, 院在顯福門. 若在東都、華清宮, 皆有待詔之所.)"라 했다. 또, 『宋史』 卷161 「職官志」 「門下省」, 3782면, "舊制, 通進、銀臺司, 知司官二人, 兩制以上充. …… 銀臺司, 掌受天下奏狀案牘, 抄錄其目進御, 發付勾檢, 糾其違失而督其淹緩."이라 했다.

9) 事宜 : 事項, 問題의 뜻으로 원래 일이 적당한 것을 말한다.

10) 『舊五代史』 『唐書』 卷42 「明帝紀」, 578면, "(長興 2年 5月)甲子, 都官郎中・知制誥崔梲上言, 請搜訪宣宗已來野史, 以備編修. 從之."

11) 『五代會要』 卷18 「史館雜錄」, 234~235면.

12) 『舊五代史』 『唐書』 卷37 「明宗紀」, 510면, "(天成 元年 9月)庚申, 以都官郎中庾傳美充三川搜訪圖籍使. 傳美爲蜀王衍之舊僚, 家在成都, 便於歸計, 且言成都具有本朝實錄, 及傳美使迴, 所得纔九朝實錄及殘缺雜書而已."

受益), 이위광(李爲光) 등이 함께 당나라 역사를 편찬하도록 하고, 재상 조형(趙瑩)[14]이 감수하도록 조서를 내렸다[趙注 : 「진기」].[15] (조)형은 당나라 때 고사가 빠진 것이 많았기 때문에 유능한 사람이 직책을 담당하도록 하여 실록 및 정사를 보완해 편찬했다[趙注 : 「조형전(趙瑩傳)」].[16] 가위가 부모의 상[丁憂]을 당해 귀향하자 (조)형은 또 형부원외랑(刑部員外郎)[17] 여기(呂琦), 시어사 윤졸(尹拙)이 함께 편찬하도록 주청했다[趙注 : 「진기」].[18] (조)형은 "사관에 없는 『당서』와 실록을 조칙을 내려 사들여야 합니다. 더욱이 당 (의종) 함통(咸通) 연간(860~873)에 재상 위보형(韋保衡)이 설신(薛伸), 황보환(皇甫煥)과 함께 『무종실록』 『선종실록』을 편찬했는데, 모두 여러 사정으로 유통되지 못했습니다.[19] 이제 (위)보형, 배지(裴贄)는 현재 자손이 관직에 있

---

13) [王注] 이 일은 天福 6년 2월에 있었으니, 『五代會要』 卷18 「前代史」條 및 『舊五代史』 「晉書」 卷79 「高祖本紀」에 보인다.

14) 趙瑩(886~951) : 五代 華州 華陰縣 사람으로 字는 玄輝이다. 後唐 때 石敬瑭의 掌書記가 되었으며 後晉시대 翰林學士承旨, 門下侍郎 同平章事, 監修國史 등을 역임하였다. 史官을 뽑아 唐實錄을 보충하고 唐史를 修撰하였다. 出帝 때 中書令이 되어 晉昌으로 出鎭하였다가 다시 재상이 되어 弘文館大學士를 겸하였다. 後晉이 망하자 出帝를 따라 契丹에 들어가 遼世宗을 섬겨 太子太保가 되었다. 後周 廣順初 幽州에서 後周의 通好使를 보고 향수를 느껴 契丹主에게 고하고 南朝로 돌아갈 것을 청하였으나 契丹에서 죽었다. 아들이 귀환하여 華陰에 歸葬하였다. 『全唐文』에 두 편의 글이 있다.

15) 『舊五代史』 「晉書」 卷79 「高祖紀」, 1045~1046면, "(天福 6年春 2月)己亥, 詔戶部侍郎張昭遠·起居郎賈緯·秘書少監趙熙·吏部郎中鄭受益·左司員外郎李爲光等同修唐史, 仍以宰臣趙瑩監修."

16) 『舊五代史』 「晉書」 卷89 「趙瑩傳」, 1170면, "監修國史日, 以唐代故事殘缺, 署能者居職, 纂補實錄及修正史二百卷行於時, 瑩首有力焉."

17) 刑部員外郎 : 官名으로 隋 開皇 6년(586) 처음으로 설치되었으며, 大業 3년(607) 憲部承務郎으로 改稱되었다가 唐 武德 3년(620) 다시 예전으로 복귀되었다. 2員을 두었으며 品階는 從六品上이었다. 五代에도 이를 이어받았다. 尙書省 刑部의 우두머리 부서인 刑部司의 次官으로 司法과 覆審, 州郡의 刑獄을 관장하였다. 龍朔 2년(662) 司刑員外郎으로 改稱되었다가 咸亨 元年(670) 이전으로 복귀되었고, 光宅 元年(684) 秋官員外郎으로 바뀌었다가 神龍 元年(705) 다시 복귀하였다. 天寶 11년(752) 司憲員外郎으로 바뀌었다가 至德 2년(757) 원래대로 바뀌었다.

18) 『舊五代史』 「晉書」 卷79 「高祖紀」, 1046면, "辛丑, 宰臣監修國史趙瑩奏 : '奉詔差張昭遠等五人同修唐史, 內起居郎賈緯丁憂去官, 請以刑部侍郎呂琦·侍御史尹拙同與編修.' 又奏 : '史館所闕唐朝實錄, 請下敕購求.' 並從之."

19) [王注] 『五代會要』 「前代史」條에는 '蔣伸', '皇甫煥'이라 했으며, 또한 '宣宗實錄'

거나 혹은 그의 문생, 고리 가운데 또한 기술한 사람이 있을 것이니, 청컨대 삼경(三京)[20]과 여러 도(道)에 명을 내려 이 여러 황제들의 실록이 있으면 모두 그것을 바치도록 하고 각각의 경우를 헤아려 관직을 내리고 상을 주십시오. 회창(841~846)에서 (애제) 천우(天祐, 904~907) 연간에 이르는 60년 동안 이덕유는 상당(上黨)[21]을 평정하고『무종벌반(武宗伐叛)』이라는 책을 지었고, 강승훈(康承訓)은 서주방면(徐方)[22]을 평정하고『무녕본말(武寧本末)』이라는 전을 지었습니다. 무릇 이런 종류의 책이라도 안팎의 신료들에게 명하여 지은 것이 있으면 기간의 다소를 따지지 말고 모두 바치게끔 하십시오"라고 상주하니, 그 말을 따랐다【趙注 :『오대회요』】.[23] 이는 이 일을 조형이 감수하여 총괄해 정리하는 것이 유독 주도면밀했다는 것이니, 그러므로 (조)형의 열전에서는『당서』200권(의 찬술)에는 (조)형이 가장 공이 있다고 기록했던 것이다.[24]

소종(昭宗)[25] 시대는 본기와 기거주가 전혀 없었는데 천복 연간에 장소원이 당나라 역사를 중수하면서 비로소『소종본기』가 있게 되었다【趙注 :『오대사보(五代史補)』】. 이는 장소원이 이 일에 대한 자료를 수집하는 것이 또한 가장 부지런했다는 것이며, 그러므로 유구는『당서』를 올릴 때 (장)소원

이라는 구절 밑에 '又光化初, 宰臣裴贄撰僖宗, 懿宗兩朝實錄.' 이라고 있으니, 응당 개정하고 보충해 넣어야한다.

20) 三京 : 西京 長安, 東都 洛陽, 北都 太原을 지칭한다.

21) 上黨 : 秦漢 이래 郡名이자 縣名인데, 唐代에는 潞州로 불려졌으며, 唐後期 澤潞節度使(昭義軍節度使)가 설치되었다.

22) 徐方 : 徐州를 지칭하며, 당시 武寧軍節度使의 治所가 있었다.

23)『五代會要』卷18「前代史」, 228~229면.

24)『舊五代史』「晉書」, 卷89「趙瑩傳」, 1170면, "纂補實錄及修正史二百卷行於時, 瑩首有力焉."

25) 昭宗(867~904) : 이름은 李曄, 初名은 傑이며, 후에 敏으로 改名하였다. 懿宗의 일곱째 아들이며, 僖宗의 同母弟이다. 壽王으로 봉해졌다가 僖宗이 죽은 후 宦官 楊復恭에 의해 옹립되었다. 唐朝를 興復하려는 의지가 있었으나 朋黨과 宦官의 전횡, 藩鎭의 발호로 뜻을 이루지 못하고 藩鎭의 다툼으로 여기저기 끌려다녔다. 최후로 朱溫의 세력권인 洛陽으로 遷都했다가 살해되었고 和陵(지금의 河南省 偃師)에 매장되었다. 시호는 穆景文皇帝이다.

과 함께 서명했고, (장)소원은 이어 작읍을 더해 사서를 편찬한 노고를 보상받았던 것이다[趙注 : 「진기」].[26] 가위는 사학에 뛰어났는데, 무종 이후 실록이 없자 전해들은 내용을 순서대로 채록해 『당년보록(唐年補錄)』 65권을 완성했고, 사관에 들어가 『당서』 편찬에 참여했다[趙注 : 「가위전(賈緯傳)」].[27] 지금 『구당서』의 회창 이후 본기와 열전은 대개 (가)위가 보충해서 지은 것이다. 또 조희는 『당서』를 편찬해 완성하자, 간의대부(諫議大夫)를 제수받아 편찬한 공에 대한 상을 받았다[趙注 : 「조희전(趙熙傳)」].[28] 이처럼 『구당서』를 완성하는 데에 감수는 조형의 공이 많았고, 편찬은 장소원, 가위, 조희의 공이 많았으나, 「유구전」에서는 사서 편찬을 주관한 일을 전혀 싣지 않고 있다. 지금 사람들은 다만 『구당서』를 (유)구가 편찬한 것으로 알고 있을 뿐, 그것을 완성한 사람이 조형, 장소원, 가위, 조희 등이라는 사실을 알지 못하기 때문에 특별히 이를 밝히는 것이다.

220. 『신당서』新唐書

송(宋) 인종(仁宗)은 유구(劉昫) 등이 편찬한 『(구)당서(舊唐書)』가 내용이 비루하고 천박하다고 여겨, 한림학사(翰林學士)[29] 구양수(歐陽修),[30] 단명전

26) 『舊五代史』 『晉書』 卷84 「少帝紀」, 1108면, "(開運 2年)六月乙丑朔, 帝御崇元殿, 百官入閣. 監修國史劉昫・史官張昭遠等以新修唐書紀・志・列傳・目錄凡二百三卷上之, 賜器帛有差."

27) 『舊五代史』 『周書』 卷131 「賈緯傳」, 1727면, "緯屬文之外, 勤於撰述, 以唐代諸帝實錄, 自武宗已下, 闕而不紀, 乃採掇近代傳聞之事, 及諸家小說, 第其年月, 編爲唐年補錄, 凡六十五卷, 識者賞之"; 『舊五代史』 『晉書』 卷79 「高祖紀」, 1046면, "起居郎賈緯以所撰唐年補錄六十五卷上之, 帝覽之嘉歎, 賜以器幣, 仍付史館."

28) 『舊五代史』 『晉書』 卷93 「趙熙傳」, 1235면, "天福中, 承詔與張昭遠等修唐史, 竟集其功. 開運中, 自兵部郎中授右諫議大夫, 賞筆削之功也."

29) 翰林學士 : 官名. 唐太宗 때 名儒學士를 불러 詔書를 초안하도록 하였다. 高宗 때 北門學士라 불러 顧問에 대비하게 하였다. 玄宗初 翰林待詔를 두었고, 후에 翰林供

학사(端明殿學士) 송기(宋祁)[31]에게 다시 손질해 펴내도록 하고, 증공량(曾公亮)[32]에게 그 일을 감독하도록 명하니, 17년이 지나 일이 완성되었고, 모두 225권이었다. (구양)수는 본기, 지(志), 표(表)를 지었고 (송)기는 열전을 지었다. 관례상 매번 책 첫머리에는 관품이 높은 사람 하나만을 쓰는데, (구양)수는 (송)기가 선배이고 『당서』를 새로 짓는 데에 공도 많다고 생각했으므로 각각 이름을 써서 올렸다[趙注 : 「구양수전(歐陽修傳)」].[33] (송)기는 조서를 받들어 『당서(唐書)』를 편찬한 10여 년 동안 안팎을 출입하면서도[出入臥內] 늘 원고를 가지고 다니며 열전 150권을 지었다[趙注 : 「송기전(宋祁傳)」].[34]

奉이라 칭하여 사방에서 올라오는 表奏의 批答을 맡아 처리하게 하였다. 開元 26년(738) 翰林學士로 改稱하였다. 將相을 임명하고 太子를 책립하며 征伐을 호령하고 대사면을 선포할 때 모두 조서의 초안을 작성하여 직접 禁中에서 발포하였는데, 이를 '內制'라 하며, 中書舍人이 짓는 詔誥를 '外制'라 한다. 翰林學士는 使職으로 品階와 봉록이 없었으며, 屬員도 없었다. 일반적으로 여섯 명을 두었고, 諸部尙書丞郎에서 校書郎, 畿縣尉까지 임명될 수 있었다. 德宗 이후 안에서 密命을 받고 일을 처리하여 職權이 重하게 되어 '內相'으로 불렸다. 永貞(805) 이후 翰林學士承旨 한 명을 두어 더욱 중요하였다. 門人들은 대개 翰林學士를 거쳐 中書舍人·知制誥에서 宰相까지 승진할 수 있었다. 따라서 唐後期 翰林學士 출신 宰相이 많았다.

30) 歐陽修(1007~1072) : 宋 吉州 廬陵縣(지금의 江西省 吉安縣) 사람으로 字는 永叔, 號는 醉翁, 만년의 號는 六一居士이다. 天聖進士로 문장이 천하에서 으뜸이었다. 唐宋八大家의 한사람으로 范仲淹의 改革을 지지하고 呂夷簡의 인사 정책에 반대하여 좌천되어 外職에서 11년 있었다. 樞密使와 參知政事를 지냈으며, 神宗 때 亳州知州가 되었다가 후에 靑州와 蔡州의 知州를 역임하였다. 靑苗法에 반대하여 王安石과 사이가 틀어졌다(宋 神宗) 熙寧 4년(1071) 致仕하였다. 저서로는 『歐陽文忠集』 『五代史記』 『歸田錄』 등이 있다.

31) 宋祁(998~1061) : 宋 安州 安陵縣 사람으로 字는 子京이다. 天聖進士로 벼슬은 工部尙書, 翰林學士承旨에 이르렀다. 『新唐書』 편찬에 관여하고 저서에는 『籍田記』 『集韻』 『大樂圖』 및 文集 100卷이 있다.

32) 曾公亮(999~1078) : 宋 泉州 晉江縣(지금의 福建省 泉州) 사람으로 字는 明仲이다. 天聖進士로 嘉祐 6년(1061) 宰相이 되었다. 仁宗 말년 韓琦와 함께 의논하여 英宗을 皇太子로 삼았다. 英宗이 즉위한 후 中書侍郎 兼 禮部侍郎이 되었고, 神宗이 즉위한 후 門下侍郎 兼 吏部尙書가 되었다. 일찍이 王安石을 추천하였고, 함께 輔政했으며, 神宗이 王安石을 신임하는 것을 알고 몰래 王安石의 變法을 도왔다. 康定(1040~1041)中 조칙을 받들어 『武經總要』를 편찬하였다.

33) 『宋史』 卷319 「歐陽脩傳」, 10381면, "奉詔修唐書紀、志、表, 自撰五代史記, 法嚴詞約, 多取春秋遺旨." 宋祁와 관련된 이야기는 구체적으로 언급되어 있지 않다.

34) 【王注】 『宋史』 卷284 「宋祁傳」에는 '臥內'가 '內外'라고 되어 있으니 응당 고쳐야

논자들은 『신(당)서(新唐書)』가 수록한 사적은 앞의 것(『구당서』)보다 늘고 문장은 옛날보다 줄었다고 여겼으니, 이는 본래 구(양수), 송(기) 두 사람이 문학에 노련했기 때문이지만, 그러나 쉽고 어려움에는 사정이 같지 않은 바도 있었다. 『구당서』는 오대(五代)의 혼란기에 참고할 서적이 없는 상황에서 자료를 주워 모아 보충했으니 그 일이 비교적 어려웠다. 송대(宋代)에는 문치(文治)가 크게 흥성하여 잔편과 고서가 차례로 나타났다. 예컨대, 『신당서(新唐書)』「예문지(藝文志)」에 실린 당대(唐代) 사적에 관한 책을 보면 무려 수십 종이 되는데, 모두 오대 시기 『(구)당서』를 편찬할 때에는 일찍이 보이지 않던 것들이므로, 이를 참고하여 자연히 정밀하고 상세함을 얻을 수 있었다. 또 송나라 초에는 학식이 풍부한 선비들이 각각 보고 들은 바에 따라 별도로 지은 것이 있었다. 예컨대 손보(孫甫)[35]는 『당사기(唐史記)』 75권을 지어[36] 매번 당나라 군주와 신하의 사적을 말할 때마다 당시의 치란(治亂)을 들어 보여 마치 자신이 그 기간을 지나온 것 같았으므로, 사람들은 종일 사서를 읽는 것이 하루 손(보)의 사론을 듣는 것만 못하다고 했다.[37] 또 조첨(趙瞻)은 『당춘추(唐春秋)』 50권을 지었고,[38] 조린기(趙鄰幾)는 『당실록(唐實錄)』과

한다. 또한 宋 高似孫의 『緯略』에는 말하길, "宋公이 일찍이 스스로 紀, 表, 志를 撰하였고, 지금 그 家에 여전히 이 本이 있지만, 세상 사람들은 진실로 그것을 보지 못하였을 뿐이다"라 했으니, 宋祁가 원래 전체적인 『唐書』를 홀로 찬술할 계획을 정했는데, 후에 仁宗의 敕命이 있자 곧 그 열전을 겨우 내놓았고 『新唐書』의 일부분을 이루게 되었다. 『宋史』 卷284 「宋祁傳」, 9599면, "修唐書十餘年, 自守亳州, 出入內外嘗以稿自隨, 爲列傳百五十卷. 預修籍田記、集韻. 又撰大樂圖二卷, 文集百卷."

35) 孫甫 : 宋代의 諫官. 許州 陽翟縣 사람으로 字는 之翰이다. 처음 進士가 되어 蔡州 汝陽縣 主簿가 되었고, 다시 進士에 급제하여 華州推官이 되었다. 『唐史記』 75卷, 『唐史論斷』 2卷 및 文集 7卷을 저술하였다.

36) 『宋史』 卷295 「孫甫傳」, 9841면, "甫性勁果, 善持論, 有文集七卷, 著唐史記七十五卷."

37) 『宋史』 卷295 「孫甫傳」, 9841~9842면, "每言唐君臣行事, 以推見當時治亂, 若身履其間, 而聽者曉然, 如目見之. 時人言 : '終日讀史, 不如一日聽孫論也.' 唐史藏祕閣."

38) [王注] 趙瞻은 宋 英宗, 神宗 때의 사람인데, 그 시대는 歐陽修, 宋祁 등이 『新唐書』를 수찬한 훨씬 뒤이니, 이 부분은 열거하는 것이 적당치 않다. 『宋史』 卷341 「趙瞻傳」,

회창(會昌) 연간 이래 『일력(日曆)』 26권을 보충했으며,[39] 진팽년(陳彭年)은 『당기(唐紀)』 40권을 지었다[趙注 : 이상은 『송사(宋史)』 각 열전에 보인다].[40]

여러 사람들이 모두 널리 듣고 부지런히 자료를 모아 이를 책 하나로 정리해 완성했으므로 반드시 자세하고 확실한 바가 많았을 것이므로, 구(양수)와 송(기)은 이를 바탕으로 내용을 더 쓰거나 깎아 낼 수 있었다. 또 여하경(呂夏卿)은 당나라 때 사적에 밝아서 널리 전기, 잡설 수백 가지를 모았고, 또 보학(譜學)에 능통하여 세계(世系) 여러 표를 만들었는데, 이는 『신당서』에 가장 도움이 되었다[趙注 : 『송사』 「여하경전(呂夏卿傳)」].[41] 송민구(宋敏求)는 일찍이 당 무종(武宗) 이후 여섯 황제의 실록 140권을 보충했는데, 왕요신(王堯臣)이 『당서(唐書)』를 편찬할 때 (송)민구가 당나라 사적에 밝다하여 그를 편수관으로 삼도록 상주했다[趙注 : 『송사』 「송민구전(宋敏求傳)」].[42] 이는 『신(당)서』를 손질해 편찬할 때 또한 여러 명수(明手)들의 도움을 얻었던 것이니, 마땅히 그것(『신당서』)은 좋은 사서라 칭할 만 하다.

10880~10881면, "瞻著春秋論三十卷, 史記牴牾論五卷, 唐春秋五十卷, 奏議十卷, 文集二十卷, 西山別錄一卷."

39) [王注] 『宋史』 卷439 「趙鄰幾傳」에는 그가 『唐實錄』을 보충했으나 이루지 못했는데, 사망한 뒤에 宋 太宗이 史館人을 보내어 그 書를 취하게 하니 會昌 이래 『日曆』 26卷 등을 얻었다고 한다; 『宋史』 卷439 「趙鄰幾傳」, 13009면, "太宗遣直史館錢熙往取其書, 得鄰幾所補會昌以來日曆二十六卷及文集三十四卷."

40) 『宋史』 卷287 「陳彭年傳」, 9666면, "又受詔編御集及宸章, 集歷代婦人文集. 所著文集百卷, 唐紀四十卷."

41) 『宋史』 卷331 「呂夏卿傳」, 10658~10659면, "夏卿學長於史, 貫穿唐事, 博采傳記雜說數百家, 折衷整比. 又通譜學, 創世系諸表, 於新唐書最有功云."

42) 『宋史』 卷291 「宋敏求傳」, 9736~9737면, "王堯臣修唐書, 以敏求習唐事, 奏爲編修官. …… 敏求家藏書三萬卷, 皆略誦習, 熟於朝廷典故, 士大夫疑議, 必就正焉. 補唐武宗以下六世實錄百四十八卷, 它所著書甚多, 學者多咨之."

221. 당나라의 실록, 국사는 모두 두 차례 산실되었다唐實錄國史凡兩次散失

당(唐)나라 때 실록, 국사를 편찬한 사람은 모두 당대의 명수(名手)였다. 지금 조사하여 알 수 있는 것으로 『고조실록(高祖實錄)』 20권, 『태종실록(太宗實錄)』 20권이 있고[趙注 : 모두 경파(敬播)가 짓고 방현령(房玄齡)[43]이 감수했다],[44] 또한 『정관실록(貞觀實錄)』 40권이 있다[趙注 : 영호덕분(令狐德棻)[45]이 정관(貞觀) 13년(639) 이후의 일을 편찬했고, 장손무기(長孫無忌)[46]가 감수했는데, 그때 함께 편찬한 사람으로는 또한 경파,

---

43) 房玄齡(578~648) : 唐 齊州 臨淄縣(지금의 山東省 淄博市 동북) 사람으로 이름은 喬, 字는 玄齡이다. 隋 開皇 연간 進士가 되어 隰城尉에 보임되었다. 唐兵이 關中에 들어가자 李世民에게 귀의하여 秦王府記室이 되었다. 李世民의 征伐에 종군하여 帷幄에서 참모로 일하며 文書를 초안하고 인재를 널리 받아들여 統一에 기여하였다. 武德 9년(626) 玄武門의 變에 관여하여 中書令에 발탁되었다. 貞觀 3년(629) 尙書左僕射 監修國史로 승진하였다. 전후 재상으로 20여 년 봉직하면서 선정을 베풀어 당시 賢相으로 칭해졌다. 貞觀 17년(643) 長孫無忌 등과 함께 凌烟閣에 초상화가 걸렸다. 죽기 전 太宗에게 高句麗를 공격하지 말 것을 간언하였다. 죽은 후 昭陵에 陪葬되었다. 일찍이 『晉書』 편찬을 主持하였고, 『管子』의 주를 달았다. 『全唐文』에 20편의 문장이 남아 있다.

44) 『新唐書』 卷58 「藝文志」, 1471면, "高祖實錄二十卷(敬播撰, 房玄齡監脩, 許敬宗刪改.) 今上實錄二十卷(敬播、顧胤撰, 房玄齡監脩.)" 『今上實錄』이 곧 『太宗實錄』에 해당한다; 『舊唐書』 卷46 「經籍志上」, 1997면, "高祖實錄二十卷(房玄齡撰). 太宗實錄二十卷(房玄齡撰). 太宗實錄四十卷(長孫無忌撰)." 『舊唐書』에는 房玄齡이 감수자가 아니라 찬술자로 되어 있으며, 長孫無忌의 『太宗實錄』이 더 보인다.

45) 令狐德棻(583~666) : 唐 宜州 華原縣(지금의 陝西省 耀縣) 사람으로 선조들은 敦煌에 거주하던 河西右族이었다. 唐高祖가 入關한 후 大丞相府記室로 임명하였고, 禮部侍郎 兼修國史, 祕書少監, 弘文館學士, 國子祭酒 등을 역임하였다. 武德 5년(622) 『藝文類聚』의 편찬에 참여하였다. 당시 난리로 書籍이 다수 散佚되자 책을 구매해 베껴 비치하고 前朝의 史書를 편찬해야 한다고 건의하였다. 貞觀 3년(629) 岑文本 등과 함께 10년 동안 周史를 편찬하여 『周書』를 완성하였다. 貞觀 11년(637) 『氏族志』를 편찬하였고, 또 『晉書』의 편찬을 주관하였다. 高宗 때 律令을 제정하는데 참여하였고 國史와 『五代史志』 『高宗實錄』 편찬을 감수하였다.

46) 長孫無忌(?~659) : 唐 河南郡 洛陽縣 사람으로 字는 輔機이다. 선조는 北魏의 皇族에서 나왔으며, 太宗의 皇后 長孫氏의 오빠이다. 太宗을 따라 전쟁에 참여하였으며 比部郎中을 역임하였다. 武德 9년(626) 玄武門의 變을 계획하여 太宗의 찬탈을 도왔다. 貞觀 연간 吏部尙書·尙書右僕射에 임명되었고 趙國公에 봉해졌다. 貞觀 17년(643) 太宗이 凌烟閣에 스물네 명의 초상화를 전시할 때 으뜸이 되었다. 同中書門下三品이 되고 후에 褚遂良 등과 함께 高宗을 보필하라는 遺詔를 받아 太尉 同中書門

고윤(顧胤), 등세륭(鄧世隆), 모용선행(慕容善行), 손처약(孫處約), 유의(劉顗), 유안례(庾安禮) 등이 있었으며 모두 역사를 편찬하는 학사들이었음이, (영호)덕분 및 (고)윤, (손)처약 등의 열전에 보인다].[47] 그 뒤에 허경종(許敬宗)[48]이 또 개정을 상주하자[趙注 : 당초 고조(高祖), 태종(太宗) 두 황제의 실록은 경파 등이 편찬한 것이 자못 상세하고 올바른데, (허)경종은 번번이 자신의 뜻대로 그것을 고쳤다. (허)경종은 재화를 탐내어 딸을 전구롱(錢九隴)에게 시집을 보냈는데, 그(전구롱)는 본래 황실의 노예였으나 유문정(劉文靜)[49] 등 공신의 열전에 그를 배열했다. 또한 그 아들은 울지경덕(尉遲敬德)의 딸에게 장가를 들었으므로 (위지)경덕을 위해 좋은 열전을 지었고 태종이 장손무기에게 하사한 「위봉부(威鳳賦)」를 (울지)경덕에게 준 것으로 옮겨 놓았으니, 이러한 일이 「허경종전(許敬宗傳)」에 보인다.[50] 그런데 「경파전(敬播傳)」에서는 또한 (경)파가 (허)경종과 함께 지었다고 했는데,[51] (이는) 아마도 (방)현령과 (장손)무기가 감수를 담당할 때에 (경)파는 이미

下三品에 임명되었다. 于志寧과 함께 『唐律疏議』 30卷을 편찬하였다. 永徽 6년(655) 王皇后의 폐립과 武昭儀의 皇后책립에 반대하였으나 성공하지 못했다. 후에 許敬宗이 武后의 뜻에 영합하여 모반했다고 무고하여 黔州로 유배되어 자살을 강요받았다.

47) 『舊唐書』 卷73 「令狐德芬傳」, 2599면, “四年, 遷國子祭酒, 以修貞觀十三年以後實錄功, 賜物四百段, 兼授崇賢館學士”; 『舊唐書』 卷73 「顧胤傳」, 2600면, “撰太宗實錄二十卷成, 以功加朝散大夫, 授弘文館學士”; 『舊唐書』 卷81 「孫處約傳」, 2758면, “處約以預修太宗實錄成, 賜物七百段.”

48) 許敬宗(592~672) : 唐 杭州 新城縣(지금의 浙江省 富陽縣 서남) 사람으로 字는 延族이다. 隋 大業 연간 秀才가 되었다. 隋末 李密에 투신하여 元帥府記室이 되었다. 唐 武德初 漣州別駕에 임명되었고, 太宗의 벽소로 秦王府 18學士의 한 사람이 되었다. 貞觀中 著作郎, 中書舍人, 給事中 兼修國史를 역임하였고, 檢校中書侍郎이 되어 誥令을 관장하였다. 高宗 때 禮部尙書가 되어 武昭儀를 皇后로 옹립하는데 공을 세웠으며 李義府와 함께 長孫無忌·褚遂良·韓瑗 등을 모반으로 무고하여 귀양보냈다. 顯慶 2년(657) 侍中, 다음 해 中書令으로 승진하였고 高陽郡公에 봉해졌다. 일찍이 『武德實錄』과 『貞觀實錄』 『晉書』 『東殿新書』 『姓氏錄』 등을 監修하였다. 咸亨初 特進으로 致仕하였다. 文集 80卷이 있었으나 散佚되었고, 『全唐文』에 37편의 문장이, 『全唐詩』에 29수의 詩가 전한다.

49) 劉文靜(568~619) : 唐 雍州 武功縣(지금의 陝西省 武功 서남) 사람으로 字는 肇仁이다. 隋末 晉陽令이 되었으나 죄를 지어 감옥에 들어 있다가, 옥중에서 李世民의 거사를 모의하였다. 李淵을 따라 太原에서 起兵하였으며 突厥과 연합하였다. 唐 武德元年(618) 納言이 되고 隋의 開皇律令을 개정하였다. 李世民을 따라 薛擧를 평정하여 民部尙書에 제수되었으나 자기의 공이 裴寂보다 많은데 지위가 낮은 점을 불평하여 裴寂과 사이가 나빠졌다. 다음 해 裴寂의 모함을 받아 모반죄로 피살되었다.

50) 『舊唐書』 卷82 「許敬宗傳」, 2763~2764면, “敬宗嫁女與左監門大將軍錢九隴, 本皇家隸人, 敬宗貪財與婚, 乃爲九隴曲門閥, 妄加功績, 並升與劉文靜·長孫順德同卷. …… 太宗作威鳳賦以賜長孫無忌, 敬宗改云賜敬德.”

그 일에 종사하고 있다가 이때에 이르러 또한 (허)경종의 뜻에 따라 그와 더불어 함께 개수(改修)했던 것일 뿐이다], 고종은 그 일에 진실을 잃은 것이 많다고 생각하여 다시 재상들에게 바로잡아 간행할 것을 명했다[趙注 : 「학처준전(郝處俊傳)」에 보인다].[52)]

『고종실록(高宗實錄)』 30권[趙注 : 허경종, 영호덕분 등이 편찬했다],[53)] 나중에 이어 편찬한 실록 30권[趙注 : (영호)덕분 등이 편찬한 것은 건봉(乾封) 연간(666~668)에 그쳤으므로 유지기(劉知幾)[54)]와 오긍(吳兢)[55)] 등이 그것을 이어 완성했다]이 있고, 또한 무후(武后)가 『고종실록』 100권을 정한 것이 있으며[趙注 : 「예문지(藝文志)」에 보인다],[56)] 위술(韋述)[57)]이 편찬한 『고종실록』 30권이 있다[趙注 : 「위술전(韋述傳)」에 보인다].[58)] 『측천

---

51) 『舊唐書』 卷189上 「敬播傳」, 4954면, "與給事中許敬宗撰高祖、太宗實錄, 自創業至于貞觀十四年, 凡四十卷, 奏之, 賜物五百段."

52) 『新唐書』 卷115 「郝處俊傳」, 4216면, "初, 顯慶中, 令狐德棻、劉胤之撰國史, 其後許敬宗復加緒次. 帝恨敬宗所紀失實, 更命宰相刊正, ……."

53) 『舊唐書』 卷46 「經籍志」, 1998면, "高宗實錄三十卷(許敬宗撰)"; 『舊唐書』 卷73 「令狐德芬傳」, 2599면, "尋又撰高宗實錄三十卷, 進爵爲公."

54) 劉知幾(661~721) : 唐 彭城 사람으로 字는 子玄이다. 젊어서 文詞로 유명하였다. 弱冠의 나이에 進士로 발탁되어 獲嘉主簿가 되었다. 長安中 左史, 鳳閣舍人 兼修國史로 발탁되었고, 景龍中 太子率更令, 祕書少監을 역임하였으며, 景雲中 太子左庶子 兼 崇文館學士가 되었다. 開元 3년(715) 左散騎常侍가 되었다가 후에 安州別駕로 좌천되었다. 저서에는 『史通』 20卷과 『劉氏家史』 15卷, 『譜考』 3卷이 있다. 20여 년 동안 國史 편찬에 관여하여 武則天과 中宗, 睿宗의 實錄을 편찬하였고, 『三教珠英』 『姓族系錄』 등의 편찬에 참여하였다. 『全唐文』에 2편의 문장이, 『全唐詩』에 1수의 詩가 남아 있다.

55) 吳兢(670~749) : 唐 汴州 浚儀縣(지금의 河南省 開封) 사람으로 젊어서 학문에 뜻을 두었으며, 經史에 정통하였다. 武則天 때 史館에 들어가 國史를 편찬하였다. 神龍中 右補闕이 되어 『則天實錄』의 편찬에 참여하였다. 開元初 諫義大夫 兼修國史가 되었다. 저서로는 『國史』 65卷, 『齊史』 10卷, 『梁史』 10卷, 『周史』 10卷, 『陳史』 5卷, 『隋史』 20卷, 『唐書』 100卷, 『唐春秋』 30卷 등이 있는데 모두 亡佚되었다. 집에 藏書가 많았는데 『吳氏西齋書目』 1卷에 기록하였다. 현재 『貞觀政要』 10卷이 남아 있으며 『全唐文』에 14편의 문장과 『全唐詩』에 2수의 詩가 실려 있다.

56) 『新唐書』 卷58 「藝文志」, 1417면, "武后高宗實錄一百卷."

57) 韋述 : 唐 京兆府 萬年縣 사람이다. 景龍 연간 進士가 되었다. 집에 2천 卷의 책을 소장하여 어렸을 때부터 두루 책을 읽었다. 開元初 衛尉少卿에 임명되었고, 四部書目 200卷과 『唐六典』 30卷을 편찬하였다. 譜學을 좋아하여 『開元譜』 20卷을 편찬하였다. 直學士·集賢學士를 역임하였고 圖書관련 사무에 40년, 史官으로 20년 재직하면서 『國史』 113卷 편찬에 참여하였고, 『唐職儀』 30卷, 『高宗實錄』 30卷, 『御史臺記』 10卷, 『兩京新記』 5卷 등을 저술했으며 2만여 卷을 교정하였다. 天寶 15년(756) 安祿

무후실록(則天武后實錄)』 20권[趙注 : 위원충(魏元忠),[59] 무삼사(武三思),[60] 축흠명(祝欽明), 서언백(徐彦伯), 유충(柳冲), 위승경(韋承慶), 최융(崔融), 잠희(岑羲), 서견(徐堅)이 편찬하고 유지기와 오긍이 줄이고 바로잡은 사실이 「예문지」 및 「위원충전(魏元忠傳)」에 보인다.[61] 살펴보건대, 유자현(劉子玄 : 유지기)이 『무후실록』을 개수하는 과정에서 고쳐 바로잡은 것이 있었으나 무삼사가 (그것을) 듣지 않았다. 그러나 오긍은 "장역지(張易之)가 (위)원충이 불순한 말을 했다고 무고하면서 장열(張說)[62]을 끌어들여 증인으로 삼으려

山의 반란군이 長安에 들어오자 관직을 받았고 이 때문에 난이 평정된 후 渝州로 유배가서 죽었다. 현재 『兩京新記』 2卷과 『全唐文』에 문장 9편, 『全唐詩』에 4수의 詩가 남아 있다.

58) 『舊唐書』 卷102 「韋述傳」, 3185면, "所撰唐職儀三十卷 · 高宗實錄三十卷 · 御史臺記十卷 · 兩京新記五卷, 凡著書二百餘卷; 皆行於代."

59) 魏元忠(?~707) : 唐 宋州 宋城縣 사람으로 原名은 眞宰이다. 太學生으로 있다가 儀鳳 연간 吐蕃이 침입하자 用兵의 요령을 상주하여 秘書省正字, 監察御史를 역임하였다. 光宅 元年(684) 李孝逸軍을 감독하여 徐敬業의 반란을 진압하여 司刑正, 洛陽令을 역임하였다. 酷吏 周興과 來俊臣의 모함으로 세 차례 유배되었다. 聖曆 2년(699) 鳳閣侍郎 同鳳閣鸞臺平章事, 左肅政臺御史大夫 兼 檢校洛州長史를 역임하였다. 張易之 형제를 제거해야 한다고 상주하여 張易之 형제의 미움을 사서 端州高要尉로 좌천되었다. 中宗이 복위한 후 衛尉卿 同中書門下三品을 거쳐 中書令 齊國公, 左僕射를 역임하였다. 景龍 元年(707) 皇太子 李重俊이 起兵하여 武三思 등을 죽일 때 宗楚客 등에게 太子와 通謀했다고 모함받아 思州 務川尉로 좌천되었다.

60) 武三思(?~707) : 唐 并州 文水縣 사람으로 武則天의 조카이다. 젊어서 右衛將軍이 되었고, 武后가 臨朝稱制하고 즉위한 후 夏官尚書와 春官尚書, 監修國史로 발탁되고 梁王에 봉해졌다. 아첨과 접대에 능하여 특별히 신임을 얻었고, 아들 武崇訓은 中宗의 딸 安樂公主와 결혼하였다. 中宗이 복위한 후 司空 同中書門下三品이 되었다. 韋后와 사통하여 敬暉 등 功臣들을 모함하였으며 권세가 나날이 성하였다. 宗楚客과 宗俊卿이 그의 당파였다. 후에 韋氏 母女와 함께 太子 李重俊을 폐할 것을 모의하다가 李重俊에게 살해되었다.

61) 『舊唐書』 卷92 「魏元忠傳」, 2953면, "神龍二年, 元忠與武三思 · 祝欽明 · 徐彦伯 · 柳沖 · 韋承慶 · 崔融 · 岑羲 · 徐堅等撰則天皇后實錄二十卷, 編次文集一百二十卷奏之"; 『新唐書』 卷58 「藝文志」 1471면, "則天皇后實錄二十卷(魏元忠、武三思、祝欽明、徐彦伯、柳沖、韋承慶、崔融、岑羲、徐堅撰, 劉知幾、吳兢刪正."

62) 張說(667~731) : 唐 河南郡 洛陽縣 사람으로 字는 道濟, 혹은 說之이다. 武則天 때 對策 乙等이 되어 太子校書郎에 제수되었고 『三教珠英』의 편찬에 관여하였다. 鳳閣舍人으로 발탁되었으나 張易之가 魏元忠을 무고할 때 魏元忠을 변호하여 欽州로 귀양갔다. 中宗 즉위 후 兵部侍郎 弘文館學士가 되었고, 景雲 2년(711) 中書侍郎 同平章事 兼修國史가 되었다. 玄宗 즉위 후 太平公主 토벌의 공으로 中書令 燕國公에 제수되었다. 開元 7년(719) 檢校并州大都督府長史 兼天平軍大使가 되어 九姓 同羅 등을 위무하여 北邊을 안정시켰다. 이후 兵部尚書, 朔方軍節度使, 右丞相 兼中書令

하였는데, (장)열이 이미 그렇게 하기로 허락했다가 송경(宋璟)[63]이 힘써 말리는 것에 따라 비로소 무후를 만나 (위)원충이 그런 말을 한 적이 없었음을 아뢰었다"고 썼다. 나중에 (장)열이 실록에 쓰여진 것이 이와 같음을 보고서 (오)긍에게 그것을 고쳐달라고 부탁했으나, (오)긍이 "그와 같이 한다면 어찌 실록이라고 부르겠는가"[64]라고 응수했다. 이것은 유(지기), 오(긍) 두 사람이 실록을 개수하면서 오히려 직필한 것이 많았다는 것이다]. 『중종실록(中宗實錄)』 20권[趙注 : 「예문지」를 보면 오긍이 편찬했다고 하지만,[65] 「잠희전(岑羲傳)」에서는 또한 (잠)희가 편찬했다고 했다. 절민태자(節愍太子)가 죽은 사건에 대해 쓰면서 염조옹(冉祖雍)이 예종(睿宗)[66]과 태평공주(太平公主)[67]가 함께 모의했다고 무고했으나 (잠)희가 몰래 상소를 올려 그들을 보호했다고

集賢院學士 知院事를 역임하였다가 宇文融의 括戶에 반대하여 관직을 그만두었다. 開元 18년(730) 다시 尚書左丞相으로 복직하였다. 문장에 능하여 당시 朝廷의 주요 조서와 문서는 그의 손에서 나왔으며, 許國公 蘇頲과 함께 '燕許大手筆'로 불렸다. 저서에는 『張燕公集』(혹은 『張說之文集』이라 함) 25卷이 있다.

63) 宋璟(663~737) : 唐 邢州 南和縣 사람이다. 武則天 때 鳳閣舍人, 左臺御史中丞, 吏部侍郎 兼 諫義大夫를 역임하였다. 武三思에게 배제되어 杭州와 相州 등의 刺史를 역임하였는데, 정치가 엄하고 청렴하여 人吏들이 법을 어기지 않았다. 睿宗 즉위 후 吏部尚書 同中書門下三品이 되어 관리등용의 폐단을 개혁하고 斜封官 수천 명을 혁파하였다. 廣州都督이 되어 사람들을 교화시키고 기와 굽는 법을 가르쳤으며, 상점을 改造하는 등 政績을 쌓았다. 開元 4년(716) 姚崇의 추천으로 吏部尚書 兼 黃門監이 되었고, 다음 해 侍中이 되었다. 姚崇과 함께 開元 연간 名相으로 이름이 높아 '姚宋'이라 칭해졌다. 開元 8년(720) 尚書右丞相으로써 致仕하였다. 文集 10卷은 散佚되었고, 『全唐文』에 18편의 문장과 『全唐詩』에 6수의 詩가 남아 있다.

64) 『新唐書』 卷132 「吳兢傳」, 4529면, "初與劉子玄撰定武后實錄, 張昌宗誘張說誣證魏元忠事, 頗言'說已然可, 賴宋璟等邀勵苦切, 故轉禍爲忠, 不然, 皇嗣且殆.' 後說爲相, 讀之, 心不善, 知兢所爲, 即從容謬謂曰 : '劉生書魏齊公事, 不少假借, 奈何?' 兢曰 : '子玄已亡, 不可受誣地下. 兢實書之, 其草故在.' 聞者歎其直. 說屢以情蘄改, 辭曰 : '徇公之情, 何名實錄?' 卒不改. 世謂今董狐云."

65) 『新唐書』 卷58 「藝文志」, 1471면, "吳兢中宗實錄二十卷."

66) 睿宗(662~716, 재위 684~690, 710~712) : 이름은 李旦이며, 字는 旭輪이며, 高宗의 여덟째 아들로 武則天 소생이다. 학문을 좋아했고 초서와 예서에 능했으며 文字·訓詁를 좋아했다. 처음에 殷王에 봉해졌다가 相王, 豫王으로 徙封되었다. 嗣聖 元年(684) 武后가 臨朝稱制하며 中宗을 폐위한 후 帝位에 옹립했지만 政事에 간여하지 못하도록 했다. 天授 元年(690) 武后가 國號를 周라고 고치자 皇嗣가 되고 武氏로 賜姓되었다. 聖曆 元年(698) 武則天이 廬陵王(中宗)을 太子로 옹립하자 다시 相王으로 봉해졌다. 神龍 元年(705) 中宗이 다시 즉위하자 司徒 右羽林衛大將軍에 제수되었다. 武后 때부터 中宗 때까지 정변이 많이 일어났으나 恭儉하여 양보하고 물러나 화를 면하였다. 景雲 元年(710) 韋后가 中宗을 독살하자 臨淄王 李隆基가 韋后 등을 죽이고 다시 옹립하였다. 그러나 정권은 太子 李隆基와 太平公主가 장악하고 있었다. 先

했으니,[68] 이는 잠희가 또한 사서를 편찬하는 대열에 있었다는 것이다], 『예종실록(睿宗實錄)』 5권[趙注 : 또한 오긍이 편찬했다.[69] 유지기에게는 또한 『태상황실록(太上皇實錄)』 10권이 있는데,[70] 예종이 태상황일 때의 일을 기록한 것이다], 『현종실록(玄宗實錄)』 20권[趙注 : 장열과 당영(唐穎) 등이 개원(開元) 초년의 일을 편찬했다][71]이 있고, 또한 『개원실록(開元實錄)』 47권[趙注 : 「예문지」에 보이나 편찬한 사람의 이름을 적지 않았다][72]이 있었는데, 대종(代宗) 때 다시 개수하여 100권을 만들었다[趙注 : 영호환(令狐峘)이 편찬했다. 당시 기거주(起居注)가 산실되었으므로 (영호)환은 조책을 주워 모아 그것을 완성했으나, 개원, 천보(天寶) 연간의 명신들에 대한 일이 많이 누락되었고 사료의 버리고 취함에도 서툴러 좋은 사서라고 칭해지지는 않는다. 「영호환전(令狐峘傳)」에 보인다].[73] 『숙종실록(肅宗實錄)』 30권[趙注 : 원재(元載)가 감수했다],[74] 『대종실록(代宗實錄)』이 40권[趙注 : 역시 영호환이 편찬했다.[75] (영호)환은 조서를 받아서 책을 편찬했는데, 아직 완성하지 못했을 때 다른 일에 연좌되어 외지로 쫓겨났으나, 조서가 내려 외지에서도 책을 완성할 수 있도록 허락했다. 원화(元和) 연간

天 元年(712) 玄宗에게 讓位하고 太上皇이라 자칭하고 大政만 처결하였다. 다음 해 玄宗이 太平公主일파를 주살하자 玄宗에게 정권을 돌려주었다. 橋陵에 묻혔으며, 시호는 玄眞皇帝이다.

67) 太平公主(?~713) : 唐高宗과 武則天의 딸이다. 武則天이 자기와 비슷하다고 하여 총애하였다. 처음에 薛紹에게 시집갔다가 후에 武攸曁(武則天의 조카)에게 시집갔다. 封邑이 3千戶에 달하였다. 神龍 元年(705) 張易之 兄弟의 주살에 참여하여 鎭國의 號가 가해지고 封邑이 5千戶에 이르렀다. 薛紹와의 2남 2녀, 武攸曁와의 2남 1녀가 모두 封爵을 받아 食邑을 가졌다. 唐隆 元年(710) 李隆基(玄宗)과 모의하여 韋后와 安樂公主를 제거하였다. 당시 宰相 일곱 명 가운데 다섯 명이 그녀의 문하에서 나왔으며, 일당을 심고 禁兵을 장악하여 朝政을 좌우하였다. 玄宗 즉위 후 政變을 모의했으나 누설되어 賜死되었다.

68) 『新唐書』 卷102 「岑羲傳」, 3967면, "初, 節愍太子之難, 冉祖雍誣帝及太平公主連謀, 賴羲與蕭至忠保護得免, 羲監脩中宗實錄, 自著其事."

69) 『新唐書』 卷58 「藝文志」, 1471면, "吳兢睿宗實錄五卷."

70) 『新唐書』 卷58 「藝文志」, 1471면, "劉知幾太上皇實錄十卷."

71) 『新唐書』 卷58 「藝文志」, 1471면, "張說今上實錄二十卷(說與唐潁撰, 次玄宗開元初事.)" 본문의 주석에서는 '唐穎'으로 표기하였지만, 『新唐書』 원문은 '唐潁'으로 되어 있다.

72) 『新唐書』 卷58 「藝文志」, 1472면, "開元實錄四十七卷(失撰人名)."

73) 『新唐書』 卷102 「令狐峘傳」, 3986면, "撰玄宗實錄, 屬起居注亡散, 峘兗掇詔策, 備一朝之遺. 自開元、天寶間名臣事多漏略, 拙于取棄, 不稱良史."

74) 『新唐書』 卷58 「藝文志」, 1472면, "肅宗實錄三十卷(元載監脩)."

75) 『新唐書』 卷58 「藝文志」, 1472면, "令狐峘代宗實錄四十卷."

(806~820)에 그 아들 영호비(令狐丕)가 책을 바쳤다][76]이다. 『건중실록(建中實錄)』 10권[趙注 : 심기제(沈旣濟)가 편찬했다. 당시에 잘 지었다고 칭해졌으니, 「심기제전(沈旣濟傳)」에 보인다],[77] 『덕종실록(德宗實錄)』 50권[趙注 : 장예(蔣乂), 위처후(韋處厚), 독고욱(獨孤郁), 번신(樊紳), 임보(林寶) 등이 편찬한 것으로 모두 5년이 걸려 책이 완성되었고 배계(裴洎)가 감수했다][78]이 있다. 『순종실록(順宗實錄)』은 5권이다[趙注 : 한유(韓愈),[79] 심전사(沈傳師),[80] 우문적(宇文籍)이 편찬한 것으로 이길보(李吉甫)[81]가 감수했다.[82] 「한유전(韓愈傳)」을 보면, 『순종실록』을 편찬하면서 (사료의) 취하고 버

---

76) 『舊唐書』 卷14 「憲宗紀」, 421면, "(元和 2年 秋7月)癸巳, 太僕寺丞令狐丕進亡父峘所撰代宗實錄四十卷, 詔贈峘工部尙書."

77) 『新唐書』 卷132 「沈旣濟傳」, 4540면, "撰建中實錄, 時稱其能."

78) 『新唐書』 卷58 「藝文志」, 1472면, "德宗實錄五十卷(蔣乂·樊紳·林寶·韋處厚·獨孤郁撰, 裴垍監脩)."

79) 韓愈(768~824) : 唐 懷州 修武 南陽(지금의 河南省 修武縣 동남) 사람으로 字는 退之이다. 일설에는 河南 河陽(지금의 河南省 孟縣 동남) 사람이라고도 한다. 貞元 연간 進士가 되었고, 汴州와 徐州의 節度使에게 辟召되었다. 貞元 18년(802) 四門博士에 임용되었다가 監察御史로 전임되었다. 宮市의 폐해를 간언하고 가뭄으로 조세를 면제할 것을 청하다가 陽山令으로 좌천되었다. 永貞 元年(805) 사면되어 江陵法曹參軍이 되었다. 元和後 國子博士, 中書舍人을 역임하였다. 元和 10(815) 淮西節度使 吳元濟를 토벌하자고 上書하여 폄직되었다가 元和 12년(817) 行軍司馬로서 裴度를 따라 淮西를 평정하여 刑部侍郎이 되었다. 元和 14년(819) 佛骨을 맞아들이는 일을 간언하여 潮州刺史로 좌천되었다가 袁州刺史로 전임되었다. 穆宗 즉위 후 國子祭酒, 兵部侍郎, 吏部侍郎, 京兆尹 兼御史大夫 등을 역임하였다. 저서에는 『昌黎先生集』이 있다.

80) 沈傳師(769~827) : 唐 蘇州 사람으로 字는 子言이다. 貞元進士로 太子校書郎·左拾遺·史館修撰·知制誥를 역임하였다. 翰林學士가 되어 『憲宗實錄』 편찬에도 참여하였다. 이후 湖南觀察使·河南觀察使·吏部侍郎을 역임하였다. 서예, 특히 楷書에 능했으며, 羅池廟碑의 탁본이 후세에 전한다.

81) 李吉甫(758~814) : 唐 趙郡 사람으로 字는 弘憲이다. 門蔭으로 入仕하여 太學博士, 忠州·郴州·饒州 刺史, 考功郎中, 知制誥, 翰林學士, 中書舍人 등을 역임하였다. 元和 2년(807) 中書侍郎 同平章事로 발탁되었다. 1년여 동안 30여 鎭 節度使를 바꾼 공으로 趙國公에 봉해졌다. 淮南節度使로 부임하여 체납된 租稅를 면제하고 高郵에 제방을 쌓아 약 萬頃을 관개하는 등 선정을 베풀었다. 元和 6년(811) 다시 재상이 되고 集賢殿大學士 監修國史가 되었다. 이후 기구를 축소하고 冗官과 吏를 감축하고 寺院의 莊田 등에 징수하여 貧戶의 부담을 경감하였다. 吳元濟의 세력이 강하자 淮西를 경략할 것을 자청했으나 실행하지 못하고 죽었다. 저서에는 『李吉甫集』 20卷과 『元和國計簿』 10卷 등이 있으나 모두 亡佚되었다. 현재 『元和郡縣圖志』 40卷이 남아 있다.

82) 『新唐書』 卷58 「藝文志」, 1472면, "順宗實錄五卷(韓愈·沈傳師·宇文籍撰, 李吉甫監脩)."

림에 졸렬한 탓에 세상의 비난을 받았다. (그리하여) 목종(穆宗)[83]과 문종(文宗)[84]이 일찍이 사관에게 조서를 내려 개수하게 했으나, (한)유의 사위 이한(李漢), 장해(蔣偕)가 모두 높은 자리에 있어 여러 사람들이 그것을 어려워했다고 한다.[85] 또, 「정담전(鄭覃傳)」을 보면 문종이 일찍이 "사실이 상세하고 충실하지 않으니 사신(史臣) 한유가 어쩌면 다른 사람에게 굴복한 것인가"라고 기록했다.[86] 이로 보면 당시 논자들이 모두 이러한 이의가 많았던 것 같다. 그러나 「노수전(路隋傳)」에서는 "(한)유가 궁중의 일을 모두 올바르게 쓴 탓에 환관들이 기뻐하지 않았고 또 모두 그것이 잘못되었다고 따지니, 문종이 (노)수에게 조서를 내려 개정하게 했다. (이에) (노)수가 '주거소(周居巢), 왕언위(王彥威), 이고언(李固言)이 모두 개정해서는 안 된다고 말하고 있습니다. 그리고 재상 이종민(李宗閔)[87]과 우승유(牛僧孺)[88]는 사관 이한과 장해가 모두 (한)유의 사위라 편찬에 참여할 수 없다고

---

83) 穆宗(795~824, 재위 820~824) : 이름은 李恒, 初名은 宥이며, 憲宗의 셋째 아들이다. 建安郡王과 遂王으로 봉해졌으며, 元和 7년(812) 太子가 되었다. 후에 王守澄의 옹립으로 즉위하였는데, 즉위 후 연회만 즐기고 정사를 돌보지 않았다. 조정안에서는 牛李黨爭이 날로 치열해지고 조정 밖에서는 幽州·相州·鎭州의 兵變이 계속 일어나 결국 藩鎭 할거가 가속화되었다. 長慶 元年(821) 吐蕃과 화의하고 長慶會盟碑를 세웠다. 후에 金丹을 복용하다가 죽었다. 光陵에 매장하였으며, 시호는 文惠皇帝이다.

84) 文宗(809~840, 재위 827~840) : 이름은 李昂이며, 穆宗의 둘째 아들이고, 敬宗의 아우이다. 敬宗이 죽고 王守澄과 梁守謙 등이 禁軍을 이끌고 옹립하였다. 즉위 전 『貞觀政要』를 애독하고 治道로써 정치하려 하였으나 牛李黨爭과 환관의 전횡이 날로 심해졌다. 太和 9년(835) 李訓과 鄭注에 의지하여 宦官을 주살하려 했으나 오히려 환관 仇士良이 宰相 王涯 등을 주살하고 李訓 등 10여 家를 族誅하여 宦官들이 政事를 좌우하게 되었다. 開成初 石壁九經을 세워 儒家의 校正에 이바지하였다. 章陵에 묻혔으며 시호는 昭獻皇帝이다.

85) 『舊唐書』 卷160 「韓愈傳」, 4204면, "時謂愈有史筆, 及撰順宗實錄, 繁簡不當, 事拙於取捨, 頗爲當代所非. 穆宗·文宗嘗詔史臣添改, 時愈壻李漢·蔣係在顯位, 諸公難之."

86) 『新唐書』 卷165 「鄭覃傳」, 5067면, "帝每言 : '順宗事不詳實, 史臣韓愈豈當時屈人邪? 昔漢司馬遷與任安書, 辭多怨懟, 故武帝本紀多失實'."

87) 李宗閔(?~846) : 字는 損之이며, 唐宗室이다. 貞元進士로 牛僧孺와 함께 賢良方正科에 등제하여 朝政을 비판하고 宰相 李吉甫를 노하게 하여 임용되지 못하다가 李吉甫가 죽은 후 監察御史가 되었다. 禮部員外郎, 駕部郎中, 知制誥, 中書舍人 등을 역임하였다. 李德裕의 참소로 劍州刺史로 좌천되었다가 다시 中書舍人 權知禮部侍郎이 되었다. 大和 3년(829) 吏部侍郎 同平章事가 되었는데, 裴度이 李德裕를 宰相으로 천거했으나 강력히 제지하였고, 同年 牛僧孺를 同知政事로 끌어들여 李黨을 몰아내어 牛李黨爭이 격화되었다. 大和 7년(833) 李德裕가 재상이 되자 山南西道節度使가 되었으며, 다시 재상이 되었을 때 李訓과 鄭注가 전횡하며 자기와 뜻이 맞지 않는 사람들을 제거하여 다시 湖州刺史로 좌천되었다. 武宗이 즉위한 후 李德裕가 정권을 잡자 封州로 유배갔다. 宣宗 때 郴州司馬가 되었으나 부임하지 못하고 죽었다.

88) 牛僧孺(780~848) : 唐 安定郡 사람으로 字는 思黯이다. 貞元進士로 元和 3년(808)

주장합니다. (그러나) 저는 그렇게 생각하지 않으니, (한)유가 쓴 것은 본래 그 자신의 뜻에 맞게 (마음대로) 써낸 것이 아니며, 원화 연간 이래로 지금까지 다른 글(잘못되었다고 주장하는 글)도 없사오니, 다만 청컨대 많이 틀린 바가 보이시면 아래에 맡기시어 바로잡게 하면 될 따름입니다'라고 상주했다. 이에 조서를 내려 정원(貞元), 영정(永貞) 연간의 몇 가지 일을 뽑아내 개정하고 나머지는 다시 고치지 않았다"[89]고 되어 있다. 이에 따르면 (한)유가 찬술한 것은 본래 그 충실함을 잃은 것이 아니며, 다만 환관 등이 함부로 논한 것일 뿐이다.] 『헌종실록(憲宗實錄)』 40권[趙注 : 장계(蔣係), 심전사, 정한(鄭澣), 진이행(陳夷行), 이한, 우문적, 소경윤(蘇景胤)이 편찬하고 두원영(杜元穎), 위처후, 노수가 감수했는데,[90] (노)수와 (위)처후에게 조칙을 내려 날을 번갈아 가며 입직(入直)하게 하고 책이 아직 완성되지 않았을 때에는 일단 상참(常參)[91]을 면하게 했다. (심)전사가 곧 호남관찰사(湖南觀察使)를 제수 받게 되자, (두)원영이 장열과 영호환의 예를 들어 (심)전사에게 원고를

賢良方正으로 李宗閔·皇甫湜과 함께 第一이었으나 時政을 비판하였다고 하여 등용되지 못하였다. 穆宗初 庫部郎中 知制誥, 御史中丞, 戶部侍郎을 역임하고 長慶 3년(823) 戶部侍郎 同平章事를 거쳐 中書侍郎 同平章事가 되었다. 이후 李德裕와 李宗閔의 부침에 따라 宰相과 지방관을 번갈아 역임하였다. 宣宗이 즉위한 후 太子少師에 임명되었다. 저서에는 소설 『玄怪錄』과 『全唐文』의 21편의 문장, 『全唐詩』의 4수의 시 등이 있다.

89) 『新唐書』 卷142 「路隋傳」, 4677~4678면, "初, 韓愈撰順宗實錄, 書禁中事爲切直, 宦竪不喜, 訾其非實, 帝詔隋刊正. 隋建言 : '尉卿周居巢·諫議大夫王彦威·給事中李固言·史官蘇景胤皆上言改脩非是. 夫史冊者, 褒勸所在, 匹夫美惡尙不可誣, 況人君乎? 議者至引雋不疑·第五倫爲比, 以蔽聰明. 臣宗閔·臣僧孺謂史官李漢·蔣係皆愈之壻, 不可參撰, 俾臣得下筆. 臣謂不然. 且愈所書已非自出, 元和以來, 相循逮今. 雖漢等以嫌, 無害公誼. 請條示甚謬誤者, 付史官刊定.' 有詔擿貞元·永貞間數事爲失實, 餘不復改, 漢等亦不罷."

90) 『新唐書』 卷58 「藝文志」, 1472면, "憲宗實錄四十卷(沈傳師·鄭澣·宇文籍·蔣係·李漢·陳夷行·蘇景胤撰, 杜元穎·韋處厚·路隋監脩)."

91) 常參 : 唐代 前殿에 御해서 朝見하는 것. 또 屬官이 그 長官을 謁見하는 것. 常參官은 매일 參朝하는 官吏로서 唐制에는 5品 이상 및 供奉官 監察御史 員外郎 太常博士 등이 매일 參朝한다(『舊唐書』 卷43 「職官志」 「尙書都省」 「吏部尙書」, 1819~1820면, "凡京司有常參官(謂五品以上職事官·八品已上供奉官·員外郎·監察御史·太常博士) 供奉官(兩省自侍中·中書令已下, 盡名供奉官) 諸司長官·淸望官·四品已下八品已上淸官. 每日以六品已上淸官兩人, 待制於衙(供奉官·宿衛官不在此例)"). 그리고 『新唐書』 卷48 「百官志」 「御史臺」, 1236면, "文武官職事九品以上及二王後, 朝朔望. 文官五品以上及兩省供奉官·監察御史·員外郎·太常博士, 日參, 號常參官. 武官三品以上, 三日一朝, 號九參官; 五品以上及折衝當番者, 五日一朝, 號六參官. 弘文·崇文館·國子監學生, 四時參. 凡諸王入朝及以恩追至者, 日參, 九品以上, 自十月至二月, 袴褶以朝; 五品以上有珂, 蕃官及四品非淸官則否."

가지고 관소에 가서 완성하게 할 것을 상주했다.92) 모두 각 열전에서 보인다.93) 생각건대, 『헌종실록』은 모두 두 차례를 거듭 편찬되었다. 무종(武宗) 때에 이덕유(李德裕)94)가 국정을 담당하면서 아버지 (이)길보(吉甫)의 좋지 못한 자취를 가리기 위해 중수할 것을 청하는 상주문을 올리니 조서를 내려 이를 윤허했는데, 아울러 구본을 완전히 내던질 수는 없으니 새로 편찬하는 것이 완성되는 때를 기다려 함께 진상토록 명했다. 사관 정아(鄭亞) 등은 (이)덕유의 뜻에 영합하여 삭제하는 바가 많았다. (이)덕유는 또한 "구본은 궁중 안에서 나온 말을 많이 싣고 있습니다만, 무릇 공경들이 논하여 상주하는 데에는 반드시 장소(章疏)가 있고, 번진에서 표문을 올리는 데에는 또한 비답(批答)이 있습니다. 만약 어떤 집안에서 얻은 것이라면 근거가 되기에 족하지 않을 것이니, 이제부터 실록에 싣는 바는 반드시 근거가 있는 것만이 기술될 수 있도록 해야 합니다"라 상주하였더니, 그것을 따랐다.95)

---

92) 『新唐書』 卷132 「沈傳師傳」, 4541면, "方傳師與脩憲宗實錄, 未成, 監脩杜元穎因建言 : '張說 · 令狐峘在外官論次國書, 今史殘課, 請付傳師卽官下成之.' 詔可."

93) 『新唐書』 卷132 「蔣係傳」, 4534면, "係善屬文, 得父典實. 大和初, 授昭應尉, 直史館. 明年, 拜右拾遺 · 史館脩撰, 與沈傳師 · 鄭澣 · 陳夷行 · 李漢參撰憲宗實錄. 轉右補闕"; 『舊唐書』 卷149 「沈傳師傳」, 4037면, "傳師在史館, 預修憲宗實錄未成, 廉察湖南, 特詔齎一分史稿, 成於理所"; 『舊唐書』 卷173 「陳夷行傳」, 4495면, "大和三年, 入爲起居郎 · 史館修撰, 預修憲宗實錄."

94) 李德裕(787~850) : 唐 趙郡 사람으로 字는 文饒이며, 李吉甫의 아들이다. 어렸을 때부터 열심히 공부하여 文에 능했으나 과거를 보지 않고 門蔭으로 校書郎에 보임되었다. 河東節度使 張弘靖의 벽소로 從事가 되었다가 元和 14년(819) 監察御史가 되었다. 穆宗 때 翰林學士로 발탁되고 中書舍人 知制誥가 되어 중요한 詔誥를 작성하였다. 長慶 2년(822) 宰相 李逢吉의 배제로 浙西觀察使가 되어 잘못된 행정을 개혁하고 재정을 정돈하였으며 民俗을 바로잡았다. 文宗 즉위 후 兵部侍郎이 되었다가 鄭滑節度使(義成節度使), 劍南西川節度使를 역임하였다. 大和 5년(831) 吐蕃문제로 牛僧孺의 정책에 반대하였고, 文宗도 牛僧孺의 정책을 따르다가 실패한 것에 후회하여 大和 6년(832) 入朝하여 兵部尙書 同平章事에 제수되고 牛僧孺와 李宗閔은 宰相에서 면직되었다. 이후 朋黨의 일로 浙西와 淮南節度使로 임명되어 외직으로 떠돌다가 武宗 즉위 후 門下侍郎 同平章事가 되어 澤潞節度使 劉稹 평정에 공을 세워 太尉 衛國公에 제수되었다. 宣宗 즉위 후 潮州司馬, 崖州司戶로 좌천되어 임지에서 죽었다. 저서에는 『會昌一品集』(『李文饒文集』이라고도 함) 30卷과 『次柳氏舊聞』 1卷이 있다.

95) 『舊唐書』 卷18上 「武宗紀」, 588~589면, "十二月, 中書門下奏修實錄體例 : '舊錄有載禁中之言. 伏以君上與宰臣 · 公卿言事, 皆須所聞見, 方可書於史冊. 且禁中之語, 在外何知, 或得之傳聞, 多涉於浮妄, 便形史筆, 實累鴻猷. 今後實錄中如有此色, 並請刊削. 又宰臣與公卿論事, 行與不行, 須有明據. 或奏請允愜, 必見褒稱; 或所論乖僻, 因有懲責. 在藩鎭上表, 必有批答, 居要官啓事者, 自有著明, 並須昭然在人耳目. 或取捨存於堂案, 或與奪形於詔勅, 前代史書所載奏議, 罔不由此. 近見實錄多載密疏, 言不彰於朝聽, 事不顯於當時, 得自其家, 未足爲信. 今後實錄所載章奏, 並須朝廷共知者, 方得紀述, 密疏並請不載. 如此則理必可法, 人皆向公, 愛憎之志不行, 褒

논자들은 (이)덕유가 이로써 그 개수의 흔적을 가렸다고 말했다. 또, 「이한전(李漢傳)」을 보면, (이)한이 『헌종실록』을 편찬하면서 재상 이길보에 관한 일을 가차 없이 쓰자 (이)덕유가 그를 미워하여 마침내 이종민(李宗閔)과 같은 당으로 연좌시켜 벼슬을 빼앗고 귀양 보냈다고 기록되어 있다.[96] 이것은 회창(會昌) 연간에 중수한 것이다. 선종(宣宗)이 즉위하고 나서는 또한 조서를 내려, 『원화실록(元和實錄)』은 (정식으로) 간행하지 않는 책으로 이덕유가 멋대로 감히 고쳐 과장했으니, 다른 사람의 아름다운 절조를 빼앗고, 개인의 가문을 위한 좋은 꾀로 삼았다고 선언했다.[97] 주지(周墀)가 또한 상주하여 (이)덕유는 몰래 다른 일에 기탁하여 아비의 공을 넓혔다고 상주했다.[98] 이에 최귀종(崔龜從) 등에게 조서를 내려 그런 대목을 잘라내도록 하였다. 이것이 대중(大中) 연간에 다시 바로잡은 판본이다. 모두 본기 및 각 열전 내에 보인다]이 있다. 『목종실록(穆宗實錄)』 20권[趙注 : 소경윤, 왕언위(王彦威), 양한공(楊漢公), 소척(蘇滌), 배휴(裴休)가 편찬한 것으로 노수가 감수했다],[99] 『경종실록(敬宗實錄)』 10권[趙注 : 진상(陳商), 정아가 편찬한 것으로 이양이(李讓夷)가 감수했다],[100] 『문종실록(文宗實錄)』 40권[趙注 : 노탐(盧耽), 장해, 왕풍(王渢), 노고(盧告), 우총(牛叢)이 편찬한 것으로 위모(魏謩)가 감수했다],[101] 『무종실록(武宗實錄)』 30권[趙注 : 위보형(韋保衡)이 감수했다][102]이 있고, 선종 이후로는 실록이 없다[趙注 : (소종(昭宗) 대순(大順) 연간(890~891)에 선종, 의종(懿宗), 희종(僖宗)의 실록을 찬수하라는 조서가 있었으나 일력과 기거주가 이미 없어져 버렸다. 사관[103] 배정유(裴廷裕)는 따라서 선종 때 정사에 관한 상주문 기록[奏記]을 감수 두양능

貶之言必信.' 從之. 李德裕奏改修憲宗實錄所載吉甫不善之迹, 鄭亞希旨削之, 德裕更此條奏."

96) 『新唐書』 卷78 「李漢傳」, 3519면, "文宗立, 召爲屯田員外郎 · 史館修撰. 論次憲宗實錄, 書宰相李吉甫事不假借, 子德裕惡之. 會李宗閔當國, 擢知制誥, 稍進御史中丞, 吏部侍郎. 初, 德裕貶袁州, 漢助爲排擠, 後德裕復輔政, 漢坐宗閔黨出爲汾州刺史, 宗閔再逐, 改州司馬."

97) 『舊唐書』 卷18下 「宣宗紀」, 625면, "恭惟元和實錄乃不刊之書, 擅敢改張, 罔有畏忌. 奪他人之懿績, 爲私門之令猷."

98) 『新唐書』 卷182 「周墀傳」, 5370면, "遷中書侍郎. 建言 : '故宰相德裕重定元和實錄, 竄寄它事, 以廣父功. 凡人君尙不改史, 取必信也.' 遂削新書."

99) 『新唐書』 卷58 「藝文志」, 1472면, "穆宗實錄二十卷(蘇景胤 · 王彦威 · 楊漢公 · 蘇滌 · 裴休撰, 路隋監脩)."

100) 『新唐書』 卷58 「藝文志」, 1472면, "敬宗實錄十卷(陳商 · 鄭亞撰, 李讓夷監脩)."

101) 『新唐書』 卷58 「藝文志」, 1472면, "文宗實錄四十卷(盧耽 · 蔣偕 · 王渢 · 盧告 · 牛叢撰, 魏謨監脩)."

102) 『新唐書』 卷58 「藝文志」, 1472면, "武宗實錄三十卷(韋保衡監脩)."

103) 본문은 '吏官'으로 되어있으나 문맥상 '史官'으로 보아야 할 듯하다.

(杜讓能)에게서 받아 정리하였는데 『동관주기(東觀奏記)』라 이름 붙였는데 모두 3권이다.[104) 이후 여러 황제들은 모두 실록이 없다]. 이와 같은 여러 황제들의 실록은 각 본기, 열전 및 「예문지」에서 보이는 것이다.

각 실록의 사적을 모두 모아 정리하여 일가의 말을 이루면 따로 국사(國史)가 있게 된다. 앞서 오긍은 장안(長安),[105) 경룡(景龍)[106) 연간 사이에 역사를 기록하는 일을 맡았고, 무삼사, 장역지 등이 감수했는데, 사실의 대부분이 충실하지 않았다. (오)긍은 일을 뜻대로 하지 못하자 이에 개인적으로 『당서(唐書)』 『당춘추(唐春秋)』를 편찬했는데, 아직 끝내지 못한 상태에서 후에 형주사마(荊州司馬)가 되어 나가게 되자 사초(史草)를 가지고 갔다. 마침 소숭(蕭嵩)이 국사(國史)를 담당하게 되자 사자를 보내 (오)긍에게 가서 그 책을 가져오도록 상주하니, 모두 60여 편이었다[趙注 : 「오긍전(吳兢傳)」].[107) 이것이 첫 번째 국사이나, 아직 완전하게 정비되지는 못했다. 개(원), (천)보[108) 사이에는 위술이 모두 113권과 함께 사례(史例) 1권을 지었는데, 소영사(蕭穎士)는 그를 초주(譙周),[109) 진수(陳壽)와 같은 부류로 여겼다[趙注 : 「위술전」].[110) 이것이 두 번째 국사이다. 숙종(肅宗)[111)은 또 유방(柳

---

104) 『新唐書』 卷58 「藝文志」, 1469면, "裴廷裕東觀奏記三卷(大順中, 詔脩宣·懿·僖實錄, 以日曆注記亡缺, 因撫宣宗政事奏記於監脩國史杜讓能)."

105) 長安 : 唐 武則天 때의 年號. 701~704年.

106) 景龍 : 唐 中宗의 年號. 707~709年.

107) 『新唐書』 卷132 「吳兢傳」, 4528~4529면, "始, 兢在長安·景龍間任史事, 時武三思·張易之等監領, 阿貴朋佞, 釀澤浮辭, 事多不實. 兢不得志, 私撰唐書·唐春秋, 未就. 至是, 丐官筆札, 冀得成書. 詔兢就集賢院論次. 時張說罷宰相, 在家脩史. 大臣奏國史不容在外, 詔兢等赴館撰錄. 進封長垣縣男. 久之, 坐書事不當, 貶荊州司馬, 以史草自隨. 蕭嵩領國史, 奏遣使者就兢取書, 得六十餘篇."

108) 唐 玄宗의 年號. 開元은 713~741年. 天寶는 742~755年이다.

109) 譙周 : 蜀漢의 학자. 西充(四川省 南充縣 北西) 사람으로 字는 允南이다. 『法訓』 『五經論』 『古史考』 등 100여 편의 저술이 있다고 한다.

110) 『舊唐書』 卷102 「韋述傳」, 3184면, "述在書府四十年, 居史職二十年, 嗜學著書, 手不釋卷. 國史自令狐德芬至於吳兢, 雖累有修撰, 竟未成一家之言. 至述始定類例, 補遺續闕, 勒成國史一百一十三卷, 史例一卷, 事簡而記詳, 雅有良史之才, 蘭陵蕭穎士以爲譙周·陳壽之流."

111) 肅宗(711~762, 재위756~762) : 이름은 李亨, 이전의 이름은 嗣昇, 浚, 璵, 紹, 小字

芳)과 위술에게 명하여 오긍이 엮은 국사를 이어 모으도록 했는데, (위)술이 죽고 난 후 (유)방이 나머지를 이루었으니, 고조(高祖)로부터 시작해서 건원(乾元)[112] 연간에 이르렀고 모두 130편이었다. 그러나 천보 연간 이후 사적을 서술하면서는 (사료를) 버리고 취함에 올바른 순서가 없어 사관들이 그것을 비난했다[趙注 : 「유방전(柳芳傳)」].[113] 이것이 세 번째 국사이다. 나중에 (유)방이 무주(巫州)로 귀양을 갔는데, 마침 고력사(高力士)[114] 역시 쫓겨나 무(주)에 있었으므로 (고)력사에게 질문을 했으나, 국사를 이미 관부에 보냈으므로 고칠 수가 없었다. 이에 편년(編年)의 방식을 따라 『당력(唐曆)』 40편을 지음으로써 (고)력사가 전한 것을 날짜에 따라 아래에 실었는데, 자못 같고 다름의 차이가 있었다[趙注 : 역시 「유방전」].[115] 그러나 (유)

는 阿奴이다. 改元 26년(738) 太子가 되었고, 天寶 14載(755) 安祿山의 난이 발생하고 다음 해 玄宗을 따라 서쪽으로 달아나다가 馬嵬驛에서 禁軍이 楊貴妃와 楊國忠을 살해하였다. 이때 군사를 나누어 北上하여 靈武에서 즉위하였다. 郭子儀·李光弼을 기용하고 위구르의 군대를 빌려 兩京을 수복하였다. 宦官 李輔國에게 禁兵을 맡기고 國家大政을 처결토록 하였다. 功臣들을 시기하고 佛教를 신봉하였다. 張皇后가 李輔國을 살해하려고 모의하다가 도리어 李輔國에게 살해되자 놀라서 병이 나서 죽었다. 建陵(지금의 陝西省 醴泉 동북)에 장사지냈으며, 諡號는 大聖大宣皇帝이다.

112) 乾元 : 唐 肅宗의 年號. 758~759年.

113) 『新唐書』 卷132 「柳芳傳」, 4536면, "開元末, 擢進士第, 由永寧尉直史館. 肅宗詔芳與韋述綴輯吳兢所次國史, 會述死, 芳緒成之, 興高祖, 訖乾元, 凡百三十篇. 天寶後事, 棄取不倫, 史官病之."

114) 高力士(684~762) : 唐 高州 良德縣(지금의 廣東省 高州 동북) 사람으로 馮盎의 증손이다. 환관 高延福의 양자가 되어 改姓하였다. 聖曆 元年(698) 入宮하여 武則天의 宦官이 되어 武三思와 교류하였다. 또 臨淄王 李隆基와 결탁하였다. 開元初 玄宗과 함께 太平公主를 주살하여 右監門衛將軍 知內侍省事에 임명되었는데, 三品將軍에 제수되어 권력이 더욱 커졌으며, 太子는 그를 형으로 섬겼다. 모든 表奏와 文書는 그가 먼저 살펴본 후 玄宗에게 바쳤다. 후에 驃騎大將軍 渤海郡公에 제수되었다. 늘 玄宗의 옆에 있으면서 諫言도 하였다. 開元 25년(737) 太子 李瑛이 폐립되자 李林甫는 武惠妃의 아들 壽王 李瑁를 太子로 옹립하여 했으나 玄宗에게 간언하여 나이가 많은 忠王 李璵(肅宗)를 太子로 삼았다. 安祿山이 난을 일으키자 玄宗을 따라 蜀으로 피난하였다. 후에 長安으로 돌아왔으나 宦官 李輔國의 모함으로 巫州로 유배되었다. 후에 사면되고 돌아와 玄宗이 죽었다는 소식을 듣고 피를 토하고 죽었다.

115) 『新唐書』 卷132 「柳芳傳」, 4536면, "芳始謫時, 高力士亦貶巫州, 因從力士質開元·天寶及禁中事, 具識本末. 時國史已送官, 不可追刊, 乃推衍義類, 倣編年法, 爲唐曆四十篇, 頗有異聞. 然不立褒貶義例, 爲諸儒譏訕."

방이 지은 것은 대력(大曆)[116] 연간에 그치고 있으므로, 선종은 이에 최귀종, 위오(韋澳),[117] 이순(李荀), 장언원(張彦遠) 및 장해에게 조서를 내려 연도를 나누어 이어서 짓게 하니, 원화(元和)[118] 연간까지 해서 『속당력(續唐曆)』 30권이 되었다[趙注 : 장해, 최귀종 등의 열전].[119] 이것이 네 번째 국사이다.

이처럼 당대(唐代)의 실록, 국사는 본래 아주 상세하게 갖추어졌는데, 그러나 (당나라) 중엽에 안록산(安祿山)[120]의 반란을 겪고 말엽에는 또 황소(黃巢),[121] 이무정(李茂貞),[122] 왕행유(王行瑜),[123] 주온(朱溫)[124] 등의 반

116) 大曆 : 唐 代宗의 연호. 766~779년.

117) [王注] '澳'는 原刻本에는 '渙'으로 되어있었는데, 西畲本에서 이미 개정했다.

118) 元和 : 憲宗의 年號. 806~820년.

119) 『新唐書』 卷132 「蔣偕傳」, 4535면, "初, 柳芳作唐曆, 大曆以後闕而不錄, 宣宗詔崔龜從·韋澳·李荀、張彦遠及偕等分年撰次, 盡元和以續云"; 『舊唐書』 卷176 「崔龜從傳」, 4573면, "五年七月, 撰成續唐曆三十卷, 上之."

120) 安祿山(703~757) : 唐 營州 柳城(지금의 遼寧省 朝陽市) 胡人으로 本姓은 康, 이름은 軋犖山이다. 어려서 고아가 되어 어머니가 突厥人 安延偃에게 개가하자 성명을 安祿山이라고 바꾸었다. 무예와 전투에 능했으며, 9개 국어에 능하여 互市牙郎이 되었다. 開元 20년(732) 幽州節度使 張守珪의 양자가 되었고, 후에 공을 세워 營州都督, 平盧軍使에 임명되었다. 감찰하러 오는 朝官들에게 뇌물을 후히 주어 玄宗의 총애를 얻었다. 天寶初 平盧·范陽節度使 河北採訪使에 발탁되었다. 奚와 契丹을 누차 격퇴하였다. 入朝하여 아첨하였으며 楊貴妃의 양자가 되기를 청하였다. 天寶 10년(751) 河東節度使가 되었다. 范陽에 무기를 저장하고 漢將 대신 蕃將을 등용하고 병력을 확대하여 반란을 획책하였다. 天寶 14년(755) 楊國忠 토벌을 명분으로 平盧·范陽·河東 3鎭 15만 군대를 이끌고 范陽에서 기병하여 洛陽과 長安을 점령한 후 다음 해 國號를 燕, 年號를 聖武라 하였다. 후에 아들 安慶緖에게 살해되었다.

121) 黃巢(?~884) : 唐 曹州 冤句縣 사람이다. 소금장수로 騎射에 능하고 任俠을 좋아하였다. 누차 進士에 급제하지 못하자 乾符 2년(875) 무리를 모아 王仙芝의 난에 호응하였다. 乾符 5년(878) 王仙芝가 죽자 우두머리로 추대되어 黃王이 되어 衝天大將軍이라 칭하고 연호를 王霸라 하였다. 中原을 공격했으나 패하자 長江을 건너 江西·浙西·浙東·福建·廣東 등지를 돌아다녔다. 廣明 元年(880~881) 洛陽과 長安을 점령하고 帝位에 올라 國號를 大齊, 연호를 金統이라 하였다. 오래지 않아 長安이 唐軍에 포위되어 물자공급이 곤란하자 中和 3년(883) 長安을 버리고 蔡州를 점령하고 陳州를 공격했으나 실패하여 주력이 와해되었다. 泰山 狼虎谷으로 후퇴하여 자살하였다. 혹은 조카 林言에게 살해되었다고도 한다.

122) 李茂貞(856~924) : 唐·五代 深州 博野縣 사람으로 字는 正臣이다. 本姓은 宋, 이름은 文通이다. 乾符 연간(874~879) 博野軍隊長이 되어 尙讓을 격파하여 神策軍指揮使가 되었다. 光啓(885~888) 때 朱玫가 반란을 일으키자 僖宗을 호위한 공으로 武

란을 만나 곧 모두 산실되었다. 「우휴렬전(于休烈傳)」에 의하면, 국사 106권, 『개원실록』 47권, 기거주와 아울러 다른 책 3,682권이 모두 흥경궁(興慶宮)에 있었는데, 수도[京城, 곧 長安]가 적에게 함락된 뒤에 모두 불태워졌다. (우)휴렬이 주청하길 칙명을 내려 (흩어진 기록들을) 구하고 찾되, 거두어 둔 이가 있으면 관부로 보내게 하고 후하게 상을 주자고 했다. 몇 달 안에 겨우 한두 권을 거두어 들였을 뿐이었는데, 다만 사관 위술이 간직했던 국사 113권을 관부에 보냈다.[125] 이는 천보 연간 이후 남은 것은 겨우 위술의 소장본이라는 것이다. (희종) 광명(廣明) 연간(880~881) (황소의) 반란 뒤에 서적이 흩어지고 사라져, 오대(五代)에서 『당서(唐

定軍節度使가 되었고 李茂貞이란 姓名을 하사받았다. 후에 李昌符를 죽이고 鳳翔節度使를 겸하였다. 昭宗은 그가 2鎭을 거느리고 있어서 秦王으로 봉하였다. 王行瑜・韓建과 군대를 이끌고 長安에 들어가 宰相 韋昭度 등을 살해하였다. 天復 元年(901) 岐王에 봉해졌으며, 昭宗을 鳳翔으로 납치하였으나, 朱溫에게 포위되어 韓全誨 등을 죽이고 昭宗을 朱溫에게 내주었다. 天祐 4년(907) 後梁 건국 후 岐王府를 열고 唐制에 따라 官屬을 설치하였으며 성할 때에는 20州를 지배하였으나 後梁末 7州만을 지배하여 後唐에 칭신하였다.

123) 『新唐書』 卷224下 「王行瑜傳」, 6405면. 邠州人. 朱玫를 따라 黃巢를 토벌하는데 공을 세웠으나, 朱玫를 죽이고 邠寧節度使가 되었으며, 후에는 李茂貞과 결탁하였다가 李克用 軍의 압박으로 도망가다 부하에게 살해당한다.

124) 朱溫(852~912, 재위 907~912) : 宋州 碭山縣 사람이다. 唐末 黃巢의 난에 참가하여 中和 2년(882) 同州防禦使에 임명되었다가 唐 河中節度使 王重榮에게 항복하여 河中行營副招討使에 임명되고 全忠이란 이름을 하사받았다. 다음 해 宣武軍節度使 東北面都招討使가 되었다. 李克用과 함께 黃巢의 난을 진압하고, 전후 秦宗權・朱瑄・李茂貞・朱瑾 등의 藩鎭을 격파하고 昭宗을 협박하고 宦官을 대거 살해했으며, 天祐 元年(904) 昭宗을 洛陽으로 옮겼다가 시해하고 哀帝를 옹립하였다. 후에 宣武 등 21道의 땅을 지니고 黃河유역을 통일하였다. 天祐 4년(907) 哀帝를 폐하고 汴州에 도읍하고 國號를 梁(907~923)이라 하니, 이로써 당은 멸망하게 되었다. 沙陀突厥의 李克用과 해마다 전쟁하여 社會經濟가 파탄에 이르렀다. 만년에 음란하여 아들 朱友珪에게 살해되었다.

125) 『新唐書』 卷104 「于休烈傳」, 4007~4008면, "肅宗立, 休烈奔行在, 擢給事中, 遷太常少卿, 知禮儀事, 兼脩國史. 帝嘗謂曰 : '良史者, 君擧必書. 朕有過失, 顧卿何如?' 對曰 : '禹・湯罪己, 其興也勃焉. 有德之君不忘規過.' 於時經大盜後, 史籍燔缺, 休烈奏 : '國史・開元實錄・起居注及餘書三千八百餘篇藏興慶宮, 兵興焚煬皆盡, 請下御史覈史館所由, 購府縣有得者, 許上送官. 一書進官一資, 一篇絹十匹.' 凡數月, 止獲一二篇, 唯韋述以其家藏國史百三十篇上獻."

書)』를 편찬할 때에는 (무종) 회창(會昌) 연간(841~846) 이후 사적이 남아 있지 않았기 때문에 누차 조서를 내려 상금을 내걸고 구했다. 『구당서(舊唐書)』 「선종기(宣宗紀)」 논(論)에 의하면, "선종은 어진 군주로서 비록 한(漢) 문제(文帝), 경제(景帝)라 할지라도 그보다 더하지 않는데, 애석한 것은 서적이 사라지고 흩어져 열에 서넛도 없는 것"이라고 했다.[126] 또한 『오대회요(五代會要)』에 이른 바, "본기와 열전이 있는 것은 오직 대종 이전이며, 덕종(德宗)은 역시 다만 실록이 남았고, 무종(武宗)도 아울러 단지 실록 1권이 있을 뿐이라, 비록 조서를 내려 상금을 걸고 구했으나, 소득은 얼마 없었다"[127]고 한 것이다. 이것이 오대 때 『당서』 편찬의 어려움이었다.

『신당서(新唐書)』 위술 등의 열전의 찬(贊)에 "당나라 300년에 위업은 크고 일은 많은데, 그 사이 큰 도적이 재차 일어나 나라의 전적이 불타 없어지니, 대중 연간 이후 역사기록이 남지 않았다. 그러므로 어진 군주와 현명한 신하, 반란자와 아첨꾼이 선악이 파묻혀[善惡汩汩], 미진한 바가 있었다"라고 평했다.[128] 그러니 단지 『구당서』가 빠뜨린 바가 많은 것이 아니라, 곧 『신당서』가 수집하고 채취한 바가 아주 많았으나 또한 여전히 아쉽게도 문헌상 의거할 것이 없었다.

---

126) 『舊唐書』 卷18下 「宣宗紀」, 645~646면, "史臣曰 : …… 而帝道皇猷, 始終無缺, 雖漢文 · 景不足過也. 惜乎簡籍遺落, 舊事十無三四, 吮墨揮翰, 有所慊然."

127) 『五代會要』 卷18 「前代史」, 230면, "其月(後晉 天福六年 二月), 起居郎賈緯奏曰 : '伏以唐高祖至代宗已有紀傳, 德宗至文宗亦存實錄. 武宗至濟陰廢帝凡六代, 唯有武宗實錄一卷, 餘皆闕略. 臣今搜訪遺文及耆舊傳說 ……'."

128) 『新唐書』 卷132 「贊」, 4542면, "贊曰 : …… 然垂三百年, 業鉅事叢, 簡策挐繁, 其間巨盜再興, 圖典焚逸, 大中以後, 史錄不存. 雖論著之人, 隨世裒掇, 而疏舛殘餘, 本末顚倒. 故聖主賢臣, 叛人佞子, 善惡汩汩, 有所未盡, 可爲永愾者矣."

222. 『구당서』 전반부는 실록, 국사의 구본을 모두 사용했다 舊唐書前半全用實錄國史舊本

오대(五代)에서 『당서(唐書)』를 편찬할 때 비록 사적이 이미 산실되었지만, 대종(代宗) 이전은 오히려 기전(紀傳)이 남아 있었고, 유전미(庾傳美)가 촉(蜀) 지방으로부터 얻은 것에도 또한 여전히 아홉 황제의 실록이 있었으니, 지금 『구(당)서(舊唐書)』 문장의 의미를 자세히 검토해 보면 이 여러 황제들의 본기와 열전이 실록, 국사 원문을 많이 베낀 것임을 알게 된다. 무릇 사서는 시대가 바뀐 뒤에 편찬하기 때문에 확실히 살피고 따져볼 수 있으므로 사실에 근거해 바로 쓰지 않는 것이 없는 것이나, 실록과 국사는 그 왕조에서 편찬되는 것이므로 말을 돌려 비호하는 것이 반드시 많아진다. 『구(당)서』에 말을 돌려 비호한 대목이 많은 것을 보면, 그것이 실록과 국사를 전적으로 이용하면서 올바르게 고칠 겨를이 없었음을 알 수 있다.

본기에서 따져 보면, 고종(高宗) 상원(上元) 2년(675)에 황태자 (이)홍(李弘)[129]이 죽은 것은 무후(武后)에 의해 독살됐기 때문이었지만, 황태자 (이)홍이 합벽궁(合壁宮)의 기운전(綺雲殿)에서 죽었다고만 썼다[130][趙注 : 『신(당)서(新唐書)』에서는 천후(天后)가 태자 (이)홍을 죽였다고 썼다].[131] 장회태자(章懷太子)[132]가 파

---

129) 李弘(652~675) : 唐高宗의 다섯째 아들이며, 武則天 소생의 長子이다. 代王에 봉해졌다가 顯慶 元年(656) 太子가 되었다. 수차례 명을 받아 監國했는데, 大臣들을 예우하고 士卒을 잘 대우하여 高宗의 총애를 얻어다. 그러나 高宗에게 상주한 내용이 武后의 뜻에 맞지 않아 후에 合壁宮에서 살해되었다. 文士 許敬宗・上官儀 등과 古今 문장 중 佳句만을 모아 『瑤山玉彩』를 편찬했으나 亡佚되었다. 謚號는 孝敬皇帝이며, 廟號는 義宗이다.

130) 『舊唐書』 卷5 「高宗紀下」, 100면, "己亥, 皇太子弘薨于合壁宮之綺雲殿."

131) 『新唐書』 卷3 「高宗紀」, 71면, "己亥, 天后殺皇太子."

132) 章懷太子(654 혹은 655~684) : 이름은 李賢이며, 字는 明允이다. 高宗의 여섯째 아들이며, 武后 소생으로 둘째 아들이다. 처음에 潞王으로 봉해진 후 沛王, 雍王으로 徙封되었다. 上元 2년(675) 皇太子로 세워져 監國하였다. 調露 2년(680) 武后가 총애하던 明崇儼이 살해되어 武后의 의심을 사고 東宮에서 갑옷 수백 점이 발견되어 모반죄로 廢庶人

구(巴邱)에서 죽은 것 역시 무후가 구신적(邱神勣)에게 명하여 자살하도록 협박한 것이지만, 서인(庶人) (이)현이 파구에서 죽었다고만 썼다[133)]【趙注 : 『신(당)서』에서는 천후가 서인 (이)현을 죽였다고 썼다】.[134)] 설회의(薛懷義)[135)]는 벽양(후)(辟陽侯)[136)]처럼 총애를 입어 행군대총관(行軍大總管)이 되어 재상 이소덕(李昭德),[137)] 소미도(蘇味道)[138)]를 막료로 삼기에 이르렀으나, (무후는) 나중에 멋대로 전횡한다 하여 그를 죽였다. 그렇지만 「무후본기」에서는 결코 한 글자도 (설)회의를 언급한 것이 없다【趙注 : 『신당서』에서는 영창(永昌) 원년(689)에 백마사(白馬寺)의 승려 설회의가 행군대총관이 되어 돌궐(突厥)을 격파했다고 했다. 증성(證聖) 원년(695)에는 설회의를 죽였다고 썼다】.[139)] 장역지(張易之) 형제가 주살된 것은 본래 장간지(張柬之)

되었다. 후에 巴州로 보내졌으나 武后가 丘神勣을 보내 자살하도록 하였다. 乾陵에 배장되었으며, 시호는 章懷이다. 일찍이 儒士 張大安 등을 불러 『後漢書』의 주를 달았다.

133) 『舊唐書』 卷6 「則天皇后武后紀」, 116면, "三月, 庶人賢死于巴州."

134) 『新唐書』 卷4 「則天順聖武皇后武后紀」, 82면, "庚申, 廢皇太孫重照爲庶人, 殺庶人賢于巴州."

135) 薛懷義(?~695) : 唐 京兆府 鄠縣(지금의 陝西省 戶縣) 사람으로 本姓은 馮, 이름은 小寶이다. 洛陽에서 약을 팔아 생계를 꾸리다가 高祖의 딸 千金公主의 시중을 들게 되었다가 千金公主가 武后에게 바쳐 武后의 애인이 되었다. 중이 되어 法名을 懷義라 하고 姓을 薛氏로 바꾸었다. 禁中에 출입하여 權臣 武承嗣 등이 예를 갖추어 섬겼으며 百官의 위에 있었다. 垂拱 元年(685) 白馬寺主가 되었고, 후에 行軍大總管이 되어 突厥을 격파하였다. 載初 元年(690) 右衛大將軍 鄂國公에 제수되었다. 승려 法明 등과 함께 『太雲經』을 바쳤는데, 武后가 彌勒의 하생이며, 唐을 대신해 세상의 주인이 된다고 하였다. 후에 교만하고 불순하여 武后가 싫어하여 힘이 센 宮人들 백여 명을 선발하여 잡아 죽였다.

136) 辟陽侯 : 前漢初 列侯 審食其의 爵號이다. 呂后의 총애를 얻어 左丞相이 되었는데, 呂后의 측근에 있으면서 사실상 郎中令의 역할을 하였다.

137) 李昭德(?~697) : 唐 京兆府 長安縣 사람이다. 明經科에 급제하여 御史中丞, 鳳閣侍郎 同平章事, 檢校內史를 역임하였다. 일찍이 武承嗣의 相權을 罷할 것을 주청하였으며 武承嗣를 皇太子로 삼자고 주청한 자를 杖殺해야 한다고 주장하였다. 당시 酷吏들의 전횡을 비판하여 상주하였으며 侯思止를 죽여 그 일당이 소멸되었다. 후에 來俊臣의 모함으로 하옥되어 피살되었다.

138) 蘇味道(648~705) : 唐 趙州 欒城縣 사람이다. 進士 출신으로 咸陽尉를 지냈다. 長壽 3년(694) 벼슬이 鳳閣侍郎 同鳳閣鸞臺三品에 이르렀다. 神龍初 張易之의 일당이라는 이유로 眉州刺史로 좌천되어 죽었다.

139) 『新唐書』 卷4 「則天順聖武皇后武后紀」, 89면, "八月癸未, 薛懷義爲新平道中軍大總管, 以擊突厥"; 『新唐書』 卷4 「則天順聖武皇后武后紀」, 95면, "(天冊萬歲元年) 二月己

등이 모의하여 거사한 것인데, 장역지와 동생 (장)창종(張昌宗[140])이 반란을 일으키자 황태자가 좌우림군(左羽林軍) 환언범(桓彦範[141]) 등을 거느리고 그들을 주살했다고 썼다[142)][趙注 : 『신(당)서』에서는 장간지(張柬之),[143)] 최원위(崔元暐) 등이 우림병을 동원해 난을 토벌하여 장역지 등이 주살되고, 황제(즉 中宗)가 제위에 복귀했다고 썼다].[144)] 그 뒤 장간지 등 다섯 왕은 무삼사(武三思)에게 무고를 당해 죽음에 이르렀으나 역시 모두 쓰지 않았다. 양귀비(楊貴妃[145])는 본래 수왕(壽王) (이)모(李瑁)

酉朔, 日有蝕之. 壬子, 殺薛懷義."

140) 張昌宗(?~705) : 唐 定州 義豐縣 사람으로 張易之의 아우이다. 萬歲通天 2년(697) 太平公主의 추천으로 武后를 시중들었고, 그 형 張易之를 입궁케 하여 모두 武后의 애인이 되었다. 雲麾將軍, 行左千牛中郎將, 銀青光祿大夫 등을 역임하였다. 武承嗣와 武三思가 그의 문하에 출입하였으며 공손히 六郎이라 칭하였다. 聖曆中 控鶴監內供奉, 秘書監을 역임하였다. 文學之士를 모아 『三教珠英』을 편찬하였으며, 長安 연간 이 책이 완성되자 司僕卿 鄴國公에 제수되었다. 武則天 말년 張易之와 전횡을 저지르며 朝政을 위태롭게 하여 후에 張柬之가 政變을 발동하여 中宗을 복위시켰을 때 주살되었다.

141) 桓彦範(653~706) : 唐 潤州 丹陽縣 사람으로 字는 士則이다. 門蔭으로 右翊衛에 선발되었고 監察御史・御史中丞・司刑少卿 등을 역임하였다. 神龍 元年(705) 張柬之와 함께 張易之 형제를 죽일 것을 모의하여 左羽林將軍이 되어 敬暉 등과 함께 禁兵을 이끌고 宮에 들어가 武則天의 退位를 얻어내고 中宗의 복위를 성공시켰다. 이 공으로 侍中 譙郡公에 제수되었다. 후에 韋后가 정치에 간여하면서 武三思의 모함을 받아 濠州刺史로 좌천되었다. 후에 瀼州로 유배되어 가던 중 살해되었다.

142) 『舊唐書』 卷7 「中宗紀」, 135면, "時張易之與弟昌宗潛圖逆亂. 神龍元年正月, 鳳閣侍郎張柬之・鸞臺侍郎崔玄暐・左羽林將軍敬暉・右羽林將軍桓彦範・司刑少卿袁恕己等定策率羽林兵誅易之・昌宗, 迎皇太子監國, 總司庶政. 大赦天下."

143) 張柬之(625~706) : 唐 襄州 襄陽縣 사람으로 字는 孟將이다. 젊어서 太學生에 보임되었다가 후에 進士가 되었다. 永昌 元年(689) 賢良方正科에 응시하여 對策이 第一이 되어 監察御史로 발탁되었다가 鳳閣舍人으로 승진하였다. 후에 突厥과의 화친에 반대하여 武后의 노여움을 사서 合州刺史와 蜀州刺史, 荊州長史 등 外職만 떠돌다가 長安中 狄仁杰이 재상의 재목이라고 그를 추천하여 洛州司馬에 제수되었고, 司刑少卿, 秋官侍郎을 역임하였고, 姚崇의 재차 추천으로 長安 4년(704) 夏官侍郎 同鳳閣鸞臺平章事에 제수되었다. 神龍 元年(705) 武則天의 병이 심하자 桓彦範, 敬暉 등과 함께 모의하여 張易之 형제를 주살하고 中宗을 옹립하였다. 이 공으로 天官尚書 同鳳閣鸞臺三品에 발탁되고 漢陽郡公에 봉해졌다. 이윽고 中書令 監修國史가 되었으나 후에 武三思의 모함으로 漢陽王에 봉해져 재상에서 물러났다. 후에 王同皎와 通謀했다는 모함을 받아 新州司馬로 좌천되었고 후에 瀧州(지금의 廣東省 羅定縣 남쪽)에 유배되어 죽었다.

144) 『新唐書』 卷4 「中宗紀」, 106면, "神龍元年正月, 張柬之等以羽林兵討亂. …… 二月甲寅, 復國號唐."

의 비였는데, 출가해서 여도사가 되어 '태진(太眞)'이라 이름을 바꾸고 입궁하도록 불렀으니, 이는 개원(開元) 28년(740)의 일이지만, 본기에서는 역시 쓰지 않았고, 천보(天寶) 4년(745)에 이르러서야 비로소 태진 양(楊)씨를 귀비로 봉했다고 썼으나,[146] 결코 그녀가 수왕 집에서부터 왔다는 흔적을 보이지 않았다[趙注 : 『신(당)서』에서는 먼저 수왕의 비 양씨가 도사가 되어 태진이라 불렀다고 쓰고, 나중에 태진을 귀비에 봉했다고 썼다].[147] 목종(穆宗) 이하 여러 황제들은 모두 환관이 옹립했지만, 본기에서는 결코 쓰지 않았다. 무릇 이전 황제의 본기 안에서는 반드시 먼저 유조를 적어 아무개로 제위를 잇게 한다고 하고, 새 황제의 본기 안에서는 곧 몇 월 몇 일에 (전 황제의) 영구 앞에서 즉위했다고 썼으니,[148] 하나같이 제위를 주고받은 것이 올바른 절차를 얻어 모두 선제가 위독할 때 이미 정한 것이고 환관들은 관여한 것이 없는 것 같이 쓴 것이다. 이는 본기에서 말을 돌려 비호한 것이다.

열전에서 보자면, 예컨대 「황후전(皇后傳)」 안에서 헌종(憲宗)의 곽후(郭后)는 목종, 경종(敬宗), 문종(文宗), 무종(武宗) 네 황제를 거치면서 모두 궁중의 높은 어른으로 여러 황제가 극진하게 갖추어 효성스럽게 모셨는데, 선종(宣宗)이 즉위하자 그 어머니 정(鄭)씨가 본래 곽후의 시녀로 묵은 원한이 있었으므로 선종의 봉양이 마침내 소홀하게 되었다. (곽)후가 이를

---

145) 楊貴妃(719~756) : 唐 蒲州 永樂縣 사람으로 小字는 玉環, 후에 太眞이라 불렸다. 豐艶하고 가무와 音律에 능하였으며 총명하였다. 玄宗의 아들 壽王 李瑁의 妃가 되었다가 開元 연간 宮에 들어갔다가 玄宗의 총애를 받았다. 天寶 4년(745) 貴妃에 봉해졌다. 天寶 14년(755) 安祿山이 반란을 일으키자 다음 해 玄宗을 따라 蜀으로 도망가다가 馬嵬驛에 이르렀는데, 禁軍대장 陳玄禮가 兵變을 일으켜 楊貴妃를 목졸라 죽였다.

146) 『舊唐書』 卷9 「玄宗紀」, 219면, "(天寶 4年)秋八月甲辰, 冊太眞妃楊氏爲貴妃."

147) 『新唐書』 卷5 「玄宗紀」, 141면, "(開元 28年)十月甲子, 幸溫泉宮. 以壽王妃楊氏爲道士, 號太眞"; 『新唐書』 卷5 「玄宗紀」, 145면, "(天寶 4載)八月壬寅, 立太眞爲貴妃."

148) 『舊唐書』 卷17上 「敬宗紀」, 507면, "癸酉, 皇太子卽位柩前, 時年十六"; 『舊唐書』 卷18上 「武宗紀」, 584면, "四日, 文宗崩, 宣遺詔 : 皇太弟宜於柩前卽皇帝位, 宰相楊嗣復攝冢宰"; 『舊唐書』 卷18上 「武宗紀」, 610면, "是月二十三日, 宣遺詔以皇太叔光王柩前卽位. 是日崩, 時年三十三." 등의 예가 보인다.

울적하게 여겨 누각에 올라 스스로 떨어져 죽으려고 했고, 황제(선종)가 이를 듣고는 기분나빠했는데, 이날 저녁에 (곽)후가 갑자기 죽고 말았다. 그 뒤 경릉(景陵)[149]의 외원(外園)에다 장사지낼 것을 논의했는데, 태상(太常) 왕호(王皞)가 경릉에 합장할 것을 청하자 선종은 재상 백민중(白敏中)에게 그를 책망하도록 했으며, 왕호가 "(곽)후께선 헌종의 정비[元妃]이며 순종(順宗)을 섬긴 며느리였고, 다섯 황제를 거치면서 천하의 어머니였는데 어찌 다른 논의를 용인할 수 있겠습니까"라고 말했으나, 결국 (왕)호는 폄직되고 말았다. 이렇게 보면 곽후가 선종 때 제대로 된 죽음을 맞지 못한 것은 자연히 사실인 것이다[趙注 : 『신(당)서』[150] 및 『(자치)통감(資治通鑑)』[151]에 보인다]. 그러나 『구당서』 (곽)후의 열전에서는 "여러 황제가 극진히 효도하며 봉양하였고, 선종이 황통을 이어받은 후 (곽)후의 아들벌로[152] 은혜로운 예우가 더욱 이전 황제들과는 달랐으며, (곽후는) 대중(大中) 연간에 흥경궁(興慶宮)에서 붕어했다"[153]라고 기록했으니, 하나같이 복을 다하고 편안하게 죽어서 결코 시기하고 틈이 벌어진 곳이 없는 것 같다. 또 선종의 어머니 정씨는 본래 단양(丹陽) 사람이었는데, 어떤 관상쟁이가 (그녀

149) 景陵 : 唐 憲宗의 陵이다. 『舊唐書』 卷15 「憲宗紀」, 472면, "元和 15年)五月丁酉, 羣臣上謚曰聖神章武孝皇帝, 廟號憲宗. 庚申, 葬于景陵."

150) 『新唐書』 卷77 「憲宗懿安郭太后傳」, 3505면, "宣宗立, 於后, 諸子也, 而母鄭, 故侍兒, 有曩怨. 帝奉養禮稍薄, 后鬱鬱不聊, 與一二侍人登勤政樓, 將自隕, 左右共持之. 帝聞不喜, 是夕后暴崩. 有司上尊謚, 葬景陵外園. 太常官王皞請后合葬景陵, 以主祔憲宗室, 帝不悅, 令宰相白敏中讓之. 皞曰 : '后乃憲宗東宮元妃, 事順宗爲婦, 歷五朝母天下, 不容有異論.' 敏中亦怒, 周墀又責謂, 皞終不橈."

151) 『資治通鑑』 卷248 「唐紀」 「宣宗 大中 2年(848) 6月」, 8038면, "初, 憲宗之崩, 上疑郭太后預其謀; 又, 鄭太后本郭太后侍兒, 有舊怨, 故上卽位, 待郭太后禮遂薄. 郭太后意怏怏, 一日, 登勤政樓(卽玄宗所起勤政務本之樓, 在興慶宮), 欲自隕; 上聞之, 大怒, 是夕, 崩, 外有頗有異論. 上以鄭太后故, 不欲以郭后祔憲宗, 有司請葬景陵外園; 皞奏宜合葬景陵, 神主配憲宗室, 奏入, 上大怒. ……."

152) 宣宗은 憲宗의 13번째 아들이며 어머니는 孝明皇太后 鄭氏이다.

153) 『舊唐書』 卷52 「憲宗懿安皇后郭氏傳」, 2197면, "武宗卽位, 以后祖母之尊, 門地素貴, 奉之益隆. 旣而宣宗繼統, 卽后之諸子也, 恩禮愈異於前朝. 大中年崩於興慶宮, 謚曰懿安皇太后, 祔葬於景陵."

가) 장차 천자를 낳을 것이라고 말했으며, 이기(李錡)[154]가 이를 듣고 그를 맞이하여 첩으로 삼았다. 나중에 (이)기가 반란을 일으키자[155] (그녀는) 적몰되어 궁으로 들어가게 되었고, 헌종이 그녀를 총애하여 드디어 선종을 낳았다[趙注 : 『신당서』[156]와 『(자치)통감』에 보인다]. 이는 태후가 이기(의 첩)에서 액정(掖庭)으로 적몰됐다는 뜻이니, 자연히 일의 본말[原委][157]이 있는 것이지만, 『구당서』는 단지 헌종 때 내직(內職 : 후궁)의 궁녀로 있었는데, 옛 사서에는 빠진 부분이 있어 그 종족과 성씨가 나온 바, 입궁하게 된 연유가 보이지 않는다고 했다.[158] 역시 그 출신에 대해 쓰기를 꺼린 것이다.

조왕(曹王) (이)명(李明)의 어머니는 본래 제왕(齊王) (이)원길(李元吉)[159]의 비였으나 태종(太宗)이 그녀를 맞아들여 (이)명을 낳았으며,[160] 나중에는 곧 (이)명을 (이)원길의 후사로 삼았는데,[161][趙注 : 『신당서』「조왕명전(曹王明傳)」에 보

---

154) 李錡(741~807) : 唐宗室로 門蔭으로 入仕하여 宗正少卿, 湖州刺史, 杭州刺史, 潤州刺史, 浙西觀察使 兼 鹽鐵轉運使 등을 역임하였다. 財賦를 착복하여 朝臣들과 결탁하여 국가재정을 낭비하고 武士를 훈련시켜 심복으로 삼아 江東에서 할거할 것을 도모하였다. 德宗이 使職을 罷하고 鎭海軍節度使로 삼았다. 元和 元年(806) 劉辟이 평정되자 점차 불안함을 느끼다가 다음 해 憲宗이 부르자 반란을 일으켰으나 패배하여 長安에서 腰斬되었고 宗室屬籍에서 삭제되었다.

155) 李錡는 鎭海節度使로 潤州(지금의 鎭江) 일대를 다스렸다. 憲宗의 藩鎭 토벌 정책에 항거하여 807년에 반기를 들었으나, 部將의 배신으로 사로잡혀 죽었다.

156) 『新唐書』 卷77 「憲宗孝明鄭太后傳」, 3505면, "憲宗孝明皇后鄭氏, 丹楊人, 或言本爲朱氏. 元和初, 李錡反, 有相者言后當生天子. 錡聞, 納爲侍人. 錡誅, 沒入掖廷, 侍懿安后. 憲宗幸之, 生宣宗."

157) 原委 : 일의 本末. 본류와 말류. 源委.

158) 『舊唐書』 卷52 「憲宗孝明皇后鄭氏傳」, 2198면, "憲宗孝明皇后鄭氏, 宣宗之母也. 蓋內職御女之列, 舊史殘缺, 未見族姓所出·入宮之由."

159) 李元吉(603~626) : 唐高祖의 넷째 아들로 小字는 三胡이다. 大業 13년(617) 李淵이 起兵할 때 太原을 지켰다. 武德 元年(618) 齊王에 봉해졌고 幷州總管에 임명되었다. 다음 해 劉武周가 太原을 공격하자 성을 버리고 長安으로 돌아와 이후 혼자만 군대를 거느리지 못하였다. 李世民을 따라 王世充과 劉黑闥을 평정하였다. 이때 李建成이 太子였는데, 李世民이 큰 공을 세우자 李建成과 함께 李世民을 해하려 하였으나 여러 차례 음모가 실패하였다. 玄武門의 變 때 李世民에게 살해되었다. 후에 海陵郡王으로 추증되었으며, 謚號는 刺이다. 후에 巢王으로 봉해졌다.

160) 『新唐書』 卷80 「曹王明傳」, 3579면, "曹王明, 母本巢王妃, 帝寵之, 欲立爲后."

161) 『新唐書』 卷79 「巢王元吉傳」, 3547면, "貞觀初, 改葬, 追爵海陵郡王及謚. 後改封

인다] 그러나 『구당서』에서는 (이 일을) 싣지 않았다. 양홍무(楊弘武)[162]가 이부(낭중)(吏部郎中)[163]이 되었는데, 고종이 그가 관직을 준 사람들 가운데 올바른 인재가 아닌 경우가 많다고 꾸짖자, (양)홍무가 "신의 아내가 매우 사나운데, 이는 모두 그녀에게 부탁을 받은 것이라 감히 어길 수 없습니다"라고 대답했다. 이는 아마도 황제(고종)를 풍간(諷諫)한 것인데[趙注 : 『신당서』 「양홍무전(楊弘武傳)」에 보인다],[164] 『구당서』 「(양)홍무전」에는 적지 않았다. 소량사(蘇良嗣)가 재상이 되어 조회에서 설회의를 만났는데, (설회의가) 자못 거만하고 교만하니, (소)량사는 좌우를 꾸짖으며 그(설회의)의 뺨을 때리고 가 버렸다. 무후는 (설)회의에게 "사제(師弟)는 북문으로 출입하도록 하고, 저쪽 남아(南衙)는 재상이 오가니 범하지 말라"라고 했다[趙注 : 『신당서』 「소량사전(蘇良嗣傳)」에 보인다].[165] 그러나 『구당서』 「소량사전」에서는 적지 않았다. 심지어 「저수량전(褚遂良傳)」에서는 그가 유계(劉洎)를 모함한 일을 쓰지 않았고,[166] 「이세적전(李世勣傳)」에서는 그가 무후를 책립하는 것을 그냥 바라보며 따랐던 일을 쓰지 않았고,[167] 「신운경전(辛雲京傳)」에서는 그가 복고

巢, 以曹王明嗣"; 『舊唐書』 卷64 「巢王元吉傳」, 2423면, "貞觀十六年, 又追封巢王, 謚如故, 復以曹王明爲元吉後."

162) 楊弘武(?~668) : 唐 華州 華陰縣 사람이다. 武德初 左千牛備身이 되었다. 永徽 연간(650~655) 吏部郎中, 麟德 연간 司戎少常伯에 임명되었다. 乾封 2년(667) 西臺侍郎同東西臺三品에 제수되었다. 다른 재주는 없었으나 겸손하고 신중하게 자기를 지켰다.

163) 吏部郎中 : 隋文帝 때 처음으로 尙書省 吏部司에 吏部侍郎 두 명을 두었고, 煬帝는 이를 選部郎으로 고쳤다. 唐 武德 3년(620) 選部郎中으로 고쳤다가 武德 5년(622) 吏部郎中으로 바꿨다. 2員을 두며, 品階는 從五品上이다. 尙書省 吏部의 우두머리 관서인 吏部司의 장관으로 文武의 班秩과 品階, 流外官의 선발 등의 업무를 담당하였다. 高宗 · 武后 때 司列大夫, 春官郎中으로 개칭되었다가 후에 원상태로 돌아갔다.

164) 『新唐書』 卷106 「楊弘武傳」, 4046면, "還, 詔補授吏部五品官, 遷西臺侍郎. 帝嘗讓曰 : '爾在戎司, 授官多非其才, 何邪?' 弘武曰 : '臣妻剛悍, 此其所屬, 不敢違. 以諷帝用后言也'."

165) 『新唐書』 卷103 「蘇良嗣傳」, 3991면, "遇薛懷義于朝, 懷義偃蹇, 良嗣怒, 叱左右批其頰, 曳去. 武后聞之, 戒曰 : '弟出入北門, 彼南衙宰相行來, 毋犯之'."

166) 『新唐書』 卷99 「劉洎傳」, 3919면, "洎與褚遂良不相中. 帝還, 不豫, 洎與馬周入候, 出, 見遂良, 泣曰 : '上體患癰, 殊可懼!' 遂良卽誣奏'洎曰 : 國家不足慮, 正當輔少主行伊、霍事, 大臣有異者, 誅之.' 帝愈, 召洎問狀, 洎引馬周爲左. 遂良執不已, 帝惑之, 乃賜死."

167) 『新唐書』 卷93 「李勣傳」, 3820면, "帝欲立武昭儀爲皇后, 畏大臣異議, 未決. 李義

회은(僕固懷恩)[168]의 변절을 촉발한 일을 쓰지 않았다[趙注 : (복고)회은은 회흘(回紇) 가한(可汗)의 병력을 이끌고 적을 토벌하다가 태원(太原)을 지났는데, 신운경(辛雲京)[169]은 가한이 그(복고회은)의 사위였던 점을[170] 고려하여 공격받을까 두려워하여 마침내 문을 닫고 군사들을 위로하러 나가지 않았다. 회흘 군대가 적을 토벌하고 돌아오다가 성을 지나가는데도 역시 나오지 않았다. 이에 (복고)회은이 노하여 드디어 반란을 일으켰다.[171] 『(자치)통감』은 이를 상세히 기록했고,[172] 또한 『구당서』「복고회은전(僕固懷恩

府·許敬宗又請廢王皇后. 帝召勣與長孫無忌·于志寧·褚遂良計之, 勣稱疾不至. 帝曰: '皇后無子, 罪莫大于絶嗣, 將廢之.' 遂良等持不可, 志寧顧望不對. 帝後密訪勣, 曰: '將立昭儀, 而顧命之臣皆以爲不可, 今止矣!' 答曰: '此陛下家事, 無須問外人.' 帝意遂定, 而王后廢. 詔勣·志寧奉冊立武氏. 帝東封泰山, 爲封禪大使. 嘗墜馬傷足, 帝以所乘馬賜之."

168) 僕固懷恩(?~765): 唐 鐵勒 僕骨(固)部 사람으로 都督을 세습하였다. 天寶 연간 節度使 王忠嗣와 安思順을 섬겼으며, 전투에 능하고 변방의 사정에 능통하여 이름이 알려졌다. 후에 郭子儀와 李光弼을 따라 安祿山·史思明의 반란을 토벌하여 누차 전공을 세웠다. 至德 元年(756) 肅宗이 靈武에서 즉위한 후 郭子儀를 따라 入朝하였는데, 자기의 딸을 위구르에 주고 위구르의 병사들을 데리고 와서 兩京 공격에 참여하였다. 乾元 2년(759) 朔方行營節度使 大寧郡王에 제수되었고, 李光弼을 따라 河陽(지금의 河南省 孟縣 동남)을 수비하여 諸將 가운데 공이 으뜸이었다. 寶應 元年(762) 위구르 카간과 太原에서 만나 史朝義를 공격하여 東京 洛陽을 수복하였다. 이 공으로 河北副元帥 朔方節度使가 되었다. 宦官 駱奉仙이 모반한다고 상주하여 이를 변명하는 글을 올렸다. 다음 해 아들 僕固瑒과 함께 반란을 일으켰으나 郭子儀의 군대에 패하였다. 또 위구르와 토번을 끌어들여 침입했으나 靈武에서 갑자기 병이 들어 죽었다. 一門에서 안사의 난 때 죽은 자가 마흔여섯 명에 달하여 그 공이 가장 컸다.

169) 辛雲京(714~768): 唐 蘭州 金城縣 사람이다. 대대로 河西大族이었으며, 京兆에 客居하여 대대로 장수의 가문이었다. 軍功으로 太常卿이 되었으며, 일찍이 정예 4천을 거느리고 相州에서 史思明을 격파하였다. 代州刺史 北京(곧, 太原)都知兵馬使에 제수되었다. 寶應 元年(762) 太原에서 兵變이 발생하고 河東節度使 鄧景山이 피살되자 肅宗은 그를 太原尹 河東節度使 金城郡王에 제수하였다. 법에 따라 처리하고 상벌이 분명하여 三軍이 정숙하였다. 국경을 넘은 위구르도 그를 두려워하였다.

170) 『新唐書』 卷225上 「僕固懷恩傳」, 6367면, "初, 肅宗以寧國公主下嫁毗伽可汗, 又爲少子請婚, 故以懷恩女妻之. 少子立, 號登里可汗, 而懷恩女爲可敦."

171) 『新唐書』 卷224上 「僕固懷恩傳」, 6369면, "詔護回紇歸國, 道太原, 辛雲京內忌懷恩, 又以其與回紇親, 疑可汗見襲, 閉關不敢犒軍. 懷恩旣父子新立功, 擧河朔若拾遺, 名出諸將遠甚, 而爲雲京所拒, 大怒, 表上其狀."

172) 『資治通鑑』 卷223 「唐紀」「代宗 廣德 元年(763) 秋七月」條, 7147면, "初, 僕固懷恩受詔與回紇可汗相見於太原; 河東節度使辛雲京以可汗乃懷恩壻, 恐其合謀襲軍府, 閉城自守, 亦不犒師. 及史朝義旣平, 詔懷恩送可汗出塞, 往來過太原, 雲京亦閉城不與相聞. 懷恩怒, 具表其狀, 不報."

傳)」에도 보이지만[173) 「신운경전」에는 쓰지 않았다]. 「전신공전(田神功傳)」에서는 이전에 적장이었던 일을 쓰지 않았다[趙注 : (전)신공[174)은 이전에 안록산(安祿山)의 병마사(兵馬使)[175)였다가 조정에 귀순했는데, 나중에 진(류)(陳留)[176)를 지키면서 적과 싸우다가 이기지 못하자 다시 사사명(史思明)[177)에게 항복했다. (사)사명은 그에게 남쪽 강회(江淮) 지역을 공략하라고 명령했으나, 드디어 다시 조정에 귀순했다.[178) 『구당서』는 끝내 이 일을 적지 않고 다만 상원 연간에 평로병마사(平盧兵馬使)가 되어 정주(鄭州)에서 적을 격파했다고 하여 마치 이전에 적에게 가담하지 않았던 것처럼 하였는데, 어찌 그가 만년에 순수하게 충성스러웠다 해서 대신 그를 위해 숨겼는가?]. 「이면전(李勉傳)」에서는 그가 변(주)성(汴州城)을 버리고 도망간 일을 쓰지 않았다[趙注 : 이희렬(李希烈)[179)이 양주(襄州)를 공격

---

173) 『舊唐書』 卷121 「僕固懷恩傳」, 3484면, "及其祖餞事了, 迴至太原, 臣忝跡鼎司, 又承重寄, 奉先·雲京曾無禮數, 閉關不出相看."

174) 田神功(?~774) : 唐 冀州 南宮縣(지금의 河北省 南宮縣 서남) 사람이다. 天寶末 縣吏가 되었다가 安祿山의 난 때 史思明에 항복하여 平盧兵馬使가 되었다. 후에 무리를 이끌고 唐에 투항하였다. 上元 元年(760) 명을 받들어 劉展을 토벌하여 揚州에 이르렀으나 商人과 백성들의 재산을 약탈하고 페르시아 상인 수천 명을 죽였다. 후에 劉展 등을 사로잡아 죽인 공으로 河南節度使 汴宋八州觀察使에 제수되었다.

175) 兵馬使 : 唐과 五代 方鎮 使府의 軍將 명칭. 都知兵馬使, 左廂兵馬使, 右廂兵馬使, 宅內兵馬使, 後院兵馬使 등이 있다.

176) 陳留 : 汴州라고도 하며 지금의 河南省 開封市 일대.

177) 史思明(703~761) : 唐 營州 寧夷州 突厥雜胡로 初名은 窣幹이며, 玄宗이 思明이란 이름을 내렸다. 6개 蕃語에 능통하여 安祿山과 함께 互市牙郎에 임명되었고 용맹함이 알려져서 幽州節度使 張守珪의 偏將이 되었다. 天寶中 전공으로 知平盧軍에 발탁되었다. 天寶 11년(752) 安祿山을 따라 奚와 契丹 토벌에 참여하여 平盧節度都知兵馬使에 임명되었다. 天寶 14년(755) 安祿山이 난을 일으키자 河北을 경략하고 常山을 함락하였다. 至德 2년(757) 安慶緖가 아버지 安祿山을 죽이고 稱帝하자 거느리고 있던 13郡과 8만의 병사를 이끌고 唐에 귀의하여 歸義王 河北節度使에 제수되었다. 乾元初 다시 반란을 일으켰고, 乾元 2년(759) 魏州에서 大聖燕王이라 자칭하고 年號를 應天이라 하였다. 安慶緖를 구원하여 鄴城의 포위를 풀었고, 후에 安慶緖를 살해한 후 范陽으로 돌아와 大燕皇帝를 칭하고 연호를 順天으로 바꾸었다. 남하하여 洛陽을 점령하고 洛陽의 서북 北邙山에서 唐將 李光弼·僕固懷恩의 군대를 대파하였다. 후에 아들 史朝義에게 살해되었다.

178) 『新唐書』 卷144 「田神功傳」, 4702면, "田神功, 冀州南宮人. 天寶末, 爲縣史. 會天下兵興, 賊署爲平盧兵馬使, 率擧歸朝, 從李忠臣收滄·德, 攻相州, 拒杏園. 後守陳留, 戰不勝, 與許叔冀降于史思明. 思明使與南德信·劉從諫南略江淮, 神功襲德信, 斬之, 從諫脫身走, 乃將其兵."

179) 李希烈(?~786) : 唐 燕州 遼西縣(지금의 北京市 順義縣 서쪽) 사람이다. 젊어서 平盧軍에 종군하였다. 安祿山의 난 때 平盧軍 先鋒使 李忠臣을 따라 唐에 귀부하여 河南

하자 (이)면(李勉)[180]에게 출병하여 그곳(양주)을 구하라는 조칙을 내렸다. (이)면은 적병이 양주를 공격하기 때문에 허(許) 일대가 반드시 비었을 것이므로 허를 공격하면 양주의 포위가 자연히 풀릴 것이라 생각하여 장수를 보내 허를 공격하게 했으나, 이르지도 못하고 도리어 적병에게 패배했다. (이)희렬이 직접 와서 변(주)(汴州)를 공격하자 (이)면은 굳게 지켰으나 지탱하지 못해 포위를 뚫고 도망갔다.[181] 『구당서』에서는 그 패배한 상황을 쓰지 않고 만약 적과 싸웠다면 무고한 사람을 많이 죽일 것이므로 결국 남쪽으로 달아났다고만 했다.[182] 그리고 열전의 논(論)에서는[183] 아울러 가만히 앉아서 패배를 당하는 것은 적을 피해 군사를 보전하는 것만 못하다고 했으니,[184] 이는 더욱 그를 위해 허물을 씻어 준 것이다]. 「학빈전(郝玭傳)」에서는 마린(馬璘)이 임경(臨涇)에 성을 쌓지 않은 일을 쓰지 않았다[趙注 : (학)빈은 임경의 장수였는데,

---

에서 반란군과 싸웠다. 大曆末 蔡州刺史 淮西節度留後가 되었으며, 德宗 즉위 후 淮西節度使에 임명되었고 그 軍을 淮寧이라 하여 총애하였다. 建中 2년(781) 명을 받들어 山南東道節度使 梁崇義를 격파하여 南平郡王에 봉해졌다. 淄青節度使 李納을 토벌하다가 李納과 결탁하고 朱滔·田悅 등과 연합하여 建興王 天下都元帥를 자칭하고 누차 官軍을 패배시켰으며 汴州를 공격하였다. 建中 4년(783) 汴州를 거점으로 楚帝라 자칭하고 연호를 武成이라 하였으며 조정에서 파견한 宣慰使 顔眞卿을 살해하였다. 후에 劉洽과 李納 등에게 패하여 蔡州로 도망갔으나 部將 陳仙奇에게 독살되었다.

180) 李勉(717~788) : 唐宗室로 字는 玄卿이다. 開封尉로 처음 관직에 올랐으며, 肅宗을 따라 靈武에 가서 監察御史가 되었다. 梁州都督·山南西道觀察使·汾州刺史·虢州刺史·京兆尹·江西觀察使 등을 역임하고 大曆初 京兆尹 兼 御史大夫가 되었다. 宦官 魚朝恩에게 아첨하지 않아 廣州刺史 嶺南節度觀察使에 제수되었다가 다시 工部尙書 汧國公에 제수되었다. 滑亳節度使, 汴宋節度使, 汴州刺史를 역임하였고, 德宗 때 同平章事가 더해졌다. 盧杞의 간사함을 간언하였다가 사직하였다. 20년간 벼슬에 있으며 사사로이 착복한 재물이 없었고, 예로써 아랫사람을 대하여 사서에서 宗臣의 표상으로 칭찬하였다.

181) 『新唐書』 卷131 「李勉傳」, 4508면, "建中四年, 李希烈圍襄城, 詔勉出兵救之, 帝又遣神策將劉德信以兵三千援接. 勉奏言 : '賊以精兵攻襄城, 而許必虛, 令兵直擣許, 則襄圍解.' 不待報, 使其將唐漢臣與德信襲許, 未至數十里, 有詔詰讓, 二將懼而還, 次扈澗, 不設備, 爲賊所乘, 殺傷什五, 輜械盡亡. 漢臣走汴, 德信走汝."

182) 『舊唐書』 卷131 「李勉傳」, 3636면, "四年, 李希烈反, 以他盜爲名, 悉來寇汴州. 勉城守累月, 救援莫至, 謂其將曰 : '希烈兇逆殘酷, 若與較力, 必多殺無辜, 吾不忍也.' 遂潛師潰圍, 南奔宋州."

183) 본문에서는 '傳論'이라 했다. 비록 『舊唐書』에는 列傳 끝에 '史臣曰'과 '贊曰' 두 가지가 있지만, 여기서 가리키는 것은 이 두 가지가 아니라 「李勉傳」의 끝부분에 그에 대한 당시의 여러 평가를 언급한 것이다.

184) 『舊唐書』 卷131 「李勉傳」, 3636면, "或曰 : '勉失守梁城, 亦可貶也.' 議者曰 : '不然. …… 以文吏之才, 當虎狼之隊, 其全師奔宋, 非量力之恥也. 與其坐受喪敗, 不猶愈乎!'"

그 장군인 마린에게 임경에 성을 쌓아 유목민의 기병을 제어하자고 청했다. 혹자가 (마)린에게 "이처럼 하면 변방이 오래도록 편안할 것이니, 공께서 어찌 다시 중용될 수 있겠습니까?"라고 말하자, 결국 성을 쌓는 것을 허락하지 않았다.[185] 『구당서』에서는 단지 (학)빈이 절도사[主帥]에게 청했으나 절도사가 듣지 않았다고 하여 마린의 이름을 드러내지 않았으니, 마치 (마)린을 위해 꺼린 것처럼 되었다].[186] 「이보국전(李輔國傳)」에서는 대종이 사람을 보내 밤에 그를 찔러 죽인 일을 쓰지 않고, 다만 밤에 도둑이 그 집에 들어 그를 죽였다고만 했으며,[187] 「어조은전(魚朝恩傳)」에서도 황제가 사람을 시켜 그를 사로잡아 목졸라 죽인 일을 쓰지 않고, 다만 스스로 목을 매어 죽었다고만 했다.[188] 아마 당시 조정의 뜻이 본래 도둑이 죽인 것과 스스로 목을 졸라 죽은 것이라고 생각했으므로 국사도 그에 따라 썼을 것이니, 이는 또한 열전에서 말을 돌려 비호한 것이다.

실록과 국사에 이미 말을 돌려 비호하는 서법이 있다 해도 왕조가 바뀐 뒤 사서를 편찬할 때에는 그 사실 여부를 조사해 자연히 개정해서 올바르게 적어야 한다. 곧 『구당서』의 서법은 여전히 또 이와 같았으니, 예전 사서의 문장을 전적으로 이용하여 다시 고쳐 바로잡지 않았음을 알 수 있다.

지금 「당소전(唐紹傳)」을 살펴보면 "선천(先天) 2년(713)에 금상(今上)께서 여산(驪山)에서 무예를 강론할 때 (당)소는 의주(儀注)[189]가 알맞지 않다 하여 참수되었다"라고 기록되었다.[190] '금상'이란 현종(玄宗)[191]을 가

---

185) 『新唐書』 卷170 「郝玼傳」, 5181면, "郝玼, 不記其鄉里. 貞元中爲臨涇鎭將, 嘗從數百騎出野, 還, 說節度使馬璘曰 : '臨涇扼洛口, 其川饒衍, 利畜牧. 其西走戎道, 曠數百里皆流沙, 無水草. 願城之, 爲休養便地.' 玼出, 或謂璘曰 : '玼言信然. 雖然, 公所以蒙恩大幸, 以邊防未固也. 上心日夜念此, 故厚於公. 今若用玼言, 則邊已安, 尙何事爲?' 璘遂不聽."

186) 『舊唐書』 卷152 「郝玼傳」, 4077~4078면, "玼以臨涇地居險要, 當虜要衝, 白其帥曰 : '臨涇草木豐茂, 宜畜牧, 西蕃入寇, 每屯其地, 請完壘益軍以折虜之入寇.' 前帥不從."

187) 『舊唐書』 卷184 「李輔國傳」, 4761면, "十月十八日夜, 盜入輔國第, 殺輔國, 携首臂而去. 詔刻木首葬之, 仍贈太傅."

188) 『舊唐書』 卷184 「魚朝恩傳」, 4765면, "是日朝恩還第, 雉經而卒."

189) 儀注 : 吉凶行事의 儀法의 기록. 典章. 禮節. 후세 儀注學이 성립하였다.

190) 『舊唐書』 卷85 「孫紹傳」, 2814면, "先天二年冬, 今上講武於驪山, 紹以修儀注不合

리키니 이는 『현종실록(玄宗實錄)』의 원문인 것이다. 「유인궤전(劉仁軌傳)」에서는 위술(韋述)의 평론을 인용하여 "(유)인궤(劉仁軌)[192]는 달콤한 말로 남을 기쁘게 하는 것을 좋아함으로써 물망(物望)을 거두었으나, 대지덕(戴至德)[193]은 안색을 바로하고 거절하며 오직 임금에게 착한 이를 추천했는데, 죽은 뒤 비난과 명예가 각기 달랐다"라고 기록했다.[194] 이는 위술이 지은 국사의 구문을 인용한 것이다. 그리고 「유인궤(전)」 「배행검(전)(裴行儉傳)」 「학처준(전)(郝處俊傳)」의 논에서 모두 (유)인궤는 유악성(劉樂城)이라 적고,[195] (배)행검은 배문희(裴聞喜)라고 표기하고,[196] (학)

旨, 坐斬."

191) 玄宗(685~762, 재위 712~756) : 睿宗의 셋째 아들로 楚王에 봉해졌다가 臨淄王으로 改封되었다. 騎射에 능하고 音律・曆象・書法에 능통하였다. 景雲初 太平公主와 함께 韋后와 그 일당을 소탕하고 睿宗을 복위시켰으며, 太子로서 朝政에 참여하였다. 先天 元年(712) 즉위하였고 다음해 太平公主와 그 일당을 숙청하였다. 開元 연간 姚崇・宋璟・張九齡 등을 재상으로 삼아 諫爭을 받아들이고 賞罰을 명확히 했으며, 冗官을 없애고 토지와 호구를 파악하고 수리시설을 확충・수리하는 등 선정을 베풀었다. 開元 연간 사회 안정과 경제발전, 문화번영, 國勢의 강성을 開元之治라 한다. 그러나 天寶 연간 이후 점차 교만하여 楊貴妃를 총애하고 李林甫와 楊國忠을 재상으로 등용하여 정치가 부패하였다. 安史의 난이 일어나자 天寶 15년(756) 6월 蜀으로 도망갔으며, 7월 太子 李亨이 靈武에서 즉위한 후 太上皇으로 칭하였다. 至德 2년(757) 末 蜀에서 長安으로 돌아와 興慶宮에 유폐되었다가 죽었다. 泰陵에 장사지냈으며 시호는 至道大聖大明孝皇帝이다.

192) 劉仁軌(601~685) : 唐 汴州 尉氏縣 사람으로 字는 正則이다. 어려서 빈곤하였으나 학문을 좋아하여 文史를 두루 섭렵하였다. 新安令・給事中・靑州刺史를 역임하였다. 龍朔 元年(661) 百濟에서 부흥운동이 발생하자 군대를 이끌고 新羅兵과 함께 격파하였다. 龍朔 3년(663) 百濟가 倭軍을 끌어들여 唐을 공격하려고 하자 白江口에서 이를 격파하였다. 百濟를 鎭守한 공으로 右相에 임명되었으며 樂城縣男에 봉해졌다. 咸亨 5년(674) 鷄林道大總管이 되어 新羅兵을 격파하여 公으로 승진되었다. 儀鳳 2년(677) 臨洮軍에 주둔하여 吐蕃을 방어하였다. 사후 乾陵에 배장되었다.

193) 戴至德(?~679) : 唐 相州 安陽縣 사람이다. 乾封 2년(667) 西臺侍郞 同東西臺三品이 되었고, 上元 元年(674) 尙書右僕射로 승진하였다. 사람들이 억울한 일로 재판하면 事情의 本末을 따진 후 처리했기 때문에 高宗에게 중시되었다. 저서에는 『喪服變服』 1卷이 있는데 亡佚되었다.

194) 『舊唐書』 卷84 「劉仁軌傳」, 2797면, "史臣韋述曰 : 世稱劉樂城與戴至德同爲端揆, 劉則甘言接人, 以收物譽; 戴則正色拒下, 推美於君. 故樂城之善於今未弭, 而戴氏之勣無所聞焉."

195) 『舊唐書』 卷84 「劉仁軌傳」, 2795면, "封樂城縣男."

처준은 증산(甑山)이라고 썼다.[197] 이름을 칭하지 않고 작읍을 칭했는데, 역사가에는 이러한 법이 없으니, 더욱이 위술이 당시에 선배를 높여 부른 호칭이지 왕조가 바뀐 뒤 사관이 쓴 글이 아님을 알 수 있다. 「최원한전(崔元翰傳)」에서는 이견공(李汧公)이 활대(滑臺)에 주둔하면서 (최)원한을 뽑아 종사(從事)로 삼았다고 했다.[198] (이)견공은 이면이다. 「설비전(薛伾傳)」에서는 상보(尙父) 분양왕(汾陽王)이 (그를) 불러 휘하에 두었다고 했다.[199] 분양왕은 곽자의(郭子儀[200])이다. 이것은 모두 (최)원한, (설)비(薛伾)의 집안 문서가 사관에 보내진 후, 국사에서 곧 그것을 사용하여 고치지 않았는데, 오대에서 사서를 편찬할 때 또한 그것을 사용하여 다시 고치지 않았기 때문(에 발생한 잘못)이다.

단지 구문을 전부 베끼기는 했지만 지난날 사관은 본래 모두 명수였기 때문에 각 열전에는 매우 절묘한 것들이 있다. 예를 들어 고선지(高仙

196) 『舊唐書』 卷84 「裴行儉傳」, 2804면, "以勳封聞喜縣公."

197) 『舊唐書』 卷84 「郝處俊傳」, 2792면, "襲爵甑山縣公"; 『舊唐書』 卷84 「史臣曰」, 2808, "史臣曰 : …… 劉樂城、裴聞喜, 文雅方略, 無謝昔賢, 治戎安邊, 綽有心術, 儒將之雄者也. …… 而樂城、甑山, 昌言規正, 若時無君子, 安及此言?"

198) 『舊唐書』 卷137 「崔元翰傳」, 3766면, "李汧公鎭滑臺, 辟爲從事."

199) 『舊唐書』 卷146 「薛伾傳」, 3970면, "薛伾, 勝州刺史渙之子. 尙父汾陽王召置麾下, 著名於諸將間."

200) 郭子儀(697~781) : 唐 華州 鄭縣(지금의 陝西省 華縣) 사람이다. 天德軍使 兼 九原太守, 朔方節度右兵馬使 등을 역임하였다. 天寶 14년(755) 安祿山이 난을 일으키자 靈武太守 朔方節度使가 되어 동쪽을 공격하여 雲中과 馬邑을 점령하고 井陘을 열었다. 다음해 李光弼과 함께 史思明의 군대를 대파하여 河北諸郡이 唐에 호응하였다. 至德 2년(757) 關內河東副元帥가 되어 廣平王 俶과 함께 兩京을 수복하였다. 乾元 元年(758) 李光弼 등 9道 節度使와 함께 鄴에서 安慶緖를 포위했으나 패배하고 魚朝恩의 참소로 병권이 해제되었다. 上元 3년(762) 河中과 太原軍이 난을 일으키자 朔方·河中·北庭·潞澤節度行營兼興平定國副元帥 汾陽郡王에 제수되어 絳州로 出鎭하였다. 廣德初 吐蕃이 長安을 공격하자 代宗이 陝으로 도망가면서 그를 關內副元帥로 삼았다. 부하 20騎로 수천 명을 거두어 허장성세로 吐蕃軍을 물러나게 하였다. 廣德 2년(764) 僕固懷恩이 반란을 일으키자 朔方節度大使가 되어 僕固懷恩의 무리를 초무하였다. 후에 僕固懷恩이 吐蕃과 위구르의 군대를 이끌고 唐을 공격하자 涇陽에서 위구르 추장을 설득하여 함께 吐蕃을 격파하였다. 德宗이 즉위한 후 그를 尙父로 존경하고 長安으로 불러 太尉 中書令에 임명하였다. 시호는 忠武이다.

芝),[201] 봉상청(封常淸)[202] 두 사람의 열전은 나누어진 듯하면서 합쳐진 듯하니,[203] 「(봉)상청전(封常淸傳)」에서는 그가 죽음에 임해 올리는 감사의 표를 실어 울적하고 답답하며 슬프고 처량한데, (고)선지가 죽으면서 탄식한 몇 마디 말을 이어 놓았으니,[204] 천 년 뒤에도 오히려 생기가 있음을 느낄 수 있다. 또 예컨대 「곽자의전(郭子儀傳)」은 배계(裴洎)가 지은 것인데, 처음과 끝이 깨끗이 정리되어 있어 하나의 군더더기 말도 없다. 이로써 당(唐)나라 사관들이 문학에 노련했음을 알 수 있다. 회창(會昌) 연간 이후에 이르러서는 다시 저본이 없어 조보(朝報) 및 관리 문서를 어지러이 취해다 보완해서 이루었으니, 본기에서 오상(吳湘)의 옥안(獄案)에

---

201) 高仙芝(?~756) : 唐代 高句麗人이다. 騎射에 능하여 20세에 아버지를 따라 安西에 이르렀으며 아버지의 공으로 游擊將軍이 되었다. 후에 安西副都護, 四鎭都知兵馬使를 역임하였다. 天寶 6년(747) 군대를 이끌고 파미르고원을 넘어 小勃律을 평정하여 위엄이 西域諸國에 떨쳤다. 이에 四鎭節度使로 발탁되었다. 天寶 9년(750) 石國(타슈켄트)을 공격하여 왕을 사로잡아 長安에 바쳤다. 다음 해 탈라스에서 압바스군에게 대패하였다. 天寶 14년(755) 安祿山이 반란을 일으키자 天下兵馬副元帥가 되어 토벌했으나 封常淸이 패하여 潼關을 지키며 長安을 보전하였다. 監軍 邊令誠이 강제로 督戰하려고 무고하여 軍中에서 참형되었다.

202) 封常淸(?~755) : 唐 蒲州 猗氏縣 사람이다. 젊어서 外祖를 따라 安西에 흘러들어갔다. 開元末 四鎭都知兵馬使 高仙芝를 따라 종군하여 軍功을 세웠다. 天寶 6년(747) 小勃律을 격파하였다. 高仙芝가 節度使가 되자 그를 節度判官에 임명하여 出征할 때 항상 留後를 담당하도록 했다. 성격이 엄하고 과단성이 있어 高仙芝의 유모의 아들을 杖殺하여 군대의 기율이 숙연해졌다. 安西副大都護를 거쳐 節度使에 충임되었다. 이후 北庭都護, 伊西節度使를 역임하였다. 天寶 14년(755) 安祿山이 난을 일으키자 자청하여 병사를 모아 반란군을 공격했으나 安祿山에게 패하였다. 高仙芝와 함께 潼關으로 물러나 지켰으나 宦官監軍 邊令誠의 모함으로 살해되었다.

203) 『舊唐書』 卷104의 「高仙之傳」과 「封常淸傳」의 구별이 뚜렷하지 않은 것을 지칭한다.

204) 『舊唐書』 卷104 「封常淸傳」, 3210~3211면, "是日臨刑, 託令誠上之. 其表曰 : ……. 常淸旣刑, 陳其尸於蘧篨上. 仙芝歸至廳, 令誠索陌刀手百餘人隨而從之, 曰 : '大夫亦有恩命.' 仙芝遽下, 遂至常淸所刑處. 仙芝曰 : '我退, 罪也, 死不辭; 然以我爲減截兵糧及賜物等, 則誣我也.' 謂令誠曰 : '上是天, 下是地, 兵士皆在, 足下豈不知乎!' 其召募兵排列在外, 素愛仙芝, 仙芝呼謂之曰 : '我於京中召兒郎輩, 雖得少許物, 裝束亦未能足, 方與君輩破賊, 然後取高官重賞. 不謂賊勢憑陵, 引軍至此, 亦欲固守潼關故也. 我若實有此, 君輩卽言實; 我若實無之, 君輩當言枉.' 兵齊呼曰'枉', 其聲殷地. 仙芝又目常淸之尸, 謂之曰 : '封二, 子從微至著, 我則引拔子爲我判官, 俄又代我爲節度使, 今日又與子同死於此, 豈命也夫!' 遂斬之."

대해 쓴 것은 천여 자에 이른다.[205] 함통(咸通) 8년(867)에는 연자고(延資庫) 장부에 있는 돈과 피륙의 수를 자질구레하게 일일이 기입했는데,[206] 꼭 민간의 장부 기록과 같다. 어떤 관직을 제수할 때에는 반드시 먼저 예전 직함을 갖추어 쓰고 다시 새로운 직함을 기입했으니, 예를 들어 어떤 관직의 어떤 사람이 어떤 관직으로 되었다고 하여 아래로는 자사(刺史)까지 또한 본기에 적었는데, 이 때문에 걸핏하면 번번이 분량이 쌓여 저초(邸抄)[207]의 관직 제수 목록이라도 이처럼 번잡하지는 않았다. 그러나 또한 가볍게 비난할 수 없는 것이 있으니, 대개 본기에서는 단지 사건의 연유를 간략하게 갖추어 쓰고 그 일은 열전에서 상세하게 쓴다. (그런데) 이 책(『구당서』)은 방훈(龐勛)의 반란,[208] 황소(黃巢)의 반란,[209] 이무정(李茂貞)과 왕행유(王行瑜)가 (황제를) 위협해 옮긴 일,[210] 주온(朱溫)의 찬탈과 시해[211] 같은 사건을 본기에서 상세히 써서 각 열전을 뒤적여 볼 필요 없이 이미 일목요연하게 하였고, (사마)천(司馬遷), (반)고(班固)에게도 본래 이러한 체례가 있었으니 반드시 본기 안에서 단지 사건의 대강만 적어야 하는 것은 아니다. 나머지 열전에서는 비록 사적이 조금 간략하지만 문필이 매우 간단하고 깔끔하니, 『신(당)서』와 비교해 보면 도리어 그 노련

205) 吳湘의 '獄案'에 관한 기록은 『舊唐書』 卷18下 「宣宗紀」 「大中二年」條, 619~620면 및 「大中三年」條, 624~625면; 『舊唐書』 卷165 「柳仲郢傳」, 4305~4306면; 『舊唐書』 卷173 「李紳傳」, 4500~4501면 등에 나와 있다.

206) 『舊唐書』 卷19上 「懿宗紀」, 661~662면, "九月丁酉, 延資庫使曹確奏 : 戶部每年合送當使三月、九月兩限絹二十一萬四千一百匹, 錢萬貫, 自大中八年已後, 至咸通四年, 積欠一百五十萬五千七百餘貫匹. …… 自六年至八年, 其錢絹依前不旋送納, 又積欠三十六萬五千五百七貫匹者. 伏以所置延資庫, 初以備邊爲名, 至大中三年始改今號. 若財貨不充, 則名額虛設. 當制置之時, 所令三司逐年分減送當使收管. ……"; 『舊唐書』 卷19上 「懿宗紀」, 657~658면의 咸通 5年條에도 유사한 延資庫 관련 기록이 있다.

207) 邸抄 : 邸鈔 혹은 邸報. 京師에 있는 諸侯王의 거처[府第]에서 詔令章奏 등을 傳抄해서 諸藩에 報知하는 것. 정부의 命令 敍任 등을 등재한다. 지금의 官報와 같은 것(『六部成語』 「吏部・邸抄」 注解 참조).

208) 『舊唐書』 卷19上 「懿宗紀」, 663~672면.

209) 『舊唐書』 卷19上 「僖宗紀」, 699~716면.

210) 『舊唐書』 卷19上 「僖宗紀」, 724~727면. 『舊唐書』 卷20上 「昭宗紀」, 747~757면.

211) 『舊唐書』 卷19上 「僖宗紀」, 713~716면; 『舊唐書』 卷20上 「昭宗紀」, 778면.

한 성취에 (신당서 쪽이) 손색이 있을 정도이다. 그러므로 오대에 사서를 편찬한 사람들, 예컨대 장소원(張昭遠), 가위(賈緯) 등은 또한 모두 사학에 정통하여 누락되고 분리되거나 막힌 것을 만나서도 그대로 보완해서 제대로 된 것을 완성할 수 있었으니, 차례를 잡아 편찬한 어려움과 문자에 노련함을 모두 볼 수 있다. 오늘날 사람들은 걸핏하면 『신(당)서』가 『구(당)서』보다 매우 뛰어나다고 하는데, 이는 '듣기만 하고 그 맛을 판단하는 것과 같은 논리[耳食之論]'일 뿐이다. 『신(당)서』(의 찬)에서는 "옛 사서(곧, 『구당서』)의 문장은 얕으면 저속하고 간략하면 누락이 있으니, 어쩌면 꺼리는 바가 있어 뜻대로 하지 못한 것인가, 어쩌면 속된 것을 따라 문장에 족하지 않았던 것인가"[212]라고 평했다. 이는 또한 우연히 『구(당)서』의 비속하고 누락된 것을 뽑아서 흠잡은 것일 뿐이니, 그 좋은 점은 결국 없앨 수가 없는 것이다.

223. 『신당서』 본기의 서술방법新唐書本紀書法

『신당서(新唐書)』의 서술 방법은 따져 볼 만한 것이 많다. 무덕(武德) 원년(618)에 당(唐) 황제(곧, 고조(高祖))는 수(隋) 태상황(太上皇)에 대해 양제(煬帝)라는 시호를 올렸다.[213] 정관(貞觀) 4년(630)에 이정(李靖)[214]은 돌궐(突厥)을

212) 『新唐書』 卷132 「劉子玄等列傳 贊曰」, 4542면, "贊曰 : 唐興, 史官秉筆衆矣. 然垂三百年, 業鉅事叢, 簡策挐繁, 其間巨盜再興, 圖典焚逸, 大中以後, 史錄不存. 雖論著之人, 隨世裒掇, 而疏舛殘餘, 本末顚倒. 故聖主賢臣, 叛人佞子, 善惡汩汩, 有所未盡, 可爲永愾者矣. 又舊史之文, 猥釀不綱, 淺則入俚, 簡則及漏. 寧當時儒者有所諱而不得騁耶? 或因淺仍俗不足於文也? 亦有待于後取當而行遠耶? 何知幾以來, 工訶古人而拙於用己歟! 自韓愈爲順宗實錄, 議者鬩然不息, 卒竄定無完篇, 乃知爲史者亦難言之. 游·夏不能措辭於春秋, 果可信已!"

213) 『舊唐書』 卷1 「高祖紀」, 4면, "癸亥, 率百僚, 備法駕, 立代王侑爲天子, 遙尊煬帝爲太上皇, 大赦, 改元爲義寧."

격파하고 수 소후(蕭后)와 양제의 손자 (양)정도(楊正道)를 얻었다. 이는 큰 사건인데도 본기에 쓰지 않았다[趙注 : 『구당서(舊唐書)』는 이를 썼다].[215] 설거(薛擧)[216]가 경주(涇州)를 노략질 할 때 비록 진왕(秦王)이 와병중이라 유문정(劉文靜)이 출전하여 패하긴 했으나 군사를 주관한 사람은 진왕이었는데, 하지만 "유문정이 설거와 싸우다 대패했다"고만 썼다[217][趙注 : 『구당서』는 "진왕이 설거와 싸워 대패했다"고 썼다].[218] 진왕이 두건덕(竇建德)[219]을 사로잡고 왕세충(王

---

214) 李靖(571~649) : 唐 京兆府 三原縣(지금의 陝西省 三原縣 동북) 사람으로 本名은 藥師이다. 文武를 겸비하여 韓擒虎와 楊素, 牛弘이 그를 높이 평가했다. 隋 大業末 馬邑郡丞이 되어 江都에 李淵의 반란 음모를 고하러 가다가 長安에서 길이 막혀 李淵에게 사로잡혔다. 李世民의 탄원으로 풀려나 李世民의 幕府에 들어가 王世充 평정에 참가하였다. 武德 4년(621) 行軍總管으로 李孝恭을 따라 蕭銑을 격파하고 輔公祏를 대파하는 등 江南을 평정하였다. 貞觀 3년(629) 李世勣과 함께 東突厥을 격파하고 다음 해 頡利可汗을 격파하였다. 尙書右僕射로 승진하였으나 足疾 때문에 致仕를 청하였다. 太宗은 2~3일에 한번 中書門下에 이르러 政事를 平章하라고 詔書를 내렸는데, 平章政事의 명칭이 여기에서 유래하였다. 貞觀 9년(635) 吐谷渾을 평정하고 衛國公에 봉해졌으며, 초상화가 凌烟閣에 보존되었다. 저서에는 병서 『六軍鏡』 3卷이 있으나 亡佚되었고, 『李衛公兵法』이 『通典』에 산견되는데, 일설에는 위작이라고 한다. 『全唐文』에 3편의 문장이 남아 있다.

215) 『舊唐書』 卷3 「太宗紀下」, 39면, "四年春正月乙亥, 定襄道行軍總管李靖大破突厥, 獲隋皇后蕭氏及煬帝之孫正道, 送至京師."

216) 薛擧(?~618) : 隋 蘭州 金城縣(지금의 甘肅省 蘭州) 사람이다. 용맹하고 활쏘기에 능했다. 집 재산이 거만에 달하여 豪猾과 결탁하여 西境에 웅거하였다. 金城府校尉가 되었다가 大業 13년(617) 아들 薛仁杲와 함께 起兵하여 西秦霸王을 자칭하였고, 年號를 秦興이라 하였다. 隋將 皇甫綰을 격파하고 隴西를 점유하였으며 군대는 13만에 이르렀다. 秦帝를 자칭하고 薛仁杲를 太子로 삼고 天水로 遷都하였다. 薛仁杲를 보내 扶風을 점령하여 세력이 더욱 커졌다. 唐 武德 元年(618) 唐軍을 격파하였으나 곧 죽었다. 薛仁杲가 즉위한 후 武皇帝라는 諡號를 올렸다.

217) 『新唐書』 卷1 「高祖紀」, 7면, "七月壬子, 劉文靜及薛擧戰于涇州, 敗績."

218) 『舊唐書』 卷1 「高祖紀」, 7면, "秦王與薛擧大戰於涇州, 我師敗績."

219) 竇建德(573~621) : 隋 貝州 漳南縣(지금의 河北省 故城 동북) 사람이다. 대대로 농민이었으며 里長이 되었고, 大業 7년(611) 煬帝가 高句麗 원정을 준비할 때 二百人長이 되었다. 反隋 반란을 일으켜 高士達에게 투항하였으며 軍司馬가 되어 병권을 장악하고 涿郡의 隋兵을 격파하였다. 高士達이 전사한 후 將軍을 자칭하고 병사 10여 만을 거느렸다. 大業 13년(617) 長樂王을 칭하고 年號를 丁丑이라 하고 樂壽에 도읍을 정하였다. 隋將 薛世雄의 3만여 명을 멸한 후 세력을 떨치니, 河北郡縣 대부분이 항복하였다. 618년 夏王이라 칭하고 五鳳으로 개원했으며, 國號를 夏라 하였다. 다음 해 聊城을 공격하여 宇文化及을 죽이고 煬帝에게 제사지냈다. 621년 秦王 李世民이

世充[220]을 항복시켜 포로를 조정에 바치면서 (두)건덕은 시장에서 목을 베고 (왕)세충은 촉(蜀)으로 유배를 보냈다.[221] 본기에서는 "(두)건덕이 벌을 받아 처형되었다(伏誅)"고만 쓰고[222] (왕)세충이 유배된 일은 쓰지 않았으니, (왕)세충은 어찌하여 빠뜨려 놓아두었는가? 돌리(突利), 힐리(頡利) 두 가한(可汗)의 경우, 이정이 힐리를 사로잡은 것은 적고,[223] 돌리가 도망쳐 온 것[224]은 쓰지 않았다. 후군집(侯君集)[225]이 고창왕(高昌王) 국지승(麴智勝)을 사로잡은 것은 쓰고,[226] 이정이 토욕혼(吐谷渾)의 모용복윤(慕容伏允)

王世充을 포위공격하자 군대를 이끌고 王世充을 구원하였으나 패하여 사로잡혀 長安에서 살해되었다. 竇建德은 검소하고 노획한 물자를 대개 將士들에게 나눠주었으며, 境內에 農桑을 권하여 농업 생산의 회복에 기여하였다. 魏州百姓들이 夏王廟를 세워 매년 제사지냈다.

220) 王世充(?~621) : 隋 新豐縣 사람으로 字는 行滿이다. 본래 西域人이었으나 아버지가 王粲의 양자가 되어 王氏를 칭하였다. 書傳을 읽었고 兵法을 좋아하였다. 開皇中 左翊衛가 되고 軍功으로 儀同이 되었으며, 兵部員外郎에 제수되었다. 煬帝 때 江都郡丞이 되어 宮監을 거느렸다. 大業 9년(613) 江都에서 渡江하여 劉元進·管崇의 난을 진압하였다. 大業 12년(616) 江都通守가 되어 格謙·盧明月 등의 난을 격파하였다. 명을 받아 江都로 북상하다가 李密의 군대와 洛口에서 싸워 패배하고 東都로 들어갔다. 宇文化及이 煬帝를 살해하자 元文都 등과 함께 越王 楊侗을 옹립하고 스스로 吏部尙書 鄭國公이 되었다. 이어 元文都 등을 살해하고 尙書左僕射가 되고 내외 軍事를 총괄하였다. 偃師에서 李密의 군대를 대파하고 太尉 鄭王이 되었다. 武德 2년(619) 楊侗을 폐위하고 稱帝하여 國號를 鄭, 연호를 開明이라 하였다. 武德 4년(621) 唐軍이 東都를 포위하자 항복하여 長安에 이르렀으나 원수에게 살해되었다.

221) 이 일은 『舊唐書』에 있다. 『舊唐書』 卷1 「高祖紀」, 12면, "斬竇建德於市; 流王世充於蜀, 未發, 爲讎人所害."

222) 『新唐書』 卷1 「高祖紀」, 12면, "丙寅, 竇建德伏誅."

223) 『新唐書』 卷2 「太宗紀」, 31면, "三月甲午, 李靖俘突厥頡利可汗以獻."

224) 『舊唐書』 卷2 「太宗紀」, 37면, "十二月戊辰, 突利可汗來奔."

225) 侯君集(?~643) : 唐 豳州 三水縣(지금의 陝西省 旬邑 동북) 사람이다. 젊어서 秦王 李世民의 幕府에 들어가 누차 征伐에 종군하였다. 武德 9년(626) 李世民을 도와 玄武門의 변을 일으켜 長孫無忌 등 다섯 명과 함께 공이 第一로 꼽혔다. 右衛大將軍 潞國公에 제수되었다. 李靖에게 兵法을 배웠으며 魏徵이 재상의 재능이 있다고 천거하였다. 貞觀 4년(630) 兵部尙書 參議朝政이 되었다. 貞觀 9년(635) 李靖을 따라 吐谷渾을 정벌하였다. 다음 해 吏部尙書에 임명되었다. 貞觀 13년(639) 交河道行軍大總管이 되어 高昌을 공격하여 다음 해 평정하였다. 貞觀 17년(643) 太子 李承乾과 역모하려 했다는 모함을 받아 참수되었다.

226) 『新唐書』 卷2 「太宗紀」, 40면, "十二月丁酉, 侯君集俘高昌王以獻, 賜酺三日."

을 사로잡은 것[227]은 적지 않았다. (서술하는) 체례가 또한 하나같지 않다.

무릇 '복주(伏誅)'라고 쓰는 것은 죄가 있어 법을 바로 하여 판결했음을 의미한다. 현종(玄宗)이 여산(驪山)에서 무예를 강론할 때에 의주(儀注)에 실수가 있다 하여 당소(唐紹)를 목 베었는데, (당)소가 죽은 뒤 현종은 그것을 뉘우쳤으니, 이로 보면 그 죄가 본래 죽어야 할 정도는 아니었던 것이지만, 그러나 "당소가 벌을 받아 처형되었다(伏誅)"고 썼다[228]【趙注 : 『구당서』는 "당소가 큰 깃발 아래에서 참수되었다"고 썼다】.[229] 봉상청(封常淸)이 (안)록산(安祿山)과 싸웠지만 패하여 섬군(陝郡)으로 도망가서는 고선지(高仙芝)에게 속히 동관(潼關)을 지키라고 권했다. (고)선지가 (동)관에 이르러 수비를 잘하니 적이 이르러서도 관문 안으로 들어오지 못하고 가 버렸다. 이로 보면 두 사람은 모두 죽을 만한 죄가 없는 것인데도 '봉상청, 고선지가 벌을 받아 처형되었다(伏誅)'[230]고 썼다【趙注 : 『구당서』는 '봉상청, 고선지를 동관에서 참수했다'고 썼다】.[231] 이는 또한 너무 각박하지 아니한가! 이 여러 사람들을 모두 복주되었다고 썼던 것인데, 환관 진홍지(陳弘志)의 경우 헌종(憲宗)[232]을 시해하고 요행으로 그 죄를 회피하려다가 문종(文宗)이 비로소 청니역(青泥驛)에서 그에게 죽음을 내렸다.[233] 『신당서』「헌종기」에도 이미 "진홍지가 모반하여

---

227) 『舊唐書』 卷3 「太宗紀下」, 45면, "壬子, 李靖平吐谷渾於西海之上, 獲其王慕容伏允."

228) 『新唐書』 卷5 「玄宗紀」, 122면, "流郭元振于新州, 給事中唐紹伏誅."

229) 『舊唐書』 卷8 「玄宗紀」, 171면, "給事中、攝太常少卿唐紹以軍禮有失, 斬於纛下."

230) 『新唐書』 卷5 「玄宗紀」, 151면, "癸卯, 封常清・高仙芝伏誅."

231) 『舊唐書』 卷9 「玄宗紀下」, 230면, "丙午, 斬封常清・高仙芝于潼關."

232) 憲宗(778~820, 재위 805~820) : 이름은 李純이며 順宗의 맏아들이다. 貞元 21년(805) 4월 太子가 되고 8월 宦官들에게 옹립되었다. 順宗 때 활약했던 王叔文과 柳宗元 등을 좌천시키고 杜黃裳, 李吉甫 등을 재상으로 삼아 律令을 개정하고 官員의 수를 줄이고 科擧를 정돈하고 財政管理를 강화하였다. 杜黃裳의 건의로 법도로써 藩鎮을 제재하여 西川의 劉辟과 江東의 李錡, 淮西의 吳元濟를 평정하고 魏博의 田弘正을 귀순시켰다. 元和 14년(819) 淄青의 12州를 수복하여 代宗 廣德 연간 이래 藩鎮 발호의 형세가 끝났다. 이를 사서에서 元和中興이라 한다. 말년에 방사를 믿어 長生을 구하였고, 金丹을 복용하여 화를 잘 내어 宦官 가운데 죽는 자가 많아지자 宦官 陳弘志에게 살해되었다. 景陵에 장사지냈으며, 시호는 章武皇帝이다.

233) 『舊唐書』 卷17下 「文宗紀下」, 561면, "癸亥, 令內養齊抱眞將杖於青泥驛決殺前襄

황제가 갑자기 죽었다"[234]고 썼던 것이며, 또 「문종기」의 논(論)에서도 역시 "황제가 (진)홍지를 주살할 수 있었으니 또한 그 뜻을 충분히 폈던 것이다"[235]고 썼으므로, 청니역에서 죽음을 내린 것은 자연 반드시 복주되었다고 써야 하는데도 오히려 "진홍지를 죽였다(殺)"고[236] 써서 마치 죄가 없는데 잘못 죽인 것처럼 기술되었으니, 이는 또한 두 번이나 잘못한 것이다. 봉천(奉天)이 포위되었을 때 주차(朱泚)[237]가 와서 20여 일을 공격했는데, 모두 혼감(渾瑊)[238]이 밤낮으로 항거하며 싸워 위태로운 성을 보전할 수 있었다.[239] 그러나 본기에서는 "갑자(甲子)일에 (혼)감이 성 아래에

州監軍陳弘志, 以有弑逆之罪也."

234) 『新唐書』 卷7 「憲宗紀」, 219면, "十五年正月, 宦者陳弘志等反. 庚子, 皇帝崩, 年四十三, 諡曰聖神章武孝皇帝."

235) 『新唐書』 卷8 「贊曰」, 253면, "贊曰 : 春秋之法, 君弑而賊不討, 則深責其國, 以爲無臣子也. 憲宗之弑, 歷三世而賊猶在. 至於文宗, 不能明弘志等罪惡, 以正國之典刑, 僅能殺之而已, 是可歎也. …… 由是言之, 其能殺弘志, 亦足伸其志也."

236) 『新唐書』 卷8 「文宗紀」, 236면, "九月癸亥, 殺陳弘志."

237) 朱泚(742~784) : 唐 幽州 昌平縣 사람이다. 처음에 幽州盧龍節度使 李懷仙의 部將이 되었다. 朱希彩가 李懷仙을 대신하자 朱希彩의 신임을 얻었다. 大曆 7년(772) 朱希彩가 부하에게 살해되자 節度留後로 추대되었으며, 다음해 代宗은 어쩔 수 없이 節度使로 승인하였다. 大曆 9년(774) 入朝하여 恭順함을 표시하였고, 建中 2년(781) 涇州의 叛將 劉文喜를 격파하여 太尉 中書令 鳳翔節度使가 되었다. 다음해 아우 朱滔가 반란을 일으키자 연금되었다. 建中 4년(783) 涇原軍이 반란을 일으켜 德宗이 奉天(지금의 陝西省 乾縣)으로 도망갔는데 節度使 姚令言이 그를 大秦皇帝로 옹립하였다. 다음해 國號를 漢으로 바꾸고 漢元天皇이라 칭하였다. 후에 李晟 등의 군대가 長安을 공격하자 寧州 彭原으로 도망가서 부하에게 살해되었다.

238) 渾瑊(736~799) : 唐 鐵勒九姓 渾部 사람으로 본명은 進이다. 대대로 唐將이었다. 11세에 朔方軍에 들어가 용맹이 三軍에서 으뜸이었다. 安祿山의 난 때 郭子儀와 李光弼을 따라 河北을 평정하고 兩京을 수복하여 武鋒軍使로 발탁되었다. 廣德初 僕固懷恩을 따라 史朝義를 토벌하여 크고작은 수십 회의 전쟁에 참가하였다. 僕固懷恩이 반란을 일으키자 部衆을 이끌고 郭子儀에게 귀의하였다. 大曆 14년(779) 單于大都護 左金吾衛大將軍이 되었다. 建中 4년(783) 朱泚가 난을 일으키자 德宗이 奉天으로 도망갔는데, 朱泚와 격렬한 전쟁을 벌인 끝에 奉天을 사수하였다. 이듬해 李懷光의 난을 평정하였다. 朔方等道節度使 兼 奉天行營兵馬副元帥가 되었다. 貞元 3년(787) 吐蕃과 平涼에서 회맹하였는데, 吐蕃의 宰臣 尙結贊이 배신하고 습격하니 탈출하여 河中으로 돌아왔다. 벼슬은 中書令에 이르렀다. 『春秋』 『漢書』에 통하였고, 『太史公自序』를 좋아하였다. 저서에는 『行紀』 1篇이 있다.

239) 『舊唐書』 卷12 「德宗紀」, 338면, "朱泚據乾陵作樂, 下瞰城中, 詞多侮慢. 戊子, 賊

서 (주)차와 싸워 그를 패배시켰다"[240]고만 써서 마치 (혼)감이 싸운 것이 단지 이 한 차례뿐인 것처럼 되었다. 선종(宣宗) 대중(大中) 원년(847)에 적경태후(積慶太后)가 죽었는데, 이는 문종의 어머니였지만,[241] 본기에서는 '황태후'라고만 썼으니[242] 결국 마치 선종의 어머니인 것처럼 되었다. 재상 왕탁(王鐸)[243]이 창경절도사[滄帥 : 滄景節度使]로 임명을 받아 가는데 위박(魏博)을 지나가다가 절도사 악언정(樂彦禎)에게 해를 당했지만,[244] 『신당서』는 "도적이 의창군절도사(義昌軍節度使) 왕탁을 죽였다"[245]고만 썼다. 마치 (악)언정을 위해 쓰기를 꺼린 것처럼 되었다. 이는 모두 구공(歐公 : 歐陽修)이 지나치게 간략함을 구한 데에서 나온 잘못이다.

『신당서』 본기 및 『(신)오대사(新五代史)』는 모두 구공이 다시 편찬했지만, 『(신)오대사』는 구공이 혼자 지은 것이라 그냥 편안하게 정정했으므로 논란거리를 남긴 것이 없다. 『신당서』의 경우는 280여 년 사적이 순서가 번다하여 세세한 부분까지 조사할 겨를이 없었을 것이다. 공평한 마음으로 논해 본다면, 송경문(宋景文 : 宋祁)은 열전을 완성하는 데에 실로 수십 년 동안 마음과 힘을 썼는데, 구공의 본기는 처음 지은 그대로를 따라 처리한 것임을 면할 수 없으니 그를 위해 숨길 방법도 없다. 당시 책을 진

造雲橋, 攻東北隅, 兵仗不能及, 城中憂恐, 相顧失色. 渾瑊預爲地道, 及雲橋傅城, 陷不得進, 瑊命焚之, 風迴焰轉, 橋焚而賊退."

240) 『新唐書』 卷7 「德宗紀」, 190면, "甲子, 行在都虞候渾瑊及泚戰于城下, 敗之."

241) 『舊唐書』 卷18下 「宣宗紀」, 618면, "四月, 積慶太后蕭氏崩, 諡曰貞獻, 文宗母也."

242) 『新唐書』 卷8 「宣宗紀」, 247면, "四月己酉, 皇太后崩."

243) 王鐸(?~884) : 唐 太原 사람으로 字는 昭範이다. 會昌進士로 大中初 監察御史가 되었고, 戶部侍郎 判度支, 禮部尙書, 禮部尙書 同平章事 등을 역임하였다. 乾符 6년(879) 黃巢의 반란군을 토벌하겠다고 자청하여 荊南節度使 南面行營招討都統이 되어 江陵을 지켰다. 黃巢軍이 潭州를 통과하는데 휘하 군대가 싸우지도 않고 붕괴되어 太子賓客으로 좌천되었다. 中和 2년(882) 中書令 諸道行營都統이 되어 王重榮 등 6鎭을 규합하고 李克用의 沙陀兵을 불러 黃巢軍을 진압하였다. 후에 義昌節度使가 되어 魏州를 지나는데, 侍妾들이 복장을 화려하게 하고 줄지어 가자 節度使 樂彦貞의 아들 樂從訓이 도적질하고 살해해버렸다.

244) 『舊唐書』 卷19下 「僖宗紀」, 720면, "新除滄德節度使王鐸, 爲魏博節度使樂彦禎害之於漳南縣之高雞泊, 行從三百餘人皆遇害."

245) 『新唐書』 卷9 「僖宗紀」, 276면, "盜殺義昌軍節度使王鐸."

상할 때에 송(宋) 인종(仁宗)은 『구당서』를 폐기하지 못하게 명했으니, 일찍부터 살핀 바가 있었는가?

224. 『신당서』 본기에서 안사의 난에 대해 쓴 대목新書本紀書安史之亂

구공(歐公 : 歐陽修)의 본기 서술 방법에 무릇 반역자는 비록 그 장수를 보내 싸웠어도 역시 반드시 그 우두머리의 이름을 서술하고 장수를 기록하지 않았다. 그러나 역시 문맥상 통할 수 없는 것이 있다. 가령 진종권(秦宗權),[246] 동창(董昌)[247] 등은 부장이 많지 않고 일으킨 사건이 또 작았으니, 그 우두머리를 적어도 자연히 뒤섞이는 데에까지 이르지는 않았다. 안록산(安祿山), 사사명(史思明) 등의 경우 땅은 넓고 병사도 뛰어나 장수를 사방으로 내보냈으며, 그 장수 또한 모두 고관을 참칭하며 많은 무리를 소유하고서 길을 나누어 정벌을 전담하여 각각 한 방면을 담당했으니, 이 어찌 대강 그 우두머리의 이름으로 그것을 쓸 수 있겠는가. 그런데 상산(常山)의 함락은 본래 적장 채희덕(蔡希德)(의 일)이나, (안)록산이 항산군(恒山郡)을 함락시켰다고 썼다.[248] 치수(滍水)[249] 전투는 본래 노경(魯炅)이 적장

246) 秦宗權(?~889) : 唐 蔡州 上蔡縣 사람인데, 일설에는 許州 사람이라고 한다. 許鎮牙將이 되었으며, 廣明 元年(880) 蔡州에 할거하였다. 中和 元年(881) 監軍 楊復光과 함께 許州에서 黃巢軍을 격파하였다. 楊復光의 상주로 蔡州를 奉國軍으로 고치고 그를 奉國軍節度使로 삼았다. 中和 3년(883) 黃巢가 蔡州를 공격하자 패하여 黃巢에 항복하였다. 光啓 元年(885) 黃巢 사후 稱帝하여 百官을 설치하고 사방을 공격하였다. 후에 部將에게 잡혀 朱溫에게 보내져 長安에서 살해되었다.

247) 董昌 : 唐 杭州 臨安人으로, 조정에서 임명된 刺史가 杭州에 들어오는 것을 막고 스스로 州事를 맡았다가 刺史로 임명되었다. 점차 세력을 확대시켜 唐 昭宗 乾寧 2년(895) 僭位하여 국호를 大越羅平이라 하고 자칭 聖人이라 했다.

248) 『新唐書』 卷5 「玄宗紀」, 151면, "壬戌, 祿山陷恒山郡."

249) 滍水 : 河南省 魯山縣에서 발원하여 東北으로 汝水에 흘러들어가는 강. 지금의 沙河.

무령순(武令珣)과 싸워서 패한 것인데, 노경이 (안)록산과 치수에서 싸우다가 크게 패배했다고 썼다.[250] 영보(靈寶) 서원(西原) 전투는 본래 가서한(哥舒翰)[251]이 적장 최건우(崔乾祐)와 싸워서 패한 것이나, 가서한이 (안)록산과 영보 서원에서 싸워 크게 패배했다고 썼다.[252] 영천(潁川)의 함락은 본래 적장 아사나승경(阿史那承慶)(의 행위)였는데, (안)록산이 영천군(潁川郡)을 함락하고 태수(太守) 설원(薛愿)을 사로잡았다고 썼다.[253] 또한 (안)록산이 동경(東京 : 洛陽)에 들어간 뒤 곧 동경에서 황제를 참칭했는데, 동관(潼關)을 지키지 못하여 천자(天子 : 玄宗)가 촉(蜀)으로 몽진하게 되자(756), (안)록산은 장통유(張通儒)를 보내어 서경유수(西京留守)로 삼고, 전건진(田乾眞)을 경조윤(京兆尹)으로 삼았으며, 안수충(安守忠)에게 후원 가운데에 군사를 주둔하게 하였으니,[254] (안)록산이 아직 직접 장안(長安)에 도착한 것이 아니었다. 「묘진경전(苗晉慶傳)」[255]에 의하면, 이때 의관(衣冠)[256]은 대부분 적에게 협박을 당해 진희열(陳希烈)[257] 이하가 모두 낙양으로 보내졌다. 또한 「최광원전(崔

---

250) 『新唐書』 卷5 「玄宗紀」, 152면, "五月丁巳, 魯炅及安祿山戰于滍水, 敗績, 奔于南陽."

251) 哥舒翰(?~757) : 唐 突厥 突騎施 哥舒部 사람이다. 대대로 安西에 살았으며, 河西節度使 王忠嗣의 牙將이 되었으며, 누차 吐蕃을 격파하여 명성이 높았다. 天寶 6년(747) 王忠嗣 대신 隴右節度使가 되었고, 天寶 8년(749) 隴右 · 河西 · 突厥兵 10여 만 명을 이끌고 吐蕃의 石堡城(지금의 青海省 西寧 서남)을 함락하였다. 후에 河西節度使를 겸하였고 平西郡王에 봉해졌다. 병으로 長安으로 돌아왔다가 安祿山의 난이 발생한 다음해 군대 20만을 이끌고 潼關을 지켰으나 병 때문에 제대로 지휘하지 못하였고 部將들이 서로 다투어 政令이 일정하지 않았다. 楊國忠의 재촉으로 出戰했다가 대패하여 돌아와 部將에게 잡혀 安祿山에게 항복하여 洛陽에 구금되었다. 安慶緖가 패하고 북쪽으로 달아날 때 피살되었다.

252) 『新唐書』 卷5 「玄宗紀」, 152면, "丙戌, 哥舒翰及安祿山戰于靈寶西原, 敗績."

253) 『新唐書』 卷6 「肅宗紀」, 157면, "安祿山陷潁川, 執太守薛愿及長史龐堅."

254) 『舊唐書』 卷200上 「安祿山傳」, 5371면, "賊乃遣張通儒爲西京留守, 田乾眞爲京兆尹, 安守忠屯兵苑中."

255) 『新唐書』 卷140 「苗晉卿傳」, 4642면.

256) 衣冠 : 의복과 관. 조정에 나갈 때의 예복. 뜻이 바뀌어, 의관을 갖춘 사람. 곧 관료나 귀인, 훌륭한 집안을 이른다.

257) 陳希烈 : 唐 宋州 사람으로 黃老에 밝고 문장에도 능했다. 玄宗 때 門下侍郎, 左相을 지낸 인물이다. 『舊唐書』 卷97 「張說傳」에 열전이 부기되어 있으며, 아울러 『新唐書』 卷223上 「姦臣傳」에도 그의 열전이 수록되어 있다.

光遠傳)」에는 (최)광원[258]이 경(조)윤이었는데, 짐짓 자기 아들을 보내어 동쪽에서 (안)록산을 만나게 하니, (안)록산이 그대로 (최)광원을 경(조)윤으로 삼았다고 했다[259][趙注 : (최)광원이 영무(靈武)로 가자, (안)록산은 이에 전건진을 보내어 (경조)윤으로 삼았다]. 이는 (안)록산이 아직 장안에 이르지 않았음을 밝혀 증명하는 것인데도, (안)록산이 경사(곧, 수도 장안)를 함락시켰다고 썼다.[260] 곧 『신당서(新唐書)』「(안)록산전」에서도 역시 (안)록산이 아직 장안에 이르지 않았는데, 무리가 대영고(大盈庫) 및 온갖 관아의 금고와 곳간을 함부로 다투어 취하자, (안)록산이 와서 노하여 이에 사흘 동안 크게 수색을 벌여 민간의 재물을 모두 약탈했다고 했다.[261] 이는 송경문(宋景文 : 宋祁) 역시 진실로 (안)록산이 직접 장안에 왔다고 여긴 것이다. (안)록산은 그 아들 (안)경서(安慶緖[262])에게 살해되었는데(757), (안)경서는 역시 동경(東京 : 낙양)에 있으면서 일찍이 낙양을 한 걸음도 나가지 않았다[趙注 : 예컨대 광

258) 崔光遠(?~761) : 唐 滑州 靈昌縣 사람으로 본래 博陵舊族이다. 天寶 14년(755) 京兆少尹이 되었다. 다음해 玄宗이 蜀으로 도망가자 京兆尹 西京留守가 되어 長安에 잔류하였다. 安史의 반란군이 長安에 들어오자 거짓으로 安祿山에게 항복하였다. 이후 백여 명을 이끌고 靈武로 도망갔으며, 肅宗은 그를 御史大夫 京兆尹으로 삼고 渭北에서 歸降者를 招集하도록 하였다. 至德 2년(757) 肅宗이 長安으로 돌아오자 禮部尙書에 임명하였다. 후에 劍南節度使가 되어 段子璋의 반란을 평정하였으나 부하들의 약탈을 막지 못하였다. 肅宗이 監軍을 보내 죄를 묻자 憤死하였다.

259) 『新唐書』 卷141 「崔光遠傳」, 4653~4654면, "因僞使其子東見祿山, 而祿山先署張休爲京兆尹, 由是追休, 授光遠故官."

260) 『新唐書』 卷5 「玄宗紀」, 153면, "己亥, 祿山陷京師."

261) 『新唐書』 卷225上 「逆臣上」 「安祿山傳」, 6420면, "又剽左藏大盈庫, 百司帑藏竭, 乃火其餘. 祿山至, 怒, 乃大索三日, 民間財貲盡掠之, 府縣因株根牽連, 句剝苛急, 百姓愈騷."

262) 安慶緖(?~759) : 唐 營州 柳城胡人으로 初名은 仁執이며, 玄宗이 慶緖라는 이름을 하사하였다. 安祿山의 둘째 아들로 騎射에 능했다. 20세가 되기 전에 鴻臚卿 兼 廣陽太守가 되었다. 天寶 14년(755) 安祿山이 반란을 일으키자 都知兵馬使가 되어 군대를 따라 남하하였다. 安祿山이 稱帝한 후 晉王에 봉해졌으나 후에 安祿山이 자신을 太子로 봉하지 않을 것을 두려워하여 至德 2년(757) 아버지를 죽이고 자립하였다. 후에 鄴郡으로 후퇴하였다. 相州를 成安府로 고치고 百官을 설치하여 세력을 떨쳤다. 다음해 唐將 郭子儀 등 아홉 명의 節度使에게 포위되었으나 史思明의 구원으로 포위를 풀 수 있었다. 후에 史思明에게 살해되었다.

평왕(廣平王)263)이 서경(西京 : 장안)을 수복하자 (안)경서는 동경(東京 : 洛陽)으로부터 재빨리 대군을 출동시켜 엄장(嚴莊)에게 곧 섬(陝)으로 가서 (장)통유 등을 도와 맞서 싸우도록 했다. 동경을 수복하게 되자 진희열 등 3백 명이 모두 천진교(天津橋) 남쪽에서 죄를 기다렸다.264) 이는 또한 (안)경서가 동경에 자리를 잡고 지키며 아울러 장안에 이르지 않았던 확실한 증거이다]. 그러나 지덕(至德)265) 2년(757) 2월 곽영예(郭英乂)가 (안)경서와 무공(武功)에서 싸워서 크게 패배했다고 썼다.266) 또한 곽자의(郭子儀)가 (안)경서와 동관에서 싸워서 그를 패퇴시켰다고 썼다.267) 또한 (곽)자의가 (안)경서와 영풍창(永豐倉)에서 싸워 그를 패퇴시켰다고 썼다.268) 또한 최광원이 (안)경서와 낙곡(駱谷)에서 싸워 그를 패퇴시켰다고 적었다.269) 광평왕이 서울을 수복할 때에도 광평왕이 (안)경서와 풍수(澧水)에서 싸워 그를 패퇴시키고 드디어 서울을 회복했다(757)고 기록했다. 아울러 (안)경서가 섬군(陝郡)으로 달아났다고 썼다270)[趙注 : 이는 결국 (안)경서가 장안으로부터 동쪽으로 달아난 것이다]. 또한 광평왕이 (안)경서와 신점(新店)에서 싸워서 그를 격파하고 드디어 동도(東都 : 洛陽)를 회복했다고 서술하였다.271) 이러한 서술 방법에 따르면 곧 마치 (안)경서가 곳곳에서 몸이 행군하는 가운데 있었던 것처럼 된다. 사실 향적사(香積寺) 전투[趙注 : 곧 풍수 전투]는 곧 적장 안수충, 이귀인(李歸仁)이 맞서 싸웠으나 패한 것이

263) 廣平王 : 代宗 豫로서 肅宗의 長子이며, 初名은 俶으로 廣平郡王에 봉해졌다. 安祿山의 반란이 일어나서 玄宗이 蜀으로 가고 肅宗이 남아 적을 토벌할 때 항상 따라다녔으며, 肅宗이 즉위하여 安慶緒를 토벌할 때 그를 元帥로 삼았다.

264) 『新唐書』 卷225上 「叛臣上」 「安祿山傳」, 6422면, "王入洛陽, 大陳兵天津橋, 僞侍中陳希烈等三百人素服叩頭待罪."

265) 至德 : 唐 肅宗의 연호. 756~757年.

266) 『新唐書』 卷6 「肅宗紀」, 157면, "丁酉, 關西節度兵馬使郭英乂及安慶緒戰于武功, 敗績."

267) 『新唐書』 卷6 「肅宗紀」, 158면, "庚子, 郭子儀及安慶緒戰于潼關, 敗之."

268) 『新唐書』 卷6 「肅宗紀」, 158면, "甲辰, 郭子儀及安慶緒戰于永豊倉, 敗之."

269) 『新唐書』 卷6 「肅宗紀」, 158면, "辛未, 京畿採訪宣慰使崔光遠及慶緒戰于駱谷, 敗之."

270) 『新唐書』 卷6 「肅宗紀」, 159면, "壬寅, 廣平郡王及慶緒戰于灃水, 敗之. 癸卯, 復京師. 慶緒奔于陝郡."

271) 『新唐書』 卷6 「肅宗紀」, 159면, "十月戊申, 廣平郡王及安慶緒戰于新店, 敗之, 克陝郡. 壬子, 復東京, 慶緒奔于河北."

고,[272] 장통유는 장안에 있다가 곧 나가 도망했던 것이다. 신점 전투는 적장 엄장이 동경으로부터 와서 전투를 도왔으나 패한 것이다. 그런데 『신당서』에서는 모두 (안)경서라고 썼으니, 어찌 보는 이에게 의혹을 일으키게 하지 않겠는가[趙注 : 「대종기(代宗紀)」 안에는 오히려 경성(京城 : 長安)을 수복한 뒤 대종이 대군을 거느리고 동쪽으로 가자 (안)경서가 그 장수 엄장을 보내어 섬주에서 막으니, 대종 및 곽자의, 이사업(李嗣業)이 크게 그들을 격파했다고 명백히 서술하였다.[273] 이로써 또한 (안)경서가 아직 장안에 이르지 않았음을 확실히 알 수 있다].

이미 곳곳에서 우두머리의 이름을 적고 있으나, 하곡(河曲) 전투는 또 곽자의가 (안)록산의 장수 고수암(高秀巖)을 패퇴시켰다고 썼고,[274] 진류(陳留) 전투는 또한 사오왕(嗣吳王) (이)지(李祗)가 (안)록산의 장수 사원동(謝元同)을 패퇴시켰다고 기록했고,[275] 상산의 수복은 곽자의와 이광필(李光弼)이 (안)록산의 장수 사사명을 이겼다고 썼고,[276] 옹구(雍邱) 전투는 장순(張巡)이 (안)록산의 장수 영호조(令狐潮)를 패배시켰다고 썼고,[277] 당읍(堂邑) 전투는 안진경(顔眞卿[278])이 (안)록산의 장수 원지태(袁知泰)를 패퇴시

---

272) 『新唐書』 卷138 「李嗣業傳」, 4616면, “廣平王收長安, 嗣業統前軍, 陣于香積祠北. 賊酋李歸仁擁精騎薄戰, 王師注矢逐之, 走未及營, 賊大出, 掩追騎, 還蹂王師, 於是亂不能陣.”

273) 『新唐書』 卷6 「代宗紀」, 166면, “安慶緖遣其將嚴莊拒于陝州, 代宗及子儀 · 嗣業戰陝西, 大敗之.”

274) 『新唐書』 卷5 「玄宗紀」, 151면, “甲辰, 郭子儀及安祿山將高秀巖戰于河曲, 敗之.”

275) 『新唐書』 卷5 「玄宗紀」, 152면, “二月己亥, 嗣吳王祗及祿山將謝元同戰于陳留, 敗之.”

276) 『新唐書』 卷5 「玄宗紀」, 152면, “李光弼克常山郡, 郭子儀出井陘會光弼, 及安祿山將史思明戰, 敗之.”

277) 『新唐書』 卷5 「玄宗紀」, 152면, “乙卯, 張巡及安祿山將令狐潮戰于雍丘, 敗之.”

278) 顔眞卿(708~784) : 唐 京兆府 萬年縣 사람으로 祖籍은 琅邪郡 臨沂縣이다. 字는 淸臣이다. 開元進士로 監察御史 · 殿中侍御史에 임명되었다. 楊國忠에게 아부하지 않아 平原太守로 좇겨났다. 安祿山이 반란을 일으키자 河北의 郡縣이 와해되었으나 그 혼자만이 성을 굳게 지키고 從兄 常山太守 顔杲卿과 연합하여 항거하였다. 이에 河北의 17郡이 호응하여 20만의 병사가 모여 반란군에게 중대한 위협이 되었다. 후에 入朝하여 工部尙書 · 吏部尙書 · 御史大夫를 역임하였다. 權臣 元載 · 楊炎 · 盧杞 등에게 미움 받아 지방의 刺史나 長史로 보임되었다. 代宗 때 尙書左丞 魯郡公에 제수되어 세상에서 顔魯公이라 부른다. 德宗 때 李希烈이 반란을 일으키자 盧杞가 그의 강직함을 꺼려 李希烈에게 보내 許州에 이르러 피살되었다. 서예에 능하여 顔眞卿

켰다고 썼고,[279] 백사장(白沙場) 전투[280]는 장순이 (안)록산의 장수 적백옥(翟伯玉)을 격파했다고 기록했고,[281] 유교(劉橋) 전투[282]는 (곽)자의가 (안)경서의 장수 이귀인을 이겼다고 적었고,[283] 청거(淸渠) 전투는 (곽)자의가 (안)경서의 장수 안수충과 싸워서 대패했다고 썼다.[284] 이는 또 각각 적장의 이름을 쓰고 (안)록산, (안)경서라고 쓰지 않았으니, 이는 또한 스스로 그 체례를 어지럽힌 것이다.

225. 『신당서』에서 각 열전을 개편한 것新書改編各傳

『구당서(舊唐書)』에는 무후(武后)에게 본기가 있어[285] 「후비전(后妃傳)」에 넣지 않았다. 『신당서(新唐書)』에서는 그녀가 칭제(稱制)한 뒤 정사에 관한 것은 본기를 지어 넣었으나, 외설스러운 여러 행적들은 그대로 「황후전(皇后傳)」에 열전을 만들어 넣었다.[286] 『구당서』 「제자전(帝子傳)」은 각각 여러 황제별로 편찬하였다.[287] 『신당서』에서는 모두 「후비전」 뒤에

體가 유행하였다.

279) 『新唐書』 卷5 「玄宗紀」, 152면, "六月癸未, 顔眞卿及安祿山將袁知泰戰于堂邑, 敗之."

280) 【王注】 『新唐書』 卷5 「玄宗紀」에는 '場'을 '堝'로, 『(資治)通鑑』 卷218에는 '渦'로 썼다.

281) 『新唐書』 卷5 「玄宗紀」, 152~153면, "是日, 張巡及安祿山將翟伯玉戰于白沙堝, 敗之."

282) 【王注】 『新唐書』 卷6 「肅宗紀」에는 '劉運橋'라고 했고, 『(資治)通鑑』 卷219에는 '留運橋'라고 했다.

283) 『新唐書』 卷6 「肅宗紀」, 158면, "庚寅, 郭子儀及安慶緖將李歸仁戰于劉運橋, 敗之."

284) 『新唐書』 卷6 「肅宗紀」, 158면, "五月癸丑, 子儀及慶緖安守忠戰于淸渠, 敗績."

285) 『舊唐書』 卷6 「則天皇后紀」, 115~134면.

286) 『新唐書』 卷4 「則天順聖武皇后紀」, 81~105면 및 『新唐書』 卷76 「后妃上」 「高宗則天武皇后傳」, 3474~3484면.

287) 『舊唐書』 卷60 「宗室傳」에 太祖諸子와 代祖諸子가 나온다. 그리고 『舊唐書』 卷64에 「高祖二十二子傳」이, 『舊唐書』 卷76에 「太宗諸子傳」이, 『舊唐書』 卷86 「高宗中宗諸子傳」이, 『舊唐書』 卷95에 「睿宗諸子傳」이, 『舊唐書』 卷107에 「玄宗諸子傳」이, 『舊唐書』 卷116에 「肅宗諸子傳」이, 『舊唐書』 卷150에 「德宗順宗諸子傳」이, 『舊唐

편찬했다.[288] 『구당서』에는 「제녀전(帝女傳)」이 없으므로 평양공주(平陽公主)[289]는 그 남편 「시소전(柴紹傳)」 뒤에 붙였고,[290] 태평공주(太平公主)는 그 남편 「무유기전(武攸暨傳)」 뒤에 붙였다.[291] 『신당서』에서는 별도로 「공주전(公主傳)」을 만들었다.[292] 『구당서』에는 「간신전(姦臣傳)」이 없어 허경종(許敬宗), 이의부(李義府), 이림보(李林甫), 노기(盧杞), 최윤(崔胤), 유찬(柳燦) 등이 모두 (일반) 열전에 있다.[293] 『신당서』에서는 별도로 「간신전」을 두었으나,[294] (이)의부의 아들 (이)담(李湛)은 이다조(李多祚) 등과 함께 장역지(張易之) 형제를 주살하였으므로, 결국 그 아비의 열전 뒤에 붙이지 않고 「(이)다조전(李多祚傳)」에 넣었다.[295] 『구당서』에는 「반신(전)(叛臣傳)」 「역신전(逆臣傳)」이 없고, 다만 안록산(安祿山) 부자, 사사명(史思明) 부자 및 고상(高尙), 손효철(孫孝哲), 주차(朱泚), 황소(黃巢), 진종권(秦宗權) 등은 맨 끝 권에 나열하여 약간의 구별을 보였다.[296] 그러나 고상, 손효철은 모두

書』 卷174에 「憲宗二十子」 「穆宗五子」 「敬宗五子」 「文宗二子」 「武宗五子」 「宣宗十一子」 「懿宗八子」 「僖宗二子」 「昭宗十子傳」이 순서대로 나온다.

288) 『新唐書』는 卷76 「后妃傳上」과 卷77 「后妃傳下」 뒤, 卷78이 「宗室」이며, 卷79가 「高祖諸子」, 卷80 「太宗諸子」, 卷81 「三宗諸子」, 卷82 「十一宗諸子傳」의 순서로 이어지고 있다.

289) 平陽公主(?~623) : 唐 高祖의 셋째 딸로 竇皇后 소생이며 柴紹의 妻이다. 隋 大業 13년(617) 李淵이 기병하자 鄠縣 司竹園莊으로 가서 家財를 흩어 무리를 모아 起兵하여 호응하였다. 또 家僮 馬三寶에게 何潘仁 · 李仲文 등을 설득시켜 연합하였다. 隋軍을 격파하고 鄠縣 · 武功 · 始平 등을 점령하여 7만을 거느렸으며 李世民과 渭北에서 합세하였다. 長安이 평정된 후 平陽公主로 봉해졌다. 죽은 후 高祖는 軍禮로 장사지냈다.

290) 『舊唐書』 卷58 「柴紹傳」 附 「平陽公主傳」, 2315면.

291) 『舊唐書』 卷183 「武攸暨妻太平公主傳」, 4738~4740면.

292) 『新唐書』 卷83 「諸帝公主傳」, 3641~3676면.

293) 『舊唐書』 卷82 「許敬宗傳」, 2761~2765면; 『舊唐書』 卷82 「李義府傳」, 2765~2770면; 『舊唐書』 卷106 「李林甫傳」, 3235~3241면; 『舊唐書』 卷135 「盧杞傳」, 3713~3717면; 『舊唐書』 卷177 「崔胤傳」, 4582면; 『舊唐書』 卷179 「柳燦傳」, 4669~4670면.

294) 『新唐書』 卷223上 「姦臣傳上」, 6335~6350면; 『新唐書』 卷223下 「姦臣傳下」, 6351~6386면.

295) 『新唐書』 卷110 「李多祚傳」 附 「李湛傳」, 4126면, "湛者, 義府最幼子, 字興宗, 沈厚有度"; 李湛의 아버지인 李義府의 열전은 『新唐書』 卷223上 「姦臣傳上」에 포함되어 있다.

296) 『舊唐書』 卷200上 「安祿山傳」, 5367~5373면; 『舊唐書』 卷200上 「高尙傳」, 5374~

(안)록산의 장교인 즉 「(안)록산전(安祿山傳)」에 붙이는 것이 옳을 것인데, 하필이면 별도로 그들만의 열전을 만든 것인가? 이 두 사람이 이미 별도의 열전이 있다면, 적장으로는 오히려 최건우(崔乾祐), 장통유(張通儒), 안수충(安守忠), 윤자기(尹子奇) 등이 있어 이들 모두 적장 가운데 거물인데도 어찌 또한 열전을 만들지 않았는가? 주차는 이미 말권(末卷)에 두었으면서도 (주)차를 따랐던 반신들, 예컨대 원휴(源休), 요령언(姚令言) 등은 도리어 일반 열전에 있으니,[297] 어찌 경중이 도치되지 않았다 할 것인가? 『신당서』에서는 반신, 역신 두 항목을 나누어 이희열(李希烈), 안록산 부자, 사조의(史朝義) 부자 및 주차, 황소, 진종권, 동창(董昌)【趙注 : 『구당서』에는 「동창전(董昌傳)」이 없으나 『신당서』에서는 늘려 넣었다】 등 멋대로 황제를 칭한 자들은 「역신전」에 넣었고,[298] 그 도적의 무리는 곧 그 열전 뒤에 붙였다. 복고회은(僕固懷恩), 주지광(周智光), 양숭의(梁崇義), 이회광(李懷光) 등 나라를 저버리고 스스로 전횡한 자는 「반신전」에 넣었다.[299] 이는 분류함에 특별히 차등이 있었던 것이다. 다만 황소는 당(唐)나라에서 벼슬을 살지 않았는데도 「역신전」에 넣어[300] 특히 명실이 부합하지 않음을 볼 수 있는데, 이는 『명사(明史)』에 「유적전(流賊傳)」[301]이 있게 된 까닭이기도 하다. 『구당서』에서는 두복위(杜伏威), 나예(羅藝), 원군장(苑君璋), 이자화(李子和)가 모두 군웅들 안에 열거되어[302] 이자통(李子通), 주찬(朱粲) 등과는 더불어 나란히 하고 있다.[303]

5375면; 『舊唐書』 卷200上 「孫孝哲傳」, 5376면; 『舊唐書』 卷200上 「史思明傳」, 5376~5382면; 『舊唐書』 卷200下 「朱泚傳」, 5385~5390면; 『舊唐書』 卷200下 「黃巢傳」, 5391~5397면; 『舊唐書』 卷200下 「秦宗權傳」, 5398~5399면.

297) 『舊唐書』 卷127 「源休傳」, 3574~3575면; 『舊唐書』 卷127 「姚令言傳」, 3571~3572면.

298) 『新唐書』 卷225上 「逆臣上」 「安祿山傳」, 6411~6424면; 『新唐書』 卷225上 「逆臣上」 「史思明傳」, 6426~6436면; 『新唐書』 卷225中 「逆臣中」 「李希烈傳」, 6437~6440면; 『新唐書』 卷225中 「逆臣中」 「朱泚傳」, 6441~6450면; 『新唐書』 卷225下 「逆臣下」 「秦宗權傳」, 6464~6465면; 『新唐書』 卷225下 「逆臣下」 「董昌傳」, 6466~6469면.

299) 『新唐書』 卷224上 「叛臣上」 「僕固懷恩傳」, 6365~6372면; 『新唐書』 卷224上 「叛臣上」 「周智光傳」, 6373~6374면; 『新唐書』 卷224上 「叛臣上」 「梁崇義傳」, 6374~6375면; 『新唐書』 卷224上 「叛臣上」 「李懷光傳」, 6375~6378면.

300) 『新唐書』 卷225下 「逆臣下」 「黃巢傳」, 6451~6464면.

301) 『明史』 卷309 「流賊傳」, 7947~7980면.

그러나 (두)복위 등은 모두 당나라에 투항한 자로, (두)복위는 입조한 이후 다시는 장안(長安)을 벗어나지 않았고, 나중에 보공석(輔公祏)의 무고에 연루되었는데 태종(太宗)이 등극하자 일찍이 그의 누명을 벗겨 주었다.[304] 이자화는 당에 투항한 뒤 수십여 년 동안 관직을 역임하고 편안한 죽음을 맞이했다. 이 어찌 오히려 군웅과 같은 열전에 편입될 수 있겠는가? 나예와 원군장은 비록 항복한 후 다시 배반했지만 이미 당나라 신하였으므로 『신당서』에서는 따로 편집해 권(卷)을 만들고[305] 다시 군웅들과 같은 반열에 놓지 않았다. 다만 이밀(李密)과 소선(蕭銑)은 역시 일찍이 당나라에 항복했지만 그래도 군웅들 안에 두었으니, 이 두 사람은 할거했던 땅이 넓고 병력이 많아 당나라 초기에는 은연히 적국 같았고, 두건덕(竇建德), 왕세충(王世充)과 세력이 서로 같았기 때문에 항복한 신하 안에 편입하지 않았을 뿐이다. 또 『구당서』에서는 보공석이 (두)복위 뒤에 놓였는데,[306] 이는 두 사람이 함께 거사를 일으켰기 때문이다. 감릉(闞稜)과 왕웅탄(王雄誕)은 또 (보)공석 뒤에 있는데,[307] 이들은 (두)복위의 부장이기 때문이다. 그러나 (두)복위가 당나라에 항복한 뒤 (보)공석은 배반하였으나 (감)릉과 (왕)웅탄은 당나라를 위해 진력을 다했으니, 이 어찌 (보)공석과 서로 나

---

302) 「杜伏威傳」(2266~2268면), 「羅藝傳」(2277~2279면), 「李子和傳」(2288면) 등은 모두 『舊唐書』 卷56에 있으나 「苑君璋傳」만은 『舊唐書』 卷55(2255면)에 있다.

303) 『舊唐書』 卷56 「李子通傳」, 2274~2275면; 같은 권, 「朱粲傳」, 2275면.

304) 『舊唐書』 卷56 「杜伏威傳」, 2266~2268면, “杜伏威, 齊州章丘人也. 少落拓, 不治爲業, 家貧無以自給, 每穿窬爲盜. 與輔公祏爲刎頸之交. …… 武德四年, 遣其將軍王雄誕討李子通於杭州, 擒之以獻. 又破汪華於歙州, 盡有江東·淮南之地, 南接於嶺, 東至于海. 尋聞太宗平劉黑闥, 進攻徐圓朗, 伏威懼而來朝, 拜爲太子太保, 仍兼行臺尚書令. 留于京師, 禮之甚厚, 位在齊王元吉之上, 以寵異之. 初, 輔公祏之反也, 詐稱伏威之令以給其衆, 高祖遣趙郡王孝恭討之. 時伏威在長安暴卒. 及公祏平, 孝恭收得公祏反辭, 不曉其詐, 遽以奏聞, 乃除伏威名, 籍沒其妻子. 貞觀元年, 太宗知其冤, 赦之, 復其官爵, 葬以公禮.”

305) 『新唐書』 卷92 「羅藝傳」, 3806~3807면; 같은 권, 「苑君璋傳」, 3804~3805면.

306) 『舊唐書』 卷56 「杜伏威傳」, 2266~2268면; 같은 권, 「輔公祏傳」, 2269~2270면.

307) 『舊唐書』 卷56 「輔公祏傳」 附 「闞稜傳」, 2770면, 「輔公祏傳」 附 「王雄誕傳」, 2770~2772면.

란할 수 있겠는가? 『신당서』는 (감)릉과 (왕)웅탄을 「두복위전(杜伏威傳)」 뒤에 붙였으나[308] (보)공석은 따로 군웅들 안에 넣었다.[309]

『구당서』에는 공영달(孔穎達), 안사고(顔師古), 마회소(馬懷素), 저무량(褚无量)이 모두 열전을 두고 있는데[310] 『신당서』에서는 (그것을) 고쳐서 「유림전(儒林傳)」에 넣었으니[311] 이는 그들이 경학에 조예가 깊었기 때문이다. 유태진(劉太眞), 소열(邵說), 우소(于邵), 최원한(崔元翰), 우공이(于公異), 이선(李善), 이하(李賀)는 모두 (일반) 열전에 있었으나[312] 『신당서』는 고쳐서 「문원(전)(文苑傳)」에 넣었으니,[313] 그들이 문장에 뛰어났기 때문이다. 손사막(孫思邈)은 (『구당서』에서는) 「방기(전)(方伎傳)」에 있으나[314] (『신당서』에서는) 고쳐서 「은일(전)(隱逸傳)」에 넣었으니,[315] 그의 인품이 높아 그 의술만으로 드러난 것은 아니었기 때문이다. 이순풍(李淳風)은 고쳐서 「방기(전)」에 넣었으니,[316] 이는 그가 천문에 밝았기 때문이다. 무사확(武士彠)은 고쳐서 「외척(전)(外戚傳)」에 넣었으니,[317] 무후의 아버지로 존숭이 지극했기 때문이며, 무삼사(武三思) 등은 모두 그의 자손이었는데, 총애가

---

308) 『新唐書』 卷92 「杜伏威傳」 附 「闞稜傳」, 3801면; 『新唐書』 卷92 「杜伏威傳」 附 「王雄誕傳」, 3802~3803면.

309) 『新唐書』 卷87 「輔公祏傳」, 3724~3725면.

310) 『舊唐書』 卷73 「孔穎達傳」, 2601~2603면 및 같은 권, 「顔師古傳」, 2594~2595면; 『舊唐書』 卷102 「馬懷素傳」, 3163~3164면 및 같은 권, 「褚无量傳」, 3164~3168면.

311) 『新唐書』 卷198 「儒學上」 「孔穎達傳」, 5643~5644면 및 같은 권 「顔師古傳」, 5641~5642면; 『新唐書』 卷199 「儒學中」 「馬懷素傳」, 5680~5682면; 『新唐書』 卷200 「儒學下」 「褚无量傳」, 5687~5690면.

312) 『舊唐書』 卷137 「劉太眞傳」, 3762~3763면; 같은 권, 「邵說傳」, 3765면; 같은 권, 「于邵傳」, 3765~3766면; 같은 권, 「崔元翰傳」, 3766~3667면; 같은 권, 「于公異傳」, 3767~3768면, 「李賀傳」, 3772면.

313) 이들은 모두 『新唐書』 卷203 「文藝傳下」에 열전이 있다. 『新唐書』에는 「文苑傳」이라는 명칭은 없고 「文藝傳」만 있으니 「文苑傳」이라고 한 것은 趙翼의 착오이다.

314) 『舊唐書』 卷191 「方伎」 「孫思邈傳」, 5094~5097면.

315) 『新唐書』 卷196 「隱逸」 「孫思邈傳」, 5596~5598면.

316) 『新唐書』 卷204 「方伎」 「李淳風傳」, 5798면. 그러나 『舊唐書』에는 일반 열전인 卷79에 立傳되어 있다(2717~2719면).

317) 『新唐書』 卷206 「外戚」 「武士彠傳」, 5835~5836면.

당시 으뜸이었기 때문에 그 열전(『무사확전』) 뒤에 붙였다.[318] 양국충(楊國忠)도 고쳐서 「외척(전)」에 넣었으니,[319] 양귀비(楊貴妃)의 오빠였기 때문이다. 구신적(邱神勣)은 본래 아버지 「구화전(邱和傳)」 뒤에 붙였으나 고쳐서 「혹리(전)(酷吏傳)」에 넣었으니,[320] 주흥(周興), 내준신(來俊臣) 등과 같이 마음대로 하고 난폭함을 행했기 때문이다. 마삼보(馬三寶)는 본래 시소(柴紹)가 집안에서 부리던 노비로 「(시)소전」 뒤에 붙였으나[321] 고쳐서 「공신전(功臣傳)」에 넣었으니,[322] 그가 나라를 위해 공을 세웠으므로 (시)소가 그를 가질 수 없었기 때문이다. 조효손(祖孝孫)과 부인균(傅仁均)은 열전이 없으니,[323] (조)효손은 악률(樂律)에 밝아 그의 일들이 이미 「예악지(禮樂志)」에 들어갔기 때문이고,[324] (부)인균은 역술(曆術)에 밝아 그의 일들이 이미 「역지(曆志)」에 실렸기 때문이다.[325] 양원염(楊元琰), 설계창(薛季昶)은 본래 「순리전(循吏傳)」에 있었는데[326] 고쳐서 환언범(桓彦範) 등과 같은 권

---

318) 『新唐書』 卷206 「外戚」 「武士彠傳」 附 「武三思傳」, 5840~5842면.

319) 『新唐書』 卷206 「外戚」 「楊國忠傳」, 5846~5848면. 그러나 『舊唐書』에서는 「外戚傳」이 아니라 일반 열전인 卷106에 立傳되어 있다(3241~3247면).

320) 『新唐書』 卷209 「酷吏」 「來俊臣傳」, 5904~5908면; 같은 권, 「朱興傳」, 5908면; 같은 권, 「邱神勣傳」, 5908~5909면.

321) 『舊唐書』 卷58 「柴紹傳」 附 「馬三寶傳」, 2316면.

322) 『新唐書』에서 「馬三寶傳」은 卷88 「裴寂傳」 뒤에 다음과 같이 附傳되어 있다. 즉 3747면, "馬三寶, 性敏獪. 事柴紹爲家僮. 紹尙平陽公主, 高祖兵起, 紹間道走太原. 三寶奉公主遁司竹園, 說賊何潘仁與連和. 潘仁入謁, 以百兵爲主. 三寶自稱總管, 兵至數萬. 唐公濟河, 授三寶左光祿大夫. 秦王至竹林宮, 三寶以兵詣軍門謁, 遂從平京師, 拜太子監門率. 別擊叛胡劉拔眞於北山, 破之. 從平薛仁杲. 與柴紹擊吐谷渾於岷州, 先鋒陷陣, 斬名王, 俘執數千, 以功封新興縣男. 後高祖幸司竹園, 顧謂曰 : '汝興兵處邪? 靑大不惡.' 貞觀初, 拜左驍衛大將軍, 進爵爲公, 卒謚曰忠"이다. 따라서 이 부분은 趙翼의 착오이다. 단 『新唐書』 卷191 「忠義傳上」에는 "左領軍大將軍・新興公馬三寶"(5523면)라는 기록이 있다.

323) 그러나 『舊唐書』 卷79에는 祖孝孫(2709~2710면)과 傅仁均(2710~2714면)의 열전이 각각 있다.

324) 『新唐書』 卷21 「禮樂」, 460면, 464면, 466면.

325) 『新唐書』 卷25 「曆志」, 534~536면.

326) 「良吏傳」이다. 『舊唐書』 卷185下 「良吏下」 「楊元琰傳」, 4810~4811면; 『舊唐書』 卷185上 「良吏上」 「薛季昶傳」, 4804면.

에 실었으니,[327] 두 장씨(二張 : 張易之 형제)을 주살할 때 같이 일했기 때문이다. 이제운(李齊運)은 본래 장왕(蔣王) (이)운(李惲)의 손자이므로, 『신당서』에서 자손을 조상의 열전에 붙인 예로 따지자면 마땅히 「(이)운전」에 넣어야 하지만 따로 열전을 두었으니,[328] 이는 그가 배연령(裴延齡) 등과 함께 악행을 저질렀으므로 그와 같은 권에 둔 것이다. 왕재(王宰)는 『구당서』에서는 아버지 「왕지흥전(王智興傳)」 뒤에 붙였으나[329] 따로 열전을 만들었으니,[330] 유진(劉稹)을 토벌한 공이 컸기 때문이다. 독고급(獨孤及)은 『구당서』에서는 그 아들 「독고랑전(獨孤朗傳)」 안에 붙였으나 『신당서』에서는 (독고)급에 관한 열전을 두고 (독고)랑을 그 뒤에 붙였으니,[331] 문학과 행실의 수준이 서로 같다면 자연히 아들이 아버지를 따라야 하기 때문이다. 창주(滄州) 정일화(程日華)는 『구당서』에서는 의무(義武) 「장효충전(張孝忠傳)」 안에 붙였으니,[332] 창주가 본래는 의무에 속했기 때문이다. 『신당서』에서는 횡해(橫海) 번진 열전을 따로 만들었으니, 이때 (정)일화가 창주를 잘 지켜 조정에서 창주를 횡해진(橫海鎭)으로 개칭할 것을 명하고, 특별히 (정)일화를 절도사(節度使)로 제수하여 횡해 번진이 이로부터 시작되었기 때문이다.[333] 감로(甘露)의 정변은 『구당서』에서는 환관 『왕수징전(王守澄傳)』 안에서 상세하게 썼으니,[334] 구사량(仇士良)이 왕수징의 자리

327) 「桓彦範傳」에 부기되어 있다. 『新唐書』 卷120 「楊元琰傳」, 4314~4315면; 같은 권, 「薛季昶傳」, 4314면.

328) 『舊唐書』 卷135 「李齊運傳」, 3729~3730면; 『新唐書』 卷167 「李齊運傳」, 5110~5111면.

329) 『舊唐書』 卷156 「王智興傳」, 附 「王晏宰傳」, 4140면. 이 부분은 용이 극히 소략하다.

330) 『新唐書』 卷172 「王智興傳」 附 「王宰傳」, 5203~5204면.

331) 『新唐書』 卷162 「獨孤及傳」 附 「獨孤朗傳」, 4993~4994면.

332) 『舊唐書』 卷141 「張孝忠傳」, 3857면, "程華聞亂, 由竇而遁, 將士追之, …… 華嬰城拒賊, 一州獲全, 朝廷嘉之, 乃拜華滄州刺史、御史中丞, 充橫海軍使, 仍改名日華, 令每歲以滄州稅錢十二萬貫供義武軍."

333) 『新唐書』 卷213 「藩鎭淄青橫海」 「程日華傳」, 5996면, "滔及王武俊皆招日華, 不納, 卽攻之. 日華乘城自固. …… 日華謂然, 乃遣宇西, 帝果大喜, 拜御史中丞、滄州刺史, 復置橫海軍, 卽以爲使, 時建中三年也."

334) 『舊唐書』 卷184 「王守澄傳」, 4770~4771면.

를 계승했기에 합쳐서 하나의 열전으로 만들었다. 그러나 감로 사건은 끝내 (왕)수징과는 관련이 없으니, 『신당서』에서는 따라서 「(구)사량전」을 따로 만들어 그 열전 안에서 그 일을 상세하게 썼다.[335)]

그밖에는 예컨대 「종실재상전(宗室宰相傳)」을 만들어[336)] 황족 가운데 인재가 있음을 보였다. 「번장전(蕃將傳)」을 만들어[337)] 이민족 역시 효용이 있음을 보이기도 하였다. 당나라 말기 여러 번진 가운데 주보(周寶), 등처눌(鄧處訥), 유거용(劉巨容), 고언랑(顧彦朗),[338)] 이한지(李罕之), 왕경무(王敬武), 맹방립(孟方立),[339)] 양행밀(楊行密),[340)] 조주(趙犨)[341)] 등은 『구당서』에서는 여러 사람들이 오대(五代)와 관련이 있다고 해서 다시 열전을 만들지 않았는데, 『신당서』에서 열전을 만든 것은 그 일들이 오히려 당 말엽에 속하는 것이 많았기 때문이다. 그러나 조광윤(趙光胤), 왕처직(王處直)은 나중에 모두 (후)량(後梁) 및 후당(後唐)에서 두루 관직을 거쳤으므로, 『신당서』 「조광윤전(趙光胤傳)」은 단지 지제고(知制誥)에 이른 데에서 그쳤고,[342)] 「왕처직전(王處直傳)」은 단지 천복(天復, 901~904) 초에 태원군왕(太原郡王)에 봉해졌다고 쓴 데 그쳤으니,[343)] 그 관작까지가 여전히 당나라에서 준 것이었기 때문에 그 뒤로는 서술하지 않았다. 위응물(韋應物), 정곡(鄭谷)

---

335) 『新唐書』 卷207 「仇士良傳」, 5873~5875면.

336) 『新唐書』 卷131 「宗室宰相傳」에 李適之, 李峴, 李勉, 李夷簡, 李程, 李石, 李回 등을 수록하고 있다.

337) 『新唐書』 卷110 「諸夷蕃將傳」이 있으며, 史大柰, 馮盎, 阿史那社尒, 執失思力, 契苾何力, 黑齒常之, 李謹行, 泉男生, 李多祚, 論弓仁, 尉遲勝, 尙可孤, 裴玢 등이 수록되었다.

338) 『新唐書』 卷186 「周寶傳」, 5414~5418면; 같은 권, 「鄧處訥傳」, 5420~5423면; 같은 권, 「劉巨容傳」, 5424~5425면; 같은 권, 「顧彦郎傳」, 5431면.

339) 『新唐書』 卷187 「李罕之傳」, 5442~5445면; 같은 권, 「王敬武傳」, 5445면; 같은 권, 「孟方立傳」, 5548 ~5449면.

340) 『新唐書』 卷188 「楊行密傳」, 5451~5461면.

341) 『新唐書』 卷189 「趙犨傳」, 5473~5474면.

342) [王注] 『新唐書』에는 「趙光胤傳」이 없고, 그 아버지 「趙隱傳」(卷182, 5375면)에는 비록 光胤의 이름을 기록하였지만, 그의 일은 서술하지 않았으니, (이 책의) 卷13 172 「사온산 번백에게 답하는 편지」의 [王注]를 참고하라.

343) 『新唐書』 卷186 「王處存傳」, 5420면, "處直字允明, 天復初爲太原郡王."

등은 모두 시로 이름이 있지만 열전을 쓸 만한 사적이 없어, 「문원(전)」 서문 안에서 그 이름만 보이면서 역사가들이 그 일을 빠뜨렸기에 열전을 만들 수 없다고 했으니,[344] 또한 『신당서』의 주도면밀함을 볼 수 있다.

다만 중종(中宗)의 어린 아들 온왕(溫王) (이)중무(李重茂)는 중종이 붕어한 뒤 위후(韋后)가 (그를) 황제로 세웠으나 예종(睿宗)이 즉위하자 물러나 양왕(襄王)에 봉해지고 개원(開元) 연간에 죽어 상제(殤帝)라는 시호가 추증되었다. 『구당서』에는 열전이 있으나[345] 『신당서』에는 이미 본기에 열거하지 않았으면서 「황자전(皇子傳)」 안에도 또한 열전이 없으니 특히 누락된 것이다. 장손순덕(長孫順德)은 옛 것에서는 「공신전」 안에 있었으나,[346] 『신당서』에서는 고쳐서 「장손무기전(長孫無忌傳)」 뒤에 붙였다.[347] 생각건대 고조(高祖)가 손수 공신을 정함에 으뜸이 진왕(秦王)이고 다음이 배적(裴寂), 유문정(劉文靜)이고 다음이 바로 (장손)순덕이었는데, 이제 도리어 독자적인 열전을 만들지 않고 (장손)무기 뒤에다 붙인 것이다. 소괴(蘇瓌), 장열(張說) 등은 옛 것에서는 같은 권에 있지 않았으나,[348] 『신당서』에서는 이미 당시 연(燕), 허(許)가 병칭되니,[349] 고쳐서 한 권으로 만들었던 것이다.[350] 장경(長慶) 연간(821~824) 시인으로는 원(진)(元稹), 백(거이)(白居易)가 병칭되므로 『구당서』는 같이 한 권 안에 있었는데,[351] 『신당서』에서는 무엇 때문에 같은 권으로 하지 않고,[352] 백거이는 이예(李乂) 등과 같은 권으로 하여 중종 연간의 환언범(桓彦範) 등의 앞에 열거했는지,[353] (이는)

---

344) 『新唐書』 卷201 「文藝傳上」 「序言」, 5726면, "今但取以文自名者爲文藝篇, 若韋應物、沈亞之、閻防、祖詠、薛能、鄭谷等, 其類尙多, 皆班班有文在人間, 史家逸其行事, 故弗得而述云."

345) 『舊唐書』 卷86 「高宗中宗諸子」 「殤帝重茂傳」, 2839면.

346) 『舊唐書』 卷58 「長孫順德傳」, 2308~2309면.

347) 『新唐書』 卷105 「長孫無忌」 「族叔順德傳」, 4023~4024면.

348) 『舊唐書』에는 「蘇瓌傳」은 卷88에, 「張說傳」은 卷97에 각기 따로 있다.

349) 燕·許란 張說이 燕國公에, 蘇瓌가 許國公에 봉해진 것을 가리킨다.

350) 『新唐書』에서는 蘇瓌와 張說의 열전이 모두 卷125에 실려 있다.

351) 『舊唐書』 卷166에 元稹과 白居易의 열전이 있다.

352) 『新唐書』에는 「元稹傳」은 卷174에, 「白居易傳」은 卷119에 있다.

또한 시대를 뒤바꾼 것이 아닌가? 만당(晩唐) 무렵 시인으로는 온(정균)(溫庭筠)과 이(상은)(李商隱)을 나란히 칭하는데, 『신당서』에서는 무슨 까닭으로 「문원(전)」 가운데 이상은만 있고[354] 온정균은 그 먼 조상인 「온대아전(溫大雅傳)」에 붙여 놓았단 말인가?[355]

양성(陽城)이 삼베를 찢은 이야기는[356] 참된 간관이라 하기에 부끄럽지 않으므로 열전에 들 만하고, 사공도(司空圖)[357]가 난리를 피해 자취를 감춘 것은 「은일(전)」에 넣을 만한데, 다시 「탁행(卓行)」이라는 한 부문을 만들어 그들을 두었다. 장역지 형제의 경우 『구당서』에서는 명신 「장행성전(張行成傳)」 뒤에 붙여 두었으니[358] 본래 서로 다른 부류에 속하지만, 『신당서』에서는 따로 둘 만한 곳이 없어 결국 역시 「장행성전(張行成傳)」 뒤에 붙였다.[359] 설회의(薛懷義)는 옛날에는 외척 「무씨전(武氏傳)」 뒤에 붙여 놓았지만[360] 본디 다른 부류에 속하는데, 『신당서』에서는 붙일 곳이 없어 결국 열전을 만들지 않았다. 무릇 「탁행」이란 부문을 이미 만들 수 있었다면, 이들은 따로 「행신전(倖臣傳)」을 만들 수 없었던 것인가? 이충신(李忠臣)과 교림(喬琳)의 경우 『구당서』에서는 열전에 있지만,[361] 『신당서』에서는 이들이 만년에 주차(朱泚)의 거짓된 명령을 받았다 하여 결국 「반신

---

353) 『新唐書』 卷119에 白居易와 李乂의 열전이 각각 있고 桓彦範의 열전은 卷120에 있는 것을 가리킨다.

354) 『新唐書』 卷203 「文藝下」 「李商隱傳」, 5792~5793면.

355) 『新唐書』 卷91 「溫廷筠傳」, 3787면.

356) 陽城 : 唐 德宗 때 사람으로 덕종이 다른 사람들을 모함하는 裴延齡을 재상으로 임명하려 하자 하얀 삼베를 찢어 조정에서 곡을 하겠다며 이를 극력 저지했다(『新唐書』 卷194 「陽城傳」, 5570~5571면, "順宗方爲皇太子, 爲開救, 良久得免, 敕宰相諭遣. 然帝意不已, 欲遂相延齡. 城顯語曰 : '延齡爲相, 吾當取白麻壞之, 哭於廷.' 帝不相延齡, 城力也").

357) 司空圖(837~908) : 晩唐의 시인이며 유명한 시론인 『詩品』의 저자이기도 하다. 唐 昭宗과 朱全忠의 부름에도 응하지 않고 은거하다가 哀帝가 시해되었다는 소식을 듣고 단식하다가 죽었다.

358) 『舊唐書』 卷78 「張行成傳」 附 「族子易之 · 昌宗傳」, 2706~2708면.

359) 『新唐書』 卷104 「張行成傳」 附 「族子易之 · 昌宗傳」, 4014~4016면.

360) 『舊唐書』 卷183 「武承嗣傳」 附 「薛懷義傳」, 4741~4743면.

361) 『舊唐書』 卷145 「李忠臣傳」, 3939~3942면; 『舊唐書』 卷127 「喬琳傳」, 3576~3577면.

전(叛臣傳)」에 고쳐 넣었다.[362] 무릇 반란을 일으킨 신하라고 한다면 반드시 고병(高駢), 주매(朱玫) 등과 같이 반란을 선도한 자로, 마침 그 열전을 「반신전」에 넣은 것인데,[363] 교(림), 이(충신) 등은 그냥 뒤따른 반란자에 불과할 뿐이었다. 반적을 따른 사람 가운데 원휴(源休), 요령언(姚令言) 등은 모두 힘을 다해 반역을 도왔는데도 그저 「(주)차전」 가운데에 붙이기만 하고,[364] 교(림)나 이(충신)는 일찍이 나라에 공이 있었고 만년에 한번 잘못한 것인데도 도리어 반란의 우두머리로 열거해 놓고, 아울러 (주)차 편에 붙었던 장진(蔣鎭) 등을 그 열전 뒤에 붙였으니,[365] 더욱 마땅함을 잃었다는 것을 느낄 수 있다. 어찌 두 사람이 일찍이 장상(將相)이었다고 해서 그들에게 책임을 돌리는 것이 유독 그렇게 무겁단 말인가?

또 『구당서』에는 「번진전(藩鎭傳)」이 없어 특히 뒤섞여 어지럽게 느껴진다. 『신당서』에는 위박(魏博),[366] 진기(鎭冀),[367] 치청(淄青), 횡해(橫海),[368] 선무(宣武), 창의(彰義), 택로(澤潞)[369](절도사)가 각각 한 권으로 되어 있어 곧 일목요연한 것을 느끼게 된다. 그런데 번진별로 나누어 열전을 만들었다면, 각 번진에서 주인이 되는 장수는 차례로 세습을 하므로, 다만 순서에 따라 바른대로 쓰기만 하면 그 사람이 현명한가 아닌가는 절로 보일 것이다. 『신당서』에서는 전홍정(田弘正),[370] 장효충(張孝忠)[371] 등이 순수한

---

362) 『新唐書』 卷224下 「叛臣下」 「李忠臣傳」, 6387~6389면; 같은 권, 「喬琳傳」, 6390~6391면.

363) 『新唐書』 卷224下 「叛臣下」 「高駢傳」, 6391~6404면; 같은 권, 「朱玫傳」, 6404~6405면.

364) 『新唐書』 卷225中 「逆臣中」 「朱泚傳」, 6443~6444면.

365) 『新唐書』 卷224下 「叛臣下」 「喬林傳」의 끝부분인 6391면에 "時又有蔣鎭者, 洌子也……." 운운하면서 그 사적을 기술하고 있다.

366) 『新唐書』 卷210 「藩鎭」 「魏博」, 5921~5944면.

367) 『新唐書』 卷210 「藩鎭」 「鎭冀」, 5945~5966면.

368) 『新唐書』 卷210 「藩鎭」 「淄青橫海」, 5989~5998면.

369) 『新唐書』 卷210 「藩鎭」 「宣武彰義澤潞」, 5999~6022면.

370) 『新唐書』 卷148 「田弘正傳」, 4781~4784면.

371) 『新唐書』 卷148 「張孝忠傳」, 4767~4769면.

마음으로 나라를 위해 시종 절조를 하나로 유지한 경우라 해서 또 들어내 따로 열전에 넣음으로서 결국 한 번진의 계승 차례가 중단되고 말았으니, 이는 또한 지나치게 따로 나눈 병폐라 할 것이다.

승려 현장(玄奘)의 경우 당대(唐代) 불교의 큰 우두머리이니, 이 어찌 열전이 없을 수 있겠는가? 『구당서』의 경우 「방기(전)(方伎傳)」에 열거해 두었으니[372] 괜찮지만, 『신당서』는 그가 다른 재주가 없다는 이유로 결국 열전을 만들지 않았다. 하지만, 생각해 보면 방(方)이라는 것은 방외(方外)의 뜻이요,[373] 기(伎)라는 것은 재주인데, 재주가 없다고 해도 다만 방외에 그를 둘 수는 없었던 것인가. 내 일찍부터 『신당서』에는 유독 두 승려가 빠져 있다고 언급했는데, 하나는 행적이 고매한 현장이고, 하나는 그릇되게 아첨한 (설)회의(薛懷義)인데, 생각해 보면 역사가가 빠뜨린 일에 속한다고 할 것이다.

---

372) 『舊唐書』 卷191 「方伎傳」, 5087~5114면.

373) 方外는 異域(夷狄의 땅), '세속 사람의 테 밖'의 뜻. 여기서는 후자의 뜻으로 보는 것이 합당하다.

권17

226. 『신당서』에서 『구당서』를 증보한 대목新書增舊書處

오대(五代)는 어지럽고 혼란한 시기였으므로 당(唐)나라에 관한 남겨진 자료나 지나간 사적들에 대해서는 이미 (그것을) 기술하는 사람이 없었고, 남겨진 기록이나 옛 서적들도 또한 거두어 수장하는 사람이 없어, 비록 조서를 내려 현상금을 걸고 구했지만 소득은 얼마 없었으므로, 『구당서(舊唐書)』가 인용해 근거한 자료는 비교적 적었다. 송(宋) 인종(仁宗) 때 태평함이 오래되었고 문화가 흥성하여 민간에 있는 옛날 기록이 많이 세상에 나왔으므로, 『신당서(新唐書)』는 자료를 모은 바가 오히려 많았다. 지금 단지 『신당서』 「예문지(藝文志)」에 실린 것만 보아도, 예컨대 오긍(吳兢)의 『당서비궐기(唐書備闕記)』, 왕언위(王彦威)의 『당전(唐典)』, 장예(蔣乂)의 『대당재보록(大唐宰輔錄)』 『능연공신(전)(凌烟功臣傳)』 『진부십팔학사(전)(秦府十八學士傳)』 『사신(전)(史臣傳)』 등의 전기, 능번(凌璠)의 『당록정요(唐錄

政要)』, 남탁(南卓)의 『당조강령도(唐朝綱領圖)』, 설당(薛璫)의 『당성운도(唐聖運圖)』, 유숙(劉肅)의 『대당신어(大唐新語)』, 이조(李肇)의 『국사보(國史補)』, 임은(林恩)의 『보국사(補國史)』 등 책[1]이 무려 수십 종이나 되고 모두 『구당서』에는 없는 것들이니, 『신당서』가 "문장은 전보다 줄었으나 사적은 전보다 늘었다"[2]는 평가에 그 까닭이 있음을 알 수 있다. 『신당서』와 『구당서』 각 열전을 서로 비교해 보면, 『신당서』가 『구당서』보다 더한 것에 두 종류가 있는데, 하나는 당시 일의 형세, 고래의 정치 요체 및 본인의 현명함 여부에 관한 것으로 싣지 않을 수가 없었던 것이고, 하나는 자질구레한 말과 잡다한 일들인데, (이것은) 단지 박식함을 나타내는 데에 도움이 될 뿐이다. 이제 아래에서 각각 나누어 열거하며, 『신당서』에서 『구당서』 내용을 삭제한 것도 또한 덧붙여 보이겠다.

227. 『신당서』에서 『구당서』를 증보한 것 가운데 중요한 대목 新書增舊書有關係處

대종(代宗)의 「심후전(沈后傳)」을 보면, 적에게 함락된 뒤 (심후의) 소재를 알지 못했다고 하였는데, [趙注 : 『신당서(新唐書)』에서 더하기를] 고력사(高力士)의 딸이 거짓으로 황후라 칭하자, 그녀를 맞아 상양궁(上陽宮)으로 돌아오게 하였다. (고)력사의 아들이 진실이 아닌 것을 알고는 그 사정을 모두 말하니, 조서를 내려 그 일을 관대히 다스리게 했다고 했다.[3]

---

1) 『新唐書』 卷58 「藝文志二」 「乙部史錄」 「雜史類」, 1467면.

2) 『新唐書』 「進唐書表」, 6472~6473면, "臣公亮誠惶誠恐, 頓首頓首 …… 凡十有七年, 成二百二十五卷. 其事則增於前, 其文則省於舊. 至於名篇著目, 有革有因, 立傳紀實, 或增或損, 義類凡例, 皆有據依. 纖悉綱條, 具載別錄. 臣公亮典司事領, 徒費日月, 誠不足以成大典, 稱明詔, 無任慚懼戰汗屛營之至. 臣公亮誠惶誠懼, 頓首頓首謹言. 嘉祐五年六月日 曾公亮."

3) 『新唐書』 卷77 「沈太后傳」, 3501면, "天寶亂, 賊囚后東都掖廷 …… 而河南爲史思

「이밀전(李密傳)」에 [趙注 : 더하기를] (이)밀(李密)은 위공(魏公)이 되어 단을 설치해 즉위하고 영평(永平)으로 연호를 고쳤다고 했다.[4] [趙注 : 또 더하기를] (이)밀이 우문화급(宇文化及)과 강물을 사이에 두고 말하면서 (수나라 양제(煬帝)를) 시해한 일을 꾸짖었다.[5] [趙注 : 또 더하기를] 가윤보(賈潤甫)가 (이밀에게) 흥락창(興洛倉)의 쌀을 절약하여 식량이 떨어져 사람들이 흩어지는 지경에 이르지 않도록 권고했다.[6]

「왕세충전(王世充傳)」에 [趙注 : 더하기를] 양제가 강도(江都)에 이르자 (왕)세충은 강회(江淮) 지역의 여자들을 궁에 바칠 것을 청했다.[7]

「서원랑전(徐圓朗傳)」을 보면, [趙注 : 더하기를] (서)원랑[8]은 팽성(彭城)의 유

明所沒, 遂失后所在. …… 故中官高力士女頗能言禁中事, 與女官李眞一嘗從后游. 李見高, 疑問之, 含糊不堅, 而年狀差似后, 又后嘗削脯哺帝, 傷左指, 高亦嘗剖瓜傷指, 是時宮中無識后者, 於是迎還上陽宮, 馳以聞, 帝喜, 臣皆賀, 力士子知非是, 具言其情, 詔貸之."

4) 『新唐書』 卷84 「李密傳」, 3680면, "(大業 13年 2月)翟讓等乃推密爲主, 建號魏公. 鞏南設壇場, 卽位, 刑牲歃血, 改元永平, 大赦, 其文移稱行軍元帥魏公府. 以讓爲司徒, 邴元眞左長史, 房彦藻右長史, 楊德方左司馬, 鄭德韜右司馬, 單雄信左武候大將軍, 徐世勣右武候大將軍, 祖君彦記室. 城洛口, 周四十里, 居之."

5) 『新唐書』 卷84 「李密傳」, 3683면, "(義寧 2年)五月, 越王侗稱帝, 六月, 宇文化及擁兵十餘萬至黎陽, 侗遣使授密太尉·尙書令·東南道大行臺行軍元帥·魏國公, 令平化及而後入輔, 密受之, 乃引兵東追化及黎陽, 密知化及乏食, 利速戰, 乃持重以老其兵, 使徐世勣保黎陽倉, 化及攻不可下, 密與隔水陣, 遙謂化及曰 : '公家本戎隸破野頭爾, 父子兄弟受隋恩, 至妻公主, 上有失德不能諫, 又虐弑之, 冒天下之惡, 今安往? 能卽降, 尙全後嗣.' 化及默然良久, 乃瞋目鄙語辱密."

6) 『新唐書』 卷84 「李密傳」, 3684면, "初, 密旣殺翟讓, 心稍驕, 不衂士, 素無府庫財, 軍戰勝, 無所賜與, 又厚撫新集, 人心始離, 民食興洛倉者, 給授無檢, 至負取不勝, 委於道, 踐輮狼扈, 密喜, 自謂足食, 司倉賈潤甫諫曰 : '人, 國本; 食, 人天, 今百姓飢捐, 暴骨道路, 公雖受命, 然賴人之天以固國本, 而稟取不節, 敖庾之藏有時而儩, 粟竭人散, 胡仰而成功?' 不聽."

7) 『新唐書』 卷85 「王世充傳」, 3690면, "世充啓帝 : '江淮良家女願備後廷, 無繇進.' 帝喜, 令閱端麗者, 以庫貲爲聘, 費不可校, 署計簿云'敕別用', 有司不敢聞. 具舟送東都宮, 會道路剽奪, 使者苦之, 或沈舟亡去, 世充屛不奏."

8) 徐圓朗(?~623) : 隋 兗州 사람이다. 大業 13년(617) 起兵하여 琅邪以西, 東平以南의 땅을 영유하였다. 처음에 李密에 붙었으나 李密이 패한 후 王世充에 귀부하였다. 후에 唐에 항복하여 兗州總管 魯郡公에 제수되었다. 唐 武德 4년(621) 劉黑闥에 호응하여 기병하고 唐將 盛彦師를 사로잡고 魯王이라 자칭했으나 唐將 李神通·李勣에게

세철(劉世徹)을 맞아 주군으로 삼고자 했다. 때마침 성언사(盛彦師)가 잡혀 (서)원랑의 처소에 있었는데, 두 악인이 결탁하면 화가 해결되지 않을까 염려하여 "공은 적양(翟讓)이 이밀을 등용했다가 죽음을 당한 일을 보지 못했습니까"라고 말했다. (서)원랑은 이에 (유)세철을 꺼리다가 그를 죽였다.[9)]

「방현령전(房玄齡傳)」에 [趙注 : 더하기를] 황제(태종(太宗))[10)]가 창업과 수성 가운데 어느 것이 더 어려운지를 묻자 (방)현령은 창업이 어렵다고 대답하고 위징(魏徵)[11)]은 수성이 어렵다고 응답했다. 황제는 "(방)현령은 나를

패하여 밤에 달아나다 피살되었다.

9)『新唐書』卷86「徐圓朗傳」, 3718면, "圓朗懼, 河間人劉復禮說圓朗曰 : '彭城有劉世徹, 才略不常, 有異相, 士大夫許其必王, 將軍欲自用, 恐敗, 不如迎世徹立之, 功無不濟', 圓朗謂然, 乃迎之, 盛彦師以世徹若聯叛, 禍且不解, 卽謬說曰 : '聞公迎劉世徹, 信乎? 公亡無日矣! 獨不見翟讓用李密哉?' 圓朗信之, 世徹至, 奪其兵, 以爲司馬, 遣徇地, 所至皆下, 忌而殺之."

10) 太宗(599~649, 재위 626~649) : 이름은 李世民이며, 唐高祖 李淵의 둘째 아들이다. 隋末 아버지를 따라 太原에서 기병하여 長安을 점령하였다. 武德 元年(618) 尙書令에 임명되고 秦王에 봉해졌다. 각지에 할거하던 薛仁杲·劉武周·王世充·竇建德·劉黑闥 등을 격파하였다. 武德 9년(626) 玄武門의 변을 일으켜 즉위하였다. 房玄齡·杜如晦·魏徵 등을 宰相으로 임명하였고, 隋가 망한 것을 거울삼아 간언을 받아들이고 인재를 등용하였으며, 吏治에 힘썼다. 이처럼 선정을 베풀어 사회가 안정되고 경제가 발전했는데, 이를 '貞觀之治'라 한다. 貞觀 4년(630) 東突厥을 평정했고, 西北 유목민들이 그를 '天可汗'이라 칭하였다. 이후 吐谷渾과 高昌을 평정하고 吐蕃과 화친하였다. 중기 이후 전쟁이 많았고 점차로 賦役이 늘어났으며, 스스로 교만하여 直臣을 멀리하였다. 昭陵(지금의 陝西省 禮泉縣)에 매장되었으며, 謚號는 文皇帝이다.

11) 魏徵(580~643) : 唐 鉅鹿 下曲陽縣(지금의 河北 晉縣) 사람으로 字는 玄成이다. 젊어서 고아가 되어 가난했으나 학문을 좋아하였다. 隋末 李密을 섬겼다가 후에 李密을 따라 唐에 항복하였다. 후에 竇建德에게 사로잡혔다가 竇建德이 패한 뒤 다시 唐에 돌아와 太子洗馬가 되었다. 太子 李建成에게 秦王 李世民의 奪權을 막으라고 권하였다. 太宗 즉위 후 諫義大夫로 발탁하였다. 성격이 강직하여 알고도 말하지 못하는 바가 없었으며 역대 흥망을 거울삼아 태종에게 현자를 임용하고 아첨꾼을 제거하며 세금을 적게 징수할 것 등을 간언하였다. 전후 200여 차례 간언하여 대개 받아들여졌다. 貞觀 3년(629) 秘書監이 된 후 四部書의 校正을 주도하였다. 貞觀 7년(633) 侍中이 되어 梁·陳·北齊·北周·隋 등의 역사편찬을 책임졌고, 친히『隋書』의 序論과『梁書』『陳書』『北齊書』總論을 찬했다. 후에 鄭國公 特進 知門下省事에 제수되었다. 太子太傅에 임명되었으나 병으로 죽었고, 昭陵에 배장되었다. 저서로는『魏鄭公文集』3卷과『詩集』1卷이 있으며,『群書治要』를 主編하였다. 그의 言論은『貞觀政

따라 천하를 평정했고, (위)징은 나와 함께 천하를 안정시켰으므로 보는 바가 각각 다른 것이다. 그러나 창업의 일은 지나간 것이니, 수성의 어려움은 의당 공 등과 그것을 함께 할 것이다"[12]라고 말했다. 이는 바로 태종이 정치에 대해 도모한 바를 보여 준다.

「허경종전(許敬宗傳)」을 보면, [趙注 : 더하기를] 고종(高宗)이 무후(武后)를 책립하려고 하자 (허)경종이 "농사짓는 사내도 열 곡(斛)의 보리를 더 수확하면 오히려 옛 부인을 바꾸려고 하는데, 천자는 사해를 가질 만큼 부유하니 황후 하나를 세우는 것이 어찌 불가하겠습니까?"라고 말했다[13][趙注 : 이는 바로 그가 군주의 악행에 영합한 것을 보여 준다].

「유인궤전(劉仁軌傳)」을 보면, [趙注 : 더하기를] (유)인궤가 백제(百濟)를 평정한 뒤 고종은 유인원(劉仁愿)을 보내 대신하게 하고 (유인궤를) 돌아오게 했다. (유)인궤는 백제를 막 평정하여 새로 온 군사들이 힘을 얻지 못할까 염려하여 재차 머물러 지키며 주둔할 것을 원했다[14][趙注 : 이는 바로 그가 나라를 위해 충성한 것을 볼 수 있는 부분이다]. 『구당서(舊唐書)』에서는 다만 (유)인원이 군사를 거느리고 바다를 건너 기존 주둔병과 교대하고 (유)인궤는 바로 서쪽으로 돌아왔다고만 썼다.[15]

要』에 보인다.

12) 『新唐書』 卷96 「房玄齡傳」, 3855면, "帝嘗問 : '創業 · 守文孰難?' 玄齡曰 : '方時草昧, 郡雄競逐, 攻破乃降, 戰勝乃剋, 創業則難.' 魏徵曰 : '王者之興, 必乘衰亂, 覆昏暴, 殆天授人與者, 旣得天下, 則安于驕逸, 人欲靜, 徭役毒之; 世方敝, 裒刻窮之, 國繇此衰, 則守文爲難.' 帝曰 : '玄齡從我定天下, 冒百死, 遇一生, 見創業之難, 徵與我安天下, 畏富貴則驕, 驕則怠, 怠則亡, 見守文之不爲易, 然創業之不易, 旣往矣; 守文之難, 方與公等愼之'."

13) 『新唐書』 卷223上 「許敬宗傳」, 6336면, "帝將立武昭儀, 大臣切諫, 而敬宗陰揣帝私, 卽妄言曰 : '田舍子賸穫十斛麥, 尙欲更故婦, 天子富有四海, 立一后, 謂之不可, 何哉?' 帝意遂定."

14) 『新唐書』 卷108 「劉仁軌傳」, 4084면, "時劉仁願爲卑列道總管, 詔率兵度海, 使代舊屯, 與仁軌俱還, 仁軌曰 : '上巡狩方岳, 又經略高麗, 方農時, 而吏與兵悉被代, 新至者未習, 萬一蠻夷生變, 誰與捍之? 不如留舊兵畢穫, 等級遣還, 仁軌當留, 未可去.' 仁願不可. 曰 : '吾但知準詔耳.' 仁軌曰 : '不然, 苟利國家, 知無不爲, 臣之節也.' 因陳便宜, 願留屯, 詔可, 由是以仁願爲不忠."

「저수량전(褚遂良傳)」을 보면, [趙注 : 더하기를] 저수량[16]이 무씨(武氏 : 武后)를 책립하는 것에 대해 간언하며 무씨는 과거에 선제(先帝 : 태종)를 섬겼다고 말하자, 무후가 장막 뒤에서 "어찌 이 오랑캐놈[獠]을 때려죽이지 않는가!"라고 소리쳤다.[17]

「위원충전(魏元忠傳)」을 보면, [趙注 : 더하기를] (위)원충이 다시 재상이 되자 점점 권세 있고 황제의 총애를 받는 사람들을 두려워하며 예전처럼 올바름을 지킬 수 없었는데, 원초객(袁楚客)이 편지로 그를 경계하니, 그 문장을 모두 실었다.[18]

「내제전(來濟傳)」을 보면, [趙注 : 더하기를] 무후를 책립하는 것에 대해 간언하면서 한(漢)나라 성제(成帝)가 여종을 황후로 삼은 고사를 인용했다.[19]

---

15) 『舊唐書』 卷84 「劉仁軌傳」, 2795면, "又遣劉仁願率兵渡海, 與舊鎭兵交代, 仍授扶餘隆熊津都督."

16) 褚遂良(596~658 혹은 597~659) : 唐 杭州 錢塘縣 사람으로 祖籍은 陽翟이며, 字는 登善이다. 文史를 널리 섭렵하였으며 예서와 해서에 능하였다. 貞觀 연간 서예에 능해 太宗의 주목을 받았다. 諫義大夫 兼 知起居事, 黃門侍郎을 역임하고 貞觀 22년(648) 中書令이 되었다. 다음해 長孫無忌와 함께 顧命을 받아 高宗을 옹립하고 보좌하여 河南郡公에 봉해졌다. 永徽 3년(652) 吏部尙書 同中書門下三品 監修國史가 되었고, 후에 尙書右僕射가 되었다. 永徽 6년(655) 王皇后의 폐립과 武昭儀의 皇后책립에 반대하여 愛州刺史로 좌천되었다. 歐陽詢·虞世南·薛稷과 함께 唐初四大家로 불리며, 후세 서예에 미친 영향이 크다. 『全唐文』에 31편의 문장과 『全唐詩』에 1수의 詩가 전한다.

17) 『新唐書』 卷105 「褚遂良傳」, 4028~4029면, "帝將立武昭儀, 召長孫無忌·李勣·于志寧及遂良入, 或謂無忌當先諫, 遂良曰 : '太尉, 國元舅, 有不如意, 使上有棄親之譏.' 又謂勣上所重, 當進, 曰 : '不可. 司空, 國元勳, 有不如意, 使上有斥功臣之嫌.' 曰 : '吾奉遺詔, 若不盡愚, 無以下見先帝.' 旣入, 帝曰 : '罪莫大於絶嗣, 皇后無子, 今欲立昭儀, 謂何?' 遂良曰 : '皇后本名家, 奉事先帝. 先帝疾, 執陛下手語臣曰 : '我兒與婦今付卿!' 且德音在陛下耳, 可遽忘之? 皇后無它過, 不可廢.' 帝不悅, 翌日, 復言, 對曰 : '陛下必欲改立后者, 請更擇貴姓, 昭儀昔事先帝, 身接帷第, 今立之, 奈天下耳目何?' 帝羞默, 遂良因致笏殿階, 叩頭流血, 曰 : '還陛下此笏, 丐歸田里.' 帝大怒, 命引出, 武氏從幄後呼曰 : '何不撲殺此獠?' 無忌曰 : '遂良受顧命, 有罪不加刑.' 會李勣議異, 武氏立, 乃左遷遂良潭州都督."

18) 『新唐書』 卷122 「魏元忠傳」, 4345~4348면, "初, 元忠相武后, 有淸正名, 至是輔政, 天下傾望, 冀幹正王室, 而稍憚權倖, 不能賞善罰惡, 譽望大減, 陳郡男子袁楚客者以書規之曰, …… 元忠得書益慚."

19) 『新唐書』 卷105 「來濟傳」, 4031~4032면, "帝將以武氏爲后, 濟諫曰 : '王者立后, 以

「한원전(韓瑗傳)」을 보면, [趙注 : 더하기를] 무후를 책립하는 것에 대해 간언하면서 종주(宗周)의 포사(褒姒)[20]를 인용해 말했다.[21]

「육상선전(陸象先傳)」을 보면, [趙注 : 더하기를] 현종(玄宗)이 처음 즉위했을 때 태평공주(太平公主)가 그를 폐위하고자 하여 재상들을 불러 논의하며 "영왕(寧王)[22]이 장성했으니 마땅히 옹립해야 합니다"라고 말했다. 육상선[23]은 "황제께서 어떻게 제위에 오를 수 있었습니까?"라고 묻자 (태평공주가) "일시 공이 있었지요"라고 대답했다. (육)상선이 "공이 있어 옹립했다면 폐위는 반드시 죄가 있어야 합니다. 지금 (황제께서) 죄가 있음을 듣지 못했는데, 어찌 폐위할 수 있겠습니까"[24]라고 했다.

「소정전(蘇頲傳)」을 보면, [趙注 : 더하기를] 토번(吐蕃)이 변경을 노략질하자

承宗廟・母天下, 宜擇禮義名家・幽閑令淑者, 副四海之望, 稱神祇之意, 故文王興姒, 關雎之化, 蒙被百姓, 其福如彼; 成帝縱欲, 以婢爲后, 皇統中微, 其禍如此, 惟陛下詳察'."

20) 褒姒 : 西周의 마지막 왕인 幽王의 총희이다. 왕의 총애를 받아 아들 伯服을 낳자, 유왕은 왕비 申后와 태자 宜臼를 폐하고, 포사를 왕비로 삼고 백복을 태자로 삼았다. 이에 신후의 아버지 申侯가 격분하여 B.C. 771년 犬戎의 도움을 받아 유왕을 공격하였으며, 결국 서주는 멸망하게 된다.

21) 『新唐書』 卷105 「韓瑗傳」, 4030면, "明日復諫曰 : '王者立后, 配天地, 象日月, 匹夫匹婦尙知相擇, 況天子乎? 詩云 : '赫赫宗周, 褒姒之之.' 臣讀至此, 常輟卷太息, 不圖本朝親見此禍, 宗廟其不血食乎!' 帝大怒, 詔引出."

22) 唐玄宗은 睿宗의 셋째 아들이며, 어머니는 皇后가 아닌 德妃였다(『新唐書』 卷76 「睿宗昭成竇皇后傳」, 3489면, "后婉淑, 尤循禮則. 帝爲相王, 納爲孺人; 卽位, 進德妃. 生玄宗及金仙、玉眞二公主"). 睿宗과 皇后에게서 난 嫡長子가 바로 寧王이었다(『新唐書』 卷76 「睿宗肅明劉皇后傳」, 3489면, "睿宗肅明順聖皇后劉氏, 祖德威, 自有傳. 儀鳳中, 帝在藩, 納爲孺人, 俄爲妃. 生寧王、壽昌代國二公主").

23) 陸象先(665~736) : 唐 蘇州 吳縣(지금의 江蘇省 蘇州市) 사람으로 原名은 景初이다. 制科에 高第로 합격하여 揚州參軍이 된 후 監察御史로 임명되었다. 景雲 2년(711) 中書侍郎 同平章事로 승진하였다. 玄宗 즉위 후 兗國公에 봉해졌다. 후에 益州長史 劍南按察使가 되었고 戶部尙書・太子太保 등을 역임하였다.

24) 『新唐書』 卷116 「陸象先傳」, 4236~4237면, "公主旣擅權, 宰相爭附之, 象先未嘗往謁; 及謀逆, 召宰相議, 曰 : '寧王長, 不當廢嫡立庶.' 象先曰 : '帝得立, 何也?' 主曰 : '帝有一時功, 今失德, 安可不廢?' 對曰 : '立以功者, 廢必以罪, 今不聞天子過失, 安得廢?' 主怒, 更與竇懷貞等謀, 卒誅死. 時象先與蕭至忠・岑羲等坐爲主所進, 將同誅, 玄宗遽召免之, 曰 : '歲寒然後知松柏之後凋也!' 以保護功, 封兗國公, 賜封戶二百."

현종은 스스로 그들을 토벌하고자 했는데, 소정[25]이 극력 간언하여 불가하다고 하자 곧 그만두었다.[26]

「이경백전(李景伯傳)」에 [趙注 : 더하기를] 당시 도독(都督)을 설치하자고 건의하는 사람이 있었는데, 이경백[27]은 도독이 죽이고 살리는 권한을 마음대로 하여 권세가 매우 무거우므로 직위를 받은 사람이 적합한 자가 아닐 경우 잘못이 생기기 쉽다고 주장했다. 마땅히 도독을 없애야 하고, 어사(御史)에게 조사하고 살피는 일을 맡기면 관직은 낮으나 임무가 중요하므로 간사한 무리를 제어할 수 있을 것이라고 했다. 이로 해서 도독을 없애게 되었다.[28]

「요숭전(姚崇傳)」을 보면, [趙注 : 더하기를] 현종이 요숭[29]을 재상으로 삼으

---

25) 蘇頲(670~727) : 唐 雍州 武功縣 사람으로 字는 廷碩이다. 武則天 때 進士로 급제하고 賢良方正科에도 합격하였다. 監察御史, 中書舍人 修文館學士를 역임하였다. 玄宗 즉위 후 中書舍人 知制誥가 되었고 아버지의 작위를 이어받아 許國公이 되었다. 開元 4년(716) 同平章事가 되어 宋璟과 국정을 담당하였다. 후에 재상에서 물러나 禮部尙書가 되었다가 檢校益州大都督府長史가 되었다. 開元 13년(725) 禮部尙書로서 吏部의 인사문제를 分掌하였다.

26) 『新唐書』 卷125 「蘇頲傳」, 4400면, "吐蕃盜邊, 諸將數敗, 虜益張, 秣騎內侵, 帝怒, 欲自將兵討之, 頲諫曰 : '古稱荒服, 取荒忽之義, 非常奉職貢也, …… 高帝以爲愛我, 今將相大臣, 豈無爲陛下宣力者, 何親行之遽邪?' 不省."

27) 李景伯 : 唐 邢州 柏仁縣(지금의 河北省 隆堯縣 서쪽) 사람이다. 景龍中 給事中과 諫義大夫를 역임했다. 中宗이 侍臣과 朝集使를 모아 연회를 베풀며 詞를 짓도록 하여 대개 아첨하는 내용을 지었는데, 홀로 諫言하여 진정한 諫官이라고 칭해졌다. 景雲中 太子右庶子가 되어 지방의 都督을 폐지하고 御史를 두어 감찰하도록 건의하였다. 후에 散騎常侍를 역임했는데, 開元 연간에 죽었다.

28) 『新唐書』 卷116 「李景伯傳」, 4244~4245면, "景雲中, 進太子右庶子, 時有建言置都督府非是, 詔羣臣普議, 景伯與太子舍人盧俌議 : '今天下諸州分隸都督, 專生殺刑賞, 使授非其人, 則權重釁生, 非彊幹弱枝 · 經邦軌物之誼, 願罷都督, 留御史, 以時按察, 秩卑任重, 以制姦宄便.' 繇是停都督, 終右散騎常侍."

29) 姚崇(650~721) : 唐 陝州 硤石縣(지금의 河南省 峽縣 동남) 사람으로 본명은 元崇, 字는 元之이다. 濮州司倉, 夏官郎中을 역임하고 聖曆 元年(698) 夏官侍郎 同平章事에 제수되었다. 神龍 元年(705) 張易之 형제를 주살하고 中宗 복위에 참여하여 亳州와 許州 등의 刺史를 역임하였다. 睿宗 즉위 후 兵部尙書 同中書門下三品, 中書令을 역임하였다. 太平公主에게 미움을 사서 申州 등의 刺史를 역임하다가 開元 2년(713) 세 번째로 재상이 되어 兵部尙書를 겸했다. 年號 開元의 '元' 자를 피하여 이름을 崇으로 바꿨다. 내정개혁에 힘써 開元之治를 이루는데 공헌했으며, 開元 4년(715)

려고 하자 (요)숭은 먼저 열 가지 일을 가지고 현종을 대했다[趙注 : 이는 재상 업무의 시작이 되는데, 그러나 『구당서』에서는 싣지 않았다].[30] [趙注 : 또 더하기를] (요)숭이 황제(곧, 현종) 앞에서 낭리(郎吏)의 서열을 매겨 관직에 나아가게 했는데, 황제는 이를 돌아보지 않고 나중에 고력사에게 "나는 (요)숭에게 큰 정치를 맡겼는데, 이러한 작은 일로 하필 (직위를) 더럽히는가"라고 했다[趙注 : 이는 현종이 재상에게 전권을 맡긴 것을 보인 것이다].[31]

「송경전(宋璟傳)」을 보면, [趙注 : 더하기를] (송)경은 학령전(郝靈佺)이 묵철(默啜)을 참수한 공에 대해서 상을 주려하지 않았는데, 천자가 변방에서 공을 세우는 것을 총애하도록 이끌까 염려했기 때문이었다[32][趙注 : 이는 대신이 멀리 생각하는 것을 보인 것이다. 또 더하기를] 장가정(張嘉貞)은 재상이었을 때 서류를 읽다가 (송)경의 올바르고 절실한 말을 보고는 저도 모르게 소리 내어 탄식했다.[33]

「한휴전(韓休傳)」을 보면, [趙注 : 더하기를] 황제가 일찍이 후원에서 사냥을

宋璟을 추천하여 자신을 대신하게 하였다. 文集 10卷이 있으나 亡佚되었다.

30) 『新唐書』 卷124 「姚崇傳」, 4383면, "時帝亦密召崇, 崇至 ……, 帝曰 : '卿宜遂相朕.' 崇知帝大度, 銳于治, 乃先設事以堅帝意, 卽陽不謝, 帝怪之. 崇因跪奏, '臣願以十事聞, 陛下度不可行, 臣敢辭.' 帝曰 : '試爲朕言之.' 崇曰 : '垂拱以來, 以峻法繩下; 臣願政先仁恕, 可乎? 朝廷覆師青海, 未有牽復之悔; 臣願不倖邊功, 可乎? 比來壬佞冒觸憲網, 皆得以寵自解; 臣願法行自近, 可乎? 后氏臨朝, 喉舌之任出閹人之口; 臣願宦豎不與政, 可乎? 戚里貢獻以自媚于上, 公卿方鎭寖亦爲之; 臣願租賦外一絶之, 可乎? 先朝褻狎大臣, 虧君臣之嚴; 臣願陛下接之以禮, 可乎? 燕欽融、韋月將以忠被罪, 自是諍臣沮折; 臣願羣臣皆得批逆鱗, 犯忌諱, 可乎? 武后造福先寺, 上皇造金仙、玉眞二觀, 費鉅百萬; 臣請絶道佛營造, 可乎? 漢以祿、莽、閻、梁亂天下, 國家爲甚; 臣願推此鑒戒爲萬代法, 可乎?' 帝曰 : '朕能行之.' 崇乃頓首謝. 翌日, 拜兵部尙書・同中書門下三品, 封梁國公, 遷紫微令, 固辭實封, 乃停舊食, 賜新封百戶."

31) 『新唐書』 卷124 「姚崇傳」, 4384면, "崇嘗於帝前序次郎吏, 帝左右顧, 不主其語, 崇懼, 再三言之, 卒不答, 崇趨出, 內侍高力士曰 : '陛下新卽位, 宜與大臣裁可否, 今崇亟言, 陛下不應, 非虛懷納誨者.' 帝曰 : '我任崇以政, 大事吾當與決, 至用郎吏, 崇顧不能而重煩我邪?' 崇聞乃安, 由是進賢退不肖而天下治."

32) 『新唐書』 卷124 「宋璟傳」, 4394면, "聖曆後, 突厥默綴負其彊, 數窺邊, 侵九姓拔曳固, 負勝輕出, 爲其狙擊斬之, 入蕃使郝靈佺傳其首京師, 靈佺自謂還必厚見賞, 璟顧天子方少, 恐後干寵蹈利者夸威武, 爲國生事, 故抑之, 踰年, 纔授右武衛郎將, 靈佺恚憤不食死."

33) 『新唐書』 卷124 「宋璟傳」, 4394면, "張嘉貞後爲相, 閱堂案, 見其危言切議, 未嘗不失聲歎息."

하거나 혹은 연회를 베풀 때에는 반드시 좌우를 보고 "한휴(韓休)[34]가 이를 아느냐"라고 물었다. 황제가 일찍이 거울을 당겨 보며 즐거워하지 않자, 좌우(신하들)가 (한)휴가 재상이 된 이후로 폐하께서는 하루도 기쁜 날이 없었다고 말했다. 이에 황제는 "나는 비록 수척해졌지만 천하는 풍족해졌다"라고 말했다.[35]

「장구령전(張九齡傳)」을 보면, [趙注 : 더하기를] 무혜비(武惠妃)가 태자 (이)영(李瑛)을 모함하고 사사로이 사람을 시켜 (장)구령에게 말하니, (장)구령이 바로 그 사실을 상주하였고 황제(현종)가 동요하는 기색이 있었다. 따라서 결국 (장)구령이 재상이 되어서는 태자가 해를 입지 않을 수 있었다.[36]

「배요경전(裴耀卿傳)」을 보면, [趙注 : 더하기를] 현종이 봉선(封禪)을 행한 뒤 장열(張說)에게 "회주자사(懷州刺史) 왕구(王邱)는 살아 있는 희생[餼牽] 이외에는 다른 것을 바치지 않았으니, 나는 그가 은혜를 사려하지 않는다는 사실을 안다. 위주자사(魏州刺史) 최면(崔沔)은 휘장을 바치는데 금박수를 써서 만들지 않았으니, 나에게 검소함을 보인 것이다. 제주자사(濟州刺史) 배요경[37]은 글을 올려 백성을 어지럽게 하면 공을 이루었다고 아뢸 수

---

34) 韓休(673~740) : 唐 雍州 長安縣 사람이다. 文經邦國科 및 賢良方正科에 급제하여 左補闕에 발탁되었고, 中書舍人과 虢州刺史를 역임하였다. 開元 21년(733) 黃門侍郎 同平章事가 되었다. 누차 玄宗에게 간언하였다. 같은 해 蕭嵩과 玄宗 앞에서 쟁론하다가 蕭嵩의 단점을 말하여 玄宗의 노여움을 사서 宰相에서 물러나 工部尙書로 좌천되고 太子少師로 임명되었다가 죽었다. 『全唐文』에 10편의 문장과 『全唐詩』에 3수의 詩가 전한다.

35) 『新唐書』 卷126 「韓休傳」, 4433면, "帝嘗獵苑中, 或大張樂, 稍過差, 必視左右曰 : '韓休知否?' 已而疏輒至, 嘗引鑑, 默不樂, 左右曰 : '自韓休入朝, 陛下無一日歡, 何自戚戚, 不逐去之?' 帝曰 : '吾雖瘠, 天下肥矣, 且蕭嵩每啓事, 必順旨, 我退而思天下, 不安寢. 韓休敷陳治道, 多許直, 我退而思天下, 寢必安, 吾用休, 社稷計耳.' 後以工部尙書罷."

36) 『新唐書』 卷126 「張九齡傳」, 4429면, "武惠妃謀陷太子瑛, 九齡執不可. 妃密遣宦奴牛貴兒告之曰 : '廢必有興, 公爲援, 宰相可長處.' 九齡叱曰 : '房幄安有外言哉!' 遽奏之, 帝爲動色, 故卒九齡相而太子無患."

37) 裴耀卿(681~743) : 唐 絳州 稷山縣 사람으로 字는 煥之이다. 8세에 童子擧에 합격하였다. 睿宗 즉위 후 國子主簿가 되었고 開元初 長安令에 임명되었다. 이후 濟州・宣州・冀州 등지의 刺史를 역임했는데 모두 선정을 베풀었다. 戶部侍郎을 거쳐 開元

없다 했으니, 이는 그가 백성들을 아낀 것이다"라고 말했다.[38)]

「오긍전(吳兢傳)」을 보면, [趙注 : 더하기를] (오)긍이 『측천실록(則天實錄)』을 편찬하면서, 장창종(張昌宗)이 위원충이 불순한 말을 했다고 무고하면서 장열의 말을 끌어다 증거로 삼았는데, (장)열이 이미 이를 인정했다가 송경(宋璟)이 여러 번 그렇게 하지 말 것을 권하자 (장)열은 비로소 (위)원충이 그러한 말을 한 적이 없음을 밝혔다고 썼다. 나중에 (장)열이 재상이 되어 (오긍에게) 그 대목을 고쳐 달라고 사사로이 부탁했는데, (오)긍이 "공의 청을 따르면 어찌 실록이라 명명할 수 있겠습니까"라고 말하며 끝내 고치지 않았다. 세상에서는 그를 오늘날의 동호(董狐[39)])라고 불렀다.[40)]

「마회소전(馬懷素傳)」을 보면, [趙注 : 더하기를] 동시에 책을 편찬한 사람 수십 명의 이름을 열전 말미에 모두 기록했다.[41)]

20년(732) 京兆尹이 되고 다음 해 黃門侍郎 同平章事 江淮河南轉運使가 되었다. 關中의 지형이 험하여 江淮지역에서의 漕運이 어려웠는데, 黃河 연안에 창고를 설치하여 육로로 옮기는 방법을 사용하여 三門峽의 험함을 피하였다. 3년 동안 7百 萬石의 米를 운반하였고 운반비 30萬 緡을 절약하였다. 開元 24년(736) 尙書左丞相과 尙書右僕射를 역임하였다.

38) 『新唐書』 卷127 「裴耀卿傳」, 4452면, "封禪還, 次宋州, 宴從官, 帝歡甚, 謂張說曰 : '前日出使巡天下, 觀風俗, 察吏善惡, 不得實. 今朕有事岱宗, 而懷州刺史王丘餼牽外無它獻, 我知其不市恩也; 魏州刺史崔沔遣使供帳, 不施錦繡, 示我以儉, 此可以觀政也; 濟州刺史裴耀卿上書數百言, 至曰'人或重擾, 則不足以告成', 朕置書座右以自戒, 此其愛人也'."

39) 董狐 : 春秋時代 晉나라의 太史. 靈王이 趙穿에게 살해되었을 때, 이를 치지 않고 임금에게 간하지도 않은 上卿 趙盾의 행위를 죄라고 直筆하여, 후세에 良史로 평가되었다. 『史記』 卷39 「晉世家」, 1675면, "乙丑, 盾昆弟將軍趙穿襲殺靈公於桃園而迎趙盾. 趙盾素貴, 得民和; 靈公少, 侈, 民不附, 故爲弑易. 盾復位. 晉太史董狐書曰 '趙盾弑其君', 以視於朝. 盾曰 : '弑者趙穿, 我無罪.' 太史曰 : '子爲正卿, 而亡不出境, 反不誅國亂, 非子而誰?' 孔子聞之, 曰 : '董狐, 古之良史也, 書法不隱. 宣子, 良大夫也, 爲法受惡. 惜也, 出疆乃免.'"

40) 『新唐書』 卷132 「吳兢傳」, 4529면, "初與劉子玄撰定『武后實錄』, 張昌宗誘張說誣證魏元忠事, 頗言 '說已然可, 賴宋璟等邀勵苦切, 故轉禍爲忠, 不然, 皇嗣且殆.' 後說爲相, 讀之, 心不善, 知兢所爲, 卽從容謬謂曰 : '劉生書魏齊公事, 不少假借, 奈何?' 兢曰 : '子玄已亡, 不可受誣地下. 兢實書之, 其草故在.' 聞者歎其直. 說屢以情蘄改. 辭曰 : '徇公之情, 何名實錄?' 卒不改. 世謂今董狐云."

41) 『新唐書』 卷199 「馬懷素傳」, 5682면, "行沖知麗正院, 又奏紹伯、利徵、彦直、踐

「양신긍전(楊愼矜傳)」을 보면, [趙注 : 더하여] 양신긍[42]이 죄를 얻은 이유를 썼다. 그의 집에서 내보낸(팔아버린) 여종이 입궁하게 되었는데 그와 술사 사경충(史敬忠)이 서로 왕래한 일을 상주해 아뢰어 현종이 노했기 때문이었다. 양국충(楊國忠)[43]은 몰래 이를 알고 왕홍(王鉷)[44]에게 말하여 그 죄를 고발하도록 했다.[45]

「양국충전(楊國忠傳)」을 보면, [趙注 : 더하기를] (양)국충이 운남(雲南)의 정벌에 대한 논의를 주도하며 군사를 모으는 것이 참혹하였으니, 주현(州縣)의 관리는 가난하고 약한 자를 불러 모으기에 이르렀고, 포승이 집안에

猷、行果、子釗、直、哭、述、瀞、玄默、欽、良金與朝邑丞馮朝隱、冠氏尉權寅獻、祕書省校書郎孟曉、揚州兵曹參軍韓覃王嗣琳、福昌令張悱、進士崔藏之入校麗正書. 由是祕書省罷撰緝, 而學士皆在麗正矣."

42) 楊愼矜(?~747) : 唐 長安 사람이며, 隋煬帝의 玄孫이다. 開元中 汝陽令이 되었고, 監察御史・侍御史를 역임했으며 太府의 출납을 관장하였다. 天寶 2년(743) 諫義大夫, 御史中丞, 戶部侍郎 兼 諸道鑄錢使가 되어 太府의 출납을 관장하였다. 후에 李吉甫에게 미움을 받아 王鉷과 함께 隋를 부흥한다고 무고당하여 詔書에 따라 자결하였다.

43) 楊國忠(?~756) : 唐 蒲州 永樂縣 사람으로 본명은 釗이며, 楊貴妃의 堂兄이다. 天寶初 楊貴妃가 총애를 얻자 金吾衛兵曹參軍에서 監察御史・御史中丞으로 승진하였다. 李林甫와 결탁하여 잇달아 大獄을 일으키고 貴臣을 축출하였다. 天寶 11년(752) 李林甫가 죽자 右相 兼 吏部尙書가 되었으며 전후 40여 使를 거느렸고, 判度支領節度를 겸임하고 衛國公에 봉해졌다. 그와 누이 虢國夫人・韓國夫人・秦國夫人, 형 楊銛 5家의 富貴가 매우 성하였다. 또 玄宗에게 아부하고 私黨을 만들어 뇌물을 주고 받는 등 전횡을 저질렀다. 天寶 14년(755) 安祿山이 楊國忠 토벌을 명분으로 반란을 일으키자 玄宗을 따라 蜀으로 도망가던 중 馬嵬驛에서 사병들에게 살해되었다.

44) 王鉷(?~752) : 唐 太原府 祁縣 사람이다. 開元 연간 鄠縣尉・監察御史・戶部員外郞을 역임하였다. 天寶 연간 京城和市和糴使, 戶口色役使, 兼京畿關內採訪等使 御史中丞이 되었다. 당시 宰相 李林甫에 붙어 그의 수족이 되었다. 백성들에게 租稅를 지나치게 많이 거둬들여 天子와 內宮의 비용을 공급하였는데, 玄宗은 그의 富國之術 때문에 더욱 총애하였다. 天寶 9년(750) 御史大夫 兼 京兆尹으로 임명되고 20여 使職을 겸하였다. 후에 아우 王銲의 不法에 연좌되어 賜死되었다.

45) 『新唐書』 卷134 「楊愼矜傳」, 4563면, "明年, 愼矜父冢草木皆流血, 懼, 以問所善胡人史敬忠. 敬忠使身桎梏, 裸而坐林中厭之; 又言天下且亂, 勸愼矜居臨汝, 置田爲後計. 會婢春草有罪, 將殺之, 敬忠曰 : '勿殺, 賣之可市十牛, 歲耕田十頃.' 愼矜從之. 婢入貴妃姊家, 因得見帝. 帝愛其辯惠, 留宮中, 寢侍左右. 帝常問所從來, 婢奏爲愼矜家所賣. 帝曰 : '彼乏錢邪?' 對曰 : '固將死, 賴史敬忠以免.' 帝素聞敬忠挾術, 問質其然. 婢具言敬忠夜過愼矜, 坐廷中, 步星變, 夜分乃去; 又白厭勝事. 帝怒. 而婢漏言於楊國忠, 國忠・鉷方睦, 陰相語."

까지 이르러 형틀에 채워 군대 앞에 보내졌고, 도망자가 생기면 곧 호송한 관리에게 그를 대신하게 하였다.[46)] [趙注 : 또 더하기를] (양)국충이 안록산(安祿山)을 평장사(平章事)로 임명해 (조정에) 들어와 보정을 맡도록 청하여 이미 조서의 초안이 완성되었는데, 황제(현종)가 보구림(輔璆林)을 보내 (안록산의 상황을) 엿보게 했다. (보)구림이 뇌물을 받고는 돌아와 (안)록산이 반란을 일으키지 않을 것이라고 말하자 황제는 드디어 이전의 조서를 불살랐다.[47)]

「곽자의전(郭子儀傳)」을 보면, [趙注 : 더하기를] 섬군(陝郡)을 수복할 때 그의 아들 (곽)간(郭旰)이 적과 싸우다 죽었다.[48)]

「유안전(劉晏傳)」을 보면, [趙注 : 더하기를] 유안[49)]은 양양(襄陽)에 있으면서 (반란을 일으킨) 영왕(永王) 이린(李璘[50)])이 주는 관직을 사양했다. 채방사

---

46) 『新唐書』 卷206 「楊國忠傳」, 5850면, "國忠歲遣宋昱·鄭昂·韋儇以御史迫促, 郡縣吏窮無以應, 乃詭設餉召貧弱者, 密縛置室中, 衣絮衣, 械而送屯, 亡者以送吏代之, 人人思亂."

47) 『新唐書』 卷206 「楊國忠傳」, 5851면, "已草詔, 帝使謁者輔璆琳覘祿山, 未還, 帝致詔坐側. 而璆琳納金, 固言不反. 帝謂國忠曰 : '祿山無二心, 前詔焚之矣.'"

48) 『新唐書』 卷137 「郭子儀傳」, 4600면, "賊安守忠壁永豊倉, 子儀遣子旰與戰, 多殺至萬級, 旰死于陣. 於是關·陝始通."

49) 劉晏(715~780) : 唐 曹州 南和縣(지금의 山東省 東明縣 동북) 사람으로 字는 士安이다. 7세에 神童科에 급제하여 秘書省正字에 제수되었고, 天寶中 賢良方正科에 합격하여 溫縣令이 되었다. 上元初 戶部侍郎 兼 京兆尹 度支鹽鐵等使에 임명되었다가 후에 通州刺史로 좌천되었다. 寶應 2년(763) 吏部尙書 同平章事 領度支鹽鐵轉運租庸使가 되었다. 宦官 程元振과 사이가 좋아 재상에서 면직되어 江淮等道轉運租庸鹽鐵常平等使가 되었다. 理財에 힘써 漕運을 개혁하고 汴水를 준설하였다. 分段轉運法을 행하여 해마다 江淮의 양곡 40萬斛을 關中으로 운반하였다. 또 鹽政을 정리하고 常平法을 시행하였으며 이름 없는 加斂을 없앴다. 吏部尙書가 되어 經濟에 능한 인사들을 선발하여 기용하였으며, 안사의 난 이후 고갈되었던 財政을 확충하는데 기여하였다. 德宗 즉위 후 楊炎의 모함으로 죽었다. 『全唐文』에 4편의 문장과 『全唐詩』에 2수의 詩가 전한다.

50) 李璘(?~757) : 唐 玄宗의 열여섯째 아들이다. 어려서 어머니를 잃어 형 忠王 李璵가 길렀다. 開元 13년(725) 永王에 봉해졌다. 天寶 14년(755) 安祿山이 반란을 일으키고 다음해 玄宗이 蜀으로 도망가면서 山南東路와 嶺南·黔中·江南西路四道節度採訪等使 江陵大都督으로 임명하였다. 江陵에 이르러 관리를 두고 수만의 군사를 모집하였으며 江淮의 租賦를 운용하였다. 肅宗이 靈武에서 즉위한 후 그에게 蜀으로 갈 것

(採訪使)[51] 이희언(李希言)을 위하여 항주(杭州)를 지키니, (영왕 이)린은 그 방비가 잘 되어 있음을 듣고는 마침내 서쪽으로 달아났다.[52) [趙注 : 또 더하기를] (유)안이 장부[計賬]를 관리하기 위해 등용한 사람은 모두 선비였다. 일찍이 "선비에게는 작록이 있으니 명예가 이익보다 중요하고, 서리에게는 영진(榮進)이 없으니 이익이 명예보다 더 중요하다"라고 말했다.[53] [趙注 : 또 더하기를] 열전 말미에 한회(韓洄), 원수(元琇), 배전(裴腆), 이형(李衡), 포길(包佶), 노징(盧徵), 이약초(李若初) 등을 붙였는데, 이들은 모두 (유)안이 발탁하여 기용한 사람이며, 나중에 전운사(轉運使)[54] 등의 사직(使職)을 맡는 경우가 많았고, (유)안이 시행한 구법에 따라 나라를 이롭게 했던 사람들이었다고 했다.[55]

「최환전(崔渙傳)」을 보면, [趙注 : 더하기를] (최)환은 원재(元載)가 권력을 믿고 자기 당파를 세웠음을 탄핵하는 상소를 상주하였으니,[56] 바로 그가 옳지

을 명했으나 이를 듣지 않고 기병하여 帝位를 다투었다. 水軍을 이끌고 동쪽으로 내려갔으나 다음해 패하여 죽었다.

51) 採訪使 : 採訪處置使라고도 한다. 唐前期 按察使 등에게 지방을 巡省하게 했는데, 開元 2년(714) 처음으로 10道에 十道按察採訪處置使를 두었다. 이후 폐지되었다가 開元 20년(732)에 다시 採訪處置使를 두고 15道로 나누었는데, 州縣관리를 감찰하게 하여 職權이 무거워졌다. 乾元 元年(758) 觀察處置使(觀察使)로 개칭되었다.

52) 『新唐書』 卷104 「劉晏傳」, 4793~4794면, "晏至吳郡而璘反, 乃與採訪使李希言謀拒之. 希言假晏守餘杭, 會戰不利, 走依晏. 晏爲陳可守計, 因發義兵堅壁. 會王敗, 欲轉略州縣, 聞晏有備, 遂自晉陵西走."

53) 『新唐書』 卷149 「劉晏傳」, 4795면, "雖權貴干請, 欲假職仕者, 晏厚以稟入奉之, 然未嘗使親事, 是以人人勸職. 嘗言 : '士有爵祿, 則名重於利; 吏無榮進, 則利重於名.' 故檢劾出納, 一委士人, 吏惟奉行文書而已."

54) 轉運使 : 使職名. 唐 先天 2년(713) 처음으로 水陸發運使를 두어 洛陽과 長安 사이의 漕運을 관장하게 하였다. 開元 22년(734) 裴耀卿을 江淮河南轉運使로 삼아 東南水陸運輸를 담당하게 하였다. 또 諸道轉運使를 두어 전국의 곡물의 조달을 맡게 하였다. 安史의 난 이후 각지에 巡院을 설치하였다. 轉運의 경비는 대개 鹽鐵 수입에서 비롯되었기 때문에 늘 鹽鐵使를 겸하게 되어 鹽鐵轉運使로 불렸으며, 일반적으로 宰相을 충임하였고, 唐後期 중앙의 최고 재무장관이 되었다. 五代 後唐 때 각지 巡院에 있는 三司使를 폐지하고 諸道에 轉運使를 설치하여 해당 道의 財政을 총괄하게 하였다.

55) 『新唐書』 卷149 「劉晏傳」, 4797면, "晏歿二十年, 而韓洄 · 元琇 · 裴腆 · 李衡 · 包佶 · 盧徵 · 李若初繼掌財利, 皆晏所辟用, 有名於時."

56) 『新唐書』 卷120 「崔渙傳」, 4318~4319면, "元載輔政, 與中官董秀槃結固寵, 渙疾

못한 행동을 싫어했음을 보인 것이다.

「풍앙전(馮盎傳)」을 보면, [趙注 : 더하기를] 정관(貞觀) 연간에 어떤 사람이 풍앙[57]이 모반한다고 고하자 황제(곧, 태종)가 그를 토벌하려고 했으나, 위징이 힘을 다해 그가 모반하지 않을 것임을 보증했다. 이에 사신을 보내 (풍)앙을 설득하자 (풍)앙은 과연 아들을 보내 입시[入侍]하게 했다. 황제는 "(위)징의 말 한 마디가 십만 군사보다 강하다"라고 말했다.[58]

「아사나사이전(阿史那社爾傳)」을 보면, [趙注 : 더하기를] 함께 출정한 사람 가운데 곽효각(郭孝恪)이 있었는데, 군중에 있으면서 침상과 휘장, 기용(器用)을 금과 옥으로 많이 꾸며 아사나사이[59]에게 주었으나, (아사나)사이가 받지 않았다. 황제는 이를 듣고 "두 장수의 우열을 다른 사람에게 물을 필요

之, 因進見, 慨然論載姦. 代宗曰 : '載雖非重愼, 然協和中外無間然, 能臣也.' 對曰 : '和之爲貴者, 由禮節也, 不節之以禮, 焉得和? 今干戈甫定, 品物思乂. 載爲宰相, 宜明制度, 易海內耳目. 而怙權樹黨, 毁法爲通, 鬻恩爲恕, 附下苟容, 乃幽國卑主術, 臣所未喩.' 帝默然."

57) 馮盎(?~646) : 唐 高州 良德縣(지금의 廣東省 高州 동북) 사람으로 字는 明達이다. 본래 北燕 馮弘의 후예인데, 番禺로 이주하여 本部大首領이 되었다. 隋 開皇初 宋康令이 되었다. 仁壽初 長安에 이르러 潮州 등 50州 僚人들의 기사를 알렸으며 병사를 거느리고 이를 격파하였다. 煬帝의 高句麗 遠征을 종군하여 左武衛大將軍이 되었다. 隋가 망하자 嶺南으로 돌아와 高法澄 등을 격파하고 番禺·蒼梧·珠崖 등지를 점령하고 總管을 자칭했다. 武德 5년(622) 唐에 귀순하여 高州總管 耿國公에 제수되었다. 선정을 베풀어 민심을 얻었다. 貞觀 5년(631) 入朝하였고 선봉이 되어 平羅 등 僚를 평정하였다. 左騎衛大將軍 荊州都督에 추증되었다.

58) 『新唐書』 卷110 「馮盎傳」, 4113면, "貞觀初, 或告盎叛, 盎擧兵拒境. 太宗詔右武衛將軍藺謩發江淮甲卒將討之, 魏徵諫曰 : '天下初定, 創夷未復, 大兵之餘, 疫癘方作, 且王者兵不宜爲蠻夷動, 勝之不武, 不勝爲辱. 且盎不及未定時略州縣, 搖遠夷, 今四海已平, 尙何事? 反未狀, 當懷之以德, 盎懼, 必自來.' 帝乃遣散騎常侍韋叔諧喩盎, 盎遣智戴入侍. 帝曰 : '徵一言, 賢於十萬'."

59) 阿史那社爾(604~655) : 唐 東突厥 사람으로 處羅可汗의 둘째 아들이다. 어려서부터 지혜와 용기로 알려졌으며 鐵勒·回紇·同羅諸部를 나누어 통솔하였다. 貞觀 2년(628) 西突厥의 내란을 틈타 그 땅의 반을 차지하여 都布可汗을 자칭하였다. 貞觀 9년(635) 西突厥과 사이가 벌어져 唐에 귀순하였다. 左騎衛大將軍이 되고 衡陽長公主와 결혼하여 駙馬都尉가 되었다. 貞觀 14년(639) 高昌을 평정하여 畢國公에 봉해졌다. 貞觀 19년(644) 高句麗 공격에 참가하였고, 貞觀 21년(646) 龜茲를 공격하여 다음해 그 왕을 사로잡고 70여 城을 함락하였다. 貞觀 23년(648) 군대를 이끌고 龜茲에 이르러 突厥을 격파하였다. 사망 후 昭陵에 배장되었다.

도 없겠다"라고 말했다.[60]

「최광원전(崔光遠傳)」을 보면, [趙注 : 더하기를] 현종이 (장안을) 나와 (성도(成都)로) 도망갈 때 (최)광원은 경조윤(京兆尹)이었는데, 거짓으로 아들을 동쪽으로 보내 (안)록산을 만나게 했다. 이때 (안)록산은 이미 장휴(張休)를 경조윤으로 삼았지만, (최)광원의 투항을 얻게 되자 (장)휴에게 낙양(洛陽)으로 돌아가도록 명했다.[61]

「왕사례전(王思禮傳)」을 보면, [趙注 : 더하기를] 숙종(肅宗)이 영무(靈武)에서 봉상(鳳翔)에 이르렀을 때 적병이 와서 공격하여 매우 위태로웠다. 마침 최광원이 왕백륜(王伯倫)과 이춘(李椿)을 보내 군대를 이끌고 (봉상에) 이르게 했는데, 적들이 봉상을 공격한다는 말을 듣고 본거지가 빈틈을 타 장안을 습격하려고 했으나, 적들이 이를 듣고 (장안으로) 돌아와버렸다. (왕)백륜은 전사하고 (이)춘은 사로잡혔다.[62]

「이광필전(李光弼傳)」을 보면, [趙注 : 더하기를] 야수도(野水渡) 전투 당시 이광필[63]은 계책으로 적장 고휘(高暉), 이일월(李日越) 두 사람을 항복시켰

60) 『新唐書』 卷110 「阿史那社爾傳」, 4115~4116면, "西突厥·焉耆·安國皆爭犒師. 孝恪之在軍, 牀帷器用多飾金玉, 以遺社爾, 社爾不受. 帝聞, 曰:'二將優劣, 不復問人矣'."

61) [王注] 『舊唐書』 卷111 「崔光遠傳」에도 역시 이 사실이 실려 있으니, 『新唐書』 卷141 「崔光遠傳」에 增補된 것이 아니다; 『新唐書』 卷141 「崔光遠傳」, 4653~4654면, "因僞使其子東見祿山, 而祿山先署張休爲京兆尹, 由是追休, 授光遠故官."

62) 『新唐書』 卷147 「王思禮傳」, 4750면, "會崔光遠行軍司馬王伯倫·判官李椿以兵二千屯扶風. 聞賊已西, 欲乘虛襲京師, 徑至高陵. 賊引軍還擊椿等, 椿已至中渭橋, 殺守者千人, 進攻苑門. 伯倫戰死, 椿被執."

63) 李光弼(708~764): 唐 營州 柳城縣 사람으로 契丹酋長 李楷洛의 아들이다. 天寶 5년(746) 河西節度使 王忠嗣가 兵馬使로 삼았고, 天寶 13년(754) 朔方節度副使가 되었다. 다음해 安祿山이 난을 일으키자 郭子儀의 추천으로 河東節度副使 河北採訪使가 되었다. 天寶 15년(756) 朔方兵 5천 명을 이끌고 常山·眞定을 구했으며 史思明의 군대를 누차 격파하였다. 范陽節度使에 加해졌으며, 郭子儀와 함께 河北 10여 郡을 수복하였다. 乾元 2년(759) 아홉 명의 節度使와 함께 鄴을 포위하여 諸軍이 궤멸되었는데 그만이 군대를 손상하지 않고 돌아와 그 공으로 郭子儀 대신 朔方節度使 天下兵馬副元帥에 제수되었다. 누차 史思明과 史朝義의 군대를 격파하여 臨淮郡王에 봉해졌다. 초상이 凌烟閣에 봉안되었으며 郭子儀와 이름을 나란히 하여 누차 魚朝恩과 程元振의 참소를 받았다. 말년에 宦官에게 해를 당할까 두려워하여 入朝하지 못했으

다.[64] [趙注 : 또 더하기를] 망산(邙山)의 패전은 어조은(魚朝恩)[65]이 (이)광필의 말을 듣지 않고 험준한 산을 버리고 평지로 나아갔기 때문에 패한 것이었다.[66] [趙注 : 또 더하기를] (이광필이) 곽자의를 대신해 사령관이 되었는데, 진지와 군기는 바꾼 바가 없었기 때문에 한결같이 (이)광필의 호령을 따랐으며, 군의 기색이 더욱 정밀하고 분명해졌다.[67] 또 「학정옥전(郝庭玉傳)」에서는 (어)조은이 (학)정옥을 보내 진을 치게 하자, 앉아서 진퇴의 작전을 하는 것이 한결같아서 (어)조은이 감탄하며 칭찬했는데, (학)정옥이 "이는

며 徐州에서 죽었다.

64) 『新唐書』 卷136 「李光弼傳」, 4588명, "光弼壁野水度, 旣夕還軍, 留牙將雍希顥守, 曰 : '賊將高暉 · 李日越, 萬人敵也, 賊必使劫我. 爾留此, 賊至勿與戰, 若降, 與偕來'. 左右竊怪語無倫. 是日, 思明果召日越曰 : '光弼野次, 爾以鐵騎五百夜取之, 不然, 無歸!' 日越至壘, 使人問曰 : '太尉在乎?' 曰 : '去矣.' '兵幾何?' 曰 : '千人.' '將爲誰?' 曰 : '雍希顥.' 日越謂其下曰 : '我受命云何, 今顧獲希顥, 歸不免死.' 遂請降. 希顥與俱至, 光弼厚待之, 表授特進, 兼右金吾大將軍. 高暉聞, 亦降. 或問 : '公降二將何易也?' 光弼曰 : '思明再敗, 恨不得野戰, 聞我野次, 彼固易之, 命將來襲, 必許以死. 希顥無名, 不足以爲功. 日越懼死, 不降何待? 高暉材出日越之右, 降者見遇, 貳者得不思奮乎?'"

65) 魚朝恩(722~770) : 唐 瀘州 瀘川縣(지금의 四川省 瀘州) 사람으로 환관이다. 肅宗 때 늘 監軍이 되었다. 乾元 元年(758) 節度使들이 相州에서 安慶緖를 토벌할 때 총사령관을 두지 않고 그를 觀軍容使로 삼았다. 代宗 때 天下觀軍容宣慰處置使가 되어 神策軍을 장악하였다. 탐욕이 심하였으며 스스로 刑獄을 설치하여 부자들의 재산을 몰수하였다. 스스로 文武의 재간이 있다고 말하며 判國子監事가 되어 大臣과 百官들에게 講學하였다. 누차 郭子儀를 참소하였다. 代宗이 그의 전횡을 싫어하여 元載의 계책을 이용하여 목졸라 죽였다.

66) 『新唐書』 卷136 「李光弼傳」, 4588~4589면, "(史)思明使諜宣言賊將士皆北人, 謳吟思歸. (魚)朝恩信然, 屢上賊可滅狀. 詔諭光弼, 光弼固言賊方銳, 未可輕動. 僕固懷恩娼光弼功, 陰佐朝恩陳掃除計. 使者來督戰, 光弼不得已, 令李抱玉守河陽, 出師次北邙, 光弼使傅山陣, 懷恩曰 : '我用騎, 今迫險, 非便地, 請陣諸原.' 光弼曰 : '有險, 可以勝, 可以敗; 陣于原, 敗斯殲矣. 且賊致死于我, 不如阻險.' 懷恩不從. 賊據高原, 以長戟七百, 壯士執刀隨之, 委物僞遁. 懷恩軍爭剽獲, 伏兵發, 官軍大潰. 懷州復陷, 光弼度河保聞喜, 抱玉以兵寡, 棄河陽. 光弼請罪, 帝以懷恩違令覆軍, 優詔召光弼入朝. 懇讓太尉, 更拜開府儀同三司 · 中書令 · 河中尹 · 晉絳等州節度使." 본문에서는 魚朝恩이 李光弼의 말을 듣지않았다고 했으나, 魚朝恩과 僕固懷恩이라고 하는 것이 옳을 듯하다.

67) 『新唐書』 卷136 「李光弼傳」, 4590면, "初, 與郭子儀齊名, 世稱'李郭', 而戰功推爲中興第一. 其代子儀朔方也, 營壘 · 士卒 · 麾幟無所更, 而光弼一號令之, 氣色乃益精明云."

임회왕(臨淮王)[68]이 남긴 방법입니다"라고 말했다고 썼다.[69]

「강공보전(姜公輔傳)」을 보면, [趙注 : 더하기를] 덕종(德宗)이 경사[涇師 : 곧, 경원절도사(涇原節度使)의 군대]의 난[70]을 피해 나가 봉상(鳳翔)으로 가서 장일(張鎰)에게 의존하려고 했는데, (강)공보가 "(장)일은 문신이고 그 휘하 군대는 모두 주차(朱泚)의 옛 부곡(部曲)이니, 군대에 또 변란이 있을 것입니다"라고 말하자, 황제는 이에 봉천(奉天[71])으로 갔다. 며칠 지나지 않아 봉상의 대장 이초림(李楚琳)이 과연 (장)일을 죽이고 (주)차에게 호응했다.[72] [趙注 : 또 더하기를] 황제가 당초 봉천에 이르렀을 때 (주)차가 와서 (자신을) 맞이하려 한다는 것을 듣고 조서를 내려 여러 도(道)에서 오는 원병을 중지하도록 했다. (강)공보가 방비가 없어서는 안 된다고 힘써 말하니 이에 군대를 받아들였다. 며칠 지나지 않아 (주)차의 군대가 와서 공격했다.[73]

---

68) 李光弼을 가리킨다. 『舊唐書』 卷110 「李光弼傳」, 3310면, "寶應元年, 進封臨淮王, 賜鐵券, 圖形凌煙閣."

69) 『新唐書』 卷136 「郝庭玉傳」, 4592면, "它日, 魚朝恩聞其善布陣, 請觀之. 廷玉申號令, 鳴鼓角, 部伍坐作進退若一. 朝恩歎曰 : '吾處兵間久, 今始識訓練法.' 廷玉惻然曰 : '此臨淮王遺法也. 王善御軍, 賞當功, 罰適過, 每校旗, 不如令者輒斬. 由是人皆自, 而赴蹈馳突, 心破膽裂. 自臨淮歿, 無復校旗事, 此安足賞哉?' 累爲秦州刺史. 卒, 贈工部尙書."

70) 涇原兵亂 : 建中之亂이라고도 한다. 唐 建中 4년(783) 藩鎭 李希烈이 襄城을 포위하자 德宗이 涇原節度使 姚令言에게 鎭兵 5천 명을 이끌고 구원하라고 명하였다. 군사들이 長安에 이르러 賞賜를 바랬으나 비가 오고 士卒들이 飢寒에 빠진 상태에서 상이 없자 涇原兵이 난을 일으켜 長安城 안에 들어가 宗室 70여 명을 죽이고 난동을 부려 德宗이 奉天으로 달아났다. 姚令言은 병사들을 설득하여 朱泚를 옹립하여 大秦皇帝로 삼고 應天이라 改元하였다. 다음해 唐軍이 長安을 수복하고 朱泚와 姚令言이 패망하면서 兵變이 평정되었다.

71) 奉天 : 지금의 陝西省 乾縣이다. 唐代 京兆府에 속했으며 建中 4년(783) 涇原兵變 당시 德宗의 피난처였다.

72) 『新唐書』 卷152 「姜公輔傳」, 4832면, "旣行, 欲駐鳳翔倚張鎰. 公輔曰 : '鎰雖信臣, 然文吏也, 所領皆朱泚部曲, 漁陽突騎, 泚若立, 涇軍且有變, 非萬全策也.' 帝亦記桑道茂言, 遂之奉天. 不數日, 鳳翔果亂, 殺鎰."

73) 『新唐書』 卷152 「姜公輔傳」, 4832면, "帝在奉天, 有言泚反者, 請爲守備. 盧杞曰 : '泚忠正篤實, 奈何言其叛, 傷大臣心! 請百口保之.' 帝知羣臣多勸泚奉迎乘輿者, 乃詔諸道兵距城一舍止. 公輔曰 : '王者不嚴羽衛, 無以重威靈. 今禁旅單寡而士馬處外,

「전승사전(田承嗣傳)」을 보면, [趙注 : 더하기를] 전승사[74]는 앞서 안(록산), 사(사명)의 반란군 장수였으나 나중에는 사조의(史朝義)를 배신하고 복고창(僕固瑒)에게 항복했다.[75]

「전열전(田悅傳)」을 보면, [趙注 : 더하기를] 주차가 황제호를 참칭하며 장안을 차지했는데 그 동생인 주도(朱滔)[76]가 유주(幽州)에서 군사를 일으켜 그에 호응하면서 전열[77]에게 함께 거병할 것을 약속하자고 하니 (전)열

爲陛下危之.' 帝曰 : '善.' 悉內諸軍. 泚兵果至, 如所言, 乃擢公輔諫議大夫·同中書門下平章事."

74) 田承嗣(705~770) : 唐 平州 盧龍縣 사람이다. 처음에 安祿山의 部將이었으며, 安祿山이 반란을 일으키자 先鋒이 되어 河洛을 함락시켰다. 唐軍이 洛陽을 수복하자 항복했다가 다시 반란을 일으켰으며, 史朝義가 패하자 다시 항복하였다. 廣德 元年(763) 鄭州刺史를 거쳐 魏博節度使가 되었다. 戶口를 파악하고 세금을 무겁게 매겼으며 스스로 將吏를 두고 군사 10만을 거느려 盧龍·成德과 함께 '河朔三鎭'이라 칭해졌다. 代宗이 현상유지책을 써서 그를 雁門郡王에 봉했으며, 永樂公主를 그의 아들에게 시집보냈다. 貝州·魏州·博州·相州·衛州·磁州·洺州 등 7州를 거느렸으며 두 차례 반란을 일으켰는 데도 朝政이 능히 제어하지 못하였다.

75) 『新唐書』 卷135 「田承嗣傳」, 5923~5924면, "田承嗣字承嗣, 平州盧龍人. 世事盧龍軍, 以豪俠聞. 隷安祿山麾下, 破奚·契丹, 累功至武衛將軍. 祿山反, 與張忠志爲賊前驅, 陷河·洛. …… 郭子儀平東都, 承嗣以郡降, 俄而復叛. …… 歲餘, 史思明亂, 承嗣又爲賊導, 及朝義敗, 與共保莫州. 僕固瑒追北, 承嗣急, 乃詐朝義使自求救幽州. 承嗣守莫, 因執賊妻息降于瑒, 厚以金帛反間瑒將士. 瑒慮下生變, 卽約降."

76) 朱滔(746~785) : 唐 幽州 昌平縣(지금의 北京市 昌平縣 서남) 사람으로 朱泚의 아우이다. 처음에 盧龍節度使 朱希彩 휘하에 있었다. 朱泚가 節度使가 되자 朱泚에게 入朝케 하여 盧龍節度留後가 되었다. 建中 2년(781) 李惟岳이 난을 일으키자 명을 받들어 토벌하였다. 이 공으로 節度使가 되고 德州와 棣州를 받았다. 深州를 얻지 못하자 불만을 가지고 田悅·王武俊과 함께 난을 일으켜 冀王을 자칭하여 盟主가 되었다. 建中 4년(783) 涇原兵變이 발생하여 長安에서 朱泚가 稱帝하자 皇太弟가 되었다. 田悅과 화목하지 못하여 燕薊回紇 5만을 이끌고 貝州에서 田悅을 공격하였다. 王武俊이 그의 軍勢가 왕성함을 시기하여 李抱眞과 함께 협공하여 패배시켰다. 朱滔는 幽州로 도망가 唐에 항복하겠다고 上書하였으나 오래지 않아 병으로 죽었다.

77) 田悅(751~784) : 唐 平州 盧龍縣 사람으로 田承嗣의 조카이다. 田承嗣의 遺命으로 知節度事가 되었고, 代宗의 허락으로 魏博七州節度使가 되었다. 建中 2년(781) 成德節度使 李寶臣이 죽자 아들 李惟岳에게 節度使의 지위를 잇게 해달라고 건의했으나 德宗이 허락하지 않았다. 이에 李惟岳·李正己 등과 연합하여 반란을 일으켰다. 다음해 朱滔를 설득해 唐을 배신하고 魏博을 구하도록 하였으며, 朱滔를 맹주로 추대하고 魏王을 자칭하였다. 후에 王號를 버리고 朝廷에 귀의하였다. 從弟 田緖에게 살해되었다.

이 그것을 허락했다. 그러나 왕무준(王武俊[78])이 사람을 보내어 (전)열을 가로막자 (전)열의 군사가 결국 나오지 않았다. (주)도가 화가 나서 (전)열의 패주(貝州)를 공격하니, 이에 (왕)무준은 이포진(李抱眞)과 함께 군사를 보내 (전)열을 구원했다.[79]

「전계안전(田季安傳)」을 보면, **[趙注 : 더하기를]** 헌종(憲宗)이 토돌승최(吐突承璀[80])에게 왕승종(王承宗[81])을 토벌하도록 명하니 (전)계안은 그(토돌승최)

---

78) 王武俊(735~801) : 唐 契丹 怒皆部 사람으로 字는 元英이다. 李寶臣의 部將이 되어 安史의 叛軍을 좇았다. 寶應初 李寶臣을 설득하여 唐에 항복하였다. 大曆 10년(775) 李寶臣이 宦官에게 모욕당하자 李寶臣에게 반란을 일으킬 것을 권유하여 田承嗣·李正己와 연합하였다. 建中 2년(781) 李寶臣이 죽자 李惟岳을 따라 반란을 일으켰으나 후에 李惟岳을 죽이고 唐에 항복하여 恒州刺史 恒冀都團練觀察使에 임명되었다. 唐이 관할하던 趙州와 定州를 몰수하자 朱滔·田悅·李納 등과 연합하여 반란을 일으켜 趙王이라 자칭하였다. 興元初 德宗이 대사면을 내리자 王號를 버리고 唐에 귀순하여 盛德軍節度使 兼 幽州盧龍兩鎭節度使에 제수되고 琅邪郡王에 봉해졌다. 李懷光이 난을 일으키고, 朱滔가 위구르 군대를 이끌고 朱泚와 합세하여 唐을 공격하려 하였으며, 李希烈이 稱帝하여 大梁을 점령하는 등 위급한 상황에 처했다. 그는 李抱眞 등과 함께 朱滔를 대파하였다. 이 공으로 檢校太尉 中書令에 제수되었다.

79) 『新唐書』 卷210 「田悅傳」, 5931면, "悅因秀還, 具道其謀, 而遣曾穆報滔. 滔喜, 自河間悉師而南, 踰貝州, 次清河, 使人報悅, 悅不至. 進屯永濟, 使王郅等督之曰 : '王約出館陶與大王會, 乃濟河.' 悅良久曰 : '始約從王, 今擧軍持悅曰 : '魏比困侵掠, 供儗屈竭.' 以悅日拊循, 猶恐人且携間, 一日去城邑, 朝出夕變, 且何歸? 不然, 悅不敢背約. 今遣孟希祐悉兵五千助王.' 因使其屬裴抗·盧南史報命. 滔怒罵曰 : '逆虜前日求救, 許我貝州, 我不取; 尊我爲天子, 我與同爲王; 教我遠來而不出. 是賊不擊, 尙何誅?' 乃囚抗等, 使馬寔取數縣, 已而釋抗還之. 悅兵不敢出, 遂圍貝州. …… 於是李抱眞、武俊約出兵救魏."

80) 吐突承璀(?~820) : 唐 福州 閩縣 사람으로 字는 仁貞이다. 어려서 小黃門이 되어 太子를 섬겼다. 憲宗이 즉위한 후 內常侍가 되어 內省의 宦官에 관한 사무를 관장하였다. 左神策護軍中尉에 발탁되었으며 薊國公에 봉해졌다. 元和 4년(809) 王承宗이 반란을 일으키자 이를 토벌하였다. 후에 뇌물을 받아 宰相 李絳의 탄핵으로 淮南節度監軍使가 되었다. 元和 8년(813) 李絳이 재상에서 물러나자 左神策中尉가 되었다. 澧王 李寬을 太子로 삼으려고 모의했으나 성공하지 못하고 憲宗 사후 宦官 梁守謙 등이 穆宗을 세운 후 살해되었다.

81) 王承宗(?~820) : 唐 契丹 怒皆部 사람으로 薊縣에 거주하였다. 元和 4년(809) 어버지가 죽자 留後가 되었는데, 조정에서 可否를 결정하지 않자 두려워하여 德州와 棣州를 바쳤다. 朝官이 부임하는 것을 거절하자 憲宗이 군대를 보내 토벌하였는데, 표를 올려 죄를 인정하여 成德節度使에 임명되었다. 元和 10년(817) 淮西節度使 吳元濟 토벌을 상소하여 저지하려 했고, 李師道와 결탁하여 宰相 武元衡을 刺殺하였다. 다

를 구원하려고 했다. 담충(譚忠)이란 자가 있어 책략을 꾸며 "겉으로는 군사를 내어 관군을 돕고 안으로는 몰래 (왕)승종과 약속해서 당읍(堂邑)을 받도록 하십시오. 만약 공격해서 얻게 되면 결국 조정에서 명을 내려 총애와 칭찬을 받을 것입니다"라고 했다.[82)]

「이유악전(李維岳傳)」을 보면, [趙注 : 더하기를] (이)유악은 속록(束鹿)에서 패하고서는 표를 올려 조정으로 귀순하고자 했으나, 전열이 사람을 보내 꾸짖자 유악은 결국 다시 항거했다.[83)]

「유제전(劉濟傳)」을 보면, [趙注 : 더하기를] 담충이 (유)제를 충동하여 군사를 진군시켜 왕승종을 토벌하게 했다.[84)]

음해 唐廷이 군대를 보내 토벌하였다. 元和 12년(819) 淮西가 평정되자 크게 두려워하여 租賦를 바치고 아들을 보내 入朝하였다. 李師道가 평정되자 법을 받들고 조정의 말을 잘 들었다.

82) 『新唐書』 卷210 「田季安傳」, 5933~5934면, "會詔中尉吐突承璀以神策兵討王承宗, 季安謀曰 : '王師不跨河二十五年, 今越魏伐趙, 趙誠虜, 魏亦虜矣, 奈何?' 或請以五千騎決除君憂. 季安曰 : '善, 沮軍者斬!' 時幽州劉濟將譚忠適使魏, 聞之, 入見季安曰 : '往年王師取蜀取吳, 算不失一, 是宰相謀也. 今伐趙, 不使耆臣宿將而付中臣, 不起天下甲而出秦甲, 君知誰爲之謀? 此上自爲謀, 以夸服臣下. 若師未叩趙, 而先碎於魏, 是上之謀不及下, 且能不恥! 旣恥且怒, 必任智畫, 仗猛將, 再擧涉河. 鑒前之敗, 必不越魏誅趙; 校罪輕重, 必不先趙後魏. 是上不上, 下不下, 當魏而來也.' 季安曰 : '計安出?' 忠曰 : '王師入魏, 君厚犒之. 悉甲伐趙, 而陰遺趙書曰 : '魏若伐趙, 爲賣友; 魏若與趙, 爲反君. 賣友反君, 魏不忍受. 執事能弛陴鄣, 遺一城, 魏得持之獻捷天子以爲符, 此使魏北得以奉趙, 西得以爲臣, 不世之利也.' 趙不拒君, 則魏安矣.' 季安然之, 遣大將率兵會王師伐承宗, 糧餉自辦, 取堂陽以報, 加太子太保."

83) 『新唐書』 卷211 「李惟岳傳」, 5949면, "惟岳與滔戰束鹿, 大奔. 遂圍深州. 明年正月, 率兵萬餘, 使王武俊爭束鹿, 田悅亦遣孟祐來助. …… 惟岳懼, 召眞議遣使詣河東馬燧, 令其弟惟簡見帝, 斬大將謝罪, 以兵屬鄭詵, 身朝京師. 孟祐知其謀, 走告悅, 悅使扈岌來讓曰 : '敝邑暴兵, 本爲君索命節, 豈爲叛逆耶? 雖見破於馬燧, 而感激士大夫乘城拒守, 以爲後圖. 今君信邵眞讒間, 欲歸悅之罪, 以自湔蕩, 何負而然! 不則遣祐還軍, 無遺王師禽. 若能誅眞以徇, 請事公如初.' …… 惟岳見深圍未解, 畏祐還, 乃斬眞以謝悅. 明日復戰, 又大敗."

84) 『新唐書』 卷212 「劉濟傳」, 5974~5975면, "王承宗叛, 濟合諸將曰 : '天子知我怨趙, 必命我伐之, 趙且大備我, 奈何?' 裨將譚忠欲激濟伐承宗, 疾言曰 : '天子不使我伐趙, 趙亦不備燕.' 濟怒, 繫之. 使視趙, 果不設備. 數日, 詔書許濟無出師. 濟釋忠, 謝而問之, 忠曰 : '昭義盧從史外親燕, 內實忌之; 外絶趙, 內實與之.' 此爲趙畫曰 : '燕倚趙自固, 雖甚怨, 必不殘趙, 故不足虞也.' 趙旣不備燕, 從史則告天子曰 : '燕·趙, 宿怨

「유총전(劉總傳)」에 [趙注 : 더하기를] 담충이 그에게 땅을 가지고 조정에 귀순할 것을 권했다.[85)]

「단수실전(段秀實傳)」을 보면, [趙注 : 더하기를] 곽희(郭晞)가 빈주(邠州)에 있으면서 군사를 거두어들이지 않자 빈수(邠帥 : 곧, 빈녕절도사(邠寧節度使)) 백효덕(白孝德)이 제어할 수 없었다. 단수실[86)]이 열일곱 명을 죽이고 (곽)희에게 스스로 자수를 청하니 (곽)희가 그를 나무라지 못했다.[87)]

「한유괴전(韓游瓌傳)」을 보면, [趙注 : 더하기를] 이회광(李懷光)이 한유괴[88)]를

也, 今趙見伐而不備燕, 是燕反與趙.' 此所以知天子不使君伐趙, 趙亦不備燕. 濟曰 : '計安出?' 曰 : '今天子誅承宗, 而燕無一卒濟易水者, 正使潞人賣恩於趙, 販忠於上, 是君貯忠誼心, 而染私趙之名, 卒不見德於趙, 惡聲徒嘈嘈於天下.' 濟然之, 以兵七萬先諸軍, 斬首數千級, 又拔饒陽, 屯瀛州."

85) 『新唐書』 卷212 「劉總傳」, 5975면, "譚忠復說曰 : '天地之數, 合必離, 離必合. 河北與天下離六十年, 數窮必合. 往朱泚·希烈自立, 趙·冀·齊·魏稱王, 郡國弄兵, 低目相視, 可謂危矣, 然卒於無事. 元和以來, 劉闢·李錡·田季安·盧從史·齊·蔡之彊, 或首于都市, 或身爲逐客, 皆君自見. 今兵駸駸北來, 趙人已獻德·棣十二城, 助魏破齊, 唯燕無一日勞, 後世得無事乎? 爲君憂之'."

86) 段秀實(719~783) : 唐 隴州 汧陽縣 사람으로 조상은 姑臧 사람이다. 字는 成公이다. 明經科에 급제하였으며, 후에 安西에 從軍하여 高仙芝와 封常淸을 섬겨 벼슬이 折衝都尉에 이르렀다. 肅宗 즉위 후 李嗣業·白孝德을 따라 참전하여 都虞候 涇州刺史에 제수되었다. 大曆 12년(777) 北庭四鎭行營 兼 涇原鄭潁節度使에 임명되어 吐蕃을 방어하였다. 建中初 原州城 築城에 반대하여 楊炎이 병권을 빼앗고 司農卿으로 삼았다. 후에 朱泚가 長安에서 난을 일으키자 朱泚를 공격하다 살해되었다.

87) 『新唐書』 卷153 「段秀實傳」, 4849면, "孝德卽檄署付軍. 俄而晞士十七人入市取酒, 刺酒翁, 壞釀器, 秀實列卒取之, 斷首置槊上, 植市門外. 一營大譟, 盡甲, 孝德恐, 召秀實曰 : '奈何?' 秀實曰 : '請辭於軍.' 乃解佩刀, 選老躄一人持馬, 至晞門下. 甲者出, 秀實笑且入, 曰 : '殺一老卒, 何甲也! 吾戴頭來矣.' 甲爲愕眙. 因曉之曰 : '尙書固負若屬邪, 副元帥固負若屬邪? 奈何欲以亂敗郭氏!' 晞出, 秀實曰 : '副元帥功塞天地, 當務始終. 今尙書恣卒? 暴, 使亂天子邊, 欲誰歸罪? 罪且及副元帥. 今邠惡子弟以貨竄名軍籍中, 殺害人, 藉藉如是, 幾日不大亂? 亂由尙書出. 人皆曰尙書以副元帥故不戢士, 然則郭氏功名, 其與存者有幾!' 晞再拜曰 : '公幸敎晞, 願奉軍以從.' 卽叱左右皆解甲, 令曰 : '敢譁者死!' 秀實曰 : '吾未晡食, 請設具.' 已食, 曰 : '吾疾作, 願宿門下'."

88) 韓游瓌(?~789) : 唐 靈州 靈武縣(지금의 寧夏 靈武 서북) 사람이다. 처음에 郭子儀의 裨將이었다가 安祿山의 난 평정에 참여하여 벼슬이 邠寧節度留後에 이르렀다. 建中 4년(783) 涇原兵變 당시 德宗이 奉天으로 도망가자 군대를 이끌고 朱泚를 공격하여 奉天의 포위를 풀었다. 후에 邠寧節度使가 되었으며, 朱泚의 난을 평정하고 長安을 수복하는데 渾瑊과 함께 공이 가장 컸다. 貞元 2년(786) 吐蕃이 쳐들어오자 이를

꼬드겨 반란을 일으키도록 했으나, (한)유괴가 그 편지를 그대로 드러내 보이니 임금이 그것을 가상히 여겼다. 나중에 또다시 유인하는 편지가 왔는데, 혼감(渾瑊)이 그것을 손에 넣게 되어, 조금 그(한유괴)를 엿보고 관찰하게 하자 (한)유괴는 화를 내며 (혼)감을 꾸짖었다. 임금은 변고가 있을 것을 두려워하여 드디어 양주(梁州)로 행행(行幸)했다.[89] 이 일은 매우 중요한 것이지만 『구당서』에는 그 내용이 없다. [趙注 : 또 더하기를] 토번이 침략해 오자 (한)유괴는 합수(合水)에서 그들을 격파했다. 토번이 염주(鹽州)를 공격하여 함락시켰으나 (한)유괴가 그곳을 수복했다. 토번이 맹약을 청하게 되자 (한)유괴는 믿을 수 없다고 상주했으나 임금은 그 말을 따르지 않았다. 평량(平涼)의 맹약에 이르러서 (한)유괴는 굳센 기병을 거느리고 백천(柏泉)에 이르렀는데, 회맹사(會盟使)인 혼감이 위협을 당해 도망쳐 나오다가 (한)유괴의 군사에 의지해 돌아올 수 있었다.[90] 『구당서』에는 또한 (이 내용이) 없다.

「동진전(董晉傳)」을 보면, [趙注 : 더하기를] (동)진은 이함(李涵)과 함께 회흘(回紇)[91]에 사신으로 갔다. 회흘에서 말값을 배상하도록 재촉하자 (이)함은

누차 격퇴했으며 右龍武統軍에 제수되었다.

89) 『新唐書』 卷156 「韓游傳」, 4905면, "會懷光誘復至, 渾瑊得書, 稍嚴卒以警. 游瓌不知, 發怒, 嫚罵瑊. 帝疑有變, 卽日幸梁州, 游瓌使子從帝."

90) 『新唐書』 卷156 「韓游傳」, 4906면, "貞元二年, 吐蕃入涇·隴·邠·寧, 游瓌追至安化, 虜營合水北. …… 是歲, 復圍鹽州, 刺史杜彦光約與之城, 吐蕃許之, 又取銀·夏·麟等州. 游瓌請收鹽州以斷戎人走集 : '虜入漢, 食禾菽, 方春而病, 此天亡時也.' 有詔李元諒·韓全義率師一萬, 會游瓌收鹽州. 吐蕃請修淸水盟, 以歸侵地, 馬燧爲之請. 詔問游瓌, 答曰 : '西戎弱則請盟, 彊則入寇, 今侵地益深而乞盟, 詐我也!' 帝不從. 會盟平涼, 詔游瓌以軍屯洛口. 盟之日, 游瓌以勁騎五百待非常, 令曰 : '卽有變, 急趨柏泉以分虜勢.' 瑊被劫, 馳以免, 虜見兵出, 卽解去. 後吐蕃寇大回原, 游瓌方壁長武, 卽選騎八百迎擊, 自引兵繼之. 監軍以爲戎不可易, 答曰 : '賊攻豐義, 今游騎先破, 則彼大不敢前, 豐義全矣!' 戰南原, 敗之, 吐蕃夜遁."

91) 回紇 : 위구르(Uigur)의 번역어이다. 丁零에서 나왔으며, 唐 이전에는 袁紇·韋紇로도 표기했다. 貞元 4년(788) 이후 回鶻로 표기하였다. 대대로 柔然·突厥·薛延陀에 복속되었으며, 貞觀 21년(647) 首領 吐迷度가 무리를 이끌고 唐에 항복하여 瀚海都督府를 설치하고 吐迷度를 都督으로 임명하였으며, 燕然都護府 관할 하에 두었다. 天寶 3년(744) 首領 骨力裴羅가 漠北에 위구르 한국을 세웠다. 가장 번성할 때는 동으

대답을 하지 못했다. (동)진이 “우리에게 말이 없는 것이 아닌데 너희들과 교역하여 너희들에게 준 것도 이미 많지 않은가. 너희들의 말이 너무나도 비루하여 폐사하였지만 천자께서 애써 견주지 말라고 조칙을 내렸는데, 너희들은 오히려 부족하다고 하느냐!”라고 하자, 회흘의 말문이 막혔다.[92]

「이희열전(李希烈傳)」을 보면, [趙注 : 더하기를] 두량(竇良)의 딸이 (이)희열에게 잡혔다. 그 딸은 부모에게 “슬퍼하지 마십시오. 제가 적을 죽일 수 있을 것입니다”라고 말했다. 과연 (이)희열에게 사랑을 받게 되었는데, 결국 진선기(陳仙奇)와 몰래 모의하여 (이)희열을 독살했다.[93] 『구당서』에서는 단지 (진)선기가 (이)희열을 독살했다고만 하고,[94] 두량의 딸에 대해서는 쓰지 않았다.

「포방전(鮑防傳)」을 보면, [趙注 : 더하기를] 현량방정(賢良方正)의 과거문제를 낸 뒤 (포)방이 책문을 보고 목질(穆質), 유공작(柳公綽) 등을 얻으니 모두 명사였다. (목)질의 대책이 가장 정성스럽고 올발랐지만 독고면(獨孤愐)이 그를 깎아내리려고 하자, (포)방이 “황제께서 듣지 못한 것을 듣도록 했으니 또한 좋지 않습니까”라고 말하며 결국 높은 등수에 두었다.[95]

로 奚·契丹을 복속시키고 북으로 九姓을 거느렸으며, 서쪽으로 키르기즈에 접하고 남으로 唐과 이웃하는 등 東突厥汗國의 땅을 모두 차지하였다. 唐과 연합하여 安史의 난을 평정하고 北庭과 安西를 지켰다. 唐은 寧國公主·咸安公主·太和公主를 위구르 카간에게 시집보냈다. 唐과의 絹馬貿易을 통해 부유해졌으며, 위구르 문자를 만들었다. 開成 5년(840) 이후 자연재해와 내란이 발생하여 키르키즈에게 패하여 나라가 망하고 部衆은 4개 집단으로 나뉘어 이동하였다.

92) 『新唐書』 卷151 「董晉傳」, 4819면, “大曆中, 李涵持節送崇徽公主於回紇, 署晉判官. 回紇恃有功, 見使者倨, 因問 : ‘歲市馬而唐歸我賄不足, 何也?’ 涵懼, 未及對, 數目晉, 晉曰 : ‘我非無馬而與爾爲市, 爲爾賜者不已多乎? 爾之馬歲五至, 而邊有司數皮償貲. 天子不忘爾勞, 敕吏無得問, 爾反用是望我邪? 諸戎以我之爾與也, 莫敢确. 爾父子寧, 畜馬蕃, 非我則誰使!’ 皆南面拜, 不敢有言.”

93) 『新唐書』 卷225 「李希烈傳」, 6440면, “始, 希烈入汴, 聞戶曹參軍竇良女美, 彊取之, 女顧曰 : ‘愼無戚, 我能滅賊.’ 後有寵, 與賊祕謀, 能轉移之. 嘗稱仙奇忠勇可用, 而妻亦竇姓, 願如姒娣者, 以固其夫, 希烈許諾. 乘間往謂仙奇妻曰 : ‘賊雖彊, 終必敗, 云何?’ 竇久而寤. 及希烈死, 子不發喪, 欲悉誅諸將乃自立, 未決.”

94) 『舊唐書』 卷145 「李希烈傳」, 3945면, “貞元二年三月, 因食牛肉遇疾, 其將陳仙奇令醫人陳仙甫置藥以毒之而死. 妻男骨肉兄弟共一十七人, 並誅之.”

「양빙전(楊憑傳)」을 보면, [趙注 : 더하기를] (양)빙이 이이간(李夷簡)에게 탄핵을 받아 임하위(臨賀尉)로 폄직되자, 인척이나 친구들 가운데 감히 배웅하는 자가 없었지만 서회(徐晦)만이 홀로 남전(藍田)까지 배웅했다. (이)이간은 특별히 (서)회를 어사(御史)로 추천하면서 "그대는 양임하(곧, 양빙)을 버리지 않았으니 기꺼이 나라를 버리겠는가!"라고 말했다.[96] 『구당서』에서는 이 내용을 가지고 따로 「서회전(徐晦傳)」을 만들기에 이르렀으나 『신당서』에서는 「(서)회전」을 없애고 이를 「(양)빙전」 안에 붙였다.[97]

「두황상전(杜黃裳傳)」을 보면, [趙注 : 더하기를] 두황상[98]은 헌종과 치세에 이르는 도를 논하면서, 그 길은 자기를 수양하고 어진 이에게 맡기고 강령을 잡아 지키는 데에 있으며, 문서나 소송에 관한 것은 본래 군주 스스로가 맡는 것이 아니라고 말했다.[99]

「이길보전(李吉甫傳)」을 보면, [趙注 : 더하기를] 쓸데없는 인원을 파면해야 한

---

95) 『新唐書』 卷159 「鮑防傳」, 4949~4950면, "貞元元年, 策賢良方正, 得穆質·裴復·柳公綽·歸登·崔邠·韋純·魏弘簡·熊執易等, 世美防知人. 時比歲旱, 策問陰陽祲沴, 質對 : '漢故事, 免三公, 卜式請烹弘羊.' 指當時輔政者. 右司郎中獨孤愐欲下質, 防不許, 曰 : '使上聞所未聞, 不亦善乎?' 卒置質高第, 帝見策嘉揖."

96) 『新唐書』 卷160 「楊憑傳」, 4971면, "憑所善客徐晦者, 字大章, 第進士·賢良方正, 擢櫟陽尉. 憑得罪, 姻支憚累, 無往候者, 獨晦至藍田慰餞. 宰相權德輿謂曰 : '君送臨賀誠厚, 無乃爲累乎?' 晦曰 : '方布衣時, 臨賀知我, 今忍遽棄邪? 有如公異時爲姦邪斥, 又可爾乎?' 德輿歎其直, 稱之朝. 李夷簡遽表爲監察御史, 晦過謝, 問所以擧之之由. 夷簡曰 : '君不負楊臨賀, 肯負國乎?'"

97) 『新唐書』 卷160 「楊憑傳」, 4970~4971면에 付傳되어 있다

98) 杜黃裳(738~808) : 唐 京兆府 萬年縣 사람으로 字는 遵素이다. 寶應進士이며 鴻詞科에도 합격하였다. 代宗 때 郭子儀의 벽소로 朔方從事가 되었다. 憲宗이 皇太子일 때 門下侍郎 同平章事로 발탁되었다. 元和 원년(806) 西川節度使 劉辟이 난을 일으키자 토벌할 것을 힘써 청하였고 宦官의 監軍 파견을 없앨 것을 주청하였다. 憲宗에게 德宗의 姑息之計가 실패한 이유를 제시하며 藩鎭을 억제할 것을 주장하였고 이를 실행에 옮겨 中興의 공을 세웠다. 元和 2년(807) 河中晉絳節度使에 제수되었고 邠國公에 봉해졌다.

99) 『新唐書』 卷169 「杜黃裳傳」, 5146면, "帝嘗問前古王者所以治亂云云, 黃裳知帝銳於治, 恐不得其要, 因推言 : '王者之道, 在脩己任賢而已. 操執綱領, 要得其大者, 至簿書獄訟, 百吏能否, 本非人主所自任. …… 勞耳目之察, 然後爲治哉?' 帝以黃裳言忠, 嘉納之."

다는 상소 가운데에서 촉(蜀)을 정벌하는 군사는 마땅히 삼협(三峽) 한 방면을 더해 적의 세력을 분산시켜야 한다고 상주했다. 중서사(中書史) 활환(滑渙)이 추밀사(樞密使)와 결탁하여 권력을 훔친다고 탄핵했다. 이기(李錡)가 반란을 일으키려고 하자 (이)길보는 한홍(韓弘)을 시켜 군사를 내어나가도록 건의했다.[100] 전홍정(田弘正)이 귀순함에 따라 하양(河陽)의 병사를 철수시켜 여주(汝州)에 주둔하여 오원제(吳元濟)에게 압력을 가할 것을 청했다.[101] 생각건대, 무종(武宗) 때 (이)길보의 아들 (이)덕유(李德裕)는 『헌종실록(憲宗實錄)』을 중수하면서 그의 아버지의 장점을 허황되게 과장했기 때문에, 선종(宣宗)[102] 때 특별히 바로잡아 펴낼 것을 명했던 것이다. 지금 이런 일들은 『구당서』에는 모두 없는데 『신당서』에서 증보했으니, 어째서 『구당서』는 대중(大中) 연간(847~859)에 바로잡은 판본에 의거하였는데, 『신당서』는 오히려 회창(會昌) 연간(841~846)에 중수한 판본에 의거했던가?

「권덕여전(權德輿傳)」을 보면, [趙注 : 더하기를] (권)덕여가 왕승종은 탈상 전

---

100) 『新唐書』 卷146 「李吉甫傳」, 4740면, "又度李錡必反, 勸帝召之, 使者三往, 以病解, 而多持金啗權貴, 至爲錡游說者. 吉甫曰 : '錡, 庸材, 而所蓄乃亡命羣盜, 非有鬭志, 討之必克.' 帝意決. 復言 : '昔徐州亂, 嘗敗吳兵, 江南畏之. 若起其衆爲先鋒, 可以絶徐後患. 韓弘在汴州, 多憚其威, 誠詔弘子弟率兵掎角, 則賊不戰而潰.' 從之. 詔下, 錡衆聞徐·梁兵興, 果斬錡降."

101) 『新唐書』 卷146 「李吉甫傳」, 4743면, "後田弘正以魏歸, 吉甫知魏人謂田進誠才, 而唐州乃蔡喉衿, 請拔進誠爲刺史, 以臨賊境, 且慰魏心. 烏重胤守河陽, 吉甫以汝州捍蔽東都, 聯唐·許, 當蔡西面, 兵寡不足憚寇, 而河陽乃魏博之津, 弘正歸國, 則爲內鎭, 不宜戍重兵示不信, 請徙屯汝州. 帝皆從之. 後弘正拜檢校尚書右僕, 賜其軍錢二千萬, 弘正曰 : '吾未喜於移河陽軍也.' 及元濟擅立, 吉甫以內地無脣齒援, 因時可取, 不當用河朔故事, 與帝意合. 又請自往招元濟, 苟逆志不悛, 得指授羣帥俘賊以獻天子. 不許, 固請至流涕, 帝慰勉之."

102) 宣宗(810~859, 재위 846~859) : 이름은 李忱, 初名은 怡이며, 憲宗의 열셋째 아들이고, 武宗의 숙부이다. 光王에 봉해졌다가 宦官 馬元贄 등에게 옹립되었다. 즉위 후 李德裕의 黨을 몰아내고 牛僧孺의 黨을 중용하였으며, 武宗시대 정치를 반대로 행했다. 裴休를 등용하여 漕運을 개혁하고 邊民을 安置했으며 貪暴한 邊將을 단속하였다. 大中 8년(854) 宰臣 令狐綯와 환관을 제거하려고 모의했으나 일이 누설되어 宦官과 外朝의 긴장이 더욱 심해졌다. 지방에서 계속 兵變이 발생하였다. 말년에 神仙을 좋아하여 약을 복용하다가 죽었다. 貞陵에 묻혔으며(지금의 陝西省 涇陽縣 서북) 시호는 獻文皇帝이다.

에 복직시킬 수 있지만 노종사(盧從史)는 그럴 수 없다고 건의했다.[103)]

「장천전(張薦傳)」을 보면, [趙注 : 더하기를] 안진경(顔眞卿)이 이희열에게 사신으로 갔다가 잡혔다. (장)천이 상소를 올려 (이)희열의 어머니, 아내, 여동생 세 사람이 장안에 구금되어 있는 것을 경계선 근처로 옮겨 (안)진경과 바꿀 것을 청했다.[104)]

「장예전(蔣乂傳)」을 보면, [趙注 : 더하기를] 이기가 모반으로 주살되자 일가[一房]의 호적을 삭제하라는 조서가 내려졌다. 재상이 (장)예를 불러 "일가의 범위가 대공(大功)[105)]부터인가?" 하고 물으니 (장)예가 "(대공은 종부형제들까지인데) 그 조부 (이)신통(李神通)은 나라를 세울 때에 공이 있었으니 손자 때문에 조부를 연좌시킬 수 있겠습니까!"라고 말했고, 다시 "기(期)[106)]부터 치면 괜찮은가?"라고 물으니 (장)예가 "(대공은 형제들까지인데), 그 아버지 (이)약유(李若幽)는 사직을 위해 죽었으니 제사를 끊어지게 할 수 있겠습니까!"라고 말했다. 이에 (이)기와 자식들만을 연좌시키는데 그치니 방계라는 이유로 연좌되는 이가 없게 되었다.[107)]

---

103) 『新唐書』 卷165 「權德輿傳」, 5078면, "憲宗元和初, 歷兵部侍郎, 坐累, 徙太子賓客, 俄還前官. 時澤潞盧從史詐傲, 寖不制, 其父虔卒京師, 而成德王承宗父死求襲, 德輿諫, 以爲 : '欲變山東, 先擇昭義之帥. 從史拔自軍校, 偃蹇不法, 今可因其喪, 選守臣代之. 成德習俗旣久, 當制以漸, 許成德之請則可, 許昭義則不可.' 帝不聽. 及王承宗叛, 從史乃詭計以橈王師, 兵老無功. 德輿復請赦承宗, 徙從史. 後皆略如所料."

104) 『新唐書』 卷161 「張薦傳」, 4980~4981면, "伏聞希烈之母, 鍾念幼子, 目不絶泣, 求責希烈; 又希烈妻祖母郭及妻妹封並逮捕京師. 此三人留之無益, 請寘境上以贖眞卿, 先降詔書, 分明諭告. 且希烈知眞卿人望, 不敢加害, 旣無嫌隙, 但因循未遣耳."

105) 大功 : 9개월간 喪服을 입는 것. 從兄弟, 출가 전의 從姊妹, 衆子婦, 衆孫, 衆孫女, 姪婦, 남편의 祖父母, 남편의 伯叔父母, 남편의 姪婦와 같은 친척범위가 이 복상을 하게 된다. 『新唐書』 卷20 「禮樂志」, 444면, "大功, 長殤九月, 中殤七月. 正服 : 爲子、女子子之長殤、中殤, 爲叔父之長殤、中殤, 爲姑、姊妹之長殤、中殤, 爲兄弟之長殤、中殤, 爲嫡孫之長殤、中殤, 爲兄弟之子、女子之長殤、中殤."

106) 期 : 1년 동안 喪服을 입는 것. 보통 祖父母, 子, 長子妻, 嫡孫, 兄弟姊妹, 伯叔父母 등에 대한 복상을 이른다. 단, 唐代 이들에 대한 복상 규정은 '齊衰不杖周'였다. 『新唐書』 卷20 「禮樂志」, 443면, "齊衰不杖周. 正服 : 爲祖父母, 爲伯叔父, 爲兄弟, 爲衆子, 爲兄弟之子及女子子在室與適人者, 爲嫡孫, 爲姑、姊妹與無夫子, 報, 女子子與適人爲祖父母, 妾爲其子."

107) 『新唐書』 卷132 「蔣乂傳」, 4533면, "李錡誅, 詔宗正削一房屬籍. 宰相召乂問 : '一

「왕악전(王鍔傳)」을 보면, [趙注 : 더하기를] 서역(西域)에서 조공한 추장들이 서울[京 : 곧, 장안]에 있다가 농우(隴右) 지역이 함락되어 돌아가지 못하고 다들 홍려(시)(鴻臚寺)에서 먹고 살았는데, 모두 4천여 명이나 되었다. (왕)악은 상주하여 그들에게 주는 봉급을 중지할 것을 청했다. 이필(李泌)은 그들을 신책군(神策軍)[108]에 소속시킬 것을 청하니, 모두 강한 군대가 되었고 해마다 돈 50만 민(緡)을 절약하게 되었다.[109]

「공규전(孔戣傳)」을 보면, [趙注 : 더하기를] 외국 선박이 월(粵) 지역에 도착하게 되면 이전부터 닻을 내리는 데에 물리는 세금이 있었고, 화물을 검열할 때 하는 연회비로 내야 하는 돈이 있었다. (공)규가 월 일대를 지키면서 그것을 모두 금지해 없애 버렸다. (또한) 해상무역을 하는 상인이 죽으면 관청에서 그 재화를 기록해 두었다가 두 달이 차도록 처자가 오지 않으면 바로 몰수해 버렸다. (공)규는 그 기한을 두지 않고 모두 챙겨서 주도록 했다.[110]

房自大功可乎?' 答曰 : '大功, 錡之從父昆弟. 其祖神通有功, 配饗於廟, 雖裔孫之惡, 而忘其勳, 不可.' '自期可乎?' 曰 : '期者錡昆弟. 其父若幽死社稷, 今以錡連坐, 不可.' 執政然之. 故罪止錡及子息, 無旁坐者."

108) 神策軍 : 唐後期의 禁軍이다. 天寶 13년(754) 隴右節度使 哥舒翰이 臨洮郡에 神策軍을 설치하였다. 安史의 난 때 토벌군으로 동원되었다. 上元 元年(760) 이후 宦官 魚朝恩이 神策軍을 통제하였고, 廣德 元年(763) 吐蕃軍이 長安을 함락했을 때 魚朝恩이 神策軍을 거느리고 德宗을 맞아들였다. 長安 수복 후 神策軍이 禁中에 주둔하게 되어 禁軍이 되었다. 德宗은 禁軍의 세력을 강화하기 위해 興元 元年(784) 神策軍을 左右廂으로 나누고 宦官을 左右廂都知兵馬使에 충임하였다. 貞元 12년(796) 左右神策軍護軍中尉를 두었는데, 역시 宦官을 임명하였다. 神策軍은 宿衛와 出征, 방어의 임무를 맡았고 衣食과 賞賜가 다른 군대보다 월등히 좋았다. 德宗 때 병력이 15만에 이르렀다. 그러나 점차 부패하여 長安 富家의 子弟가 뇌물을 주고 神策軍의 軍籍에 들어와 전투력이 약화되었다. 廣明 元年(880) 黃巢가 長安에 들어오자 神策軍이 흩어졌으며, 天復 3년(903) 朱溫이 宦官을 주살하면서 神策軍도 폐지되었다.

109) 『新唐書』 卷170 「王鍔傳」, 5169면, "先是, 天寶末, 西域朝貢酋長及安西·北庭校吏歲集京師者數千人, 隴右旣陷, 不得歸, 皆仰稟鴻臚禮賓, 月四萬緡, 凡四十年, 名田養子孫如編民. 至是, 鍔悉藉名王以下無慮四千人, 畜馬二千, 奏皆停給. 宰相李泌盡以隸左右神策軍, 以酋長署牙將, 歲省五十萬緡. 帝嘉其公, 擢容管經略使, 凡八年, 谿落安之."

110) 『新唐書』 卷163 「孔戣傳」, 5009면, "蕃舶泊步有下碇稅, 始至有閱貨宴, 所餉犀琲,

「위오전(韋澳傳)」을 보면, [趙注 : 더하기를] 선종이 (위)오를 불러 다른 사람을 물리치고서는 요새 환관들이 어떠하냐고 물으니, "폐하의 위엄과 법도는 예전에 비할 바가 없습니다"라고 대답했다. 황제가 "아직 그렇지 않다"라고 말하자, (위)오가 "그 가운데 쓸 만한 자를 골라 의논해 보는 것만 못합니다"라고 말했다. 황제가 다시 "짐은 본디 그렇게 하고 있다. 황색부터 녹색, (녹색에서) 붉은색까지는 오히려 괜찮으나, 자주색 옷을 입은 경우[111]는 합쳐서 한통속이다"라고 말했다.[112]

「정인전(鄭絪傳)」을 보면, [趙注 : 더하기를] 환관 두문장(竇文場)이 새로 중위(中尉)가 되었는데, 흰 마(麻)에 인사 명령을 적어 중서성(中書省)으로 내려 보내려고 했으나 (정)인이 그만두도록 극력 간언하였다.[113] [趙注 : 또 더하기를] 노종사가 반역을 도모할 뜻[不軌]을 품고 있었는데, 이길보가 (정)인이 (노)종사에게 기밀을 누설했다고 모함했다. 헌종이 노하여 이강(李絳)[114]을 불

下及僕隷. 戣禁絶, 無所求索. 舊制, 海商死者, 滿三月無妻子詣府, 則沒入. 戣以海道歲一往復, 苟有驗者不爲限, 悉推與."

111) 『新唐書』 卷24 「車服志」, 521면, "袴褶之制 : 五品以上, 細綾及羅爲之, 六品以下, 小綾爲之, 三品以上紫, 五品以上緋, 七品以上綠, 九品以上碧"; 『新唐書』 卷24 「車服志」, 529면, "(顯慶元年)其後以紫爲三品之服, 金玉帶銙十三; 緋爲四品之服, 金帶銙十一; 淺緋爲五品之服, 金帶銙十; 深綠爲六品之服, 淺綠爲七品之服, 皆銀帶銙九; 深靑爲八品之服, 淺靑爲九品之服, 皆鍮石帶銙八; 黃爲流外官及庶人之服, 銅鐵帶銙七." 따라서, 본문의 뜻은 '유외관과 서민에서 6,7품관, 또 4,5품관까지는 괜찮으나, 3품이상은 한통속'이라는 의미가 된다.

112) 『新唐書』 卷169 「韋澳傳」, 5155~5156면, "一日, 召入, 屛左右問曰 : '朕於敕使如何?' 澳陳帝威制前世無比. 帝搖首曰 : '未也. 策安出?' 澳倉卒答曰 : '若謀之外廷, 則大和事可用追鑒, 不若就擇可任者與計事.' 帝曰 : '朕固行之矣. 自黃至綠, 自綠至緋, 猶可, 衣紫卽合爲一矣.' 澳愧汗不能對, 乃罷. 改京兆尹."

113) 『新唐書』 卷165 「鄭絪傳」, 5075면, "德宗自興元還, 置六軍統軍視六尙書, 以處功臣, 除制用白麻付外. 又廢宣威軍益左右神策, 以監軍爲中尉. 竇文場恃功, 陰諷宰相進擬如統軍比. 絪當作制, 奏言 : '天子封建, 或用宰相, 以白麻署制, 付中書·門下. 今以命中尉, 不識陛下特以寵文場邪? 遂著爲令也?' 帝悟, 謂文場曰 : '武德·貞觀時, 中人止內侍, 諸衛將軍同正賜緋者無幾. 自魚朝恩以來, 無復舊制. 朕因用爾不謂私, 若麻制宣告, 天下謂爾脅我爲之.' 文場叩頭謝."

114) 李絳(764~830) : 唐 趙州 贊皇縣 사람으로 字는 深之이다. 貞元進士이며, 博學鴻詞科에 합격하였다. 渭南尉·監察御史·翰林學士·知制誥·中書舍人 등을 역임하였다. 후에 宦官 吐突承璀에게 미움을 사서 戶部侍郎이 되었으나, 憲宗이 吐突承璀를

러 그 일에 관해 고하게 했는데, (이)강이 "실로 이와 같다면 죄가 족주(族誅)에 해당합니다. 그런데 누가 폐하를 위해 말을 했습니까?"라고 말했다. 황제가 "(이)길보였다"라고 말하자 이강은 "(이)길보가 그를 모함한 것이 아닌지를 어찌 알 수 있겠습니까"라고 말하니, 황제가 곧 깨달았다.115)

「최홍례전(崔弘禮傳)」을 보면, [趙注 : 더하기를] 이동첩(李同捷)을 토벌할 때 대장 이만우(李萬瑀)와 유채(劉寀)가 군사를 가지고 스스로 지키고만 있었는데, (최)홍례가 그 군사를 빼앗아 적을 무찔렀다. 이우(李祐)가 정주(鄭州), 활주(滑州)의 군사를 이끌고 제주(齊州)로 갔다가 궤멸되자, (최)홍례는 그 군사를 모두 참수하고 운주(鄆州) 군사 2천 명을 (이)우에게 주어 적을 무찌르게 했다.116)

「왕기전(王起傳)」을 보면, [趙注 : 더하기를] 무종이 즉위한 뒤 (왕)기가 산릉(노부)사[山陵鹵簿使]가 되었는데, 추밀(사)(樞密使) 유홍일(劉弘逸), 설계릉(薛季稜)이 산릉의 군사로 폐립을 꾀하려고 하자 (왕)기가 몰래 상주하여 이들이 모두 법에 따라 처형되었다.117)

淮南監軍으로 삼아 내보내자 中書侍郞 同平章事로 발탁되었다. 동료재상인 李吉甫와 政見이 달라 늘 쟁론을 벌였다. 元和 9년(814) 足疾로 재상에서 물러나 禮部尙書가 되었다가 華州刺史, 河中觀察使를 역임하였고, 穆宗 즉위 후 御史大夫가 되었다. 太和 2년(828) 山南西道節度使가 되었으나 太和 4년(830) 兵變으로 피살되었다. 저서에는 『李深之文集』 20卷이 있는데 현재 판본에는 『李相國論事集』이란 書名으로 6卷이 존재한다.

115) 『新唐書』 卷165 「鄭絪傳」, 5075면, "始, 盧從史陰與王承宗連和, 有詔歸潞, 從史辭潞乏糧, 請留軍山東. 李吉甫密譖絪漏言於從史, 帝怒, 坐浴堂殿, 召學士李絳語其故, 且曰 : '若何而處?' 絳曰 : '誠如是, 罪當族. 然誰以聞陛下者?' 曰 : '吉甫爲我言.' 絳曰 : '絪任宰相, 識名節, 不當如犬梟鏡與姦臣外通. 恐吉甫勢軋內忌, 造爲醜辭以怒陛下.' 帝良久曰 : '幾誤我!'"

116) 『新唐書』 卷164 「崔弘禮傳」, 5051면, "李同捷叛, 與李聽合師討之. 至州, 大將李萬瑀・劉寀擁兵自固, 弘禮表萬瑀守沂州, 寀守黃州, 奪其兵, 擊賊禹城, 破之, 獲鎧裝數十萬. 時徐泗節度使王智興檄兗・海・鄆・曹・淄・青當徐道者出車五千乘, 轉粟饋軍, 弘禮度道遠, 乃自兗開盲山故渠, 自黃隊抵? 丘, 師人大濟. 李祐以鄭滑兵三千入齊而潰, 弘禮悉斬之, 爲出鄆兵二千."

117) [王注] 『舊唐書』 卷164 「王起傳」에 있는 글이며, 『新唐書』에서 증보한 것이 아니다. 또한, 劉弘逸 등이 仇士良과 갈등이 있어서 기회를 잡아 그를 주멸하려고 했는데, 오히려 실패를 당했음이 『舊唐書』 「武宗紀」에 보이니, '謀廢立'의 說은 원래 무고한

「왕식전(王式傳)」을 보면, [趙注 : 더하기를] 왕식[118]이 안남도호(安南都護)가 되어서는 만족(蠻族) 군사를 물리치고 반란자들을 체포하고 참수했다.[119] 절동(浙東)으로 옮긴 뒤에는 초적 구보(仇甫)를 토벌하여 죽였다.[120] 서주(徐州)로 옮긴 뒤에는 은도도(銀刀都)에서 반란을 일으킨 자 수천 명을 죽였다.[121]

「전휘전(錢徽傳)」을 보면, [趙注 : 더하기를] (전)휘가 장서기(掌書記)였을 때 날이 몹시 춥자 먼저 겨울옷을 발급하여 군사들의 소란을 다스렸다. 선흡(宣歙)에 있을 때에 막부 장수 최연(崔衍)의 병이 심해지자, (전)휘는 지주자사(池州刺史) 이손(李遜)에게 오도록 청하여 군사를 안정시켰다.[122] (한림)학사(翰林學士)가 된 뒤에는 헌종에게 공물을 바치는 것을 받지 말라고 상주했다. 황제는 몰래 (공물을) 바칠 사람은 은대문(銀臺門)으로 들어오도록 지시하여 학사가 알지 못하도록 했다.[123]

말인데, 趙翼이 판별하여 고치지 못한 것이다;『舊唐書』卷164「王起傳」, 4280면, "武宗卽位, 八月, 充山陵鹵簿使. 樞密使劉弘逸·薛季稜懼誅, 欲因山陵兵士謀廢立. 起與山陵使知其謀, 密奏, 皆伏誅."

118) 王式 : 唐 太原 사람이다. 門蔭으로 入仕하였는데, 후에 賢良方正科에 합격하였다. 殿中侍御史·晉州刺史를 역임했다. 大中 12년(858) 安南都護가 되어 賦稅를 경감하고 방어시설을 정비하였다. 咸通 元年(860) 浙東觀察使가 되어 仇甫의 난을 진압하였다. 咸通 3년(862) 武寧軍節度使가 되어 徐州 銀刀軍의 兵變을 진압하고 徐州의 士卒 3천여 명을 살해하였다. 左金吾大將軍에 재직중 죽었다.

119)「新唐書』卷167「王式傳」, 5120면, "徙安南都護. 故都護田早作木柵, 歲率緡錢, 旣不時完, 而所責益急. 式取一年賦市芀木, 豎周十二里, 罷歲賦外率以紓齊人. 浚壕繚柵, 外植刺竹, 寇不可冒. 後蠻兵入掠錦田步, 式使譯者開諭, 一昔去, 謝曰 : '我自縛叛獠, 非爲寇也.' 忠武戍卒服短後褐, 以黃冒首, 南方號'黃頭軍', 天下銳卒也. 初, 數有變, 懼式威, 不自安, 譁曰 : '黃頭軍將度海襲我矣!' 相率夜圍城, 合譟 : '請都護北歸, 我當抗黃頭軍.' 式徐被甲, 引家僮乘城責讓, 叛者走. 翌日, 盡捕斬之. 初, 容管災歉, 不歲貢, 式始上輸, 大犒宴軍中. 歸質外蕃, 而占城·眞臘慕義, 悉入獻, 亦還所掠王民."

120)「新唐書』卷167「王式傳」, 5120면, "寧國劇賊仇甫亂, …… 聞賊用騎兵, 乃閱所部, 得吐蕃·回鶻遷隷數百, 發龍陂監牧馬起用之, 集土團諸兒爲向導, 擒甫斬之."

121)「新唐書』卷167「王式傳」, 5121면, "咸通三年, 徐州銀刀軍亂, 以式檢校工部尙書, 徙武寧節度使, 詔許·滑兵自隨. 視事三日, 悉以計誅亂兵."

122)『新唐書』卷177「錢徽傳」, 5271면, "時大雨雪, 士寒凍, 徽先冬頒衣絮, 士乃大悅. 又辟宣歙崔衍府. 王師討蔡, 檄遣采石兵會戰, 戍還, 頗驕蹇. 會衍病亟, 徽請召池州刺史李遜署副使, 遜至而衍死, 一軍賴以安."

「배탁전(裴度傳)」을 보면, [趙注 : 더하기를] 배탁[124]이 황제(헌종)에게 군자는 당파가 없고 소인은 당파가 있다고 했다.[125]

「우승유전(牛僧孺傳)」을 보면, [趙注 : 더하기를] 당초 대책문이 절실하고 올곧아 당시 재상들에게 죄를 얻은 대목이 있었다 하니,[126] 이것이 우이(牛李) 당쟁의 시작이었다. [趙注 : 또 더하기를] 유진(劉稹)이 주살된 뒤 석웅(石雄)의 군리(軍吏)가 유종간(劉從諫)이 (우)승유, 이종민(李宗閔)에게 보내 교류한 편지를 얻었다[127][趙注 : 이는 아마도 이덕유가 국정을 담당했기 때문에 그 뜻에 영합하는 자가 부회하여 만들어낸 것인 듯하다].

「이석전(李石傳)」을 보면, [趙注 : 더하기를] 이석[128]이 문종(文宗)과 정치를 하

---

123) 『新唐書』 卷177 「錢徽傳」, 5271~5272면, "入拜左補闕, 以祠部員外郎爲翰林學士, 三遷中書舍人, 加承旨. 憲宗嘗獨召徽, 從容言它學士皆高選, 宜預聞機密, 廣參決, 帝稱其長者. 是時, 內積財, 圖復河湟, 然禁無名貢獻, 而至者不甚. 徽懇諫罷之. 帝密戒後有獻毋入右銀臺門, 以避學士." "右銀臺門으로 들어오지 말도록 하였다"고 하였으니 『箚記』 본문은 원문과 차이가 난다.

124) 裴度(765~839) : 唐 河東郡 聞喜縣 사람으로 字는 中立이다. 貞元進士로 鴻詞科와 賢良方正科, 直言極諫科에 합격하였다. 校書郎 · 監察御史 · 司封員外郎 · 中書舍人 · 御史中丞 등을 역임하였다. 元和 10년(815) 中書侍郎 同平章事가 되었고 淮西 吳元濟와 淄靑 李師道를 평정하였다. 河東節度使 · 平章事 · 山南西道節度使 등을 역임하였고, 文宗 즉위 후 다시 재상이 되었다. 大和 4년(830) 牛僧孺와 李宗閔이 정권을 잡은 후 그의 공을 꺼려하여 山南東道節度使 襄州刺史로 삼았다. 만년에 화를 피하여 洛陽에 은거하였다.

125) [王注] 『新唐書』 卷173 「裴度傳」, 5213면에는 "帝嘗語 : '臣事君當勵善底公, 朕惡夫樹黨者.' 度曰 : '君子小人以類而聚, 未有無徒者. 君子之徒同德, 小人之徒同惡, 外甚類, 中實遠, 在陛下觀所行則辨'."이라 했다. 이는 裴度이 君子나 小人에게 모두 黨이 있으나 오직 그 성질이 다른 것이며, 실제행동으로 檢驗할 수 있는 것이라고 여긴 것이다.

126) 『新唐書』 卷174 「牛僧儒傳」, 5229면, "元和初, 以賢良方正對策, 與李宗閔 · 皇甫湜俱第一, 條指失政, 其言鯁訐, 不避宰相. 宰相怒, 故楊於陵 · 鄭敬 · 韋貫之 · 李益等坐考非其宜, 皆謫去."

127) 『新唐書』 卷174 「牛僧儒傳」, 5232면, "劉稹誅, 而石雄軍吏得從諫與僧孺 · 李宗閔交結狀."

128) 李石(784~845) : 唐宗室로 字는 中玉이다. 元和進士로 처음에 李聽의 幕僚로 근무하여 才略이 있고 업무에 정통하였다. 文宗 즉위 후 鹽鐵 · 度支의 업무를 관장하였다. 太和 9년(835) 甘露의 變이 발생하자 戶部侍郎 同平章事에 임명되고 中書侍郎이 加官되었다. 鄭覃과 輔政하며 太平之術을 논하며 백성의 구휼, 경비의 절감, 인재의 등용에 초점을 맞추었다. 開成 3년(838) 仇士良의 시기로 자객에게 거의 죽을 뻔하였

는 요체에 대해 논하며 오직 좋은 인재를 발탁해 등용하는 것이라 했다. 정관(貞觀), 개원(開元)의 정치에 대해 논하게 되자 (이)석은 황제의 뜻을 굳세게 하고자 한(漢) 문제(文帝), 선제(宣帝)도 본받을 만하지 않으니 마땅히 위로 요(堯), 순(舜)을 본받아야 한다고 했다.[129)]

「이회전(李回傳)」을 보면, [趙注 : 더하기를] 유신(劉愼)을 토벌할 때 이회[130)]가 사신으로 임명되어 전투를 독려하면서 석웅(石雄), 왕재(王宰) 등을 꾸짖으며 적의 격파 기일을 구하였는데, 나중에 과연 기일대로 전과를 상주했다.[131)]

「소방전(蕭倣傳)」을 보면, [趙注 : 더하기를] 선종이 이수(李璲)를 영남절도사(嶺南節度使)로 삼아 이미 부절을 하사했는데, 이어 (소)방이 조서를 그대로 봉해 돌려보내니, 황제(선종)는 마침 음악을 즐기고 있다가 사신을 보

고, 荊南節度使로 나갔다. 武宗 때 河東節度觀察使에 임명되었고, 會昌 4년(844) 軍亂으로 쫓겨났다. 벼슬은 東都留守 太子少保에 이르렀다.

129) 『新唐書』 卷131 「李石傳」, 4514면, "帝嘗顧鄭覃曰 : '覃老矣, 當無妄, 試諭我猶漢何等主?' 覃曰 : '陛下文 · 宣主也.' 帝曰 : '渠敢望是!' 石欲彊帝志使不怠, 因曰 : '陛下之問而覃之對, 臣皆以爲非. 顔回匹夫耳, 自比於舜. 陛下有四海, 春秋富, 當觀得失於前, 日引月長, 以齊堯 · 舜, 奈何比文 · 宣而又自以爲不及. 惟陛下開肆厥志, 不以文 · 宣自安, 則大業濟矣'."

130) 李回 : 唐宗室로 字는 昭度, 본명은 躔, 字는 昭回이다. 武宗의 휘를 피하여 이름을 바꾸었다. 長慶進士이며 賢良方正制科에 합격하였다. 처음에 揚州掌書記가 되었다가 入朝하여 左補闕에 임명되었다. 宰相 李德裕의 인정을 받아 中書舍人에 임명되었다. 武宗 즉위 후 工部侍郎 · 戶部侍郎을 역임하였다. 會昌 3년(843) 御史中丞이 되어 河朔을 회유하러 파견되었고, 諸鎭에게 昭義節度使 劉稹을 공격하게 하였다. 會昌 5년(845) 兵部侍郎 同平章事를 겸했고, 中書侍郎 · 門下侍郎 · 戶部尙書 · 吏部尙書를 역임했다. 武宗이 죽자 劍南西川節度使가 되었다. 大中 2년(848) 李德裕가 좌천되자 李德裕와 친분이 있다는 이유로 湖南觀察使로 좌천되었다가 다시 撫州刺史로 좌천되었다.

131) [王注] 이 문장은 原刻本에서 위의 문장 「李石傳」의 뒤에 잘못 이었으며, '又增' 운운 하고, '奉使督戰' 위의 '回'字 역시 '石'으로 썼다. 西畲本에는 개정하여 '李回傳' 세 글자를 넣고, '又'字를 빼고, 글 가운데 '石'을 '回'로 고쳤다. 『新唐書』 「李回傳」은 원래 卷131 「李石傳」 뒤에 부가되어 있었고, 趙翼은 이로 인해 착오에 이르렀다. 『新唐書』 卷131 「李回傳」, 4518면, "復以回爲使, 督戰至蒲東, 王宰 · 石雄櫜鞬謁道左, 回不行, 顧左右呼直史責破賊限牒, 宰等震恐, 期六旬取潞, 否則死之. 未及期二日, 賊平."

낼 겨를이 없자, 곧 악사를 시켜 부절을 추적해 환수하게 했다.[132)]

「이각전(李珏傳)」을 보면, [趙注 : 더하기를] 문종은 일찍이 진왕(陳王) (이)성미(李成美)를 후계자로 삼으려고 했는데, (문종이) 죽은 뒤 환관이 재상을 끌어들여 옹립해야 할 바를 상의하자, 이각[133)]이 "선제께서 이미 진왕이라 명하셨다"라고 말했다. 나중에 무종[134)]이 즉위하자 사람들은 모두 그(이각)가 위태롭다고 여겼으나, (이)각은 "신하는 주상의 명을 받들 줄만 알면 되는 것이니, 어찌 궁중 안의 일에 간여하겠는가"라고 말했다. 나중에 결국 이 일로 폄적되었다.[135)]

「이덕유전(李德裕傳)」을 보면, [趙注 : 더하기를] (이)덕유가 촉 지방의 절도사였을 때 주변루(籌邊樓), 장의성(仗義城), 어모성(禦侮城), 유원성(柔遠城) 등

---

132) 『新唐書』 卷101 「蕭倣傳」, 3959면, "宣宗力治, 喜直言, 嘗以李琢爲嶺南節度使, 使者已賜節, 而倣封還詔書. 帝方作樂, 不暇命使, 遣優工趨出追之, 未及琢所而還. 後以封勅脫誤, 法當罰."

133) 李珏(784~852) : 唐 趙郡 贊皇縣 사람으로 字는 待價이다. 明經科에 합격하고 元和 進士가 되었으며 書判拔萃科에 합격하였다. 渭南尉를 거쳐 右拾遺가 되었다. 大和 5년(831) 李宗閔·牛僧孺가 집권하자 그들과 친하게 지내어 度支郎中·知制誥·翰林學士·中書舍人을 역임하였다. 大和 9년(835) 李宗閔이 죄를 짓자 연좌되어 江州刺史로 좌천되었다. 開成 2년(837) 宰相 李固言에게 발탁되어 戶部侍郎이 되었고, 다음해 楊嗣復의 추천으로 同平章事가 되었으며, 세 사람이 결탁하여 鄭覃·陳夷行·李德裕를 공격하였다. 武宗 즉위 후 李德裕가 재상이 되자 桂管觀察使, 端州司馬로 좌천되었고, 宣宗 즉위 후 河陽節度使·淮南節度使를 역임하였다.

134) 武宗(814~846, 재위 840~846) : 이름은 李瀍, 본명은 炎이다. 穆宗의 다섯째 아들이며, 文宗의 異母弟이다. 潁王에 봉해졌다가 文宗 사후 宦官 仇士良·魚弘志가 조서를 위조하여 太子 李成美를 폐하고 즉위시켰다. 즉위 기간 宰相 李德裕를 신뢰하여 내외의 정사가 모두 개선되었다. 會昌 4년(844) 昭義節度使 劉稹의 반란을 평정하여 朝廷의 위세를 진작시켰다. 다음해 毁佛을 명하여 僧尼를 환속시켰으며 寺院의 토지와 노비를 몰수하였다. 그러나 狩獵과 武戲를 좋아하고 方術·神仙을 믿었으며, 마침내 金丹을 복용하고 죽었다. 端陵(지금의 陝西省 三原縣 동쪽)에 장사지냈으며, 시호는 昭肅皇帝이다.

135) 『新唐書』 卷182 「李珏傳」, 5361면, "始, 莊恪太子薨, 帝意屬陳王. 旣而帝崩, 中人引宰相議所當立, 珏曰 : '帝旣命陳王矣!' 已而武宗卽位, 人皆爲危之. 珏曰 : '臣下知奉所言, 安與禁中事?' 帝新聽政, 數稱道無逸篇以勸. 時潞州劉從諫獻大馬, 滄州劉約獻白鷹, 珏請之以示四方. 遷門下侍郎, 爲文宗山陵使. 會秋大雨, 梓宮至安上門陷于濘, 不前, 罷爲太常卿. 終以議所立, 貶江西觀察使, 再貶昭州刺史."

을 축조한 일이 있다.[136] [趙注 : 또 더하기를] 재상합(宰相閤)은 백관이 공무가 아니면 들어가지 못하는데, 이종민 때부터 왕왕 빈객이 통행하여 그 가운데에서 연회를 베풀기에 이르렀다. (이)덕유는 재상이 되어 문종에게 그것을 금지하도록 상주했다.[137] [趙注 : 또 더하기를] 황제가 이훈(李訓)[138]에게 벼슬을 주려고 하자 (이)덕유는 그가 소인배라 제수하는 것은 부당하다고 여겼다. 황제가 왕애(王涯)[139]에게 따로 관직을 주라고 말하니 (이)덕유는 손을 흔들어 그것을 제지했는데, 마침 황제에게 보이게 되니 황제가 기뻐하지 않았다.[140] 무종은 양사복(楊嗣復),[141] 이각을 죽이고자 하

136)『新唐書』卷180「李德裕傳」, 5332면, "築杖義城, 以制大度·青溪關之阻; 作禦侮城, 以控榮經掎角勢; 作柔遠城, 以阨西山吐蕃; 復邛崍關, 徙巂州治臺登, 以奪蠻險."

137)『新唐書』卷180「李德裕傳」, 5333면, "故事, 丞郎詣宰相, 須少間乃敢通, 郎官非公事不敢謁. 李宗閔時, 往往通賓客. 李聽爲太子太傅, 招所善載酒集宗閔閣, 酣醉乃去. 至德裕, 則喩御史 : '有以事見宰相, 必先白臺乃聽. 凡罷朝, 繇龍尾道趨出.' 遂無輒至閣者."

138) 李訓(?~835) : 唐 隴西郡 成紀縣(지금의 甘肅省 秦安縣) 사람으로 字는 子垂이다. 初名은 仲言, 字는 子訓이다. 長慶進士로 敬宗 때 象州로 귀양갔다가 文宗 즉위 후 사면되어 돌아왔다. 太和 8년(834) 鄭注에게 뇌물을 주고 王守澄에게 아부하여 文宗에게『周易』을 강의하여 翰林侍講學士에 제수되었다. 다음해 翰林學士, 禮部侍郎 同平章事를 역임하였다. 宦官을 주살하고 吐蕃이 점령한 河湟지역을 회복하고 河朔藩鎭을 평정할 것을 건의하여 文宗의 신임을 얻었다. 王守澄을 죽이고 宦官監軍을 다수 주살했으며, 李宗閔과 李德裕 등 대신을 내쫓았다. 후에 金吾將軍 韓約 등과 모의하여 左金吾仗院에 甘露가 내렸다는 소문을 퍼뜨리고 宦官 仇士良 등을 유인하여 주살하려 했으나 일이 틀어져 禁軍에게 살해되었다.

139) 王涯(?~835) : 唐 太原 사람으로 字는 廣津이다. 貞元進士로 博學鴻詞科에 합격하였다. 翰林學士, 知制誥, 起居舍人을 거쳐 元和 11년(816) 中書侍郎 同平章事에 제수되었다. 穆宗 즉위 후 梓州刺史, 劍南東川節度使를 역임하였다. 長慶 3년(823) 戶部尙書 鹽鐵轉運使, 寶曆 2년(826) 山南西道節度使에 임명되었다. 文宗 때 太常卿이 되어『雲韶樂』을 편찬하였다. 大和 4년(830) 吏部尙書 鹽鐵轉運使를 역임하였다. 大和 7년(833) 同平章事를 겸하였으며, 度支使와 鹽鐵使를 합하여 거느렸으며 江南榷茶使을 겸하였다. 茶法을 바꾸어 백성들의 차나무를 官場에 옮겨 심게 하여 天下가 크게 원망하였다. 甘露의 變 때 李訓의 모의에 참여하지 않았지만 宦官 仇士良에게 잡혀 살해되었다. 저서에는『唐循資格』5卷과『太玄經注』6卷, 文集 10卷이 있으나 모두 散佚되었다.

140)『新唐書』卷180「李德裕傳」, 5333면, "帝語王涯別與官, 德裕搖手止涯, 帝適見, 不懌, 訓·注皆怨, 卽復召宗閔輔政, 拜德裕爲興元節度使."

141) 楊嗣復(783~848) : 唐 虢州 弘農縣 사람으로 字는 繼之이다. 貞元進士로 博學鴻詞

니, 모두 이종민의 일당이었는데, (이)덕유가 세 번 머리를 조아리며 그들의 목숨을 구하니 결국 죽음을 면하게 되었다.[142] 무종에게 대답하여 재상 임용에 관한 한 가지 일을 논했고, 또한 붕당의 해악을 극력 논했다.[143] 열전 말미에는 또한 최하(崔嘏), 위형(魏鉶), 정유립(丁柔立) 등을 붙여 실었는데,[144] 모두 (이)덕유를 위해 억울함을 호소한 자들이다.

「마식전(馬植傳)」을 보면, **[趙注 : 더하기를]** 마식[145]은 중위 마원지(馬元贄)와 친했는데, (마)원지는 황제가 하사한 띠를 그에게 주었다. 다른 날 편전에 들어 (황제를) 대하는데, 황제가 그 띠를 알아보고는 그가 근시와 내통함을 알고 드디어 그를 내쳤다.[146]

「최안잠전(崔安潛傳)」을 보면, **[趙注 : 더하기를]** (최)안잠의 장수 장자면(張自勉)

科에 합격하였다. 처음에 秘書省校書郎이 되었다가 穆宗 즉위 후 中書舍人에 임명되었다. 牛僧孺·李宗閔·權德輿와 함께 貢擧門生이었기 때문에 진퇴를 같이 하였다. 長慶 4년(824) 牛僧孺가 재상이 되자 權知禮部侍郎이 되었으며, 그가 선발한 貢士들이 현달하였다. 文宗 즉위 후 戶部侍郎이 되었으나 太和 7년(833) 李宗閔이 재상에서 물러나자 劍南東川節度使가 되었다가 太和 9년(835) 李宗閔이 다시 재상이 되자 劍南西川節度使로 옮겼다. 開成 2년(837) 다시 戶部侍郎이 되어 諸道鹽鐵轉運使를 겸하였다. 다음해 李珏과 同平章事가 되었다가 門下侍郎으로 승진하였으며, 鄭覃·陳夷行이 李珏과 朋黨이라고 공격하자 사임을 청하였다. 武宗 즉위 후 李德裕가 재상이 되자 湖南觀察使·潮州刺史로 좌천되었다가 宣宗 즉위 후 吏部尙書에 제수되었으나 長安으로 가던 중 사망하였다. 『全唐文』에 6편의 문장과 『全唐詩』에 5수의 詩가 전한다.

142) 『新唐書』 卷180 「李德裕傳」, 5335~5336면, "帝嘗疑楊嗣復·李珏顧望不忠, 遣使殺之, 德裕知帝性剛而果於斷, 卽率三宰相見延英, 嗚咽流涕曰 : '昔太宗·德宗誅大臣, 未嘗不悔. 臣欲陛下全活之, 無異時恨. 使二人罪惡暴著, 天下共疾之.' 帝不許, 德裕伏不起. 帝曰 : '爲公等赦之.' 德裕降拜升坐. 帝曰 : '如令諫官論爭, 雖千疏, 我不赦.' 德裕重拜. 因追還使者, 嗣復等乃免."

143) 『新唐書』 卷180 「李德裕傳」, 5339~5341면.

144) 『新唐書』 卷180 「李德裕傳」, 5343~5344면.

145) 馬植(?~857) : 唐 扶風 사람으로 字는 存之이다. 元和進士로 制科에 합격하였다. 壽州團練副使·饒州刺史·安南都護·黔中觀察使·大理卿을 역임하였다. 宣宗 즉위 후 刑部侍郎과 戶部侍郎으로 발탁되었고 諸道鹽鐵轉運使를 겸임하였다. 大中 2년(848) 同平章事, 中書侍郎 兼禮部尙書가 되었다. 大中 4년(850) 宦官 馬元贄와 交通했다는 죄목으로 常州刺史로 좌천되었다가 忠武節度使·宣武節度使를 역임하였다.

146) 『新唐書』 卷184 「馬植傳」, 5391~5392면, "初, 左軍中尉馬元贄最爲帝寵信, 賜通天犀帶. 而植素與元贄善, 至通昭穆, 元贄以賜帶遺之. 它日對便殿, 帝識其帶, 以詰植, 植震恐, 具言狀, 於是罷爲天平軍節度使."

이 왕선지(王仙芝)[147]를 토벌하는 데에 공을 세우자 송위(宋威)가 그를 꺼려 휘하에 두고자 했다. 재상 정전(鄭畋)이 "이와 같으면 (장)자면은 공을 세우고도 욕을 받는 것이니, 어찌 공을 세우라고 권하겠습니까"라고 말했다.[148]

「주선전(朱宣傳)」을 보면, [趙注 : 더하기를] 주전충(朱全忠)이 (주)선을 공격하면서 모두 열 번 군사를 일으켰으나 네 번 대패했다.[149]

「이보국전(李輔國傳)」을 보면, [趙注 : 더하기를] 이보국[150]이 상황(上皇)을 위협해 옮기도록 하자, 고력사가 꾸짖으며 상황의 말을 끌도록 한 일이 있다.[151]

---

147) 王仙芝(?~878) : 唐 濮州(治所는 지금의 山東省 鄄城縣 북쪽) 사람이다. 소금밀매업자로 乾符 2년(875) 무리를 이끌고 濮州 濮陽縣(일설에 의하면 長垣縣)에서 반란을 일으켰다. 각지에 격문을 보내 唐廷 관리들의 부패와 막중한 세금, 상벌의 불공평함을 성토하였고 天補平均大將軍 兼海內諸豪都統을 자칭하였다. 濮州와 曹州를 점령하고 黃巢가 무리를 모아 호응하여 무리가 수만에 이르렀다. 다음해 河南諸州를 공격하고 湖北으로 진격하여 復州・郢州・隨州・安州・黃州 등을 점령하였다. 蘄州刺史 裴偓이 항복을 권하자 朝廷에 관직을 구하여 唐에서 左神策軍押牙 兼 監察御史로 제수하였으나 黃巢 등이 반대하여 이를 받지 않고 黃巢와 군대를 나누어 작전하였다. 乾符 4년(877) 監軍 楊復光이 다시 설득하자 尙君長을 보내 항복하려 했으나 唐將 宋威에게 살해되어 뜻을 이루지 못하였다. 다음해 黃梅(지금의 湖北省 黃梅縣 서북)에서 唐將 曾元裕에게 살해되었다.

148) 『新唐書』 卷110 「崔安潛傳」, 4199면, "乾符初, 王仙芝寇河南, 安潛募人增陴繕械, 不以力費仰朝廷. 首請會兵討捕, 號令精明, 賊畏之, 不犯陳許境. 使大將張自勉將兵七千援宋州. 時宋威屯曹州, 賊圍宋益急. 自勉收南月城, 斬賊二千級, 仙芝夜解去. 宰相鄭畋建言 : '請以陳許兵三千隸宋威.' 而威忌自勉, 乞盡得安潛軍, 使自勉隸麾下. 畋謂威有疑忿, 必殺自勉, 奏言 : '今以兵悉畀威, 是自勉以功受辱. 安潛抗賊有功, 乃取銳兵付威, 後有緩急, 何以戰? 是勞不蒙賞, 無以示天下.' 詔止以四千付威, 餘還自勉."

149) 『新唐書』 卷188 「朱宣傳」, 5465면, "全忠之攻宣, 凡十興師, 四敗績."

150) 李輔國(704~762) : 唐의 宦官으로 본명은 靜忠이다. 처음에는 閹奴로 마굿간에서 일했으나 高力士를 섬기게 되고 후에 東宮에 들어가 太子 李亨(肅宗)을 섬겼다. 天寶 15년(756) 玄宗이 安史의 난을 피해 蜀으로 피난가자 병사를 나누어 朔方으로 가기를 청하였다. 肅宗이 靈武에서 즉위한 후, 그 공으로 輔國이란 이름을 하사하였다. 肅宗이 長安에 돌아온 후 殿中監 領閑廐諸使 郕國公에 제수되었으며 兵部尙書를 겸했다. 신하들의 상주문도 그를 통해 처리하였다. 張皇后와 힘을 합쳐 建寧王을 살해하고 太上皇 玄宗을 유폐하였다. 宰相이 되고자 하였으나 실패하였다. 寶應 元年(762) 程元振과 모의하여 張皇后를 살해하였고, 이에 肅宗이 놀라 죽자 代宗을 옹립하였다. 尙父로 존칭되고 司空 中書令에 제수되었다. 모든 정치를 처리하였다. 代宗은 그의 교만함과 전횡을 싫어하였으나 옹립의 공을 세웠고 禁軍을 장악하였음을 염두하여 먼저 권력을 빼앗고 나중에 사람을 보내 刺殺하였다.

「어조은전(魚朝恩傳)」을 보면, [趙注 : 더하기를] 토번이 쳐들어오자 (어)조은은 낙양(洛陽)으로 천도하고자 했는데, 곽자의가 상소를 올려 그렇게 해서는 안 된다고 간언했다.[152] [趙注 : 더하기를] (어)조은이 재상을 꾸짖자 상리조(相里造)가 앞에서 그 주장을 꺾었다.[153] [趙注 : 더하기를] (어)조은이 그 아들을 위해 벼슬을 높이기를 청하자 (황제가 아직 답을 하지 않았는데) 좌우에서 이미 자주색 옷을 입는 관직으로 올렸다.[154] [趙注 : 더하기를] 원재가 몰래 모의해서 (어)조은을 사로잡아 묶었다.[155]

「전령자전(田令孜傳)」을 보면, [趙注 : 더하기를] 전령자[156]가 희종(僖宗)[157]을

---

151)『新唐書』卷208「李輔國傳」, 5881면, "會帝屬疾, 輔國卽詐言皇帝請太上皇按行宮中, 至睿武門, 射生官五百遮道, 太上皇驚, 幾墜馬, 問何爲者, 輔國以甲騎數十馳奏曰 : '陛下以興慶宮湫陋, 奉迎乘輿還宮中.' 力士厲聲曰 : '五十年太平天子, 輔國欲何事?' 叱使下馬, 輔國失轡, 罵力士曰 : '翁不解事!' 斬一從者. 力士呼曰 : '太上皇問將士各好在否!' 將士納刀萬歲, 皆再拜. 力士復曰 : '輔國可御太上皇馬!'"

152) [王注]『新唐書』卷207「魚朝恩傳」, 5863면의 원문은 "高暉等引吐蕃入寇, 遣劉德信討斬之. 故朝恩因麾下數克獲, 竊以自高. 是時郭子儀有定天下功, 居人臣第一, 心娼之, 乘相州敗, 醜爲詆譖, 肅宗不內其語, 然猶罷子儀兵, 留京師. 代宗立, 與程元振一口加毁, 帝未及寤, 子儀憂甚. 俄而吐蕃陷京師, 卒用其力, 王室再安. 故朝恩內, 乃勸帝徙洛陽, 欲遠戎狄"라고 되어 있으니, '疏諫'이란 글자는 없다.

153) [王注] '相里造'는 原刻本에는 '溫造'로 되어 있었는데, 西畬本에서 이미 개정했다.『新唐書』卷207「魚朝恩傳」, 5864면, "誕辭折愧坐人出其上, 雖元載辯彊亦拱默, 唯禮部郎中相里造·殿中侍御史李衎酬詰往返, 未始降屈, 朝恩不懌, 黜衎以動造. 又謀將易執政以震朝廷, 乃會百官都堂, 且言 : '宰相者, 和元氣, 輯生. 今水旱不時, 屯軍數十萬, 饋運困竭, 天子臥不安席, 宰相何以輔之? 不退避賢路, 默默尙何賴乎?' 宰相俛首, 坐皆失色."

154)『新唐書』卷207「魚朝恩傳」, 5865면, "明日見帝曰 : '臣之子位下, 願得金紫, 在班列上.' 帝未答, 有司已奉紫服于前, 令徽稱謝. 帝笑曰 : '小兒章服, 大稱.' 滋不悅."

155)『新唐書』卷207「魚朝恩傳」, 5865면, "元載乃用左散騎常侍崔昭尹京兆, 厚以財結其黨皇甫溫·周皓. 溫方屯陜, 而皓射生將. 自是朝恩隱謀奧語, 悉爲帝知. 希暹覺帝指, 密白朝恩, 朝恩稍懼, 然見帝接遇未衰, 故自安而潛計不軌."

156) 田令孜(?~893) : 唐 蜀사람으로 字는 仲則이다. 일설에는 許州 사람이라고 한다. 咸通中 內侍省에 들어가 宦官이 되어 小馬坊使와 監軍을 역임하였다. 僖宗 즉위 후 左神策軍中尉로 발탁되었고, 阿父로 불렸으며 일체의 政事를 그에게 위임하여 전횡하였다. 廣明 元年(880) 募兵하여 長安을 수비하고 黃巢를 막으려 했으나 패하여 僖宗을 데리고 西川으로 도망갔다. 스스로 左右神策十軍兼十二衛觀軍容使가 되었다. 光啓 元年(885) 長安으로 돌아와 별도로 神策新軍 54都를 모았는데, 1都마다 1천 명이었다. 河中節度使 王重榮과 安邑·解縣의 鹽池 鹽課를 다투어 王重榮과 李克用이

방탕한 쾌락으로 이끌어 상을 받은 일과 상인들의 재화를 강탈한 일이 있었다. (전)령자는 왕중영(王重榮)[158]을 토벌하다가 전투에서 패하자 황제를 핍박하여 흥원(興元)으로 몽진했고, 주매(朱玫)가 양왕(襄王)의 후계자 (이)온(李熅)을 황제로 옹립하기에 이르렀으니,[159] 이는 모두 (전)령자가 초래한 화이다. 임금이 촉으로 행행한 뒤 (전)령자는 황모군(黃帽軍)의 반란을 유발했는데, 맹소도(孟昭圖)가 상소를 올려 간언하자 (전)령자는 조서를 위조해 그를 쫓아내고 해쳤다.[160] **[趙注 : 더하기를]** 환관 조지각(曹知慤)은 적을 격파하는 데에 공이 있었는데, 이로 인하여 임금이 돌아갈 때 마땅히 대산관(大散關)에서 여러 신하들을 조사하여 돌아갈 만한 자들만 돌아가야 한다고 크게 말했다. (전)령자는 그가 자기를 도모하려는 것이

長安을 공격하자 다시 僖宗을 끼고 서쪽으로 달아나 西川監軍이 되었고, 成都로 도망가 陳敬瑄에게 의탁하였다. 후에 王建에게 살해되었다.

157) 僖宗(862~888, 재위 873~888) : 이름은 李儇이며, 初名은 儼이다. 懿宗의 다섯째 아들로 普王에 봉해졌다. 懿宗이 죽자 宦官 劉行深 등이 옹립하였다. 즉위 초 宦官 田令孜를 총애하여 阿父라 부르며 정사를 위임하고 궁중에서 닭싸움과 연회를 즐겼다. 당시 南詔와 嶺南의 전쟁으로 군사비 지출이 막대하여 재정이 고갈되었고, 해마다 자연재해가 발생했으며, 租稅의 부담이 막중하여 백성들의 고통이 컸다. 乾符初 王仙芝와 黃巢가 山東에서 난을 일으켰고, 廣明 元年(880) 長安이 함락되어 蜀으로 도망갔다가 中和 5년(885) 長安으로 돌아왔다. 田令孜와 王重榮의 다툼으로 다시 도망갔다. 당시 江淮지방에서 賦를 上供하지 않고 諸藩이 서로 싸우는 등 혼란하여 唐이 사실상 망하게 되었다. 靖陵에 매장되었으며, 시호는 惠聖恭定皇帝이다.

158) 王重榮(?~887) : 唐 太原府 祁縣 사람이다. 父蔭으로 軍校가 되었으며 용맹이 軍中 으뜸이었다. 廣明 元年(880) 河中馬步軍都虞候이 되었다. 黃巢가 長安을 점령하자 節度副使가 되었고 전공으로 河中節度使가 되었다. 中和 3년(883) 李克用과 함께 長安을 공격하여 琅邪郡王에 봉해졌다. 光啓 元年(885) 宦官 田令孜와 河中 安邑과 解縣의 鹽池 鹽課를 두고 다투다가 田令孜가 邠寧節度使 朱玫와 鳳翔節度使 李昌符와 결탁하자 그는 李克用과 결탁하여 邠寧과 鳳翔兵을 물리쳤다. 후에 田令孜와 朱玫가 嗣襄王 李熅을 옹립하자 李克用과 함께 朱玫를 토벌하여 李熅을 살해하고 僖宗을 모셔와 복위시켰다. 군법을 엄하게 적용하여 部將 常行儒에게 살해되었다.

159) 『新唐書』 卷208 「田令孜傳」, 5888면, "至是令孜唱曰 : '王重榮反.' …… 令孜懼人圖己, 蒙面以行. 使王建長劍五百淸道, 囊傳國璽授之. 次大散關, 道險澀, 帝危及難數矣. 分軍守靈壁, 亢追兵. 玫長驅躡帝, 帝以閣道毁, 走它道, 困甚, 枕王建膝且寐, 覺而飯, 僅能至興元."

160) 『新唐書』 卷208 「田令孜傳」, 5886면, "左拾遺孟昭圖請對, 不召, 因上疏極陳 …… 疏入, 令孜匿不奏, 矯詔貶昭圖嘉州司戶參軍, 使人沈于蟇頤津."

라고 염려하여 몰래 왕행유(王行瑜)에게 명하여 그를 죽였다.[161] 이런 것들은 『구당서』에는 모두 없고, 단지 (전)령자가 양주(梁州)로 따라갔다가 감군(監軍)[162]이 되기를 청해 떠났다고만 기록했을 뿐이다.[163] 생각건대, 이런 일들은 모두 (전)령자가 화를 초래하고 악행을 저지른 것인데, 「(전)령자전」에 쓰지 않으면 누구 열전에 쓴단 말인가?

「황소전(黃巢傳)」을 보면, [趙注 : 더하기를] 왕선지(王仙芝)가 송위(宋威)에게 기주(沂州)에서 패하여 도망갔다. (송)위는 (왕)선지가 이미 죽었다고 상주하고는 여러 도의 군사들을 해산해 보냈다. 그러고 나서 (왕)선지가 다시 나타나자 여러 도의 군사들은 막 쉬려고 하다가 다시 불려왔고, 이에 모두 원망을 했다.[164] [趙注 : 또 더하기를] 자사(刺史) 배악(裴渥)이 적을 위해 (조정에) 관직을 구하자 왕선지와 황소가 모두 (배)악을 방문하여 술을 마셨다. 마침 조서가 이르러 (왕)선지를 좌신책군(左神策軍) 압아(押衙)[165]로 삼자 (왕)선지는 기뻐했지만, (황)소는 관직이 자기한테는 오지 않았다 하여 욕하며 "그대 홀로 관직을 얻으면 이 5천의 무리는 어디로 돌아

161) 『新唐書』 卷208 「田令孜傳」, 5887면, "令孜謂然, 密令王行瑜以邠州兵度嵯峨山, 襲殺其慤. 由是益自肆, 禁制天子, 不得有所主斷."

162) 監軍 : 監軍使라고도 하며, 隋末唐初 장군들이 출정할 때 御史에게 종군하여 감찰하도록 했다. 開元 20년(732) 宦官을 監軍으로 삼았고, 安史의 난 이후 宦官監軍이 제도가 되었다. 諸道方鎭에는 모두 監軍院이 설치되어 監軍使가 주지하였으며, 밑에 副使 · 判官 · 小使 등 속관이 있어 일부 군대를 장악하였다. 각 支郡의 鎭兵이 주둔하는 곳에 品秩이 낮은 宦官이 監軍으로 파견되었다. 節度使를 통제하는 장치로 활용되었다. 天復 3년(903) 폐지되었다가 後梁 때 別將을 監軍으로 삼았으며, 後唐 때 다시 宦官을 監軍으로 삼았다가, 天成 연간 폐지되었다.

163) 『舊唐書』 卷184 「田令孜傳」, 4771면, "京師復亂, 僖宗出幸寶雞, 又移幸山南, 方鎭皆憾令孜生事. 令孜懼, 引前樞密楊復恭代己, 從幸梁州, 求爲西川監軍."

164) 『新唐書』 卷225下 「黃巢傳」, 6452면, "仙芝略沂州, 威敗賊城下, 仙芝亡去. 威因奏大渠死, 擅縱麾下兵還青州, 臣皆入賀. 居三日, 州縣奏賊故在. 時兵始休, 有詔復遣, 士皆忿, 思亂."

165) 押衙 : 幕職名으로 押牙라고도 한다. 唐 · 五代 方鎭의 使府에 설치하였다. 節度使의 牙內의 사무를 관장하였다. 左押牙 · 右押牙 · 左廂都押牙 · 右廂都押牙 등이 있었다. 都押牙는 軍府의 重職으로 藩帥(節度使)를 侍從하며 衙府를 방어하여 警衛의 임무를 띠었다. 中唐 이후 諸州에도 軍事押牙, 都押牙 등을 설치하였다.

가겠는가?"라고 말하고는 (왕)선지를 쳤다. (왕)선지는 무리가 노여워할까 염려하여 역시 관직을 받지 않고 무리를 나누어 각 방면으로 약탈했다.[166) **[趙注 : 또한 더하기를]** 적장 주온(朱溫)이 왕중영(王重榮)에게 패하자 드디어 (왕)중영에게 항복했다.[167)

이상 일흔한 개의 열전[168)은 『신당서』가 더한 사적이나 상소문 등으로서 모두 시사(時事)나 정치와 관련이 있는 것이다.

228. 『신당서』에서 『구당서』를 증보한 것 가운데 잡다한 내용 新書增舊書瑣言碎事

「두건덕전(竇建德傳)」을 보면, **[趙注 : 더하기를]** (두)건덕이 보잘 것 없을 무렵 도둑이 밤에 그의 집을 습격했다. (두)건덕이 세 사람을 죽이자 나머지는 감히 나아갈 생각을 못하고 시체를 돌려달라고 청했다. (두)건덕이 "줄을 던지면 시체를 가져갈 수 있을 것이다"라고 말했는데, 도둑들이 줄을 던지자 (두)건덕은 자신을 줄에 묶고는 도둑에게 줄을 끌어 올리게 해서 또 몇 사람을 죽였다.[169)

---

166) 『新唐書』 卷225下 「黃巢傳」, 6452~6453면, "賊出入蘄・黃, 蘄州刺史裴渥爲賊求官, 約罷兵. 仙芝與巢等詣渥飮. 未幾, 詔拜仙芝左神策軍押衙, 遣中人慰撫. 仙芝喜, 巢恨賞不及己, 詬曰 : '君降, 獨得官, 五千且奈何丏我兵, 無留'. 因擊仙芝, 傷首. 仙芝憚衆怒, 卽不受命, 劫州兵, 渥、中人亡去. 賊分其衆 : 尙君長入陳、蔡; 巢北掠齊、魯, 衆萬人, 入鄆州, 殺節度使薛崇, 進陷沂州, 遂至數萬, 繇潁、蔡保嵖岈山."

167) 『新唐書』 卷225下 「黃巢傳」, 6461면, "河中糧艘三十道夏陽, 朱溫使兵奪艘, 重榮以甲士三萬救之, 溫懼, 鑿沈其舟, 兵遂圍溫. 溫數困, 又度巢勢蹙且敗, 而孟楷方專國, 溫丏師, 楷沮不報, 卽斬賊大將馬恭, 降重榮."

168) **[王注]** 原刻本 總計는 단지 70傳이었으나, 西畲本을 참조하여 개정한 뒤에 바야흐로 71傳이 된다.

169) 『新唐書』 卷85 「竇建德傳」, 3696면, "盜夜劫其家, 建德立戶下, 盜入, 擊三人死, 餘不敢進. 請其尸, 建德曰 : '可投繩係取之.' 盜投繩, 建德乃自縻, 使盜曳出, 躍起捉

「이정전(李靖傳)」을 보면 [趙注 : 더하기를] 태종(太宗)이 몸소 편지 두 통을 썼는데, 한 통에서 "군사의 지휘는 모두 공에게 맡기고 짐은 상관하지 않겠다"라고 했고, 다른 한 통에서 "밤낮으로 공의 병세를 살펴 늙은 부인이 소식을 보내오도록 했으니, 내 공이 기거하는 상황을 알고자 함이다"라고 말했다. 나중에 권덕여(權德輿)가 이를 보고 눈물을 흘리며 "군신의 사이가 하나됨이 이 정도에 이르렀구나"라고 했다170)고 말했다.

「두정륜전(杜正倫傳)」을 보면 [趙注 : 더하기를] 두정륜171)이 당초 성 남쪽의 여러 두(杜)씨와 동족의 정을 펴고자 했으나 (두씨들이) 허락하지 않았다. 전해 오기를 성 남쪽 두고(杜固)에 왕성한 기운이 있다고 했는데, (두)정륜이 정권을 잡은 뒤 두고를 뚫어 수리시설을 통하게 하자고 주청했다. 물길을 뚫은 뒤 냇물이 흐르는 것이 마치 피와 같았는데, 이후 성 남쪽 두씨들은 떨쳐 일어나지 못했다.172)

「태자이승건(李承乾)전」을 보면 [趙注 : 더하기를] 이승건173)은 이민족[蕃人]

刀, 復殺數人, 繇是益知名. 爲里長, 犯法亡, 會赦歸."

170) 『新唐書』 卷93 「李靖傳」, 3816~3817면, "靖五代孫彦芳, 大和中, 爲鳳翔司錄參軍. 家故藏高祖·太宗賜靖詔書數函, 上之. 一曰 : '兵事節度皆付公, 吾不從中治也.' 一曰 : '有晝夜視公疾大老嫗遣來, 吾欲熟知公起居狀.' 皆太宗手墨, 它大略如此. 文宗愛之不廢手. 其舊物有佩筆, 以木爲管弢, 刻金其上, 別爲環以限其間, 筆尙可用也. 靖破蕭銑時, 所賜于闐玉帶十三胯, 七方六刓, 胯各附環, 以金固之, 所以佩物者. 又有火鑑·大觽·算囊等物, 常佩于帶者. 天子悉留禁中. 又敕摸詔本, 還賜彦芳, 並束帛衣服. 權德輿嘗讀太宗手詔, 至流涕曰 : '君臣之際乃爾邪!'"

171) 杜正倫(?~658) : 唐 象州 洹水縣(지금의 河北省 魏縣 서남) 사람이다. 隋 仁壽中 秀才에 뽑혀 武騎尉가 되었다. 唐에 들어와 秦王府文學館에서 근무하였다. 貞觀中 給事中 兼 知起居注, 中書侍郎 兼 太子左庶子를 역임하였다. 貞觀 17년(643) 太子 李承乾이 폐위되자 交州都督으로 조천되었다가 驩州로 유배갔다. 顯慶 元年(656) 黃門侍郎 同中書門下三品으로 발탁되었고 다음해 中書令이 되었다. 顯慶 3년(658) 李義府와 불화하여 橫州刺史로 좌천되었고, 임지에서 죽었다. 저서로는 文集 10卷이 있으나 전하지 않고, 『全唐文』에 4편의 문장과 『全唐詩』에 2수의 詩가 전한다.

172) 『新唐書』 卷106 「杜正倫傳」, 4039면, "正倫與城南諸杜昭穆素遠, 求同譜, 不許, 銜之. 諸杜所居號杜固, 世傳其地有壯氣, 故世衣冠. 正倫爲執政, 建言鑿杜固通水以利人. 旣鑿, 川流如血, 閱十日止, 自是南杜稍不振."

173) 李承乾(?~645) : 唐太宗의 嫡長子이며, 字는 高明이다. 武德 3년(620) 恒山郡王에 봉해졌고 中山王으로 徙封되었다. 太宗 즉위 후 皇太子가 되었다. 貞觀 9년(635) 高

에게서 천막을 설치하는 법을 배웠고, 스스로 가한(可汗)이 죽은 것처럼 해서 부하들에게 말을 타고 와서 곡을 하게 했다. (또) 맹세하기를, 천하를 가진 뒤에는 아사나사마(阿史那思摩)[174]에게 몸을 맡겨 하나의 '설(設)'[175]이 되겠다고 했다. 또 "간언하는 자가 있으면 곧 죽일 것이니, 오백 명을 죽인다면 어찌 조용해지지 않겠는가"라고 말했다.[176]

「이걸전(李傑傳)」을 보면 **[趙注 : 더하기를]** 옥사를 판결하게 되었는데, 어떤 부인이 도사와 더불어 그 아들이 불효하다고 아뢰니, (이)걸은 그 실정을 살피고는 도사를 죽였다.[177]

祖가 죽고 太宗이 喪에 임할 때 庶政을 처리하도록 명을 받고 잘 처리하였다. 성인이 되어 聲色과 游獵을 좋아하였으며, 사치가 심하였다. 또 足疾이 있어 魏王 李泰가 대신 皇太子가 될 것을 두려워하여 漢王 李元昌, 朝臣 侯君集 등과 함께 정변을 모의했으나 누설되어 貞觀 17년(643) 폐위되어 庶人이 되었다가 黔州로 유배되어 죽었다.

174) 阿史那思摩(?~645) : 乙彌泥熟俟利苾可汗이라고도 한다. 東突厥可汗으로 頡利可汗의 族人이다. 武德 7년(624) 突利와 함께 唐과 화의하였다. 貞觀 4년(630) 東突厥이 망하자 頡利와 함께 사로잡혔다. 右武候大將軍 化州都督이 되었으며 懷化郡王에 봉해졌다. 貞觀 13년(639) 太宗이 可汗으로 옹립하였고, 李氏로 賜姓되었다. 突厥舊部를 통솔해 漠南에 주둔하였다. 貞觀 18년(644) 다시 黃河를 건너 勝州와 夏州 사이에 나누어 거주하도록 청하였다. 單騎로 長安에 와서 宿衛가 되기를 원하여 右武衛將軍이 되었다. 貞觀 19년(645) 太宗을 따라 東征하여 流矢에 맞아 長安에서 죽었다. 昭陵에 배장되었다.

175) 設 : 突厥帝國에서 可汗의 子弟 및 宗族에게 한정되어 임명된 관직으로 '別部領兵者', '別部典兵者'인 shad를 말한다. 支配氏族인 阿史那氏 출신에 한정된다. 『周書』 卷50 「異域下」「突厥傳」, 909면, "土門, 遂自號伊利可汗, 猶古之單于也, 號其妻爲可賀敦, 亦猶古之閼氏也. …… 大官有葉護, 次設, 次特勤, 次俟利發, 次吐屯發, 及餘小官凡二十八等, 皆世爲之"; 護雅夫, 「突厥第一帝國におけるsad號硏究」, 『古代トルこ民族史硏究』, 東京 : 山川出版社, 1967 참조.

176) 『新唐書』 卷80 「常山王承乾傳」, 3564~3565면, "又好突厥言及所服, 選貌類胡者, 被以羊裘, 辮髮, 五人建一落, 張氈舍, 造五狼頭纛, 分戟爲陣, 繫幡旗, 設穹廬自居, 使諸部斂羊以烹, 抽佩刀割肉相啗. 承乾身作可汗死, 使衆號哭剺面, 奔馬環臨之. 忽復起曰 : '使我有天下, 將數萬騎到金城, 然後解髮, 委身思摩, 當一設, 顧不快邪!' 左右私相語, 以爲妖. 又襞氈爲鎧, 列丹幟, 勒部陣, 與漢王元昌分統, 大呼擊刺爲樂. 不用命者, 披樹扶之, 或至死, 輕者輒腐之. 嘗曰 : '我作天子, 當肆吾欲; 有諫者, 我殺之, 殺五百人, 豈不定?'"

177) 『新唐書』 卷128 「李傑傳」, 4461면, "傑旣精聽斷, 雖行來食飮, 省治不少廢, 繇是府無淹事, 人吏愛之. 寡婦有告其子不孝者, 傑物色非是, 謂婦曰 : '子法當死, 無悔乎?' 答曰 : '子無狀, 寧其悔!' 乃命市棺還斂之, 使人迹婦出, 與一道士語, 頃持棺至, 傑令

「허경종전(許敬宗傳)」을 보면 [趙注 : 더하기를] (허)경종은 복양(濮陽)을 제구(帝丘)라 하는 것과 제수(濟水), 탑수(漯水)의 흐름이 끊어진 것에 대해 잘 설명했으니, 그 박학함이 보인다.[178]

「장석전(張錫傳)」을 보면 [趙注 : 더하기를] 장석[179]과 소미도(蘇味道)가 함께 죄에 연좌되어 감옥에 갇히게 되었는데, (장)석은 날마다 음식이 풍요롭고 사치스러웠으며 양이 부족하지 않았으나, (소)미도는 땅에 자리를 깔고 앉아 채소를 먹었다. 무후(武后)가 사람을 보내 그들을 엿보게 하고는 (소)미도를 불쌍하게 여기고 (장)석을 미워했다.[180]

「배염전(裴炎傳)」을 보면 [趙注 : 더하기를] (배)염의 조카 배주선(裴伷先)[181]은

捕道士按問, 乃與婦私不得逞. 傑殺道士, 內于棺."

178) 『新唐書』 卷223上 「許敬宗傳」, 6337~6338면, "帝東封泰山, 以敬宗領使. 次濮陽, 帝問竇德玄 : '此謂帝丘, 何也?' 德玄不對. 敬宗儳曰 : '臣能知之. 昔帝顓頊始居此地, 以王天下. 其後夏后相因之, 爲寒浞所滅. 后緡方娠, 逃出自竇, 在此地也. 後昆吾氏因之, 而爲夏伯. 昆吾旣衰, 湯滅之. 其頌曰 : '韋・顧旣伐, 昆吾・夏桀'是也. 至春秋時, 衛成公自楚丘徙居之, 左氏稱'相奪予享', 以舊地也. 由顓頊所居, 故曰帝丘. 臣聞有德者啓其國土, 失道者則喪其疆宇, 自古大都美國, 居者不一姓, 故有國家者不可不愼也.' …… 德玄聞之, 不屑曰 : '人各有能, 不彊所不知, 吾所能也.' 李勣曰 : '敬宗多聞, 美矣; 竇之不彊, 不亦善乎?'"

179) 張錫 : 唐 魏州 昌樂縣 사람이다. 久視 元年(700) 鳳閣侍郎 同平章事가 되었다. 일찍이 廬陵王(中宗)을 소환할 것을 청했다. 후에 뇌물수수로 循州(지금의 廣東省 惠州 동쪽)로 유배되었다. 中宗 때 工部尙書 兼 修國史 東都留守에 제수되었다. 韋后가 臨朝稱制한 후 다시 재상이 되었다가 열흘 만에 絳州刺史에 임명되고 平原郡公에 봉해졌다. 연로하여 致仕한 후 죽었다.

180) 『新唐書』 卷113 「張錫傳」, 4188면, "與鄭杲俱知選, 坐洩禁中語, 又賕謝鉅萬, 時蘇味道亦坐事, 同被訊, 繫鳳閣, 俄徙司刑三品院. 錫按轡專道, 神氣不懾, 日膳豐鮮, 無損貶. 味道徒步赴逮, 席地菜食. 武后聞之, 釋味道, 將斬錫, 旣而流循州."

181) 裴伷先(668~753) : 唐 絳州 聞喜縣 사람으로 裴炎의 조카이다. 門蔭으로 太僕寺丞이 되었다. 光宅 元年(684) 裴炎을 위하여 상서를 올려 武則天에게 천자에게 권력을 넘겨줄 것을 청하여 朝堂에서 杖을 맞고 瀼州로 귀양갔다가 후에 北庭으로 유배되었다. 변방에서 5년 동안 있으면서 재물을 모아 巨富가 되었고 胡女를 아내로 맞았으며, 客 수백 명을 양성하여 唐 조정의 일을 염탐하였다. 長壽 2년(693) 武后가 酷吏의 건의를 받아들여 流人들을 살해하려 하자 突厥로 도망갔으나 성공하지 못하고 체포되어 투옥되었다. 景元 元年(710) 睿宗이 太子詹事丞으로 등용하였으며, 秦州都督・桂州都督・廣州都督을 역임하였다. 開元中 幽州節度使・太原尹・京兆尹을 역임하였다. 京畿員外試官 등 冗員을 없앨 것을 주청하였다. 工部尙書를 거쳐 東京유수를 역

무후에게 간언하다가 양주(瀼州)로 유배되었으나 북정(北庭)으로 달아나 수천만의 부를 쌓았다. 조정의 은밀한 일을 염탐할 수 있었으므로 무후가 사자를 보내 유배된 사람들을 죽이려 하자 (배)주선은 미리 그 사실을 알고 추격자와 격투를 벌였다. 나중에 무후가 다시 유배된 사람들을 사면하자 마침내 방면되었다. 뒤에 관직이 공부상서(工部尙書)에 이르렀다.[182)]

「배관전(裴寬傳)」을 보면 [趙注 : 더하기를] 배관[183)]이 윤주참군(潤州參軍)으로 있을 때 어떤 사람이 사슴고기를 보냈는데, (배관은) 물리칠 수가 없어 받긴 했지만 뒤뜰에 (사슴고기를) 묻어 버렸다. 자사(刺史) 위선(韋詵)이 누각 위에서 이를 보고 그 까닭을 물어 자초지종을 알고는 드디어 딸을 (배관에게) 시집보냈다. (배)관은 푸른색 옷을 입고, 여위면서도 키가 커서 사람들이 그를 '푸른 까치[碧鸛雀]'라 불렀다.[184)]

임하고 사망하였다.

182) 『新唐書』 卷117 「裴炎傳」 附 「從子伷先傳」, 4249~4250면, "歲餘, 逃歸, 爲吏蹟捕, 流北庭. 無復名檢, 專居賄, 五年至數千萬. 娶降胡女爲妻, 妻有黃金·駿馬·牛羊, 以財自雄. 養客數百人, 自北庭屬京師, 多其客, 詗候朝廷事, 聞知十常七八. 時補闕李秦授爲武后謀曰 : '讖言'代武者劉', 劉無彊姓, 殆流人乎? 今大臣流放者數萬族, 使之叶亂, 社稷憂也.' 后謂然, 夜拜秦授考功員外郎, 分走使者, 賜墨詔, 尉安流人, 實命殺之. 伷先前知, 以橐它載金幣·賓客奔突厥, 行未遠, 都護遣兵追之, 與格鬪, 爲所執, 械繫獄, 以狀聞. 會武后度流人已誅, 畏天下姍誚, 更遣使者安撫十道, 以好言自解釋曰 : '前使使尉安有罪, 而不曉朕意, 擅誅殺, 殘忍不道, 朕甚自咎. 今流人存者一切縱還.' 繇是伷先得不死."

183) 裴寬(681~755) : 唐 絳州 聞喜縣 사람이다. 처음에 潤州參軍이 되었고, 拔萃擧에 합격하여 河南丞·長安尉를 역임하였다. 宇文融이 括戶를 실시할 때 河東覆田判官이 되었다. 후에 太常博士·刑部員外郎·知江淮轉運事·蒲州刺史·河南尹을 역임하였으며, 모두 치적을 남겼다. 天寶初 范陽節度使가 되어 위엄과 위무를 병행하여 邊民들이 복종하였다. 戶部尙書 兼 御史大夫가 되었으나, 李林甫가 그가 재상이 되는 것을 꺼려하여 탄핵하여 睢陽太守로 좌천되었다. 이후 安陸別駕·東海太守·馮翊太守를 역임하였고 禮部尙書로 마쳤다. 불교를 숭상하여 늙어서 더욱 독실해졌다.

184) 『新唐書』 卷130 「裴漼傳附從祖弟寬傳」, 4488~4489면, "刺史韋詵有女, 擇所宜歸, 會休日登樓, 見人於後圃有所瘞藏者, 訪諸吏, 曰 : '參軍裴寬居也.' 與偕來, 詵問狀, 答曰 : '寬義不以包苴芋家, 適有人以鹿爲餉, 致而去, 不敢自欺, 故瘞之.' 詵嗟異, 乃引爲按察判官, 許妻以女. 歸語妻曰 : '常求佳壻, 今得矣.' 明日, 幃其族使觀之. 寬時衣碧, 瘠而長, 族入, 族人皆笑, 呼爲'碧鸛雀'. 詵曰 : '愛其女, 必以爲賢公侯妻也, 何可以貌求人?' 卒妻寬."

「가서한전(哥舒翰傳)」을 보면 [趙注 : 더하기를] 동관(潼關) 전투에서 적장 최건우(崔乾祐)는 군사를 열 명, 다섯 명씩 대오를 짓게 했는데, 관병은 좁은 길에서 막혀 결국 대패했다.[185)]

「엄무전(嚴武傳)」을 보면 [趙注 : 더하기를] 엄무[186)]는 여덟 살 때 아버지의 총애하는 첩을 때려 죽였다.[187)] 검남절도사(劍南節度使)가 되고 나서 두보(杜甫)[188)]를 가장 후하게 대해 주었으나 또한 누차 그를 죽이고자 했다. 이백(李白)[189)]은 「촉도난(蜀道難)」을 지어 (두)보를 위해 그를 위태롭

---

185) 『新唐書』 卷135 「哥舒翰傳」, 4572~4573면, "賊將崔乾祐守陝郡, 仆旗鼓, 羸師以誘戰. 或者曰 : '賊無備, 可圖也.' 帝信之, 詔翰進討. …… 六月, 引而東, 慟哭出關, 次靈寶西原, 與乾祐戰. 由關門七十里, 道險隘, 其南薄山, 北阻河, 賊以數千人先伏險. 翰浮舟中流以觀軍, 謂乾祐兵寡, 易之, 促士卒進, 道岨無行列. 賊乘高頹石下擊, 殺士甚衆. 翰與良丘登北阜, 以軍三萬夾河鳴鼓, 思禮等以精卒居前, 餘軍十萬次之. 乾祐爲陣, 十十五五, 或却或進, 而陌刀五千列陣後. 王師視其陣無法, 指觀嗤笑, 曰 : '禽賊乃會食.' 及戰, 乾祐旗少偃, 如欲遯者, 王師懈, 不爲備. 伏忽起薄戰, 皆奮死鬪. …… 旣敗, 翰引數百騎絶河還營, 羸兵裁八千, 至潼津, 收散卒復守關."

186) 嚴武(726~765) : 唐 華州 華陰縣 사람으로 字는 季鷹이다. 門蔭으로 殿中侍御史가 되었고, 天寶末 玄宗을 따라 入蜀하여 諫義大夫로 발탁하였다. 寶應 2년(763) 黃門侍郎이 되었고, 宰相 元稹과 친하게 지내어 재상이 되고자 하였으나 성공하지 못하였다. 다음해 成都尹 劍南節度使가 되어 狗城에서 吐蕃軍 7만을 격파하고 鹽川城을 수복하였다. 수년 동안 蜀을 다스리며 착취가 심하였고 사치스러웠으며 賞賜가 절제가 없었고 오만하고 무례하였다.

187) 『新唐書』 卷129 「嚴武傳」, 4484면, "武始八歲, 怪問其母, 母語之故. 武奮然以鐵鎚就英寢, 碎其首. 左右驚白挺之曰 : '郎戲殺英.' 武辭曰 : '安有大臣厚妾而薄妻者, 兒故殺之, 非戲也.' 父奇之, 曰 : '眞嚴挺之子!' 然數禁敕."

188) 杜甫(712~770) : 唐 襄陽 사람으로 鞏縣에서 태어났다. 字는 子美이다. 일찍이 長安 少陵에 居하여 杜陵布衣, 少陵野老를 자칭했으며, 세상에서는 杜少陵이라 칭한다. 天寶 3년(744) 洛陽에서 李白을 알게 되어 忘年交를 맺었다. 天寶 6년(747) 玄宗의 選賢詔에 응시하였으나 李林甫의 배척을 받아 10년 동안 長安에서 곤궁하게 지냈다. 安史의 난이 발생하자 鳳翔에 이르러 肅宗을 알현하고 左拾遺에 제수되었다. 長安으로 돌아온 후 房琯을 변호하다 華州司功參軍이 되었다. 華州 · 洛州 등지를 떠돌다가 成都에 이르러 草堂을 짓고 은거하였다. 劍南節度使 嚴武의 幕府에 들어가 嚴武가 표를 올려 檢校工部員外郎에 임명하였다. 말년에 빈곤하고 병이 들어 가족들을 이끌고 북쪽으로 돌아갔다. '詩史'라는 영예를 얻었으며, 현재 詩 1,400여 수가 남아 있다. 저서에는 『杜工部集』이 있다.

189) 李白(701~762) : 唐 綿州 彰明縣 사람이다. 일설에는 祖籍이 隴西郡 成紀縣이라고 하며 碎葉府(安西都護府에 속함)에서 태어났다. 字는 太白, 號는 靑蓮居士이다. 젊어

게 생각했다.[190]

「유안전(劉晏傳)」을 보면 [趙注 : 더하기를] (유)안이 여덟 살 때 현종(玄宗)이 장열(張說)에게 그를 시험하게 했는데, (장열이) "나라의 길조입니다"라고 말했다.[191]

「왕서전(王璵傳)」을 보면 [趙注 : 더하기를] 한(漢)나라 이래로 장례를 치르면서 모두 돈을 땅에 묻었는데, 후세의 민간 풍속에서는 종이로 돈을 삼아 귀신을 섬겼다. (왕)서는 사제사(祠祭使)가 되어 종이돈으로 사당에 제사지냈다.[192]

「관파전(關播傳)」을 보면 [趙注 : 더하기를] 이원평(李元平)이 여주(汝州)에 성을 쌓자 이희열(李希烈)이 몰래 사람들을 시켜 인부 모집에 응하게 하고는, 드디어 내응하여 (이)원평을 붙잡아 갔다고 했는데, (이)원평이 본래 관파[193]가 천거한 사람이기 때문이었다고 했다.[194] 『구당서(舊唐書)』는 「이

서 총명했으며 詩賦를 잘 지었고 劍과 任俠을 좋아하였다. 30세에 長安에 들어가 制擧로써 이름을 날리려 하였으나 실패하였다. 天寶 元年(742) 翰林供奉이 되었다. 天寶 3년(744) 權貴의 참소로 長安을 떠났다. 安史의 난 때 永王 李璘의 幕僚가 되었으나 永王의 군대가 패한 후 夜郎으로 추방되었다가 도중에 사면으로 돌아오게 되었다. 當塗에서 객사하였다.

190) 『新唐書』 卷129 「嚴挺之傳」 附 「子武傳」, 4484면, "梓州刺史章彝始爲武判官, 因小忿殺之. 琯以故宰相爲巡內刺史, 武慢倨不爲禮. 最厚杜甫, 然欲殺甫數矣. 李白爲蜀道難者, 乃爲房與杜危之也."

191) 『新唐書』 卷149 「劉晏傳」, 4793면, "玄宗封泰山, 晏始八歲, 獻頌行在, 帝奇其幼, 命宰相張說試之, 說曰 : '國瑞也'."

192) 『新唐書』 卷109 「王璵傳」, 4107면, "玄宗在位久, 推崇老子道, 好神仙事, 廣脩祠祭, 靡神不祈. 璵上言, 請築壇東郊祀青帝, 天子入其言, 擢太常博士·侍御史, 爲祠祭使. 璵專以祠解中帝意, 有所禳祓, 大抵類巫覡. 漢以來葬喪皆有瘞錢, 後世里俗稍以紙寓錢爲鬼事, 至是璵乃用之."

193) 關播(719~787) : 唐 衛州 汲縣 사람으로 字는 務元이다. 天寶進士로 州郡의 지방관을 역임하였으며 치적이 있었다. 大曆中 房琯과 常袞의 추천으로 都官員外郎이 되었으며 이후 給事中, 中書侍郎 同平章事를 역임하였다. 李希烈의 난 때 李元平을 추천하였으나 李元平이 사로잡혀 항복하여 이에 연좌되어 刑部尙書로 좌천되었다. 貞元初 咸安公主를 回紇로 모시고 갔다. 太子少師로 致仕하였다.

194) 『新唐書』 卷151 「關播傳」, 4818면, "不數日, 檢校吏部郎中, 兼汝州別駕, 知州事. 元平始至, 募工築郛浚隍, 希烈陰使亡命應募, 凡內數百人, 元平不寤. 賊遣將李克誠以精騎薄城, 募者內應, 縛元平馳見希烈, 遺矢於地. 希烈以其眇小、無髥, 戲克誠曰 :

원평전」 뒤에 「(관)파전」을 붙였으므로 이 일이 「(이)원평전」에 실려 있다. 『신당서(新唐書)』는 이 일을 「(관)파전」에 붙이고 다시 「(이)원평전」을 다시 만들지 않았다.

「소열전(邵說傳)」을 보면 [趙注 : 더하기를] (소)열이 덕종(德宗)을 마주하여 상주하면서 자신을 지키지 못해 적에게 붙잡힌 것을 스스로 해명하는 대목이 매우 상세하다.[195]

「이하전(李賀傳)」을 보면 [趙注 : 더하기를] 매일 나가 놀 때 어린 노비에게 오래된 비단주머니를 짊어지게 하고는 (시상을) 얻게 되면 바로 써서 그 안에 던져 넣었다. 그 어머니가 그것을 탐지하고는 "이 아이는 심장과 간을 토했을 따름이다"라고 말했다.[196]

「위고전(韋皐傳)」을 보면 [趙注 : 더하기를] 위고[197]가 죽은 후 그 화살에 '정

'使爾取元平, 乃以其子來邪?' 因嫚罵曰 : '盲宰相使汝當我, 何待我淺邪!' 僞署御史中丞. 播聞詫曰 : '元平事濟矣!' 謂必覆賊而建功也, 左右笑之. 無何, 僞署爲宰相, 有告其貳者, 元平斷一指自誓. 公達等以元平屈賊, 皆廢不用."

195) 『新唐書』 卷203 「邵說傳」, 5782면, "德宗立, 擢吏部侍郎. 說因自陳 : '家本儒, 先祖長白山人貞一, 以武后革命, 終身不肯仕. 先臣殿中侍御史瓊之, 逮事玄宗. 臣十六卽孤, 長育母手, 天寶中始仕. 會喪, 客河・洛, 祿山亂, 喪紀當終, 臣不褫衰絰又再期, 懼終不免, 陰走洺・魏. 慶緖遁保西城, 搜脅儒者爲己用, 以兵迫臣, 遂陷醜逆. 俄而史思明順附, 欲間道歸北闕下, 肅宗拜臣左金吾衛騎曹參軍, 許留思明所. 會烏承恩事, 路絶, 不得歸. 朝義之敗, 欲固守河陽, 臣知回紇利野戰, 陰勸其行, 以破賊計. 朝義已走, 臣西歸獻狀, 先帝詔翰林索臣所上言, 與王佃偕召. 先帝謂誠節白著, 故擢佃侍御史, 臣爲殿中侍御史, 使者宣旨制詔盡言其狀, 則疇昔本末, 先帝知之. 今又擢以不次, 雖自天斷, 尙恐受謗輿人, 傷陛下之明. 今吏員未乏而調者多, 益以功優, 準平格以判留人, 去者十七, 彼且鼓讒說以投疑于上, 此臣所大懼也'."

196) 본문은 '是兒嘔出心肝乃已.'로 『新唐書』 원문과 조금 다르다; 『新唐書』 卷203 「李賀傳」, 5788면, "每旦日出, 騎弱馬, 從小奚奴, 背古錦囊, 遇所得, 書投囊中. 未始先立題然後爲詩, 如它人牽合程課者. 及暮歸, 足成之. 非大醉・弔喪日率如此. 過亦不甚省. 母使婢探囊中, 見所書多, 卽怒曰 : '是兒要嘔出心乃已耳'."

197) 韋皐(745~805) : 唐 京兆府 萬年縣 사람으로 字는 城武이다. 建陵挽郎, 監察御史, 營田判官, 殿中侍御史 知隴州行營留後事, 隴州刺史, 奉義軍節度使를 역임하였다. 貞元 元年(785) 成都尹 劍南西川節度使가 되어 南詔와 연합하고 東謝蠻을 招納하여 누차 吐蕃을 격파하였다. 貞元 13년(797) 巂州(지금의 四川省 西昌)를 회복하였다. 貞元 17년(801) 吐蕃을 공격하여 維州를 포위하여 吐蕃兵 10만을 격파하고 그 內大相을 생포하였다. 이 공으로 南康郡王에 봉해졌는데, 德宗이 친히 찬양하였다. 順宗 즉위 후

진(定秦)'이란 두 글자가 있음을 문제 삼아 그가 다른 음모를 가지고 있었다고 여기는 사람이 있었다. 육창(陸暢)이 (위고를) 위해 변호하여 "정진이란 것은 기술자의 이름이다"라고 말하니, 일이 곧 명백해졌다. [趙注 : 또 더하기를] 이백은 「촉도난」을 지어 엄무를 배척했지만 (육)창은 반대로 「촉도이(蜀道易)」를 지어 (위)고를 찬양했다.[198)]

「전열전(田悅傳)」을 보면 [趙注 : 더하기를] 장비(張伾)가 굳게 지키면서 구원군을 기다리면서 종이로 만든 연을 날려 마수(馬燧)의 군대에 이르게 하였는데, (그 연에) "사흘 안에 구하지 않으면 병사들이 다 (전)열에게 먹힌다"라고 되어 있었다. (마)수는 이에 군대를 진격시켜 (전)열을 격파했다.[199)]

「유현좌전(劉玄佐傳)」을 보면 [趙注 : 더하기를] (유)현좌의 어머니는 (유)현좌에게 신하의 절개를 다할 것을 자주 가르쳤으며, 현령이 일을 아뢰면서 매우 두려워하는 것을 보고 (유)현좌에게 "네 아버지가 현에서 벼슬하고 있을 때 또한 이러했다. 네가 오만하게 받을 수 있겠느냐!"라고 훈계하였다.[200)] [趙注 : 또 더하기를] 변주(汴州) 상국사(相國寺)에 있는 부처의 몸에서 땀이 흘러나오자 (유)현좌가 금과 비단을 많이 시주하였는데, 사람들이 모두 그를 본받아 시주하여 날라 온 것이 헤아릴 수 없게 되자, (유)현좌는 이를

사자를 보내 劍南 三川(西川 · 東川 · 山南西道)을 겸임하려 하였으나 실패하자 표를 올라 太子(憲宗)의 監國을 청했으며 王叔文 등을 비방하였다. 이윽고 갑자기 죽었다.

198) 『新唐書』 卷158 「韋皐傳」, 4936면, "故劉闢階其殆, 卒以叛. 朝廷欲追繩其殆, 而不與皐者詆所進兵皆鏤'定秦'字, 有陸暢者上言 : '臣向在蜀, 知'定秦'者, 匠名也.' 繇是議息. 暢字達夫, 皐雅所厚禮. 始, 天寶時, 李白爲蜀道難篇以斥嚴武, 暢更爲蜀道易以美皐焉."

199) 『新唐書』 卷210 「田悅傳」, 5927~5928면, "悅自將兵數萬繼進, 又使朝光攻臨洺將張伾. 伾固守, 食且盡, 賞賜不足, 乃飾愛女示衆曰 : '庫廩竭矣, 願以此女代賞.' 士感泣, 請死戰, 大破悅軍. 有詔河東馬燧 · 河陽李芃與昭義軍救伾. 三節度次狗 · 明二山間, 未進. 伾急, 以紙爲風鳶, 高百餘丈, 過悅營上, 悅使善射者射之, 不能及. 燧營譟迎之, 得書言'三日不解, 臨洺士且爲悅食.' 燧乃自壺關鼓而東, 破盧疃, 戰雙岡, 禽賊大將盧子昌而殺朝光, 悅遁保洹水."

200) 『新唐書』 卷214 「劉玄佐傳」, 6000면, "玄佐貴, 母尙在, 賢婦人也. 常月織絁一端, 示不忘本. 數教敕玄佐盡臣節. 見縣令走廷中白事, 退, 戒曰 : '長吏恐懼卑甚. 吾思而父吏於縣, 亦當爾. 而據案當之, 可安乎?' 玄佐感悟, 故待下益加禮."

몰수하여 군사들에게 내리는 상으로 충당했다.[201]

「노탄전(盧坦傳)」을 보면 [趙注 : 더하기를] 두황상(杜黃裳)이 노탄[202]에게 "어떤 집의 아들이 나쁜 사람과 교유해서 파산하려 한다면, 어찌 그를 훈계하지 않겠는가"라고 말하자, (노)탄이 "무릇 관리가 청렴하면 반드시 재물을 쌓지 않으니, 재물을 쌓은 것은 모두 아랫사람을 괴롭혀 그렇게 된 것입니다. 만약 자손들이 재산을 잘 지킨다면 이는 하늘이 부도덕한 집안을 부유하게 하는 것이니, 그 부도덕한 것으로 하여금 다른 사람에게 (재물을) 흩어버리도록 허락하는 것만 같지 못합니다"라고 말했다.[203]

「위수전(韋綬傳)」을 보면 [趙注 : 더하기를] (위)수는 양응(楊凝)에게 수석합격을 양보했다.[204] (한림)학사(翰林學士)가 된 뒤 덕종(德宗)이 일찍이 위비(韋妃)와 함께 그 원(院, 곧 한림원(翰林院))에 행차했는데, 그가 잠든 것을 보고 (위)비의 촉힐포(蜀襭袍)를 (위수에게) 덮어 주었다.[205]

「호증전(胡證傳)」을 보면 [趙注 : 더하기를] 배탁(裴度)이 아직 출세하지 않았을 때 주점에서 술을 마시다가 무사들에게 고초를 겪게 되었다. (이때 호)증이 갑자기 뛰어들어 자리 위에 앉아 술을 많이 마시고는 철로 만든 등잔대를 잡아 손으로 그 받침을 합쳐 버리며 여러 사람들에게 "내가 주령(酒令)을 행하고자 하니, 술을 다 들이키지 못하는 놈은 이것으로 치겠

---

201) 『新唐書』 卷214 「劉玄佐傳」, 6000면, "汴有相國寺, 或傳佛軀汗流, 玄佐自往大施金帛, 於是將吏・商賈奔走輸金錢, 惟恐後. 十日, 玄佐敕止, 籍所入得巨萬, 因以贍軍."

202) 盧坦(749~817) : 唐 河南府 洛陽縣 사람으로 字는 保衡이다. 縣尉, 幕職을 거쳐 壽安令이 되어 賦稅와 형벌을 관대하게 하여 이름이 알려졌다. 刑部郎中, 御史中丞, 太子右庶子, 宣州判官, 刑部侍郎, 戶部侍郎 判度支를 역임하였다. 元和 8년(813) 宰相 李吉甫의 노여움을 사서 劍南東川節度使가 되었다.

203) 『新唐書』 卷159 「盧坦傳」, 4958면, "時杜黃裳爲尹, 召坦立堂下, 曰 : '某家子與惡人游, 破產, 盍察之?' 坦曰 : '凡居官廉, 雖大臣無厚畜, 其能積財者必剝下以致之. 如子孫善守, 是天富不道之家, 不若恣其不道, 以歸於人'."

204) 『新唐書』 卷169 「韋綬傳」, 5157면, "綬, 貫之兄. 擧孝廉, 又貢進士, 禮部侍郎潘炎將以爲擧首, 綬以其友楊凝親老, 故讓之, 不對策輒去, 凝遂及第."

205) 『新唐書』 卷169 「韋綬傳」, 5157면, "德宗時, 以左補闕爲翰林學士, 密政多所參逮. 帝嘗幸其院, 韋妃從, 會綬方寢, 學士鄭絪欲馳告之, 帝不許, 時大寒, 以妃蜀襭袍覆而去, 其待遇若此."

다"라고 말했다. 무리들이 머리를 조아리며 떠나겠다고 청하니, 배탁은 이에 화를 면할 수 있었다.[206]

「나입언전(羅立言傳)」을 보면 [趙注 : 더하기를] 나입언[207]이 하음(河陰)에서 성을 쌓았는데 땅을 가지고 있는 이들 가운데 부호들이 많아, 이에 스스로 자기 땅에 성을 쌓도록 하니 빈민들은 요역을 면할 수 있었다.[208]

「필함전(畢諴傳)」을 보면 [趙注 : 더하기를] 필함[209]은 세 번 번진을 옮겼으나 입조하지 못했다. 이에 아름다운 여자를 구하여 재상 영호도(令狐綯)에게 (주고) 결탁하려 했으나 (영호)도는 받지 않았다. 태의(太醫) 이현백(李玄伯)이 그녀를 불러다 황제에게 바치니 (황제가) 그녀를 몹시 총애했다.[210]

「최언소전(崔彦昭傳)」을 보면 [趙注 : 더하기를] (최)언소와 왕응(王凝)은 외사촌 사이였다. (왕)응이 먼저 출세하게 되자 (최)언소에게 예를 다하지 않았다. (최)언소가 재상이 되자 그의 어머니는 (최)언소가 원한을 갚을까

206)『新唐書』卷164「胡証傳」, 5049면, "証旅力絶人. 晉公裴度未顯時, 羸服私飮, 爲武士所窘, 証聞, 突入坐客上, 引觥三釂, 客皆失色. 因取鐵燈檠, 摘枝葉, 摎合其紨, 横膝上, 謂客曰 : '我欲爲酒令, 飮不釂者, 以此擊之.' 衆唯唯. 証一飮輒數升, 次授客, 客流離盤杓不能盡, 証欲擊之, 諸惡少叩頭請去, 証悉驅出. 故時人稱其俠."

207) 羅立言(?~835) : 唐 宣州 사람이다. 貞元 연간 進士가 되었으며, 魏博節度使 田弘正의 幕府에서 일했다. 寶曆 元年(825) 鹽鐵河陰院官이 되었고, 太和中 司農少卿이 되어 太倉의 출납을 담당하였다. 權臣 鄭注에게 뇌물을 주었고, 李訓 역시 그를 중시여겨 京兆少尹 知府事로 임명하였다. 甘露의 變 때 피살되었다.

208)『新唐書』卷179「羅立言傳」, 5325면, "改陽武令, 以治劇遷河陰. 立言始築城郭, 地所當者, 皆富豪大賈所占, 下令使自築其處, 吏籍其闊狹, 號於衆曰 : '有不如約, 爲我更完!' 民憚其嚴, 數旬畢. 民無田者, 不知有役. 設鎖絶汴流, 姦盜屛息."

209) 畢諴(802~864) : 唐 鄆州 須昌縣 사람으로 字는 存之이다. 젊어서 고아가 되고 가난하여 각고의 노력 끝에 經史에 널리 통하였다. 太和進士로 書判拔萃科에 합격하였으며 忠武節度使 杜悰의 幕府에 벽소되었다. 侍御史·慈州刺史·翰林學士·中書舍人·刑部侍郎을 역임하였다. 黨項이 河西를 어지럽히자 邠寧節度使 河西供軍安撫等使에 임명되어 羌人을 撫喩하여 변경이 안정되었고 屯田을 실시하여 해마다 30萬石을 수확하였다. 宣武節度使, 戶部尙書 領度支를 역임하였고, 咸通 元年(860) 재상이 되었으며, 使相(재상을 겸한 節度使)으로써 河中節度使로 임명되었다.

210)『新唐書』卷183「畢諴傳」, 5380면, "令狐綯忌之, 自邠寧凡三徙, 不得還. 諴思有以結綯, 至太原, 求麗姝盛飾使獻. 綯曰 : '太原於我無分, 今以是餌, 將破吾族矣.' 不受. 使者留于邸, 諴亦放之. 太醫李玄伯者, 帝所喜, 以錢七十萬聘之, 夫婦日自進食, 得其歡心, 乃進之帝, 嬖幸冠後宮. 玄伯又治丹劑以進, 帝餌之, 疽生於背."

염려하여 집안사람들에게 버선을 많이 마련하게 하고는 "왕(王)씨 누이가 아들과 함께 쫓겨난다면 나도 같이 갈 것이다"라고 말했다. (최)언소는 결국 감히 원한을 갚지 못했다.[211)]

「황소전(黃巢傳)」을 보면 [趙注 : 더하기를] (황)소가 항주(杭州)에 침입해 들어갔을 때 동창(董昌)의 주둔지 지명이 팔백리(八百里)였다. 적이 노파에게 묻자 (노파는) "관병이 팔백리에 주둔했습니다"라고 대답했는데, 이에 적은 (관병이 팔백 리 거리에 있는 줄 알고) 놀라 결국 달아나 버렸다.[212)] 또 유거용(劉巨容)이 사타족(沙陀族)[213)] 기병 오백 명에게 적에게 미끼를 던지라 명하니, (사타족 군대는) 말을 버리고 달아나버렸다. 다음날 적은 그 말을 타고 출전했는데, 말이 사타족 말을 알아들었으므로 (사타족 군대들이) 부르니 모두 도망쳐 돌아왔고, 결국 많은 적을 잡게 되었다.[214)]

---

211) 『新唐書』 卷183 「崔彦昭傳」, 5381면, "與王凝外昆弟也. 凝大中初先顯, 而彦昭未仕, 嘗見凝, 凝倨不冠帶, 嫚言曰 : '不若從明經擧.' 彦昭爲憾. 至是, 凝爲兵部侍郎. 母聞彦昭相, 敕婢多製履襪, 曰 : '王氏妹必與子皆逐, 吾將共行.' 彦昭聞之, 泣且拜, 不敢爲怨. 而凝竟免."

212) 『新唐書』 卷225下 「黃巢傳」, 6455~6456면, "巢畏襲, 轉掠江西, 再入饒·信·杭州, 衆至二十萬. 攻臨安, 戍將董昌兵寡, 不敢戰, 伏數十騎莽中, 賊至, 伏弩射殺賊將, 下皆走. 昌進屯八百里, 見舍媼曰 : '有追至, 告以臨安兵屯八百里矣.' 賊駭曰 : '向數騎能困我, 況軍八百里乎?' 乃還, 殘宣·歙等十五州."

213) 沙陀 : 唐五代시대 部族의 이름이다. 西突厥 別部인 處月種이다. 金娑山의 남쪽, 蒲類海의 동쪽에 거주하였다. 境內에 沙陀라는 大磧 때문에 沙陀突厥이라 불렸다. 貞觀中 唐太宗을 따라 高句麗·薛延陀를 공격하여 공을 세웠다. 唐高宗 때 薛仁貴를 따라 鐵勒을 토벌하였다. 先天初 吐蕃을 피하여 北庭으로 옮겼다. 貞元中 부족 7천 帳을 甘州로 옮겨 吐蕃에 귀부하여 吐蕃이 침입할 때 沙陀가 늘 선봉에 섰다. 元和 3년(808) 吐蕃을 배반하고 唐에 붙었고, 唐은 鹽州(지금의 陝西省 定邊)에 안치하고 陰山都督府를 두고 朱邪執宜를 兵馬使로 삼았다. 후에 太原으로 옮기고 部衆을 定襄川(지금의 山西省 牧馬河일대)에 거주하게 하고 陰山北沙陀라 불렀다. 朱邪執宜의 아들 朱邪赤心이 咸通中 龐勳 토벌에 공을 세워 李氏로 賜姓하고 이름을 國昌이라 하였다. 李國昌의 아들 李克用이 黃巢의 난을 토벌하고 長安을 수복하여 공이 가장 높아 河東節度使에 제수되었다. 李克用은 후에 벼슬이 太師 中書令에 이르렀고 晉王에 봉해졌다. 五代時代 李存勗이 後梁을 멸하고 後唐을 세웠고, 그 후 後晉 石敬瑭과 後漢 劉知遠도 모두 沙陀族 출신이었다.

214) 『新唐書』 卷225下 「黃巢傳」, 6455면, "其十月, 巢據荊南, 脅李迢草表報天子, 迢曰 : '吾骨宛可斷, 表不可爲.' 巢怒, 殺之. 欲進躪鐔, 會江西招討使曹全晸與山南東道

229. 『신당서』 열전을 만들면서 유독 상세하게 쓴 대목新書立傳獨詳處

『신당서(新唐書)』 여러 열전은 『구당서(舊唐書)』와 비교하면 대부분 대동소이하여, 난잡한 말을 줄이고 갖추지 못한 것을 보완한 것에 지나지 않아 크게 서로 차이가 없지만, 그러나 유안(劉晏), 이필(李泌),[215] 육지(陸贄),[216] 이강(李絳), 고병(高駢),[217] 고력사(高力士) 등 여섯 사람의 열전만은

節度使劉巨容壁荊門, 使沙陀以五百騎釘轡藻韉望賊陣縱而遁, 賊以爲怯. 明日, 諸將乘以戰, 而馬識沙陀語, 呼之輒奔還, 莫能禁. 官兵伏于林, 鬪而北, 賊急追, 伏發, 大敗之, 執賊渠十二輩."

215) 李泌(722~789) : 唐 京兆府 사람으로 字는 長源이다. 祖籍은 遼東郡 襄平縣(지금의 遼寧省 遼陽市)이다. 西魏 八柱國 李弼의 8세손이다. 어려서 총명했으며 7세에 문장에 능했다. 天寶中 待詔翰林이 되었다. 楊國忠과 安祿山을 비판한 「感遇詩」 때문에 쫓겨나 嵩山과 潁水 사이에 은거하였다. 至德 元年(756) 肅宗이 불러 靈武로 가서 만난 뒤, 肅宗이 그를 賓友로 대하며 大小事에 자문을 구하였다. 兩京이 평정된 후 李輔國과 張皇后의 시기를 받아 衡山에 은거하기를 청하였다. 代宗 즉위 후 翰林學士가 되었다가 元載의 시기로 江西判官이 되었고, 후에는 常袞의 시기로 杭州刺史로 전출되었다. 建中 3년(782) 德宗이 奉天으로 불러 左散騎常侍에 임명하였으며 安西와 北庭을 吐蕃에게 주고 吐蕃이 唐을 공격하지 못하도록 해야 한다고 간언하였다. 貞元 3년(787) 同平章事로 승진하였으며 鄴侯에 봉해졌다. 德宗이 功臣을 시기하는 것에 대해 切諫하였고 李晟 등 名將을 구하였다. 4君을 섬기고 3朝를 보좌하여 唐에 공헌한 바가 많았다. 아들 李繁이 『鄴侯家傳』을 지어 그의 功業을 기록하였다.

216) 陸贄(754~805) : 唐 蘇州 嘉興縣 사람으로 字는 敬輿이다. 大曆進士로 縣尉를 거쳐 監察御史·翰林學士를 역임하였다. 建中 4년(783) 朱泚의 난이 일어나자 德宗을 따라 奉天으로 피난갔는데 詔令의 다수가 그에게서 나왔다. 德宗 대신 쓴 「罪己詔」는 武夫悍將들도 보고 감읍했다고 전한다. 德宗의 신임을 얻어 陸贄가 사실상 재상의 역할을 하여 內相이라 불렸다. 貞元 7년(791) 翰林學士를 그만두고 兵部侍郎이 되었으며, 다음해 中書侍郎 同平章事에 임명되었다. 이후 德宗에게 미움을 사고 신하들의 참소로 太子賓客·忠州別駕로 좌천되었다. 현재 『翰苑集』(『陸宣公奏議』라고도 함)이 남아 있다. 順宗 즉위 후 長安으로 돌아오라는 詔書를 내렸으나 詔書가 도착하기 전 죽었다.

217) 高駢(822?~887) : 唐 幽州 사람으로 字는 千里이다. 대대로 禁軍將領을 지냈다. 懿宗 때 黨項을 격파하여 秦州刺史 兼 防禦使가 되었다. 咸通 5년(864) 安南都護가 되어 交州를 수복하고 지방을 잘 다스렸으며 水運을 통하게 하였다. 이후 鄆州刺史 天平軍節度使, 成都尹 劍南西川節度使를 역임하였다. 乾符 4년(877) 諸道兵馬都統 江淮鹽鐵轉運等使가 되어 黃巢의 난을 진압하였다. 乾符 6년(879) 淮南으로 옮겨 揚州大都督府長史 淮南節度副大使 知節度事가 되어 土客兵 7만을 모집하였다. 廣明 元

『구당서』보다 증보된 것이 거의 몇 배에 달한다. 대개 「유안전(劉晏傳)」은 진간(陳諫)이 (유)안의 업적에는 두 가지 해와 두 가지 이로움이 있다고 논한 것218)을 바탕으로 한 것이고[趙注 : 그 논(論)에서 "(유)안은 백성이 편안하게 밭 갈고 베 짤 수 있도록 하는 데에 크게 뜻을 두어 평년작인 해에는 세금을 거두고, 흉년이면 세금을 면제했다. 주현(州縣)마다 흉년들 조짐이 있으면 먼저 곡식을 빌려주어서 물자를 (무상으로) 나누어주는 데에 이르지 않게 했으니, 나누어주는 것이 적으면 구제하는 바가 없고, 많으면 나라의 씀씀이가 부족하게 되어 또한 세금을 많이 거두게 되기 때문이었다. 재해가 발생한 지역에서 부족한 것은 양식이지만 다른 산물은 그대로 있으니, 그 생산물을 풍년인 곳에 매매하면 저절로 고난과 기아를 면할 수 있다" 고 말했다.219) 『신당서』에서는 유독 이것을 상세히 적었으니, 그것이 기근을 다스리는 데에 이로움이 있었기 때문이다], 「이필전(李泌傳)」은 이번(李繁)이 지은 『업후가전(鄴侯家傳)』을 바탕으로 한 것이며[趙注 : 『신당서』에서 더하기를, 숙종

年(880) 部將 張璘全의 군대가 몰살된 이후 전쟁을 피하여 관할구역만 지켰다. 후에 神仙에 관한 일에 전념하여 軍政을 呂用之에게 맡겨 형벌과 조세 부담이 증가하여 將士들이 난을 일으킬 생각을 하였다. 部將 畢師鐸과 秦彦에게 구금되어 피살되었다.

218) [王注] 『新唐書』 卷149 「劉晏傳」, 4797~4798면에는 陳諫의 著論을 실었는데, '二害, 二勝'이란 말을 썼으니, 곧 劉晏이 재난을 구한 일을 일컫고 있으며, 劉晏의 功을 전면적으로 논한 것은 아니다. '二害'란 구휼에 따른 빈번한 세금 징수 및 吏의 횡포·불공평한 분배 등을 말한다. '二勝'이란 흉년지역의 곡식 외 雜貨의 자유로운 매매 및 그에 따른 곡식 운반으로 기근 해소 등을 가리킨다.

219) 『新唐書』 卷149 「劉晏傳」, 4797~4798면, "晏旣被誣, 而舊吏推明其功. 陳諫以爲管·蕭之亞, 著論紀其詳, 大略以'開元·天寶間天下戶千萬, 至德後殘於大兵, 饑疫相仍, 十耗其九, 至晏充使, 戶不二百萬. 晏通計天下經費, 謹察州縣災害, 蠲除振救, 不使流離死亡. 初, 州縣取富人督漕輓, 謂之'船頭'; 主郵遞, 謂之'捉驛'; 稅外橫取, 謂之'白著'. 人不堪命, 皆去爲盜賊. 上元·寶應間, 如袁晁·陳莊·方淸·許欽等亂江淮, 十餘年乃定. 晏始以官船漕, 而吏主驛事, 罷無名之斂, 正鹽官法, 以裨用度. 起廣德二年, 盡建中元年, 黜陟使實天下戶, 收三百餘萬. 王者愛人, 不在賜與, 當使之耕耘織紝, 常歲平斂之, 荒年蠲救之, 大率歲增十之一. 而晏尤能時其緩急而先後之. 每州縣荒歉有端, 則計官所贏, 先令曰: '蠲某物, 貸某戶.' 民未及困, 而奏報已行矣. 議者或譏晏不直賑救, 而多賤出以濟民者, 則又不然. 善治病者, 不使至危憊; 善救災者, 勿使至賑給. 故賑給少則不足活人, 活人多則闕國用, 國用闕則復重斂矣; 又賑給近僥幸, 吏下爲姦, 彊得之多, 弱得之少, 雖刀鋸在前不可禁. 以爲二害. 災沴之鄉, 所乏糧耳, 它産尙在, 賤以出之, 易其雜貨, 因人之力, 轉於豐處, 或官自用, 則國計不乏; 多出菽粟, 恣之糶運, 散入村閭, 下戶力農, 不能詣市, 轉相沾逮, 自免阻飢, 不待令驅. 以爲二勝. 晏又以常平法, 豐則貴取, 饑則賤與, 率諸州米嘗儲三百萬斛. 豈所謂有功於國者邪!'"

(肅宗)이 건녕왕(建寧王) (이)담(李倓)을 원수(元帥)로 삼으려고 하자 (이)필은 광평왕(廣平王)을 원수로 삼아야 한다고 힘써 주청했다.[220] 숙종이 이림보(李林甫)[221]의 묘를 파내려고 하자, (이)필은 상황께서 기뻐하지 않을 것을 염려하여 그것을 제지했다.[222] 숙종이 적을 격파할 수 있는 기일을 물으니 (이)필은 먼저 범양(范陽)의 소굴을 제압하면 한번 수고로움으로 영원히 편안할 것이라고 대답했다.[223] 서울을 회복한 뒤 숙종이 상황에게 복위를 청하려고 하자, (이)필이 "그와 같이 한다면 상황께서 오지 않을 것이니, 마땅히 여러 신하들이 상소를 올려 상황께서 돌아오셔서 봉양을 받으시라고 주청해야 합니다"라고 말했고,[224] 상황이 과연 돌아왔다. 덕종(德宗)이 토번(吐蕃)의 군대를 불러 주차(朱泚)를 토벌하면서 안서(安西), 북정(北庭)의 땅을 주기로 허락했으나, 토번이 힘써 싸우지도 않고 일이 평정되자 땅을 찾으러 오니, (이)필은 땅을 주어서는 안 된다고 힘써 말했다.[225]

---

220) 『新唐書』 卷139 「李泌傳」, 4632~4633면, "始, 軍中謀帥, 皆屬建寧王, 泌密白帝曰 : '建寧王誠賢, 然廣平冢嗣, 有君人量, 豈使爲吳太伯乎?' 帝曰 : '廣平爲太子, 何假元帥?' 泌曰 : '使元帥有功, 陛下不以爲儲副, 得耶? 太子從曰撫軍, 守曰監國, 今元帥乃撫軍也.' 帝從之."

221) 李林甫(?~752) : 唐宗室로 小字는 哥奴이다. 國子司業 · 御史中丞 · 吏部侍郎을 역임하였고, 玄宗의 寵妃 武惠妃와 宦官 등과 결탁하여 玄宗의 뜻에 영합하여 신임을 얻었다. 改元 22년(734) 禮部尙書 同中書門下三品이 되었고 戶部尙書와 兵部尙書를 거쳤으며, 張九齡을 대신하여 中書令 集賢殿大學士 修國史가 되었다. 19년 동안 宰相으로 있으면서 전권을 행사하고 言路를 막았으며, 자기의 당파만 등용하였고, 정적은 죄를 주어 귀양보냈다. 玄宗은 후기에 정사에 태만하여 大權을 그에게 위임하였다. 天寶 10년(751) 安西大都護와 朔方節度使를 겸임하였다. 蕃將들이 무식하여 宰相이 될 수 없음을 이용하여 蕃將들을 중용하였고, 安祿山 등이 오랜 기간 동안 外鎭에 있어 重兵을 장악하게 하여 安史의 난을 야기하게 하였다.

222) 『新唐書』 卷139 「李泌傳」, 4633면, "初, 帝在東宮, 李林甫數構譖, 勢危甚, 及卽位, 怨之, 欲掘冢焚骨. 泌以天子而念宿嫌, 示天下不廣, 使脅從之徒得釋言於賊."

223) 『新唐書』 卷139 「李泌傳」, 4633면, "因從容問破賊期, 對曰 : '賊掠金帛子女, 悉送范陽, 有苟得心, 渠能定中國邪? 華人爲之用者, 獨周摯 · 高尙等數人, 餘皆脅制偸合, 至天下大計, 非所知也. 不出二年, 無寇矣, 陛下無欲速. 夫王者之師, 當務萬全, 圖久安, 使無後害. 今詔李光弼守太原, 出井陘, 郭子儀取馮翊, 入河東, 則史思明 · 張忠志不敢離范陽 · 常山, 安守忠 · 田乾眞不敢離長安, 是以三地禁其四將也. 隨祿山者, 獨阿史那承慶耳. 使子儀毋取華, 令賊得通關中, 則北守范陽, 西救長安, 奔命數千里, 其精卒勁騎, 不逾年而弊. 我常以逸待勞, 來避其鋒, 去翦其疲, 以所徵之兵會扶風, 與太原 · 朔方軍互擊之. 徐命建寧王爲范陽節度大使, 北並塞與光弼相掎角, 以取范陽. 賊失巢窟, 當死河南諸將手.' 帝然之."

224) 『新唐書』 卷139 「李泌傳」, 4634면, "二京平, 帝奉迎上皇, 自請歸東宮以遂子道. 泌曰 : '上皇不來矣. 人臣尙七十而傳, 況欲勞上皇以天下事乎.' 帝曰 : '奈何?' 泌乃爲羣臣通奏, 具言天子思戀晨昏, 請促還以就孝養. 上皇得初奏, 答曰 : '當與我劍南一道自奉, 不復東矣.' 帝甚憂. 及再奏至, 喜曰 : '吾方得? 天子父!' 遂下誥戒行."

(이)필은 또한 덕종에게 사사로운 헌물을 받지 않는다면 방진(方鎭)이 법을 행할 수 있어 천하가 화평해질 것이라고 청했다.[226] 또한 일찍이 덕종을 대하여 "폐하께서 노기(盧杞)[227]의 간사함을 알 수 있었다면 어찌 건중(建中)의 화[228]에 이르렀겠습니까"라고 했다.[229] 임금(덕종)이 또한 상도무(桑道茂)가 봉천(奉天)에 성을 쌓자고 미리 주청한 사실을 들면서 천명이 이 같은 재난이 있음과 부합한다고 하자 (이)필은 임금과 재상이 그 운명을 만들고서 천명이라고 말할 수는 없는 일이라고 논했다.[230] 이는 모두 『구당서』에는 없는 것으로 『(업후)가전』에 실린 것이다. 생각건대 순종(順宗)이 동궁에 있을 때 비(妃)인 소(蕭)씨의 어머니 고국공주(郜國公主)의 허물 때문에 동궁의 자리가 매우 위태로웠는데, (이)필이 여러 가지로 상주해서 설득하여 황제의 뜻이 마침내 풀어지게 되었다. 『구당서』는 그것을 상세하게 기재하고 있는데,[231] 『신당서』에서 이른 바, 황제가 폐립의 뜻을 가지자

---

225) 『新唐書』 卷139 「李泌傳」, 4634~4635면, "德宗在奉天, 召赴行在, 授左散騎常侍. 時李懷光叛, 歲又蝗旱, 議者欲赦懷光. 帝博問羣臣, 泌破一桐葉附使以進, 曰 : '陛下與懷光, 君臣之分不可復合, 如此葉矣.' 由是不赦. 始, 朱泚亂, 帝約吐蕃赴援, 賂以安西·北庭. 旣而渾瑊與賊戰咸陽, 泚大敗, 吐蕃以師追北不甚力, 因大掠武功而歸. 京師平, 來請如約. 帝業許, 欲遂與之. 泌曰 : '安西·北庭, 控制西域五十七國及十姓突厥, 皆悍兵處, 以分吐蕃勢, 使不得倂兵東侵. 今與其地, 則關中危矣. 且吐蕃向持兩端不戰, 又掠我武功, 乃賊也, 奈何與之?' 遂止."

226) 『新唐書』 卷139 「李泌傳」, 4636~4637면, "初, 興元後國用大屈, 封物皆三損二. 舊制, 堂封歲三千六百縑, 後纔千二百. 至是, 帝使還舊封. 於是李晟·馬燧·渾瑊各食實封, 悉讓送泌, 泌不納. 時方鎭私獻於帝, 歲凡五十萬緡, 其後稍損至三十萬, 帝以用度乏問泌, 泌請 : '天下供錢歲百萬給宮中, 勸不受私獻. 凡詔旨須索, 卽代兩稅, 則方鎭可以行法, 天下紓矣'."

227) 盧杞(?~785?) : 唐 滑州 靈昌縣(지금의 河南省 滑縣 서남) 사람으로 字는 子良이다. 門蔭으로 虢州刺史가 되었다. 建中初 御史中丞을 거쳐 門下侍郎 同平章事로 발탁되었다. 재상이 되어 현명하고 유능한 이들을 질시하고 권위를 세우려 하였으며, 楊炎·顔眞卿에게 害를 가하고 李揆와 張鎰을 배척하였다. 建中 3년(782) 田悅과 李希烈 등 반란군을 진압하기 위해 군자금을 마련한다는 명목으로 財貨를 거둬들여 원성이 자자했다. 涇原兵變 때 德宗을 따라 奉天으로 피난했는데, 李懷光이 그의 죄를 탄핵하여 재상에서 파직되어 新州司馬로 좌천되었고 후에 灃州別駕로 자리를 옮겼다.

228) 建中의 禍 : 建中 年間(780~783) 盧杞가 德宗의 판단을 흐려 朱滔의 반란에 효과적으로 대처하지 못한 것 등을 말한다; 『新唐書』 卷223下 「盧杞傳」, 6352~6354면.

229) 『新唐書』 卷139 「李泌傳」, 4637면, "帝嘗從容言 : '盧杞介敢言, 然少學, 不能廣朕以古道, 人皆指其姦而朕不覺也.' 對曰 : '陛下能覺杞之惡, 安致建中禍邪? 李揆和蕃, 顔眞卿使希烈, 其害舊德多矣. 又楊炎罪不至死, 杞擠陷之而相關播. 懷光立功, 逼使其叛. 此欺天也'."

230) 『新唐書』 卷139 「李泌傳」, 4638면, "及桑道茂城奉天事驗, 始尙時日拘忌, 因進用泌, 泌亦自有所建明. 獨柳玼稱, 兩京復, 泌謀居多, 其功乃大於魯連·范蠡云."

231) 『舊唐書』 卷130 「李泌傳」, 3622면, "順宗在春宮, 妃蕭氏母郜國公主交通外人, 上

(이)필이 조카를 세우는 것은 아들을 세우는 것만 같지 않다고 재차 말했다는 것[232]과 서로 같으니, 이 일은 믿을 만한 것에 해당한다. 『신당서』에서 또한 (이)번이 지은 『(업후)가전』은 정도에 어긋난 내용이 많아서 사실에 가까운 것을 모아 책에 적었다고 했고, 태자에게 죄가 없음을 밝힌 이 일은 거짓이라 할 수 없다고 했으니,[233] 또 이 일이 오히려 믿을 수 있는 것임을 알 수 있을 따름이다], 「육지전(陸贄傳)」은 『(육)선공주의(陸宣公奏議)』를 바탕으로 한 것이고[趙注 : 『신당서』에서 더하기를, (육)지가 다섯 가지 술수로 풍속을 살필 수 있었고, 여덟 가지 계책으로 이치(吏治)를 들을 수 있으며, 세 가지 과목으로 뛰어난 인재를 등용할 수 있고, 네 가지 세금으로 재정을 충실하게 다스릴 수 있으며, 여섯 가지 덕으로 피폐함을 보호할 수 있고, 다섯 가지 요점으로써 관부의 일을 간소하게 할 수 있다고[234] 주청했다고 했다.[235] 또한 마수(馬燧)가 하북(河北)에서 적을 토벌하면서 오래도록 일을 끝내지 못하고 군사를 더해 줄 것을 청하자, (육)지는 상소를 올려 나라 안이 비어 있으니 먼 곳에 힘쓰면서 가까운 곳을 방치해서는 안 된다고 말하고, 먼저 이희열(李希烈)을 처리하고, 천천히 전열(田悅) 등을 도모해야 한다고 제안했다.[236] 이는 경원(涇原) 군사들이 변란을 일으키기 전이었는데,

---

疑其有他, 連坐貶黜者數人, 皇儲亦危. 泌百端奏說, 上意方解."

232) 『新唐書』 卷139 「李泌傳」, 4636면, "對曰 : '臣衰老, 位宰相, 以諫而誅, 分也. 使太子廢, 佗日陛下悔曰'我惟一子殺之, 泌不吾諫, 吾亦殺爾子', 則臣絶祀矣. 雖有兄弟子, 非所歆也.' 卽噫嗚流涕. 因稱 : '昔太宗詔 : '太子不道, 藩王窺伺者, 兩廢之.' 陛下疑東宮而稱舒王賢, 得無窺伺乎? 若太子得罪, 請亦廢之而立皇孫, 千秋萬歲後, 天下猶陛下子孫有也. 且郜國爲其女妬忌, 而蠱惑東宮, 豈可以妻母累太子乎?' 執爭數十, 意益堅, 帝寤, 太子乃得安."

233) 『新唐書』 卷139 「李泌傳贊曰」, 4639면, "繁爲家傳, 言泌本居鬼谷, 而史臣謬言好鬼道, 以自解釋. 旣又著泌數與靈仙接, 言擧不經, 則知當時議者切而不與, 有爲而然. 繁言多浮侈, 不可信, 掇其近實者著于傳. 至勸帝先事范陽, 明太子無罪, 亦不可誣也."

234) 五術 · 八計 · 三科 · 四賦 · 六德 · 五要 등은 다음과 같다. 『新唐書』 卷157 「陸贄傳」, 4911~4912면, "五術曰 : 聽謠誦審其哀樂, 納市賈觀其好惡, 訊簿書考其爭訟, 覽車服等其儉奢, 省作業察其趣舍. 八計曰 : 視戶口豊耗以稽撫字, 視墾田贏縮以稽本末, 視賦役薄厚以稽廉冒, 視桉籍煩簡以稽聽斷, 視囚繫盈虛以稽決滯, 視姦盜有無以稽禁禦, 視選擧衆寡以稽風化, 視學校興廢以稽敎導. 三科曰 : 茂異, 賢良, 幹蠱. 四賦曰 : 閱稼以奠稅, 度産以衰征, 料丁壯以計庸, 占商賈以均利. 六德曰 : 敬老, 慈幼, 救疾, 恤孤, 賑貧窮, 任失業. 五要曰 : 廢兵之冗食, 蠲法之橈人, 省官之不急, 去物之無用, 罷事之非要."

235) 『新唐書』 卷157 「陸贄傳」, 4911면, "德宗立, 遣黜陟使庾何等十一人行天下. 贄說使者, 請以五術省風俗, 八計聽吏治, 三科登儁乂, 四賦經財實, 六德保罷瘵, 五要簡官事."

236) 『新唐書』 卷157 「陸贄傳」, 4912~4913면, "帝在東宮, 已聞其名矣, 召爲翰林學士. 會馬燧討賊河北久不決, 請濟師; 李希烈寇襄城. 詔問策安出, 贄言 …… 後涇師急變,

나중에 과연 그대로 맞았다. 또한 덕종에게 성실한 마음을 열어 간언을 받아들일 것 등을 권하는 상소가 있다.[237] 또 임금이 오이나 과일을 바치는 자를 관리로 삼으려고 하는 것에 대해 간언하는 상소 하나[238]가 있다],[239]

「이강전(李絳傳)」은 장해(蔣偕)가 편찬한 『유사(遺事)』 일곱 편을 바탕으로 한 것이며[趙注 : 『신당서』에서는 대신을 공경하고 소인을 멀리할 것을 논하는 상소 하나,[240] 간언을 받아들일 것을 논하는 상소 하나를 더했다.[241] 또 위박(魏博)의 전계안(田季安)이 죽자 군사들이 그 아들 (전)회간(田懷諫)이 계승할 것을 청하니, (이)강은 그 결정을 늦추자고 청했는데, 얼마 후에 군사들이 과연 전홍정(田弘正)[242]을 옹립해서 여섯 주(州)를 가지고 조정의 명령에 귀순했으며, (이)강은 빨리 부절과 도끼를 주고 아울러 크게 위로하고 상을 주어 그 충의를 표창할 것을 주청했다.[243] 생각건대 (이)강이 그 일들을 논한 만여 언(言)은

贄言皆驗."

237) 『新唐書』 卷157 「陸贄傳」, 4916~4918면.

238) 『新唐書』 卷157 「陸贄傳」, 4921~4922면.

239) 『新唐書』 卷157 「陸贄傳」, 4911~4932면.

240) 『新唐書』 卷152 「李絳傳」, 4836면, "帝嘗稱太宗・玄宗之盛 : '朕不佞, 欲庶幾二祖之道德風烈, 無愧謚號, 不爲宗廟羞, 何行而至此乎?' 絳曰 : '陛下誠能正身勵己, 尊道德, 遠邪佞, 進忠直. 與大臣言, 敬而信, 無使小人參焉; 與賢者游, 親而禮, 無使不肖與焉. 去官無益於治者, 則材能出; 斥宮女之希御者, 則怨曠銷. 將帥擇, 士卒勇矣; 官師公, 吏治輯矣. 法令行而下不違, 教化篤而俗必遷. 如是, 可與祖宗合德, 號稱中興, 夫何遠之有? 言之不行, 無益也; 行之不至, 無益也.' 帝曰 : '美哉斯言, 朕將書諸紳'."

241) 『新唐書』 卷152 「李絳傳」, 4837면, "絳見浴堂殿, 帝曰 : '比諫官多朋黨, 論奏不實, 皆陷謗訕, 欲黜其尤者, 若何?' 絳曰 : '此非陛下意, 必憸人以此營誤上心. 自古納諫昌, 拒諫亡. 夫人臣進言於上, 豈易哉? 君尊如天, 臣卑如地, 加有雷霆之威, 彼晝度夜思, 始欲陳十事, 俄而去五六, 及將以聞, 則又憚而削其半, 故上達者財十二. 何哉? 干不測之禍, 顧身無利耳. 雖開納獎勵, 尙恐不至, 今乃欲譴訶之, 使直士杜口, 非社稷利也.' 帝曰 : '非卿言, 我不知諫之益'."

242) 田弘正(764~821) : 唐 平州 盧龍縣 사람으로 本名은 興, 字는 安道이며, 田承嗣의 조카이다. 어려서 儒書를 읽었으며, 병법에 능통했고 騎射에 능했다. 魏博衙內兵馬使, 臨淸鎭將을 역임하였다. 元和 7년(812) 魏博節度使 田季安이 죽자 아들 田懷諫이 어려서 節度使를 세습하여 정치를 家僮 蔣士則에게 위임하자 군사들이 불복하고 田弘正을 절도사로 삼았다. 魏博의 軍籍과 6州를 조정에 바치고자 하여 憲宗은 그를 魏博節度使로 삼고 沂國公에 봉했다. 다음해 弘正이란 이름을 하사하였다. 元和 9년(814) 군대를 보내 淮西節度使 吳元濟와 淄青節度使 李師道를 평정하였다. 元和 15년(820) 成德節度使 鎭冀深趙觀察使가 되어 魏兵 2천을 成德으로 가게 했으나 度支 崔倰이 군량을 주지 않아 다음해 7월 魏兵이 돌아와 成德兵馬使 王庭湊에게 살해되었다.

243) 『新唐書』 卷152 「李絳傳」, 4840~4841면, "魏博田季安死, 子懷諫弱, 軍中請襲節度, 吉甫議討之, 絳曰 : '不然, 兩河所懼者, 部將以兵圖己也, 故委諸將總兵, 皆使力敵任均, 以相維制, 不得爲變. 若主帥彊, 則足以制其命. 今懷諫乳方臭, 不能事, 必假

조카 하후자(夏侯孜)가 장해에게 주었던 것인데, 장해가 순서대로 일곱 편을 편찬해서 전했던 것이다],[244) 「고병전(高駢傳)」은 곽정회(郭廷誨)의 『광릉요란지(廣陵妖亂志)』를 바탕으로 한 것이고[趙注 : 『신당서』에서 더하기를, (고)병은 앞서 안남(安南)을 수복했으나 감군(監軍) 이유주(李維周)가 공을 숨기고 상주하지 않았는데, 다행히 (고)병이 파견한 사신 왕혜찬(王惠贊)이 사잇길을 통해 전달할 수 있었다 했다.[245) 또 촉(蜀)으로 번진을 옮겼을 때 남조(南詔)가 마침 아주(雅州)를 공격하려다가 (고)병의 이름을 듣고는 곧 달아나 버렸다. (고)병이 군사들의 먹을 것과 입을 것을 줄이자 군사들이 반란을 일으켰는데, (고)병은 정원의 뒷간에 숨어 화를 면했다. 그러고 나서 반란을 일으킨 자들을 주살했는데, 어린 아이까지 모두 목을 베었다. 자리를 바꾸어 회남(淮南)으로 옮겨 도통(都統)이 되어, 황소(黃巢)를 토벌했다. 장린(張潾)를 파견하여 (황)소를 패배시키니, (황)소가 두려워 항복을 청했고 (고)병은 그것을 믿었다. 마침 불러들인 각 번진의 군사들이 모두 회남에 이르렀는데, (고)병은 오로지 자신의 공으로 만들고자 하여 군사들을 모두 돌려보내도록 상주했으며, (황)소는 그것을 알고 곧 관계를 끊겠다고 통고하였다. (고)병은 화가 나서 다시 (장)린를 파견하여 가서 토벌하게 했지만, (장)린은 패배해 죽고 말았다.[246) 또한 필사탁(畢師鐸), 진언(秦彥), 양행밀(楊行

權于人, 權重則怨生, 向之權力均者, 將起事生患矣. 衆所歸必在寬厚簡易・軍中素所愛者, 彼得立, 不倚朝廷亦不能安. 惟陛下蓄威以俟之.' 俄而田興果立, 以魏博聽命, 帝大悅. 吉甫復請命中人宣尉, 因刺其變, 徐議所宜. 絳獨謂 : '不如推誠撫納, 卽假旄節. 它日使者持三軍表來, 請與興, 則制在彼, 不在此, 可奏與特授, 安得同哉?' 然帝重違吉甫, 故詔張忠順持節往, 而授興留後. 絳固請曰 : '如興萬有一不受命, 卽姑息, 復如向時矣.' 由是卽拜興節度使. 絳復曰 : '王化不及魏博久矣, 一日挈六州來歸, 不大犒賞, 人心不激. 請斥禁錢百五十萬緡賜其軍.' 有言太過者, 絳曰 : '假令擧十五萬衆, 期歲而得六州, 計所轉給三倍于費. 今興天挺忠義, 首變汚俗, 破兩河之膽, 可嗇小費隳機事哉?' 從之."

244) 『新唐書』 卷152 「李絳傳」, 4844면, "絳所論事萬餘言, 其甥夏侯孜以授蔣偕, 次爲七篇."

245) 『新唐書』 卷224下 「高駢傳」, 6391~6392면, "咸通中, 帝將復安南, 拜駢爲都護, 召還京師, 見靈臺殿. 於是容管經略使張茵不討賊, 更以茵兵授駢. 駢過江, 約監軍李維周繼進. 維周擁衆壁海門, 駢次峯州, 大破南詔蠻, 收所獲贍軍, 維周忌之, 匿捷書不奏. 朝廷不知駢問百餘日, 詔問狀, 維周劾駢玩敵不進, 更命右武衛將軍王晏權往代駢. 俄而駢拔安南, 斬蠻帥段酋遷, 降附諸洞二萬計. 晏權方挾維周發海門, 檄駢北歸. 而駢遣王惠贊傳酋遷首京師, 見艟艫甚盛, 乃晏權等, 惠贊懼奪其書, 匿島中, 間關至京師. …… 當是時, 蠻攻雅州, 壁盧山, 聞駢至, 亟解去. 駢卽移檄驃信, 勒兵從之. 驃信大懼, 送質子入朝, 約不敢寇."

246) 『新唐書』 卷224下 「高駢傳」, 6394면, "俄徙淮南節度副大使. 駢繕完城壘, 募軍及土客, 得銳士七萬, 乃傳檄召天下兵共討賊, 威震一時, 天子倚以爲重. 廣明初, 潾破賊大雲倉, 詐降巢. 巢不意其襲, 遂大奔, 引殘黨壁上饒, 然衆亡幾. 會疫癘起, 人死

密),[247] 손유(孫儒)의 반란을 서술한 것이 매우 상세하다], 「고력사전(高力士傳)」은 『무산기(巫山記)』를 바탕으로 한 것이니[趙注 : 『신당서』에서 더하기를, 현종(玄宗)이 천하의 일을 이림보에게 맡기려고 하자, (고)력사는 권위가 아래로 옮겨져서는 안 된다고 힘써 말했다고 했다. 태자를 세울 때 이림보는 무혜비(武惠妃)가 마침 총애를 받고 있었기 때문에 그(무혜비)의 아들 수왕(壽王)에 뜻을 두었으나, (고)력사는 임금(현종)에게 장자를 밀어 태자로 세울 것을 권했고, 이로 말미암아 숙종이 결국 후계자로 정해졌다.[248] 당시 양국충(楊國忠)이 운남(雲南)에서 군사를 동원하는 것을 주관했는데, 사망한 군사가 수십만이었는데도 감히 상주하는 자가 없었으나, (고)력사가 몰래 그것을 상주했다.[249] 나중에 (고)력사는 무주(巫州)로 쫓겨났는데,[250] 유방(柳芳)이 그 유사(遺事)들을 엮었던 것이다], 또한 (송)경문(景文, 곧 송기(宋祁))이 자료를 주워 모으는 데에 부지런했음을 볼 수 있다. 당(唐)나라 말기 여

亡, 潾進擊之, 巢大懼, 以金啗潾, 騰書於駢, 丐歸命. 駢信之, 許爲求節度. 當此時, 昭義·武寧·義武兵數萬赴淮南, 駢欲專己功, 卽奏賊已破, 不須大兵. 有詔班師. 巢知兵罷, 卽絶駢請戰, 擊殺潾, 乘勝度江攻天長."

247) 楊行密(852~905, 재위 902~905) : 廬州 合肥縣 사람으로 字는 化源이다. 州兵이었다가 후에 起兵하여 廬州를 점거하였다. 中和 3년(883) 秦宗權을 격파한 공으로 廬州 刺史가 되었다. 秦彦과 畢師鐸이 혼전을 벌이자 이들을 제압하고 揚州를 점유하였다. 景福 元年(892) 淮南節度使가 되었고 江淮지역을 점령하였다. 乾寧 4년(897) 淮水 淸口에서 朱溫을 격파하였다. 天復 2년(902) 吳王에 봉해졌다. 高勗의 정책을 이용하여 農桑을 장려하고 賦役을 경감하여 境內가 처음으로 안정되었고, 流散된 사람들이 다시 본업으로 돌아왔으며, 몇 년 지나 公私가 모두 부유하여 江淮를 안정된 정치세력으로 변모시켰다. 그의 아들 楊隆演이 大吳國王을 칭한 후 太祖 武皇帝로 추존하였으며 興陵에 장사지냈다.

248) 『新唐書』 卷207 「高力士傳」, 5860면, "初, 太子瑛廢, 武惠妃方嬖, 李林甫等皆屬壽王, 帝以肅宗長, 意未決, 居忽忽不食. 力士曰 : '大家不食, 亦膳羞不具耶?' 帝曰 : '爾, 我家老, 揣我何爲而然?' 力士曰 : '嗣君未定耶? 推長而立, 孰敢爭?' 帝曰 : '爾言是也.' 儲位遂定. 天寶中, 邊將爭立功, 帝嘗曰 : '朕春秋高, 朝廷細務付宰相, 蕃夷不龔付諸將, 寧不暇耶?' 對曰 : '臣間至閤門, 見奏事者言雲南數喪師, 又北兵悍且彊, 陛下何以制之? 臣恐禍成不可禁'."

249) 『新唐書』 卷207 「高力士傳」, 5859면, "始, 李林甫·牛仙客知帝憚幸東都, 而京師漕不給, 乃以賦粟助漕, 及用和糴法, 數年, 國用稍充. 帝齋大同殿, 力士侍, 帝曰 : '我不出長安且十年, 海內無事, 朕將吐納導引, 以天下事付林甫, 若何?' 力士對曰 : '天子順動, 古制也. 稅入有常, 則人不告勞. 今賦粟充漕, 臣恐國無旬月蓄; 和糴不止, 則私藏竭, 逐末者衆. 又天下柄不可假人, 威權旣振, 孰敢議者!' 帝不悅, 力士頓首自陳 '心狂易, 語謬當死'."

250) 『新唐書』 卷207 「高力士傳」, 5860면, "上皇徙西內, 居十日, 爲李輔國所誣, 除籍, 長流巫州."

러 신하들 열전의 경우 모두 『구당서』에 비해 몇 배가 상세한데, 『구당서』가 본래 너무 소략한 것일 따름이라 하겠다.

230. 『신당서』에서 『구당서』 내용을 삭제한 대목新書刪舊書處

『신당서(新唐書)』에서 기록한 일이 『구당서(舊唐書)』보다 증가된 것은, 『구당서』 각 열전 안에서 사적을 더했을 뿐만 아니라, 아울러 『구당서』에는 열전이 없는데 『신당서』에서 열전을 더한 경우도 있다. 예컨대 목종(穆宗)의 선의위후(宣懿韋后), 무종(武宗)의 왕현비(王賢妃), 선종(宣宗)의 원소조후(元昭鼂后)는 『구당서』에 목록은 있지만 열전이 없는데,[251] 『신당서』에서는 보충하여 열전을 만들었다.[252] 의종(懿宗)의 공헌왕후(恭獻王后)는 (『구당서』에) 목록도 없지만 『신당서』에서는 역시 보충하여 열전을 만들었다.[253] (『신당서』가) 찾아서 조사한 것이 넓음을 알 수 있다.

그러나 『구당서』에 기록된 사적에 대해 오히려 삭제한 경우도 있다. (『구당서』) 「장손무기전(長孫無忌傳)」에는 황제(곧, 태종(太宗))가 스스로 「위봉부(威鳳賦)」를 지어 (장손)무기에게 하사한 내용이 있다.[254] 「이백약전(李百藥傳)」에는 「봉건론(封建論)」 한 편이 있다.[255] 「두언위전(豆彦威傳)」에는 복야(僕射)가 일을 상주[上事]하는 예법[儀注]은 마땅히 『개원례(開元

251) 『舊唐書』 卷52 「后妃下」, 2203면, "穆宗宣懿皇后韋氏, 武宗肅皇帝之母也. 事闕. 武宗王賢妃. 事闕. 宣宗元昭皇后晁氏, 懿宗皇帝之母也. 事闕."

252) 『新唐書』 卷77 「穆宗宣懿皇后傳」, 3907~3908면; 「武宗王賢妃傳」, 3909면; 「宣宗元昭皇后傳」, 3910면.

253) 『新唐書』 卷77 「懿宗恭憲王太后傳」, 3511면.

254) 『舊唐書』 卷65 「長孫無忌傳」, 2448면, "太宗追思王業艱難, 佐命之力, 又作威鳳賦以賜無忌."

255) 『舊唐書』 卷72 「李百藥傳」, 2572~2576면, "太宗重其才名, 貞觀元年, 召拜中書舍人, 賜爵安平縣男. 受詔修定五禮及律令, 撰齊書. 二年, 除禮部侍郎. 朝廷議將封建諸侯, 百藥上封建論曰, ……."

禮』[256]를 따라야 하며, 책서를 받은 관리와 백료의 답배(答拜)는 앉아서 받을 수는 없음을 따진 내용이 있다.[257] 「유면전(劉沔傳)」에는 (유)면이 일찍이 전투에 나섰다가 상처가 심해 풀숲에 누웠는데 달빛이 없어 돌아갈 길을 모르다가 꿈에 어떤 사람이 촛불 두 개로 인도하는 것을 보고 일어나 보니 과연 앞에서 안내하는 빛이 있었다. 이후로도 적을 격파하면서 위태로운 때에는 항상 이 빛이 있었다. (번)진의 일을 끝내게 되자 빛이 결국 꺼져 버렸고 (유)면 역시 죽었다는 내용이 있다.[258] 「이덕유전(李德裕傳)」에는 스스로 지은 「궁수지(窮愁志)」와 「논명수(論冥數)」 한 편이 있다.[259] 「서원여전(舒元輿傳)」에는 (현종(玄宗)이) 구궁(九宮)의 귀한 신에게 제사를 올릴 때에 '신(臣)'을 칭하고 이름을 적는 것은 마땅하지 않다고 간언한 내용이 있다.[260] 이는 모두 『구당서』에는 있는 바이나 『신당서』에

---

256) 『開元禮』: 唐 때의 禮制를 규정한 책으로, 『大唐開元禮』라고도 한다. 모두 150권으로 이루어졌다. 玄宗의 開元 연간에 蕭嵩 등이 황제의 명을 받아 太宗 때의 『貞觀禮』와 高宗 때의 『顯慶禮』를 절충하여 만들었다. 이 책의 완성으로 唐代의 五禮 제도가 완비되었으며, 이후 왕조의 예제의 근간이 되었다.

257) 豆彦威가 아니라 王彦威이다. 『舊唐書』 卷157 「王彦威傳」, 4155~4156면, "彦威奏論曰 : '臣謹按開元禮 : 凡受冊官, 並與卑官答拜. 國朝官品令, 三師三公正一品, 尙書令正二品, 並是冊拜授官. 上之日, 亦無受朝官再拜之文. 僕射班次三公, 又是尙書令副貳之職, 雖端揆之重, 有異百僚, 然與羣官比肩事主. 禮曰 : '非其臣卽答拜之.' 又曰 : '大夫之臣不稽首.' 非尊家臣, 以避君也. 卽僕射上日受常參官拜, 事頗非儀. 況元和七年已經奏議, 酌爲定制, 編在國章. 近年上儀, 又有受拜之禮, 禮文乍變, 物論未安, 請依元和七年敕爲定.' 時李程爲左僕射, 宰執難於改革, 雖不從其議, 論者稱之."

258) 『舊唐書』 卷161 「劉沔傳」, 4234면, "初, 沔爲忠武小校, 從李光顔討淮西, 爲捉生將. 前後遇賊血戰, 鋒刃所傷, 幾死者數四. 嘗傷重臥草中, 月黑不知歸路, 昏然而睡, 夢人授之隻燭, 曰 : '子方大貴, 此行無患, 可持此而還.' 卽行, 炯然有雙光在前. 自後破虜危難, 每行常有此光. 及罷鎭後, 雙光息. 五年, 李德裕出鎭, 罷沔爲太子太保. 明年, 以太子太保致仕卒."

259) **[王注]** 「論冥數」는 「窮愁志」 중의 한 편이므로 두 가지를 병렬할 수 없다. 『舊唐書』 卷174 「李德裕傳」, 4528~4530면, "初貶潮州, 雖蒼黃顚沛之中, 猶留心著述, 雜序數十篇, 號曰窮愁志. 其論冥數曰, ……."

260) 『舊唐書』 卷169 「舒元輿傳」, 4408~4409면, "初, 天寶中, 玄宗祀九宮壇, 次郊壇行事, 御署祝板. 元輿爲監察, 監祭事, 以爲太重, 奏曰 : '臣伏見祀九宮貴神祝板九片, 陛下親署御名, 及稱臣於九宮之神. 臣伏以天子之尊, 除祭天地宗廟之外, 無合稱臣者. 王者父天母地, 兄日姊月. 而貴神以九宮爲目, 是宜分方而守其位. 臣數其名號,

서는 이를 삭제하였으니, 중요한 내용과 크게 관련이 없기 때문이다.

「이사업전(李嗣業傳)」의 경우, 『구당서』에는 신점(新店) 전투에서 곽자의(郭子儀)가 이미 적병에게 포위된 것을 (이)사업이 회흘(回紇) 병사를 이끌고 돌진하여 패배를 승리로 돌려놓은 공적에 대해 기록한 것이 매우 상세하나,[261] 『신당서』에서는 그것을 삭제했으니, 향적사(香積寺) 전투의 공적이 이미 으뜸이었기 때문이다. 「왕무준전(王武俊傳)」을 보면, 『구당서』에는 이보신(李寶臣)과 주도(朱滔)가 전승사(田承嗣)를 격파하자, 대종(代宗)이 환관[中貴] 마승천(馬承倩)을 보내 그 공로를 치하했는데, (이)보신이 선물한 비단이 적어 (마)승천에게 욕을 얻어먹고는 (이)보신이 이를 수치스럽게 여겼으며, (왕)무준이 결국 (이)보신에게 (주)도의 군사를 빼앗아 반란하여 (전)승사와 합칠 것을 권한 내용이 있다.[262] 『신당서』에서는 그것을 삭제했으니, 이 일이 이미 「이보신전」에 보이기 때문이다.[263] 「유평전(劉怦傳)」

太一・天一・招搖・軒轅・咸池・青龍・太陰・天符・攝提也. 此九神, 於天地猶子男也, 於日月猶侯伯也. 陛下爲天子, 豈可反臣於天之子男耶? 臣竊以爲過. 縱陰陽者流言其合祀, 則陛下當合稱'皇帝遣某官致祭于九宮之神', 不宜稱臣與名. 臣雖愚瞽, 未知其可. 乞下禮官詳議.' 從之."

261) 『舊唐書』 卷109 「李嗣業傳」, 3300면, "嗣業與子儀遇賊於新店, 與之力戰, 數合, 我師初勝而後敗, 嗣業逐急應接. 迴紇從南山望見官軍敗, 曳白旗而下, 徑抵賊背, 穿賊陣, 賊陣西北角先陷. 嗣業又率精騎前擊, 表裏齊進, 賊衆大敗, 走河北."

262) 『舊唐書』 卷142 「王武俊傳」, 3872면, "大曆十年, 田承嗣因薛嵩死, 兼有相・衛・磁・邢・洺五州. 承嗣遣將盧子期寇磁州, 詔令寶臣與李正己・李勉・李承昭・田神玉・朱滔・李抱眞各出兵討之. 諸軍與子期戰于清水, 大破之, 寶臣將有節生擒子期以獻, 代宗嘉其功, 使中貴人馬承倩齎詔宣勞. 承倩將歸, 止傳舍, 寶臣親遺百縑. 承倩詬詈, 擲出道中, 寶臣顧左右有愧色. 還休府中, 諸將散歸, 寶臣潛伺屛間, 獨武俊佩刀立于門下. 召入, 解刀與語, 曰: '見向者頑豎乎?' 武俊曰: '今閣下有功尙爾, 寇平後, 天子以幅紙之詔召置京下, 一匹夫耳, 可乎?' 寶臣曰: '爲之若何?' 武俊曰: '不如玩養承嗣, 以爲己資.' 寶臣曰: '今與承嗣有釁矣, 可推腹心哉?' 武俊曰: '勢同患均, 轉寇讎爲父子, 欬唾間. 若傳虛言, 無益也. 今中貴人劉淸譚在驛, 斬首送承嗣, 立質妻孥矣.' 寶臣曰: '恐不能如此.' 武俊曰: '朱滔爲國屯兵滄州, 請擒送承嗣以取信.' 許之. 立選銳士二千, 皆乘駿馬, 通夜馳三百里, 晨至滔營, 掩其不備. 滔軍出戰, 大敗, 擒類滔者, 滔故得脫. 自此寶臣與田承嗣・李正己更相爲援, 皆武俊萌之."

263) [王注] '馬承倩'은 『舊唐書』 卷142 「王武俊傳」에 보이고, 『新唐書』 卷211 「李寶臣傳」에는 '馬希倩'으로 쓰고 있다. 『新唐書』 卷211 「李寶臣傳」, 5947면, "於是天子遣中人馬希倩勞寶臣, 寶臣歸使者百縑, 使者恚, 抵諸道, 寶臣顧左右愧甚. 諸將已休, 獨武俊

을 보면, 『구당서』에는 (유)평이 본래 주도의 부장이어서 앞서 (주)도에게 반란을 일으키지 말라고 권했는데, (주)도가 군사를 일으켰다가 패해 돌아오게 되자 (유)평에게 다른 뜻이 있다고 의심하고는 감히 들어오지를 못했다. (유)평이 바로 군사들의 대오를 갖추어 20리 교외로 마중을 나와 들어오게 하니 사람들이 섬기는 사람에 충성을 다한 것이라 여겼다는 내용이 있다.[264] 『신당서』에서는 그것을 삭제했으니, 이 일이 이미 「주도전(朱滔傳)」에 보이기 때문이다.[265] 「여원응전(呂元膺傳)」을 보면, 『구당서』에서는 (여)원응이 동도유수(東都留守)였을 때 이사도(李師道)[266]가 문찰(門察), 자가진(訾嘉珍)을 동도(東都)에 보내 승려 원정(圓靜)과 결탁하여 산붕민(山棚民)들을 모아 변란을 일으켰다는 내용이 있으나[267] 『신당서』에서는 역시 그것을 삭제했으니, 이 일이 이미 「이사도전(李師道傳)」에 보이기 때문이다.[268] 「위악전(韋諤傳)」을 보면, 『구당서』에는 양국충(楊國

佩刀立所下, 語之故. 武俊計曰 : '趙兵有功尙爾, 使賊平, 天子幅紙召置京師, 一匹夫耳.' 曰 : '奈何?' 對曰 : '養魏以爲資, 上策也.' 寶臣曰 : '趙 · 魏有釁, 何從而可?' 對曰 : '勢同患均, 轉寇讎爲父子, 欬唾間耳. 朱滔屯滄州, 請禽送魏, 可以取信.' 寶臣然之."

264) 『舊唐書』 卷143 「劉怦傳」, 3899면, "滔雖不用其言, 亦嘉其盡言, 卒無疑貳. 凡出征伐, 必以怦總留後事. 及僭稱大冀王, 僞署怦爲右僕射、范陽留守. 及泚據京邑, 召滔南河, 至貝州, 挫敗而還, 兵甲盡喪. 怦聞滔將至, 悉蒐范陽兵甲, 夾道排列二十餘里, 以迎滔歸於府第, 人皆嘉怦忠義."

265) 『新唐書』 卷212 「朱滔傳」, 5973면, "初, 滔以劉怦忠力, 使留守, 及敗, 疑圖己, 彷徨不敢入. 怦聞其至, 蒐兵繕鎧, 夾道陳二十里迎謁, 望滔哭, 滔遂入府. 氣沮索, 日邑邑, 被病, 政事一委怦."

266) 李師道(?~819) : 唐 高句麗人이며, 李正己의 손자, 李納의 아들이다. 元和 元年(806) 형 淄青節度使 李師古가 죽자 留後가 되었다. 元和 10년(815) 淮西節度使 吳元濟가 반란을 일으키자 그와 연합하여 河陰漕院의 錢糧을 불태워 唐을 견제하였다. 元和 12년(817) 淮西가 평정되자 이를 두려워하여 朝廷의 명을 들으려 하였고 다음해 沂州 · 海州 · 密州를 바치겠다고 상주하였으나 후회하였다. 憲宗이 군대를 보내 토벌하자 누차 패하여 部將 劉悟에게 살해되었다. 李正己부터 李師道까지 李氏는 3대에 걸쳐 山東 12州에 50여 년간 할거하였다.

267) 『舊唐書』 卷154 「呂元膺傳」, 4105면, "初, 師道多買田於伊闕 · 陸渾之間, 凡十餘處, 故以舍山棚而衣食之. 有訾嘉珍 · 門察者, 潛部分之, 以屬圓淨. 以師道錢千萬僞理佛寺, 期以嘉珍竊發時擧火於山中, 集二縣山棚人作亂. 及窮按之, 嘉珍 · 門察皆稱害武元衡者."

268) 『新唐書』 卷213 「李師道傳」, 5993면, "初, 師道置邸東都, 多買田伊闕 · 陸渾間, 以

忠)과 (양)귀비(楊貴妃)가 마외(馬嵬)에서 죽고 난 뒤 현종이 출발하려 하자 어가를 따르는 군사들이 오히려 떠나갈 뜻을 품어 진현례(陳玄禮)[269]가 제어할 수 없었다 했다. 마침 익주(益州)에서 춘채(春綵) 십만 필을 공물로 보내니 황제가 육군(六軍)을 불러다 그것을 나누어주며 각자 편리한 길을 택하도록 하였다. (그러자) 군사들이 바로 부복(俯伏)하여 눈물을 흘리며 "죽든 살든 폐하를 따르겠습니다!"라고 말한 내용이 있다.[270] 생각건대, 이 일은 마땅히 「(진)현례전(陳玄禮傳)」에 들어가야 하는 것으로[271] (위)악과 무슨 상관이 있겠는가,[272] 『신당서』는 「(위)악전」에서 그것을 삭제했으니, 역시 그 버리고 취함에 있어 마땅함을 얻었음을 보였다.

「장무종전(張茂宗傳)」을 보면, 덕종(德宗)이 공주를 (장)무종에게 시집보

舍山棚, 遣將訾嘉珍・門察部分之, 嵩山浮屠圓靜爲之謀. 元和十年, 大饗士邸中, 椎牛釃酒, 旣衷甲矣, 其徒白官發之. 留守呂元膺以兵掩邸, 賊突出, 轉略畿部, 入山中數月, 奪山棚所市, 山棚怒, 道官軍襲擊, 盡殺之."

269) 陳玄禮 : 景龍 4년(710) 萬騎果毅에 임명되어 韋后 제거에 참여하였다. 玄宗 때 龍武大將軍이 되어 宿衛를 맡아 엄격하게 宮禁을 지켰다. 天寶 14년(755) 安祿山이 기병하여 반란을 일으키고 다음 해 禁兵을 거느리고 玄宗을 따라 入蜀하는 도중 馬嵬驛에서 太子 李亨(肅宗)의 지지를 얻어 楊國忠과 楊貴妃를 살해하였다. 玄宗을 따라 巴蜀에 갔다가 돌아와 蔡國公에 봉해졌다. 上元 元年(760) 宦官 李輔國이 肅宗을 이간질하고 玄宗을 강제로 西內로 옮기게 하고 그에게 강제로 致仕하게 하였다.

270) 『舊唐書』 卷108 「韋諤傳」, 3277면, "上至扶風郡, 從駕諸軍各圖去就, 頗出醜言. 陳玄禮不能制, 上聞之憂懼. 會益州貢春綵十萬疋, 乃以其綱使濛陽尉劉景溫爲監察御史, 其綵悉陳於廷, 召六軍將士等入, 上謂之曰 : '卿等皆國之功臣, 勳勞素著, 朕之優賞, 常亦不輕. 逆胡負恩, 事須廻避, 甚知卿等不得別父母妻子, 朕亦不及辭九廟.' 言發涕流. 又曰 : '朕今須幸蜀, 蜀路險狹, 人若多往, 恐難祗供. 今有此綵, 卿等卽宜分取, 各自圖去就. 朕自有子弟・中官等相隨, 便與卿等訣別.' 衆咸俯伏號泣, 曰 : '死生從陛下.' 上良久曰 : '去住聽卿自便.' 自是醜言方息."

271) 『新唐書』 卷121 「陳玄禮傳」, 4337면, "陳玄禮宿衛宮禁, 以淳篤自檢. 帝嘗欲幸虢國夫人第, 諫曰 : '未宣敕, 不可輕去就.' 帝爲止. 後在華淸宮, 正月望夜, 帝將出游, 復諫曰 : '宮外野無備豫, 陛下必出游, 願歸城闕.' 帝不能奪. 安祿山反, 謀誅楊國忠闕下, 不克, 至馬嵬, 卒誅之. 從入蜀."

272) **[王注]** 이 일은 『舊唐書』 卷108 「韋見素傳」에 보이는데, 見素는 玄宗이 蜀으로 들어갈 때 扈從했던 最高 朝官이어서 이 일을 붙어 서술한 것이니, 이것을 그와 '관계가 없다'고 말할 수는 없다(韋)諤은 見素의 아들이고, 열전 내에 역시 그 일을 붙어 서술했으나, 그러나 그것을 곧 「韋諤傳」이라 말할 수는 없다.

내려 했는데 (장)무종이 모친상을 당하자 조서를 내려 탈상 전에 혼례를 이루도록 했다. 간관 장예(蔣乂)가 상소하여 종군하고 있는 경우가 아니면 검게 물들인 상복으로 일을 해서는 안 된다고 말했다.[273] 『구당서』는 그 상소를 「(장)무종전」에 기재했으나 『신당서』는 그것을 삭제하고 「(장)예전」에 고쳐 넣었으니,[274] 또한 옮겨 두는 것에 마땅함을 보였다.

「혼감전(渾瑊傳)」을 보면, 『구당서』에는 평량(平涼)의 회맹에서 (혼)감이 토번(吐蕃)에게 위협을 당해 혼자 말을 타고 탈출해 돌아온 일을 기록한 것이 매우 상세한데,[275] 『신당서』에서는 다만 상결찬(尙結贊)에게 위협을 당해 부사(副使) 이하가 모두 붙잡혔으나 다만 (혼)감만이 면할 수 있었다

273) 『舊唐書』 卷141 「張茂宗傳」, 3860~3861면, "貞元三年, 許尙公主, 拜銀青光祿大夫・本官駙馬都尉, 以公主幼待年. 十三, 屬茂宗母亡, 遺表請終嘉禮. 德宗念茂昭之勳, 卽日授雲麾將軍, 起復授左衛將軍同正・駙馬都尉. 諫官蔣乂等論曰, ……. 德宗不納, 竟以義章公主降茂宗."

274) 『新唐書』 卷132 「蔣乂傳」, 4531~4542면, "張孝忠子茂宗尙義章公主, 母亡, 遺占丏成禮. 帝念孝忠功, 卽日召爲左衛將軍, 許主下降. 乂上疏, 以爲 : '墨? 禮本緣金革, 未有奪喪尙主者. 繆盭典禮, 違人情, 不可爲法.' 帝令中使者諭茂宗之母之請, 乂意殊堅. 帝曰 : '卿所言, 古禮也. 今俗借吉而婚不爲少.' 對曰 : '俚室窮人子, 旁無至親, 乃有借吉以嫁, 不聞男冒凶而娶. 陛下建中詔書, 郡・縣主當婚, 皆使有司循典故, 毋用俗儀. 公主春秋少, 待年不爲晚, 請茂宗如禮便.' 帝曰 : '更思之.' 會太常博士韋彤・裴堪諫曰 : '婚禮, 主人几筵聽命, 稱事立文, 謂之嘉, 所以承宗廟, 繼後嗣也. 喪禮, 創巨者日久, 痛甚者愈遲, 二十五月而畢, 謂之凶, 所以送死報終, 示有節也. 故夫義婦聽, 父慈子孝. 昔魯侯改服, 晉襄墨縗, 緣金革事則有權變. 安有釋縗服, 衣冕裳, 去堊室, 行親迎, 以凶瀆嘉, 爲朝廷爽法?' 疏入, 帝迂其言, 促行前詔, 然心嘉乂有守."

275) 『舊唐書』 卷134 「渾瑊傳」, 3709면, "閏月十五日, 瑊與結贊會平涼. 初, 約以兵三千列於壇之東西, 散手四百人至壇下, 各遣遊軍相覘伺. 是時, 蕃軍精騎數萬列於壇西, 蕃之遊軍貫穿我軍之中, 瑊將梁奉貞率六十騎爲遊軍, 纔至壇所, 爲蕃軍所執. 結贊又謂瑊曰 : '請侍中已下具衣冠劍珮.' 瑊與監軍宋鳳朝・崔漢衡等入幕次, 坦無他慮. 結贊命伐鼓三通, 其衆呼譟而至. 瑊遽出自幕後, 偶得他馬, 跨而奔馳, 追騎雲合, 流矢雨集而不傷. 會瑊將辛榮以數百人據北阜, 與賊血戰, 追騎方止, 瑊僅得免, 辛榮兵盡矢窮, 力屈而降. 宋鳳朝・瑊判官鄭弇, 爲追兵所殺; 崔漢衡・中官俱文珍劉延李清朝・漢衡判官鄭叔矩・瑊判官路泌袁同直・大將軍扶餘準馬寧・神策將孟日華李至言樂演明范澄馬弇等六十餘人, 皆陷于賊. 尙結贊至原州, 列坐帳中, 召陷蕃將吏讓之, 因怒瑊曰 : '武功之捷, 吐蕃之力, 許以涇州・靈州相報, 竟食其言, 負我深矣, 擧國同怨. 本劫是盟, 志在擒? 吾已爲金枷待瑊, 將獻贊普; 旣已失之, 虛致君等何爲?' 乃放俱文珍・馬寧・馬弇歸朝."

고 기록했다.[276] 「육지전(陸贄傳)」을 보면, 『구당서』에서는 (육)지가 두참(竇參)을 미워하여 (두)참의 죽음에 (육)지가 힘을 쓴 바가 있다고 했으나,[277] 『신당서』는 이 몇 마디 말을 삭제하고 도리어 「(두)참전」에 (육)지가 사면을 구하는 상소를 실었다.[278] (이는) 마치 (혼)감과 (육)지를 위해 감춘 것이 있는 듯하니, 두 사람이 모두 명신이기 때문이다. 「이의부전(李義府傳)」을 보면, 『구당서』에는 어사(御史) 왕의방(王義方)이 그(이의부)가 처음에 용모로 유계(劉洎), 마주(馬周)의 총애를 받았다고 상주한 내용이 있다.[279] 이는 바로 이의부[280]가 부끄럼이 없음을 보인 것이다. 「위소유

---

276) 『新唐書』 卷155 「渾瑊傳」, 4894면, "吐蕃相尙結贊陷鹽·夏, 陰闚京師, 而畏瑊與李晟·馬燧, 欲以計勝之. 乃詭辭重禮, 請燧講好, 燧苦贊, 帝乃詔約盟平涼川, 以瑊爲會盟使. 爲結贊所劫, 副使崔漢衡以下皆陷, 惟瑊得免."

277) 『舊唐書』 卷139 「陸贄傳」, 3816~3817면, "贄在中書, 政不便於時者, 多所條奏, 德宗雖不能皆可, 而心頗重之. 初, 竇參旣貶郴州, 節度使劉士寧餉參絹數千匹, 湖南觀察使李巽與參有隙, 具事奏聞, 德宗不悅. 會右庶子姜公輔於上前聞奏, 稱'竇參嘗語臣云陛下怒臣未已', 德宗怒, 再貶參, 竟殺之. 時議云公輔奏竇參語得之於贄, 云參之死, 贄有力焉."

278) 『新唐書』 卷145 「竇參傳」, 4731면, "初, 陸贄與參不平, 吳通玄兄弟皆在翰林, 與贄軒輊不得, 申舅嗣虢王則之與通微等善, 遂共譖贄. 帝得其姦, 逐申爲道州司馬. 不浹日, 貶參郴州別駕. 宣武劉士寧餉參絹五千, 湖南觀察使李巽故與參隙, 以狀聞, 又中人爲之驗左, 帝大怒, 以爲外交戎臣, 欲殺參. 贄雖怨, 然亦以殺之太重, 乃貶驩州司馬, 逐其息景伯于泉州, 女尼于郴州, 沒入貲産奴婢. 帝又欲殺申·則之及屬人滎, 贄固爭 : '法有首從, 首原則從減. 滎與參雖善, 然初無邪僻, 數激憤有直言, 晩頗疏忌, 請貶滎遠官, 申·則之除名流嶺南.' 詔可."

279) 『舊唐書』 卷82 「李義府傳」, 2767면, "顯慶元年, 以本官兼太子右庶子, 進爵爲侯. 有洛州婦人淳于氏, 坐姦繫於大理, 義府聞其姿色, 囑大理丞畢正義求爲別宅婦, 特爲雪其罪. 卿段寶玄疑其故, 遽以狀聞, 詔令按其事, 正義惶懼自縊而死. 侍御史王義方廷奏義府犯狀, 因言其初容貌爲劉洎·馬周所幸, 由此得進, 言詞猥褻. 帝怒, 出義方爲萊州司戶, 而不問義府姦濫之罪. 義府云 : '王御史妄相彈奏, 得無愧乎?' 義方對云 : '仲尼爲魯司寇七日, 誅少正卯於兩觀之下; 義方任御史旬有六日, 不能去姦邪於雙闕之前, 實以爲愧.' 尋兼太子左庶子."

280) 李義府(614~666) : 唐 瀛州 饒陽縣 사람으로 후에 永泰(지금의 四川省 鹽亭縣 동쪽)으로 이주하였다. 貞觀中 對策으로 급제하여 門下省典儀에 보임되었고, 太子舍人·崇賢館直學士를 역임하였다. 高宗 즉위 후 中書舍人이 되었는데, 長孫無忌의 미움을 받아 쫓겨나려고 하자 武昭儀를 皇后로 삼을 것을 주청하였다. 永徽 6년(655) 中書侍郎 同中書門下三品 監修國史로 발탁되었고, 이어 中書令으로 승진하였다. 許敬宗과 더불어 『氏族志』를 편찬하여 門第를 가리지 않고 5品官 이상을 士流로 포함

전(魏少遊傳)」을 보면, 『구당서』에는 (위)소유가 강서관찰사(江西觀察使)였을 때 경리(京吏) 가명관(賈明觀)이 어조은(魚朝恩)의 권세를 믿고 마음대로 악행을 저지르다가 일이 어그러지게 되었는데, 원재(元載)가 뇌물을 받고 강서(江西)로 가서 힘써 일하도록 판결을 하니 (위)소유는 (원)재 때문에 그(가명관)를 우대하여 받아들였다. 노사공(路嗣恭)이 (위)소유를 대신하게 되자 도착하는 날 바로 (가)명관을 쳐 죽이니, 사람들은 이로써 노(사공)를 현명하게 보고 위(소유)를 추하게 보았다는 내용이 있다.[281] 이는 바로 (위)소유가 권세에 붙어 품위가 없음을 보인 것이다.

「배연령전(裴延齡傳)」을 보면, 『구당서』에는 육지가 (배)연령을 탄핵한 상소 하나를 수록한 것이 매우 상세하다.[282] 이는 바로 배연령[283]의 간사함과 (육)지의 올바름을 보이는 것이다. 그러나 『신당서』에서는 모두 싣지 않았으니, 또한 그를 위해 감춘 듯하다. 그러나 (이)의부와 (배)연령 등은 인물이 본래 비천하니 하필 그들을 위해 감추고 꾸몄는가.

가령 「전열전(田悅傳)」에 이르면, 주도가 막 (전)열의 패주(貝州)를 포위

시켜 『姓氏錄』이라 이름을 바꾸었다. 武后를 믿고 붕당을 만들고 관직을 매매하는 등 권세를 누렸다. 龍朔 3년(663) 모반죄와 뇌물수수로 고소되어 巂州로 유배되었다. 乾封 元年(666) 대사면 때 유배된 사람들만 돌아가지 못하게 하자 憤死하였다. 文集 40卷이 있었으나 亡佚되었고, 『全唐文』에 4편의 글과 『全唐詩』에 8편의 詩가 전한다.

281) 『舊唐書』 卷115 「魏少遊傳」, 3377면, "大曆二年四月, 出爲洪州刺史·兼御史大夫, 充江南西道都團練觀察等使. 四年六月, 封趙國公. 賈明觀者, 本萬年縣捕賊小胥, 事劉希暹, 恃魚朝恩之勢, 恣行兇忍, 毒甚豺虺. 朝恩·希暹旣誅, 元載當權, 納明觀姦謀, 容之, 特令江西效力. 明觀未出城, 百姓萬衆聚於城外, 皆懷塼石候之, 期投擊以快意. 載聞之, 特令所由吏擁百姓入城內, 由是獲免. 在洪州二年, 少遊爲觀察使, 承元載意苟容之. 及路嗣恭代少遊, 到州, 卽日杖殺, 識者以是減魏之名, 多路之政."

282) 『舊唐書』 卷135 「裴延齡傳」, 3722면, "時陸贄秉政, 上素所禮重, 每於延英極論其誕妄, 不可令掌財賦. 德宗以爲排擯, 待延齡益厚. 贄上書疏其失曰."

283) 裴延齡(728~796): 唐 河東 사람이다. 德宗 때 宰相 盧杞와 竇參의 총애를 얻어 膳部員外郞, 集賢院直學士, 司農少卿을 역임하였다. 貞元 8년(792) 度支에 관한 업무를 겸하여 창고의 숫자를 부풀려 자신의 능력을 과대선전하여 德宗의 신임을 얻어 戶部侍郞으로 승진하였다. 羨餘·底折·本分錢의 명목으로 가렴주구를 일삼고 윗사람에게 잘 보이려 하여 재상 陸贄 등이 이를 지적하고 德宗도 좋지 않게 생각하였다. 그러나 德宗의 총애를 얻어 계속 임용되었다.

하고 있었을 때 전서(田緖)가 (전)열을 죽이고는 곧 군사를 동원해 왕무준, 이포진(李抱眞)과 함께 경성(涇城)에서 (주)도를 크게 격파한 내용이 있다.[284] 이 일이 세 번진의 이합과 관련이 있기 때문이나 『신당서』에서는 그것을 삭제했다. 「왕처존전(王處存傳)」을 보면, 황소(黃巢)가 장안(長安)을 차지하고 있을 때 (왕)처존이 군사 오천 명을 이끌고 흰 명주천을 신호로 하여 밤에 서울(장안)로 들어가니 반란군들이 놀라 달아나 버렸다. 그런데, 서울(장안) 소년들이 또한 그 흰 신호를 흉내 내어 방시(坊市)를 약탈했다. 반란군이 엿보아 알고는 다시 서울로 들어와 두 시장의 정장(丁壯) 7만~8만 명을 불러 죽였다는 내용이 있다.[285] 이 일은 (황)소가 일으킨 재앙의 참혹함을 보이는 것이나 『신당서』에서는 역시 삭제했다. 이는 모두 삭제해서는 안 되는데 삭제한 것이다.

그러나 더욱 심한 경우도 있으니, 대주(戴冑)가 제안한 의창(義倉)은 천고에 남을 저장에 관한 좋은 법이므로 『구당서』 「(대)주전」에는 그 상소를 실은 것이 매우 상세하나[286] 『신당서』에서는 그것을 삭제했다. 「장홍정전(張弘靖傳)」을 보면, 『구당서』에서는 유총(劉總)[287]이 유주(幽州)의 번

284) 『舊唐書』 卷141 「田悅傳」, 3845면, "四年十月, 涇師犯闕, 諸帥各還本鎭. 悅·滔·武俊互相疑惑, 各去王號, 遣使歸國, 悅亦致書於抱眞, 遣使聞奏. 興元元年正月, 加悅檢校尙書右僕射, 封濟陽王, 使並如故, 仍令給事中·兼御史大夫孔巢父往魏州宣慰. 時悅阻兵四年, 身雖驍猛, 而性愎無謀, 以故頻致破敗, 士衆死者十七八. 魏人苦於兵革, 願息肩焉, 聞巢父至, 莫不舞忭. 悅方宴巢父, 爲其從弟緖所殺."

285) 『舊唐書』 卷182 「王處存傳」, 4700면, "中和元年四月, 涇原行軍唐弘夫敗賊將林言·尙讓軍, 乘勝進逼京師. 處存自渭北親選驍卒五千, 皆以白繻爲號, 夜入京城, 賊已遁去. 京師故人見處存, 遮道慟哭, 歡呼塞路. 軍人皆釋兵, 爭據第宅, 坊市少年多帶白號雜軍. 翌日, 賊偵知, 自灞上復襲京師, 市人以爲王師, 歡呼迎之. 處存爲賊所迫, 收軍還營. 賊怒, 召集兩市丁壯七八萬, 併殺之, 血流成渠."

286) 『舊唐書』 卷70 「戴冑傳」, 2533면, "二年, 冑上言 : '水旱凶災, 前聖之所不免. 國無九年儲蓄, 禮經之所明誡. 今喪亂已後, 戶口凋殘, 每歲納租, 未實倉廩. 隨卽出給, 纔供當年, 若有凶災, 將何賑卹? 故隋開皇立制, 天下之人, 節級輸粟, 名爲社倉, 終文皇代, 得無饑饉. 及大業中年, 國用不足, 並取社倉之物以充官費, 故至末塗, 無以支給. 今請自王公已下, 爰及衆庶, 計所墾田稼穡頃畝, 每至秋熟, 準其見苗以理勸課, 盡令出粟. 稻麥之鄕, 亦同此稅, 各納所在, 立爲義倉.' 太宗從其議. 以其家貧, 賚錢十萬."

287) 劉聰(?~831) : 唐 幽州 昌平縣 사람이다. 幽州節度使 劉濟의 작은아들이다. 營州刺

진으로서 조정에 귀순하면서 하삭(河朔) 번진이 (절도사가) 이어 계승하는 폐단을 모두 혁파하려고 자신의 번진을 세 도(道)로 나눌 것을 청하고 이어 (번진)군중에 오래 근무한 장수들을 기록하여 조정에 보내 조정에서 그들에게 관직을 내려줌으로서 유주, 계주(薊州) 사람들에게 조정의 관작을 희구하게 하고자 했다. 상소를 올리게 되자 재상 최식(崔植), 두원영(杜元穎)이 멀리 내다본 이 계책의 의미를 알지 못하고는 당시 이미 장홍정에게 유주와 계주의 절도사(節度使)를 명함으로써 단지 (장)홍정을 높이고 중용하려고만 하며, (유)총이 다스리던 것을 모두 그에게 주고 장교들 가운데 서울(장안)에 있는 자들도 모두 (장홍정에게로) 돌아가게 했다. 그러므로 (장)홍정이 주둔지에 이르러 며칠이 되지 않아 다시 반란을 일으켜 이로부터 다시 하삭 지방을 상실하게 되었다는 내용이 있다.[288] 이 사실은 크게 관건이 되는 것이었으나, 『신당서』에서는 역시 그 부분을 삭제했으니, 이는 곧 (송)경문(宋景文)이 마음대로 줄인 것으로 (그가) 그 경중을 제대로 짐작하는데 미치지 못한 것이라 할 것이다.

史가 되었으며, 劉濟가 王承宗을 토벌할 때 行營都知兵馬使로 삼았다. 元和 5년(810) 生父를 독살하고 아버지의 명을 사칭하여 형을 죽이고 幽州의 軍務를 장악하였다. 節度使를 세습하고 楚國公에 봉해졌다. 淮西節度使 吳元濟가 평정된 후 동맹세력이 없어지자 조정에 귀순하고 중이 되겠다고 표를 올린 후 節度使의 印을 두고 出行하다가 定州에서 갑자기 죽었다.

288) 『舊唐書』卷129「張弘靖傳」, 3612면, "元和初, 王承宗阻兵, 劉總父濟備陳征討之術, 請身先之. 及出軍, 累拔城邑. 總旣繼父, 願述先志, 且欲盡更河朔舊風. 長慶初, 累表求入朝, 兼請分割所理之地, 然後歸朝. 其意欲以幽·涿·營州一道, 請弘靖理之; 瀛州爲一道, 盧士玫理之; 平·薊·媯·檀爲一道, 請薛平理之. 仍籍軍中宿將, 盡薦於闕下, 因望朝廷升奬, 使幽·薊之人, 皆有希美爵祿之意. 及疏上, 穆宗且欲速得范陽, 宰臣崔植·杜元穎又不爲遠大經略, 但欲重弘靖所授而省其事局. 唯瀛·莫兩州許置觀察使, 其他郡縣悉命弘靖統之. 時總所薦將校俱在京師旅舍中, 久而不問, 朱克融輩僅至假衣丐食, 日詣中書求官, 不勝其困. 及除弘靖, 命悉還本軍. 克融輩雖得復歸, 皆深懷觖望, 其後因爲叛亂. 初, 總以平·薊·媯·檀請薛平, 於分裂之中尤爲上策, 而朝廷不能行之. 竟致後患, 人到于今惜之."

권18

231. 『신당서』에서 『구당서』 문장의 뜻을 고친 대목新書改舊書文義處

하간왕(河間王) 이효공전(李孝恭傳)

『구당서(舊唐書)』에서는 이효공[1]이 소선(蕭銑)[2]을 공격해 항복시키자

1) 李孝恭(591~640) : 唐 高祖의 族姪이다. 李淵이 長安을 점령한 후 山南道招慰大使가 되어 巴蜀을 돌아다니며 30여 州를 공략하고 水陸 12總管을 통솔하여 蕭銑을 평정하고 荊州大總管에 임명되었다. 후에 襄州道行臺 尙書左僕射가 되어 사신을 보내 嶺南의 49州를 招誘하였다. 行軍元帥가 되어 輔公祏를 격파한 후 揚州大都督이 되었다. 貞觀 연간 禮部尙書로 임명되고 河間郡王에 봉해졌다. 죽은 후 獻陵에 배장되었고 초상이 凌烟閣에 걸렸다.

2) 蕭銑(583~621) : 隋唐교체기 南蘭陵(지금의 江蘇省 常州 서북) 사람이며, 後梁 宣帝

고조(高祖)가 크게 기뻐하여 화공에게 그 모습을 그리게 하여 보았다고 했다.[3] 생각건대, (이)효공은 고조의 조카인데 어찌 서로 아는 사이가 아니어서 그 모습을 그리고자 했겠는가? 『신당서(新唐書)』에서는 조서를 내려 (이효공이) 소선을 공격하는 모습을 그려 바치게 했다고 했다.[4]

장손순덕전(長孫順德傳)

『구당서』에서는 장손순덕[5]이 일에 연좌되어 면직되었는데, 병이 나자 태종(太宗)이 그를 비웃으며 "(장손)순덕은 강개한 절개가 없고 아녀자의 정이 많다. 지금 병이 났으니 어찌 문책할 수 있겠는가"라고 말했다.[6] 이 말은 특히 내력이 없다. 『신당서』에서는 (장손)순덕이 딸을 잃어 고통을

의 증손이다. 煬帝 때 外戚으로써 羅川令이 되었다. 大業 13년(617) 岳州校尉 董景珍과 沔 사람 張綉 등이 기병하여 隋에 반란을 일으키고 그를 主로 추대하였다. 巴陵을 근거로 梁王을 칭하고 鳳鳴이라 建元하였다. 다음 해 稱帝하고 江陵으로 수도를 옮겼으며 40만 군대를 옹유하였다. 영토는 서쪽으로 三峽, 남쪽으로 交趾, 북쪽으로 漢水, 동쪽으로 豫章에 이르렀다. 시기심이 많아 대신을 주륙하니 內部가 갈라져, 결국 그는 唐軍에 패해 長安에서 피살되었다.

3) 『舊唐書』 卷60 「河間王孝恭傳」, 2348면, "銑救兵至巴陵, 見船被江而下, 果狐疑不敢輕進. 卽內外阻絶, 銑於是出降. 高祖大悅, 拜孝恭荊州大總管, 使畫工貌而視之. 於是開置屯田, 創立銅冶, 百姓利焉."

4) 『新唐書』 卷78 「河間王孝恭傳」, 3523면, "已而救兵到巴陵, 見船, 疑不進. 銑內外阻絶, 遂降. 帝悅, 遷荊州大總管, 詔圖破銑狀以進."

5) 長孫順德 : 唐太宗 長孫皇后의 族叔이다. 隋에서 右勳衛가 되었다. 大業 연간 高句麗 遠征 종군을 회피하여 太原으로 망명하여 李淵에게 의탁하였고 명을 받들어 募兵하였다. 李淵이 起兵하자 군대를 이끌고 霍邑·臨汾·絳郡·潼關을 점령하고 屈突通을 사로잡아 左驍衛大將軍, 薛國公에 제수되었다. 武德 9년(626) 玄武門의 변이 발생하자 陳叔寶 등과 李建成의 잔당을 토벌하였다. 李孝常이 모반하자 그와 交通했다는 죄목으로 除名되었다. 후에 다시 澤州刺史로 임명되어 前刺史 張長貴 등이 점한 州內 기름진 토지 수십 頃을 빼앗아 빈민들에게 나눠 주었다. 후에 免官되었다. 초상이 凌烟閣에 배향되었다.

6) 『舊唐書』 卷58 「長孫順德傳」, 2309면, "尋又坐事免. 發疾, 太宗聞而鄙之, 謂房玄齡曰 : '順德無慷慨之節, 多兒女之情, 今有此疾, 何足問也!'"

느꼈는데, 임금(태종)이 그가 강기가 없고 아녀자처럼 사랑에 얽매인다고 말했다고 했다.[7)]

허경종전(許敬宗傳)

『구당서』에서는 태종이 고구려[高麗]를 정벌하고 황태자가 정주(定州)에서 감국(監國)을 맡고 있었는데, (허)경종이 고사렴(高士廉[8)])과 함께 기밀업무를 담당하고 있었다고 했다. (또) 잠문본(岑文本[9)])이 행재소에서 죽자, (허)경종을 검교중서시랑(檢校中書侍郞)으로 임명했다. 태종이 주필산(駐蹕山)에서 고구려를 격파하자 (허)경종이 어전에 말을 세우고, 그 뜻을 받아 조서를 기초했다.[10)] 이는 (허)경종이 갑자기 태자를 따라 정주에 있다가,

---

7) 『新唐書』 卷105 「長孫順德傳」, 4024면, "喪息女, 感疾甚, 帝薄之, 謂房玄齡曰 : '順德無剛氣, 以兒女牽愛至大病, 胡足卹?'"

8) 高士廉(577~647) : 唐 德州 蓚縣 사람으로 이름은 儉이며, 字는 士廉이다. 北齊의 宗室로 隋 仁壽中 文才甲科에 급제하여 治禮郞이 되었으나 어느 사건에 연좌되어 交趾로 유배되었다. 唐 武德 5년(622) 雍州治中이 되었다. 질녀가 太宗의 長孫皇后였기 때문에 玄武門의 변에 참여하였다. 貞觀 元年(627) 侍中이 되었으나 王珪의 密奏를 은닉한 죄로 安州都督·益州長史로 좌천되었다. 貞觀 5년(631) 吏部尙書 許國公에 제수되고 尙書右僕射 太子太傅를 역임하였다. 韋挺 등과 천하의 譜牒姓氏를 刊正하여 『氏族志』를 편찬하였다. 또 魏徵 등과 『文史博要』 1200卷을 편찬하였다. 『全唐文』에 2편의 글이 전한다.

9) 岑文本(595~645) : 唐 鄧州 棘陽縣(지금의 河南省 南陽市 남쪽) 사람으로 후에 江陵으로 徙居하였다. 字는 景仁이다. 어려서 蕭銑을 섬겨 中書侍郞이 되어 文翰을 관장하였다. 후에 蕭銑을 따라 唐에 항복하여 荊州別駕가 되었다. 또 李孝恭을 따라 輔公祏를 토벌하였다. 貞觀初 中書舍人에 발탁되었는데, 문장이 아름다워 詔誥는 모두 그가 지었다. 令狐德棻과 함께 『周書』를 편찬하였는데, 史論은 대개 그에게서 나왔다. 貞觀 16년(642) 中書侍郞이 되어 機要를 장악하였고 中書令으로 승진하였다. 충성스럽고 근면하며 집안일을 말하지 않았으며 產業을 경영하지 않았다. 후에 太宗의 高句麗遠征에 참여하였으나 幽州에서 병으로 죽었다. 문집 60卷이 있으나 亡佚되었고, 『全唐文』에 21편의 글과 『全唐詩』에 4수의 詩가 남아 있다.

10) 『舊唐書』 卷82 「許敬宗傳」, 2761~2762면, "十九年, 太宗親伐高麗, 皇太子定州監國, 敬宗與高士廉等共知機要. 中書令岑文本卒於行所, 令敬宗以本官檢校中書侍郞. 太宗大破遼賊於駐蹕山, 敬宗立於馬前受旨草詔書, 詞彩甚麗, 深見嗟賞."

갑자기 태종을 따라 조서를 기초한 셈이니, 말이 특히 명확하지가 않다. 『신당서』에서는 이를 고쳐 (잠)문본이 죽자 파발로 (허)경종을 불러 행재소에 이르게 했다고 썼다.[11]

위척전(韋陟傳)

『구당서』에서는 위척[12]이 죽자 태상(太常)에서 그의 시호를 '충효(忠孝)'로 하자고 했는데, 안진경(顔眞卿)이 이를 반박하며 "충은 자신을 나라에 맡겨 위태로움을 보면 목숨을 바치는 것이다. 효는 아침저녁으로 부모의 안색을 살피고 봉양하여 부모가 거처하는 곳에서 즐거움을 취하는 것이다. 두 행동을 하나로 모을 수는 없으므로 충효를 이루기는 너무 어렵다"라고 말했다.[13] 『신당서』에서는 (안)진경의 말을 고쳐 "나라에 몸을 맡기는 것과 부모를 봉양하는 것은 양립할 수 없으니, 두 행동을 합하여 시호로 삼는 것은 부당하다"라고 적었다.[14]

---

11) 『新唐書』 卷223上 「許敬宗傳」, 6335~6336면, "高麗之役, 太子監國定州, 敬宗與高士廉典機劇. 岑文本卒, 帝驛召敬宗, 以本官檢校中書侍郎. 駐蹕山破賊, 命草詔馬前, 帝愛其藻警, 由是專掌誥令."

12) 韋陟(696~760) : 唐 京兆府 萬年縣 사람으로 字는 殷卿이다. 어려서 총명하고 문장에 능했으며 隷書에 능했다. 開元中 中書舍人・禮部侍郎이 되었다. 考試제도를 개혁하여 평소 성적을 참고하여 인재를 선발하였다. 吏部侍郎이 되어 엄격하게 선발하였다. 李林甫와 楊國忠의 질시로 襄陽太守・昭州平樂尉로 좌천되었다. 肅宗 즉위 후 御史大夫 兼 江東節度使에 제수되었다. 후에 入朝하여 洛陽留守에 임명되었다. 史思明이 洛陽을 공격하자 군대를 이끌고 陝州를 수비하였다. 吏部尙書를 역임하고 虢州에서 죽었다.

13) 『舊唐書』 卷92 「韋陟傳」, 2962면, "太常博士程皓議謚爲'忠孝'. 刑部尙書顔眞卿以爲忠則以身許國, 見危致命, 孝則晨昏色養, 取樂庭闈, 不合二行殊高, 以成'忠孝'. 主客員外郎歸崇敬又駁之, 紛議不已."

14) 『新唐書』 卷122 「韋陟傳」, 4353면, "太常博士程皓議謚'忠孝', 顔眞卿以爲許國養親不兩立, 不當合二行爲謚, 主客員外郎歸崇敬亦駁正之."

원재전(元載傳)

『구당서』에서는 원재[15]의 아버지 경승(景昇)이 원외관에 임명되어 기주(岐州)에 있었을 때, (원)재의 어머니가 (원)재를 데리고 경승에게 시집갔고 원씨를 사칭했다고 했다.[16] 이 말은 이해할 수가 없으니, 그렇다면 (원)재는 본래 무슨 성씨라는 것인가? 『신당서』에서는 (원재의) 아버지 승(昇)의 본래 성은 경(景)이지만 조왕비(曹王妃) 원(元)씨의 조세 수입 출납을 맡게 되어 (조왕)비에게 청하여 원(元)씨를 칭하게 되었다고 했다.[17]

최광원전(崔光遠傳)

『구당서』에서는 곽자의(郭子儀)가 적과 급군(汲郡)에서 전투를 벌이고 있었는데, (최)광원이 병사 천 명을 이끌고 황하(黃河)를 건너 그를 지원했다고 했다. (최)광원이 위주(魏州)에 이르러 이처음(李處崟)에게 적을 막게 했는데, (곽)자의가 노하여 구원하지 않아 (이)처음이 결국 패했다고 썼다.[18] 이 일은 특히 명확하지 않은데, (최)광원이 일찍이 (곽)자의를 구원

---

15) 元載(?~777) : 唐 鳳翔郡 岐山縣 사람으로 字는 公輔이다. 집안이 본래 寒微하였으며, 본래 景氏였으나 후에 元氏를 칭하였다. 天寶初 老子·莊子·列子·文子 高第로 급제하였다. 至德中 戶部侍郎이 되었다. 寶應 元年(762) 租庸使로 江淮에 가서 戶籍에 따라 8년간 거두지 못한 租調를 징수하여 백성들이 몹시 소란스러워졌다. 후에 度支轉運使로 충임되었다. 宦官 李輔國에 붙어 同平章事가 되었고, 代宗 즉위 후 中書侍郎 同平章事가 되었고, 劉晏에게 度支錢穀의 일을 위임했다. 大曆 5년(770) 宦官 魚朝恩 주살에 참여하여 공을 믿고 교만하여 당파를 만들고 產業을 경영하였으며 言路를 막고 관직을 팔았다. 그러나 변방의 일에 밝아 馬璘과 郭子儀를 변방에 주둔시켜 吐蕃을 막았다. 후에 權勢가 지나치게 성하여 代宗에게 살해되었다. 文集 10卷은 이미 亡佚되었고, 『全唐文』에 6편의 문장과 『全唐詩』에 1수의 詩가 전한다.

16) 『舊唐書』 卷118 「元載傳」, 3409면, "父景昇, 任員外官, 不理產業, 常居岐州. 載母携載適景昇, 冒姓元氏."

17) 『新唐書』 卷145 「元載傳」, 4711면, "父昇, 本景氏. 曹王明妃元氏賜田在扶風, 昇主其租入, 有勞, 請於妃, 冒爲元氏."

했는데, (곽)자의는 어째서 도리어 노하여 (최)광원을 구원하지 않았단 말인가? 『신당서』에서는 (곽)자의가 급군에서 전투를 할 때 (최)광원이 겨우 군사 천 명으로 그를 구원하여 전투에 힘을 다하지 않았으므로 위주 전투에서는 (곽)자의가 노하여 구원하지 않았다고 했다.[19]

당검전(唐儉傳)

『구당서』에서는 당검[20]이 고조에게 군사를 일으킬 것을 권하자, 고조가 "천하가 이미 어지러우니, 사적으로 말하자면 생존을 도모하는 것이고, 공적으로 말하자면 물에 빠진 자를 건져내는 것이다. 내 장차 생각해 볼 것이다"라고 말했다.[21] 『신당서』에서는 "상란이 바야흐로 심하니, 나는 의당 생존을 도모해야 하나, 공은 물에 빠진 자를 건져내고자 하니, 내

---

18) 『舊唐書』 卷111 「崔光遠傳」, 3319면, "初, 司徒郭子儀與賊戰於汲郡, 光遠率汴師千人渡河援之. 及代蕭華入魏州, 使將軍李處崟拒賊, 賊大至, 連戰不利, 子儀怒不救, 處崟遂敗, 奔還."

19) 『新唐書』 卷141 「崔光遠傳」, 4654면, "初, 郭子儀與賊戰汲郡, 光遠裁率汴師千人援之, 不甚力. 及守魏, 使將軍李處崟拒賊, 子儀不救, 戰不勝, 奔還."

20) 唐儉(579~656) : 唐 幷州 晉陽縣 사람으로 字는 茂約이다. 隋代 아버지 唐鑒이 李淵과 같이 禁衛에서 일하여 李世民(唐太宗)과 잘 아는 사이였다. 후에 李淵 · 李世民 부자를 따라 晉陽에서 기병하여 記室參軍이 되었다. 李世民이 渭北道行軍元帥가 되자 司馬가 되어 長安을 평정하였다. 唐 武德初 中書侍郎이 되었으나 武德 2년(619) 劉武周에게 사로잡혔다. 劉武周軍이 패하자 府庫를 닫고 兵甲을 거두어 唐軍을 기다려 高祖의 칭찬을 받고 복직하였다. 禮部尙書 · 天策府長史를 역임했으며 營國公에 봉해졌다. 貞觀初 突厥에 사신으로 파견되어 頡利可汗을 구워 삶아 경비를 허술하게 하였다. 貞觀 4년(630) 民部尙書가 되었고, 太宗의 狩獵을 간언하였다. 貞觀 17년(643) 凌烟閣에 배향되었으며, 永徽初 致仕하였다. 사후 昭陵에 배장되었다.

21) 『舊唐書』 卷58 「唐儉傳」, 2305면, "高祖在太原留守, 儉與太宗周密, 儉從容說太宗以隋室昏亂, 天下可圖. 太宗白高祖, 乃召入, 密訪時事, 儉曰 : '明公日角龍庭, 李氏又在圖牒, 天下屬望, 非在今朝. 若開府庫, 南嘯豪傑, 北招戎狄, 東收燕、趙, 長驅濟河, 據有秦、雍, 海內之權, 指麾可取. 願弘達節, 以順羣望, 則湯、武之業不遠.' 高祖曰 : '湯 · 武之事, 非所庶幾. 今天下已亂, 言私則圖存, 語公則拯溺. 卿宜自愛, 吾將思之'."

마땅히 공을 위해 생각해 볼 것이다"라고 고쳤다.[22] 여기서는 결국 공(公)은 (당)검을 가리키는 것이다.

왕웅탄전(王雄誕傳)

(왕)웅탄은 본래 두복위(杜伏威[23])의 장수로, 이자통(李子通[24])을 사로잡고 왕화(汪華) 및 문인수안(聞人遂安)을 항복시켰는데, 이는 모두 (두)복위가 당(唐)나라에 투항한 이후의 일로 당나라를 위해 힘쓴 것이다. 『구당서』에서는 먼저 고조가 (두)복위에게 조서를 내려 (왕)웅탄을 시켜 그들(왕화 및 문인수안)을 토벌하도록 했다고 분명히 썼으므로[25] 아래 문장

22) 『新唐書』 卷89 「唐儉傳」, 3759면, "高祖曰 : '湯·武之事豈可幾? 然喪亂方剡, 私當圖存, 公欲拯溺者, 吾方爲公思之'."

23) 杜伏威(?~624) : 隋 齊郡 章丘縣 사람이다. 친구 輔公祏와 山林에 亡命하였다. 大業 9년(613) 蜂起하여 淮南으로 옮겨 將軍을 자칭하고 소규모 반란군을 합병하여 江都를 압박하였다. 大業 13년(617) 隋將 陳稜을 대파하고 高郵를 점령하였으며 歷陽(지금의 安徽省 和縣)을 거점으로 삼고 總管을 자칭하였다. 士人을 등용하고 勇士를 선발하여 세력이 크게 증대되었다. 다음 해 隋 越王 楊侗에게 表를 올려 東南道大總管에 제수되고 楚王에 봉해졌다. 武德 2년(619) 唐에 항복하여 東南道行臺尙書令 江淮以南安撫大使로 임명되고 吳王에 봉해졌으며, 李氏로 賜姓되었다. 장수를 보내 杭州와 歙州 등지를 점령하고 江東과 淮南을 전부 차지하였다. 武德 5년(622) 入朝하여 長安에 머물렀다. 후에 輔公祏가 唐을 배신하자 長安에서 살해되었다.

24) 李子通(?~622) : 隋 沂州 丞縣 사람이다. 勇力이 있었으며 漁獵으로 생계를 유지하였다. 大業末 長白山 의적에 들어갔다. 大業 11년(615) 淮水를 건너 杜伏威에 합류하였다. 후에 杜伏威를 살해하려 하였으나 성공하지 못하고 隋將 來整에게 격파되어 海陵으로 달아났으며, 2만을 거느리고 將軍으로 자칭했다가 후에 楚王이라 칭하였다. 唐 武德 2년(619) 陳稜을 격파하고 江都를 점령하여 皇帝를 칭하고 國號를 吳, 연호를 明政이라 하였다. 다음 해 沈法興을 격파하고 京口·丹陽·晉陵 등지를 점령하였다. 輔公祏에게 패하여 太湖로 도망가 沈法興을 멸한 후 餘杭으로 천도하였으며, 지금의 江蘇省·浙江省·安徽省을 영유하였다. 武德 4년(621) 杜伏威에게 패하여 長安으로 보내졌다. 다음 해 다시 재기를 모의하여 남으로 도망가 藍田에 이르렀으나 체포되어 살해되었다.

25) 『舊唐書』 卷56 「王雄誕傳」, 2271면, "高祖聞伏威據有吳·楚, 遣使諭之. 雄誕率衆討之."

에 나오는 전공은 모두 당나라를 위해 힘을 다한 것이 된다. 『신당서』에서는 이를 먼저 분명하게 서술하지 않았으므로 이러한 공격은 전부 (두)복위를 위한 것이 되었다.[26] (왕)웅탄은 수안루(遂安壘)를 만들어 국가의 위령(威靈)을 밝히려 했는데, 이른바 '국가'란 당나라인가? (두)복위인가?

위징(魏徵)이 태종(太宗)에게 올린 「충신 · 양신지론(忠臣良臣之論)」

『구당서』에서는 "양신(良臣)의 경우 스스로는 아름다운 이름을 얻고, 군주는 영달한 칭호를 받으며, 자손은 대대로 이어지고, 복록은 끝이 없습니다. 충신의 경우 스스로는 죽음을 받고, 군주는 커다란 악에 빠지며, 집안과 나라가 함께 망하고, 헛되이 그 이름만 가지게 됩니다"라고 말했다.[27] 『신당서』는 "양신의 경우 스스로는 아름다운 이름을 지고, 군주는 영달한 칭호를 아름답게 하며, 자손은 대대로 이어지고, 흐르는 복은 끝이 없습니다. 충신의 경우 스스로는 죽음에 걸리고, 군주는 어두운 악에 빠지며, 나라와 집안을 망치고, 다만 헛된 이름을 가질 뿐입니다"라고 고쳐 썼다.[28] 몰래 몇 글자를 고친 것에 불과하며 다른 뜻은 없다.

---

26) 『新唐書』 卷92 「王雄誕傳」, 3802면, "蘇賊聞人遂安據崑山, 無所屬, 伏威使討之, 雄誕以邑險而完, 攻之引日, 遂單騎造壘門, 陳國威靈, 因開曉禍福, 遂安卽降."

27) 『舊唐書』 卷71 「魏徵傳」, 2547~2548면, "帝曰 : '忠 · 良有異乎?' 徵曰 : '良臣, 稷 · 契 · 咎陶是也. 忠臣, 龍逢 · 比干是也. 良臣使身獲美名, 君受顯號, 子孫傳世, 福祿無疆. 忠臣身受誅夷, 君陷大惡, 家國並喪, 空有其名. 以此而言, 相去遠矣.' 帝深納其言, 賜絹五百匹."

28) 『新唐書』 卷97 「魏徵傳」, 3868~3869면, "帝曰 : '忠 · 良異乎?' 曰 : '良臣, 稷 · 契 · 咎陶也; 忠臣, 龍逢 · 比干也. 良臣, 身荷美名, 君都顯號, 子孫傳承, 流祚無疆; 忠臣, 已嬰禍誅, 君陷昏惡, 喪國夷家, 祗取空名. 此其異也.' 帝曰 : '善'."

부혁(傅奕)의 불교를 없애기를 청한 상소

『구당서』에서는 제(齊)나라 때 장구자타(章仇子他)가 표를 올려 "승려들과 사탑은 국가에 해를 끼치니, 여러 중들은 재상에게 붙어 조정에 대해 참소하며 헐뜯고, 비구니들은 후궁, 공주에게 의탁하여 몰래 헐뜯는 짓을 했기 때문인데, 그러다 결국 서시(西市)에서 죽고 말았습니다"라고 말했다.[29] 이는 불사(佛事)에 대해 간언하며 승려들이 남을 해치고 모함하기 때문이라는 것을 말하는 것인데, 말이 이미 매우 명료하지가 않다. 『신당서』에서는 (그것을) "장구자타가 승니와 탑묘(塔廟)에 대해 말하면서, '밖으로는 재상을 헐뜯는 것을 보게 되고 안으로는 후궁을 투기하는 것을 보게 됩니다'라 했습니다"라고 고쳐서 썼다.[30] (그러나) 더욱 이해할 수 없고 아울러 본래의 뜻을 잃었다.

이광필전(李光弼傳)

『구당서』에서는 (이)광필이 여비원례(荔非元禮)에게 명하여 강한 군사들을 양마성(羊馬城)으로 보내 적을 막도록 했다고 썼다.[31] 『신당서』에서는 (이광필이) (여비)원례를 보내 양마(羊馬)와 싸우게 하니 적이 크게 무너졌다고 했다.[32] 양마성에서 '성(城)'자를 빼버리고 단지 '양마와 싸우게 했다'라고 했으니, 무슨 말이 되겠는가!

---

29) 『舊唐書』 卷79 「傅奕傳」, 2716면, "且古今忠諫, 鮮不及禍. 竊見齊朝章仇子他上表言:'僧尼徒衆, 糜損國家, 寺塔奢侈, 虛費金帛. 爲諸僧附會宰相, 對朝讒毁; 諸尼依託妃主, 潛行謗讟. 子他竟被囚執, 刑於都市. 及周武平齊, 制封其墓. 臣雖不敏, 竊慕其蹤'."
30) 『新唐書』 卷107 「傅奕傳」, 4061면, "昔高齊章仇子他言僧尼塔廟, 外見毁宰臣, 內見疾妃嬙, 陽讒陰謗, 卒死都市, 周武帝入齊, 封寵其墓, 臣竊賢之."
31) 『舊唐書』 卷110 「李光弼傳」, 3308면, "光弼命荔非元禮出勁卒於羊馬城以拒賊."
32) 『新唐書』 卷136 「李光弼傳」, 4587면, "光弼自將治中潬, 樹壁掘塹. 摯捨南城攻中潬, 光弼遣荔非元禮戰羊馬, 賊大潰."

노여필전(盧汝弼傳)

『구당서』에서는 태원(太原) 절도사(節度使) 관부에 용천정(龍泉亭)이 있었는데, (노)여필의 아버지 노간구(盧簡求)가 지휘할 때 시 한 편을 정자 서쪽 벽에 손으로 썼다. (노)여필이 나중에 다시 부장[亞帥]이 되자, 정자 안에서 연회모임을 할 때마다 손님 자리에 앉는 법이 없이 다만 서쪽을 향해 머리를 숙이고 있을 뿐이었다고 했다.[33] 『신당서』에서는 이를 태원부(太原府) 정자[子亭]에 그 아버지 (노)간구가 쓴 것이 많이 남아 있어 정자에서 연회를 열 때마다 (노)여필은 손님 자리에 앉는 법이 없었다고 고쳤다.[34] (그러나) 도리어 분명하지 않게 되었다.

감로(甘露)의 변란[35]

『구당서』 본기에서는 구사량(仇士良)이 군사를 이끌고 왕애(王涯), 가속(賈餗), 서원여(舒元輿), 이훈(李訓), 왕번(王璠), 곽행여(郭行餘), 나입언(羅立言), 이효본(李孝本), 한약(韓約) 등 십여 집안을 죽였다고 썼다.[36] 생각건

33) 『舊唐書』 卷163 「盧汝弼傳」, 4274면, "太原使府有龍泉亭, 簡求節制時手書詩一章, 在亭之西壁. 汝弼復爲亞帥, 每亭中宴集, 未嘗居賓位, 西向俛首而已, 人士嘉之."

34) 『新唐書』 卷177 「盧汝弼傳」, 5285면, "太原府子亭, 簡求所署多在, 每宴亭中, 未嘗居賓位, 西向俛首, 人美其有禮."

35) 甘露의 變 : 唐文宗이 즉위한 후 宦官들의 전횡과 亂政을 제거하고자 李訓을 宰相으로, 鄭注를 鳳翔節度使로 삼아 내외에서 결합하여 宦官을 제거하려 하였다. 太和 9년(835) 11월 李訓·舒元輿와 金吾將軍 韓約, 河東節度使 王璠, 邠寧節度使 郭行余, 御史中丞 李孝本 등과 모의하여 金吾左仗院의 석류나무에 甘露가 내렸음을 유포하여 神策軍中尉 仇士良과 魚弘志 등을 유인하여 살해하려 하였다. 그러나 宦官 등이 이를 발각하여 仇士良 등은 文宗을 협박하여 宮으로 들어가 宮門을 닫고 禁兵 500명에게 명하여 金吾吏卒 6백여 명을 살해하고 諸司의 吏卒과 백성 천여 명도 살해하였다. 宰相 舒元輿·王涯·李訓·王璠·郭行余와 鳳翔節度使 鄭注 등이 피살되고 親屬 역시 모두 주살되었으며 妻와 딸들은 官奴婢로 적몰되었다. 朝廷이 일시에 거의 비었으며 이후 宦官은 더욱 전횡하여 文宗은 울분으로 죽었다.

대, 이때 이훈은 일이 어그러지는 것을 보고 곧 도망갔고, 정주(鄭注)[37]도 아직 봉상(鳳翔)에 있었으므로 같은 날 피살된 것이 아니었다. 『신당서』에서는 임술(壬戌)일에 이훈이 환관을 주살할 것을 모의하였으나 이기지 못해 달아났음을 먼저 쓰고, 무진(戊辰)일에 봉상감군(鳳翔監軍)이 정주를 죽였다고 했다.[38] 비교적 분명하나, 이훈이 달아난 뒤 마찬가지로 피살된 사실은 또 적지 않았다. 또 (왕)애 등이 피살되어 조정에 재상이 없게 되자, 이에 정담(鄭覃)과 이석(李石)을 동중서문하평장사(同中書門下平章事[39])로 삼았는데,[40] 그러나 『신당서』에서는 (정)담과 (이)석이 재상이 된 것을 반대로 (구)사량이 조정 신료들을 살해한 내용 앞에다 적었으니,[41] 역시 잘못이다. 아마도 『구당서』에서는 감로의 변란이 임술

---

36) 『舊唐書』 卷17下 「文宗紀下」, 562면, "壬戌, 中尉仇士良率兵誅宰相王涯・賈餗・舒元輿・李訓, 新除太原節度王璠, 郭行餘・鄭注・羅立言・李孝本・韓約等十餘家, 皆族誅. 時李訓・鄭注謀誅內官, 詐言金吾仗舍石榴樹有甘露, 請上觀之."

37) 鄭注(?~835) : 唐 絳州 翼城縣 사람으로 本姓은 魚이며 鄭氏로 冒姓하여 당시 魚鄭이라 불렸다. 出身이 寒微하여 長安의 權豪之家로부터 醫術을 배웠다. 元和末 李愬에 의지하여 襄陽과 徐州 節度使의 幕府에서 일했으며, 李愬가 監軍 王守澄에게 추천하여 중용되었다. 후에 文宗의 병을 치료하여 신용을 얻었다. 工部尙書, 翰林侍講學士를 역임하고 茶官을 설치하고 榷茶法을 실시할 것을 건의하였다. 또 李訓을 등용하여 文宗의 뜻에 따라 王守澄의 권력을 빼앗고 그를 살해하였다. 鳳翔節度使가 되어 內外에서 협력하여 宦官을 제거하려 하였다. 甘露의 變 당시 군대를 이끌고 入京하여 협공하려 했으나 중도에 일이 잘못되었다는 소식을 듣고 돌아가다가 監軍에게 살해되었다.

38) 『新唐書』 卷8 「文宗紀」, 236면, "(大和九年十一月)壬戌, 李訓及河東節度使王璠、邠寧節度使郭行餘、御史中丞李孝本、京兆少尹羅立言謀誅中官, 不克, 訓奔于鳳翔. …… 戊辰, 晝晦. 鳳翔監軍使張仲淸殺其節度使鄭注."

39) 同中書門下平章事 : 唐代 宰相으로, 약칭 同平章事이다. 唐初 尙書令(僕射)・中書令・侍中을 正宰相으로 삼았다. 太宗 때 간혹 他官이면서 이 직함이 더해져 宰相의 일을 행하는 일이 많았다. 예컨대 貞觀 8년(634) 李靖이 2~3일에 하루 中書門下에 이르러 政事를 平章하게 하였는데, 이는 君臣이 함께 軍國政事를 의논했음을 뜻하며, 平章事의 칭호가 처음으로 출현했다. 永淳 元年(682) 黃門侍郎 郭待擧, 兵部侍郎 岑長倩 등이 同中書門下平章事가 되어 '同平章事'가 처음으로 官銜이 되었다. 大曆 연간 이후 同中書門下平章事, 혹은 同平章事가 宰相의 專稱이 되었으며, 五代까지도 변하지 않았다. 藩鎭의 節度使가 이를 겸하면 使相이라 칭한다.

40) 『舊唐書』 卷17下 「文宗紀下」, 562~563면, "癸亥, 詔以銀靑光祿大夫、尙書左僕射、上柱國、滎陽郡開國公鄭覃以本官同中書門下平章事. 乙丑, 詔以朝議郎、守尙書戶部侍郎、判度支李石可朝議大夫、本官同平章事."

일에 발생한 것으로 하였고, 『신당서』에서는 을축(乙丑)일에 발생한 것으로 했기 때문에 이러한 오류가 생겼을 것이다.

232. 『신당서』에서는 변려체로 된 『구당서』 문장을 모두 삭제했다 新書盡刪駢體舊文

구양수(歐陽修)와 송기(宋祁) 두 사람은 변려체 문장을 좋아하지 않았으므로 조(詔), 고(誥), 장(章), 소(疏) 가운데 넉 자, 여섯 자로 문장을 지은 것을 보면 반드시 모두 삭제했다. 예컨대 덕종(德宗)[42]이 봉천(奉天)에서 내린 조서는[43] 산동(山東)의 무사나 사나운 병사들도 감격하여 눈물을 흘리지 않는 이가 없었고,[44] 이회광(李懷光)[45]을 토벌하는 조서는 공적과

41) 『新唐書』 卷8 「文宗紀」, 236면, "壬戌, 李訓及河東節度使王璠·邠寧節度使郭行餘·御史中丞李孝本·京兆少尹羅立言謀誅中官, 不克, 訓奔于鳳翔. 甲子, 尙書右僕射鄭覃同中書門下平章事. 乙丑, 權知戶部侍郎李石同中書門下平章事. 左神策軍中尉仇士良殺王涯·賈璠·舒元輿·李孝本·羅立言·王璠·郭行餘·鳳翔少尹魏逢. 戊辰, 晝晦. 鳳翔監軍使張仲淸殺其節度使鄭注. 己巳, 仇士良殺右金吾衛大將軍韓約."

42) 德宗(742~805, 779~805) : 이름은 李適이며, 代宗의 맏아들이다. 代宗初 天下兵馬元帥에 임명되어 史朝義를 토벌하여 河北을 평정하였다. 즉위 초 舊弊를 개혁하려고 하여 사방의 貢獻을 罷하고 宮女를 내보냈으며 사신으로 파견된 환관의 가렴주구를 금지시켰다. 또 租庸調를 兩稅法으로 바꾸었으며, 藩鎭을 억누르려 했으나 성공하지 못하였다. 참소와 사악함을 받아들이고 盧杞와 趙贊을 재상으로 삼아 억울하게 劉晏을 살해하였다. 四鎭(河朔三鎭과 淄靑節度使 李納)의 난 이후 間架稅·茶稅·竹稅·商稅·除陌錢을 더 징수하여 백성들의 고통이 더욱 심해졌다. 建中 4년(783) 涇原兵變으로 奉天으로 도망갔으며, 다음 해 李懷光이 또 반란을 일으켰다. 후에 李晟 등의 분전으로 長安을 수복하였다. 그러나 功臣을 시기하고 藩鎭에 대해 임기응변으로 대응했으며, 宦官에게 禁軍을 지휘하게 하여, 이후 政局은 더욱 부패하였다. 崇陵(지금의 陝西省 涇陽縣 서북)에 장사지냈으며 諡號는 神武孝文皇帝이다.

43) 建中 4년(783) 10월에 涇原軍이 반란을 일으키자 德宗이 奉天으로 몽진하고, 이듬해 興元 元年(784) 설날에 봉천 행궁에서 내린 조서를 이른다.

44) 『新唐書』 卷157 「陸贄傳」, 4932면, "後李抱眞入朝, 爲帝言 : '陛下在奉天·山南時, 赦令至山東, 士卒聞者皆感泣思奮. 臣是時知賊不足平'."

죄를 서로 덮지 않고 사정을 역시 곡진하게 서술하였으나, 본기에서는 모두 신지 않았고 아울러 「육지전(陸贄傳)」에서도 역시 그것을 없앴다.[46)]

열전 안에서는, 예컨대 이밀(李密)이 수(隋) (양)제(煬帝)를 토벌하는 격문은 조군언(祖君彦)의 글이고,[47)] 서경업(徐敬業[48)])이 무후(武后)를 토벌하는 격문은 낙빈왕(駱賓王[49)])의 글이다.[50)] 태종(太宗)의 서현비(徐賢妃[51)])가

---

45) 李懷光(720~785) : 唐 渤海 靺鞨 사람으로 本姓은 茹이다. 조상이 幽州로 이주하였으며, 아버지는 朔方部將이 되어 전공을 세워 李氏로 賜姓되었다. 젊어서 종군하였으며 무예가 뛰어나 郭子儀 밑에서 누차 공을 세워 朔方軍都虞候가 되었다. 邠寧節度使와 朔方節度使를 역임하였으며, 建中 3년(782) 河北三鎭이 반란을 일으키자 步騎 15,000명을 거느리고 토벌에 참여하였고, 다음 해 涇原兵變이 발생하자 5만 군대를 거느리고 朱泚를 대파하고 奉天의 포위를 풀었다. 宰相 盧杞의 방해로 德宗을 알현하지 못하자 盧杞의 간사함을 상소하였다. 군대를 이끌고 河中(지금의 山西省 永濟縣 서남)에 이르러 군대를 정돈하고 머물러 나아가지 않았다. 興元 元年(784) 반란을 일으켜 德宗이 梁州(지금의 陝西省 漢中市)로 도망갔다. 唐將 渾瑊과 馬燧가 토벌하여 河中을 포위하자 다음 해 세력이 궁하여 자살하였다.

46) 『舊唐書』 卷139 「陸贄傳」, 3792면, "故奉天所下書詔, 雖武夫悍卒, 無不揮涕感激, 多贄所爲也."

47) 『舊唐書』 卷53 「李密傳」, 2212~2218면, "密復下迴洛倉而據之, 大修營塹, 以逼東都, 仍作書以移郡縣曰 …… 祖君彦之辭也."

48) 徐敬業(?~684) : 원래 성명은 李敬業이며 唐 曹州 離狐縣(지금의 山東省 東明縣 동북) 사람으로 李勣(徐世勣)의 長孫이다. 英國公을 襲爵하였다. 嗣聖 元年(684) 어떤 사건에 연루되어 眉州刺史에서 柳州司馬로 좌천되어 魏思溫·駱賓王 등 실의에 빠진 관료들과 揚州에서 만났다. 武后가 臨朝稱制하여 中宗을 廬陵王으로 폐하자 이해 9월 29일(양력 684년 11월 11일) 匡復府上將 揚州大都督을 자칭하여 中宗의 복위를 명분으로 십여 만의 군대를 모아 起兵하였다. 武后가 李孝逸에게 30만을 이끌고 남하하게 하자 물러나 淮陰과 高郵를 지키다가, 패하자 海陵으로 달아나 高句麗로 도망가려 했으나 部將에게 살해되었다. 기병한 후 진압될 때까지 49일이 걸렸다.

49) 駱賓王(640?~684?) : 唐 婺州 義烏縣 사람이다. 道王府屬吏를 거쳐 武功縣과 長安縣의 主簿, 侍御史를 역임하였고, 후에 臨海丞으로 좌천되었다. 徐敬業이 揚州에서 武則天에 반대하여 기병하자 「討武曌檄」을 지었는데, 이 문장이 당시에 널리 암송되었다. 徐敬業의 거사가 실패한 후 피살되었다. 혹자는 강에 몸을 던져 죽었다고 하며, 혹자는 중이 되었다고도 한다. 初唐 四杰의 한 사람이다. 七言歌行과 騈文에 능하였다.

50) 『舊唐書』 卷190上 「駱賓王傳」, 5007면, "敬業軍中書檄, 皆賓王之詞也. 敬業敗, 伏誅, 文多散失. 則天素重其文, 遣使求之. 有兗州人郄雲卿集成十卷, 盛傳於世."

51) 徐賢妃(627~650) : 唐 湖州 長城縣(지금의 浙江省 長興縣) 사람으로 이름은 惠이다. 8세에 文에 능했으며 經史를 두루 섭렵하였다. 太宗이 才人으로 맞아들였으며, 婕妤·充容으로 책봉되었다. 貞觀末 征伐이 자주 있고 宮室을 크게 改築 혹은 신축하

고구려(高句麗) 정벌과 토목공사를 일으키는 것에 대해 간한 상소,[52] 봉상청(封常淸)이 죽으면서 감사의 뜻을 적은 표문이 있다.[53] 대종(代宗) 독고황후(獨孤皇后)가 죽었을 때 대종이 상곤(常袞)에게 명하여 지은 애책문(哀册文)[54]은 내용과 글이 슬프고 한탄스러워 당시 걸작이라 칭해졌다. 이극용(李克用)[55]이 경성(京城 : 장안)을 수복한 뒤에 양복광(楊復光)이 올린 노포(露布)[56]는 여러 장수들의 공훈을 열거한 것이 가장 상세하고 풍부하다.[57] 이러한 글들은 모두 지금까지 전해져 칭송되는 것이지만 각 열

며 사치스러워지자 백성들의 노고와 원망이 커졌다. 이에 상소하여 극력 간하자, 太宗이 그 말을 좋게 여겼다. 太宗이 죽자 슬퍼하여 병이 들어 죽었다. 賢妃로 추증되었으며, 昭陵에 배장되었다. 『全唐文』에 2편의 글과 『全唐詩』에 5수의 詩가 전한다.

52) 『舊唐書』 卷51 「賢妃徐氏傳」, 2167~2169면, "其所屬文, 揮翰立成, 詞華綺贍. 俄拜婕妤, 再遷充容. 時軍旅亟動, 宮室互興, 百姓頗倦勞役, 上疏諫曰 : '自貞觀以來 …… 盛業與乾坤永大'."

53) 『舊唐書』 卷104 「封常淸傳」, 3210면, "初, 常淸敗入關, 欲馳赴闕庭, 至渭南, 有敕令却潼關, 自草表待罪. 是日臨刑, 託令誠上之. 其表曰 : '中使駱奉仙之 …… 臣常淸無任永辭聖代悲戀之至'."

54) 『舊唐書』 卷52 「代宗貞懿皇后獨孤氏傳」, 2191~2193면, "大曆十年五月貴妃薨, 追謚曰貞懿皇后, 殯於內殿, 累年不忍出宮. 十三年十月方葬, 命宰臣常袞爲哀册曰 : '維大曆十年 …… 存二南餘美'."

55) 李克用(856~908) : 唐・五代 沙陀部人이다. 애꾸눈이어서 獨眼龍이라고 불렸다. 아버지 朱邪赤心을 따라 종군하여 용맹을 떨쳤다. 후에 雲州를 근거로 반란을 일으켰으나 실패하여 達靼部로 도망갔다. 中和 元年(881) 조서를 받들어 黃巢의 군대를 격파하였고 中和 3년(883) 河東節度使에 제수되었다. 다음 해 黃巢軍을 공격하여 汴州를 지나다가 朱溫에게 해를 당해 이때부터 원수사이가 되었다. 光啓 元年(885) 王重榮과 朱玫・李昌符를 격파하고 長安을 공격하여 크게 노략질하자 僖宗은 달아났다. 大順 元年(890) 朱溫을 대파하였고, 후에 李茂貞・王行瑜・韓建이 반란을 일으키자 王行瑜를 죽여 晉王에 봉해졌다. 天復 2년(902) 朱溫과 魏博軍의 연합군에 패하였다. 후에 아들인 李存勗이 後梁을 멸하고 後唐을 건국한 후 謚號를 武皇帝, 廟號를 太宗이라 추존했다.

56) 露布 : 制書 등이 봉함을 필요로 하는 것에 반해, 봉함을 필요로 하지 않고 널리 公衆의 눈에 띄게 하는 旨를 말한다. 이 말은 漢代에 생긴 이래 赦令, 贖令 및 大喪 등을 公布할 때 사용했다. 後漢末에 이르러 曹操를 토벌하는데 露布를 사용하고부터 오로지 軍事에 쓰여지는 檄文을 지칭하게 되고, 北魏에 이르러 帛書를 竿頭에 걸고 戰捷을 報告하는 것을 露布라 칭하면서부터는 오로지 捷書의 별명이 되었다(趙翼의 『陔餘叢考』 卷21 「露布」條를 참조) 본문에서도 捷書의 뜻으로 사용되었다.

57) 『舊唐書』 卷200下 「黃巢傳」, 5395~5397면, "十日夜, 賊巢散走. 詰旦, 克用由光泰

전에서는 모두 다 싣지 않았으며, 오직 서현비의 상소만은 몇마디 말을 줄여서 남겨 두었다.[58] 예컨대 『구당서』 「필구전(畢構傳)」에 이르면 탐욕스러운 관리의 폐해를 일일이 거론한 조서가 있어 가장 적절하게 들어맞는 것이지만[趙注 : 조서에서 "백성들의 집과 마을에 자루들이 모두 없어져 버렸으니, 어떤 땅에 말뚝이나 기둥, 판목이나 옻이라도 있으면, 어떤 집에 쌓아 놓은 재산이라도 있으면, 몰래 유통시킨 것이라고 뒤집어씌워 모두 빼앗아 버렸다. 만약 아까워하며 내놓지 않으면 다른 일을 빌미로 새끼줄로 묶어 마구 곤장을 치고 칼을 씌워 걸핏하면 목숨이 끊어지게 되니, 원통함을 품고 있어도 호소하여 아뢸 곳이 없다" 고 했다][59] 역시 사륙문이라 해서 그것을 삭제해 버렸던 것이다.

무릇 한 시대에는 자연히 그 시대의 문체가 있는 것이니, 육조(六朝) 이래로 조서나 상소에서 변려문을 숭상하여 모두 본기나 열전에 수록하여 넣은 것은 본래 국사(國史)의 (서술하는) 옛 법식인데, 이제 변려체라 하여 그것들을 모두 삭제해 버린 때문에, 결국 당대(唐代)의 관청 문서가 세상에 드러나지 않게 되었으니, 필경 편견이었음을 면할 수가 없다. 다만 능연각(凌烟閣)[60]에 공훈이 이루어진 바를 이어 그리라는 조서는 변려체에 속하나 유독 「이성전(李晟傳)」에 온전히 수록하였으니,[61] 사안이

門入, 收京師. 巢賊出藍田・七盤路, 東走關東. 天下兵馬都監押楊復光露布獻捷於行在, 陳破賊事狀曰 : '頃者妖姚興霧市 …… 旣玆平盪, 並錄以聞'."

58) 『新唐書』 卷76 「太宗徐賢妃傳」, 3472면, "貞觀末, 數調兵討定四夷, 稍稍治宮室, 百姓勞怨. 惠上疏極諫, 且言 : '東戍遼海, 西討崑丘, 士馬罷耗, 漕漂沒. 捐有盡之農, 趨無窮之壑; 圖未獲之衆, 喪已成之軍. 故地廣者, 非常安之術也; 人勞者, 爲易亂之符也.' 又言 : '翠微・玉華等宮, 雖因山藉水, 無築構之苦, 而工力和僦, 不謂無煩. 有道之君, 以逸逸人; 無道之君, 以樂樂身.' 又言 : '伎巧爲喪國斧斤, 珠玉爲蕩心酖毒, 侈麗纖美, 不可以不遏. 志驕於業泰, 體逸於時安.' 其剴切精詣, 大略如此."

59) 『舊唐書』 卷100 「畢構傳」, 3113~3115면, "睿宗聞而善之, 璽書勞曰 : '我國家創開天地, 再造黎元, 四夷來王, 萬邦會至, 置州立郡, 分職設官. …… 昔聞當官, 以留犢還珠爲上; 今之從職, 以充車聯駟? 能. 或交結富豪, 抑棄貧弱; 或矜假典正, 樹立腹心. 邑屋之間, 囊橐俱委, 或地有椿幹梓漆, 或家有畜產資財, 卽被暗通, 並從取奪. 若有固吝, 卽因事以繩, 粗杖大枷, 動傾性命, 懷冤抱痛, 無所告陳. …… 朕嘉卿直道, 今賜袍帶並衣一副'."

60) 凌烟閣 : 唐 太宗의 功臣 스물네 명(長孫無忌 등 소위 '凌煙閣勳臣')의 像을 그린 樓閣(『新唐書』 卷2 「太宗紀」, 41면, "(貞觀17年 2月)戊申, 圖功臣于凌煙閣").

61) 『新唐書』 卷154 「李晟傳」, 4871면, "它日, 與馬燧見延英, 帝嘉其勳, 下詔曰 : '昔我

본래 엄중하여 사륙문 조서가 아니면 충분히 어울리지 않았기 때문이었으며, 이는 바로 송자경(宋子京, 宋祁)이 평가한 것의 교묘함인 것이다.

기타 변려체 문장 가운데 새로운 말이 있어 차마 버리지 못하는 것은 차라리 대신 고치고 삭제하여 남겨 두었다. 예컨대 강교(姜皎)는 현종(玄宗)이 임치왕(臨淄王)이었을 때 마음을 다해 호위하고 받들어 몇 번이나 무거운 화를 당했는데, 현종이 등극한 뒤 내린 조서에서 "불행하게도 후회스러운 것은 종족이 멸망한 것으로, 짐이 그에게 빚진 것이 심히 깊다. 다행하게도 일이 형통함에 이른 것은 곧 산과 같고 강과 같은데 짐이 그에게 보답한 것이 아직 다 채우지 못했다"62)라고 기록했다. 『신당서(新唐書)』에서는 "불행하게도 후회스러운 것은 반드시 그대 종족을 멸망시킨 것이다. 다행하게도 일이 잘 풀린 것은 보답한 바가 아직 더해지지 않았다"63)라고 고쳤다. 또 왕지음(王志愔)이 지나친 관대함으로서는 정치를 할 수 없다고 논한 상소에서 "인민이 태만해지고 관리가 혼탁해져서 거짓이 쌓이고 부정한 재물의 수수가 깊어지는데 만약 관대함으로 다스린다면, 왕량(王良)64)에게 사나운 말을 길들이라 하면서 사납게 달리는 말한테서 재갈과 채찍을 제거해 버리고, 유부(兪跗)65)에게 병 고칠

烈祖, 乘乾坤? 滌, 掃隋季荒茀, 體元御極, 作人父母, 則有熊羆之士, 不二心之臣, 左右經綸, 參翊締構, 昭文德, 恢武功, 威不若, 康不乂, 用端命于上帝, 付畀四方. 王業既成, 太階既平, 乃圖厥容, 列于淩煙閣, 懋昭績效, 表式儀形, 以弗忘朝夕, 永垂乎來裔. 君臣之義, 厚莫重焉. 歲在己巳秋九月, 我行西宮, 瞻望崇構, 見老臣遺像, 顒然肅然, 和敬在色. 想雲龍之協期, 感致業之艱難, 覩往思今, 取類非遠. 且功與時並, 才與世生, 苟蘊其才, 遇其時, 尊主庇人, 何代蔑有? 在中宗時, 有如桓彦範等, 著輔戴之績; 在玄宗時, 有如劉幽求等, 申弼翼之勳; 在肅宗時, 有如郭子儀, 掃除氛祲. 今顧晟等, 保寧朕躬, 咸宣力肆勤, 光復宗祏, 訂之前烈, 夫豈多謝. 闕而未錄, 孰旌厥賢? 況念功紀德, 文祖所爲也, 在予其曷敢怠? 有司宜敍先後, 各圖其象于舊臣之次'."

62) 『舊唐書』 卷59 「姜皎傳」, 2336면, "矧夫否當其悔, 則滅宗毁族, 朕負之必深; 泰至其亨, 則如山如河, 朕酬之未補."

63) 『新唐書』 卷91 「姜皎傳」, 3793면, "且否當其悔, 則必滅乃宗; 泰至于亨, 則所酬未補."

64) 王良 : 春秋時代 사람으로 『孟子』 등의 기록에서 말을 잘 모는 사람으로 묘사되어 있다.

65) 兪跗 : 黃帝의 신하 가운데 한 사람으로 의술에 뛰어났다고 한다.

것을 청하면서 몸에다 약 쓰기를 멈추는 것과 무엇이 다르겠습니까"라고 썼다.[66]『신당서』에서는 "사납게 달리는 말에서 재갈과 채찍을 제거하면, 왕량이라도 사나운 말을 제어할 수 없을 것입니다. 몸에다 약 쓰기를 멈춘다면 유부라 해도 병을 고칠 수 없을 것입니다"라고 고쳤으니,[67] 말이 자연히 더욱 뛰어났다. 또한 소종(昭宗)이 유계술(劉季述)에게 폐위되어 궁중에 유폐되었다가 반정 후에 (유)계술의 죄를 적은 조서에 "유폐되어 욕을 당할 때에 종이와 붓을 요구하면 조서를 쓸까 두려워하고 송곳이나 칼을 찾으면 흉기를 만들까 염려했다. 짐이 입는 옷은 낮에 입고 밤에 빨았으며 후궁이나 공주들은 이불과 홑이불이 모두 제대로 갖추어지지 않았다. 돈 꾸러미는 백 전도 들어오지 않았고, 비단은 한 치도 구하기 어려웠다"라고 기록했다.[68]『신당서』에서는 이 조서를 싣지 않고 도리어 조서 중의 말을 써서 임금(소종)이 유폐되어 욕을 본 상황을 서술하여 "황제의 옷은 낮에 입고 밤에 빨았으며 음식은 구멍으로부터 들여왔다. 아래로 종이나 붓, 동과 철에 이르기까지 또한 조서나 흉기를 만들까 의심하여 주지 않았다. 당시 바야흐로 날이 추워지려 했지만 공주나 후궁들은 이불솜이 없었으니 처량한 소식이 바깥 조정에까지 전해졌다"라고 했다.[69] 여기서 (송)자경이 사륙문을 남겨 두지 않으려 했지만, 또한 차마 버릴 수도 없어 세세하게 (문체의 국면을) 돌려쓰는데 고심했음을 볼 수 있다. 또 「곽건관전(郭虔瓘傳)」에서는 유독 변려체 조서 하나를 남겨 두었는데, 바로 현종이 (곽)건관과 아사나헌(阿史那

66)『舊唐書』卷100「王志愔傳」, 3121면, "但人慢吏濁, 僞積贓深, 而曰以寬理之, 可以無過. 何異乎命王良御馹, 捨銜策於奔踶; 請兪跗攻疾, 停藥石於膚腠!"

67)『新唐書』卷128「王志愔傳」, 4463면, "故捨銜策於奔踶, 則王良不能御馹; 停藥石於膚腠, 則兪附不能攻疾."

68)『舊唐書』卷20上「昭宗紀」, 771~772면, "每有須索, 皆不供承. 要紙筆則恐作詔書, 索錐刀則慮爲利器, 凌辱萬狀, 出入搜羅. 朕所御之衣, 晝服夜濯, 凝冽之際, 寒苦難勝. 嬪嬙公主, 衾裯皆闕. 緡錢則貫百不入, 繒帛則尺寸難求."

69)『新唐書』卷208「劉季述傳」, 5894면, "帝衣晝服夜浣, 食自竇進, 下至筆紙銅鐵, 疑作詔書兵器, 皆不與. 方寒, 公主嬪御無衾纊, 哀聞外廷."

獻)이 불협(不協)하자 특히 그 화해를 위해 쓴 것이었다.[70] 이는 중요한 일과 특별한 관계가 없는데도 유독 남겨 두었으니, 곧 『구당서』 「(곽)건관전」에는 이 조서가 없기 때문에[71] 도리어 이를 보완함으로써 자료 수집이 넓다는 것을 보이려 했던 것이다. 기타 장(章) 소(疏) 같은 종류는 정치 체제나 통치 방법과 관련된 것은 혹 사륙문을 산문으로 고치거나, 중요한 말만 줄여서 남겨 두었으니, 본래 대강 처리하여 삭제한 것이 아니었다. 이는 바로 (송)자경이 깊이 마음을 쓴 것이며, 문장으로 인해 그 의론을 없애 버리지는 않았을 따름이었다.

233. 『신당서』에서는 한(유) · 유(종원)의 문장을 쓰는 것을 좋아했다 新書好用韓柳文

구양수(歐陽修), 송기(宋祁) 두 사람은 모두 한유(韓愈), 유종원(柳宗元)[72]의 고문(古文)을 숭상했으므로, 경문(景文 : 송기)은 『신당서(新唐書)』 열전에 있어서 무릇 한(유), 유(종원)의 글 가운데 사서에 넣을 수 있는 것은 반드

70) 『新唐書』 卷133 「郭虔瓘傳」, 4544면, "虔瓘與安撫招慰十姓可汗使阿史那獻數持異, 交訴諸朝. 玄宗遣左衛中郎將王惠齎詔書諭解曰 : '朕聞師克在和, 不在衆, 以虔瓘 · 獻宿將, 當捨嫌窒隙, 戮力國家. 自開西鎭, 列諸軍, 戍有定區, 軍有常額, 卿等所統, 蕃漢雜之, 在乎善用, 何必加募? 或云突騎施圍石城, 獻所致也; 葛邏祿稱兵, 虔瓘所沮也. 大將不協, 小人以逞, 何功可圖? 昔相如能言出廉頗, 寇恂不吝賈復, 宜各曠然, 終承朕命. 今賜帛二千段及他珍器, 俾諒朕意.' 虔瓘奉詔."

71) 『舊唐書』 卷103 「郭虔瓘傳」, 3187~3189면.

72) 柳宗元(773~819) : 唐 河東郡 解縣 사람으로 字는 子厚이며, 세상에서는 柳河東이라 칭한다. 貞元進士로 校書郎 · 藍田尉 · 監察御史 등을 역임하였다. 貞元末 禮部員外郎에 임명되어 王叔文 · 王伾와 함께 개혁을 추진하여 宦官의 전횡과 藩鎭 할거에 반대하였다. 개혁이 실패한 후 邵州刺史 · 永州司馬 · 柳州刺史로 좌천되어 지방을 떠돌았다. 韓愈와 함께 古文運動을 주창하였으며, 후에 唐宋八大家에 포함되었으며, 韓愈와 함께 韓柳로 幷稱된다. 저서에는 『河東先生集』이 있다.

시 주워 모아 빠뜨린 것이 없었다. 「장순전(張巡傳)」에서는 한유의 글을 사용했고,[73] 「단수실전(段秀實傳)」에서는 유종원의 「서일사장(書逸事狀)」을 사용했으며,[74] 「오원제전(吳元濟傳)」에서는 한유의 「평회서비문(平淮西碑文)」을 이용했다.[75] 「장적전(張籍傳)」에서는 또한 (한)유가 (장)적에 답한 한 통의 편지를 게재했고,[76] 「공규전(孔戣傳)」에서도 또한 나이가 들어 벼슬을 사양하는 것을 들어주지 말 것을 청하는 (한)유의 상소를 게재했다.[77] 그리고 「유종원전(柳宗元傳)」에서는 그가 소면(蕭俛)에게 보낸 편지 한 통, 허맹용(許孟容)에게 보낸 편지 한 통, 「정부(貞符)」 한 편, 「자경부(自儆賦)」 한 편을 실었으니,[78] (송기가) 한(유), 유(종원) 두 사람에 대해 기벽(嗜癖)이 있음을 볼 수 있다. 또한 「유우석전(劉禹錫傳)」에서는 그가 스스로 지은 「자유자전(子劉子傳)」 한 편을 실어[79] 그가 처한 형편에 놓인 뜻을 드러냈다. 「두목전(杜牧傳)」에서는 그의 「죄언(罪言)」 한 편을 게재하여[80] 경세의 재능을 보여주었다. 이는 모두 문인으로서 마음이 맞는 사람끼리 서로 아껴주는 것으로, 그것을 기대하지 않았지만 그렇게 해준 점이 있었다.

「백거이전(白居易傳)」을 보면, 『구당서(舊唐書)』에서는 그가 원진(元稹)[81]

---

73) 『新唐書』 卷192 「張巡傳」, 5534~5541면.
74) 『新唐書』 卷153 「段秀實傳」, 4847~4853면.
75) 『新唐書』 卷214 「吳元濟傳」, 6006~6007면.
76) 『新唐書』 卷176 「張籍傳」, 5266~5267면.
77) 『新唐書』 卷163 「孔戣傳」, 5010면.
78) 『新唐書』 卷168 「柳宗元傳」, 5132~5141면.
79) 『新唐書』 卷166 「劉禹錫傳」, 5131~5132면.
80) 『新唐書』 卷166 「杜牧傳」, 5094~5097면.
81) 元稹(779~831) : 唐 河南 사람으로 字는 微之, 혹은 威明이다. 北魏 拓跋氏의 후예이다. 貞元 9년(793) 明經科에 급제하고 貞元 19년(803) 書判拔萃科에 합격하였다. 후에 制擧에 응시하였고 校書郎・左拾遺・監察御史를 역임하였다. 불법을 저지른 관리와 權貴를 탄핵하다 江陵府士曹參軍으로 좌천되었고, 通州司馬・虢州長史를 지냈다. 元和 14년(819) 膳部員外郎이 되었으며, 穆宗 즉위 후 「連昌宮詞」를 읽고 감동한 穆宗이 祠部郎中 知制誥로 발탁하였다. 長慶 元年(821) 中書舍人 翰林學士가 되었고 宦官과 결탁하여 皇帝의 신임을 얻었으며 裴度를 배척하였다. 다음 해 同平章事가 되었으나 宰相 李逢吉이 무고하여 同州刺史로 좌천되었다. 이후 越州刺史・浙東觀察使・武昌節度使를 역임하였다. 諷喩詩에 능했으며, 대표작으로 「織婦詞」 「田家詞」 「連昌宮詞」

에게 보낸 편지에서 시를 짓은 공력 및 명성을 얻게 된 곳을 대단하게 서술한 것을 실었다.[82] 나중에 충주(忠州)로 옮길 때 (원)진과 이릉(夷陵)에서 서로 만나 계속 머무르면서 글을 짓고 술을 마시며 「목련여지도(木蓮荔枝圖)」를 본떠 그려 조정에 있는 선비들에게 보낸 것,[83] 만년에 동도(東都)에 돌아가서 「지상(池上)」 한 편을 짓고 (가기(家妓)였던) 번소(樊素), 소만(小蠻)과의 흥취에 빠져 있던 것[84] 및 향산(香山)의 승려 여만(如滿)과 함께 향화사(香火社)를 결성한 것 등의 일을 썼다.[85] 『신당서』에서는 그 일체를 삭제하고 오로지 토돌승최(吐突承璀)는 군사를 거느려서는 안 된다고 상소를 올려 간한 것,[86] 「(속)우인잠(虞人箴)」을 바쳐 목종(穆宗)이 수렵을 좋아하는 것을 경계한 것,[87] 아울러 하삭(河朔)에 조치를 취하여 이광안(李光顔)에게 군사를 지휘하도록 하고 배탁(裴度)에게 태원(太原)에 주둔하도록 할 것을 청하는 상소[88] 등을 서술하여 『구당서』의 뜻과 매우 달랐다. 아마도

가 있다. 전기소설인 「鶯鶯傳」은 후세 『西廂記』의 원조가 되었다. 白居易와 친했으며 新樂府運動을 전개하여 '元白'으로 칭해졌다. 저서에는 『元氏長慶集』이 있다.

82) 『舊唐書』 卷166 「白居易傳」, 4345~4352면, "時元稹在通州, 篇詠贈答往來, 不以數千里爲遠. 嘗與稹書, 因論作文之大旨曰 : …… 居易自敍如此, 文士以爲信然."

83) 『舊唐書』 卷166 「白居易傳」, 4352면, "(元和)十三年冬, 量移忠州刺史. 自潯陽浮江上峽. 十四年三月, 元稹會居易於峽口, 停舟夷陵三日. 時季弟行簡從行, 三人於峽州西二十里黃牛峽口石洞中, 置酒賦詩, 戀戀不能訣. 南賓郡當峽路之深險處也, 花木多奇, 居易在郡, 爲『木蓮荔枝圖』, 寄朝中親友, 各記其狀曰 : '荔枝生巴·峽間, 形圓如帷蓋. ……'."

84) 『舊唐書』 卷166 「白居易傳」, 4354~4355면, "初, 居易罷杭州, 歸洛陽. 於履道里得故散騎常侍楊憑宅, 竹木池館, 有林泉之致. 家妓樊素·蠻子者, 能歌善舞. 居易旣以尹正罷歸, 每獨酌賦詠於舟中, 因爲'池上篇'曰 : 東都風土水木之勝在東南偏 ……." 小蠻이 아니라 蠻子라 되어 있다.

85) 『舊唐書』 卷166 「白居易傳」, 4356면, "會昌中, 請罷太子少傅, 以刑部尙書致仕. 與香山僧如滿結香火社, 每肩輿往來, 白衣鳩杖, 自稱香山居士."

86) 『新唐書』 卷119 「白居易傳」, 4301면, "會王承宗叛, 帝詔吐突承璀率師出討, 居易諫. '唐家制度, 每征伐, 專委將帥, 責成功, 比年始以中人爲都監. …….' 帝不聽."

87) 본문에는 「虞人箴」이라고 했으나, 『新唐書』의 원문에는 「續虞人箴」이라고 했다. 『新唐書』 卷119 「白居易傳」, 4302~4303면, "穆宗好畋游, 獻續虞人箴以諷, 曰, ……."

88) 『新唐書』 卷119 「白居易傳」, 4303면, "是時, 河朔復亂, 合諸道兵出討, 遷延無功. 賊取弓高, 絶糧道, 深州圍益急. 居易上言.'…… 每道各出銳兵三千, 使李光顔將. …… 還裴度招討使, 使悉太原兵西壓境, 見利乘隙夾攻之 ……'."

『구당서』에서는 오로지 그가 시를 짓는 재주가 높고 마음속이 넓음을 드러내어 그를 마음이 담박한 부류 안에 두려고 했으나, 『신당서』에서는 그가 벼슬을 하며 의론을 무성히 모았음을 서술함으로서 문인 가운데에도 본래 명신(名臣)으로 자리하고 있음을 보이고자 했으니, 이것 또한 송기의 깊은 뜻이었다.

234. 『신당서』에서는 상소문을 상세하게 수록했다新書詳載章疏

『신당서(新唐書)』는 『구당서(舊唐書)』에 있는 주소(奏疏) 가운데 의당 남겨 두어야 하는 것에 대해 변려체이거나 비록 변려체는 아니더라도 난잡한 말이 과도하게 많은 것은 곧 모두 줄여서 남기고, 문장이 비록 난잡해도 말해야 하는 것은 채록했다. 줄여서 남겨 놓은 것으로는 서현비(徐賢妃)가 군사를 일으켜 토목공사를 벌이는 것에 대해 간쟁한 상소 하나,[89] 이대량(李大亮)이 돌궐(突厥)을 구휼하는 것에 대해 간쟁한 상소 하나,[90] 방현령(房玄齡)이 고구려(高句麗)를 정벌하는 것에 대해 간쟁한 상소 하나,[91]

89) 『新唐書』 卷76 「徐賢妃傳」, 3472면, "數調兵討定四夷, 稍稍治宮室, 百姓勞怨. 惠上疏極諫, 且言 : '東戍遼海, 西討崑丘, 士馬罷耗, 漕饟漂没. 捐有盡之農, 趨無窮之壑; 圖未獲之衆, 喪已成之軍. 故地廣者, 非常安之術也; 人勞者, 爲易亂之符也.' 又言 : '翠微 · 玉華等宮, 雖因山藉水, 無築構之苦, 而工力和僦, 不謂無煩. 有道之君, 以逸逸人; 無道之君, 以樂樂身.' 又言 : '伎巧爲喪國斧斤, 珠玉爲蕩心酖毒, 侈麗纖美, 不可以不遏. 志驕於業泰, 體逸於時安.' 其剴切精詣, 大略如此. 帝善其言, 優賜之."

90) 『新唐書』 卷99 「李大亮傳」, 3911~3912면, "大亮上言 : '臣聞欲綏遠者必自近. 中國, 天下本根, 四夷猶枝葉也. 殘本根, 厚枝葉, 而曰求安, 未之有也. 屬者突厥傾國入朝, 陛下不卽俘江淮變其俗, 而加賜物帛, 悉官之, 引處內地, 豈久安計哉? 今伊吾雖臣, 遠在荒鹵. 臣以爲諸稱藩請附者, 宜羈縻受之, 使居塞外, 畏威懷德, 永爲藩臣. 謂之荒服者, 故臣而不內, 所謂行虛惠, 收實福. 河西積困夷狄, 州縣蕭條, 加因隋亂, 殘耗已甚. 臣愚願停招慰, 省勞役, 使邊人得就農田每, 此中國利也.' 帝納其計."

91) 『新唐書』 卷96 「房玄齡傳」, 3856면, "遂上疏曰 : 上古所不臣者, 陛下皆臣之; 所不制者, 陛下皆制之矣. 爲中國患, 無如突厥, 而大小可汗相次束手, 弛辮握刀, 分典禁

저랑(褚亮)이 구묘(九廟)와 칠묘(七廟)를 논한 상소 하나,[92] 수렵에 대해 간쟁한 상소 하나,[93] 우지녕(于志寧[94])이 태자 (이)승건(李承乾)에 관해 간쟁한 상소[95] 및 형벌을 완화하자는 등의 상소,[96] 허경종(許敬宗)이 장현소(張

衛. 延陀・鐵勒, 披置州縣; 高昌・吐渾, 偏師掃除. 惟高麗歷代逋命, 莫克窮討. 陛下責其弑逆, 身自將六軍, 徑荒裔, 不旬日拔遼東, 虜獲數十萬, 殘衆・孽君縮氣不敢息, 可謂功倍前世矣. 易曰: '知進退存亡不失其正者, 其惟聖人乎!' 蓋進有退之義, 存有亡之機, 得有喪之理, 爲陛下惜者此也. 傳曰: '知足不辱, 知止不殆.' 陛下威名功烈既云足矣, 拓地開疆亦可止矣. 邊夷醜種, 不足待以仁義, 責以常禮, 古者以禽魚畜之. 必絶其類, 恐獸窮則搏, 苟救其死. 且陛下每決死罪, 必三覆五奏, 進疏食, 停音樂, 以人命之重爲感動也. 今士無一罪, 驅之行陣之間, 委之鋒鏑之下, 使肝腦塗地, 老父孤子・寡妻慈母望櫘車, 抱枯骨, 摧心掩泣, 其所以變動陰陽, 傷害和氣, 實天下之痛也. 使高麗違失臣節, 誅之可也; 侵擾百姓, 滅之可也; 能爲後世患, 夷之可也. 今無是三者, 而坐敝中國, 爲舊王雪恥, 新羅報仇, 非所存小・所損大乎? 臣願下沛然之詔, 許高麗自新, 焚陵波之船, 罷應募之衆, 卽臣死骨不朽."

92) 『新唐書』 卷102 「褚亮傳」, 3975면, "煬帝議改宗廟之制, 亮請依古七廟, 而太祖・高祖各一殿, 法周文・武二祧, 與始祖而三, 餘則分室而祭, 始祖二祧, 不從迭毁. 未及行, 坐與楊玄感善, 煬帝矜己嫉才, 因是亦貶西海司戶."

93) 『新唐書』 卷102 「褚亮傳」, 3976면, "高祖獵, 親格虎, 亮懇愊致諫, 帝禮納其言."

94) 于志寧(588~665): 唐 雍州 高陵縣 사람으로 字는 仲謐이며 北周의 功臣 于謹의 증손이다. 隋末 벼슬을 버리고 향리로 돌아갔다가 李淵에게 투신하여 天策府中郎, 文學館學士, 中書侍郎 行太子左庶子를 역임했다. 太子 李承乾의 잘못을 간언했다가 太子가 파견한 자객에 의해 죽을 뻔하였다. 李治(唐高宗)가 太子가 된 후 侍中이 되었고, 高宗 즉위 후 燕國公에 봉해졌다. 永徽 2년(651) 尙書左僕射 同中書門下 三品에 발탁되었다. 律令格式과 禮典의 제정에 참여하였고, 『本草』와 圖의 修定을 주관하였다. 高宗이 王皇后를 폐하고 武后를 세우려 했을 때 어느 쪽에도 의사표명을 하지 않아 華州刺史로 좌천되었고, 연로함을 이유로 致仕하였다.

95) 『新唐書』 卷104 「于志寧傳」, 4004~4005면, "時太子以農時造曲室, 累月不止, 又好音樂過度. 志寧諫, 以爲'今東宮乃隋所營, 當時號爲侈麗, 豈容復事磨礱彩飾於其間? 丁匠官奴皆犯法亡命, 鉗鑿槌杵, 往來出入, 監門・宿衛・直長・千牛不得苛問. 爪牙在外, 厮役在內, 其可無憂乎? 又宮中數聞鼓聲, 太樂伎兒輒留不出, 往年口敕丁寧, 殿下可不思之?' 太子不納. 而左右多任宦官, 志寧復諫曰: '奄官者, 體非全氣, 專柔便佞, 託親近爲威權, 假出納爲禍福. 故伊戾敗宋, 易牙亂齊, 趙高亡秦, 張讓傾漢. 近高齊任鄧長顒爲侍中, 陳德信爲開府, 內預宴私, 外干朝政, 齊卒顚覆. 今殿下左右前後皆用寺人, 輕忽高班, 陵轢貴仕, 品命失序, 經紀不立, 行路之人咸以爲怪.' 太子益不悅. 東宮僕御舊得番休, 而太子不聽, 又私引突厥, 與相狎比. 志寧懷不能已, 上疏極言曰: '竊見僕寺司馭, 爰及獸醫, 自春迄夏, 不得番息. 或家有慈親, 以闕溫凊, 或室有幼弱, 以虧撫養, 殆非恕愛之意. 又突厥達哥支等, 人狀野心, 不可以禮教期, 不可以仁信待. 狎而近之, 無益令望, 有損盛德. 況引內閤中, 使常親近, 人皆震駭, 而殿

玄素), 영호덕분(令狐德棻) 등을 천거한 상소 하나,[97] 유인궤(劉仁軌)가 전투를 치른 군사들이 은상(의 혜택)을 입지 못해 명령을 집행하기 어렵다고 주청한 상소 하나,[98] 고계보(高季輔)가 조칙에 응해서 시정(時政)의 손익을 말한 다섯 편,[99] 위승경(韋承慶)이 태자 (이)현(李賢)에 관해 간쟁한 상소 하나, 명당(明堂)의 재난에 관한 상소 하나,[100] 위사립(韋嗣立)이 학교를 세우고[101] 형벌을 금지하고[102] 봉호(封戶)를 금해야 한다고 한 것[103] 등의

下獨安此乎?' 太子大怒, 遣張師政·紇干承基往刺之."

96)『新唐書』卷104「于志寧傳」, 4005면, "永徽二年, 洛陽人李弘泰誣告太尉長孫無忌反, 有詔不待時斬之. 志寧以爲 : '方春少陽用事, 不宜行刑, 且誣謀非本惡逆, 請依律待秋分乃決.' 從之."

97)『新唐書』卷223上「許敬宗傳」, 6336면, "初, 太子承乾廢, 官屬張玄素·令狐德芬·趙弘智·裴宣機·蕭鈞皆除名爲民, 不復用. 敬宗爲言玄素等以直言被嫌忌, 今一槩被罪, 疑洗宥有所未至. 帝悟, 多所甄復."

98)『新唐書』卷108「劉仁軌傳」, 4083면, "先是, 貞觀·永徽中, 士戰歿者皆詔使弔祭, 或以贈官推授子弟. 顯慶後, 討伐恩賞殆絶; 及破百濟·平壤, 有功者皆不甄敍. 州縣購募, 不願行, 身壯家富者, 以財參逐, 率得避免. 所募皆傭劣寒傖, 無鬪志. 仁軌具論其弊, 請加慰賚, 以鼓士心."

99)『新唐書』卷104「高季輔傳」, 4010~4011면, "貞觀初, 拜監察御史, 彈治不避權要. 累轉中書舍人, 列上五事, 以爲 : …… 書奏, 太宗稱善, 進授太子右庶子."

100)『新唐書』卷116「韋承慶傳」, 4229면, "明堂災, 上疏諫, 以'文明·垂拱後, 執政者未滿歲, 率以罪去, 大抵皆惡逆不道. 夫構大廈, 濟巨川, 必擇文梓·艅艎. 若亟毀而敗, 則是庇朽木·乘膠船也. 臣謂陛下求賢之意切, 而取人之路寬, 故一言有合, 而付大任. 夫以堯擧舜, 猶歷試諸難, 況庸庸者可超處輔相, 以百揆萬機畀小人哉?' 書聞不報."

101)『新唐書』卷116「韋嗣立傳」, 4230~4231면, "時學校廢, 刑濫及善人, 乃上書極陳 : '永淳後, 庠序隳散, 胄子衰缺, 儒學之官輕, 章句之選弛. 貴閥後生以儌倖升, 寒族平流以替業去. 垂拱間, 仕入彌多, 公行私謁, 選補逾濫; 經術不聞, 猛暴相夸. 陛下誠下明詔, 追三館生徒, 敕王公以下子弟一入太學, 尊尙師儒, 發揚勸奬, 海內知嚮. 然後審畀銓總, 各程所能. 以之臨人, 則官無曠, 民樂業矣'."

102)『新唐書』卷116「韋嗣立傳」, 4231면, "又曰 : '揚豫以來, 大獄屢興, 窮治連捕, 數年不絶. 大猾伺間, 陰相影會, 構似是之言, 正不赦之辜, 恣行楚慘, 類自誣服, 王公士人, 至連頸就戮. 道路藉藉, 咸知其非, 而鍛練已成, 不可翻動. 小則身誅, 大則族夷, 相緣共坐者庸可勝道? 彼皆報讐復嫌, 苟圖功求官賞耳. 臣願陛下廓天地之施·雷雨之仁, 取垂拱以來罪無重輕所不赦者, 普皆原洗. 死者還官, 生者霑恩, 則天下瞭然, 知向所陷罪, 非陛下意也'."

103)『新唐書』卷116「韋嗣立傳」, 4232~4233면, "嗣立建言 : 今廩帑耗竭, 無一歲之儲. 假遇水旱, 人須賑給, 不時軍興, 士待資裝, 陛下何以具之? 伏見營立寺觀, 累年不絶, 鴻侈繁麗, 務相矜勝, 大抵費常千萬以上. 轉徙木石, 廢功害農; 地藏開發, 蟄蟲傷露.

상소, 서언백(徐彦伯)의 「추기론(樞機論)」,[104] 설등(薛登)이 선거가 지나치게 남발된다고 한 상소 하나,[105] 위주(韋湊)가 절민태자(節愍太子)[106]를 개장

上聖至慈, 理必不然. 準之道法則乖, 質之生人則損. 陛下豈不是思? 又食封之家, 日月猥衆, 凡用戶部丁六十萬, 人課二絹, 則固一百二十萬. 臣見太府歲調絹纔百萬匹, 少則十之二, 有所貸免, 曾不半在. 比諸封家, 所入已寡. 國初功臣, 共定天下, 食封不三十家, 今橫恩特賜, 家至百四十以上. 天下租賦, 在公不足, 而私有餘. 又封家徵求, 各遣奴皁, 凌突侵漁, 百姓怨嘆. 或貿易斷盜, 誅責紛紜, 曾無少息. 下民窶乏, 何以堪命? 臣願以丁課一送太府, 封家詣左藏仰給, 禁止自徵, 以息重困. 臣聞設官建吏, 本於治人而務安之也. 明官得其人, 則天下治. 古者取士, 先鄉曲之譽, 然後辟於州; 州已試, 然後辟五府; 五府著聞, 乃升諸朝. 得不謂所擇悉而所歷深乎? 今之取人, 未試而遽遷, 務進資幸, 比肩係踵. 故文者治官, 則回邪贓汚; 武者治軍, 則庸懦怯弱. 補授亡限, 員外置官, 吏困供承, 官竭資奉. 國家大事, 豈甚於此? 古者, 設爵待士, 才者有之. 不才者進, 則有才之路塞. 賢人據正, 遠僥倖之門. 僥倖開, 則賢者隱矣. 賢者隱, 則人不安; 人不安, 國將危矣. 刺史・縣令, 治人之首, 比年不加簡擇, 京官坐負及聲稱下者乃典州, 吏部年高不善刀筆者乃擬縣. 朝輕用人, 何以治國? 願下有司, 精加汰擇. 凡諸曹侍郎・兩省・二臺及五品以上淸望官, 當先選用刺史・縣令, 所冀守宰稱職, 以興太平."

104) 『新唐書』 卷114 「徐彦伯傳」, 4202면, "彦伯著樞機論, 以謂 : '言者, 德之柄, 行之主, 志之端, 身之文也. 君子之樞機, 動則物應, 得失之見也. 可以濟身, 亦以覆身, 否泰榮辱一繫之. 能審思而應, 精慮而動, 擇其交以後談, 則悔吝何由而生? 怨惡何由而至? 如此乃可以言也.' 以爲戒世云."

105) 『新唐書』 卷112 「薛登傳」, 4169~4170면, "天授中, 累遷左補闕. 時選擧濫甚, 乃上疏曰 : 比觀擧薦, 類不以才, 馳聲假譽, 互相推引, 非所謂報國求賢者也. 古之取士, 考素行之原, 詢鄉邑之譽, 崇禮讓, 明節義, 以敦樸爲先, 雕文爲後. 故人崇勸讓, 士去輕浮, 以計貢賢愚爲州之榮辱. 昔李陵降而隴西慙, 干木隱而西河美. 名勝於利, 則偸競日銷; 利勝於名, 則貪暴滋煽. 蓋冀缺以禮讓升而晉人知禮, 文翁以經術教而蜀士多儒. 未有上好而下不從者也. 漢世求士, 必觀其行, 故士有自脩, 爲閭里推擧, 然後府寺交辟. 魏取放達, 晉先門閥, 梁・陳薦士特尙詞賦. 隋文帝納李諤之言, 詔禁文章浮詞, 時泗州刺史司馬幼之表不典實得罪, 由是風俗稍改. 煬帝始置進士等科, 後生復相馳競, 赴速趨時, 緝綴小文, 名曰策學, 不指實爲本, 而以浮虛爲貴. 方今擧士, 尤乖其本. 明詔方下, 固已驅馳府寺之廷, 出入王公之第, 陳篇希恩, 奏記誓報. 故俗號擧人皆稱覓擧. 覓者, 自求也, 非彼知之義. 是以耿介之士羞於自拔, 循常小人弃疎取附. 願陛下降明制, 頒峻科, 斷無當之游言, 收實用之良策, 文試效官, 武閱守禦. 昔吳起將戰, 左右進劍, 吳子辭之, 諸葛亮臨陣, 不親戎服, 蓋不取弓劍之用也. 漢武帝聞司馬相如之文, 恨不與同時, 及其至也, 終不處以公卿之位, 非所任故也. 漢法, 所擧之主, 終身保任. 楊雄之坐田儀, 成子之得魏相, 賞罰之令行, 則請謁之心絶, 退讓之義著, 則貪競之路銷. 請寬年限, 以容簡汰, 不實免官, 得人加賞, 自然見賢不隱, 貪祿不專矣."

106) 節愍太子 : 中宗의 셋째 아들 李重俊(?~707)을 지칭한다. 後宮소생이다. 武則天 때 義興郡王에 봉해졌고, 神龍 元年(705) 衛王에 봉해지고 洛州牧에 제수되었고, 다음

(改葬)하는 문제에 관해 논박한 상소 하나,[107] 장정규(張廷珪)가 큰 상(像)을 만드는 것에 대해 간쟁한 상소 하나,[108] 양관(楊綰)이 과거의 효렴(孝廉)을 부활할 것을 청한 상소 하나[109] 및 공경대신들이 이에 대해 따져 논한 상소 하나,[110] 곽자의(郭子儀)가 상서령(尚書令)[111]을 거절한 상소 하나,[112]

해 太子가 되었다. 韋后의 소생이 아니었기 때문에 武三思·安樂公主·武崇訓에게 모욕을 당했으며, 安樂公主는 太子를 폐하고 자신을 皇太女로 삼아줄 것을 청하였다. 神龍 3년(707) 李多祚 등과 함께 조서를 위조하여 군대를 동원하여 武三思·武崇訓 부자와 黨羽 10여 명을 죽였으나 패하여 부하에게 살해되었다. 睿宗 때 節愍이란 謚號가 추증되고 定陵에 배장되었다.

107) 『新唐書』 卷118 「韋湊傳」, 4265~4266면, "時改葬故太子重俊, 有詔加謚, 又詔雪李多祚等罪, 議贈官, 湊上言 : 王者發號出令, 必法大道, 善善著, 惡惡明也. 賞罰所不加, 則考行立謚以褒貶之. 臣議其君, 子議其父, 曰'靈'曰'厲'者, 不敢以私亂公也. 臣伏見故太子與多祚等擁北軍, 犯宸居, 破扉斬關, 兵指黃屋, 騎騰紫微, 和帝御玄武門親諭逆順, 太子據鞍自若, 督衆不止; 逆黨悔非, 回兵執賊, 多祚伏誅, 太子乃遁去. 明日帝見羣臣, 涕數行下, 曰'幾不與公等相見', 其爲危甚矣! 臣子之禮, 過位必趨, 蹙路馬芻有誅. 昔漢成帝爲太子, 行不敢絶馳道. 秦師免胄過周北門, 王孫滿策其必敗. 推此, 則太子稱兵宮中, 爲悖已甚. 以斬三思父子而嘉之乎, 則弄兵討逆以安君父可也; 因欲自立, 則是爲逆, 又奚可褒? 此時韋氏逆未明, 義未絶, 於太子母也, 子無廢母之理; 非中宗命廢之, 則又劫父廢母. 且君或不君, 臣安可不臣? 父或不父, 子安可不子? 晉太子申生謚曰恭, 漢太子據謚曰戾, 今太子乃謚節閔, 臣所未諭. 願與議謚者質於御前, 使臣言非耶, 甘鼎鑊之誅, 申大義示天下; 臣言是耶, 咸蒙冰釋, 不復異議. 如曰未然, 奈何使後世亂臣賊子資以爲辭? 宜易謚以合經禮, 多祚等罪云'免'而不云'雪'."

108) 『新唐書』 卷118 「張廷珪傳」, 4261면, "武后稅天下浮屠錢, 營佛祠於白司馬坂, 作大象, 廷珪諫, 以爲 : '傾四海之財, 殫萬民之力, 窮山之木爲塔, 極冶之金爲象, 然猶有爲之法, 不足高也. 塡塞澗穴, 覆壓蟲蟻, 且巨億計. 工員窮窶, 驅役爲勞, 饑渴所致, 疾疹方作. 又僧尼乞丐自贍, 而州縣督輸, 星火迫切, 鬻賣以充, 非浮屠所謂隨喜者. 今天下虛竭, 蒼生彫弊, 謂宜先邊境, 實府庫, 養人力.' 后善之, 召見長生殿, 賞慰良厚, 因是罷役."

109) 『新唐書』 卷142 「楊綰傳」, 4664면, "歷禮部侍郎, 建復古孝廉·力田等科, 天下高其議."

110) **[王注]** 楊綰이 꾀한 바는 地方官制를 정돈하여 중앙의 통제 역량을 증가하는 것으로 상주한 것이 한 차례에 그치지 않았으니 『新唐書』 卷142 本傳에 보인다. 『新唐書』 卷142 「楊綰傳」, 4664~4465면, "時諸州悉帶團練使, 綰奏 : '刺史自有持節諸軍事以掌軍旅; 司馬, 古司武, 所以副軍, 卽今副使; 司兵參軍, 今團練判官. 官號重複, 可罷天下團練·守捉使.' 詔可. 又減諸道觀察判官員之半. 復言 : '舊制, 刺史被代若別追, 皆降魚書, 乃得去. 開元時, 置諸道採訪使, 得專停刺史, 威柄外移, 漸不可久. 其刺史不稱職若贓負, 本道使具條以聞, 不得擅追及停, 而刺史亦不得輒去州詣使所. 如其故闕, 使司無署攝, 聽上佐代領'."

「왕여전(王璵傳)」 안에서 양진(梁鎭)이 제사에 대해 간한 상소 하나,[113] 「황보박전(皇甫鏄傳)」 안에 배탁(裴度)이 그(황보박)가 재상이 된 것에 관해 간한 상소 하나,[114] 「두참전(竇參傳)」 안에 두참(竇參)이 이미 폄직되었으나 덕종(德宗)이 그를 죽이려 하자 육지(陸贄)가 그를 죽이는 것은 너무 심하다고 탄원한 상소 하나,[115] 「육지전(陸贄傳)」 안에 경림(瓊林), 대영고(大盈庫)[116]를 세우는 것에 대해 간쟁한 상소 하나,[117] 소방(蕭倣)이 불사(佛事)

---

111) 尙書令 : 官名으로 秦이 처음 설치했으며, 漢魏시대 권력이 점차 강해졌다. 隋代 尙書省의 장관으로 1명을 두었으며 正二品으로 正宰相이었다. 唐 武德初 秦王 李世民이 尙書令을 역임한 이후 다시 人臣에게 이 관직을 제수하지 않았다. 龍朔 2년(662) 폐지되었다가 代宗 廣德 元年(763)과 德宗 建中 2년(781) 雍王 李適(德宗)과 郭子儀가 大功을 세워 尙書令에 제수되었다. 後梁 開平 3년(909) 正一品으로 승격되어 大臣의 명예직이 되었다.

112) 『新唐書』 卷137 「郭子儀傳」, 4605~4606면, "子儀確讓, 且言 : '太宗嘗踐此官, 故累聖曠不置員, 皇太子爲雍王, 定關東, 乃得授, 渠可猥私老臣, 隳大典? 且用兵以來, 僭賞者多, 至身兼數官, 冒進亡恥. 今凶醜略平, 乃作法審官之時, 宜從老臣始'."

113) 『新唐書』 卷109 「王璵傳」, 4108면, "昭應令梁鎭上疏切諫, 以爲有七不可 : '天地之神, 推之尊極者, 掃地可祭, 精意可享. 今廢先王之典, 爲人祈福, 福未至而人已困. 又違神虐人, 何從而致福邪? 宗廟月無三祭, 此不宜然. 婆父之鄙語, 不經見, 若爲地建祖廟, 上天必貽向背之責. 夫湫者, 龍所託耳, 今湫竭已久, 龍安所存? 不宜祟去龍之穴, 破生人之產. 若三皇・五帝・道君等, 兩京及所都各有宮廟, 春秋彝饗, 此復營造, 是謂瀆神. 夫休咎豐凶本於五事, 不在山川百神明矣'."

114) 『新唐書』 卷167 「皇甫鏄傳」, 5113면, "度乃表罷政事, 極論鏄姦邪苛刻, 天下怨之, 將食其肉. 且言 : '天下安否繫朝廷, 朝廷輕重在輔相. 今承宗削地, 程權赴闕, 韓弘輿疾討賊, 非力能制之, 顧朝廷處置能服其心也. 若相鏄, 則四方解矣. 請授以浙西觀察使.' 其辭切至."

115) 『新唐書』 卷145 「竇參傳」, 4731면, "宣武劉士寧餉參絹五千, 湖南觀察使李巽故與參隙, 以狀聞, 又中人爲之驗左, 帝大怒, 以爲外交戎臣, 欲殺參. 贄雖怨, 然亦以殺之太重, 乃貶驩州司馬, 逐其息景伯于泉州, 女尼于郴州, 沒入貲產奴婢. 帝又欲殺申・則之及屬人榮, 贄固爭 : '法有首從, 首原則從減. 榮與參雖善, 然初無邪僻, 數激憤有直言, 晩頗疏忌, 請貶榮遠官, 申・則之除名流嶺南'."

116) 大盈庫 : 百寶大盈庫라고도 한다. 天寶 4년(745) 王鉷이 戶口色役使가 되어 재화를 징수하여 해마다 錢 100억만 緡을 거둬들였는데, 租庸의 정액이 아닌 분량을 百寶大盈庫에 넣어 天子의 私用으로 사용하였으며, 內庫라고도 칭했다. 至德中 第五琦가 度支鹽鐵使가 되어 天下의 財賦 수입을 모두 大盈庫에 귀속시켜 天子의 給賜에 사용케 하자고 상주하였다. 宦官이 大盈庫를 관리하였으며, 이로부터 천하의 재물은 君主가 私藏하여 有司도 그 액수가 얼마인지 알지 못하였다.

117) 『新唐書』 卷157 「陸贄傳」, 4920면, "始, 帝播遷, 府藏委棄, 衛兵無褚衣. 至是天下

를 일으키는 것에 대해 간쟁한 상소 하나이다. 이 모두는 『구당서』의 상소가 번잡하므로 그것을 삭제하고 요점만을 남겨 놓은 것이다.

그밖에 「위징전(魏徵傳)」에서 (위)징이 봉덕이(封德彝)[118]와 함께 태종(太宗) 앞에서 크게 어지러운 뒤에는 정치를 하기가 쉽다고 논하고, 토목 공사를 경계하고, 형벌과 포상을 논하고, 군자와 소인은 나란히 등용해서는 안 된다고 한 것과 십점십사(十漸十思)[119] 등의 상소,[120] 「마주전(馬周傳)」에서 대안궁(大安宮)[121]을 의당 높이 받들어야 하고, 태묘(太廟)는 의당 직접 제사지내야 하며, 자사(刺史)는 세습할 수 없고, 악공(樂工)에게 관직을 내려서는 안 되고, 태자는 의당 미리 가르쳐야 하며, 수령은 모름지기 선거를 신중히 해야 한다는 등의 상소,[122] 「위원충전(魏元忠傳)」

貢奉稍至, 乃於行在夾廡署瓊林・大盈二庫・別藏貢物. 贄諫, 以爲 : '瓊林・大盈於古無傳. 舊老皆言 : 開元時貴臣飾巧以求媚, 建言郡邑賦稅, 當委有司以制經用, 其貢獻悉歸天子私有之. 蕩心侈欲, 亦終以餌寇. 今師旅方殷, 瘡痛呻吟之聲未息, 遽以珍貢私別庫, 恐羣下有所觖望, 請悉出以賜有功. 令後納貢必歸之有司, 先給軍賞, 瓌怪纖麗無得以供. 是乃散小儲成大儲, 損小寶固大寶也.' 帝悟, 卽撤其署."

118) 封德彝(568~627) : 唐 德州 蓚縣 사람으로 이름은 倫, 字는 德彝이다. 隋에 벼슬하여 內史舍人이 되었으며, 宇文化及이 隋 煬帝를 시해한 후 內史令에 임명하였다. 宇文化及이 패한 후 唐에 항복하여 內史侍郎이 되었다. 武德 3년(620) 中書令이 되었고 密國公에 봉해졌다. 太宗 즉위 후 尙書右僕射가 되었다. 아첨에 능했으며 上奏文을 議決할 때 太宗의 옆에 있으면서 太宗의 뜻에 따라 고쳤다. 李世民(太宗)과 李建成이 자리를 다툴 때 겉으로는 李世民에 붙었지만 몰래 李建成을 도왔는데, 사후 10여 년이 지난 후 폭로되어 封爵을 박탈당하였다.

119) 十漸十思 : '十漸'은 魏徵이 唐 太宗에게 올린 上書, 황제가 修身治政에 점차 怠慢이 생길 때 10개조를 들어 경계했던 것으로 흔히 '十漸之疏'라 한다. '十思'는 역시 魏徵이 당 태종에게 올렸던 상서로 황제가 마땅히 생각해야 할 10개조를 열거해서 경계로 했던 것으로 흔히 '十思之疏'라 한다.

120) 『新唐書』 卷97 「魏徵傳」, 3877~3878면.

121) 大安宮 : 唐의 宮殿의 이름으로 唐 高祖가 太宗에게 讓位한 후 기거했던 궁전이다(『舊唐書』 卷2 「太宗紀上」, 36면, "(貞觀 3년)夏四月辛巳, 太上皇徙居大安宮. 甲午, 太宗始於太極殿聽政"; 『舊唐書』 卷3 「太宗紀下」, 41면, "(貞觀)五年春正月癸酉, 大蒐於昆明池, 蕃夷君長咸從. 丙子, 親獻禽於大安宮"; 『舊唐書』 卷3 「太宗紀下」, 45면, "(貞觀 9년)五月乙未, 又破之於烏海, 追奔至柏海. 副總管薛萬均・薛萬徹又破之於赤水源, 獲其名王二十人. 庚子, 太上皇崩於大安宮").

122) 『新唐書』 卷98 「馬周傳」, 3895~3900면.

에서 문무 두 가지 길을 논한 상소 하나[123] 등은 모두 『구당서』에 있는 것을 그대로 한 글자도 삭제하지 않았으며, 아울러 『구당서』에 없는 것을 『신당서』에서 보충해 낸 것도 있다. 「장구령전(張九齡傳)」에서는 그가 태수와 현령을 중히 여긴 상소 하나를 싣고 있는데,[124] 당시 내직을 중시하고 외직을 경시했던 폐단을 볼 수 있다. 「종초객전(宗楚客傳)」에서는 그가 부명(符命)을 아뢴 상소 하나를 싣고 있는데, 이로써 그가 아첨하고 있었음을 볼 수 있다. 「장정규전(張廷珪傳)」에서는 회골(回鶻)을 공격하는 것과 변방의 말을 사 들이는 것에 대해 간쟁한 상소 둘을 싣고 있는데,[125] 이는 변방 수비와 관련이 있는 것이다. 「최환전(崔渙傳)」에서는 그가 원재(元載)를 탄핵한 상소 하나를 싣고 있는데,[126] 이로써 (원)재의 악과 (최)환의 곧은 절조를 드러내고자 한 것이다. 「이성전(李晟傳)」에서는 경기(京畿)를 수복한 뒤에도 이회광(李懷光)이 아직 하중(河中)을 차지하고 있었으므로 (이)성이 (이)회광에게는 사면할 수 없는 이유가 다섯 가지 있다고 상주한 바를 싣고 있는데,[127] (이)성이 공정하고 충실하게 나라

123) 『新唐書』 卷122 「魏元忠傳」, 4339~4342면, "儀鳳中, 吐蕃數盜邊, 元忠上封事洛陽宮, 言命將用兵之要曰 : 天下之柄有二, 文武而已, 至制勝御人, 其道一也. …… 高宗善之, 授祕書省正字, 直中書省, 仗內供奉."

124) 『新唐書』 卷126 「張九齡傳」, 4425~4427면, "天, 百神之君, 王者所由受命也. …… 此興衰之大端也."

125) 『新唐書』 卷118 「張廷珪傳」, 4263~4264면, "王琚持節巡天兵諸軍, 方還, 復詔行塞下, 議者皆謂將襲回紇, 廷珪陳五不可, 且言 : '中國步多騎少, 人齎一石糧, 負甲百斤, 盛夏長驅. 晝夜不休, 勞逸相? 其勢不敵, 一也. 出軍掩敵, 兵不數萬. 不可以行, 廢農廣饋, 饑歲不支, 二也. 千里遠襲, 其誰不知? 賊有斥候, 必能預防, 三也. 狄人獸居磧漠, 譬之石田, 克而無補, 四也. 天下無年, 當養人息兵, 五也.' 又請復十道按察使, 巡視州縣, 帝然納之, 因詔陸象先等分使十道. 時遣使齎繒錦至石國市犬馬, 廷珪曰 : '犬馬非土性弗畜, 珍禽異獸不育于國, 不宜勞遠人致異物, 願省無益之故, 救必然之急, 天下之幸'."

126) 『新唐書』 卷120 「崔渙傳」, 4318~4319면, "元載輔政, 與中官董秀槃結固寵, 渙疾之, 因進見, 慨然論載姦. 代宗曰 : '載雖非重愼, 然協和中外無間然, 能臣也.' 對曰 : '和之爲貴者, 由禮節也, 不節之以禮, 焉得和? 今干戈甫定, 品物思乂. 載爲宰相, 宜明制度, 易海內耳目. 而怙權樹黨, 毁法爲通, 鬻恩怨爲恕, 附下苟容, 乃 幽國卑主術, 臣所未喩.' 帝默然."

127) 『新唐書』 卷154 「李晟傳」, 4860~4870면, "時宦者尹元貞持節到同·華, 擅入河中

와 한 몸이 되었음을 볼 수 있다. 「고영전(高郢傳)」은 그가 장경사(章敬寺)를 영건하는 것에 관해 간쟁한 상소 하나를 싣고 있고,[128] 「두우전(杜佑傳)」에서는 관직을 줄여 씀씀이를 아끼는 것에 대한 상소 하나를 싣고 있으며,[129] 「정원진전(程元振傳)」에서는 유항(柳伉)이 정원진(程元振)을 탄핵한 상소 하나를 싣고 있는데,[130] 역시 모두 나라살림의 이해나 민생의 기쁨과 슬픔에 관계된 것으로 일찍이 일일이 각 편에 기록하지 않은 것이 없다. 이는 바로 송자경이 역사를 지은 깊은 뜻이니, 다만 간략함을 중히 여겨 모두를 삭제한 것만은 아니었다.

諭慰李懷光, 晟劾元貞矯使, 欲洗宥元惡, 請治罪. 又言 : '赦懷光有五不可 : 河中抵京師三百里, 同州制其衝, 兵多則示未信, 少則力不足, 忽驚東偏, 何以待? 一也. 今赦懷光, 則必以晉·絳·慈·隰還之, 渾瑊·康日知又且遷徙, 二也. 兵力未窮, 忽宥反逆, 四夷聞之, 謂陛下兵屈而自罷耳, 今回紇拒北, 吐蕃梗西, 希烈僭淮·蔡, 若棄彊示弱, 以招窺覬, 三也. 懷光既赦, 則朔方將士悉復敘勳行賞, 追還縑纊, 今府庫空殫, 物不酬滿, 是激其叛, 四也. 既解河中, 諸道還屯, 當有賜賚, 賞典不擧, 怨言必起, 五也. 今河中米斗五百, 芻稿且罄, 人餓死牆壁間, 其大將殺戮幾盡, 圍之旬時, 力窮且潰, 願無養腹心疾爲後憂. 臣請選精兵五千, 約十日糧, 可以破賊.' 帝方以賊委馬燧·渾瑊, 故不許."

128) 『新唐書』 卷156 「高郢傳」, 5070면, "寶應初, 及進士第, 代宗爲太后營章敬寺, 郢以白衣上書諫曰 : '…….'"

129) 『新唐書』 卷166 「杜佑傳」, 5086~5087면, "建中初, 河朔兵挐戰, 民困, 賦無所出. 佑以爲救敝莫若省用, 省用則省官, 乃上議曰 : '……' 議入, 不省."

130) 『新唐書』 卷207 「程元振傳」, 5861~5862면, "廣德初, 吐蕃·党項內侵, 詔集天下兵, 無一士奔命者. 虜扣便橋, 帝倉黃出居陝, 京師陷, 賊剽府庫, 焚閭衖, 蕭然爲空. 於是太常博士·翰林待詔柳伉上疏曰 : '犬戎以數萬重犯關度隴, 歷秦·渭, 掠邠·涇, …….' 疏聞, 帝顧公議不與, 乃下詔盡削元振官爵, 放歸田里."

235. 『신당서』와 『구당서』가 서로 다른 대목新舊書互異處

본기(本紀)

의봉(儀鳳) 3년(678)에 유심례(劉審禮)가 토번(吐蕃)과 청해(青海)에서 싸웠는데 크게 패했다. 『구당서(舊唐書)』에서는 (유)심례가 사로잡혔다고 적었지만,[131] 『신당서(新唐書)』에서는 (유)심례가 죽었다고 기록했다.[132]

개원(開元) 4년(716) 돌궐(突厥) 가한(可汗) 묵철(默啜)의 죽음에 대해 『구당서』에서는 발예고(拔曳固)에게 살해되어 수급이 장안(長安)에 보내졌다고 썼으나,[133] 『신당서』에서는 자장(子將) 학령전(郝靈佺)이 묵철을 참수했다고 적었다.[134]

(개원) 20년(732)에 해(奚), 거란(契丹)을 패배시키고 포로들을 대궐 앞에 바쳤다. 『구당서』에서는 신안왕(信安王) (이)위(李禕)가 포로를 바쳤다고 썼고,[135] 『신당서』에서는 충왕(忠王) (이)준(李浚)이 포로를 바쳤다고 적었다.[136] 이때 (이)준은 원수(元帥)가 되었지만 아직 종군하지 않았고, (이)위가 부원수가 되어 적을 격파했는데, 『신당서』는 주장 위주로 했고, 『구당서』는 사실을 따랐다.

천보(天寶) 11년(752)에 이림보(李林甫)가 죽었다. 『구당서』에서는 이림보가 행재소에서 죽었다고 기록했으나[137] 『신당서』에서는 이림보가 면

---

131) 『舊唐書』 卷5 「高宗紀」, 103~104면, "丙寅, 洮河道行軍大總管中書令李敬玄·左衛將軍劉審禮等與吐蕃戰于青海之上, 王師敗績, 審禮被俘."

132) 『新唐書』 卷3 「高宗紀」, 74면, "丙寅, 李敬玄·劉審禮及吐蕃戰于青海, 敗績, 審禮死之."

133) 『舊唐書』 卷8 「玄宗紀」, 176면, "癸酉, 突厥可汗默啜爲九姓拔曳固所殺, 斬其首送于京師."

134) 『新唐書』 卷5 「玄宗紀」, 125면, "癸酉, 大武軍子將郝靈佺殺突厥默啜."

135) 『舊唐書』 卷8 「玄宗紀」, 198면, "戊辰, 信安王獻奚·契丹之俘, 上御應天門受之."

136) 『新唐書』 卷5 「玄宗紀」, 136면, "五月戊申, 忠王浚俘奚·契丹以獻."

137) 『舊唐書』 卷9 「玄宗紀」, 226면, "十一月乙卯, 尚書左僕射兼右相·晉國公李林甫

직되었다고 썼다.[138] 살펴보건대, 이때 (이)림보는 (현종의) 어가를 따라 여산(驪山)에 갔다가 집에서 죽었으며 생전에 먼저 파직된 적이 없었다. 그 후 관작을 삭탈한 것은 사후의 일이므로 먼저 파직되었다고 적은 것은 특히나 근거가 없다.[139]

영태(永泰) 원년(765) 곽영예(郭英乂)의 죽음에 대해 『구당서』에서는 검남절도사(劍南節度使)[140] 곽영예가 병마사(兵馬使) 최간(崔旰)에게 살해되었다고 기록했으나,[141] 『신당서』에서는 최간이 반란을 일으켜 절도사(節度使) 곽영예가 영지(靈池)로 달아났는데 보주자사(普州刺史) 한징(韓澄)이 그를 살해했다고 적었다.[142]

성예(成汭)의 죽음에 대해[143] 『구당서』에서는 (성)예가 수군을 이끌고 악주(鄂州)를 구원하러 갔을 때 뇌언공(雷彦恭)이 그 빈틈을 타 강릉(江陵)을 습격해 함락시키자, 군사들이 이 소식를 듣고 모두 무너져 흩어졌으므로 (성)예가 물에 몸을 던져 죽었다고 했다.[144] 『신당서』에서는 (성)예

薨於行在所."

138) 『新唐書』 卷5 「玄宗紀」, 148면, "丙戌, …… 李林甫罷安北副大都護"; 『新唐書』 卷5 「玄宗本紀」, 149면, "十一月乙卯, 李林甫薨."

139) 【王注】 『舊唐書』 「玄宗紀」에는 李林甫의 죽음이 이 해 11月 乙卯日에 있었다라고 하였고, 『新唐書』 「玄宗紀」 역시 11月 乙卯日에 '李林甫薨'이라고 적어 두 책에는 원래 차이가 없다. 또 『新唐書』에서는 이 해 4월 丙戌日에 '李林甫罷安北副大都護'라고 기록하였으니, 곧 李林甫가 파면된 官은 그의 겸직인 것이지 正官인 재상직이 아니었으니, (趙翼이) 논평한 것이 정확하지 않다.

140) 劍南節度使 : 唐代 方鎭의 이름으로 玄宗 때 10 節度使의 하나였다. 開元 5년(717) 처음 節度의 명칭이 있었으며 開元 7년(719) 劍南支度營田處置兵馬經略使로 승격하여 서방의 吐蕃과 남방의 각 족을 통제하였으며 兵은 30,900명, 말은 2천 필이었다. 治所는 益州(지금의 四川省 成都市)이며, 彭州·益州 등 25州와 天寶·昆明 등 軍을 거느렸다. 관할지역은 지금의 四川省 중부와 貴州省 서부, 雲南省 대부분이다. 至德 2년(757) 劍南東川節度使와 劍南西川節度使로 분리하였다.

141) 『舊唐書』 卷11 「代宗紀」, 281면, "劍南節度使郭英乂爲其檢校西山兵馬使崔旰所殺, 邛州柏茂林、瀘州楊子琳、劍南李昌巙皆起兵討旰, 蜀中亂."

142) 『新唐書』 卷6 「代宗紀」, 172면, "辛亥, 劍南西山兵馬使崔旰反, 寇成都, 節度使郭英乂奔于靈池, 普州刺史韓澄殺之."

143) 【王注】 文例를 따르면 응당 이 위에 '天復三年'(903)이라는 네 글자를 덧붙여야 한다.

144) 『舊唐書』 卷20上 「昭宗紀」, 777면, "九月, 汴將楊師厚大敗青州軍於臨朐. 荊南節

가 양행밀(楊行密)과 군산(君山)에서 싸우다가 죽었다고 했다.[145)]

애제(哀帝)의 즉위에 관해 『구당서』에서는 장원휘(張元暉)가 유조(遺詔)를 위조해 선포하여 휘왕(輝王) (이)조(李祚)를 황태자로 세우고 즉위시켰다고 기록했다.[146)] 『신당서』에서는 주전충(朱全忠)이 소종(昭宗)을 죽인 뒤, 조서를 위조해서 휘왕을 태자로 삼아 즉위시켰다고 썼다.[147)]

열전(列傳)

소왕(邵王) 이중윤(李重潤)[148)]의 죽음에 대해 『신당서』 본전에서는 중종(中宗)의 아들 (이)중윤과 여동생 영태군주(永泰郡主), 그리고 사위 무연기(武延基)가 장역지(張易之) 형제의 궁궐 출입을 금해야 한다고 몰래 모의했는데, 무후(武后)가 노하여 그들을 때려 죽였다고 기록했다.[149)] 「무

度使成汭以舟師赴援鄂州, 澧朗雷彥恭承虛襲陷江陵. 汭軍士聞之潰歸, 汭憤怒投水而死."

145) 『新唐書』 卷10 「昭宗紀」, 301면, "五月壬子, 荊南節度使成汭及楊行密戰于君山, 死之."

146) 『舊唐書』 卷20下 「哀帝紀」, 785~786면, "乾寧四年二月, 封輝王, 名祚. 天復三年二月, 拜開府儀同三司, 充諸道兵馬元帥. 天祐元年八月十二日, 昭宗遇弒. 翌日, 蔣玄暉矯宣遺詔, 曰: '我國家化隋爲唐, 奄有天下, 三百年之盛業, 十八葉之耿光. …… 輝王祚幼彰岐嶷, 長實端良, 裒然不羣, 予所鍾愛, 必能克奉丕訓, 以安兆人. 宜立爲皇太子, 仍改名柷, 監軍國事. 孝愛可以承九廟, 恭儉可以安萬邦, 無樂逸遊, 志康寰宇. 百辟卿士, 佑茲沖人, 載揚我高祖・太宗之休烈.' …… 帝時年十三, 乞且監國, 柩前卽位, 宜差太常卿王溥充禮儀使, 又令太子家令李能告哀於十六宅. 丙午, 大行皇帝大殮, 皇太子柩前卽皇帝位."

147) 『新唐書』 卷10 「哀帝紀」, 302면, "始封輝王. 朱全忠已弒昭宗, 矯詔立爲皇太子, 監軍國事."

148) 李重潤(682~701): 中宗의 큰아들이며, 韋后의 소생이다. 본명은 重照이다. 永淳 元年(682) 皇太孫으로 봉해졌으나 中宗이 폐위되면서 함께 폐위되었다. 聖曆初 中宗이 太子가 되자 邵王에 봉해졌다. 누이 永泰郡主, 매부 武延基와 함께 張易之 형제에 대해 사사로이 의논하다가 武后에게 살해되었다. 神龍 元年(705) 懿德이란 시호가 추증되었고, 洛陽에서 乾陵으로 옮겨 배장되었다.

149) 『新唐書』 卷81 「懿德太子重潤傳」, 3593면, "中宗失位, 太孫府廢, 貶庶人, 別囚之.

연기전(武延基傳)」에서는 (이)중윤 등과 더불어 몰래 모의하다 모두 죄를 얻어 목 졸려 죽었다고 썼다.[150] 두 열전에서는 때려죽인 것과 목 졸라 죽인 것이 조금 들어맞지 않는다. 『구당서』「장역지전(張易之傳)」에서는 (이)중윤 등이 이장(二張 : 張易之, 張昌宗)에 관해 몰래 모의하자, 무후가 태자에게 국문하도록 했고[趙注 : 중종이 당시 태자였다] 태자가 그들 모두를 목 졸라 죽였다고 적었다.[151] 「무연기전」에서는 또 무후가 명령을 내려 모두 자살했다고 썼다.[152] 이는 두 열전 가운데 하나는 중종에게 목 졸려 죽었다 하고 하나는 무후의 명령으로 자살했다 한 것이니 또한 들어맞지 않는다. 아마도 중종이 그들을 죽였든 또는 명령으로 자살했든, 모두 무후의 위세에 눌린 것이니, 『신당서』에서 결국 무후가 그들을 죽였다고 쓴 것은 비교적 올바로 정리한 것이다.

사조의(史朝義)의 죽음에 대해 『구당서』에서는 (사)조의가 패해서 유주(幽州)로 갔는데, 가칭 범양절도사[僞范陽節度使] 이회선(李懷仙)이 막주(鄚州)에서 그를 사로잡아 보내고 항복했다고 했다.[153] 『신당서』에서는 (사)조

帝復位, 封郡王. 大足中, 張易之兄弟得幸武后, 或譖重潤與其女弟永泰郡主及主壻竊議, 后怒, 杖殺之, 年十九."

150) 이 기사는 『新唐書』「武延基傳」의 것이 아니라, 「張易之傳」에 보인다(『新唐書』 卷104 「張易之傳」, 4015면, "后旣春秋高, 易之兄弟顓政, 邵王重潤與永泰郡主竊議, 皆得罪縊死"). 따라서 趙翼의 착오인 듯하다. 이 사건에 관한 직접적인 기사로는 『新唐書』 卷206 「武承嗣傳」, 5838면, "延基襲爵, 后嫌斥其名, 更曰繼魏王. 長安初, 與妻永泰郡主及邵王私語張易之兄弟事, 後忿爭, 語聞, 后怒, 令自殺, 以延義代王."의 내용을 찾아볼 수 있으나, 이를 「武延基傳」이라고 하기도 어렵다.

151) 『舊唐書』 卷78 「張易之傳」, 2707면, "則天春秋高, 政事多委易之兄弟. 中宗爲皇太子, 太子男邵王重潤及女弟永泰郡主竊言二張專政. 易之訴於則天, 付太子自鞫問處置, 太子並自縊殺之."

152) 『舊唐書』 卷183 「武延基傳」, 4730면, "子延基襲爵, 則天避其父名, 封爲繼魏王. 尋與其妻永泰郡主及懿德太子等, 話及張易之兄弟出入宮中, 恐有不利, 後忿爭不協, 洩之, 則天聞而大怒, 咸令自殺."

153) 『舊唐書』 卷200上 「史朝義傳」, 5382면, "二十九日, 與朝義戰于邙山之下, 逆賊敗績, 走渡河, 斬首萬六千, 生擒四千六百, 降三萬二千人, 器械不可勝數. 朝義走投汴州, 汴州僞將張獻誠拒之, 乃渡河北投幽州. 二年正月, 賊僞范陽節度李懷仙於莫州生擒之, 送款來降, 梟首至闕下."

의가 막주로 달아나 결사항전을 하려 했으나 전승사(田承嗣)가 몸소 막주를 지키겠다고 청하면서 (사)조의에게 유주로 가서 (이)회선의 군대를 끌고 와 싸우라고 권했다고 했다. (사)조의는 이에 노모와 어린 아들을 부탁하고 스스로 유주로 갔다. 범양에 이르러 (이)회선의 부장 이포충(李抱忠)이 받아들이지 않자, (사)조의는 번[入蕃][154]으로 달아나는 것을 도모했는데, (이)회선이 그를 불러들여 (사조의가) 유주에 이르자 목 졸라 죽였다.[155] 이는 (사)조의가 유주에서 사로잡혔다는 것으로, 막주가 아니었다.

양사훈(楊思訓)의 죽음에 대해 『구당서』에서는 모용보절(慕容寶節)이 별실에 첩을 두었는데, (양)사훈을 초대하여 술을 마실 때 (양)사훈이 아내를 배신하고 첩을 총애해서는 안 된다고 꾸짖자, 첩이 이를 듣고 노하여 몰래 술에 독을 넣었고, (양)사훈이 술을 다 마시고 곧 죽었다고 기록했다.[156] 『신당서』에서는 (모용)보절이 (양)사훈을 초대하여 반란을 모의했으나 (양)사훈이 감히 답하려 하지 않자, (모용)보절이 그 사실이 누설될까 두려워하여 마침내 독살했다고 기록했다.[157]

배(裴)씨, 마(馬)씨에 대해서 『구당서』에서는 배행검(裴行儉)[158]과 이경현

---

154) 본문에서는 '入蕃'으로 표현하였는데, 『新唐書』 卷225上 「史朝義傳」의 원문은 '謀奔兩蕃'으로 되어 있다. 당시 '兩蕃'은 주로 契丹과 奚를 지칭했다(『新唐書』 卷219 「北狄傳」, 6174면, "萬歲通天中, 契丹反, 奚亦叛, 與突厥相表裏, 號'兩蕃'").

155) 『新唐書』 卷225上 「史朝義傳」, 6433~6434면, "田承嗣請環車爲營, 內女子車中, 以輜重次之, 伏兵以待. 旣戰而卻, 王師逐之, 爭貲寶, 賊引奇兵繞出, 又伏發, 王師卻數十里止. 朝義遂走莫州, 瑒追圍之. …… 瑒未信, 承嗣將朝義母及妻孺詣瑒壘, 於是諸軍率輕兵追之. …… 去至梁鄉, 拜思明墓, 東走廣陽, 不受. 謀奔兩蕃, 懷仙招之, 自漁陽回止幽州, 縊死醫巫閭祠下. 懷仙斬其首傳長安, 召故將收其屍. 懷仙改服出次哭之, 士皆號慟. 及葬, 莫知其所."

156) 『舊唐書』 卷62 「楊思訓傳」, 2382면, "時右衛大將軍慕容寶節有愛妾, 置于別宅, 嘗邀思訓就之宴樂. 思訓深責寶節與其妻隔絶, 妾等怒, 密以毒藥置酒中, 思訓飮盡便死."

157) 『新唐書』 卷100 「楊思訓傳」, 3927면, "右衛大將軍慕容寶節夜邀思訓與謀亂, 思訓不敢對. 寶節懼, 毒酒以進, 思訓死. 妻訴之, 流寶節嶺表, 至龍門, 追斬之."

158) 裴行儉(619~682) : 唐 絳州 聞喜縣 사람으로 字는 守約이다. 門蔭으로 弘文生이 되었고, 貞觀中 明經科에 급제하여 左屯衛倉曹參軍이 되었다. 高宗 때 武后를 세우는데 반대하여 西州長史로 좌천되었다. 麟德 2년(665) 安西都護로 발탁되었고, 總章 2년(669) 司列少常伯(吏部侍郎)이 되어 관리선발제도를 개혁하였다. 李敬玄과 함께

(李敬玄)[159]이 함께 선거를 주관하여 유능하다는 명성이 있었으므로 당시에 배・리(裴・李)로 칭해졌다고 했다.[160] 『신당서』에서는 (배)행검과 마재(馬載)가 함께 선거를 주관하여 당시에 배・마(裴・馬)라 칭해졌다고 썼다.[161] 살펴보건대 『신당서』「노종원전(盧從愿傳)」에서는 고종(高宗) 때 이부(吏部)에서 직무에 재능이 있다고 하는 사람이 배행검과 마재였는데, 이때에 이르러 노종원[162]과 이조은(李朝隱)이 선거를 담당하면서 역시 명성이 있었으므로, 앞에는 배・마(裴・馬)가 있고, 뒤에는 노・이(盧・李)라는 호칭이 있었다고 적었다.[163]

인사문제를 10여 년 동안 관장하며 능력 있다는 평판을 들었다. 調露 元年(679) 西突厥이 침입하자 군대를 이끌고 출정하였다가 페르시아 왕자를 끌고 귀국하였으며, 西突厥十姓可汗 阿史那都支를 생포하여 碎葉城에 비석을 세우고 돌아왔다. 東突厥이 공격하자 定襄道行軍大總管이 되어 군대 18만 명을 이끌고 東突厥을 평정하였다. 인물을 보는 능력이 있어 그가 추천한 程務挺・王方翼・李多祚・黑齒常之 등이 모두 일대의 名將이었다. 草書에 능했으며, 저서에는 『草字雜體』 『選譜』 등이 있고 文集 20卷이 있었으나 모두 亡佚되었다.

159) 李敬玄(615~682) : 唐 亳州 譙縣 사람으로 여러 서적을 두루 읽었으며 五禮에 능통하였다. 貞觀末 崇賢館에 들어가 太子(高宗)를 가르쳤다. 乾封中 西臺舍人, 弘文館學士를 역임하였고, 總章 2년(669) 西臺侍郎 同東西臺三品에 제수되었다. 오랫동안 인사를 담당하여 그가 뽑은 만여 명의 성명과 과실을 기억하여 능력을 인정받았다. 儀鳳初 中書令 趙國公에 제수되었다. 儀鳳 3년(678) 劉仁軌가 사적인 원한으로 洮河道大總管 兼 安撫大使로 삼도록 상주하였고, 吐蕃에게 패하여 병을 핑계로 귀향하자 衡州刺史로 좌천되었다. 후에 揚州大都督府長史가 되었다. 『禮論』 60卷과 『正論』 3卷, 文集 30卷이 있으나 모두 亡佚되었다. 『全唐詩』에 3수의 詩가 전한다.

160) 『舊唐書』 卷84 「裴行儉傳」, 2802면, "咸亨初, 官名復舊, 改爲吏部侍郎, 與李敬玄爲貳, 同時典選十餘年, 甚有能名, 時人稱爲裴・李."

161) 『新唐書』 卷108 「裴行儉傳」, 4086면, "遷吏部侍郎, 與李敬玄, 馬載同典選, 有能名, 時號'裴馬'."

162) 盧從愿(?~737) : 唐 相州 臨漳縣 사람으로 字는 子龔이다. 明經科에 급제한 후 制擧에 응시했으며 中書舍人 등을 거쳐 睿宗 때 吏部侍郎이 되어 6년 동안 인사관리를 담당하였다. 開元 4년(716) 豫州刺史가 되어 선정을 베풀어 考課가 第一이었다. 工部侍郎・尙書左丞・中書侍郎・工部尙書・刑部尙書・校考使를 역임하였다. 宇文融이 戶口의 括戶를 과거성적에 넣어달라고 하였으나 허락하지 않자 宇文融이 玄宗에게 盧從愿이 良田 數百頃을 점유하였다고 밀고하였다. 玄宗이 이를 비난하며 재상으로 등용하지 않았다. 후에 吏部尙書로서 致仕하였다.

163) 『新唐書』 卷129 「盧從愿傳」, 4478면, "初, 高宗時, 吏部號稱職者裴行儉・馬載, 及是, 從愿與李朝隱爲有名, 故號'前有裴・馬, 後有盧・李'"; [王注] 『舊唐書』 卷100 「盧

왕선지(王仙芝)의 죽음에 대해 『구당서』에서는 (왕)선지가 송위(宋威)를 패배시키자 조정에서 왕탁(王鐸)에게 (송)위를 대신해 적을 토벌하게 하니 (왕)선지의 머리를 베어 대궐 앞에다 바쳤다고 했으니,[164] 이는 (왕)선지의 머리를 벤 자가 (왕)탁이라는 것이다. 『신당서』에서는 (왕)선지가 홍주(洪州)를 공격하자 송위가 와서 구원하여 황매(黃梅)에서 (왕)선지를 패퇴시켜 적 5만 명을 참수하고 (왕)선지를 사로잡아 머리를 장안에 보냈다고 했으니,[165] 그러므로 (왕)선지를 참수한 사람은 곧 (송)위가 된다.

상관의(上官儀)[166]의 죽음에 대하여 『구당서』에서는 (상관)의가 양왕(梁王) (이)충(李忠)과 통모했다는 허경종(許敬宗)의 무고를 받아 결국 사사되었다고 했다.[167] 『신당서』에서는 무후가 이미 득세를 한 뒤 고종이 (무후에게) 제어당하자 (무후를) 폐위하려고 하여 (상관)의를 불러 조서를 기초하게 했다고 했다. 좌우에서 무후에게 달려가 이를 고하여 (무)후가 (고종에게) 직접 따지자 고종이 부끄러워하며 원래의 뜻을 굽히고 "(상관)의가 나를 사주한 것이다"라고 말해서, 이로 인해 (허)경종이 (상관의가) 죄가 있는 것으로 날조해 죽게 만들었다고 기록했다.[168]

從愿傳」에도 역시 이 문구가 있는데, 오직 '裴·馬'가 '馬·裴'로 적혀 있을 뿐이다.

164) 『舊唐書』 卷200下 「黃巢傳」, 5391면, "朝廷以王鐸代爲招討. 五年八月, 收復荊州, 斬仙芝首獻於闕下."

165) 『新唐書』 卷225下 「黃巢傳」, 6453면, "仙芝怒, 還攻洪州, 入其郛. 威自將往救, 敗仙芝於黃梅, 斬賊五萬級, 獲仙芝, 傳首京師."

166) 上官儀(608?~665) : 唐 陝州 陝縣(지금의 河南省 三門峽市 서쪽) 사람으로 字는 游韶이다. 貞觀初 進士가 되었고, 弘文館 學士, 秘書監 同東西臺三品 등을 역임하였다. 文才가 있었고, 특히 五言詩에 능하였으며, '上官體'라는 문체를 유행시켰다. 高宗이 그를 불러 武后를 폐위하라는 詔書를 기초하게 하였다가 후회하고 실행하지 않은 바 있다. 麟德 元年(664) 許敬宗이 上官儀와 梁王 李忠이 통모하였다고 무고하여 하옥되어 죽었고, 집안이 적몰되었다. 中宗 때 中書令으로 추증되었고 예로써 改葬하였다. 『全唐詩』에 1편의 詩가 전한다.

167) 『舊唐書』 卷80 「上官儀傳」, 2743~2744면, "麟德元年, 宦者王伏勝與梁王忠抵罪, 許敬宗乃構儀與忠通謀, 遂下獄而死, 家口籍沒."

168) 『新唐書』 卷105 「上官儀傳」, 4035면, "麟德元年, 坐梁王忠事下獄死, 籍其家. 初, 武后得志, 遂牽制帝, 專威福, 帝不能堪; 又引道士行厭勝, 中人王伏勝發之. 帝因大怒, 將廢爲庶人, 召儀與議. 儀曰 : '皇后專恣, 海內失望, 宜廢之以順人心.' 帝使草詔.

노환(盧奐)은 광주(廣州)를 통치하면서 청렴한 절개가 있었다. 『구당서』에서는 개원(開元) 이래 광주부(廣州府)에서 청렴결백한 사람은 오직 송영(宋璟), 배주선(裴伷先), 이조은 및 (노)환 네 사람이라고 기록했다.[169] 『신당서』에서는 (이)조은, (송)영 및 (노)환 세 사람이라고 적었다.[170]

가서한(哥舒翰)의 죽음에 대해 『구당서』에서는 화발귀인(火拔歸仁)이 (가)서한을 잡아 안록산(安祿山)에게 보내고 그에게 투항했는데 (안)록산은 (가)서한을 후원 가운데에다 유폐시켰다가 몰래 그를 죽였다고 썼다.[171] 『신당서』에서는 광평왕(廣平王)이 동경(東京)을 수복했을 때 안경서(安慶緖)가 (가)서한을 끼고서 황하(黃河)를 건너 북쪽으로 달아나다가 패하자 이내 그를 살해했다고 기록했다.[172]

제오기(第五琦)[173]가 조용사(租庸使)[174]가 된 것에 대해 『구당서』에서

左右奔告后, 后自申訴, 帝乃悔; 又恐后怨恚, 乃曰 : '上官儀教我.' 后由是深惡儀. 始, 忠爲陳王時, 儀爲諮議, 與王伏勝同府. 至是, 許敬宗構儀與忠謀大逆, 后志也. 自褚遂良等元老大臣相次屠覆, 公卿莫敢正議, 獨儀納忠, 禍又不旋踵, 由是天下之政歸於后, 而帝拱手矣."

169) 『舊唐書』 卷98 「盧奐傳」, 3070면, "以爲自開元已來四十年, 廣府節度淸白者有四 : 謂宋璟 · 裴伷先 · 李朝隱及奐."

170) 『新唐書』 卷126 「盧奐傳」, 4418면, "時謂自開元後四十年, 治廣有淸節者, 宋璟 · 李朝隱 · 奐三人而已."

171) 『舊唐書』 卷104 「哥舒翰傳」, 3215면, "軍旣敗, 翰與數百騎馳而西歸, 爲火拔歸仁執降於賊. 祿山謂之曰 : '汝常輕我, 今日如何?' 翰懼, 俯伏稱 : '肉眼不識陛下, 遂至於此. 陛下爲撥亂主, 今天下未平, 李光弼在土門, 來瑱在河南, 魯炅在南陽, 但留臣, 臣以尺書招之, 不日平矣.' 祿山大喜, 遂僞署翰司空. 作書招光弼等, 諸將報書皆讓翰不死節. 祿山知事不諧, 遂閉翰於苑中, 潛殺之."

172) 『新唐書』 卷135 「哥舒翰傳」, 4574면, "東京平, 安慶緖以翰度河. 及敗, 乃殺之."

173) 第五琦(712~782) : 唐 京兆府 長安縣 사람으로 字는 禹珪이다. 須江丞 · 北海郡錄事參軍을 역임하였고, 안사의 난이 터지자 蜀에 가서 玄宗에게 江淮의 財賦를 징수하여 軍需에 충당하겠다고 자청하였다. 玄宗은 江淮租庸使로 삼았고, 肅宗은 河南等五道支度使를 더하였다. 榷鹽法을 제정하여 개인이 소금을 팔지 못하도록 하고 鹽戶를 鹽鐵使에 예속시켰다. 軍需財政이 개선되었다. 戶部侍郎, 戶部侍郎 同平章事를 역임하고 '乾元重寶'錢과 '重輪乾元'錢을 주조하였으나 백성들이 다투어 盜鑄하여 물가가 앙등하여 忠州長史로 좌천되었다. 代宗 때 京兆尹, 戶部尙書를 역임하였다. 후에 魚朝恩과 교류한 죄로 좌천되어 饒州刺史 · 湖州刺史를 지냈다.

174) 租庸使 : 使職名으로 唐 開元 21년(733) 宇文融에게 租庸地稅使를 겸하게 하면서

는 하란진명(賀蘭進明)이 (제오)기에게 명령하여 촉(蜀)으로 가서 상황을 상주하라고 했고 현종(玄宗)이 곧 강회조용사(江淮租庸使)를 맡을 것을 명했다고 했으니,[175] 이는 현종이 제수한 것이다. 『신당서』에서는 숙종(肅宗)이 팽원(彭原)에 있을 때 (제오)기가 (하란)진명 때문에 일을 보고하러 오자 황제가 곧 강회조용사로 임명했다고 했으니,[176] 이는 숙종이 그 벼슬을 제수한 것이다.

이규(李揆)[177]의 죽음에 대해 『구당서』에서는 (이)규가 명을 받들어 입번회맹사(入蕃會盟使)가 되었는데, 행렬이 봉주(鳳州)에 이르러 죽고 말았다고 썼다.[178] 『신당서』에서는 (이)규가 토번[蕃]에 이르렀을 때 그 추장이 "듣건대 당(唐)나라에는 으뜸인 이규라는 사람이 있다고 하는데 그대가 맞는가?" 라고 묻자 (이)규가 억류당할 것이 두려워 "저 (이)규가 어찌 기꺼이 오겠는가"라고 말하고는 돌아오다가 봉주에 이르러 죽었다고 적었다.[179] 이는 (이)규가 토번에 간 뒤 돌아오는 길에서 비로소 죽었다는 것이다.

처음 나타났다. 후에 때에 따라 설치하며 租庸使, 혹은 租庸鹽鐵使라 칭하며 朝廷에서 임시로 각지에 파견하여 租庸賦稅를 독촉하는 使臣이었다. 永泰 元年(765) 폐지하였다가 僖宗 때 다시 설치하여 軍糧米를 징수하였다. 五代 때 中央財政長官이 되어 節度使를 통하지 않고 직접 州縣의 賦稅를 징수하였다. 後唐 明宗 때 폐지되었다.

175) 『舊唐書』 卷123 「第五琦傳」, 3517면, "進明惶懼, 莫知所出, 琦乃勸令厚以財帛募勇敢士, 出奇力戰, 遂收所陷之郡. 令琦奏事, 至蜀中, 琦得謁見, 奏言 : '方今之急在兵, 兵之强弱在賦, 賦之所出, 江淮居多. 若假臣職任, 使濟軍須, 臣能使賞給之資, 不勞聖慮.' 玄宗大喜, 卽日拜監察御史, 勾當江淮租庸使."

176) 『新唐書』 卷149 「第五琦傳」, 4801면, "肅宗駐彭原, 進明遣琦奏事, 旣謁見, 卽陳 : '今之急在兵, 兵彊弱在賦, 賦所出以江淮爲淵. 若假臣一職, 請悉東南寶貲, 飛餉函・洛, 惟陛下命.' 帝悅, 拜監察御史・句當江淮租庸使."

177) 李揆(711~784) : 唐 鄭州 사람으로 字는 端卿이다. 開元進士로 벼슬이 中書舍人, 中書侍郎 同平章事를 역임하였다. 肅宗이 당시 그의 門第・人物・文章이 모두 당시 第一이라 말하여 三絶로 칭해졌다. 후에 전 재상 呂諲의 과실에 연루되어 袁州長史・歙州刺史로 좌천되었다. 大曆 12년(777) 睦州刺史를 거쳐 禮部尙書에 임명되었으나, 盧杞의 시기로 入蕃會盟使로 갔다가 돌아오는 도중에 죽었다.

178) 『舊唐書』 卷126 「李揆傳」, 3561면, "德宗在山南, 令充入蕃會盟使, 加左僕射. 行至鳳州, 以疾卒, 興元元年四月也, 年七十四."

179) 『新唐書』 卷150 「李揆傳」, 4808~4809면, "揆至蕃, 酋長曰 : '聞唐有第一人李揆, 公是否?' 揆畏留, 因紿之曰 : '彼李揆, 安肯來邪?' 還卒鳳州, 年七十四, 贈司空, 謚曰恭."

「위견소전(韋見素傳)」을 보면, 『구당서』에서는 그가 양국충(楊國忠)에게 이끌려 재상 자리에 있으면서 옳고 그름을 가리는 바 없이 그저 서명만 할 뿐이었고 흉악한 오랑캐[180]가 온순한 사람들을 짓밟기에 이르러서도 말 한 마디를 하지 않았다고 했다.[181] (그러나) 『신당서』에서는 (안)록산이 이민족 장수[蕃將]로 한족(漢族) 장수를 대신할 것을 청하자, (위)견소가 난리가 장차 일어날 것이라고 말하고 다음날 (양)국충과 함께 알현하러 들어와 모반의 형상을 극력 진언했다고 했으니,[182] 이는 (위)견소가 일찍이 아무 말이 없지는 않았다는 것이다. 아마 그가 (안)록산이 반드시 반란을 일으킬 것이라고 상주한 것 또한 (양)국충의 뜻에 부합했던 것일 따름일 터이다. 그런데 『구당서』의 전론(傳論)에서는 또한 (위)견소가 올바른 말로 간언을 다하였으나 임금이 따르지 않았고, 홀로 올바르게 어려움을 무릅썼으나 다른 사람들이 근심하지 않았다고 했으며, 당시 세론에서 그가 (양)국충에게 포섭된 것은 시세를 바로잡아 구할 수 없음을 알지 못했기 때문이라 했다 하니,[183] 또한 열전 내용과 다르다. 어쩌면 열전은 『국사』 원본이고 전론은 사서를 지은 사람이 공평한 마음으로 견지한 주장인 것인가?

「여위전(呂渭傳)」을 보면, 중서성(中書省)[184]에 시든 버드나무가 있었는

---

180) 여기서 '兇胡'란 安祿山을 지칭하는 것으로 보인다. 『新唐書』「韋見素傳」에서도 천문의 해석과 관련하여 胡와 安祿山을 연결하고 있다(『新唐書』 卷118 「韋見素傳」, 4268면).

181) 『舊唐書』 卷108 「韋見素傳」, 3276면, "見素旣爲國忠引用, 心德之. 時祿山與國忠爭寵, 兩相猜嫌, 見素亦無所是非, 署字而已, 遂至兇胡犯順, 不措一言."

182) 『新唐書』 卷118 「韋見素傳」, 4267면, "明年, 祿山表請蕃將三十二人代漢將, 帝許之, 見素不悅, 謂國忠曰 : '祿山反狀暴天下, 今又以蕃代漢, 難將作矣.' 國忠不應, 見素曰 : '知禍之牙不能防, 見禍之形不能制, 焉用彼相? 明日當懇論之.' 旣入, 帝迎諭曰 : '卿等有疑祿山意耶?' 國忠·見素趨下, 流涕具陳祿山反明甚, 詔復位, 因以祿山表置帝前乃出. 帝令中官袁思藝傳詔曰 : '此姑忍, 朕徐圖之.' 由是奉詔. 然每進見, 未嘗不爲帝言之, 帝不入其語."

183) 『舊唐書』 卷108 「韋見素傳」, 3284면, "史臣曰 : 祿山狂悖已顯, 玄宗寵任無疑, 見素知國危, 陳廟算, 直言極諫, 而君不從, 獨正犯難, 而人不恤, 出生入死, 善始令終者鮮矣. 時論以見素取容於國忠, 無言匡大政."

184) 中書省 : 관청 이름으로 隋代에는 內史省, 혹은 內書省이라 하였다. 唐 武德 3년

데 덕종(德宗)이 양주(梁州),[185] 양주(洋州)[186]에서 돌아오자 버드나무가 다시 무성해져서 당시에 이를 길조로 여겨 (여)위가 진사(進士) 시험을 볼 때 그것을 부제(賦題)로 정했다. 『구당서』에서는 황제가 그것을 듣고서 가상히 여겼다고 했으나,[187] 『신당서』에서는 황제가 그것을 듣고서 좋게 여기지 않았다고 했다.[188]

「강공보전(姜公輔傳)」을 보면, 『구당서』에서는 그가 어느 지역의 사람인지 모른다고 했으나,[189] 『신당서』에서는 애주(愛州) 일남(日南) 사람이라고 했다.[190]

「양혜원전(陽惠元傳)」을 보면, (양)혜원이 이회광(李懷光)의 습격을 받아 도망가자, (이)회광은 염종(冉宗)을 보내 그를 추격하게 했다. 『구당서』에

---

(620) 中書省으로 고쳤다. 門下省・尙書省과 함께 軍國大政을 관장하여 '三省'이라 불렀다. 中書省은 詔敕을 초안하여 門下省의 검토를 거쳐 尙書省에 보내 집행하였다. 중앙 각 관청과 지방의 州府에서 올리는 각종 문서는 中書省을 거쳐 皇帝에게 전달되었으며, 得失을 參議하고 批答을 작성하였다. 高宗 이후 宰相이 政事堂(中書門下)에서 정무를 보았는데, 門下省에서 中書省으로 장소가 이전되었다. 장관인 中書令 두 명과 中書侍郞 두 명이 있었고 中書舍人 여섯 명이 表章을 검토하고 詔敕을 초안했다. 이밖에 右補闕과 右拾遺가 각각 두 명이었고, 右散騎常侍・右諫議大夫・起居舍人・通事舍人 등 속관이 있었다. 集賢書院과 史館도 中書省에 예속되었다. 龍朔 2년(662) 西臺로 改稱되었다가 咸亨 元年(670) 복귀되었다. 光宅 元年(684) 鳳閣으로 바뀌었다가 神龍 元年(705) 원래의 명칭으로 돌아갔다. 開元 元年(713) 紫微省으로 改稱했다가 開元 5년(717) 원래의 명칭을 회복하였다.

185) 梁州 : 唐의 州 이름으로 武德 元年(618) 설치되었으며, 治所는 南鄭(지금의 陝西省 漢中市)이다. 武德 7년(624) 都督府가 되었다. 開元 13년(725) 褒州로 改稱했다가 開元 20년(732) 원래의 명칭으로 환원되었다. 天寶 元年(742) 漢中郡으로 개칭했다가 乾元 元年(758) 이전의 명칭으로 돌아왔다. 興元 元年(784) 興元府로 승격되었다.

186) 洋州 : 唐의 州 이름으로 武德 元年(618) 梁州의 3縣을 나누어 설치하였으며, 治所는 西鄕縣이었다. 天寶 元年(742) 洋川郡으로 고쳤으며, 天寶 15년(756) 治所를 興道縣으로 옮겨 西鄕・黃金・興道・洋源・眞符 5縣을 거느렸다. 관할지역은 지금의 陝西省 佛坪・洋縣・西鄕・鎭巴 등지이다. 乾元 元年(758) 예전의 명칭으로 환원되었다.

187) 『舊唐書』 卷137 「呂渭傳」, 3768면, "中書省有柳樹, 建中末枯死, 興元元年車駕還京後, 其樹再榮, 人謂之瑞柳. 渭試進士, 取瑞柳爲賦題, 上聞而嘉之."

188) 『新唐書』 卷160 「呂渭傳」, 4966면, "始, 中書省有古柳, 建中末枯死, 德宗自梁還, 復榮茂, 人以爲瑞柳, 渭令貢士賦之. 帝聞, 不以爲善."

189) 『舊唐書』 卷138 「姜公輔傳」, 3787면, "姜公輔, 不知何許人."

190) 『新唐書』 卷152 「姜公輔傳」, 4831면, "姜公輔, 愛州日南人."

서는 (양)혜원이 계책이 궁해지자 부자 세 사람이 모두 우물 속으로 들어갔으나 염종이 모두 꺼내어 그들을 해쳤다고 했다.[191] 『신당서』에서는 (양)혜원이 머리를 풀고 웃통을 벗은 채 싸우다 죽었고, 두 아들 (양)성(陽晟), (양)고(陽暠)는 우물 가운데 숨었으나 해를 당했다고 했다.[192]

「한유괴전(韓遊瓌傳)」을 보면, 『구당서』에서는 덕종이 서울에서 일어난 난을 피해 갑작스럽게 봉천(奉天)으로 갔는데, (한)유괴가 병사를 이끌고 구원하러 와서 건릉(乾陵)[193]으로부터 북쪽 예천(醴泉)으로 향하면서 주차(朱泚) (반란군)를 막았다. 마침 어떤 사람이 서울로부터 와서 (주)차의 군사가 조만간 당도할 것이라 하니 임금이 급히 (사람을 시켜) (한)유괴를 쫓아가 봉천으로 오라고 명했다. (한)유괴가 겨우 도착했을 때 (주)차의 군사 또한 이르러 드디어 그를 막아 싸웠다고 했다.[194] 이는 (한)유괴가 온 것이 덕종이 그를 불렀기 때문이라는 것이다. 『신당서』에서는 (한)유괴가 예천으로 갈 때 편교(便橋)[195]로 가라는 조서가 있었는데, 도중에 (주)차의 군사를 만나자 (한)유괴가 돌아가 봉천을 지키려 했으며,

---

191) 『舊唐書』 卷144 「陽惠元傳」, 3915~3916면, "建中四年冬, 自河朔與懷光同赴國難, 解奉天之圍. 明年二月, 懷光背國叛逆, 惠元義不受汙, 脫身奔竄奉天. 會乘輿南幸, 懷光怒惠元之逸, 令其將冉宗以百餘騎追及於好畤縣. 惠元計窮, 父子三人並投人家井中, 冉宗並出而害之."

192) 『新唐書』 卷156 「陽惠元傳」, 4900면, "是夕, 奪二軍, 惠元・建徽走奉天, 懷光遣將冉宗馳騎追及於好畤. 惠元被髮呼天, 血流出背, 袒裼戰而死. 二子晟・暠匿井中, 皆及害."

193) 乾陵 : 唐 高宗과 武則天의 合葬墓이다. 高宗은 弘道 元年(683) 죽었고, 다음 해 乾陵에 매장되었다. 武則天은 神龍 元年(705) 죽었고 다음 해 高宗과 합장되었다. 乾陵은 山을 陵으로 삼았는데 지금의 陝西省 乾縣 서북 12里에 있는 梁山에 위치하였다. 內外 2城이 있고, 능 주위는 18里이며, 章懷太子・懿德太子・薛元超・劉仁軌 등 17墓가 陪葬되었다.

194) 『舊唐書』 卷144 「韓遊瓌傳」, 3918면, "德宗出幸奉天, 衛兵未集, 遊瓌與慶州刺史論惟明合兵三千人赴難, 自乾陵北過赴醴泉以拒泚. 會有人自京城來, 言賊信宿當至, 上遽令追遊瓌等軍伍. 纔入壁, 泚黨果至, 乃出關城下, 小不利, 乃退入城. 賊急奪門, 遊瓌與賊隔門血戰, 會暝方解."

195) 便橋 : 당나라 때 渭水에 놓여있던 다리 중 하나이다. 『舊唐書』 卷43 「職官志」, 1841면, "凡天下造舟之梁四(河則蒲津、大陽、河陽, 洛則孝義也.), 石柱之梁四(洛則天津、永濟、中橋, 灞則灞橋.), 木柱之梁三(皆渭川, 便橋、中渭橋、東渭橋也)."

중사(中使) 적문수(翟文秀)가 “우리 군사가 봉천에 이르면 적의 군사도 역시 따라서 이를 것이니, 이는 적을 끌어들여 군주를 어렵게 하는 것입니다. 여기서 방벽을 치고 적을 막는 것만 못합니다”라고 말했다. (한)유괴가 “적의 군사는 수가 많아 여기서 우리한테 대항하고도 오히려 군사를 나누어 봉천으로 갈 수 있소. 먼저 들어가 지키는 것만 못하오”라고 말하고는 드디어 봉천으로 돌아갔는데, (주)차의 군사가 과연 도착하니 드디어 서로 전투를 벌였다고 기록했다.[196] 이는 조서에서 편교로 가라는 명했으나 (한)유괴가 (황제의) 어가를 구원하는 것이 시급하다고 생각하여 스스로 봉천으로 갔다는 것이다.

「유진전(劉稹傳)」을 보면, 『구당서』에서는 (유)진이 (조정의) 명을 거역했을 때 그 아저씨로 예전 절도사였던 (유)종간(劉從諫)의 아내 배(裴)씨가 여러 장수의 부인들을 연회에 불러들여서는, 울면서 여러 장수의 부인들에게 “돌아가거든 각각 그대들의 남편들에게 돌아가신 어르신께서 발탁했음을 잊지 말라고 말해주시오. 나는 이제 자식의 어미로서 부탁하오”라고 말했다. 여러 부인들은 모두 눈물을 흘렸고 여러 장군들은 (유)진을 위해 힘을 다했다. 나중에 (유)진이 형벌에 따라 죽게 되자, 배씨도 또한 이 때문에 극형을 당했다고 했다.[197] 『신당서』에서는 (유)종

196) 『新唐書』 卷156 「韓游瓌傳」, 4904면, “奉天之狩, 兵未集, 游瓌與慶州刺史論惟明以兵三千來赴, 自乾陵北趨醴泉, 未至, 有詔引軍屯便橋. 次泥泉, 與泚兵值, 游瓌欲還奉天, 監軍翟文秀曰 : ‘吾壁于此, 賊敢踰我而西, 可夾攻取之. 今入奉天, 賊亦隨至, 是引賊迫天子也.’ 游瓌曰 : ‘不然, 我寡賊衆, 彼能分以亢我, 餘衆猶能鼓而西也, 不如先入衛天子. 且奉天無彊卒, 安得夾攻? 吾士乏且寒, 賊以利誘之, 衆且潰.’ 遂還奉天. 泚兵躡攻之, 戰不利, 泚兵奪門, 游瓌殊死戰, 乃解. 泚大治戰棚·雲橋, 士皆懼, 游瓌曰 : ‘賊取佛祠乾木爲攻具, 可以火之.’ 旣而賊大譟攻南雉, 游瓌曰 : ‘是分吾力也.’ 趨北雉, 遣將郭詢·郭廷玉以銳士三百傅滿直出, 火其棚, 投薪於中, 風返, 棚皆燼, 賊氣沮. 故諸將推游瓌赴難功第一. 帝以衛軍無職局, 軍置統軍一員, 以游瓌·惟明·賈隱林處之.”

197) 『舊唐書』 卷161 「劉稹傳」, 4233면, “從諫妻裴氏. 初, 稹拒命, 裴氏召集大將妻同宴, 以酒爲壽, 泣下不能已. 諸婦請命, 裴曰 : ‘新婦各與汝夫文字, 勿忘先相公之拔擢, 莫效李丕背恩, 走投國家. 子母爲託, 故悲不能已也.’ 諸婦亦泣下, 故潞將叛志益堅. 稹死, 裴亦以此極刑. 稹族屬昆仲九人, 皆誅.”

간의 첩 위(韋)씨가 평소 배씨에게 섭섭한 감정이 있어 배씨가 이렇게 말했다고 무고하여 그녀를 극형에 몰아넣었다고 했다.[198]

「이사도전(李師道傳)」을 보면, (이)사도가 죽자 『구당서』에서는 그 부인 위(魏)씨가 출가해서 비구니가 되었다고 했으나,[199] 『신당서』에서는 위씨가 적몰되어 액정(掖庭)에 (노비로) 들어갔다고 적었다.[200]

「왕탁전(王鐸傳)」을 보면, 『구당서』에서는 황소(黃巢)가 반란을 일으켰을 때 관군이 장안성을 수복하자 (왕)탁을 진국공(晉國公)에 봉하고 중서령(中書令)[201] 벼슬을 더하였으며, 장안을 수복한 여러 장수들의 공적에 대해 (왕)탁에게 그 높고 낮음을 헤아려 어명을 받아 작위와 상을 내리도록 했다고 기록했다. 아래에 또 (황)소가 (동)관(潼關)을 나간 뒤 시부(時溥)가 자신이 (황소를) 토벌하겠다고 청하자, 이에 (시)부를 도통(都統)으로 삼고, (왕)탁을 도통에서 해임했다고 기록했다.[202] 이는 장안을 수

---

198) 『新唐書』 卷214 「劉稹傳」, 6019면, "從諫妻裴, 以弟立功, 詔欲貸其死. 刑部侍郎劉三復執不可, 於是賜死, 以尸還問. 裴父敞, 冕之裔, 辟悟府, 悟奇之, 故爲從諫納其女. 裴年十五, 火光起袿下, 家人以爲怪, 因許婚. 封燕國夫人. 寬厚有謀, 每勸從諫入朝爲子孫計. 從諫有妾韋願封夫人, 許之, 詔至, 裴怒, 毁詔不與. 從諫它日會裴黨, 復出詔, 裴抵去, 曰 : '淄靑李師古四世阻命, 不聞側室封者. 君承朝廷姑息, 宜自黜削, 求洗濯, 顧以婢爲夫人, 族不日滅耳!' 從諫然止. 及韋至京師, 乃言 : '李丕降, 裴會大將妻號哭曰 : '爲我語若夫, 勿忘先公恩, 願以子母託.' 諸婦亦泣下, 故潞諸將叛益堅.' 由是及禍."

199) 『舊唐書』 卷124 「李師道傳」, 3541면, "師道妻魏氏, 元和十五年出家爲尼."

200) 『新唐書』 卷213 「李師道傳」, 5995면, "悟素與師道妻魏亂, 妄言鄭公徵之裔, 不死, 沒入掖廷, 它宗屬悉遠徙."

201) 中書令 : 魏晉시대 中書監과 中書令이 설치되었다. 隋代 內史令, 혹은 內書令으로 칭해졌으며, 唐 武德 3년(620) 中書令으로 바꾸었다. 中書省의 장관으로 2명을 두었으며 正三品이었다. 機密에 참여하고 朝政을 議決하여 宰相의 지위에 있었으며 '令公'으로 존칭되었다. 玄宗 때 쉽게 신하들에게 제수하지 않았으며, 大曆 2년(767) 正二品으로 品階가 상승하여 명예직이 되어 특별한 자격이 있는 사람에게만 제수하였다. 中書令의 역할은 실제로 中書侍郎이 담당하였다. 龍朔 2년(662) 西臺右相으로 개칭되었다가 咸亨 元年(670) 이전으로 복귀되었다. 光宅 元年(684) 內史로 바꾸었다가 神龍 元年(705) 원래의 명칭으로 바뀌었다. 開元 元年(713) 紫微令으로 改稱했다가 開元 5년(717) 이전으로 회귀하였다. 天寶 元年(742) 右相으로 改稱했다가 至德 2년(757) 원래대로 돌아갔다.

202) 『舊唐書』 卷164 「王鐸傳」, 4284면, "自巢·讓之亂, 關東方鎭牙將, 皆逐主帥, 自號

복할 때에는 (왕)탁이 바로 도통이었다는 것이다. 『신당서』에서는 (황)소가 전투에서 자주 패하자 환관 전령자(田令孜)는 반란군이 반드시 격파될 것임을 알고 공을 자기에게 돌리기 위해 곧 (왕)탁을 다른 일에 끌어들여 해임하고 검교사도(檢校司徒)로 삼았다고 했다. (왕)탁은 공이 막 이루어지려고 할 때에 참소로 직위를 박탈당했으나, 결국 그 형세는 이어져 몇 달이 지나지 않아 장안을 평정하게 되었다고 했다.[203] 이는 (왕)탁이 아직 장안을 수복하기 전에 이미 도통에서 해임되었다는 것이다. 생각건대 장안을 수복한 뒤의 노포(露布)는 환관 양복광(楊復光)이 올린 것인데 (왕)탁의 이름이 없으니 (왕)탁은 일찌감치 도통에서 해임된 것이며, 『구당서』가 응당 잘못인 것이다.

「왕귀전(王龜傳)」을 보면, 『구당서』에서는 (왕)귀가 절동관찰사(浙東觀察使)가 되었을 때 강회(江淮) 지역에 도적이 일어나 군(郡)들을 공격하자 (왕귀가) 도적에게 해를 당했다고 했으니,[204] 이는 (왕)귀가 도적에게 살해된 것이다. 『신당서』에서는 다만 절동관찰사로 옮겨서 죽은 뒤 공부상서(工部尚書)[205]를 추증했다고만 했으니,[206] 마치 해를 입지 않은 것처럼 되었다.

藩臣. 時溥據徐州, 朱瑄據徐州, 朱瑾據鄆州, 王敬武據兗州, 周岌據許州, 王重榮據河中, 諸葛爽據河陽, 皆自擅一藩, 職貢不入, 賞罰由已. 既逐賊出關, 尤恃功伐, 朝廷姑息不暇. 巢賊出關東, 與蔡帥秦宗權合縱. 時溥擧兵徐方, 請身先討賊, 乃授溥都統之命. 十軍軍容使田令孜以內官楊復光有監護用師之功, 尤忌儒臣立事, 故有時溥之授. 初, 鐸出軍, 兼鄭滑節度使, 以便供饋. 至是, 罷鐸都統之權, 令仗節歸藩."

203) 『新唐書』 卷185 「王鐸傳」, 5407면, "先是, 諸將雖環賊, 莫肯先. 及鐸檄至, 號令殷然, 士氣皆起, 爭欲破賊, 故巢戰數蹙. 宦人田令孜策賊必破, 欲使功出于己, 乃? 鐸於帝, 罷爲檢校司徒, 以義成節度還屯. 鐸功危就, 而讒見奪, 然卒因其勢困賊. 後數月, 復京師, 策勳居關東諸鎭第一."

204) 『舊唐書』 卷164 「王龜傳」, 4281~4282면, "十四年, 轉越州刺史 · 御史大夫 · 浙東團練觀察使. 先是, 龜兄式撫臨此郡, 有惠政, 聞龜復至, 舞抃迎之. 屬徐 · 泗之亂, 江淮盜起, 山越亂, 攻郡, 爲賊所害, 贈工部尚書."

205) 工部尚書: 官名으로 隋 文帝가 처음으로 설치하였고, 唐 · 五代에도 계속 존재하였다. 尚書省 工部의 장관으로 1명을 두며 品階는 正三品이다. 百工 · 屯田 · 山澤의 政令을 관장하고 工部 · 屯田 · 虞部 · 水部 4司를 통할하였다. 中唐 이후 諸部尚書가 部를 통할하지 않게 되고 工部가 六部의 마지막이었기 때문에 다른 尚書로 승진하는 첫 관문이었으며, 工部侍郎이 工部의 사무를 主持하였다. 龍朔 2년(662) 司平太常伯

「원진전(元稹傳)」을 보면, 『구당서』에서는 (원)진이 부수역(敷水驛)에 묵을 때 내관(內官) 유사원(劉士元)과 건물을 다투다가 (유)사원에게 맞아 얼굴을 다쳤다고 했다.[207] 『신당서』에서는 환관 구사량(仇士良)이 왔는데 원진이 양보하지 않자 환관들이 노하여 (원)진을 때려 얼굴에 상처를 입혔다고 했다.[208] 백거이(白居易)[209]가 (원)진을 구하기 위해 쓴 상소를 보면, 역시 (유)사원과 건물을 다투었다고 했는데,[210] 『신당서』에서 구사량을 언급한 것은 아마도 (유)사원이 (구)사량을 따라 왔다가 (원)진을 때렸기 때문일 것이다[趙注 : 「구사량전(仇士良傳)」을 보면 역시 (원)진과 건물을 다투었다고 했으니, 이때 (구)사량은 실제로 직접 부수역에 갔던 것이다].[211]

「이신전(李紳傳)」을 보면, 『구당서』에서는 이기(李錡)가 이신[212]을 발탁

으로 바뀌었다가 咸亨 元年(670) 원래대로 바뀌었다. 光宅 元年(684) 冬官尚書로 개칭되었다가 神龍 元年(705) 원래대로 돌아갔다.

206) 『新唐書』 卷167 「王龜傳」, 5119면, "徙浙東觀察使. 初, 式臨州有惠政, 人聞其至, 歡迎之. 卒, 贈工部尚書."

207) 『舊唐書』 卷166 「元稹傳」, 4331면, "宿敷水驛, 內官劉士元後至, 爭廳, 士元怒, 排其戶, 稹襪而走廳後. 士元追之, 後以箠擊稹傷面."

208) 『新唐書』 卷174 「元稹傳」, 5227~5228면, "次敷水驛, 中人仇士良夜至, 稹不讓, 中人怒, 擊稹敗面."

209) 白居易(772~846) : 唐 下邽 사람으로 新鄭에서 태어났으며, 祖籍은 太原이다. 字는 樂天이다. 貞元進士로 校書郎이 되었고, 元和 元年(806) 制擧에 합격하였다. 후에 翰林學士 · 左拾遺를 역임하였으며, 元和 10년(815) 宰相 武元衡을 살해한 자를 체포해야 한다고 주청했다가 江州司馬로 좌천되었다. 穆宗 즉위 후 主客郎中에 임명되고 中書舍人 · 杭州刺史 · 蘇州刺史 · 秘書監 · 刑部侍郎 · 太子賓客 · 刑部尚書를 역임하고 致仕하였다. 문학이 현실을 반영한다고 주장하여 李紳 · 張籍 · 元稹과 함께 新樂府運動을 주창하였다. 「長恨歌」와 「琵琶行」이 인구에 회자되며, 「秦中吟」은 당시 사회상을 폭로하는 작품으로 평가된다. 詩人 元稹 · 劉禹錫과 친하여 당시 '元白' 혹은 '劉白'으로 병칭되었다. 저서에는 『白氏長慶集』이 있다.

210) 『舊唐書』 卷166 「白居易傳」, 4342면, "昨元稹所追勘房式之事, 心雖徇公, 事稍過當. 既從重罰, 足以懲違, 況經謝恩,, 旋又左降. 雖引前事以爲責辭, 然外議喧喧, 皆以爲稹與中使劉士元爭廳, 因此獲罪. 至於爭廳事理, 已具前狀奏陳."

211) 『新唐書』 卷207 「仇士良傳」, 5872면, "嘗次敷水驛, 與御史元稹爭舍上廳, 擊傷稹."

212) 李紳(?~846) : 唐 潤州 無錫縣 사람으로 字는 公垂이다. 祖籍은 亳州이며, 본래 山東著姓이다. 元和進士로 詩歌에 능했다. 李錡가 掌書記로 벽소하였고, 穆宗 때 右拾遺 · 翰林學士 · 中書舍人을 역임하였다. 李德裕 · 元稹과 친하여 三俊으로 병칭되었다. 長慶 2년(822) 宰相 李逢吉이 牛僧孺를 끌어들이고 李德裕를 浙西觀察使로 좌천

하여 장서기(掌書記)로 삼으려 했는데 (이)신이 취임하지 않자 (이)기가 노하여 (이신을) 죽이려고 했으나 도망쳐서 면했다고 했다.[213] 『신당서』에 따르면 (이)기가 사신[中使]을 위협하여 조정에 소환되지 않고 자신이 계속 머무를 수 있게 상주하도록 하고, (이)신을 불러 상소를 짓게 했으나, (이)신이 겉으로 거짓으로 두려운 척하며 한 글자도 쓰지 못하고 붓을 댈 때마다 지저분하게 먹칠해 버렸다. (이)기는 칼날을 들이대고 종이를 바꾸도록 했으나 결국 완성하지 못했다. 이에 허종(許縱)을 불러 완성하고는 (이)신을 옥중에 가두었다. (이)기가 패한 뒤에야 방면되었다고 했다.[214]

「노암전(路巖傳)」을 보면, (노)암이 재상이 되어 가까이 지내던 속료 변함(邊咸)에게 일을 맡기자, (변함이) 곽주(郭籌)와 서로 의지하며 간악한 짓을 했다. 『구당서』에서는 일이 어그러진 뒤 쫓겨나 성도윤(成都尹)이 되었고, 형남(荊南)으로 임지를 바꾸었다가 곧바로 해임되었다고 했다.[215] 『신당서』에서는 일이 어그러진 뒤 신주(新州)로 폄직되었다가 사사되어 그 목[喉]을 베어 냈다고 했다. 이에 앞서 (노)암이 사사된 자는 마땅히 그 목을 베어 증거로 삼아야 한다고 상주했었는데, 이에 이르러 자신이 거기에

시키자 역시 江西觀察使로 좌천되었으나 穆宗이 長安에 머무르게 하여 戶部侍郎이 되었다. 敬宗 때 李逢吉의 모함으로 端州司馬로 좌천되었다. 太和 7년(833) 李德裕가 宰相이 되자 浙東觀察使가 되었고, 會昌 2년(842) 兵部侍郎 同平章事 趙國公, 中書侍郎, 門下侍郎, 淮南節度使 등을 역임하였다. 『全唐文』에 14편의 글이 있으며, 『全唐詩』에 『追昔游詩』 3卷과 『雜詩』 1卷이 실려 있다.

213) 『舊唐書』 卷173 「李紳傳」, 4497면, "元和初, 登進士第, 釋褐國子助教, 非其好也. 東歸金陵, 觀察使李錡愛其才, 辟爲從事. 紳以錡所爲專恣, 不受其書幣, 錡怒, 將殺紳, 遁而獲免."

214) 『新唐書』 卷181 「李紳傳」, 5347면, "元和初, 擢進士第, 補國子助教, 不樂, 輒去. 客金陵, 李錡愛其才, 辟掌書記. 錡寖不法, 賓客莫敢言, 紳數諫, 不入; 欲去, 不許. 會使者召錡, 稱疾, 留後王澹爲具行, 錡怒, 陰教士臠食之, 卽脅使者爲衆奏天子, 幸得留. 錡召紳作疏, 坐錡前, 紳陽怖栗, 至不能爲字, 下筆輒塗去, 盡數紙, 錡怒罵曰: '何敢爾, 不憚死邪?' 對曰: '生未嘗見金革, 今得死爲幸.' 卽注以刃, 令易紙, 復然. 或言許縱能軍中書, 紳不足用. 召縱至, 操書如所欲, 卽囚紳獄中, 錡誅乃免."

215) 『舊唐書』 卷177 「路巖傳」, 4603면, "保衡作相, 罷巖知政事, 以檢校左僕射出爲成都尹·劍南西川節度使. 未幾, 改荊南節度. 詔令六月下峽赴鎭, 尋復罷之."

해당하게 되었다고 썼다.[216]

헌종(憲宗)의 시해에 대해 『구당서』에서는 환관 진홍경(陳弘慶)의 짓이라 했으나 『신당서』에서는 진홍지(陳弘志)라고 표기했다.[217] 『구당서』에서는 (진)홍경 등이 시역했다고 하면서도 왕수징(王守澄)에 대해서는 언급하지 않았으나,[218] 『신당서』에서는 (왕)수징이 진홍지 등과 함께 황제를 시해했다고 기록했다.[219]

「양복광전(楊復光傳)」을 보면, 『구당서』에서는 (양)복광이 감군(監軍)으로 반란군을 토벌하면서 오언홍(吳彦弘)을 보내 황소에게 항복하도록 타이르자, (황)소가 바로 상군장(尙君長) 등에게 명하여 표문을 받들어 나라에 귀순하도록 했다. 송위가 그 공적을 해치고자 군사를 모아 반란군을 공격하자 (황)소가 노하여 다시 사납게 되었다고 했다.[220] 『신당서』에서는 (양)복광이 왕선지에게 항복하도록 권유하자, (왕)선지가 상군장을 보내 나가 항복하게 했으나, 송위가 몰래 (상)군장을 죽일 것을 청하니 그로 인해 (왕)선지가 다시 배반하게 되었다고 했다.[221] 생각건대 이때는 (왕)선지가 반란군의 우두머리이고 (황)소는 그 장교였으니, (양)복광이

216) 『新唐書』 卷184 「路巖傳」, 5397면, "巖坐是徙荊南節度使, 道貶新州刺史, 至江陵, 免官, 流儋州, 籍入其家. 巖體貌偉麗, 美須髯, 至江陵兩昔皆白. 捕誅咸·籌等. 巖至新州, 詔賜死, 剔取喉, 上有司. 或言巖嘗密請'三品以上得罪誅殛, 剔取喉驗其已死'. 俄而自及."

217) [王注] '弘慶'이나 '弘志'는 곧 두 책의 「宦者傳」에 의거해서 한 말인데, 두 책의 「憲宗本紀」에는 모두 '陳弘志'라고 쓰고 있으니, '慶'자가 응당 잘못된 글자일 것이다.

218) 『舊唐書』 卷184 「王守澄傳」, 4769면, "王守澄, 元和末宦者. 憲宗疾大漸, 內官陳弘慶等弑逆."

219) 『新唐書』 卷208 「王守澄傳」, 5883면, "是夜, 守澄與內常侍陳弘志弑帝於中和殿, 緣所餌, 以暴崩告天下, 乃與梁守謙·韋元素等定冊立穆宗."

220) 『舊唐書』 卷184 「楊復光傳」, 4772면, "乾符中, 賊渠黃巢之犯江西, 復光爲排陣使, 遣判官吳彦弘入城喩朝旨, 巢卽令其將尙君長奉表歸國. 招討使宋威害其功, 倂兵擊賊, 巢怒, 復作剽."

221) 『新唐書』 卷207 「楊復光傳」, 5876면, "乾符初, 佐平盧節度使曾元裕擊賊王仙芝, 敗之. 招討使宋威擊仙芝於江西, 復光在軍, 請判官吳彦宏約賊絳, 仙芝遣將尙君長自縛如約. 威疾其功, 密請僖宗誅之, 故仙芝怨, 復引兵叛."

항복하도록 타이른 대상이 (왕)선지임은 매우 분명하다.

「장순전(張巡傳)」을 보면, 『구당서』에서는 포주(蒲州) 하동(河東) 사람이라고 했으나,[222] 『신당서』에서는 등주(鄧州) 남양(南陽) 사람이라고 했다.[223]

「정전전(鄭畋傳)」을 보면, 『구당서』에서는 (정)전이 봉상(鳳翔)에 주둔하다가 병이 들자 이에 표문으로 이창언(李昌言)을 천거하니 이를 허락하는 조서가 내리고 (정)전을 행재소로 오도록 불렀다고 했다.[224] 『신당서』에서는 황소가 장안성을 차지하자 (정)전이 격문을 돌리고 그(황소)를 토벌하고자 대장 이창언을 시켜 군사를 이끌고 장안으로 향하게 했다. (이)창언이 군사를 돌려 (정)전을 습격하니 (정)전이 성 위에 올라 "내 이제 막 입조하려 하니, 공이 나라를 위해 반란군을 토벌할 수 있다면 좋겠소"라고 말하며 군사를 맡기고는 가 버렸다고 했다.[225] 『자치통감(資治通鑑)』도 『신당서』의 내용과 같다.[226]

「왕중영전(王重榮傳)」을 보면, 『신당서』에서는 환관 전령자가 (왕)중영이 염지(鹽池)를 맡아 금군(禁軍)에게 (소금을) 기꺼이 공급하지 않는다 하여 주매(朱玫)를 시켜 그를 토벌하게 하였다. (왕)중영은 이극용(李克用)에게 군사를 거느리고 와서 사원(沙苑)에서 싸우게 하니 금군이 대패했다고 했다[227][趙注 : 『자치통감』의 내용도 같다].[228] 『구당서』에서는 다만 사원의 전투에서

222) 『舊唐書』 卷187下 「張巡傳」, 4899면, "張巡, 蒲州河東人."

223) 『新唐書』 卷192 「張巡傳」, 5534면, "張巡字巡, 鄧州南陽人."

224) 『舊唐書』 卷178 「鄭畋傳」, 4636면, "其年冬, 畋暴病, 以岐山方禦賊衝, 宜須驍將鎭守, 表薦大將李昌言, 詔可之. 詔畋赴行在."

225) 『新唐書』 卷185 「鄭畋傳」, 5404면, "行軍司馬李昌言者屯興平, 遣麾下求爲南面都統, 輒引兵趨府. 畋不意見襲, 登城好語曰 : '吾方入朝, 公能戢兵愛人, 爲國滅賊乎? 能, 則守此矣.' 遂委軍去."

226) 『資治通鑑』 卷254 「唐紀」 「僖宗中和元年十月」條.

227) 『新唐書』 卷187 「王重榮傳」, 5437면, "中人田令孜怒重榮據鹽池之饒. 于時巨盜甫定, 國用大要, 諸軍無所仰, 而令孜爲神策軍使, 建請二池領屬鹽鐵, 佐軍食. 重榮不許, 奏言 : '故事, 歲輸鹽三千乘于有司, 則斥所餘以澹軍.' 天子遣使者諭旨, 不聽. 令孜徙重榮兗海節度使, 以王處存代之, 詔克用將兵援河中. 重榮上書劾令孜離間方鎭. 令孜遣邠寧朱玫進討, 壁沙苑. 重榮詒克用書, 且言 : '奉密詔, 須公到, 使我圖公. 此令孜·朱全忠·朱玫之惑上也.' 因示僞詔. 克用方與全忠有隙, 信之, 請討全忠及玫.

금군이 (왕)중영에게 패하니 (전)령자가 천자를 데리고 보계(寶雞)로 갔으며, 이극용이 이를 듣고 곧 (왕)중영과 함께 장안을 구원하러 들어갔다고 기록했다.[229] 그러고 보니 마치 사원의 전투는 이극용이 그 일에 관여하지 않고 황제가 달아난 뒤에 비로소 근왕군을 일으킨 것처럼 되었다. 이는 혹 후당(後唐)에서 『구당서』를 편찬할 때에 이극용을 위해 숨긴 것일까?

236. 『신당서』와 『구당서』는 각각 본기와 열전이 서로 다른 대목이 있다 新舊書各有紀傳互異處

『구당서(舊唐書)』 본기를 보면, 유주(幽州)에서 군사반란이 일어나 절도사(節度使) 사원충(史元忠)을 추방하고 진행태(陳行泰)를 유후(留後)[230]로 추대했다고 했다. 웅무군사(雄武軍使) 장강(張絳)이 (진)행태는 절도사가 될 수 없다고 상주하고 자기 번진의 군사로 그를 토벌할 것을 청하자, 이를 허락하여 결국 (진)행태를 주살했다. 조서를 내려 (장)강에게 유후의 업무를 주관하게 하고 이어 중무(仲武)라는 이름을 하사했다고 하니,[231] 이는 (장)강이 곧 장중무(張仲武)라는 것이다. 그러나 『신당서(新唐書)』에서는 진행태가 사원충을 죽이고 장강이 또 (진)행태를 죽이자 웅무군사 장

帝數詔和解. 克用合河中兵戰沙苑, 玫大敗, 奔邠州."

228) 『資治通鑑』 卷256 「唐紀」 「僖宗光啓元年」條.

229) 『舊唐書』 卷182 「王重榮傳」, 4696면, "十二月, 令孜挾天子出幸寶雞, 太原聞之, 乃與重榮入援京師, 遣使迎駕還宮."

230) 留後 : 절도사가 任地를 떠났을 때 그 대리를 보는 자리.

231) 『舊唐書』 卷18上 「武宗紀」, 588~589면, "九月, 幽州軍亂, 逐其帥史元忠, 推牙將陳行泰爲留後. 三軍上章請符節, 朝旨未許. 十月, 幽州雄武軍使張絳遣軍吏吳仲舒入朝, 言行泰慘虐, 不可處將帥之任, 請以鎭軍加討, 許之. 十月, 誅行泰, 遂以絳知兵馬使. 車駕校獵咸陽. …… 以雄武軍使張絳檢校左散騎常侍, 兼幽州左司馬, 知兩使留後, 仍賜名仲武."

중무가 군사를 일으켜 (장)강을 토벌했고, 조정에서 그에 따라 (장)중무에게 절도사를 명했다고 했으니,[232] 이는 (장)강과 (장)중무가 판연히 다른 두 사람이라는 것이다. 『구당서』「장중무전(張仲武傳)」을 살펴보면, 사원충은 (진)행태에게 축출되고, (진)행태는 또한 (장)강에게 축출되었는데, 마침 (장)중무가 속리 오중서(吳仲舒)를 보내 표를 받들어 서울에 이르게 했으며, 재상 이덕유(李德裕)가 연고를 물으니 (오)중서는 "(진)행태, (장)강은 모두 객장(客將)이므로 인심이 귀부하지 않으나, (장)중무는 본래 구장(舊將)이고 평소에 충의를 품고 있으므로 절도사가 될 수 있습니다"라고 답했다. (이)덕유는 이에 상주하여 (장)중무를 절도사로 삼았다고 했다.[233] 이는 『구당서』 열전 안에서도 또한 일찍이 (장)강과 (장)중무를 한 사람이라 한 것이 아니었다. 그런데도 본기에서는 곧 (장)강에게 중무라는 이름을 하사했다고 말했으니, 이는 본기와 열전에서 서로 다른 것이 훤히 드러난 경우이다. 『신당서』 열전 및 『자치통감(資治通鑑)』을 통틀어 그것을 살펴보면, 이는 『구당서』의 오류가 본기에 있지 열전에 있지는 않은 것이다.

『신당서』 본기에서는 양군공(梁郡公) 이효일(李孝逸[234])을 죽였다고 했

232) 『新唐書』 卷8「武宗紀」, 241면, "十月, 幽州盧龍軍逐絳, 雄武軍使張仲武入于幽州"; 『新唐書』 卷212「張仲武傳」, 5979~5980면, "會昌初, 爲偏將陳行泰所殺. 行泰邀節制, 未報. 次將張絳殺行泰, 起求帥軍, 武宗自用張仲武代之."

233) 『舊唐書』 卷180「張仲武傳」, 4677면, "會昌初, 陳行泰殺節度使史元忠, 權主留後. 俄而行泰又爲次將張絳所殺, 令三軍上表, 請降符節. 時仲武遣軍吏吳仲舒表請以本軍伐叛. 上遣宰臣詢其事, 仲舒曰 : '絳與行泰皆是游客, 主軍人心不附. 仲武是軍中舊將張光朝之子, 年五十餘, 兼曉儒書, 老於戎事, 性抱忠義, 願歸心闕廷.' 李德裕因奏 : '陳行泰·張絳皆令大將上奏, 邀求節旄, 所以必不可與. 今仲武上表布誠, 先陳密款, 因而拔用, 卽似有名.' 許之, 乃授兵馬留後, 詔撫王紘遙領節度. 尋改仲武節度副大使·知節度事, 檢校工部尙書·幽州大都督府長史·兼御史大夫·蘭陵郡王."

234) 李孝逸 : 唐宗室로 淮安王 李神通의 아들이다. 高宗 때 給事中·益州大都督府長史를 역임하였고, 武后가 臨朝稱制할 때 左衛將軍이 되었다. 光宅 元年(684) 左玉鈐衛大將軍 揚州道行軍大總管이 되어 揚州를 점령하고 徐敬業의 난을 평정하였다. 鎭軍大將軍 吳國公에 봉해졌다. 垂拱 2년(686) 참소로 施州刺史로 좌천되었다. 후에 자립하려는 뜻이 있다고 무고되어 除名되고 儋州(지금의 海南省 儋縣 서북)로 유배되어 죽었다.

다.[235] 『신당서』「(이)효일전」을 살펴보면, 서경업(徐敬業)을 토벌하는 데에 공이 있었으므로 나중에 무삼사(武三思)에게 모함을 당해 죽음에 처해지게 되었으나 무후(武后)가 그 옛 공적을 생각하여 죽음을 면해주고 담주(儋州)로 유배시켰다고 했다.[236] 『구당서』「이효일전」에서도 역시 그러하다.[237] 이는 (이)효일이 죽음을 당하지 않았다는 것이다. 이는 『신당서』의 오류 역시 본기에 있지 열전에 있지는 않음이다.

237. 『신당서』와 『구당서』가 틀린 대목 新舊書誤處

엄무전(嚴武傳)

『구당서(舊唐書)』에서는 숙종(肅宗)이 장안(長安)을 수복하고 (엄)무를 경조소윤(京兆少尹)으로 삼았으나 사사명(史思明)의 군대가 막아 관에 취임하지 못하고 장안에서 시간을 보냈다고 했다.[238] 생각건대, 장안이 곧 경조(京兆)이고 이미 장안을 수복했는데, 어찌 경조소윤이 임지로 갈 수 없었을까? 사사명은 또한 장안을 차지하지 않았는데, 어찌 그 군대가 길을 막아 결국 경조로 부임하지 못했겠는가? 이는 반드시 잘못이다. 아마도 이

235) 『新唐書』 卷4 「則天順聖武皇后紀」, 90면, "己亥, 殺梁郡公孝逸."

236) 『新唐書』 卷78 「梁郡公孝逸傳」, 3530면, "武承嗣等忌之, 以讒下遷施州刺史. 又使人騰惡語聞上, 武后信之, 以嘗有功, 貸死, 流儋州, 薨."

237) 『舊唐書』 卷60 「李孝逸傳」, 2344면, "垂拱二年, 左遷施州刺史. 其冬, 承嗣等又使人誣告孝逸往任益州, 嘗自解'逸'字云 : '走遶免者, 常在月中. 月旣近天, 合有天分.' 則天以孝逸常有功, 減死配徙儋州, 尋卒."

238) 『舊唐書』 卷117 「嚴武傳」, 3395면, "旣收長安, 以武爲京兆少尹·兼御史中丞, 時年三十二. 以史思明阻兵不之官, 優游京師, 頗自矜大."

는 동도소윤(東都少尹)이었을 듯하다. 이때 사조의(史朝義)는 여전히 동도(곧, 낙양(洛陽))를 차지하고 있었으니, 예컨대 유안(劉晏) 역시 하남윤(河南尹)에 제수되었으나 적이 도성을 점거하고 있어 장수(長水)에 임시로 치소를 두었다.[239] 그러므로 (엄)무에게 제수된 소윤(少尹)은 당연히 하남(河南)의 소윤이다. 『신당서(新唐書)』에서는 경조소윤으로 임명되었으나 방관(房琯)의 일에 연루되어 파주자사(巴州刺史)로 폄직되었다고 했다.[240] 따라서 『구당서』에서 적이 막아 임지에 가지 못했다고 한 것은 잘못이다.

노경전(魯炅傳)

(노)경이 남양(南陽)을 지킨 지 1년이 되었는데, 적장 전승사(田承嗣) 등과 밤낮으로 싸웠으나 힘이 부쳐 지탱할 수 없게 되자, 군사들을 이끌고 포위망을 뚫고 나와 양양(襄陽)으로 갔다.[241] 『신당서』와 『구당서』에서 모두 같으니, 이는 (노)경이 이미 양양으로 달아났다는 것이다. 그런데 「괵왕(虢王) (이)거전(李巨傳)」을 보면, (이)거가 명을 받들어 하남절도사(河南節度使)가 되었는데, 조서가 내려 (노)경을 과의(도위)(果毅都尉)로 폄직하고 내진(來瑱)에게 그를 대신하게 했다. (이)거가 "만약 (노)경이 능히 고립무원인 성을 지킬 수 있다면 공적이 족히 잘못을 덮을 수 있을 것입니다. 그런데 왜 그러한 조치를 내리셨습니까?"라고 상주하자, 현종(玄宗)은 "그대가 편의에 따라 처리하도록 하라"라고 답했다. (이)거가 내향(內

---

239) 『舊唐書』 卷120 「劉晏傳」, 3511면, "歷殿中侍御史, 遷度支郎中・杭隴華三州刺史, 尋遷河南尹. 時史朝義盜據東都, 寄理長水."

240) 『新唐書』 卷129 「嚴武傳」, 4484면, "已收長安, 拜京兆少尹. 坐琯事貶巴州刺史."

241) 『舊唐書』 卷114 「魯炅傳」, 3362면, "炅在圍中一年, 救兵不至, 晝夜苦戰, 人相食. 至德二年五月十五日, 率衆持滿傅矢突圍而出南陽, 投襄陽"; 『新唐書』 卷147 「魯炅傳」, 4752면, "炅被圍凡一年, 晝夜戰, 人至相食, 卒無救. 至德二載五月, 乃率衆突圍走襄陽."

鄕)에 이르자 적은 포위를 풀고 달아났다. (이)거는 이에 남양에 이르러 조칙을 공포하여 (노)경을 폄직해 그 인장과 의복을 빼앗고 종군하면서 힘을 다하도록 명했다. 그날 밤, 은혜를 내리는 명으로 예전대로 (노)경을 복직시켰다고 했다.[242] 이에 따르자면 (노)경은 여전히 남양에 있었던 것이 된다. 「내진전」에서는 또한 (노)경이 남양을 지켰고 있는데, 조서가 내려져 (내)진에게 (노)경을 대신하게 하자, 괵왕 (이)거가 상주하여 (노)경이 능히 남양을 지킬 수 있다고 했고, 이에 각자 본래의 관직으로 복귀시키는 조서가 내려졌다고 했다.[243] 아래에서 또 적이 남양을 공격한 지 몇 달이 되자, (내)진이 그(노경)를 구원했으나 적에게 패했다고 했다. 이는 (노)경이 역시 아직 남양을 잃지 않았다는 것이다. 몇 개의 열전을 대조해 보면 모두 맞아떨어지지가 않는다.[244] 마땅히 이는 (괵왕 이)거가 남양에 이르렀을 때 (노)경은 아직 성을 지키고 있었고, 적은 잠시 물러났다가 나중에 다시 와서 공격을 했고, (내)진이 이를 구하려다 적에게 패하고, (노)경이 이때 양양으로 달아난 것일 따름이다.

242) 『舊唐書』 卷112 「李巨傳」, 3347면, "有詔貶炅爲果毅, 以潁川太守來瑱兼御史中丞代之. 巨奏曰 : '若炅能存孤城, 其功足以補過, 則何以處之?' 玄宗曰 : '卿隨宜處置之.' 巨至內鄕, 趣南陽, 賊將畢思琛聞之, 解圍走. 巨趣何履光·趙國珍同至南陽, 宣敕貶炅, 削其章服, 令隨軍效力. 至日晩, 以恩命令炅復位."

243) 『舊唐書』 卷114 「來瑱傳」, 3365면, "魯炅敗於葉縣, 退守南陽, 乃以瑱爲南陽太守·兼御史中丞, 充山南東道節度防禦處置等使以代炅. 尋以嗣虢王巨爲御史大夫·河南節度使, 因奏炅能守南陽, 詔各復本位."

244) [王注] 『舊唐書』 「魯炅傳」에는 魯炅이 南陽을 지킨 것이 1년이고, 뒤에 무리를 이끌고 포위를 돌파하여 襄陽으로 달아났다고 했다. 「虢王李巨傳」에는 명을 받들어 河南 節度를 맡아 魯炅를 免職시켰다가 또 그를 복위시켰다고 하였으니, 그가 南陽을 아직 떠나지 않았음이 분명하다. 또한, 「來瑱傳」에는 魯炅이 南陽을 지켰는데, 賊이 공격한 것이 몇 개월이었으며, 來瑱이 와서 구원하였으나, 賊에게 패하였다고 했다. 사실 『舊唐書』 卷114 「魯炅傳」에 분명히 기록하기를, 南陽을 버린 것은 至德 2年(757) 5월 15일이라고 했고, 卷112 「李巨傳」에는 그가 河南을 節度한 일을 至德 2年 5월 以前에 실었으며, 卷114 「來瑱傳」에는 비록 年月 기록을 갖추지는 않았지만 至德 2年 5월 以前의 일임이 확실하니, 그때에는 魯炅이 여전히 南陽에서 城에 포위되어 있었다. 그러므로 各 傳 사이에는 결코 서로 부합하지 않는 곳이 없다.

곽자의전(郭子儀傳)

『신당서』에서는 대종(代宗)[245]이 즉위한 뒤 (곽)자의가 정원진(程元振)이 자기를 참소할까 두려워하여 이에 숙종이 내린 조칙 천여 편을 모아 바쳤다고 했다.[246] 생각건대, 『구당서』를 보면 (곽)자의가 대종에게 표를 올려 "폐하께서 신에게 내리신 조서 천여 편은 영무(靈武), 하북(河北), 하남에서 신이 가는 곳까지 보내 주신 친필 칙서로 모두 20권이온데, 어리석어 죽을죄를 범하며 이를 바칩니다"라고 말했다.[247] 이는 대종이 광평왕(廣平王)으로 (곽)자의와 함께 두 수도를 수복할 때 군중에서 오갔던 '친필 편지(手札)'인데, 대종이 이미 즉위했기 때문에 '조칙(詔敕)'이라 지칭한 것이다. 『신당서』에서 이를 숙종의 조칙이라 한 것은 특히 잘못이다.

---

245) 代宗(727~779, 재위 762~779) : 이름은 李豫, 初名은 俶이며, 肅宗의 큰아들이다. 廣平王에 봉해졌고, 肅宗 때 天下兵馬元帥에 임명되어 郭子儀 등과 함께 兩京을 수복하였다. 즉위 후 위구르 군대를 빌려 史朝義를 토벌하여 安史의 난을 평정하였고, 安史의 잔당을 河北諸鎮의 節度使로 임명하였다. 專權을 휘두른 宦官 李輔國·程元振·魚朝恩 등을 제거하였다. 廣德初 吐蕃이 침입하여 長安을 버리고 陝州로 도망갔다가 郭子儀를 기용하여 長安을 회복했다. 劉晏을 등용하여 漕運과 財政을 정돈했고, 元載를 등용하여 체납된 租稅를 징수하였다. 元載와 王縉의 영향으로 불교를 독실하게 믿었다. 河北과 淄青 등 藩鎮을 통제하지 못하여 藩鎮 할거의 국면이 확고해졌다. 元陵에 묻혔으며, 시호는 睿文孝武皇帝이다.

246) 『新唐書』 卷137 「郭子儀傳」, 4603면, "代宗立, 程元振自謂於帝有功, 忌宿將難制, 離構百計. 因罷子儀副元帥, 加實戶七百, 爲肅宗山陵使. 子儀懼讒且成, 盡裒代宗所賜詔敕千餘篇上之, 因自明." 현재 中華書局本 『新唐書』는 이미 '肅宗'을 '代宗'으로 고쳤으며, 그 내용을 校勘記에 밝히고 있다.

247) 『舊唐書』 卷120 「郭子儀傳」, 3454~3455면, "子儀旣謝恩, 上表進肅宗所賜前後詔敕, 因自陳訴曰 : '臣德薄蟬翼, 命輕鴻毛, 累蒙國恩, 猥厠朝列. …… 跋涉難阻, 出沒死生, 所仗唯天, 以至今日. 陛下曲垂惠奬, 念及勤勞, 貽臣詔書一千餘首, 聖旨微婉, 慰諭綢繆, 彰微臣一時之功, 成子孫萬代之寶. 自靈武·河北·河南·彭原·鄜坊·河東·鳳翔·兩京·絳州, 臣所經行, 賜手詔敕書凡二十卷, 昧死上進, 庶煩聽覽'."

주도(朱滔)와 주차(朱泚)

『구당서』에는 흥원(興元) 원년(784)에 이포진(李抱眞)[248]과 왕무준(王武俊)이 주도(朱滔)를 경성(京城) 동남쪽에서 격파해 그 가짜 재상 주량우(朱良祐)와 이준(李俊) 등을 사로잡았고, (주)도는 유주(幽州)로 달아났다고 했다.[249] 주차(朱泚), 주도, (왕)무준, (이)포진, 전열(田悅), 전서(田緖) 등의 열전을 보면, 이때 (주)차는 경원군[涇師 : 涇原軍]의 반란으로 장안에서 제호를 참칭하였고, 그 아우 (주)도와 (왕)무준, (전)열 등이 바야흐로 연횡하여 조명의 명령에 항거했으며, (주)차는 사람을 보내 (주)도를 황태제(皇太弟)로 책립하여[250] 그에게 군대를 동원해 낙양으로 가서 자기와 합세하도록 했다. (주)도는 군대를 이끌고 남하했으나, (전)열이 핑계를 대고 군사를 돕지 않자, (주)도는 노하여 결국 그(전열)의 패주(貝州)를 공격했다.[251] (왕)무준과 (이)포진은 (주)도가 사납고 제멋대로여서 함께 일을 도모할 수 없다고 여겨 결국 군대를 합쳐 (주)도를 공격해 대패시키니,[252] 주량우 등이 사로잡

---

248) 李抱眞(733~794) : 唐 涼州 사람으로 字는 太玄이다. 從兄 澤潞節度使 李抱玉를 따랐으며, 汾州別駕에 임명되었다. 廣德 2년(764) 僕固懷恩이 汾州에서 반란을 일으키자 長安으로 가서 代宗에게 헌책하여 郭子儀의 統軍으로 기용되어 僕固懷恩의 군대를 격파하였다. 德宗 즉위 후 昭義軍節度使(澤潞節度使)에 임명되었다. 建中 2년(781) 魏博節度使 田悅이 반란을 일으켜 邢州(지금의 河北省 邢臺 북쪽), 臨洺(지금의 河北省 永年縣)을 포위하자 馬燧와 함께 이를 격파하여 포위를 풀었다. 또 洹水에서 田悅을 대파하고 田悅을 魏州에서 포위하였다. 후에 盧龍節度使 朱滔와 成德節度使 王武俊이 연합하여 田悅을 구하였고, 淄靑節度使 李納 또한 반란을 일으키자 鎭으로 돌아와 굳게 지키니 반란군이 침범하지 못하였다. 興元 元年(784) 朱滔가 貝州를 공격하자 이를 구원하고 王武俊을 항복하도록 설득해 함께 朱滔를 격파하였다. 벼슬은 同中書門下平章事에 이르렀고 義陽郡王에 봉해졌다. 말년에 長生을 구하여 丹藥을 복용하고 죽었다.

249) 『舊唐書』 卷12 「德宗本紀」, 342면, "丙子, 李抱眞·王武俊破朱滔於經城東南, 斬首三萬級, 擒僞相朱良祐·李俊以獻. 朱滔遁歸幽州."

250) 『舊唐書』 卷142 「王武俊傳」, 3875면, "時朱泚僞冊滔爲皇太弟."

251) 『舊唐書』 卷143 「朱滔傳」, 3897면, "興元元年正月, 滔驅率燕·薊之衆及迴紇雜虜號五萬, 次南河, 攻圍貝州."

252) 『舊唐書』 卷132 「李抱眞傳」, 3649면, "遂與結爲兄弟而別, 約明日合戰, 遂擊破朱滔于經城"; 『舊唐書』 卷142 「王武俊傳」, 3875면, "五月, 武俊·抱眞會軍於鉅鹿東.

히고 (주)도는 유주로 달아났던 것이다. 이는 (주)도가 패주에 이르러 곧 패하고 달아난 것이지, 장안에 가까이 간 것은 아니었다. 『신당서』 (왕)무준 등의 열전에서는 (주)도를 경성(經城)에서 격파했다고 기록했고[253] 「전서전(田緖傳)」에서는 또 (왕)무준 등과 함께 (주)도를 경성(涇城)에서 격파했다고 썼다.[254] 따라서 『구당서』에서 말하는 '경성 동남쪽'은 아마도 경성(經城)이나 경성(涇城)의 와전이고, 그곳은 당연히 패주에 있었을 것이다. 그리고 『신당서』 본기를 보면, 이 전투 이전에 또 혼감(渾瑊)과 주도가 무천정(武川亭)에서 싸워 그(주도)를 격파했다고 했다.[255] 주도는 패주에서 패한 이후 유주로 도망갔다고 했는데, 무천정은 무공(武功) 땅이니, (주)도는 이때 장안 서쪽에 도달하지도 않았는데, 어떻게 (혼)감과 무천에서 싸운 일이 있을 수 있겠는가? (혼)감과 (주)차의 두 열전을 살펴보면, 이때 덕종(德宗)은 양주(梁州)와 양주(洋州)에 있었고, (혼)감은 행영부원수(行營副元帥)가 되어 이성(李晟)이 막 장안에서 (주)차를 포위하고 있을 때 (혼)감이 행재소로부터 와서 구원했다. (주)차는 한민(韓旻), 송귀조(宋歸朝), 장정지(張庭芝) 등을 보내 무공을 습격했으나, (혼)감과 토번(吐蕃) 군사가 이를

兩軍旣交, 滔震恐. 抱眞爲方陣, 武俊用奇兵, 朱滔傾壘出戰, 武俊不擐甲而馳之, 滔望風奔潰, 自相蹂踐, 死者十四五, 收其輜重・器甲・馬牛不可勝計, 滔夜奔還幽州"; 『舊唐書』 卷141 「田緖傳」, 3846면, "緖遣兵助王武俊・李抱眞, 大破朱滔于經城, 以功授檢校工部尙書."

253) 『新唐書』 卷138 「李抱眞傳」, 4622면, "食訖, 約爲昆弟而別. 且日合戰, 大破滔經城"; 『新唐書』 卷211 「王武俊傳」, 5954~5955면, "武俊大喜, 與抱眞相聞, 自將屯南宮, 抱眞屯經城, 兩軍相距十里而舍. 武俊潛會抱眞于軍, 陳說忼慨, 抱眞亦傾意結納, 約爲兄弟, 遂俱東壁貝州, 距城三十里止. 滔欲迎戰, …… 抱眞使來希皓率勁騎薄滔營, 盧玄眞乘其後, 滔懼, 引衆去, 希皓迫之, 武俊邀于隘, 滔大敗, 免者八千人."

254) 『新唐書』 卷210 「田緖傳」(5932~5933면)에는 이런 기사가 보이지 않는다. 다만 "曾穆勸緖絶滔, 而緖部分亦定, 乃乘城戰, 武俊・抱眞各脩好如悅時"라는 기록이 있을 뿐이다. 대신 『舊唐書』 卷141 「田緖傳」, 3846면에는 "緖遣兵助王武俊・李抱眞, 大破朱滔于經城"라는 기록이 있어 이 부분은 趙翼의 착오라고 생각된다.

255) [王注] 百衲本 影印 宋嘉祐本 『新唐書』에서는 '朱滔'를 '朱泚'라고 하고 있어 趙翼이 의거한 판본에는 오류가 있다. 또 '武川亭'은 마땅히 '武亭川'으로 써야 한다. 『新唐書』 卷7 「德宗本紀」, 191면, "乙丑, 渾瑊及朱泚戰于武亭川, 敗之."

무천정에서 물리치니 머리를 벤 것이 만을 헤아렸다고 했다.[256] 이는 (혼)감이 무천정에서 패배시킨 것은 (주)차의 장수이지 (주)도가 아니었음이니, (혼)감과 (주)도가 무천정에서 싸웠다고 말한 것, 이 또한 『신당서』의 오류이다. 어떤 책에서는 (주)차와 전투를 했는데 잘못 판각하여 (주)도가 되었을 따름이라고 했다【趙注 : 구(양수)의 『신당서』에서는 적장을 기록할 때 반드시 적의 우두머리의 이름을 적었으니, 어쩌면 (주)차가 보낸 장수를 곧 (주)차라고 썼을 것이다】.

238. 『신당서』와 『구당서』 판각본에는 각각 빠지거나 틀린 대목이 있다 新舊書刻本各有脫誤處

『구당서(舊唐書)』 「장순전(張巡傳)」을 보면, 안록산(安祿山)이 하락(河洛)을 함락시켰을 때 허원(許遠)[257]은 수양(睢陽)[258]을 지키고 있었는데, 적장 윤자기(尹子奇)가 공격하여 포위한 지 1년이 지났다. (장)순은 옹구(雍邱)[259]

256) 『新唐書』 卷155 「渾瑊傳」, 4894면, "賊韓旻拒武功, 瑊率吐蕃論莽羅兵破之武亭川, 斬首萬級, 遂屯奉天, 以抗西面. 李晟自東渭橋破賊, 瑊與韓游瓌·戴休顏以西軍收咸陽, 進屯延秋門. 泚平, 論功, 以瑊兼侍中, 實封戶八百"; 『新唐書』 卷225 「朱泚傳」, 6448면, "李晟等兵寖彊, 士益附, 而渾瑊又擊破賊將韓旻·宋歸朝於武亭川, 斬計萬級, 歸朝奔懷光. 晟率渾瑊·駱元光·尙可孤悉師攻賊, 晟薄光泰門, 敗賊將張廷芝·李希倩, 賊棄門哭保白華. 晟引軍還, 居三日復戰, 大敗之, 乃分道入. 泚將段誠伏莽中, 爲王伉所禽."

257) 許遠(709~757) : 唐 杭州 鹽官縣(지금의 浙江省 海寧縣 서남) 사람으로 字는 令威이다. 河西에 종군하여 支度判官이 되었다. 安祿山의 난 때 睢陽太守 本州防禦使에 임명되었다. 至德 2載(757) 安祿山의 部將 尹子奇가 睢陽을 포위공격하자 眞源令 張巡과 협력하여 城을 지켜 반란군의 남하를 저지하였다. 재능이 張巡에 미침을 알고 張巡의 밑에 들어가 軍糧과 武器에 관한 일만 처리하였다. 적이 城을 포위한 지 2년이 넘도록 밖에서 구원병이 오지 않고 군량이 다하자 城이 함락되고 포로가 되어 洛陽으로 압송되어 安慶緖에게 살해되었다.

258) 睢陽 : 河南 宋州 소속으로 오늘날 商丘縣 남쪽에 위치. 당나라 때 張巡이 安祿山과의 싸움에 수양성에 웅거하였으므로, 張巡의 별칭으로도 사용되었다.

259) 雍邱 : 河南 汴州 소속으로 汴州의 동남쪽에 위치. 『舊唐書』 원문에는 雍丘라고 되어 있다.

가 작은 고을이라 비축된 물자가 부족하므로 대규모 침략군이 닥치면 반드시 지키기가 어려울 것이라 생각하여 이에 군사를 이끌고 거짓으로 항복했다. 지덕(至德) 2년(757) 정월의 일이다. 현종(玄宗)은 그 말을 듣고서 그를 용감하다고 여겨 주객낭중(主客郎中)[260] 겸 어사중승(御史中丞)[261]을 제수했다.[262] 생각건대 (장)순이 마침 거짓으로 투항을 했는데 어째서 현종은 그 말을 듣고 그를 용감하다고 여긴 것인가? 아마도 (장)순은 옹구를 수비하기가 어렵다고 여겼으므로 거짓으로 투항하여 나갔지만, 수양에서 군사를 합쳐서 (허)원과 함께 방어했기 때문에, 현종이 그 말을 듣고서 기뻐했을 것이다. 『신당서(新唐書)』를 보면, (장)순이 옹구에 있을 때 군량 보급로가 끊기자 이에 사람들을 뽑아 영릉(寧陵)[263]을 보위했는데, 수양에 이르러 태수(太守) 허원, 성부령(城父令) 요암(姚闇) 등과 군사를 합치고 뇌만춘(雷萬春), 남제운(南霽雲) 등을 보내 영릉 북쪽에서 싸워 적 만여 명을 죽였다고 했다. (장)순에게 주객낭중, 하남절도부사(河南節度副使)를 제수

---

260) 主客郎中 : 官名으로 隋初 主客侍郎을 설치했다가 大業 3년(607) 主客郎으로 바꾸었으며, 大業 5년(609) 司蕃郎으로 개칭되었다. 唐 武德 3년(620) 主客郎中으로 고쳤다. 1명을 두었으며, 品階는 從五品上이다. 尙書省 禮部의 네 번째 관청인 主客司의 장관으로 北周・隋 등 前朝 皇室의 후예와 外蕃의 朝覲 등의 일을 맡아 처리하였는데, 실제로는 한가하여 일이 없었다. 龍朔 2년(662) 司蕃大夫로 고쳤다가 咸亨 元年(670) 원래대로 환원하였다.

261) 御史中丞 : 벼슬이름으로 漢魏 이후 御史臺의 장관이었다. 隋代 장관을 御史大夫로 바꾸고 별도로 治書侍御史를 두어 次官으로 삼았다가 唐高祖가 治書侍御史를 中丞으로 바꾸어 御史大夫의 官僚 규찰을 돕도록 하였다. 中唐 이후 御史大夫를 대개 임명하지 않으면서 자리가 비워져 御史中丞이 실제로 御史臺의 사무를 처리하여 權任이 더욱 무거워졌다. 또 觀察使 등이 御史中丞의 직함을 겸임하였다. 2명을 두었으며, 隋代 品階가 從五品이었으나 唐初 正五品上으로 승격되었고, 會昌 2년(842) 正四品下로 승격되었다. 龍朔 2년(662) 司憲大夫로 개칭되었다가 咸亨 元年(670) 원래의 명칭으로 환원되었다.

262) 『舊唐書』 卷187下 「張巡傳」, 4900면, "時許遠爲睢陽守, 與城父令姚闇同守睢陽城, 賊攻之不下. 初祿山陷河洛, 許叔冀守靈昌, 薛愿守潁川, 許遠守睢陽, 皆城孤無援. 愿守一年而城陷, 叔冀一年而自拔, 獨睢陽堅守. 賊將尹子奇攻圍經年, 巡以雍丘小邑, 儲備不足, 大寇臨之, 必難保守, 乃列卒結陣詐降, 至德二年正月也. 玄宗聞而壯之, 授巡主客郎中・兼御史中丞."

263) 寧陵 : 河南 宋州 소속으로 雍丘 동남쪽에 위치한다.

하는 조서가 있었으니,[264] 바로 이 일인 것이다. 그러므로 『구당서』의 기록은 반드시 문장을 쓰는 과정에서 탈락한 대목이 있었던 것이다.

『신당서』 「이광안전(李光顏傳)」 끝에는 갑자기 송위(宋威), 증원유(曾元裕)가 왕선지(王仙芝)를 토벌한 일 하나를 서술하였다. 대장 장자면(張自勉)이 표문을 올려 적을 토벌할 것을 청하자, 승전(乘傳[265])으로 군에 나아가도록 조서를 내렸는데, (송)위는 (장)자면을 싫어하여 휘하에 예속시켜 주기를 청하고 다른 일로 그를 죽이고자 했다. 재상이 그 모략을 알아차리고는 허락하지 않고 마침내 (장)자면으로 (증)원유를 대신하게 했다.[266] 생각건대 (왕)선지의 반란은 이광안(이 살던 무렵)과는 (시차가) 이미 백 년 가까이 되니, (이)광안과 무슨 관련이 있겠는가마는, 그런데도 그 일을 「(이)광안전」 뒤에 연결시켰으니 이 또한 반드시 착오일 것이다.[267]

---

264) 『新唐書』 卷192 「張巡傳」, 5536~5537면, "俄而魯 · 東平陷賊, 濟陰太守高承義擧郡叛, 巨引兵東走臨淮. 賊將楊朝宗謀趨寧陵, 絶巡餉路. 巡外失巨依, 拔衆保寧陵, 馬裁三百, 兵三千. 至睢陽, 與太守許遠 · 城父令姚闇等合. 乃遣將雷萬春 · 南霽雲等領兵戰寧陵北, 斬賊將二十, 殺萬餘人, 投尸于汴, 水爲不流. 朝宗夜去. 有詔拜巡主客郎中, 副河南節度使."

265) 乘傳 : 驛站에서 비치한 네 마리 말이 끄는 수레, 혹은 그 수레를 따고 급행함의 뜻이다.

266) 『新唐書』 卷171 「李光顏傳」, 5187면, "許師勁悍, 常爲諸軍鋒, 故數立勳. 王仙芝 · 黃巢反, 諸道告急, 多請以助守. 大校曹師罕以千五百人隷招討使宋威, 張貫以四千人隷副使曾元裕. 僖宗倚許軍以屛蔽東都, 有請以爲援, 率不報. 大將張自勉討雲南 · 党項, 龐勛亂, 解圍壽州, 戰淮口, 以功累擢右威衛上將軍. 至是表請討賊, 詔乘傳赴軍, 解宋州圍. 威忌自勉成功, 請以隷麾下, 且欲殺之. 宰相得其謀, 不聽, 以自勉代元裕."

267) 【王注】 許州軍隊는 李光顏이 건립한 것으로 晩唐에서는 '勁旅(강한 군사)'라고 칭해졌으며, 많은 군공을 세웠으니 王仙之를 토벌한 일을 「李光顏傳」 뒤에 덧붙여 서술한 것은 자연 가능하지 못한 것이 아니다. 만약 별도의 열전을 만든다면 반드시 篇幅을 증가시켜야 해서 『新唐書』의 '事增文省'의 원칙에 어긋나게 되므로, 이 부분이 原書에서 잘못이 있는 것이 아님이 분명하다.

권19

239. 정관 연간에 올바르게 간언한 사람은 위징만이 아니었다貞觀中直諫者不止魏徵

정관(貞觀) 연간(627~649)에 올바르게 간언한[直諫] 사람으로는 먼저 위징(魏徵)을 든다. 태종(太宗)은 일찍이 (위)징에게 "경이 전후로 2백여 건의 일에 대해 간언을 했는데, 지극한 정성이 아니라면 어찌 이와 같을 수 있겠는가"라고 말했다.[1] 또 조정 신하들에게 "사람들은 위징의 행동거지가 엉성하고 거칠다 말하지만, 나는 다만 그가 아름답고 사랑스럽다고 느낄 뿐이다"라고 말했다.[2] (위)징이 병으로 벼슬자리를 사양하자 황제(태종)가

---

1) 『舊唐書』 卷71 「魏徵傳」, 2547면, "太宗嘗勞之曰 : '卿所陳諫, 前後二百餘事, 非卿至誠奉國, 何能若是?'"

2) 『舊唐書』 卷71 「魏徵傳」, 2549면, "帝大笑曰 : '人言魏徵擧動疏慢, 我但覺嫵媚, 適爲此耳'."

"금속은 반드시 단련되어야만 기물이 되는데, 짐이 이제 스스로 금속에 비유하매 경을 훌륭한 대장장이로 생각하건만, 어찌 떠날 수 있겠는가"라고 말했다.[3] 지금까지 전하는 십사(十思),[4] 십점(十漸)[5] 등의 상소는 모두

---

3) 『舊唐書』 卷71 「魏徵傳」, 2550면, "徵自以無功於國, 徒以辯說, 遂參帷幄, 深懼滿盈, 後以目疾頻表遜位. 太宗曰 : '朕拔卿於讎虜之中, 任公以樞要之職, 見朕之非, 未嘗不諫. 公獨不見金之在鑛也, 何足貴哉? 良冶鍛而爲器, 便爲人所寶, 朕方自比於金, 以卿爲良匠. 卿雖有疾, 未爲衰老, 豈得便爾?'"

4) 十思 : 위징이 당 태종에게 열 가지 상황마다 생각해야 할 바를 지적한 것이다. 『舊唐書』 卷71 「魏徵傳」, 2552면, "君人者, 見可欲則思知足以自戒, 將有所作則思知止以安人, 念高危則思謙沖而自牧, 懼滿溢則思江海而下百川, 樂盤遊則思三驅以爲度, 恐懈怠則思愼始而敬終, 慮壅蔽則思虛心以納下, 想讒邪則思正身以黜惡, 恩所加則思無因喜以謬賞, 罰所及則思無因怒而濫刑. 總此十思, 弘茲九德, 簡能而任之, 擇善而從之."

5) 十漸 : 貞觀 13년(639)에 올린 상소로, 太宗이 초창기에 다짐한 것을 끝까지 지키지 못하는 것(不克終)에 대해 열 가지 조짐[漸]을 들어 지적한 것이다. 『新唐書』 卷97 「魏徵傳」, 3877~3888면, "陛下在貞觀初, 淸淨寡欲, 化被荒外. 今萬里遣使, 市索駿馬, 幷訪怪珍. 昔漢文帝却千里馬, 晉武帝焚雉頭裘. 陛下居常論議, 遠輩堯舜, 今所爲, 更欲處漢文·晉武下乎? 此不克終一漸也. 子貢問治人. 孔子曰 : '懍乎若朽索之馭六馬.' 子貢曰 : '何畏哉?' 對曰 : '不以道導之, 則吾讎也, 若何不畏!' 陛下在貞觀初, 護民之勞, 煦之如子, 不輕營爲. 頃旣奢肆, 思用人力, 乃曰 : '百姓無事則易驕, 勞役則易使.' 自古未有百姓逸樂而致傾敗者, 何有逆畏其驕而爲勞役哉? 此不克終二漸也. 陛下在貞觀初, 役己以利物 比來縱欲以勞人. 雖憂人之言不絶於口, 而樂身之事實切諸心. 無慮營構, 輒曰 : '弗爲此, 不便我身.' 推之人情 誰敢復爭, 此不克終三漸也. 在貞觀初, 親君子, 斥小人, 比來輕褻小人, 禮重君子. 重君子也, 恭而遠之, 輕小人也, 狎而近之. 近之莫見其非, 遠之莫見其是. 莫見其是, 則不待間而疏, 莫見其非, 則有時而昵. 昵小人, 疏君子, 而欲至治, 非所聞也. 此不克終四漸也. 在貞觀初, 不貴異物, 不作無益, 而今難得之貨雜然並進, 玩好之作無時而息. 上奢靡而望下朴素, 力役廣而冀農業興, 不可得已. 此不克終五漸也. 貞觀之初, 求士如渴, 賢者所擧, 卽信而任之, 取其所長, 常恐不及, 比來由心好惡, 以衆賢擧而用, 以一人毁而棄, 雖積年任而信, 或一朝疑而斥. 夫行有素履, 事有成迹, 一人之毁未必可信, 積年之行不應頓虧, 陛下不察其原, 以爲臧否, 使讒佞得行 守道疏間. 此不克終六漸也. 在貞觀初, 高居深拱, 無田獵畢弋之好, 數年之後, 志不克固, 鷹犬之貢, 遠及四夷 晨出夕返, 馳騁爲樂, 變起不測, 其及救乎? 此不克終七漸也. 在貞觀初, 遇下有禮, 羣情上達. 今外官奏事, 顔色不接, 間因所短, 詰其細過, 雖有忠款, 而不得申. 此不克終八漸也. 在貞觀初, 孜孜治道, 常若不足, 比恃功業之大, 負聖智之明, 長傲縱欲, 無事興兵, 問罪遠裔. 親狎者阿旨不肯諫, 疏遠者畏威不敢言, 積而不已, 所損非細. 此不克終九漸也. 貞觀初, 頻年霜旱, 畿內戶口並就關外, 携老扶幼, 來往數年, 卒無一戶亡去. 此由陛下矜育撫寧, 故死不携貳也. 比者疲於徭役, 關中之人, 勞弊尤甚, 雜匠當下, 顧而不遣. 正兵番上,

다른 사람들이 감히 말하지 못하는 바였으나 태종은 그것을 모두 받아들였으니, 이는 정관 연간의 군주와 신하 사이에 찬성하고 반대하는 논의[都·兪·吁·咈][6]가 성황이었음을 바로 돌이켜 볼 수 있는 것이다.

그런데 그 당시 올바로 간언한 사람이 위징에만 그친 것은 아니었다. 이제 『신당서(新唐書)』와 『구당서(舊唐書)』 각 열전을 살펴보자. 설수(薛收)가 사냥에 대해 간언하니 태종은 바로 금 40덩어리[鋌]를 하사하여 그를 칭찬했다.[7] 손복가(孫伏伽[8])가 원율사(元律師)의 죄가 사형에 해당하지 않는다고 간언하자,[9] 태종은 바로 값이 백만이나 되는 난릉공주(蘭陵公主)[10]의 정원을 하사했다. 어떤 이가 너무 후하다고 하자 태종이 "짐이 즉위한 뒤 아직 제대로 간언하는 자가 없었으므로 상을 내리는 것이다"라고 말했다.[11] 온언박(溫彦博)[12]이 장안령(長安令) 양찬(楊纂)이 제대로 살피지 못한 죄는

復別驅任, 市物襁屬於廛, 遞子背望於道. 脫有一穀不收, 百姓之心, 恐不能如前日之怗泰. 此不克終十漸也."

6) 都·兪·吁·咈 네 글자는 모두 감탄사로 '아!'의 뜻이다. 都·兪 두 자는 贊成의 뜻이고, 吁·咈 두 자는 反對를 표하는 것으로 『書經』 「堯典」에 堯帝가 羣臣과 정치를 논의할 때 사용된 말이다. 임금이 여러 신하와 討論, 審議한다는 뜻이 되었다.

7) 『舊唐書』 卷73 「薛收傳」, 2588~2589면, "武德六年, 以本官兼文學館學士, 與房玄齡、杜如晦特蒙殊禮, 受心腹之寄. 又嘗上書諫獵, 太宗手詔曰: '覽讀所陳, 實悟心膽, 今日成我, 卿之力也. 明珠兼乘, 豈比來言, 當以誠心, 書何能盡. 今賜卿黃金四十鋌, 以酬雅意.'."

8) 孫伏伽(?~658): 唐 貝州 武城縣(지금의 河北省 清河縣 동북) 사람이다. 隋 大業末 萬年縣 法曹參軍에 임명되었고, 唐 武德初 進士가 되었다. 高祖에게 3가지를 간언하였는데, 高祖가 이를 기쁘게 받아들인 뒤 비단 300필을 내리고 治書侍御史에 임명하였다. 또 賦役을 개혁하여 농민의 부담을 덜어주어야 하며 諫官을 설치할 것을 주청하였다. 太宗 즉위 후 大理少卿이 되었으며, 太宗의 사냥을 간언하였다. 貞觀 14년(640) 大理卿으로 승진하였으며, 陝州刺史를 역임하였다. 永徽 5년(654) 致仕하였다.

9) **[王注]** 이 일은 『新唐書』 卷97 「魏徵傳」, 3894면에 보이며, '元律師'는 原刻本에서 잘못하여 '元師律'이라고 했는데, 西畬本에서 이미 개정했다.

10) 蘭陵公主: 太宗의 딸이며 이름은 淑, 字는 麗貞이다. 竇懷悊에게 시집갔으며, 顯慶 연간(656~661)에 죽었다.

11) 『新唐書』 卷97 「魏徵傳」, 3873면, "帝驚曰: '公何物驗之?' 對曰: '陛下初卽位, 論元律師死, 孫伏伽諫以爲法不當死, 陛下賜以蘭陵公主園, 直百萬.' 或曰: '賞太厚.' 答曰: '朕卽位, 未有諫者, 所以賞之.' 此導人使諫也. …… 此悅而從諫也. …… 此難於受諫也.'"

사형에 해당하지 않는다고 간언하자 태종은 바로 양찬을 사면했다.13) 우세남(虞世南)14)은 사냥에 대해 간언하고, 황제의 능을 조성하는 제도[山陵之制]가 지나치게 후해서는 안 된다고 간언했으며,15) 궁체시(宮體詩)를 지어서는 안 되니 세상이 그 풍조를 따라 쏠릴까 염려스럽다고 간언했고,16) (또) 공적이 높다고 스스로 뽐내서는 안 되며, 천하가 태평하다고 하여 스스로 게을러져서는 안 된다고 간언했다.17) 태종이 일찍이 "여러 신하들이 모두 (우)세남 같기만 하다면 어찌 천하가 다스려지지 않을까 걱정을 하겠

---

12) 溫彦博(575~637): 唐 并州 祁縣 사람으로 字는 大臨이다. 隋 開皇 연간 對策에서 高第로 평가되어 文林郞에 제수되었다. 후에 幽州總管 羅藝를 따라 唐에 귀순하여 벼슬이 中書侍郞에 이르렀다. 武德 8년(625) 并州道行軍長史가 되어 突厥과 太谷에서 싸웠으나 패하여 포로가 되었다. 太宗 즉위 후 귀환하여 貞觀 4년(630) 中書令에 임명되었다. 이때 突厥이 항복하고 귀부하여 太宗이 그의 의견에 따라 定襄都督府와 雲中都督府를 설치하여 安置하였다. 貞觀 10년(636) 尙書右僕射로 승진했다가 다음 해 죽었다.

13) 『舊唐書』 卷97 「楊纂傳」, 2673면, "貞觀初, 長安令, 賜爵長安縣男. 有婦人袁氏妖逆, 爲人所告, 纂究問之, 不得其狀. 袁氏後又事發伏誅, 太宗以纂爲不忠, 將殺之, 中書令溫彦博以纂過誤, 罪不至死, 固諫, 乃赦之."

14) 虞世南(558~638): 隋唐 越州 餘姚縣 사람으로 字는 伯施이다. 陳代 형인 虞世基와 함께 顧野王에게 배웠다. 隋에 들어가 秘書郞이 되었고, 唐代 秘書監에 이르렀으며, 永興縣子에 봉해졌다. 당시 사람들은 虞永興이라 칭한다. 『北堂書鈔』를 편찬하였다. 또 草書에 능해 歐陽詢·褚遂良·薛稷과 함께 唐初 四大 서예가로 병칭된다. 그의 行書와 草書는 『淳化秘閣法帖』에 수록되었다. 문집 30卷이 있는데, 현재 1卷이 전한다.

15) 『舊唐書』 卷72 「虞世南傳」, 2568~2569면, "後高祖崩, 有詔山陵制度準漢長陵故事, 務從隆厚, 程限旣促, 功役勞弊. 世南上封事諫曰: '臣聞古之聖帝明王所以薄葬者, 非不欲崇高光顯, 珍寶具物, 以厚其親. 然審而言之, 高墳厚壟, 珍物畢備, 此適所以爲親之累, 非曰孝也. 是以深思遠慮, 安於菲薄. 以爲長久萬代之計, 割其常情以定耳. …… 又漢氏之法, 人君在位, 三分天下貢賦, 以一分入山陵. 武帝歷年長久, 比葬, 陵中不復容物, 霍光暗於大體, 奢侈過度. 其後至更始之敗, 赤眉賊入長安, 破茂陵取物, 猶不能盡. 無故聚斂百姓, 爲盜之用, 甚無謂也. 魏文帝於首陽東爲壽陵, 作終制, …… 魏文帝此制, 可謂達於事矣'."

16) 『新唐書』 卷102 「虞世南傳」, 3972면, "帝嘗作宮體詩, 使賡和. 世南曰: '聖作誠工, 然體非雅正. 上之所好, 下必有甚者, 臣恐此詩一傳, 天下風靡. 不敢奉詔.' 帝曰: '朕試卿耳!' 賜帛五十匹. 帝數出畋獵, 世南以爲言, 皆蒙嘉納."

17) 『舊唐書』 卷72 「虞世南傳」, 2567면, "後有星孛于虛、危, 歷于氐, 百餘日乃滅. 太宗謂羣臣曰: '天見彗星, 是何妖也?' 世南曰: '…… 然願陛下勿以功高古人而自矜伐, 勿以太平漸久而自驕怠, 愼終如始, 彗星雖見, 未足爲憂.'"

는가"라고 말했다.[18] 마주(馬周)[19]는 대안궁(大安宮)[20]을 잘 받들어야 하며[21] 종묘에 직접 제사를 지내야 한다고 하고,[22] 악공(樂工) 왕장통(王長通) 등에게 관직을 내려서는 안 된다고 간언했는데,[23] 태종은 값이 2백만이나 되는 큰 집을 사서 하사했다.[24] 여강왕(廬江王) 이원(李瑗)[25]의 첩이 태종 곁에서 시중을 들자, 왕규(王珪)[26]가 "폐하께서는 (여강왕 이)원이 그 여인의

---

18) 『舊唐書』 卷72 「虞世南傳」, 2566면, "太宗嘗謂侍臣曰 : '朕因暇日與虞世南商略古今, 有一言之失, 未嘗不悵恨, 其懇誠若此, 朕用嘉焉. 羣臣皆若世南, 天下何憂不理'."

19) 馬周(601~648) : 唐 博州 茌平縣 사람으로 字는 賓王이다. 武德中 州助教가 되었고 長安에 놀러갔다가 中郎將 常何의 집에 머물렀다. 貞觀 3년(629) 常何를 대신하여 상소를 올려 당시의 폐단을 지적하였는데, 太宗이 그 날 불러 만나보고 門下省에 봉직할 것을 명했다. 그 후 監察御史 · 給事中 · 中書侍郎을 역임하고 貞觀 18년(644) 中書令 兼 太子右庶子에 제수되었다. 太宗에게 隋를 거울로 삼아 徭役을 줄이고 民力을 키우며 貞觀初처럼 節儉하고 지방관리의 선발에 신중할 것 등을 권하였다. 사후 昭陵에 배장되었다.

20) 大安宮 : 玄武門의 變이 있은 뒤, 高祖 李淵이 제위에서 물러나서 거처한 곳이다. 때문에 여기서는 太上皇이 된 李淵을 가리키는 것으로 볼 수 있다.

21) 『新唐書』 卷98 「馬周傳」, 3895면, "臣伏見大安宮在宮城右, 牆宇門闕方紫極爲卑小. 東宮, 皇太子居之, 而在內; 大安, 至尊居之, 反在外. 太上皇雖志清儉, 愛惜人力, 陛下不敢違, 而蕃夷朝見, 四方觀聽, 有不足焉. 臣願營雉堞門觀, 務從高顯, 以稱萬方之望, 則大孝昭矣."

22) 『新唐書』 卷98 「馬周傳」, 3896면, "臣聞聖人之化天下, 莫不以孝爲本, 故曰'孝莫大於嚴父, 嚴父莫大於配天', '國之大事, 在祀與戎', 孔子亦言'吾不與祭如不祭', 是聖人之重祭祀也. 自陛下踐祚, 宗廟之享, 未嘗親事. 竊惟聖情, 以乘輿一出, 所費無藝, 故忍孝思, 以便百姓. 而一代史官, 不書皇帝入廟, 將何以貽厥孫謀 · 示來葉邪? 臣知大孝誠不在俎豆之間, 然聖人訓人, 必以己先之, 示不忘本也."

23) 『新唐書』 卷98 「馬周傳」, 3897면, "臣伏見王長通 · 白明達本樂工輿皁雜類; 韋槃提 · 斛斯正無他材, 獨解調馬. 雖術踰等夷, 可厚賜金帛以富其家. 今超授高爵, 與外廷朝會, 騶豎倡子, 鳴玉曳履, 臣竊恥之. 若朝命不可追改, 尙宜不使在列, 與士大夫爲伍."

24) 『新唐書』 卷98 「馬周傳」, 3901면, "初, 帝遇周厚, 周頗自負. 爲御史時, 遣人以圖購宅, 衆以其興書生, 素無貲, 皆竊笑. 它日, 白有佳宅, 直二百萬, 周遽以聞, 詔有司給直, 幷賜奴婢什物, 由是人乃悟."

25) 李瑗 : 太宗의 작은 할아버지의 손자이니, 太宗과는 6촌간이다.

26) 王珪(571~639) : 唐 太原 祁縣 사람으로 대대로 岐州 郿縣에 거주하였다. 字는 叔玠이다. 隋 開皇末 太常奉禮郎이 되었고, 唐初 太子 建成을 섬겨 中允이 되었다. 太宗 즉위 후 諫義大夫로 발탁되었는데, 매번 直諫하여 대개 받아들여졌다. 貞觀 2년(628) 侍中이 되어 房玄齡 · 魏徵 등과 함께 國政을 공동으로 처리하였다. 貞觀 8년

남편을 죽이고 여인을 취한 것이 옳지 않은 일이라는 것을 아시면서, 어찌 또 그 여인을 시켜 곁에서 시중을 들게 하십니까?"라고 말하니, 태종은 바로 그 여인을 내보냈다.[27] (또 왕규는) 조효손(祖孝孫)[28]은 고상한 선비이므로 궁녀들에게 음악이나 가르치게 해서는 안 된다고 간언했다. 태종은 비록 그를 꾸짖었지만 다음날 그것을 뉘우치고는 방현령(房玄齡)에게 여러 신하들이 이 일로 하여 (해야할) 말을 제대로 못해서는 안 될 것이라고 했다.[29] 요사렴(姚思廉)이 구성궁(九成宮)[30] 행차에 대해 간언하자 비단 50필을 내렸다.[31] 고계보(高季輔)[32]가 당시 정치의 득실에 대해 일일이 지적하

(634) 禮部尙書에 임명되었고 魏王 李泰의 師를 겸하였다.

27) 『舊唐書』 卷70 「王珪傳」, 2528면, "二年, 代高士廉爲侍中. 太宗嘗閒居與珪宴語, 時有美人侍側, 本廬江王瑗之姬, 瑗敗籍沒入宮, 太宗指示之曰: '廬江不道, 賊殺其夫而納其室. 暴虐之甚, 何有不亡者乎!' 珪避席曰: '陛下以廬江取此婦人爲是耶, 爲非耶?' 太宗曰: '殺人而取其妻, 卿乃問朕是非, 何也?' 對曰: '臣聞於管子曰: '齊桓公之郭', 問其父老曰: '郭何故亡?' 父老曰: '以其善善而惡惡也.' 桓公曰: '若子之言, 乃賢君也, 何至於亡?' 父老曰: '不然, 郭君善善而不能用, 惡惡而不能去, 所以亡也.' 今此婦人? 在左右, 竊以聖心爲是之, 陛下若以爲非, 此謂知惡而不去也.' 太宗雖不出此美人, 而甚重其言." 이 기록에는 太宗이 이 여자를 내보내지 않은 것으로 되어 있으니, 이 부분은 趙翼의 착오이다. 『新唐書』 卷98 「王珪傳」, 3888면에도 "帝嗟美其言." 이라고만 하였다.

28) 祖孝孫: 唐 幽州 范陽縣 사람이다. 博學하고 算曆에 밝았다. 隋代 協律郎이 되어 雅樂을 정리하였다. 唐에 들어와 吏部郎·太常少卿을 역임하였다. 武德 9년(626) 명을 받아 雅樂을 고쳤다. 陳과 梁의 음악이 吳楚의 音에 전염되었고, 周와 齊의 음악은 胡戎의 伎를 이어받았기 때문에 南北을 참작하고 古音을 살펴 大唐雅樂을 정리하여 貞觀 2년(628) 완성하였다.

29) 『舊唐書』 卷70 「王珪傳」, 2528~2529면, "時太常少卿祖孝孫以教宮人聲樂不稱旨, 爲太宗所讓. 珪及溫彦博諫曰: '孝孫妙解音律, 非不用心, 但恐陛下顧問不得其人, 以惑陛下視聽. 且孝孫雅士, 陛下忽爲教女樂而怪之, 臣恐天下怪愕.' 太宗怒曰: '卿皆我之腹心, 當進忠獻直, 何乃附下罔上, 反爲孝孫言也!' 彦博拜謝, 珪獨不拜曰: '臣本事前宮, 罪已當死. 陛下矜恕性命, 不以不肖, 置之樞近, 責以忠直. 今臣所言, 豈是爲私? 不意陛下忽以疑事誚臣, 是陛下負臣, 臣不負陛下.' 帝默然而罷. 翌日, 帝謂房玄齡曰: '自古帝王, 能納諫者固難矣. 昔周武王尙不用伯夷·叔齊, 宣王賢主, 杜伯猶以無罪見殺. 吾夙夜庶幾前聖, 恨不能仰及古人. 昨責彦博·王珪, 朕甚悔之. 公等勿以此而不進直言也'."

30) 九成宮: 鳳翔에 있던 이궁으로 원래 이름은 仁壽宮이었다.

31) 『舊唐書』 卷73 「桃思廉傳」, 2593면, "太宗將幸九成宮, 思廉諫曰: '離宮遊幸, 秦皇·漢武之事, 固非堯·舜·禹·湯之所爲也.' 言甚切至. 太宗諭曰: '朕有氣疾, 熱

여 아뢰자 태종은 종유(석) 한 냥(兩)을 하사하면서 "경이 좋은 약과 같은 말을 주었으니, 좋은 약으로 보답하노라"라 말했다.[33] 대주(戴胄)가 낙양궁(洛陽宮)을 중수하는 것에 대해 간언하자, 태종은 이를 좋게 여겼다.[34] 장현소(張玄素)[35] 역시 낙양궁 중수에 대해 간언을 하며 (수(隋)) 양제(煬帝)[36]보다 심하다고 생각한다고까지 했다. 태종이 "경은 나를 양제만 못하다고 했

便頓劇, 固非情好遊賞也.' 因賜帛五十匹."

32) 高季輔(597~655) : 唐 德州 蓨縣 사람으로 이름은 馮이고 季輔는 字이다. 貞觀初 監察御史로 발탁되어 權貴들의 규찰을 피하지 않았다. 中書舍人이 되어 누차 時政의 득실을 上書하였다. 太宗이 高句麗를 공격할 때 高士廉 등과 함께 공동으로 機務를 관장하여 太子의 監國을 도왔다. 永徽 2년(651) 光祿大夫 行侍中 兼 太子太保에 제수되었다.

33)『舊唐書』卷78「高季輔傳」, 2703면, "十七年, 授太子右庶子, 又上疏切諫時政得失, 特賜鍾乳一劑, 曰 : '進藥石之言, 故以藥石相報'."

34)『新唐書』卷99「戴胄傳」, 3915~3916면, "貞觀四年, 以本官參豫朝政, 進爵郡公. 帝將脩復洛陽宮, 胄上疏諫曰 : '比關中·河外置軍團, 彊夫富室悉爲兵, 九成之役又興, 司農·將作見丁無幾. 大亂之後, 戶口單破, 一人就役, 擧室捐業. 籍軍者督戎仗, 課役者責糧齎, 竭貲經紀, 猶不能濟. 七月以來, 霖潦未止, 濱河南北, 田正洿下, 年之有亡未可知. 壯者盡行, 賦調不給, 則帑藏虛矣. 今宮殿足庇風雨·容羽衛, 數年後成, 猶不謂晚, 何憚而遽自生勞擾邪?' 帝覽奏, 罷役. 胄所敷內, 緣政得失, 咸有可觀. 奏已, 卽削稾, 祕外莫知. 帝嘗謂左右曰 : '胄於我非肺腑親, 然事之機切無不聞, 惟其忠槩所激耳'."

35) 張玄素(?~664) : 唐 蒲州 虞鄉縣 사람이다. 隋末 景城縣 戶曹參軍이 되어 청렴하였기 때문에 竇建德이 景城을 점령한 후 죽이려 하다가 縣民들의 탄원으로 살아나 黃門侍郎에 제수되었다. 竇建德이 패하고나서 唐으로 귀순하였다. 太宗 때 侍御史·給事中을 역임하였고, 조정에서 누차 直言을 했다. 太子少詹事, 太子右庶子 行左庶子를 역임하였다. 太子 承乾에게 누차 간언했으나 받아들여지지 않았고, 貞觀 17년(643) 太子가 폐위되자 연좌되어 除名되었다. 후에 潮州刺史·鄧州刺史를 역임하고 致仕하였다.

36) 煬帝(569~618, 재위 604~618) : 이름은 楊廣이며, 隋文帝의 둘째 아들이다. 開皇 元年(581) 晉王에 봉해졌고, 武衛大將軍, 上柱國, 雍州牧, 內史令을 역임하였다. 開皇 8년(588) 陳을 공격할 때 行軍元帥가 되어 諸軍을 통솔하여 남하하였다. 다음 해 陳을 멸하고 太尉로 승진하였으며 揚州總管으로 전임하였다. 楊素·宇文述과 모의하여 太子가 되었고, 隋文帝를 죽이고 즉위하였다.『大業律』을 반포하고 州를 郡으로 고쳤으며, 明經·進士 2科를 설치하여 策을 시험하여 인재를 선발하였다. 운하를 개착하고 長城을 수축했으며, 馳道와 東都를 건설하는 등 토목공사를 크게 일으키고 자주 巡游하여 백성들의 고통이 컸다. 대외적으로 突厥·吐谷渾·西域 등을 복속시켰으나 3차례의 高句麗遠征에 실패하여 백성들이 피폐하였다. 농민봉기가 일어나자 江都로 피했으나, 후에 江都의 兵變으로 목졸라 죽었다.

는데, 걸(桀)이나 주(紂)와 비교해 보면 어떠한가?"라고 물으니, (장현소가) "만약 이 공사를 기어이 일으키신다면 (걸·주와) 마찬가지로 어지럽게 될 뿐입니다"라고 대답했다. 태종이 탄식하며 "내가 제대로 생각하지 못하여 결국 이 지경에 이르렀구나"라고 말하며 공사를 중지하도록 명하고 비단 20필을 하사했다.[37] 저수량(褚遂良)이 위왕(魏王) 이태(李泰)[38]를 총애함이 너무 지나치다고 간언하자, 태종은 이를 받아들였다.[39] 동악(東岳)[40]에 제

---

37) 『新唐書』 卷103 「張玄素傳」, 3998~4000면, "貞觀四年, 詔發卒治洛陽宮乾陽殿, 且東幸. 玄素上書曰 : '臣惟秦始皇帝藉周之餘, 夷六國, 統壹尊, 將貽之萬世, 及子而亡者, 殫嗜奔欲, 以逆天害人也. …… 今民力未及隋日, 而役殘創之人, 襲亡國弊, 臣恐陛下之過, 甚於煬帝.' 帝曰 : '卿謂我不如煬帝, 何如桀·紂?' 對曰 : '若此殿卒興, 同歸於亂. 臣聞東都始平, 太上皇詔宮室過度者禁之, 陛下謂瓦木可用, 請賜貧人, 事雖不從, 天下稱? 盛德. 今復度而宮之, 是隋役又興. 不五六年間, 一捨一取, 天下謂何?' 帝顧房玄齡曰 : '洛陽朝貢天下中, 朕營之, 意欲便四方百姓. 今玄素言如此, 使後必往, 雖露坐, 庸何苦?' 卽詔罷役, 賜綵二百匹." 이 기록에 따르면 太宗이 내린 비단의 양은 20필이 아니라 200필이라고 한다. 이것도 趙翼의 착오이다.

38) 李泰 : 太宗의 넷째 아들이자, 정처인 文德皇后 長孫氏 소생으로는 둘째 아들이다. 字는 惠褒이고, 貞觀 10年(636) 魏王으로 봉해졌다. 황위 계승을 놓고 형인 太子 承乾과 갈등을 빚었으나, 太子가 폐위된 뒤 그 역시 죄로 쫓겨나고 말았다.

39) 『新唐書』 卷105 「褚遂良傳」, 4025면, "是時, 魏王泰禮秩如嫡, 羣臣未敢諫. 帝從容訪左右曰 : '方今何事尤急?' 岑文本汎言禮義爲急, 帝以不切, 未領可. 遂良曰 : '今四方仰德, 誰弗率者? 唯太子·諸王宜有定分.' 帝曰 : '有是哉! 朕年五十, 日以衰怠, 雖長子守器, 而弟·支子尙五十人, 心常念焉. 自古宗姓無良, 則傾敗相仍, 公等爲我東賢者保傅之. 夫事人久, 情媚熟, 則非意自生, 其令王府官不得過四考, 著爲令.' 帝嘗怪 : '舜造漆器, 禹雕其俎, 諫者十餘不止, 小物何必爾邪?' 遂良曰 : '雕琢害力農, 纂繡傷女工, 奢靡之始, 危亡之漸也. 漆器不止, 必金爲之, 金又不止, 必玉爲之, 故諫者救其源, 不使得開. 及夫橫流, 則無復事矣.' 帝咨美之."

40) 東岳(嶽) : 泰山을 말한다. 四方의 大山을 四嶽이라 하는데, 동악은 泰山, 서악은 華山, 남악은 衡山, 북악은 恒山이다. 옛날 천자가 四方을 巡狩하고, 이 四嶽 밑에서 諸侯를 召見했다(『春秋左氏傳』 「昭公 4年」條, '四嶽三塗' 注, "東嶽岱, 西嶽華, 南嶽衡, 北嶽恒." 그리고 『漢書』 卷25上 「郊祀志上」, 1191면, "虞書曰, 舜在璿璣玉衡, 以齊七政. 遂類于上帝, 禋于六宗, 望秩于山川, 偏于羣神. 揖五瑞, 擇吉月日, 見四嶽諸牧, 班瑞. 歲二月, 東巡狩, 至于岱宗. 岱宗, 泰山也. 柴, 望秩于山川. 遂見東后. 東后者, 諸侯也. 合時月正日, 同律度量衡, 修五禮五樂, 三帛二生一死爲贄. 五月, 巡狩至南嶽. 南嶽者, 衡山也. 八月, 巡狩至西嶽. 西嶽者, 華山也. 十一月, 巡狩至北嶽. 北嶽者, 恒山也. 皆如岱宗之禮. 中嶽, 嵩高也. 五載一巡狩"에 "嵩高爲中嶽 而四嶽各如其方"). 五嶽에는 嵩山이 들어간다(『漢書』 卷25上 「郊祀志上」, 1205~1206면, "昔三代之居皆河洛之間, 故嵩高爲中嶽, 而四嶽各如其方, 四瀆咸在山東. 至秦稱帝, 都

업의 완성을 고하는 것에 대해 간언하자 곧 봉선(封禪)을 그만두었다.[41] 장현소는 (지위가 낮은) 영사[令史][42] 출신이었는데, 태종이 그 이력에 대해 묻자 (장)현소는 부끄러워 잘 대답하지 못했다. (저)수량이 (장)현소는 이미 발탁되어 3품 벼슬에 이르렀으니 폐하께서는 여러 신하들을 대하면서 그 집안에 대해 캐물어서는 안 된다고 하자, 태종은 또한 그것을 뉘우쳤다.[43] 태종은 평소 산동(山東) 지역의 인물에 대해 논하곤 했는데, 장행성(張行成)[44]이 천자는 사해(四海)를 한 집안으로 삼으니 동서(東西)로 제한을 두어서는 안 된다고 간언하자, 이를 좋게 여겨 말 한 필, 돈 10만 전, 옷 한 벌을 하사했다.[45] 배인궤(裴仁軌)가 사사로이 문부(門夫)[46]를 부리자 태종은 그를

咸陽, 則五嶽·四瀆皆幷在東方").

41) 『新唐書』 卷105 「褚遂良傳」, 4025면, "十五年, 帝將有事太山, 至洛陽, 星孛太微, 犯郎位. 遂良諫曰:'陛下撥亂反正, 功超古初, 方告成岱宗, 而彗輒見, 此天意有所未合. 昔漢武帝行岱禮, 優柔者數年, 臣愚願加詳慮.' 帝寤, 詔罷封禪."

42) 令史: 吏職名이다. 隋唐·五代 尙書省 六部諸司와 諸臺省, 東宮詹事府, 左右春坊과 그 아래의 局署에 설치되었으며, 文書案牘을 관장하였다. 또 捉錢令史, 甲庫令史처럼 다른 직책에 차출하였다. 流外官이다. 隋代 令史로 官이 된 자가 매우 적었으나, 唐初 官吏가 불충분하여 우수한 자를 뽑아 官으로 승진시켰다. 즉 令史는 兩考, 즉 6~7년이 지나 本司의 主事나 上縣의 縣尉로 승진하기도 하였다. 일반적으로 八考이상이면 入流하였다. 또한, 倉頡의 『史籒篇』에 능통하면 入流하여 職事官이 되었다.

43) 『新唐書』 卷103 「張玄素傳」, 4002면, "始, 玄素與孫伏伽在隋皆爲令史, 太宗嘗問玄素宦立所來, 深自羞汗. 褚遂良見帝曰:'君子不失言於人, 明主不失言於獻. 故言則史書之, 禮成之, 樂歌之. 居上能禮其臣, 乃盡力以奉其上. 近世宋武帝侮嶄朝臣, 攻其門戶, 至恥懼狼狽, 前史以爲非. 陛下昨問玄素在隋任何官, 對曰:'縣尉.' 又問未爲尉時, 曰:'流外.' 又問何曹司, 玄素出不能徙步, 顔若死灰, 精爽頓盡, 見者咸共驚怪. 唐家創業, 任官以才, 卜祝庸保, 量能並用. 陛下以玄素擢任三品, 佐皇儲, 豈宜復對羣臣使辭窮負恥, 欲責其伏節死義, 安可得乎?' 帝曰:'朕亦悔之.' 伏伽雖廣坐, 陳說往事, 無少隱焉."

44) 張行成(587~653): 唐 定州 義豐縣 사람으로 字는 德立이다. 隋末 孝廉이 되었고 王世充이 洛陽에서 稱帝할 때 度支尙書가 되었다. 唐初 制擧乙科에 급제하여 殿中侍御史가 되었으며, 權戚들의 탄핵을 피하지 않았다. 貞觀 19년(645) 太宗이 高句麗를 정벌할 때 高士廉 등과 함께 機務를 관장하여 太子의 監國을 돕도록 하였다. 貞觀 23년(649) 侍中 兼 刑部尙書가 되었다. 高宗 즉위 후 國史의 監修를 명했으며, 이후 尙書右僕射 太子少傅에 임명되었다.

45) 『舊唐書』 卷78 「張行成傳」, 2703~2704면, "太宗嘗言及山東·關中人, 意有同異, 行成正侍宴, 跪而奏曰:'臣聞天子以四海爲家, 不當以東西爲限; 若如是, 則示人以

참수하려고 했으나, 이건우(李乾祐)가 상주하여 죄가 사형에 해당하지는 않는다고 하니 태종은 곧 그를 용서해 주었다.[47] 권만기(權萬紀)가 태자 (이)승건(李承乾)을 올바로 가르치지 못했다 하여 태종은 그를 주살하고자 했으나, 유범(柳範)이 "방현령도 일찍이 폐하께서 사냥하는 것을 그만두게 하지 못했는데, 어찌 유독 (권)만기만을 처벌할 수 있겠습니까"라 변호했다. 태종은 크게 노하여 옷깃을 떨치며 들어가 버렸으나, 좀 있다가 (유)범만을 불러다 위로했다.[48] 태종은 여러 신하들과 논란(論難)[49]을 좋아했는데, 유계(劉洎)가 힘써 간언하자, 태종은 "사물을 가벼이 여기고 다른 사람에게 교만하게 구는 것이 아마도 여기서 비롯하는 것 같으니, 경건하게 마땅히 마음을 비워 그것을 고칠 것이다"라고 조서로 답하였다. (유)계가 또 "근래에 글을 올리는 사람들에 대해 간혹 면전에서 따져 힐난하곤 하시니, 진언하는 길을 막게 될까 걱정됩니다"라 말하자, 태종이 "경의 말이 옳다. 마땅히 고쳐야 할 것이다"라고 말했다.[50] 이러한 내용은 모두 각 열전에서 보이는 것이다.

隘陋.' 太宗善其言, 賜名馬一匹・錢十萬・衣一襲."

46) 門夫 : 城門이나 倉庫의 門을 지키는 사람을 이른다. 『新唐書』 卷55 「食貨志」, 1399면, "先是州縣無防人者, 籍十八以上中男及殘疾以守城門及倉庫門, 謂之門夫. 番上不至者, 閒月督課, 爲錢百七十, 忙月二百. 至是以門夫資課給州縣官."

47) 『舊唐書』 卷87 「李昭德傳」, 2853면, "李昭德, 京兆長安人也. 父乾祐, 貞觀初爲殿中侍御史. 時有鄃令裴仁軌私役門夫, 太宗欲斬之, 乾祐奏曰 : '法令者, 陛下制之於上, 率土尊之於下, 與天下共之, 非陛下獨有也. 仁軌犯輕罪而致極刑, 是乖畫一之理. 刑罰不中, 則人無所措手足. 臣忝憲司, 不敢奉制.' 太宗意解, 仁軌竟免."

48) 『舊唐書』 卷77 「柳範傳」, 2681면, "時吳王恪好畋獵, 損居人, 範奏彈之. 太宗因謂侍臣 : '權萬紀事我兒, 不能匡正, 其罪合死.' 範進曰 : '房玄齡事陛下, 猶不能諫止畋獵, 豈可獨罪萬紀?' 太宗大怒, 拂衣而入. 久之, 獨引範謂曰 : '何得逆折我?' 範曰 : '臣聞主聖臣直, 陛下仁明, 臣敢不盡愚直.' 太宗意乃解."

49) 論難 : 결점을 들어 비난 공격함을 이른다.

50) 『舊唐書』 卷74 「劉洎傳」, 2611면, "太宗嘗謂侍臣曰 : '夫人臣之對帝王, 多順旨而不逆, 甘言以取容. 朕今發問, 欲聞己過, 卿等須言朕愆失.' 長孫無忌・李勣・楊師道等咸云 : '陛下聖化致太平, 臣等不見其失.' 洎對曰 : '陛下化高萬古, 誠如無忌等言. 然頃上書人不稱旨者, 或面加窮詰, 無不慚退, 恐非獎進言者之路.' 太宗曰 : '卿言是也, 當爲卿改之'."

위징은 일찍이 “폐하께서 말을 할 수 있게끔 이끌어 주신 것이 신이 감히 간언할 수 있었던 까닭입니다. 만약 폐하께서 받아들이시지 않는다면 신이 어찌 감히 용의 비늘을 범할 수 있겠습니까”라 말했다.[51] 태종도 일찍이 위정(韋挺), 우세남, 요사렴 등에게 연회를 베풀고는 “용한테는 거꾸로 난 비늘이 있는데, 군주 또한 그러하다. (그렇지만) 그대들은 결국 이것을 건드리기를 피하지 않았으니, 언제나 이와 같다면 짐이 어찌 (나라가) 위태롭거나 망할까 걱정하겠는가!”라고 말했다.[52] 이는 여러 신하들이 감히 간언할 수 있었던 것이 실은 황제가 간언을 받아들일 수 있었기 때문이라는 것이다. 다만 어질고 선한 군주라야 깨우치는 말을 받아들일 수 있고, 지혜로운 군주라야 언제나 진언을 쉽게 생각하지 않는다. 태종은 하늘이 내린 지혜와 용맹으로 손수 천하를 평정하고 모든 일과 기틀을 결정하면서도 번번이 빠뜨리는 계책이 없었으니, 마땅히 그 모든 것을 내려다보는 것에 신하들 가운데 충분히 그 뜻에 맞추는 사람이 없었을 것이다. 그러나 마음을 비우고 모아 받아들이며 오직 사람들이 말을 하지 않는 것에 대해 걱정했으니, 다만 간언을 받아들인다는 명성만 넓힌 것이 아니라 실제로 그것을 정사에 시행할 수 있었던 것이다. 그 까닭은 무엇인가? (그것은) 아마도 양제가 고집이 세고 남을 시기하며 자신의 지혜가 스스로 뛰어나다 하여, 사람들의 마음이 와해되었는데도 (그 사실을) 알지 못하고 도적이 봉기하는데도 고하는 사람이 없는 지경에 이르러, 나라는 망하고 몸은 살해당해 세상에 큰 욕이 되는 것을 직접 보았기 때문일 것이다. 그러므로 한 사람의 눈과 귀에는 한계가 있고, 생각은 두루 미치기

---

51) 『舊唐書』 卷71 「魏徵傳」, 2549면, “帝大笑曰 : ‘人言魏徵擧動疏慢, 我但覺嫵媚, 適爲此耳.’ 徵拜謝曰 : ‘陛下導之使言, 臣所以敢諫, 若陛下不受臣諫, 豈敢數犯龍鱗?’”

52) 『舊唐書』 卷70 「杜正倫傳」, 2542면, “六年, 正倫與御史大夫韋挺 · 秘書少監虞世南 · 著作郎姚思廉等咸上封事稱旨, 太宗爲之設宴, 因謂曰 : ‘朕歷觀自古人臣立忠之事, 若值明王, 便得盡誠規諫, 至如龍逄 · 比干, 竟不免孥戮. 爲君不易, 爲臣極難. 我又聞龍可擾而馴, 然喉下有逆鱗, 觸之則殺人. 人主亦有逆麟, 卿等遂不避犯觸, 各進封事. 常能如此, 朕豈慮有危亡哉! 我思卿等此意, 豈能暫忘, 故聊設宴樂也.’ 仍並賜帛有差.”

어려우니, 여러 생각을 모아 이로움을 확대시키지 않으면 올바른 통치를 얻기가 어렵고, 잘못을 꾸미며 간언을 거부하면 단지 스스로 화를 부르게 될 것임을 깊이 알았던 것이다. 양제는 간언을 싫어하여 "간언을 하는 자가 있으면 그때 죽이지 않더라도 결국 땅 위에서 살게 하지 않겠다"라고 말했다. 소위(蘇威)[53]는 말을 하고자 했으나 감히 할 수 없자, 단오날(午日)[54]에 『고문상서(古文尙書)』를 바쳤는데, 양제가 "나를 헐뜯는 것이다"라고 말하며 바로 관직을 박탈해 버렸다. 소우(蕭瑀)[55]는 요(遼)를 정벌하는 것에 대해 간언했는데, 바로 쫓겨나 군수가 되었다. 동순(董純)[56]은 강도(江都)에 행차하는 것에 대해 간언을 했다가 바로 사사되었다. 이로 말미

---

53) 蘇威(540~621) : 隋 京兆府 武功縣 사람으로 字는 無畏이다. 北周 때 美陽縣公을 襲爵하였고, 隋에 들어와 太子少保·納言·民部尙書를 역임하였다. 徭賦를 경감하고 節儉을 숭상할 것을 주청하였으며, 高熲과 함께 朝政을 관장하였다. 大理卿·京兆尹·刑部尙書·吏部尙書를 역임했으며, 律令 제정에 참여하였다. 開皇 9년(589) 尙書右僕射가 되었다가 開皇 12년(592) 朋黨罪로 免官되었다. 開皇 14년(594) 다시 納言으로 기용되었고 江南을 巡撫하고 突厥에 出使하였다. 煬帝 때 宇文述·裴矩·裴蘊·虞世基와 함께 朝政을 처리했는데, 당시 사람들은 이들을 '五貴'라 불렀다. 大業末 백성들이 봉기를 일으키자 상주하였으나 煬帝가 이를 보고 노하였고, 어떤 사람이 그가 돌궐을 두려워한다고 참소하여 除名되어 民이 되었다. 煬帝가 피살되자 宇文化及, 李密, 越王 楊侗, 王世充 등을 섬겼으며, 唐에 들어와서는 太宗이 그를 부르지를 않아 벼슬길에 오르지 못하였다.

54) 본문은 '午日'로만 되어 있으나, 『新唐書』 원문에는 '五月五日'로 되어 있으니, 단오일이라고 할 수 있을 것이다.

55) 蕭瑀(575~648) : 祖籍은 南蘭陵(지금의 江蘇省 常州 서북)이고, 字는 時文이며, 後梁 의 아들이다. 누이가 隋煬帝의 妃가 되어 長安에 따라갔다. 隋에 벼슬하여 內史侍郞, 河池郡守를 역임하였다. 大業 13년(617) 李淵이 長安을 점령하자 郡을 바치고 항복하여 宋國公에 봉해지고 民部尙書에 임명되었다. 唐 武德 元年(618) 內史令이 되어 政務를 총괄하여 신임을 얻었다. 尙書右僕射를 거쳐 太宗 즉위 후 尙書左僕射에 임명되었다. 房玄齡과 杜如晦가 자신의 권한을 나눠갖자 불평하여 貞觀 20년(646) 房玄齡이 당을 만들어 모반한다고 무고하여 태종의 질책을 받았다. 스스로 출가를 청하고 약속을 어기자, 태종이 작위를 박탈했으며 商州刺史로 좌천시켰다. 이후 長安으로 소환되어 작위를 회복하였다.

56) 董純(?~614) : 隋 隴西郡 成紀縣 사람으로 字는 德厚이다. 北周에 벼슬하여 司御上士, 典馭下大夫를 역임하였고, 北齊 평정에 공을 세워 儀同에 제수되었다. 隋代 驃騎將軍, 左衛將軍, 柱國 左驍衛將軍, 汶山太守, 楡林太守를 거쳤다. 大業 10년(614) 彭城의 張大彪 등 반란군을 진압하였지만, 비겁하다고 모함당해 東都에 끌려가 죽었다.

암아 사람들은 모두 입을 닫아, 나라를 잃고 몸을 망치게 되기에 이르렀으면서도 깨닫지 못했다[趙注 : 오긍(吳兢)의 상소에 보인다].[57] 이는 태종이 직접 보았던 바였다. 본 것이 절실했던 만큼 두려움도 깊었던 것이니, 바로 장정규(張廷珪)[58]가 이른 바 "많은 어려움이 나라를 일으키고 깊은 근심이 성인을 일깨웁니다. 모두 일이 위태로우면 의지가 날카로워지고 정황이 절박하면 생각이 깊어지기 때문입니다"라는 말이 그것이다.[59]

위징의 간언도 또한 곧잘 수나라를 교훈으로 삼았으니, "수나라 황제가 어찌 천하가 평안히 다스려짐을 싫어하고 사직의 장구함을 바라지 않았겠습니까. 다만 그 부강함을 믿고 후환을 생각지 않으며 천하를 몰아 욕심대로 하다가 결국 온 세상의 지존으로서 필부의 손에 죽임을 당한 것입니다. 폐하께서는 마땅히 그 실책을 거울로 삼아야 할 것입니다"라 간언했다.[60] 또한 "우리가 대신할 수 있던 이유는 실은 수나라가 있었기 때문입니다. 수나라가 어지러워져 멸망한 근원은 폐하께서 친히 보신 바입니다. 수나라가 아직 어지럽지 않았을 때에는 반드시 혼란이 없을 것이라고 스스로 생각했습니다. 수나라가 아직 멸망하지 않았을 때에 반드시 망

57)『新唐書』卷132「吳兢傳」, 4527면, "隋煬帝驕矜自負, 以爲堯・舜莫己若, 而諱亡憎諫, 乃曰 : '有諫我者, 當時不殺, 後必殺之.' 大臣蘇威欲開一言, 不敢發, 因五月五日獻古文尙書, 帝以爲訕己, 卽除名. 蕭瑀諫無伐遼, 出爲河池郡守. 董純諫無幸江都, 就獄賜死. 自是蹇諤之士, 去而不顧, 外雖有變, 朝臣鉗口, 帝不知也."

58) 張廷珪(?~734) : 唐 河南府 濟源縣 사람이다. 進士 出身으로 制科에 합격하였다. 長安中 監察御史가 되었고, 開元中 禮部侍郎・黃門侍郎을 역임하였다. 수차례 治國의 要務에 대해 글을 올렸고, 十道按察使를 부활시킬 것을 건의하여 대부분 채용되었다. 沔州・蘇州・宋州・魏州 등지의 刺史를 역임하였다. 후에 太子詹事로 致仕하였다.

59)『舊唐書』卷101「張廷珪傳」, 3152면, "臣聞古有多難興王・殷憂啓聖者, 皆以事危則志銳, 情迫則思深, 故能自下登高, 轉禍爲福者也."

60)『舊唐書』卷71「魏徵傳」, 2550~2551면, "昔在有隋, 統一寰宇, 甲兵强盛, 三十餘年, 風行萬里, 威動殊俗, 一旦擧而棄之, 盡爲他人之有. 彼煬帝豈惡天下之治安, 不欲社稷之長久, 故行桀虐, 以就滅亡哉! 恃其富强, 不虞後患. 驅天下以從欲, 罄萬物以自奉, 採域中之子女, 求遠方之奇異. 宮宇是飾, 臺榭是崇, 徭役無時, 干戈不戢. 外示威重, 內多險忌, 讒邪者必受其福, 忠正者莫保其生. 上下相蒙, 君臣道隔, 人不堪命, 率土分崩. 遂以四海之尊, 殞於匹夫之手, 子孫殄滅, 爲天下笑, 深可痛哉!"

하지 않을 것이라고 스스로 생각했습니다. 그 때문에 군사가 거듭 동원되고 요역이 그치지 않아 스스로 죽게 되었으면서도 오히려 깨닫지 못했습니다. 이제 그 어지러웠던 이유를 생각할 수 있으면 다스려질 것이고, 그 멸망했던 이유를 생각할 수 있으면 살아남을 것입니다"라고 간언했다.[61] 마주 역시 "양제는 (북)제(北齊), (북)위(北魏)가 나라를 잃은 것을 비웃었지만, 지금 양제를 보면 양제가 북제나 북위를 보았던 것과 같습니다"라고 말했다.[62] 이렇게 당시 군주와 신하들이 낯빛을 바꾸며 서로 경계했던 것은 모두 은(殷)나라에서 거울로 삼아야 하는 것이 멀리에 있지 않다(殷鑒不遠)[63]는 점에서 말미암은 것으로, 눈으로 본 것에서 놀라 마음에서 두려워했던 것이다. 그러므로 신하는 진언하는 것을 충성으로 여겼고 군주는 그 말을 받아들이는 것을 급선무로 여겼다. 그 뒤 공훈과 업적이 날로 융성해지고 평안한 치세의 나날이 오래 지속되자, 태종도 이미 조금씩 싫증이 없을 수 없었다. 위징이 "정관 초년에는 사람을 이끌어 말하게 했고, 3년 이후에는 간언하는 사람을 보면 기뻐하며 그 말을 따르셨지만, 근래 1~2년 사이에는 애써 간언을 받기는 하지만 결국 마음이 편치 못하십니다"라고 말했다.[64] 이로써 정관 중년에 공업이 이루어지고 뜻이 충만하여 이미 신하로부터 그 가르침을 받는 것을 다시는 좋아할 수 없었던 것을

---

61) 『舊唐書』 卷71 「魏徵傳」, 2554면, "且我之所代, 實在有隋, 隋氏亂亡之源, 聖明之所臨照. 以隋氏之甲兵, 況當今之士馬; 以隋氏之府藏, 譬今日之資儲; 以隋氏之戶口, 校今時之百姓. 度長計大, 曾何等級? 然隋氏以富强而喪敗, 動之也; 我以貧寡而安寧, 靜之也. 靜之則安, 動之則亂, 人皆知之, 非隱而難見也, 微而難察也. 鮮蹈平易之塗, 多遵覆車之轍, 何哉? 在於安不思危, 治不念亂, 存不慮亡之所致也. 昔隋氏之未亂, 自謂必無亂; 隋氏之未亡, 自謂必不亡. 所以甲兵屢動, 徭役不息, 至于身將戮辱, 竟未悟其滅亡之所由也, 可不哀哉!"

62) 『舊唐書』 卷74 「馬周傳」, 2616면, "隋煬帝大業之初又笑齊·魏之失國. 今之視煬帝, 亦猶煬帝之視齊·魏也."

63) 殷鑒不遠 : 은나라에서 거울로 삼아야 하는 것이 멀리에 있지 않다는 말로, 실패의 선례가 바로 눈앞에 있음을 뜻한다. 원래 출전은 『詩經』 「大雅」 「蕩之什」의 "殷鑒不遠, 在夏后之世"라는 구절이다.

64) 『新唐書』 卷97 「魏徵傳」, 3873면, "徵見久承平, 帝意有所忽, 因對曰 : '陛下貞觀之初, 導人使諫. 三年以後, 見諫者悅而從之. 比一二年, 勉彊受諫, 而終不平也'."

알 수 있다. 그러므로 두려움은 징벌(懲罰)함이 있는 데에서 생기고, 게으름은 경계하는 바가 없는 데에서 생겨나니, 군주는 대개 모두 그러하다. 후세에 제업을 이어받은 군주들이라면 국운이 고요하고 편안함을 맞아, 밖으로는 뒤집힌 (앞) 수레가 남긴 실패에서 얻는 경계[覆車之戒][65]가 없고, 안으로는 일이 쉽게 잘 풀린다는 찬양만 있으니, 어찌 태종에 비하여 더욱 (정국이) 어렵지 않겠는가.

240. 시정기時政記

좌・우사(左・右史)[66]의 「기거주(起居注)」 이외에 정무에 관한 사안 및 주대(奏對)[67]는 재상이 기록하였으니, 이를 「시정기(時政記)」라고 한다. 『구당서(舊唐書)』를 살펴보면, 당(唐)나라 초기에 기주(記注)가 가장 상세하게 갖춰져 있다. 소면(蘇冕)이 말하길,[68] "정관(貞觀) 연간에 매일 조회가 끝난 뒤 태종이 재상들과 함께 정사를 의논한 것을 곧 기거랑(起居郎) 한 명에게 대쪽[簡]에다가 기록하게 했는데, 이로 말미암아 정관 연간에 정사를 기록한 것이 가장 상세했다"라고 했다. 고종(高宗) 때 허경종(許敬宗), 이의부(李義府) 등은 권세를 마음대로 부려 일을 함부로 상주하는 경우가

65) 覆車之戒 : 소위 '前車覆 後車戒'을 말하는데, 賈誼가 속어를 인용하여 말한 것이다. 『漢書』 卷48 「賈誼傳」, 2251면, "鄙諺曰 : …… 又曰 : '前車覆, 後車誡.'"

66) 左・右史 : 起居郎과 起居舍人을 지칭한다. 龍朔 2년(662)부터 咸亨 元年(670)까지, 그리고 天授 元年(690)부터 神龍 元年(705)까지 起居郎이 左史, 起居舍人이 右史로 불렸다.

67) 奏對 : 천자에게 상주하거나 하문에 대답함을 이른다.

68) **[王注]** '蘇冕言'에서 '是爲時政記, 每月封送史館'에 이르는 구절은 『唐會要』(上海古籍出版社, 1991) 卷63・64 「史館雜錄」(1300~1316면)의 글을 취하여 기록하였다. 현재의 판본 『唐會要』는 宋初 王溥에서 의해 성립된 것이나 唐 蘇冕에서 시작되었기에 그러므로 그 說을 인용하여 '蘇冕言'이라고 표현한 것이다.

많았는데, 사관이 이를 적을까 염려하여 마침내 의장호위병(儀仗護衛兵)을 따라 나가게 해서(隨仗)[69] 기무를 다 들을 수 없도록 상주했다. 요숙(姚璹)[70]이 이에 표를 올려 의장호위병이 퇴장한(仗下) 후에 말한 것 가운데 중요한 정무는 재상 한 사람이 기록을 전담하도록 청했으니, 이것이 「시정기」가 되었으며 매달 밀봉해서 사관(史館)으로 보냈던 것이다. 재상이 「시정기」를 기록한 것은 이로부터 시작된 것이다.[71]

---

69) 仗은 唐制로서 宮殿의 兵衛이다(『新唐書』 卷23上 「儀衛志上」 「衙」, 481~482면, "凡朝會之仗, 三衛番上, 分爲五仗, 號衙內五衛. 一曰供奉仗, 以左右衛爲之. 二曰親仗, 以親衛爲之. 三曰勳仗, 以勳衛爲之. 四曰翊仗, 以翊衛爲之. 皆服鶡冠·緋衫裌. 五曰散手仗, 以親·勳·翊衛爲之, 服緋絁裲襠, 繡野馬. 皆帶刀捉仗, 列坐於東西廊下"). '隨仗'은 武器를 몸에 소지하는 것을 가리킬 수도 있으나, 여기서는 '隨'를 동사로 보는 것이 좋을 듯하다. 바로 뒷문장의 '仗下'는 원래 皇帝의 視朝가 끝나고 대열을 이루고 있던 儀仗兵衛가 물러나는 것을 말한다. 이와 관련하여 『續資治通鑑』 「宋神宗 元豊二年」條, "甲辰, 同修起居注王存言 : '古者左史記事, 右史記言. 唐貞觀初仗下議政事, 起居郎執筆記於前, 史官隨之, 其後或修或廢'"의 기사도 있다.

70) 姚璹(632~705) : 唐 雍州 萬年縣 사람으로 字는 令璋이다. 永徽中 明經科에 합격하여 太子宮門郎에 제수되었다. 『瑤山玉彩』의 편찬에 참여하였고, 책이 완성된 후 秘書郎이 되었고 中書舍人을 역임하였다. 武后가 臨朝稱制한 후 夏官侍郎이 되었다가 桂州都督府長史로 좌천되었다. 후에 天官侍郎, 文昌左丞 同平章事를 거쳤다. 如意 2년(693) 宰相에게 『時政記』를 편찬할 것을 주청하였다. 納言·益州長史·地官尙書·天官尙書를 역임하였다.

71) 『舊唐書』 卷89 「姚璹傳」, 2902면, "璹以爲帝王謨訓, 不可暫無紀述, 若不宣自宰相, 史官無從得書. 乃表請仗下所言軍國政要, 宰相一人專知撰錄, 號爲時政記, 每月封送史館. 宰相之撰時政記, 自璹始也." 이 「時政記」 문제에 대하여는 아래의 起居郎에 대한 『新唐書』의 기술이 상세하다(『新唐書』 卷47 「百官志」 「門下省」, 1208면, "起居郎二人, 從六品上. 掌錄天子起居法度. 天子御正殿, 則郎居左, 舍人居右.有命, 俯陛以聽, 退而書之, 季終以授史官. 貞觀初, 以給事中·諫議大夫兼知起居注, 或知起居事. 每仗下, 議政事, 起居郎一人執筆記錄于前, 史官隨之. 其後, 復置起居舍人, 分侍左右, 秉筆隨宰相入殿; 若仗在紫宸內閤, 則夾香案分立殿下, 直第二螭首, 和墨濡筆, 皆即坳處, 時號螭頭. 高宗臨朝不決事, 有司所奏, 唯辭見而已. 許敬宗·李義府爲相, 奏請多畏人之知也, 命起居郎·舍人對仗承旨, 仗下, 與百官皆出, 不復聞機務矣. 長壽中, 宰相姚璹建議 : 仗下後, 宰相一人, 錄軍國政要, 時政紀, 月送史館. 然率推美讓善, 事非其實, 未幾亦罷. 而起居郎猶因制敕, 稍稍筆削, 以廣國史之闕. 起居舍人本記言之職, 唯編詔書, 不及它事. 開元初, 復詔脩史官非供奉者, 皆隨仗而入, 位於起居郎·舍人之次. 及李林甫專權, 又廢. 大和九年, 詔入閤日, 起居郎·舍人具紙筆立螭頭下, 復貞觀故事").

『구당서』에 의하면, (요)숙이 파직된 뒤에는 그 일이 결국 잠잠해졌다고 한다. 가탐(賈耽)[72]과 제항(齊抗)[73]이 정원(貞元) 연간(785~804)에 재상이 되어 또 그것(「시정기」)을 기록했는데, (가)탐과 (제)항이 파직되자 일이 다시 잠잠해졌다. 그런데 헌종(憲宗)이 일찍이 이길보(李吉甫)에게 '「시정기」는 무엇을 기록하는 것인가?' 하고 물었다. (이)길보는 "이는 재상이 천자의 일을 기록해서 사관(史館)에 보내 실록이 되도록 하는 것입니다. 좌사(左史)는 말을 기록하니 지금의 기거사인(起居舍人)[74]이며, 우사(右史)는 일을 기록하니 지금의 기거랑(起居郎)[75]입니다. 영휘(永徽) 연간(650~655)에 요숙이 감수국사(監修國史)였을 때 앉은 자리 바로 앞에서 하는 말을 밖에서 혹 듣지 못할까 염려하여, 이어 상주하고 알현하는 것을 따라 의장호위병이 퇴장하고 바로 기록해 사관에 보내도록 청했으니, 지금 「시정기」가 바로 이것입니다"라고 답했다. 임금이 "간간이 기록하지 않은 적이 있음은 무엇

---

72) 賈耽(730~805) : 唐 滄州 南皮縣 사람으로 字는 敦詩이다. 天寶中 明經科에 급제하였고, 臨淸尉, 汾州刺史, 鴻臚卿, 工部尙書 兼 御史大夫, 山南東道節度使 등을 역임하였다. 貞元 9년(793) 右僕射 同平章事가 되어 13년 동안 재상의 지위에 있었다. 평생 地理를 좋아하고 대외사무를 주지하였으며, 四方使節을 접대하였다. 中外와 邊疆의 山川風土에 주의하여 자료를 모으고 關中 · 隴右 · 山南 · 九州 등의 지도를 그려 『國要圖』를 만들었다. 또 『海內華夷圖』를 만들었다. 저서에는 『古今郡國道縣四夷述』 40卷, 『皇華四達記』 10卷 등이 있으나 모두 亡佚되었다. 『新唐書』「地理志」는 그가 서술한 中外 交通路線의 대략을 실었다. 『玉函山房輯佚書補編』에 『十道記』 1卷이 실려 있고, 『全唐文』에 4편의 글과 『全唐詩』에 詩 한 수가 전한다.

73) 齊抗(740~804) : 唐 定州 義豐縣 사람으로 字는 遐擧이다. 大曆中 壽州刺史 張鎰의 벽소로 막료가 되었다. 德宗 때 戶部員外郎 · 倉部郎中이 되어 江淮의 鹽務를 정돈하였다. 貞元初 水陸運副使가 되어 江淮의 漕運을 감독하여 長安에 물자를 공급하였으며, 후에 處州 · 蘇州 · 潭州刺史, 湖南都團練觀察使를 역임하였다. 貞元 16년(800) 給事中이 된 후 太常卿, 中書侍郎 同平章事가 되었다. 貞元 19년(803) 병으로 致仕하였다.

74) 起居舍人 : 隋代에 처음 설치되었으며, 唐代 中書省에 起居舍人 두 명을 두었다. 起居注를 관장하며 皇帝의 언행을 기록하여 역사 편찬의 자료를 남겼다. 品階는 從六品上이다.

75) 起居郎 : 隋代에 처음 설치되었으며, 唐代 門下省에 起居郎 두 명을 두었다. 起居注를 관장하며 皇帝의 언행을 기록하여 역사 편찬의 자료를 남겼다. 品階는 從六品上이다.

때문인가?"라고 말하자, (이길보가) "면전에서 말씀을 받들고도 시행에 미치지 못한 경우 기록해서 사관에 보낼 수 없습니다. 계획이 신하로부터 나온 경우 또한 스스로 기록해서 사관에 보낼 수 없었기 때문입니다"라고 말했다[趙注 : 「헌종기(憲宗記)」].[76] 또 배휴(裴休)[77]가 일찍이 상주하여 "재상 가운데 인장을 담당하는 이가 「시정기」를 편찬하는데, 혹 자기 말만 많이 싣고 다른 사람의 말은 간단하게 실어 사관(史官)이 내용을 알 수가 없습니다. 청컨대, 지금부터는 재상들이 각자 기록을 해서 사관에 보내도록 하십시오"라고 말하자, 그 말을 따랐다[趙注 : 「배휴전(裴休傳)」].[78] 역대 조정에 여전히 모두 「시정기」가 있어 아직 폐지되지 않았음을 볼 수 있다.

그 뒤 또한 점차 형식이 변해서 목종(穆宗) 때에는 재상 최식(崔植)[79] 등

---

76) 【王注】 이 내용은 『舊唐書』 卷148 「李吉甫傳」 및 『唐會要』 卷64 「史館雜錄」 下篇에 보이는 것이며 「憲宗紀」가 아니다; 『舊唐書』 卷148 「李吉甫傳」, 3995~3996면, "八年十月, 上御延英殿, 問時政記記何事. 時吉甫監修國史, 先對曰 : '是宰相記天子事以授史官之實錄也. 古者左史記言, 今起居舍人是; 右史記事, 今起居郎是. 永徽中, 宰相姚璹監修國史, 慮造膝之言, 或不可聞, 因請隨奏對而記於仗下, 以授于史官, 今時政記是也.' 上曰 : '間或不修, 何也?' 曰 : '面奉德音, 未及施行, 總謂機密, 故不可書以送史官; 其間有謀議出於臣下者, 又不可自書以付史官; 及已行者, 制令昭然, 天下皆得聞知, 卽史官之記, 不待書以授也. 且臣觀時政記者, 姚璹修之於長壽, 及已罷而事寢; 賈耽·齊抗修之於貞元, 及耽·抗罷而事廢. 然則關時政化者, 不虛美, 不隱惡, 謂之良史也'"; 『唐會要』 卷64 「史館雜錄下」, 1310면.

77) 裴休 : 唐 孟州 濟源縣 사람으로 字는 公美이다. 長慶進士이며, 賢良方正甲科에 합격하였다. 大中初 戶部侍郎, 兵部侍郎, 諸道鹽鐵轉運使 兼 御史大夫를 역임하였고, 大中 6년(852) 同平章事가 되었다. 江淮漕運의 폐단을 없애고 新法 10條를 정하여 3년 동안 渭倉까지 漕米 120萬斛을 운반하였다. 大中 10년(856) 宰相에서 파직된 후, 宣武軍節度使·昭義節度使·河東節度使·鳳翔節度使·荊南節度使·吏部尙書·戶部尙書·太子少師를 거쳤다. 『全唐文』에 9편의 문장과 『全唐詩』에 2수의 詩가 전한다.

78) 이 내용은 『舊唐書』가 아니라 『新唐書』에 있는 기록이다. 『新唐書』 卷182 「裴休傳」, 5371면, "六年, 進同中書門下平章事, 卽奏言 : '宰相論政上前, 知印者次爲時政記, 所論非一, 詳己辭, 略它議, 事有所缺, 史氏莫得詳. 請宰相人自爲記, 合付史官.' 詔可. 進中書侍郎."

79) 崔植(772~829) : 唐 京兆府 長安縣 사람으로 字는 公修이다. 經史에 널리 통하였고, 門蔭으로 벼슬길에 올랐다. 元和中 給事中이 되었고, 穆宗 즉위 후 中書侍郎 同平章事가 되었다. 玄宗의 開元 연간의 정치를 본받고 몸소 儉約을 실천하였다. 동료재상인 杜元穎과 함께 兵事에 능하지 못하여 河朔三鎭의 항복한 병사들을 원만하게 처리

이 주청하길, 날마다 군주와 신하가 권하거나 못하게 하는 것이 있으면 일이 마땅한 경우, 그 날에 따라 기록하도록 해 이를 「성정기(聖政記)」라 부르고 연말에 사관으로 보내자고 했다.[80] 곧 매달 사관에 보낼 필요 없이 연말에 이르러서야 비로소 기록을 보냈던 것이다. 문종(文宗)은 또 조서를 내려, 「시정기」는 구습에 따라 행해진 것이 날로 오래되어 없어지고 빠진 것이 날로 많으니, 이후로 재상들이 상주하는 일과 때에 따라 내리는 처분은 중서문하(中書門下)의 관료[丞] 한 사람에게 위임해서 수시로 기록하여 매 계절마다 사관에 보내도록 했다. 그러니 또 재상이 스스로 반드시 기록할 필요가 없어져, 중서문하의 관료에게 기록하도록 했던 것이다.[81] 그러나 모두 정사를 기록함에 있어 상세하고 신중함을 다했으니, 후세의 모범이 될 만하다.

241. 천자는 기거주를 보지 않았다 天子不觀起居注

좌사(左史)는 말을 기록하고 우사(右史)는 일을 기록하니, 역대로 모두 그 직책을 중요하게 여겼다. 당(唐) 태종(太宗)이 일찍이 「기거주(起居注)」를 보려고 하자, 주자사(朱子奢)가 "후세 사관들의 재난을 열까 염려됩니다.

하지 못하여 朱克融이 王庭湊와 결탁하여 兵變을 일으키게 하여 河朔을 잃어버렸다. 長慶 2년(822) 宰相에서 파직되어 刑部尙書로 낮추어졌고, 鄂岳과 嶺南의 節度使를 역임하였으며, 후에 戶部尙書와 華州刺史를 거쳤다.

80) [王注] 이 내용은 『舊唐書』 卷16 「穆宗紀」에 보이는데, 문장 끝에 '事亦不行'이란 네 글자가 있으니, 이는 비록 그 논의가 있었으나 일찍이 실행하지는 못했던 것이다. 『舊唐書』 卷16 「穆宗紀」, 489면, "戊寅, 宰臣崔植·杜元穎奏請, 坐日所有君臣獻替, 事關禮體, 便隨日撰錄, 號爲聖政紀, 歲終付史館. 從之. 事亦不行."

81) 『舊唐書』 卷17下 「文宗紀下」, 541면, "丁亥, 詔: '史官記事, 用戒時常, 先朝舊制, 並得隨仗. 其後宰臣撰時政記, 因循斯久, 廢墜實多. 自今後宰臣奏事, 有關獻替及臨時處分稍涉政刑者, 委中書門下丞一人隨時撰錄, 每季送史館, 庶警朕闕, 且復官常'."

사관이 몸을 보전하려 하고 죽음을 두려워한다면 유구히 천 년이 지난들 오히려 들을 만한 것이 있겠습니까!"라 말했다[趙注 : 「주자사전(朱子奢傳)」].[82] 나중에 문종(文宗) 때에 이르러서는 더욱 그 일을 무겁게 여겼다. 전각에 들어가는 날마다 좌·우사(左·右史)는 붓을 잡고서 이두(螭頭)[83] 아래에 서서 재상이 일을 상주하면 빠짐없이 기록할 수 있었다. 재상이 물러나면 황제는 좌·우사를 불러서 다시 상주한 바의 시비를 따져서 확인했으므로, 개성(開成)[84] 연간의 정사는 가장 상세하다[趙注 : 「장차종전(張次宗傳)」].[85] 황제(문종)가 일찍이 재상과 일을 논의하다가 마침 정랑(鄭朗)[86]이 이두 아래에서 붓을 잡고 있는 것을 보고 "앞서 논의한 일도 역시 기록을 했는가? 짐이 그것을 보았으면 한다"라고 말했다. (정)랑은 주자사의 일을 인용해 "역사는 좋은 것을 숨기거나 나쁜 것을 꺼리지 않는데, 군주가 간혹

---

82) 『新唐書』 卷198 「朱子奢傳」, 5648면, "帝嘗詔 : '起居紀錄臧否, 朕欲見之以知得失, 若何?' 子奢曰 : '陛下所擧無過事, 雖見無嫌, 然以此開後世史官之禍, 可懼也. 史官全身畏死, 則悠悠千載, 尙有聞乎?'"

83) 螭頭 : 혹은 螭首라고 한다. 비석의 머리, 궁전의 섬돌, 돌기둥에 조각된 螭龍(無角의 龍)의 형태를 말한다. 起居舍人이 붓을 가지고 宰相을 따라 宮殿에 들어가는데, 만약 儀仗護衛兵이 紫宸內閣에 있게 되면(즉, 황제가 臨朝하면), 香案을 끼고 殿下에 나누어 서서 第二 螭首에 入直하고 墨을 갈고 붓을 적셔 쓸 준비를 하였다. 때문에 이를 당시 '螭頭'라고 불렀다(『新唐書』 卷47 「百官志」 「門下省」, 1208면, "起居郎 二人, 從六品上. 掌錄天子起居法度. 天子御正殿, 則郎居左, 舍人居右. 有命, 俯陛以聽, 退而書之, 季終以授史官. 貞觀初, 以給事中·諫議大夫兼知起居注, 或知起居事. 每仗下, 議政事, 起居郎一人執筆記錄于前, 史官隨之. 其後, 復置起居舍人, 分侍左右, 秉筆隨宰相入殿; 若仗在紫宸內閤, 則夾香案分立殿下, 直第二螭首, 和墨濡筆, 皆卽坳處, 時號螭頭"; 『新唐書』 卷127 「張弘靖弘靖傳」, 4449면, "(弘靖子) 次宗, 開成初爲起居舍人. 文宗始詔左右史立螭頭下記宰相奏對, 旣退, 帝召見審正是非. 故開成時事爲最詳").

84) 唐 文宗의 年號. 836~840년.

85) 『舊唐書』 卷129 「張次宗傳」, 3613면, "文宗復故事, 每入閤, 左右史執筆立于螭頭之下, 宰相奏事, 得以備錄. 宰臣旣退, 上召左右史更質證所奏是非, 故開成政事, 詳於史氏, 次宗尤稱奉職."

86) 鄭朗(?~857) : 唐 鄭州 滎澤縣(지금의 河南省 鄭州市 서북) 사람으로 字는 有融이다. 長慶 進士로 右拾遺·起居郎을 지냈다. 文宗이 「起居注」를 보려고 하였을 때, 처음엔 거절하였으나, 결국 보여주었다. 후에 諫義大夫와 侍講學士를 역임했고, 宣宗 때 義武軍節度使, 宣武軍節度使, 工部尙書, 禮部尙書, 同平章事, 中書侍郎 集賢院大學士를 지냈고, 병으로 재상직에서 물러나 太子少師가 되었다.

잘못을 (좋게) 꾸미고 실수를 변호하려고 기록을 보게 되면, 사관은 스스로 면할 수가 없기 때문에 곧 감히 바로 쓸 수가 없습니다. 옛날에 저수량(褚遂良)도 역시 '역사는 천자의 말과 행동을 기록하니, 비록 올바른 법이 아니라도 반드시 기록하는 것은 스스로 경계하기를 바라는 것이다'라고 했습니다"라고 대답했다. 황제가 "(정)랑은 직분을 잘 지키는 자라고 말할 수 있다. 짐은 평소의 말이 통치의 요체에 합당하지 않을까 걱정이 되어 한번 보고 그것을 고칠 수 있기를 바랐을 뿐이었다"라고 말하자, (정)랑이 곧 그것(「기거주」)을 올렸다[趙注 : 「정랑전(鄭朗傳)」].[87] 나중에 황제가 또 위모(魏謨)의 「기거주」를 보려고 하자 (위)모가 "폐하께서는 다만 좋은 일만 하시고 신이 쓰지 않을 것을 염려하지 마십시오"라고 말했다. 황제가 "내 일찍이 그것을 가져다 보았다"라고 말하자, (위)모가 "그것은 사관이 직분을 잃은 것입니다. 폐하께서 만약 한번 그것을 보면 이로부터 붓을 잡은 사람은 반드시 말을 돌려 비호함이 있을 것이니, 후세에 무엇으로 믿음을 보이겠습니까"라고 말했고, 이에 그만두게 되었다. 논자들은 (정)랑을 꾸짖고 (위)모가 옳다고 했다[趙注 : 「위모전(魏謨傳)」].[88]

---

87) 『新唐書』 卷165 「鄭朗傳」, 5069면, "文宗與宰相議政, 適見朗執筆螭頭下, 謂曰 : '向所論事, 亦記之乎? 朕將觀之.' 朗曰 : '臣執筆所書者, 史也. 故事, 天子不觀史, 昔太宗欲觀之, 朱子奢曰 : '史不隱善, 不諱惡. 自中主而下, 或飾非護失, 見之, 則史官無以自免, 且不敢直筆.' 褚遂良亦稱 : '史記天子言動, 雖非法必書, 庶幾自飭.'' 帝悅, 謂宰相曰 : '朗援故事, 不畀朕見起居注, 可謂善守職者. 然人君之爲, 善惡必記, 朕恐平日言之不叶治體, 爲將來羞, 庶一見, 得以自改.' 朗遂上之."

88) 『舊唐書』 卷176 「魏謨傳」, 4569면, "四年, 拜諫議大夫, 仍兼起居舍人, 判弘文館事. 紫宸入閤, 遣中使取謨起居注, 欲視之, 謨執奏曰 : '自古置史官, 書事以明鑒誡. 陛下但爲善事, 勿畏臣不書. 如陛下所行錯忤, 臣縱不書, 天下之人書之. 臣以陛下爲文皇帝, 陛下比臣如褚遂良.' 帝又曰 : '我嘗取觀之.' 謨曰 : '由史官不守職分, 臣豈敢陷陛下爲非法? 陛下一覽之後, 自此書事須有迴避. 如此, 善惡不直, 非史也. 遺後代, 何以取信?' 乃止."

242. 당나라 황제들은 단약을 먹은 사람이 많았다唐諸帝多餌丹藥

옛날 시에 "단약(丹藥)을 복용하여[服食] 신선이 되기를 원하나, 약 때문에 잘못된 경우가 많도다"라는 구절이 있다.[89] 진(秦) 시황제(始皇帝)와 한(漢) 무제(武帝) 이후 금석(金石)의 복용이 사람을 망친다는 것은 진실로 공지의 사실이었다. (그런데) 당(唐)나라 여러 황제들은 또 그 말에 현혹되어 몸소 단약을 시험했다. 정관(貞觀) 22년(648)에는 방사(方士) 나라이파사(那羅邇娑娑)[90]에게 금표문(金飇門)에서 수명을 연장하는 약을 만들도록 했다[趙注:『구당서(舊唐書)』 본기].[91] 고사렴(高士廉)이 죽었을 때 태종이 문상을 하려고 했는데, 방현령(房玄齡)은 태종이 약석(藥石)을 복용했기 때문에 문상해서는 안 된다고 상소를 올려 간절하게 간언했다[趙注:「고사렴전(高士廉傳)」].[92] 이는 태종이 실로 그 약을 복용했다는 것이다. 그 뒤 고종(高宗)[93]은 호승(胡僧)노가아일다(盧伽阿逸多)의 약을 복용하려고 했는데, 학처준(郝處俊)이 "선제(先帝)께서는 호승 나라이파사에게 본국의 옛 처방에 따라 오래 살 수 있는 약을 만들도록 하셨습니다. 신령한 풀과 기이한 돌을

89)『舊唐書』卷14「憲宗紀」, 432면, "古詩云:'服食求神僊, 多爲藥所誤'."

90)【王注】『舊唐書』卷3「太宗紀」에는 '那羅邇娑婆'라고 했고,「郝處俊傳」(『舊唐書』卷84,『新唐書』卷115)에는 '那羅邇娑寐'라 했으며,「天竺傳」(『舊唐書』卷198,『新唐書』卷221下)에는 '那羅邇娑婆寐'라고 했다.「天竺傳」을 제외하고 각 이름에는 모두 脫誤가 있으니 마땅히 의거하여 고쳐야한다.

91)『舊唐書』卷3「太宗紀下」, 61면, "使方士那羅邇娑婆於金飇門造延年之藥."

92)『舊唐書』卷65「高士廉傳」, 2444~2445면, "太宗又命駕將臨之, 司空玄齡以上餌藥石, 不宜臨喪, 抗表切諫."

93) 高宗(628~683, 재위 649~683): 이름은 李治, 字는 爲善, 小字는 雉奴이며, 唐太宗의 아홉째 아들이며 長孫皇后의 소생이다. 성격이 유약하였다. 貞觀 5년(631) 晉王에 봉해졌고, 貞觀 17년(643) 太子가 되었다. 貞觀 23년(649) 즉위하여 永徽로 開元하였다. 永徽 2년(651) 新律(永徽律)을 반포하고, 永徽 4년(653)『律疏』를 訂定하였다. 永徽 6년(655) 王皇后를 폐하고 武后를 세웠으며, 褚遂良 등 원로대신을 쫓아냈다. 顯慶 5년(660) 병이 많아 武后에게 정치를 위임한 이후 정치적으로 허수아비가 되었다. 재위 중 西突厥을 평정하고 高句麗를 멸망시켰으며, 安西四鎭을 罷하였다. 乾陵(지금의 陝西省 乾縣 서북)에 장사지냈으며, 謚號는 天皇大帝이다.

모아 여러 해가 지나서 완성이 되었으나, 선제께서 그 약을 복용하고도 아무런 효험이 없었습니다. 선제의 병세가 크게 위독해졌을 때 고명한 의사도 속수무책이었는데, 논하는 사람들이 호승에게 죄를 돌리고 장차 현륙(顯戮)[94]을 품신하려 했지만, 나라 밖 이민족들에게 비웃음을 살까 염려해서 결국 실행하지 못했습니다"라고 간언했다[趙注:「학처준전(郝處俊傳)」].[95] 이번(李藩) 역시 헌종(憲宗)에게 "(태종) 문황제(文皇帝)께서는 호승이 만든 약을 복용하시고 결국 갑자기 병이 나서 구할 수 없게 되셨습니다"라 말했다[趙注:「헌종본기(憲宗本紀)」].[96] 이는 태종의 죽음이 실제 단약을 복용했기 때문이라는 것이다.

그런데도 헌종은 또한 오래 살 수 있다는 설에 현혹되었으니, 황보박(皇甫鎛)과 이도고(李道古) 등이 드디어 도술인[山人][97] 유필(柳泌)과 승려 대통(大通)을 천거하여 한림원(翰林院[98])에서 대조(待詔)하게 했다.[99] 마침내 (유)필을 태주자사(台州刺史)로 삼아 그를 시켜 천태산(天台山)의 약을 구해 금단(金丹)을 만들게 했다. 황제(헌종)는 이를 복용한 뒤 나날이 목이 타는 듯 마르는 현상이 나타났다. 배린(裴潾)이 상소를 올려 금석의 성질은 매우 격렬하여 불에 달궈지면 화독(火毒)을 제어하기 어렵다고 간언했

---

94) 顯戮 : 죄인을 죽여서 그 시체를 여러 사람에게 보이던 일.

95) 『舊唐書』 卷84 「郝處俊傳」, 2799면, "又有胡僧盧伽阿逸多受詔合長年藥, 高宗將餌之. 處俊諫曰 : '修短有命, 未聞萬乘之主, 輕服蕃夷之藥. 昔貞觀末年, 先帝令婆羅門僧那羅邇娑寐依其本國舊方合長生藥. 胡人有異術, 徵求靈草秘石, 歷年而成. 先帝服之, 竟無異效, 大漸之際, 名醫莫知所爲. 時議者歸罪於胡人, 將申顯戮, 又恐取笑夷狄, 法遂不行. 龜鏡若是, 惟陛下深察.' 高宗納之, 但加盧伽爲懷化大將軍, 不服其藥."

96) 『舊唐書』 卷14 「憲宗紀」, 432면, "文皇帝服胡僧長生藥, 遂致暴疾不救."

97) 山人 : 예전에 세상을 등지고 산속에 들어가 살던 사람을 이르던 말이나, 산 속에 사는 사람이라는 뜻에서 중이나 도사를 이르는 말로도 쓰인다.

98) 翰林院 : 官署이름이다. 唐 開元初 詞學·經術·合煉·僧道·卜祝·術藝 등 才學과 技藝가 있는 士들을 모아 설치하였으며, 內庭에 侍奉하도록 하였다. 院은 皇帝의 거처에 따라 설치되어 전후 長安의 오른쪽 銀臺門과 金明門, 顯福門의 안쪽, 洛陽의 華淸宮에 설치되었다. 入院한 자는 廩食을 제공하고 어두워지면 물러났으며 學士院과 달랐고, 독립된 官署가 아니었다.

99) 『舊唐書』 卷16 「穆宗紀」, 476면, "憲宗末年, 銳於服餌, 皇甫鎛與李道古薦術人柳泌·僧大通待詔翰林. 泌於台州爲上鍊神丹, 上服之, 日加躁渴, 遽棄萬國."

으나,[100] 듣지 않았다. 황제는 (목)마르는 증세가 더욱 심해지자 자주 갑자기 화를 내고 좌우를 꾸짖다가 갑자기 죽고 말았다[趙注 : 「헌종기」,[101] 「목종(穆宗)기」 두 본기와 「배린전」 및 「왕수징(王守澄)전」].[102] 이는 또한 헌종이 약을 복용해 스스로를 망친 것이다.

목종이 즉위하자 (유)필과 대통을 경조부(京兆府)[103]에 회부하여 장형(杖刑)으로 판결해 죽음에 이르게 하라는 조서를 내렸으니,[104] 이는 본래 금석이 복용할 수 없는 것임을 명확히 알고 있었다는 것이다. 그러나 (목종도) 오래지 않아 승려 유현(惟賢)과 도사 조귀진(趙歸眞)의 말을 듣고 역시 금석을 복용했다. 처사 장고(張皐)가 글을 올려 절실히 간언하자, (목종은) 조서를 내려 그를 찾았으나 (장)고가 이미 떠나 버려 잡을 수 없었으며,[105] 이윽고 목종은 붕어했다. 이는 목종이 또한 분명히 알면서도 일부러 헌종의 전철을 밟았다는 것이다.

경종(敬宗)[106]이 즉위하자 (유)현과 (조)귀진을 영남(嶺南)으로 유배 보내

100) 『舊唐書』 卷171 「裴潾傳」, 4448면, "若夫藥石者, 前聖以之療疾, 蓋非常食之物. 況金石皆含酷烈熱毒之性, 加以燒治, 動經歲月, 旣兼烈火之氣, 必恐難爲防制. …… 臣願所有金石, 鍊藥人及所薦之人皆先服一年, 以考其眞僞, 則自然明驗矣."

101) 『舊唐書』 卷15 「憲宗紀下」, 465면, "丁亥, 以山人柳泌爲台州刺史, 爲上於天台山採仙藥故也. 制下, 諫官論之, 不納."

102) 『新唐書』 卷208 「王守澄傳」, 5882~5883면, "方憲宗喜方士說, 詔天下求其人, 宰相皇甫鎛·左金吾將軍李道古等白見楊仁晝·浮屠大通. 仁晝更姓名曰柳泌, 大通自言壽百五十歲, 有不死藥, 並待詔翰林. 虢人田元佐言有祕方, 能化瓦礫爲黃金, 詔除虢令, 與董景珍·李元戢皆介泌·大通薦于天子, 天子惑其說. 泌以金石進帝餌之, 躁甚, 數暴怒, 恚責左右, 踵得罪, 禁中累息, 帝自是不豫. 十五年, 罷元會, 羣臣危恐. 會義成劉悟來朝, 賜對麟德殿, 悟出曰 : '上體平矣.' 內外乃安. 是夜, 守澄與內常侍陳弘志弑帝於中和殿, 緣所餌, 以暴崩告天下, 乃與梁守謙·韋元素等定冊立穆宗."

103) 京兆府 : 唐의 府名이다. 武德 元年(618) 雍州를 설치했다가 開元 元年(713) 京兆府로 바꾸었으며, 治所는 長安이다. 天寶 年間 萬年·長安·藍田 등 23縣을 거느렸고, 관할구역은 秦嶺 이북의 陝西省의 關中平原이다.

104) 『舊唐書』 卷135 「皇甫鎛傳」, 3742면, "又詔曰 : '山人柳泌輒懷左道, 上惑先朝, 固求牧人, 貴欲疑衆, 自知虛誕, 仍便奔逃. 僧大通醫方不精, 藥術皆妄. 仍延禍逃, 俱是奸邪, 邦國固有常刑, 人神所宜共棄, 宜付京兆府決重杖一頓處死'."

105) 『舊唐書』 卷16 「穆宗紀」, 504면, "四年正月辛亥朔, 上御殿受朝如常儀. 上餌金石之藥, 處士張皐上疏切諫, 上悅, 召之, 求皐不獲."

라는 조서를 내렸으니,[107] 이는 또한 금석이 복용할 수 없는 것임을 분명히 알았던 것이다. 그러나 곧 도사 유종정(劉從政)이 오래 살고 오래 볼 수 있는 방법이 있다고 설득하며 이인(異人)을 구하면 신비로운 약을 얻을 수 있다고 청했다. 경종은 이에 현혹되어 (유)종정을 광록경(光祿卿)으로 삼고 승현선생(昇玄先生)이라 불렀으며, 호남(湖南)과 강남(江南) 및 천태(산)에 사자를 보내 약을 캐게 했다[趙注 : 「경종본기(敬宗本紀)」].[108] 이는 경종이 또한 분명히 알면서도 일부러 그 전철을 밟았다는 것이다.

무종(武宗)은 즉위하기 전에 일찍이 도술과 수련에 관한 일을 좋아했으며, 즉위한 뒤에는 또 조귀진 등 여든한 명을 불러 궁궐 안에서 부적과 비문(秘文)을 짓고 단약을 만들게 했다[趙注 : 「무종본기(武宗本紀)」].[109] (무종이) 총애하던 왕현비(王賢妃)는 사적으로 측근들에게 "폐하께서 날마다 단약을 복용하시는데 죽지 않을 수 있다고 말하지만, 피부의 땀이 나날이 마르니, 내 그것이 심히 걱정된다"라고 말했다[趙注 : 「왕현비전(王賢妃傳)」].[110] 나중에 약효가 돌면서 마르는 현상이 심해지자 기뻐하고 노여워하는 감정이 일정하지 않게 되었고, 병이 위독해진 뒤에는 열흘 만에 말을 할 수 없게 되니, 재상 이덕유(李德裕)가 알현하고자 청했으나 만나볼 수 없었고, 오래지

106) 敬宗(809~827, 재위 824~827) : 이름은 李湛이며 穆宗의 큰아들이다. 景王에 봉해졌다가 長慶 2년(822) 太子가 되었다. 즉위 후 연회와 격구, 角抵 등에 열중하였고, 大臣들을 거의 만나지 않았다. 후에 宦官 劉克明 등에게 살해되었다. 莊陵에 장사지냈으며, 諡號는 昭愍皇帝이다.

107) 이 일은 경종 즉위 직후의 일이 아니라, 경종이 해를 당한 뒤 문종이 즉위하던 시점에 발생한 일이다. 『舊唐書』 卷17上 「文宗紀上」, 523면, "甲辰, 僧惟賢 · 齊賢 · 正簡, 道士趙歸眞, 並配流嶺南."

108) 『舊唐書』 卷17上 「敬宗紀」, 516면, "戊午, 遣中使往湖南 · 江南等道及天台山採藥. 時有道士劉從政者, 說以長生久視之道, 請於天下求訪異人, 冀獲靈藥. 仍以從政爲光祿少卿, 號昇玄先生."

109) 『舊唐書』 卷18上 「武宗紀」, 585~586면, "帝在藩時, 頗好道術修攝之事, 是秋, 召道士趙歸眞八十一人入禁中, 於三殿修金籙道場, 帝幸三殿, 於九天壇親受法籙. 右拾遺王哲上疏, 言王業之初, 不宜崇信過當, 疏奏不省."

110) 『新唐書』 卷77 「王賢妃傳」, 3509면, "帝稍惑方士說, 欲餌藥長年, 後寖不豫. 才人每謂親近曰 : '陛下日燎丹, 言我取不死. 膚澤消槁, 吾獨憂之'."

않아 붕어하고 말았다.[111] 이는 무종 역시 약 때문에 잘못되었던 것이다.

선종(宣宗)은 직접 무종이 잘못되는 것을 보았으나, 즉위한 뒤 환관을 위주(魏州)로 보내 위오(韋澳)에게 조칙을 내려 "그대가 도를 받드는 것을 알고 있으니 어떻게 하면 약을 만드는 방법을 알 수 있는지 찾아간 사신에게 말로 상주하게끔 하라" 고 명령했다. (위)오는 "방사의 말은 들어서는 안 되며 금석에는 독이 있으니 복용하면 아니 되옵니다"라고 상주했으나[趙注 : 「위오전(韋澳傳)」],[112] 선종은 마침내 태의(太醫) 이현백(李玄伯)이 만든 장생약을 먹은 뒤 속이 마르는 병에 걸리고 등창이 나서 죽었다. 의종(懿宗)은 바로 (이)현백을 때려죽였다[趙注 : 「최신유(崔愼由)전」,[113] 「필성(畢誠)전」[114] 두 열전]. 이는 선종이 또한 약 때문에 잘못되었다는 것이다.

당대(唐代)에 단약을 복용한 황제를 세어 보면 여섯 명인데, 목종과 경종은 어리석고 우매했으니 그들이 현혹된 것은 본디 괴이하다고 할 수 없지만, 태종과 헌종, 무종, 선종은 모두 영명한 군주인데 어찌 기꺼이 몸을 버리게 되었는가? 실로 삶을 탐하는 마음이 너무 심한 까닭에 도리어 죽음을 재촉했던 것일 따름이다. 이덕유는 목종이 도사가 만든 약을 복용하는 것에 대해 간언하는 상소에서 "고종 때에 유도합(劉道合)이라는 자가 있었고, 현종(玄宗) 때에 손증생(孫甑生)이란 자가 있었는데, 모두 약으로 황금을 만들 수 있었으나 두 황제께선 모두 끝내 (약을) 복용하지 않았습니다"라고 말했으니[趙注 : 「이덕유전(李德裕傳)」],[115] 그러니 두 황제는 양생을 제

111) 『舊唐書』 卷18上 「武宗紀」, 610면, "帝重方士, 頗服食修攝, 親受法籙. 至是藥躁, 喜怒失常, 疾既篤, 旬日不能言. 宰相李德裕等請見, 不許. 中外莫知安否, 人情危懼. 是月二十三日, 宣遺詔以皇太叔光王柩前卽位. 是日崩, 時年三十三."

112) 『舊唐書』 卷158 「韋澳傳」, 4177면, "在河陽累年, 中使王居方使魏州, 令傳詔旨謂澳曰 : '久別無恙, 知卿奉道, 得何藥術, 可具居方口奏.' 澳因中使上章陳謝, 又曰 : '方士殊不可聽, 金石有毒, 切不宜服食.' 帝嘉其忠, 將召之, 而帝厭代."

113) 『新唐書』 卷114 「崔愼由傳」, 4199면, "初, 宣宗餌長年藥, 病渴且中躁, 而國嗣未立."

114) 『新唐書』 卷183 「畢諴傳」, 5380면, "太醫李玄伯者, 帝所喜, 以錢七十萬聘之, 夫婦日自進食, 得其歡心, 乃進之帝, 嬖幸冠後宮. 玄伯又治丹劑以進, 帝餌之, 疽生於背. 懿宗立, 收玄伯及方士王岳·虞紫芝等, 俱誅死."

115) 『舊唐書』 卷174 「李德裕傳」, 4518면, "又高宗朝劉道合·玄宗朝孫甑生, 皆成黃金,

대로 알았다고 할 수 있다.

신하들 가운데 금석을 복용한 경우를 보면, 예컨대 두복위(杜伏威)는 신선술을 좋아해서 운모(雲母)를 먹었으나 독 때문에 갑자기 죽었다[趙注 : 「두복위전」].[116] 이도고(李道古)는 유필을 천거했다가 나중에 순주(循州)로 폄직되었는데, 마침내 약을 먹고 피를 토하며 죽었다[趙注 : 「이도고전」].[117] 이포진(李抱眞)은 방술을 좋아했는데, 손계장(孫季長)이란 자가 단약을 만들어 이 약을 먹으면 신선이 되어 천상으로 갈 수 있다고 말하자, (이)포진은 이를 믿고 다른 사람들에게 "진·한(秦·漢)의 군주들도 이 약을 만나지 못했는데 내가 이 약을 만나게 되었으니, 나중에 승천하면 다시 여러분을 볼 수 없겠구려"라고 말했다. 단약을 2만 환(丸)까지 먹고 나자 아무것도 먹을 수가 없어 죽게 되었는데, 도사 우통현(牛洞玄)이 돼지기름과 옻칠한 곡식으로 약기운을 씻어 내리자 병이 다소 나아졌다. (그런데) (손)계장이 와서 "신선이 될 수 있을 것인데 어찌 스스로 포기합니까"라고 말하니, 다시 3천 환을 먹고 죽었다[趙注 : 「이포진전」].[118] 이들은 진실로 우매하고 가련한 자들이다. 다만, 무후(武后) 때에는 장창종(張昌宗) 형제가 역시 일찍이 무후를 위해 단약을 만드니 소지충(蕭至忠)이 "그들이 폐하의 옥체[聖體]에 공이 있습니다"라고 했으므로,[119] 무후가 단약을 복용했음을 알 수 있는데, 그러나

二祖竟不敢服, 豈不以宗廟社稷之重, 不可輕易."

116) 『新唐書』 卷92 「杜伏威傳」, 3801면, "伏威好神仙長年術, 餌雲母被毒, 武德七年二月, 暴卒."

117) 『舊唐書』 卷131 「李道古傳」, 3642면, "憲宗季年頗信方士, 銳於服食, 詔天下搜訪奇士. 宰相皇甫鎛方諛媚固寵, 道古言柳泌有道術, 鎛得而進之, 待詔翰林. 憲宗服餌過當, 暴成狂躁之疾, 以至棄代. 穆宗在東宮, 扼腕於其事, 及居喪, 皆竄逐誅之. 鎛旣貶責, 授道古循州司馬, 終以服丹藥, 歐血而卒."

118) 『舊唐書』 卷132 「李抱眞傳」, 3649면, "晩節又好方士, 以冀長生. 有孫季長者, 爲抱眞鍊金丹, 紿抱眞曰 : '服之當昇僊.' 遂署爲賓僚. 數謂參佐曰 : '此丹秦皇·漢武皆不能得, 唯我遇之, 他年朝上淸, 不復偶公輩矣.' 復夢駕鶴沖天, 寤而刻木鶴·衣道士衣以習乘之. 凡服丹二萬丸, 腹堅不食, 將死, 不知人者數日矣. 道士牛洞玄以猪肪穀漆下之, 殆盡. 病少間, 季長復曰 : '垂上僊, 何自棄也!' 益服三千丸, 頃之卒."

119) 『新唐書』의 기록에 따르면 蕭至忠이 한 이야기가 아니라 楊再思가 한 것으로 되어 있다(『新唐書』 卷104 「張昌宗傳」, 4015면, "后問宰相, 內史令楊再思曰 : '昌宗主鍊丹

(무후는) 여든한 살까지 살았다. 어쩌면 여자의 몸은 본래 음(陰)이므로 바짝 마르고 덥게 하는 약을 복용할 수 있으나, 남자의 몸은 불로 불을 도우는 격이니 반드시 물이 말라 몸에도 물기가 없어지게 되는 것인가?

243. 현종은 오대가 한 집안에 살았다玄宗五代一堂

숙종(肅宗)이 태자였을 때 대종(代宗)을 낳았으니, 적통 황손이었다. 태어난 지 사흘 만에 현종(玄宗)이 (그가) 목욕하는 것을 보러 왔는데, 적손의 몸이 허약해서 보모가 그 빈약함 꺼려 다른 궁의 아이를 바꾸어서 보여주었다. 현종이 아이를 보고 즐거워하지 않자 보모가 머리를 조아리며 이 아이가 아니라고 말했다. 현종은 "네가 알 바가 아니니 빨리 가서 아이를 데리고 오너라" 고 말했다. 이에 적손을 보고는 현종은 크게 기뻐하며 해를 향해 서서 아이를 보고 "복이 제 애비보다 더하구나"라고 말했고, (고)력사(高力士)를 돌아보며 "하루에 세 천자를 보니 기쁘구나"라고 말했다[趙注 : 「오황후전(吳皇后傳)」].[120] 이(이처럼 삼대가 함께 한 것)는 이미 대단한 일에 속한다. (그런데) 또한 『구당서』 「순종기(順宗紀)」를 살펴보면, 순종(順宗)[121]은 숙종 상원(上元) 2년(761)에 태어났는데,[122] 당시 현종이 여

劑, 陛下餌之而驗, 功最大者也.' 卽詔釋之, 歸罪其兄昌儀 · 同休, 皆貶官").

120) 『新唐書』 卷77 「肅宗章敬吳太后傳」, 3499면, "生代宗, 爲嫡皇孫. 生之三日, 帝臨澡之. 孫體攣弱, 負姆嫌陋, 更取他宮兒以進, 帝視之不樂, 姆叩頭言非是. 帝曰 : '非爾所知, 趣取兒來!' 於是見嫡孫, 帝大喜, 向日視之, 曰 : '福過其父.' 帝還, 盡留內樂宴具, 顧力士曰 : '可與太子飲, 一日見三天子, 樂哉!'"

121) 順宗(761~806, 재위 805) : 이름은 李誦이며, 德宗의 큰아들이다. 太子 때 王叔文 등과 宮市의 폐와 민간의 疾苦를 논의하여 혁신을 계획하였다. 즉위 후 王伾 · 王叔文 등을 임용하고 민간에서 체납한 조세를 면제할 것을 선포하였으며, 宮市 등 민간에 고통을 주는 것들을 없앴다. 陸贄등을 長安으로 불러 등용하였고 탐관오리를 물리쳤다. 재위 8개월 만에 宦官 俱文珍의 협박으로 太子 李純(憲宗)에게 帝位를 물려주

전히 태상황(太上皇)이었으니, 이는 현종, 숙종, 대종, 덕종(德宗), 순종 등 모두 다섯 대가 함께 한 집안에 있었던 것으로, 하루에 세 천자를 보았을 뿐만 아니라 또한 한 집안에 다섯 대에 걸친 천자가 있었던 것이다.

244. 당나라에는 두 차례 '상원'이라는 연호가 있었다唐有兩上元年號

연호를 거듭 이어 쓰는 것은 이미 『해여총고(陔餘叢考)』 전편(前編)에서 보였는데, 모두 다른 시대의 군주가 상세히 고찰해야 함을 알지 못해 전대의 연호를 잘못 이어 쓰는 경우가 있게 되었던 것이다. 그런데 당(唐)나라의 경우는 고종(高宗) 때 상원(上元)이란 연호(674~676)가 있었는데 숙종(肅宗) 때에도 또한 상원(760~761)으로 연호를 썼다. 고종과 숙종은 시대가 서로 떨어진 것이 육칠십 년에 불과하여 보고 듣는 것이 서로 이어져 있었을 것이니, 조정 신하들이 어찌 기억함이 없겠는가만, 그런데도 자손이 조종(祖宗)의 연호를 반복했으니, 이는 무엇을 말하는 것일까? 원(元)나라 순제(順帝)는 원 세조(世祖)가 창업하여 치세를 이룬 바를 흠모해서 그 지원(至元, 1264~1294)이란 연호를 이용하여[123] 연도를 헤아렸으므로(1335~1340), 당시에는 '거듭 헤아리는 지원(重紀至元)'이라는 호칭이 있었지만, (이는) 쇠약해 어지러운 조정에서 전고(典故)를 몰랐던 것이니, 본디 논할 것도 없는 것이다.

고 太上皇이라 칭하였다. 다음해 병사하여 豐陵(지금의 陝西省 富平縣)에 장사지냈으며, 諡號는 大聖大安皇帝이다.

122) 『舊唐書』 卷14 「順宗紀」, 405면, "順宗至德大聖大安孝皇帝諱誦, 德宗長子, 母昭德皇后王氏. 上元二年正月生於長安之東內."

123) 『元史』 卷38 「順帝紀」, 830면, "惟世祖皇帝, 在位長久, 天人協和, 諸福咸至, 祖述之志, 良切朕懷. 今特改元統三年仍爲至元元年."

245. 덕종은 시 짓는 것을 좋아했다德宗好爲詩

당(唐)나라 여러 황제 가운데에는 시를 잘 지은 사람이 매우 많아, 예컨대 태종(太宗), 현종(玄宗), 문종(文宗), 선종(宣宗) 등이 모두 직접 지은 시문이 있어 후세에 전해지지만, 특히 덕종(德宗)을 으뜸으로 삼는다. 「유태진전(劉太眞傳)」에는 황제(덕종)의 글재주와 구상이 뛰어나 매번 직접 시문을 지을 때마다 번번이 조정 신료들에게 모두 화답하기를 명했다고 했다.[124] 지금 본기를 살펴보면, 정원(貞元) 2년(786)에 여러 신하들에게 인덕전(麟德殿)에서 연회를 베풀면서 시 한 장(章)을 짓고 여러 신하들에게 화답할 것을 명했다.[125] (정원) 4년(788)에는 백관들에게 곡강정(曲江亭)에서 연회를 베풀면서 「중양사연시(重陽賜宴詩)」 여섯 운(韻)을 지었다.[126] (정원) 6년(790)에는 또 곡강정에서 연회를 베풀면서 「중화절사연시(仲和節賜宴詩)」 일곱 운을 지었다.[127] 상사절(上巳節)[128]에 또 연회를 베풀면서 「상사시(上巳詩)」 한 장을 지었다.[129] (정원) 9년(793) 정월에는 조회가 끝난 뒤 「퇴조관장귀영시(退朝觀仗歸營詩)」를 지었다.[130] (정원) 10년(794)에는 곡강(曲江)[131]에서 (9월) 9일 연회를 베풀면서 또한 시를 지었다.[132] (정원) 11년

124) 『舊唐書』 卷137 「劉太眞傳」, 3762면, "德宗文思俊拔, 每有御製, 卽命朝臣畢和."

125) [王注] 이 일은 貞元 4年 2월에 있었으니, 『舊唐書』 卷13 「德宗本紀」에 보인다. 『舊唐書』 卷13 「德宗紀下」, 363~364면, "貞元四年春正月庚戌朔, …… 甲寅, 地震. 宴四羣臣於麟德殿, 設九部樂, 內出舞馬, 上賦詩一章, 羣臣屬和."

126) 『舊唐書』 卷13 「德宗紀下」, 366면, "癸丑, 賜百僚宴於曲江亭, 仍作重陽賜宴詩六韻賜之."

127) 『舊唐書』 卷13 「德宗紀下」, 369면, "二月戊辰朔, 百僚會宴於曲江亭, 上賦中和節羣臣賜宴七韻."

128) 上巳節 : 漢 이전 음력 3월 첫 번째의 巳日을 가리켰으나, 魏晉 이후에는 3월 3일로 정해졌다. 이 날에는 풍경이 수려한 곳을 찾아 '踏靑' 즉, 일종의 봄놀이를 하였다고 한다.

129) 『舊唐書』 卷13 「德宗紀下」, 369면, "三月庚子, 百僚宴于曲江亭, 上賦上巳詩一篇賜之."

130) 『舊唐書』 卷13 「德宗紀下」, 376면, "九年春正月庚辰朔, 朝賀畢, 上賦退朝觀仗歸營詩."

(795)에는 재상 및 두 성(省)의 공봉관(供奉官)[133]들에게 곡강에서 연회를 베풀면서 시 여섯 운을 지었다.[134] (정원) 12년(796)에는 직접 「형정잠(刑政箴)」 한 수를 지었다.[135] 또 「중화낙무곡(中和樂武曲)」을 지어 어전에서 연주하게 했다. 이 해 중춘(仲春)[136]에는 인덕전에서 연회를 베풀었고, (9월) 9일에 곡강에서 연회를 베풀었는데, 모두 시를 지었다.[137] (정원) 17년(801)에는 중춘 및 중양(重陽)[138]에 곡강에서 연회를 베풀면서 또한 모두 시를 지었다.[139] (정원) 18년(802)에는 (9월) 9일에 마린산(馬嶙山) 연못에서 연회를 베풀면서 또한 시를 짓고 모두 신하들에게 화답하는 시를 지을 것을

---

131) 曲江 : 曲江池라고도 하며, 唐 長安城 동남 모퉁이에 있었다. 漢代 樂游苑이었는데, 물의 흐름이 굴곡이 있어 붙여진 이름이다. 唐 開元中 義谷水를 끌어들여 池에 물을 댔다. 남쪽에 芙蓉園과 紫雲樓, 서쪽에 杏園과 慈恩寺가 있다. 中和, 重陽節 등에 長安의 士女들이 曲江池를 보고 즐기며, 進士 급제자들이 曲江亭에서 연회를 열었는데, 이를 曲江會라 하였다.

132) 『舊唐書』 卷13 「德宗紀下」, 380면, "九月辛未朔, ……. 戊子, 賜百僚九日宴, 上賦詩賜之."

133) 供奉官 : 唐初에는 侍御史內供奉・殿中侍御史內奉供만 있었으나 玄宗代에는 翰林奉供가 설치되었다. 內供奉은 궁전이나 조정의 供奉儀式을 담당하고 의식의 예를 잃은 관리들은 규찰하였다.

134) 『舊唐書』 卷13 「德宗紀下」, 382면, "九月己卯, 賜宰臣兩省供奉官宴於曲江, 賦詩六韻賜之."

135) 『舊唐書』 卷13 「德宗紀下」, 385면, "十二月己未, 大雪平地二尺, 竹柏多死. 環王國所獻犀牛, 甚珍愛之, 是冬亦死. 上著刑政箴一首."

136) 仲春 : 봄이 한창인 때라는 뜻으로, 음력 2월을 달리 이르는 말이다.

137) **[王注]** 9일에 曲江에서 연회를 베푼 것 및 시를 지은 것은 (貞元) 13年 가을의 일이다. 「中和樂武曲」을 짓고, 麟德殿에서 연회를 베푼 것 및 詩 八韻을 지은 것은 모두 14년 봄의 일이니, 『舊唐書』 本紀에 보인다; 『舊唐書』 卷13 「德宗紀」, 386면, "辛卯九日, 宴宰臣百官於曲江, 上賦詩以賜之"; 『舊唐書』 卷13 「德宗紀」, 387면, "戊午, 上御麟德殿, 宴文武百僚, 初奏破陣樂, 徧奏九部樂, 及宮中歌舞妓十數人列於庭. 先是上制中和樂舞曲, 是日奏之, 日晏方罷. 比詔二月一日中和節宴, 以雨雪, 改用此日. 上又賦中春麟德殿宴羣臣詩八韻, 羣臣頒賜有差."

138) 重陽 : 九日이라고도 한다. 세시 명절의 하나로 음력 9월 9일을 이르는 말. 이날 남자들은 시를 짓고 각 가정에서는 국화전을 만들어 먹고 놀았다. 참고로 한자를 달리 쓰는 '仲陽'은 음력 2월을 이르는 말이다.

139) 『舊唐書』 卷13 「德宗紀下」, 394면, "二月癸巳朔, 賜羣臣宴於曲江亭, 上賦中和節賜宴曲江詩六韻賜之"; 『舊唐書』 卷13 「德宗紀下」, 395면, "戊辰, 羣臣宴曲江, 上賦九日賜宴曲江亭詩六韻賜之."

명했다.[140] 이는 본기에서 보이는 것이다.

정원 4년(788) (9월) 9일 연회에서는 황제(덕종)가 몸소 시의 서문을 짓고, 조정의 관리들에게 화답하여 바칠 것을 명했으며, 황제가 직접 그 시들을 살펴 유태진(劉太眞), 이서(李紓) 등 네 사람을 상등으로 하고 포방(鮑防), 우소(于邵) 등 네 사람을 차등으로 하고 장몽(張濛), 은량(殷亮) 등 스물세 사람을 하등으로 삼았으나, 이성(李晟), 마수(馬燧), 이필(李泌) 등 세 재상의 시에는 우열을 가리는 평가를 가하지 않았다【趙注 : 「유태진전(劉太眞傳)」에 보인다】.[141] 위수(韋綬)가 내직(內直)[142]에 있을 때 덕종이 「황국가(黃菊歌)」를 짓고서 좌우를 돌아보며 "위수에게 보이지 않을 수 없다"라고 말하고는 곧 사람을 보내 (이를) 가지고 가도록 하니 (위)수가 바로 화답을 붙여 바쳤다【趙注 : 「위수전」】.[143] 또한 일찍이 신의(宸扆), 태형(台衡) 등 두 개의 명문(銘文)을 지어 마수에게 하사했다【趙注 : 「마수전」】.[144] 두희전(杜希全)이 천덕(天德)에 나가 주둔하고 있을 때 「체요(體要)」 여덟 장을 바쳤는데, 넌지시 간언하는 바가 많았으며, 덕종은 「군신잠(君臣箴)」을 지어 그에게 하사했다【趙注 : 「두희전전」】.[145] 장건봉(張建封)이 조정에 들어왔다가 번진(藩鎭)으로 돌아가려고 하자, 덕종은 시를 지어 그를 전송했다【趙注 : 「장건봉전」】.[146] 이는 모두

---

140) 『舊唐書』 卷13 「德宗紀下」, 397면, "癸亥, 賜羣臣宴於馬璘山池, 上賦九日賜宴詩六韻賜之."

141) 『舊唐書』 卷137 「劉太眞傳」, 3763면, "上自考其詩, 以太眞及李紓等四人爲上等, 鮑防·于邵等四人爲次等, 張濛·殷亮等二十三人爲下等; 而李晟·馬燧·李泌三宰相之詩, 不加考第."

142) 內直 : 宮內에서 당직하는 것을 가리킨다.

143) 본문에서는 '黃菊歌'를 지었다고 했으나, 『新唐書』는 '黃花歌'를 지었다고 썼다. 『新唐書』 卷169 「韋綬傳」, 5157면, "九月九日, 帝爲黃花歌, 顧左右曰 : '安可不示韋綬!' 卽遣使持往, 綬遽奉和, 附使進."

144) 『新唐書』 卷155 「馬燧傳」, 4889면, "還太原, 帝賜宸扆·台衡二銘, 以言君臣相成之美."

145) 『舊唐書』 卷144 「杜希全傳」, 3921~3923면, "希全將赴靈州, 當獻體要八章, 多所規諫, 德宗深納之, 乃著君臣箴以賜之, 其辭曰 : '夫惟德惠人, 惟辟奉天, 從諫則聖, 共理惟賢. …… 旣往旣來, 懷賢忡忡, 唱予和汝, 式示深衷.'"

146) 『新唐書』 卷158 「張建封傳」, 4941면, "元巳, 賜宴曲江, 特詔與宰相同榻食. 其還鎭, 帝賦詩以餞, 于時雖馬燧·渾瑊·劉玄佐·李抱眞等勳寵卓越, 未有以詩餞者."

열전에서 보이는 것이다.

이제 그 시 몇 수를 실어보자. 정원 4년(788)에 지은 「곡강사연시(曲江賜宴詩)」에서는 이르길, '아침 일찍 옷을 입고 궁궐 모닥불을 쬐면서, 몸소 감화되어 성실한 마음 부지런히 했노라. 이때에 만기(萬機)[147]를 보면서도 틈이 났더니, 때마침 좋은 명절과 어울렸구나. 곡강지(曲江池)에 차가운 물 맑게 흐르고, 향기로운 국화는 황금 봉오리 피운다. 천지엔 상쾌한 기운이 솟아오르고, 궁궐엔 가을빛이 맑아라. 조야(朝野)가 모두 풍년을 경축하고, 고아한 연회엔 즐거운 소리 많구나. 함부로 행동하지 말자는 교훈 영원히 품었으니, 훌륭한 선비들도 이와 같은 마음이라'라고 했다.[148] (장)건봉에게 내린 시에서는 '지방관에게 중요한 일을 맡기니, 재주 있고 어진 이가 때를 위해 났구나. 풍교(風敎)를 펼침(宣風)[149]은 회전(淮甸) 일대로부터 했으니, 도끼를 내리자(授鉞)[150] 변방의 요지를 쳤도다. 들어와 알현하여 멀리서 그립던 맘 펼치매, 난간에 나아가 오는 그 마음 위로하노라. 충성은 한 치 마음속에 있어, 감격으로 진정한 글을 아뢰는구나. 나라에 보답함은 그대가 숭상하는 바이고, 백성을 구휼함은 내가 의지하는 바이라. 즐거운 연회에서 회포 다 풀지 못했건만, 거마(車馬)는 돌아갈 때가 되었구나. 곡우(穀雨)[151]가 기다리고 있을 것이니, 봄철 순행은 오히려 늦지 않았음이라. 천리가 멀다고 해서, 아는 이 없다고 하진 말게'라고 했다.[152]

---

147) 萬機: 정치상 온갖 중요한 기틀. 천하의 큰 政事.

148) 『舊唐書』 卷137 「劉太眞傳」, 3762~3763면, "貞元四年九月, 賜宴曲江亭, 帝爲詩, 序曰: 朕在位僅將十載, 實賴忠賢左右, 克致小康. 是以擇三令節, 錫茲宴賞, 俾大夫·卿士得同歡洽也. 夫共其戚者同其休, 有其初者貴其終, 咨爾羣僚, 頒朕不暇, 樂而能節, 職思其憂, 咸若時則, 庶乎理矣. 因重陽之會, 聊示所懷. 早衣對庭燎, 躬化勤意誠. 時此萬樞暇, 適與佳節幷. 曲池潔寒流, 芳菊舒金英. 乾坤爽氣澄, 臺殿秋光淸. 朝野慶年豐, 高會多歡聲. 永懷無荒誡, 良士同斯情."

149) 宣風: 風敎를 선양함의 뜻. 風敎란 덕행으로 사람을 가르치고 인도하는 일.

150) 授鉞: 대장이 출정할 때 군주가 斧鉞을 주는데, 이는 兵權을 준다는 것을 나타냄.

151) 穀雨: 24節期의 여섯 번째로 봄의 마지막 절기이다. 百穀을 잘 자라게 하는 비라는 뜻. 양력으로 4월 20일 경이다.

152) 『舊唐書』 卷140 「張建封傳」, 3832면, "建封將還鎭, 特賜詩曰: '牧守寄所重, 才賢生爲時. 宣風自淮甸, 授鉞膺藩維. 入覲展遐戀, 臨軒慰來思. 忠誠在方寸, 感激陳淸

246. 이전 시대 충신과 간신에 대한 포폄褒貶前代忠奸

현자가 사는 마을을 지날 때 수레 가로대에 의지해 절을 하며 경의를 표하는 것[式閭]과 의로운 사람의 무덤에 표적을 세우는 것[表墓]은 새로운 왕조가 격발시켜 드날리는 첫 번째 일이니, 그로써 옳고 그름의 공평함을 나타내고 천하의 여론을 일신하는 것이기 때문이다. 당(唐) 무덕(武德) 원년(618)에 조서를 내려 수(隋)나라의 고경(高熲), 하약필(賀若弼), 설도형(薛道衡),[153] 우문필(宇文弼), 동순(董純) 등이 모두 절조를 굽히지 않고 충성하는 마음을 품었다가 극형에 처해졌다 하여 특별히 관직을 추증하고 시호를 더했다.[154] 정관(貞觀) 원년(627)에도 조서를 내려 (북)제(北齊)의 최계서(崔季舒), 곽준(郭遵), 봉효염(封孝琰)이 극력 간언을 하다가 고난을 당했다 하여 그 자손을 칭찬하고 관작을 내렸다.[155] 즉, 다만 죽은 사람만 가엽게 여겨 추증한 것이 아니라 또한 그 후손들에게도 관직을 준 것

詞. 報國爾所尙, 恤人予是資. 歡宴不盡懷, 車馬當還期. 穀雨將應候, 行春猶未遲. 勿以千里遙, 而云無已知'."

153) 薛道衡(540~609) : 隋 河東郡 汾陰縣 사람으로 字는 玄卿이다. 北齊에서 中書侍郎을 지냈으며, 北周에서 陵州刺史를 지냈다. 隋에 들어와 內史舍人 兼 散騎常侍에 임명되었다. 開皇 4년(584) 陳에 사신으로 갔었고, 開皇 8년(588) 陳을 공격할 때 淮南道行臺 尙書吏部郎이 되었으며 陳 정벌의 필승 원인을 분석하여 高熲에게 인정받았다. 돌아와 吏部侍郎이 되었다. 海內의 名賢과 교류하였으며, 牛弘·蘇威·楊素 등과 친했다. 檢校襄州總管으로 임명되어 임지에서 청렴하게 생활하였다. 煬帝 즉위 후 番州刺史·司隸大夫를 역임하였다. 일찍이 『高祖文皇帝頌』을 바쳤으나 煬帝가 좋아하지 않았는데, 후에 高熲의 사건을 생각해내고 하옥시켜 죽였다. 원래 文集 70卷이 있었으나 전하지 않고, 明代 사람들이 輯補한 『薛司隸集』이 있다.

154) 『舊唐書』 卷1 「高祖紀」, 7면, "丁亥, 詔曰 : '隋太常卿高熲·上柱國賀若弼, 並抗節不阿, 矯枉無撓; 司隸大夫薛道衡·刑部尙書宇文弼·左翊衛將軍董純, 並懷忠抱義, 以陷極刑 : 宜從褒飾, 以慰泉壤. 熲可贈上柱國·郯國公, 弼贈上柱國·杞國公, 各令有司加謚; 道衡贈上開府·臨河縣公, 弼贈上開府·平昌縣公, 純贈柱國·狄道縣公.'"

155) 『舊唐書』 卷2 「太宗紀」, 32면, "丙午, 詔 : '齊故尙書僕射崔季舒·給事黃門侍郎郭遵·尙書右丞封孝琰等, 昔仕鄴中, 名位通顯, 志存忠讜, 抗表極言, 無救社稷之亡, 遂見龍逢之酷. 其季舒子剛·遵子雲·孝琰子君遵, 並以門遭時譴, 淫刑濫及. 宜從褒獎, 特異常倫, 可免內侍, 量才別敍'."

이다. 인덕(麟德) 원년(664)에 또한 조서를 내려 (북)주(北周) 우문효백(宇文孝伯)의 자손을 방문하여 관직을 주도록 했다.[156] 이는 모두 충신을 기리는 좋은 제도이다.

정관 2년(628)에는 수나라 신하 배건통(裴虔通)이 직접 양제(煬帝)를 시해한 죄를 추궁해 따져 작위를 삭탈하고 환주(驩州)[157]로 귀양을 보냈다.[158] (정관) 7년(633)에 또한 조서를 내려 우문화급(宇文化及)과 그 동생 (우문)지급(宇文智及), 사마덕감(司馬德戡), 배건통, 맹경(孟景), 원례(元禮), 양람(楊覽), 당봉의(唐奉義), 우방유(牛方裕), 원민(元敏), 설량(薛良), 마거(馬擧), 원무달(元武達), 이효본(李孝本), (이)효질(李孝質), 장개(張愷), 허홍인(許弘仁), 영호행달(令狐行達), 석덕방(席德方), 이복(李覆) 등 양제를 시해한 자는 그 자손도 아울러 벼슬길을 막아 품계와 관직을 얻을 수 없게 했다.[159] 이는 또한 악행을 미워하는 공정함을 밝힐 만한 것이었다. 그러나 임금을 시해하는 신하나 부모를 해치는 자식은 사람 하나하나를 다 주살해야 하는 것인데, (우문)화급 등의 경우 이미 죽었으므로 그 자손의 벼슬길을 막는 것이 옳지만, 배건통은 아직 생존해 있었는데도 다만 이전 시대의 일이라 하여 다시 정당하게 주살하지 않고 그저 먼 변경으로 유배 보내기만 했으니,

---

156) 『舊唐書』 卷4 「高宗紀」, 86면, “九月己卯, 詔曰 : ‘周京兆尹 · 左右宮伯大將軍 · 司衛上將軍 · 少冢宰 · 廣陵郡公宇文孝伯, 忠亮存心, 貞堅表志. 淫刑旣逞, 方納諫而求仁; 忍忌將加, 甘捐軀而徇節. 年載雖久, 風烈猶生, 宜峻徽章, 式旌胤胄. 其孫左威衛長史思純, 可加授朝散大夫’.”

157) 驩州 : 隋代에 설치한 곳으로 현재 베트남 북부에 해당한다.

158) 『舊唐書』 卷2 「太宗紀上」, 34면, “辰州刺史 · 長蛇縣男裴虔通, 昔在隋代, 委質晉藩, 煬帝以舊邸之情, 特相愛幸. 遂乃志蔑君親, 潛圖弒逆, 密伺間隙, 招結羣醜, 長戟流矢, 一朝竊發. 天下之惡, 孰云可忍! 宜其夷宗焚首, 以彰大戮. 但年代異時, 累逢赦令, 可特免極刑, 除名削爵, 遷配驩州.”

159) [王注] 『舊唐書』 卷3 「太宗紀下」, 42면에 따르면 ‘李孝哲’은 ‘李孝質’로 되어 있다(『舊唐書』 卷3 「太宗紀下」, 42면, “七年春正月戊子, 詔曰 : ‘宇文化及弟智及 · 司馬德戡 · 裴虔通 · 孟景 · 元禮 · 楊覽 · 唐奉義 · 牛方裕 · 元敏 · 薛良 · 馬擧 · 元武達 · 李孝本 · 李孝質 · 張愷 · 許弘仁 · 令狐行達 · 席德方 · 李覆等, 大業季年, 咸居列職, 或恩結一代, 任重一時; 乃包藏凶慝, 罔思忠義, 爰在江都, 遂行弒逆, 罪百閻 · 趙, 釁深梟獍. 雖事是前代, 歲月已久, 而天下之惡, 古今同棄, 宜置重典, 以勵臣節. 其子孫並宜禁錮, 勿令齒敍’”).

도리어 형벌의 마땅함을 잃은 잘못을 면할 수 없다. 무후(武后) 성력(聖曆) 2년(699)에는 다시 수나라 양소(楊素)의 자손을 추가로 벌하여 경관(京官)[160]과 시위(侍衛) 관직에 나아가는 것을 허락하지 않았다.[161]

247. 시호에는 좋은 것과 안 좋은 것이 모두 있었다諡兼美惡

당(唐)나라 제도에 벼슬이 3품 이상인 경우 모두 시호를 요청할 수 있었는데, 그 사람됨의 현명여부가 같지 않으므로 반드시 그 생애를 조사해서 시호를 정했으니, 대체로 여전히 옛 법도를 존속시킨 것이었다. 황보무일(皇甫無逸)[162]은 촉(蜀) 지방에서 관직을 지냈는데 그 어머니가 서울(곧, 長安)에서 죽자, (황보)무일은 장례를 치르기 위해 급히 돌아오다가 도중에 죽고 말았고, 태상(시)(太常寺)[163]에서 그 시호를 '효(孝)'라고 했다. 왕규(王

---

160) 京官 : 京職事官이라고도 칭하며, 外官과 相對된다. 唐代 중앙의 省·寺·臺·監·諸衛·東宮·王府 이하 佐官과 公主邑司官 등을 지칭한다.

161) 『舊唐書』에는 聖曆 2年(699)이 아니라 聖曆 3年(700)의 기사로 기록되어 있다(『舊唐書』 卷6 「則天皇后紀」, 129면, "壬寅, 制曰 : '隋尙書令楊素, 昔在本朝, 早荷殊遇. 稟凶邪之德, 有諂佞之才, 惑亂君上, 離間骨肉. 搖動冢嫡, 寧唯掘蠱之禍; 誘扇後主, 卒成請蹯之釁. 隋室喪亡, 蓋惟多僻, 究其萌兆, 職此之由. 生爲不忠之人, 死爲不義之鬼, 身雖幸免, 子竟族誅. 斯則姦逆之謀, 是爲庭訓; 險薄之行, 遂成門風. 刑戮雖加, 枝胤仍在, 何得肩隨近侍, 齒列朝行? 朕接統百王, 恭臨四海, 上嘉賢佐, 下惡賊臣. 常欲從容於萬機之餘, 褒貶於千載之外, 況年代未遠, 耳目所存者乎! 其楊素及兄弟子孫已下, 並不得令任京官及侍衛'").

162) 皇甫無逸 : 隋唐교체기 京兆府 萬年縣 사람으로 字는 仁儉이다. 淯陽太守·刑部侍郎을 지냈고, 煬帝가 江都로 순행할 때 洛陽을 留守하였다. 大業 14년(618) 煬帝가 피살되었다는 소식을 듣고 段達·元文都와 함께 越王 楊侗을 즉위시키고 兵部尙書에 임명되었다. 王世充이 자립하자 唐에 투항하여 刑部尙書 滑國公에 봉해졌다. 陝東道行臺 民部尙書·御史大夫·民部尙書·同州刺史·益州大都督府長史 등을 역임하였다. 貞觀 연간 병으로 죽었다.

163) 太常寺 : 官署名으로, 漢代 太常이 있었으며, 北齊에서 처음으로 寺를 설치하였는데, 隋唐·五代가 이를 계승하였다. 郊廟·禮樂·祭祀를 담당하였고, 尙書禮部의 명

珪)가 그것을 논박하며 (황보)무일은 관직에 나아가면서 어머니와 함께하지 않았으니 '효'라고 할 수 없다고 하자, 이에 시호를 '양(良)'이라고 바꾸었다.[164] 소우(蕭瑀)가 죽자 태상에서 시호를 '숙(肅)'이라고 했는데, 태종(太宗)은 그가 꺼리는 것이 많다 하여 시호를 '정편(貞褊)'으로 고쳤다.[165] 우문사급(宇文士及)[166]이 죽자 처음에는 시호를 '공(恭)'이라고 했는데, 유계(劉洎)가 그가 사치하고 방자하다고 논박하자 시호를 '종(縱)'이라고 고쳤다.[167] 봉륜(封倫)[168]이 죽은 뒤 간사하게 행한 일이 발각되자 시호를 '무(繆)'라고 고쳤다.[169] 허경종(許敬宗)이 죽자 박사(博士) 원사고(袁思古)는

령을 받았다. 장관으로 太常卿 한 명이 있고, 次官으로 太常少卿 두 명이 있으며, 屬官으로 太常丞·太常博士·太祝·協律郎·奉禮郎 등이 있다. 龍朔 2년(662) 奉常寺로 改稱하였다가 咸亨 元年(670) 이전의 명칭으로 환원되었다. 光宅 元年(684) 司禮寺로 바뀌었다가 神龍 元年(705) 이전의 명칭으로 돌아갔다.

164) 『舊唐書』 卷62 「皇甫無逸傳」, 2386면, "母在長安疾篤, 太宗令驛召之. 無逸性至孝, 承問惶懼, 不能飮食, 因道病而卒. 贈禮部尙書, 太常考行, 謚曰'孝'. 禮部尙書王珪駁之曰: '無逸入蜀之初, 自當扶侍老母, 與之同去, 申其色養, 而乃留在京師, 子道未足, 何得爲孝?' 竟謚爲良."

165) 『舊唐書』 卷63 「蕭瑀傳」, 2404면, "二十一年, 徵授金紫光祿大夫, 復封宋國公. 從幸玉華宮, 遘疾薨於宮所, 年七十四. 太宗聞而輟膳, 高宗爲之擧哀, 遣使弔祭. 太常謚曰'肅'. 太宗曰: '易名之典, 必考其行. 瑀性多猜貳, 此謚失於不直, 更宜摭實.' 改謚曰貞褊公."

166) 宇文士及(?~642): 隋唐교체기 武川 사람으로 후에 雍州 長安으로 이주하였다. 字는 仁人이며, 宇文述의 아들이고, 宇文化及의 아우이다. 隋煬帝의 딸 南陽公主와 결혼하였다. 大業中 尙輦奉御가 되었고, 煬帝를 따라 江都에 이르렀다. 宇文化及이 煬帝를 죽인 후 內史令에 임명하였다. 宇文化及이 패하자 唐에 귀순하였다. 누이가 唐高祖의 昭儀가 되어 上儀同에 제수되었다. 李世民을 따라 竇建德과 王世充을 평정하였으며, 郢國公에 봉해졌다. 太宗 즉위 후 中書令·殿中監·蒲州刺史·右衛大將軍을 역임하였다. 관대하고 간단하게 행정을 처리하였지만, 생활은 사치스러웠다. 시호는 縱이다.

167) 『舊唐書』 卷63 「宇文士及傳」, 2410~2411면, "士及撫幼弟及孤兄子, 以友愛見稱, 親戚故人貧乏者輒遺之. 然厚自封植, 衣食服玩必極奢侈. 謚曰'恭', 黃門侍郎劉洎駁之曰: '士及居家侈縱, 不宜爲恭.' 竟謚曰縱."

168) 封倫: 姓은 封이고, 이름은 倫이나, 字인 德彝로 더 알려져 있다.

169) 『舊唐書』 卷63 「封倫傳」, 2397~2398면, "初, 倫數從太宗征討, 特蒙顧遇. 以建成·元吉之故, 數進忠款, 太宗以爲至誠, 前後賞賜以萬計. 而倫潛持兩端, 陰附建成. 時高祖將行廢立, 猶豫未決, 謀之於倫, 倫固諫而止. 然所爲祕隱, 時人莫知, 事具建成傳. 卒後數年, 太宗方知其事. 十七年, 治書侍御史唐臨追劾倫曰: '臣聞事君之義,

(허)경종이 아들을 거친 변방 땅에 버려두고 딸을 만족(蠻族) 부락에 시집 보냈으므로 시호를 '무(繆)'로 해야 한다고 논했다. (허)경종의 손자 (허)언백(許彦伯)이 시호를 고칠 것을 청하자 박사 왕복치(王福畤)는 그럴 수 없다고 고집했으나, 상서성(尙書省)[170]에 조서를 내려 다시 의논하게 하니, 기왕의 잘못을 고칠 수 있는 것은 공손한 것이라 하여 시호를 '공(恭)'으로 하자고 청하자고 했다【趙注 : 『신당서(新唐書)』에서는 시호를 '채(蔡)'로 고쳤다고 했다】.[171]

盡命不渝; 爲臣之節, 歲寒無貳; 苟虧其道, 罪不容誅. 倫位望鼎司, 恩隆胙土, 無心報效, 乃肆姦謀, 熒惑儲藩, 獎成元惡, 置于常典, 理合誅夷. 但苞藏之狀, 死而後發, 猥加褒贈, 未正嚴科. 罪惡旣彰, 宜加貶黜, 豈可仍疇爵邑, 尙列台槐, 此而不懲, 將何沮勸?' 太宗令百官詳議, 民部尙書唐儉等議 : '倫罪暴身後, 恩結生前, 所歷衆官, 不可追奪, 請降贈改謚.' 詔從之, 於是改謚繆, 黜其贈官, 削所食實封."

170) 尙書省 : 官署名으로, 後漢時代 尙書臺라 하였으며, 魏晉 이후 省으로 칭해졌다. 隋唐·五代시대 門下省·中書省과 함께 軍國大政을 공동으로 처리하기 때문에 '三省'이라 칭해졌다. 尙書省은 중앙의 최고 政令 집행기관이다. 中書省이 작성한 詔敕과 비준한 章奏를 門下省에서 검토한 후 尙書省에 내려 집행하였다. 중앙의 九寺와 諸監에서 府州에 보내는 문서로 尙書省을 통해 하달되었다. 총본부는 都城 혹은 都堂이라 하며, 아래에 左右二司가 있는데, 左司는 吏部·戶部·禮部, 右司는 兵部·刑部·工部를 관할한다. 部마다 四司가 있어 모두 24司가 전국의 행정사무를 分掌한다. 中唐 이후 각 部 諸司의 사무는 점차 使職에게 침탈되어 尙書省의 지위도 하락하였다. 長官은 尙書令이지만 보통 임명하지 않았기 때문에 尙書左右僕射가 장관 역할을 하였다. 尙書左右丞이 省 안의 사무를 처리하였다. 각 部에는 尙書와 侍郎이, 諸司에는 郎中과 員外郎 등이 있다. 龍朔 2년(662) 中臺로 개칭했다가 咸亨 元年(670) 원래의 명칭으로 환원하였다. 光宅 元年(684) 文昌臺로 고쳤다고 文昌都城으로 바꾸었으며, 長安 3년(703) 또 中臺로 改稱했다가 神龍 元年(705) 원래의 이름으로 바꾸었다.

171) 【王注】 百衲本 影印 宋嘉祐本 『新唐書』에는 '恭'이라고 했는데, 趙翼이 의거한 판본은 잘못이 있다. 『新唐書』 卷223上 「許敬宗傳」(6338~6339면)에는 시호를 '恭'이라고 기록되어 있지 '蔡'로 했다는 내용은 나와 있지 않다. 『舊唐書』 卷82 「許敬宗傳」, 2764~2765면, "太常將定謚, 博士袁思古議曰 : '敬宗位以才昇, 歷居淸級, 然棄長子於荒徼, 嫁少女於夷落. 聞詩學禮, 事絶於趨庭; 納采問名, 唯聞於黷貨. 白圭斯玷, 有累淸塵, 易名之典, 須憑實行. 按謚法'名與實爽曰繆', 請謚爲'繆'.' 敬宗孫太子舍人彦伯不勝其恥, 與思古大相忿競, 又稱思古與許氏先有嫌隙, 請改謚官. 太常博士王福畤議曰 : '謚者, 飾終之稱也, 得失一朝, 榮辱千載. 若使嫌隙是實, 卽合據法推繩; 如其不虧直道, 義不可奪, 官不可侵, 二三其德, 何以言禮? 福畤忝當官守, 匪躬之故. 若順風阿意, 背直從曲, 更是甲令虛設, 將謂禮院無人, 何以激揚雅道, 顧視同列! 請依思古謚議爲定.' 戶部尙書戴至德謂福畤曰 : '高陽公任遇如此, 何以定謚爲'繆'?' 答曰 : '昔晉司空何曾薨, 太常博士秦秀謚爲繆醜公. 何曾旣忠且孝, 徒以日食萬錢, 所以貶爲繆醜. 況敬宗忠孝不逮於曾, 飮食男女之累, 有逾於何氏, 而謚之爲'繆', 無負

위거원(韋巨源)[172]이 죽자 태상에서 시호를 '소(昭)'라고 했는데, 이옹(李邕)[173]은 그가 무후(武后)와 위후(韋后)에게 빌붙어 재상을 지냈으므로 좋은 시호를 가져서는 안 된다고 했으며,[174] (이는) 비록 받아들여지지는 않았으나 논하는 사람들은 옳다고 여겼다. 양염(楊炎)[175]이 죽자 시호를 '숙민(肅愍)'이라고 했으나 공규(孔戣)가 논박하자 '평려(平厲)'라고 고쳤다.[176] 고거(高璩)가 죽자 박사 조업(曹鄴)은 그가 재상이었을 때에 교류한 대상이

於許氏矣.' 時有詔令尚書省五品已上重議, 禮部尚書楊思敬議稱 : '按謚法'旣過能改曰恭', 請謚曰'恭'.' 詔從其議."

172) 韋巨源(631~710) : 唐 雍州 萬年縣 사람이다. 長壽 2년(693) 文昌右丞 同平章事가 되었으며, 中宗 복위 후 吏部尙書 同中書門下三品, 侍中, 中書令을 지냈으며 舒國公에 봉해졌다. 韋后의 屬籍에 붙여 兄弟라 하였으며, 몰래 韋后에게 武后를 본받아 唐을 대신하도록 사주하였다. 李隆基(玄宗)이 기병할 때 亂軍에게 살해되었다.

173) 李邕(678~747) : 唐 揚州 江都縣(지금의 江蘇省 揚州市) 사람으로 字는 太和이다. 武則天 때 左拾遺가 되어 宋璟의 張昌宗 탄핵을 도왔다. 玄宗 때 御史中丞과 陳州·括州·淄州·滑州 등지의 刺史, 汲郡太守, 北海太守를 역임하였다. 성격이 호방하고 세세한 일에 관심을 두지 않아 마침내 李林甫에게 해를 당하였다. 현재 『李北海集』 6卷이 남아 있다.

174) 『新唐書』 卷123 「韋巨源傳」, 4376면, "睿宗立, 贈特進·荊州大都督. 博士李處直請謚爲'昭', 戶部員外郎李邕以巨源附武三思爲相, 託韋后親屬, 謚'昭'爲非. 處直執不改, 邕列陳其惡, 不見用, 然世皆直邕."

175) 楊炎(727~781) : 唐 鳳翔郡 天興縣(지금의 陝西省 鳳翔縣) 사람으로 字는 公南이다. 처음에 河西節度使 呂崇賁의 幕僚였다가 후에 司勳員外郎·中書舍人을 역임하였다. 常袞과 함께 知制誥를 지냈는데 문장이 아름다워 당시 사람들이 '常楊'이라 불렀다. 元載가 재상이 된 후 吏部侍郎 史館修撰으로 발탁되었다. 元載가 피살된 후 道州司馬로 좌천되었다가 德宗 즉위 후 門下侍郎 同平章事로 기용되었다. 租賦를 大盈庫에 넣어 天子의 私有로 하지 말고 左藏에 넣어 戶部가 관리하여 宦官들이 착복하지 못하게 해야 한다고 주청하여 德宗의 윤허를 얻었다. 建中 元年(780) 租庸調제도를 폐지하고 資産을 稅金의 표준으로 삼는 兩稅法을 실시하였다. 그러나 후에 점차 권력을 농단하여 劉晏을 무고하여 죽였다. 德宗이 점차 그를 멀리하고 盧杞를 중용하면서 宰相에서 파직되어 尙書左僕射가 되었다. 다시 盧杞의 모함으로 崖州司馬同正으로 좌천되었다가 도중에 賜死되었다. 文集 10卷이 있었으나 이미 亡佚되었고, 『全唐文』에 18편의 글과 『全唐詩』에 2수의 詩가 전한다.

176) 『新唐書』 卷145 「楊炎傳」, 4727면, "初, 炎矯飭志節, 頗得名. 旣傅會元載抵罪, 俄而得政, 然忮害根中, 不能自止. 眦睚必讎, 果於用私, 終以此及禍. 自道州還也, 家人以綠袍木簡棄之, 炎止曰 : '吾嶺上一逐吏, 超登上台, 可常哉? 且有非常之福, 必有非常之禍, 安可棄是乎?' 及貶, 還所服. 久之, 詔復其官, 謚肅愍, 左丞孔戣駁之, 更曰平厲."

추잡하다고 논하며 시호를 '자(剌)'라 할 것을 청했는데, 그 말을 따랐다.[177] 이러한 내용은 모두 각 인물의 열전에서 보인다. 모두 착한 이를 찬양하고 악한 자를 벌주는[彰癉] 공평함이 남아 있어 오로지 좋게 추켜세워 아부하지는 않을 수 있었던 것이다.

하지만 그 당시에도 이미 시호를 청하여 부탁하는 것이 많아 실정을 잃는 폐단도 있었다. 이우중(李虞仲)이 "예전에는 장례를 치르려고 할 때 시호를 청했으나 요즘은 가깝게는 2,3년 멀게는 수십 년이 지난 뒤에야 청합니다. 그 사람이 죽은 지가 이미 오래 되면 전하여 들리는 바에서 행적을 캐려고 해도 믿을 만하게 고증할 수가 없고, 조문이나 행장에서 취하려고 해도 역시 허황된 글이 많습니다. 청컨대 이제부터는 시호를 받을 수 있는 모든 사람들은 장례를 치르기 한 달 전에 공적을 살펴 태상에서 시호를 정하도록 신청하게 하십시오. 수도에 있는 이는 반년을 넘기지 못하게 하고, 수도 밖에 있는 이는 1년을 넘지 못하게 해야 하며, 만약 신청을 하지 않으면 그 공훈을 따지고 행적을 살펴 시호를 붙이도록 허락하십시오"라고 상주했다[趙注 : 「이우중전(李虞仲傳)」].[178]

대개 당대(唐代)에는 시호를 붙이는 법에 상세하고 신중함이 여전히 이와 같았다. 후세에는 다만 시호를 하사하는 경우라야 비로소 시호를 얻을 수 있었으니, 이미 은혜로운 하사를 만난 것이어서 자연히 그 사람의 행적에 어그러진 점이 없을 것이므로, 시호는 모두 좋은 것만 있고 나쁜 것은 없게 되었다.

---

177) 『新唐書』 卷177 「高璩傳」, 5286~5287면, "太常博士曹鄴建言 : '璩, 宰相, 交游醜雜, 取多蹊徑, 謚法'不思妄愛曰剌', 請謚爲剌.' 從之."

178) 『新唐書』 卷177 「李虞仲傳」, 5280면, "建言 : '謚者所以表德懲惡, 春秋褒貶法也. 茆土爵祿, 僇辱流放, 皆緣一時, 非以明示百代, 然而後之所以知其行者, 惟謚是觀. 古者將葬請謚, 今近或二三年, 遠乃數十年, 然後請謚; 人歿已久, 風績湮歇, 採諸傳聞, 不可考信, 誄狀雖在, 言與事浮. 臣請凡得謚者, 前葬一月, 請考功剌太常定議, 其不請與請而過時者, 聽御史劾擧. 居京師不得過半期, 居外一期. 若善惡著而不請, 許考功察行謚之. 節行卓異, 雖無官及官卑者, 在所以聞.' 詔可."

248. 당나라 때 태자 호칭 추증의 지나침唐追贈太子之濫

아들이 황제가 되어 그 아버지를 황제로 추증하는 것은 예(禮)이다. (그렇지만) 동생이 형을 황제로 추증하거나 형이 동생을 황제로 추증하는 것은 이미 지나친 것에 속한다. 예컨대, 현종(玄宗)은 중종(中宗)의 아들 양왕(襄王) 이중무(李重茂)[179]를 황제로 추존했는데, (이)중무는 본래 위후(韋后)가 세워 황제가 되었다가 후에 물러나 양왕으로 봉해졌으므로, 죽은 뒤 그대로 황제의 호칭을 돌려준 것이므로,[180] 오히려 후하게 대우하는 예를 잃지 않은 것이다. 현종은 또 형 이헌(李憲)[181]이 자기에게 양보함으로써 태자가 되었고, 또 즉위할 수 있었다고 여겨, (이)헌이 죽자 양황제(讓皇帝)로 추증했다.[182] 숙종(肅宗)은 큰형 (이)종(李琮)이 일찍 죽자 봉천황제(奉天皇帝)라 추증했다.[183] 대종(代宗)은 동생 이담(李倓)[184]이 공이 있었으나 참

---

179) 李重茂(695, 혹은 698~714, 재위 710): 中宗의 넷째 아들로 後宮 소생이다. 聖曆 3년(700) 北海王에 봉해졌고, 神龍 元年(705) 溫王에 봉해졌다. 中宗이 죽고 韋后가 臨朝稱制하며 皇帝로 옹립되었다가, 韋氏가 주멸되면서 폐위되었다. 景雲 2년(711) 襄王으로 봉해져 集州로 옮겼다. 開元 2년(714) 房州刺史에 임명되었다. 武功縣 西原에 묻혔으며, 諡號는 殤皇帝이다.

180) 『舊唐書』 卷86 「高宗中宗諸子」 「殤帝重茂傳」, 2839면, "景龍四年, 中宗崩, 韋庶人立重茂爲帝, 而自臨朝稱制. 及韋氏敗, 重茂遂遜位, 讓叔父相王, 退居別所. 景雲二年, 改封襄王, 遷於集州, 令中郎將率兵五百人守衛. 開元二年, 轉房州刺史. 尋薨, 時年十七, 諡曰殤皇帝, 葬於武功西原."

181) 李憲(679~742): 唐 睿宗의 큰아들이며, 本名은 成器이다. 永平郡王에 봉해졌다가 文明 元年(684) 睿宗 즉위 후 太子가 되었다. 天授 元年(690) 皇孫으로 改稱되었다. 唐隆 元年(710) 宋王으로 봉해졌다. 睿宗이 복위하자 太子의 자리를 아우 李隆基(玄宗)에게 양보하였다. 雍州牧, 揚州大都督, 太子太師, 尙書左僕射, 岐州刺史, 澤州刺史, 太尉를 지냈으며, 寧王에 봉해졌다. 玄宗과 우애가 깊었으며 朝政에 간여하지 않고 사람들과 교제하지도 않아 玄宗의 믿음을 얻었다. 사후 惠陵(지금의 陝西省 蒲城縣)에 묻혔다. 諡號는 讓皇帝이다.

182) 『舊唐書』 卷95 「讓皇帝憲傳」, 3009~3012면, "文明元年, 立爲皇太子, 時年六歲. 及睿宗降爲皇嗣, 則天冊授成器爲皇孫, 與諸弟同日出閤, 開府置官屬. …… 十一月薨, 時年六十三. 上聞之, 號叫失聲, 左右皆掩涕. 翌日, 下制曰: '…… 按諡法推功尙善曰'讓', 德性寬柔曰'讓', 敬追諡曰讓皇帝, 宜令所司擇日備禮冊命'."

183) 『舊唐書』 卷107 「靖德太子琮傳」, 3258면, "奉天皇帝琮, 玄宗長子也, 本名嗣直.

소를 당해 죽자 승천황제(承天皇帝)로 추증했다.[185] 이는 모두 예우가 지나친 것이지만, 오히려 이러한 경우에 처하게 된 설명은 있다.

태자가 황제로 추존되는 경우는 반드시 그 아들이 즉위해서 그를 황제로 추존해야 하니, 예컨대 금(金) 세종(世宗)의 태자 (완안)윤공(完顔允恭)은 아들 장종(章宗)이 즉위해서 묘호를 현종(顯宗)이라 했고,[186] 원(元) 세조(世祖)의 태자 친킴[眞金]은 아들 성종(成宗)이 즉위해서 묘호를 유종(裕宗)이라 칭한 것이 그러하다.[187] 그렇지만 당 고종(高宗)이 태자 (이)홍(李弘)이 죽은 뒤 효경황제(孝敬皇帝)를 추증한 것[188]은 아버지가 그 아들을 황제로

…… 肅宗元年建寅月九日, 詔追冊爲奉天皇帝."

184) 李倓(?~757) : 唐肅宗의 셋째 아들로 才略이 있고 騎射에 능하였다. 天寶 연간 建寧王에 봉해졌다. 天寶 14년(755) 安祿山의 난이 발생하고 다음 해 玄宗을 따라 서쪽으로 달아나다가 馬嵬驛에 이르러 아버지(肅宗)을 설득하여 北上하였다. 騎兵을 거느리고 힘써 싸우며 길을 열어 靈武에 이르러 아버지를 즉위시켰다. 당시 宦官 李輔國과 肅宗의 妃 張良娣가 총애를 얻었는데, 그는 肅宗 앞에서 두 사람의 잘못을 말하였다. 후에 李輔國과 張良娣의 참소로 賜死되었다. 大曆 3년(768) 代宗이 承天皇帝로 추증하였다.

185) 『舊唐書』 卷116 「承天皇帝倓」, 3386면, "及代宗卽位, 深思建寧之冤, 追贈齊王. 大曆三年五月, 詔曰 : '故齊王倓, 承天祚之慶, 保鴻名之光. 降志尊賢, 高才好學, 藝文博洽, 智略宏通. 斷必知來, 謀皆先事, 識無不達, 理至逾精. 乃者寇盜橫流, 鑾輿南幸. 先聖以宸扆之戀, 將侍君親; 惟王以宗廟之重, 誓寧家國. 克協朕志, 載符天時, 立辨羣議之非, 同獻五原之計. 中興之盛, 實藉奇功. 景命不融, 早從厚穸, 天倫之愛, 震惕良深. 流涕追封, 胙于東海, 頃加表飾, 未極哀榮. 夫以參舊邦再造之勤, 成天下一家之業, 而存未峻其等, 歿未尊其稱, 非所以旌徽烈, 明至公也. 朕以眇身, 纘膺大寶, 不及讓王之禮, 莫申太弟之嗣, 所懷靡殫, 邈想逾切, 非常之命, 寵錫攸宜. 敬用追謚曰承天皇帝, 與興信公主第十四女張氏冥婚, 謚曰恭順皇后. 有司準式, 擇日冊命, 改葬于順陵, 仍祔于奉天皇帝廟, 同殿異室焉'."

186) 『金史』 卷19 「世紀補」 「顯宗允恭」, 416면, "二十六年, 立子璟爲皇太孫. 二十九年, 世宗崩. 太孫卽位, 是爲章宗. 五月甲午, 追謚體道弘仁英文睿德光孝皇帝, 廟號顯宗."

187) 『元史』 卷18 「成宗紀」 「序言」, 383면, "皇考尊謚曰文惠明孝皇帝, 廟號裕宗."

188) 『舊唐書』 卷86 「孝敬皇帝弘傳」, 2830면, "上元二年, 太子從幸合璧宮, 尋薨, 年二十四. 制曰 : '皇太子弘, 生知誕質, 惟幾毓性. 直城趨駕, 肅敬著於三朝; 中寢問安, 仁孝聞於四海. 自琰圭在手, 沉瘵嬰身, 顧惟耀掌之珍, 特切鍾心之念, 庶其痊復, 以禪鴻名. 及腠理微和, 將遜于位, 而弘天資仁厚, 孝心純確, 旣承朕命, 掩欷不言, 因茲感結, 舊疾增甚. 億兆攸繫, 方崇下武之基; 五福無徵, 俄遷上賓之駕. 昔周文至愛, 遂延慶於九齡; 朕之不慈, 遽永訣於千古. 天性之重, 追懷哽咽, 宜申往命, 加以尊名. 夫謚者, 行之跡也; 號者, 事之表也. 慈惠愛親曰'孝', 死不忘君曰'敬', 謚爲孝敬皇帝'."

추증한 것이므로 올바르지 못함이 심한 것이다.

만약 태자로 추증하고자 한다면, 반드시 그가 일찍이 태자이면서 일찍 죽었거나, 제대로 죽지 못한 경우에 그 옛 칭호를 그대로 회복시켜 주는 것이다. 예컨대 중종의 아들 (이)중윤(李重潤)은 고종 때 이미 황태손으로 책봉됐는데, 나중에 무후(武后)에게 매를 맞아 죽게 되자 신룡(神龍, 705~706) 초에 의덕태자(懿德太子)로 추증했다.[189] 헌종(憲宗)은 아들 (이)녕(李寧)을 태자로 세웠는데, 죽은 뒤 혜소태자(惠昭太子)라 추증했다.[190] 문종(文宗)은 아들 (이)영(李永)을 태자로 세웠으나 나중에 폐위되어 죽고 나서 장각태자(莊恪太子)로 추증했다.[191] 이는 아버지가 그 아들을 추증한 것이다[趙注 : 태종(太宗)은 아들 (이)승건(李承乾)을 태자로 세웠으나 (그는) 나중에 폐위되어 죽은 뒤에도 추봉(追封)하지 않았다.[192] 고종은 아들 이충(李忠)[193]을 태자로 세웠으나 (그는) 나중에 폐위되어 죽은 뒤 연왕(燕王)에 봉해졌다.[194] 소종(昭宗)은 아들 덕왕(德王) (이)유(李裕)를 태자로 세웠는데, 나중에 유계술(劉季述)이 소종을 폐위하고 (이)유를 황제로 세웠으나, 반정이 일어난 뒤 그대로 (이)유를 덕왕으로 삼았다].[195] 중종은 아들 (이)중준(李重俊)을 세워 태자로 삼았

---

189) 『舊唐書』 卷86 「懿德太子重潤傳」, 2835면, "中宗卽位, 追贈皇太子, 謚曰懿德, 陪葬乾陵."

190) 『舊唐書』 卷175 「惠昭太子寧傳」, 4534면, "元和六年十二月薨, 年十九, …… 廢朝十三日, 蓋用期服以日易月之制也. 謚曰惠昭."

191) 『舊唐書』 卷175 「莊恪太子永傳」, 4541면, "十六日庚子, 皇太子薨于少陽院. 十七日辛丑, 遷座于大吉殿. 十一月乙卯朔, 二十四日戊寅, 命冊使太子太師兼右僕射·門下侍郎·國子祭酒·平章事鄭覃, 副使中書侍郎·平章事楊嗣復, 持節冊謚曰莊恪."

192) 『舊唐書』 卷76 「恒山王承乾傳」, 2649면, "十九年, 承乾卒於徙所, 太宗爲之廢朝, 葬以國公之禮."

193) 李忠(643~665) : 字는 正本이며, 唐 高宗의 큰아들이다. 貞觀 20년(646) 陳王으로 봉해졌고, 永徽 3년(652) 太子가 되었다. 武后가 皇后가 된 후 武后 소생이 아니었기 때문에 폐위되어 梁王에 봉해졌다. 顯慶 5년(660) 庶人으로 폐해지고 黔州(지금의 四川省 彭水縣)에 구금되었다. 麟德 元年(644) 12월 모반죄로 무고되어 賜死되었다. 후에 燕王으로 추증되었다.

194) 『舊唐書』 卷86 「燕王忠傳」, 2825면, "忠年漸長大, 常恐不自安, 或私衣婦人之服, 以備刺客. 又數有妖夢, 常自占卜. 事發, 五年, 廢爲庶人, 徙居黔州, 囚於承乾之故宅. 麟德元年, 又誣忠與西臺侍郎上官儀·宦者王伏勝謀反, 賜死於流所, 年二十二, 無子. 儀等伏誅. 明年, 皇太子弘表請收葬, 許之. 神龍初, 追封燕王, 贈太尉·揚州大都督."

195) 『舊唐書』 卷175 「德王裕傳」, 4546면, "光化末, 樞密使劉季述·王仲先等幽昭宗於

는데 (그는) 나중에 군사를 일으켜 무삼사(武三思)를 주살하려다 패배해 죽자, 예종(睿宗)이 그를 절민태자(節愍太子)로 추증했다.[196] 이는 숙부가 조카를 추증한 것인데, 역시 그가 일찍이 태자였기 때문이었다. 고조(高祖)는 아들 이건성(李建成)[197]을 태자로 세웠는데, 태종이 그를 죽이고 즉위한 뒤에 예전처럼 은태자(隱太子)로 추증했다.[198] 고종은 아들 (이)현(李賢)을 태자로 세웠는데 무후에게 폐위되어 죽자, 예종이 (그를) 장회태자(章懷太子)로 추증했다.[199] 현종은 아들 (이)영(李瑛)을 태자로 세웠는데 참언으로 죽자, 숙종(肅宗)이 그대로 태자로 추증했다.[200] 이는 동생이 형을 추증한 것인데, 역시 그가 일찍이 태자였으므로 그 예전 칭호를 돌려준 것이다.

東內, 冊裕爲帝, 及天復初誅季述·仲先, 與寺人藏於右軍, 羣臣請殺之, 昭宗曰 : '太子冲幼, 爲賊輩所立.' 依舊令歸少陽院. 及朱全忠自鳳翔迎駕還京, 以德王眉目疏秀, 春秋漸盛, 常惡之, 謂崔胤曰 : '德王曾竊居寶位, 天下知之. 大義滅親, 何得久留? 是教後代以不孝也, 請公密啓.' 胤然之, 昭宗不納."

196) 『舊唐書』 卷86 「節愍太子重俊傳」, 2838면, "睿宗卽位, 下制曰 : '朕聞曾氏之孝也, 慈親惑於疑聽; 趙虜之族也, 明主哀而望思. 歷考前聞, 率由舊典. 重俊, 大行之子, 元良守器. 往罹構間, 困於讒嫉. 莫顧鈇鉞, 輕盜甲兵, 有此誅夷, 無不悲惋. 今四凶咸服, 十起何追, 方申赤暈之冤, 以紓黃泉之痛. 可贈皇太子.' 謚曰節愍, 陪葬定陵."

197) 李建成(589~626) : 小字는 毗沙門이며, 唐 高祖의 嫡長子이다. 隋 大業 13년(617) 아버지를 따라 起兵하여 左領軍大都督이 되어 동생 李世民(太宗)과 함께 左右軍을 나누어 거느렸으며, 西河·霍邑을 점령하고 長安을 취하였다. 唐 건국 이후 太子가 되었고 군대를 이끌고 전쟁에 나갔다. 武德 6년(623) 劉黑闥을 사로잡아 죽였다. 동생 世民이 戰功을 많이 세우자 자기의 지위를 빼앗을 것을 두려워하여 王珪와 魏徵의 계책을 써서 山東의 英豪와 결탁하여 驍勇 2천 명을 모아 東宮衛士로 삼아 '長林兵'이라 하였다. 다음 해 元吉과 함께 모반하고 楊文幹이 거병하여 서로 호응하려 하였으나 누설되어 실패하였다. 다시 元吉과 연합하고 後宮妃嬪들의 지지를 얻어 世民을 도모하였지만 성공하지 못하였다. 武德 9년(626) 突厥이 침입하자 다른 동생인 李元吉을 사령관으로 추천하여 世民의 兵權을 빼앗으려고 하였다. 일이 누설되어 世民이 玄武門의 정변을 일으키자 元吉과 함께 살해되었다. 太宗이 즉위한 후 息王으로 追贈하고 謚號를 隱이라 하였다.

198) 『舊唐書』 卷64 「隱太子建成傳」, 2419면, "太宗卽位, 追封建成爲息王, 謚曰隱, 以禮改葬."

199) 『舊唐書』 卷86 「章懷太子賢傳」, 2832면, "睿宗踐祚, 又追贈皇太子, 謚曰章懷."

200) 『舊唐書』 卷107 「庶人瑛傳」, 3260면, "寶應元年, 詔雪琚·瑛·瑤之罪, 贈瑛爲皇太子, 瑤·琚復贈爲王."

경종(敬宗)의 아들 (이)보(李普)는 문종(文宗) 때 죽었는데 도회태자(悼懷太子)로 추증됐다.[201] 의종(懿宗)의 아들 (이)의(李倚)는 유계술에게 살해되었는데, 소종은 (그를) 공애태자(恭哀太子)로 추증했다.[202] 이는 숙부가 그 조카를 추증한 것인데, 역시 (이)보, (이)의가 본래 태자가 되어야 했으나 다만 나이가 어려 태자로 책립되지 못한 것이었으므로 옛 칭호를 돌려준 것은 오히려 후하게 대우하는 예를 잃지 않은 것이다.

태자가 아니었는데도 사후에 태자로 추증된 경우를 보면, 예컨대 현종의 아들 (이)완(李琬)은 사후 정공태자(靖恭太子)로,[203] 대종의 아들 (이)막(李邈)이 죽자 소정태자(昭靖太子)로,[204] 선종(宣宗)의 아들 이한(李漢)[205]이 죽자 정회태자(靖懷太子)로 각각 추증되었다.[206] 이는 그 사람이 본래 태자가 될 것이 아니었지만 죽은 뒤 태자의 칭호로 그를 영예롭게 한 것이니 이미 예를 어지럽힌 잘못을 면할 수는 없는 것이지만, 이는 그래도 아버지가 그 아들을 추증한 것으로 명분에 있어서는 오히려 맞는 것이다.

현종이 동생 신왕(申王) (이)휘(李撝)를 혜장태자(惠莊太子)로,[207] 기왕(崎王) (이)범(李範)을 혜문태자(惠文太子)로,[208] 설왕(薛王) (이)업(李業)을 혜선태자(惠宣太子)로 각각 추증한 경우,[209] 이 세 왕은 예종의 태자로 여겨야

---

201) 『舊唐書』 卷175 「悼懷太子普傳」, 4538면, "寶曆元年, 封晉王. 大和二年薨, 年五歲. 上撫念之甚厚, 冊贈悼懷太子."

202) 『新唐書』 卷82 「恭哀太子倚傳」, 3637면, "恭哀太子倚, 初封睦王. 爲劉季述所殺, 天復初追贈."

203) 『舊唐書』 卷107 「靖恭太子琬傳」, 3262면, "數日, 琬薨. 琬素有雅稱, 風格秀整, 時士庶冀琬有所成功, 忽然殂謝, 遠近咸失望焉. 贈靖恭太子, 葬于見子西原."

204) 『舊唐書』 卷116 「昭靖太子邈傳」, 3391면, "大曆九年薨, 廢朝三日, 由是罷元帥之職. 上惜其才早夭, 冊贈昭靖太子, 葬於萬年縣界."

205) [王注] '漢'字는 『舊唐書』 卷175 「宣宗諸子傳」에 보이나, 『新唐書』 卷82 「宣宗諸子傳」에는 '渼'라고 했고, 『通鑑』 卷248, 249에도 역시 모두 '渼'라 했으니, 글자는 응당 '渼'인 것이다.

206) 『舊唐書』 卷175 「宣宗十一子傳」, 4543면, "靖懷太子漢, 會昌六年封雍王, 大中六年薨, 冊贈靖懷太子."

207) 『舊唐書』 卷95 「惠莊太子撝傳」, 3016면, "十二年, 病薨, 冊贈惠莊太子, 陪葬橋陵."

208) 『舊唐書』 卷95 「惠文太子範傳」, 3017면, "開元十四年, 命工部尙書・攝太尉盧從愿冊贈王爲惠文太子, 陪葬橋陵."

할 것인가? 그럴 경우 예종에게는 본래 태자 (이)헌이 있었고[趙注 : 예종은 무후 때 황제가 되어 먼저 (이)헌을 태자로 세웠으나, 나중에 현종이 내란을 평정하자 (이)헌이 현종에게 태자를 양보했다],[210] 이어서 현종을 역시 태자로 삼았다. 이 세 왕은 당초 스스로 태자가 아니었으므로 큰 봉국과 영예로운 봉작을 더하면 될 것이었다. 태자의 칭호는 궁극적으로 아들이 아버지를 계승하는 것을 두고 말하는 것이지, 관작과 마찬가지로 더해 줄 수 있는 것이 아닌데, 태자도 아닌 그 동생들에게 그 칭호를 베푸는 것은 도리어 자기 아들과 같은 수준으로 내려서 함께 두는 것과 같은 것이 되어버리니, 이는 곧 구차하게 추증하는 것으로써 그 우애를 보이고자 하다가 도리어 예에서 심하게 어긋나게 된 사실을 알지 못한 것이다.

나중에 목종(穆宗)의 아들 (이)주(李湊)가 문종 때 참언으로 죽자 문종은 회의태자(懷懿太子)로 추증했다.[211] 목종에게는 이미 태자가 있어 경종(敬宗)이 황제가 되었고, (이)주는 태자가 아니었으나, 문종이 사촌형으로서 그를 추증하여 태자로 삼았으니 역시 이와 마찬가지로 예에서 어긋난 것이다[趙注 : 고녕인(顧寧人 : 곧, 고염무(顧炎武))의 『일지록(日知錄)』 안에서는 단지 진(秦) 문공(文公)의 태자가 죽자 정공(靖公)이라는 시호를 내린 것과 대종이 동생에게 승천황제(承天皇帝)를 추증했다는 두 가지 사실만을 들고 있는데,[212] (이것만으로는) 오히려 충분하지 않다].

---

209) 『舊唐書』 卷95 「惠宣太子業傳」, 3019면, “二十二年正月, 薨, 冊贈惠宣太子, 陪葬橋陵.”

210) 『舊唐書』 卷95 「讓皇帝憲傳」, 3010면, “唐隆元年, 進封宋王. 其月, 睿宗踐祚, 拜左衛大將軍. 時將建儲貳, 以成器嫡長, 而玄宗有討平韋氏之功, 意久不定. 成器辭曰 : ‘儲副者, 天下之公器, 時平則先嫡長, 國難則歸有功. 若失其宜, 海內失望, 非社稷之福. 臣今敢以死請.’ 累日涕泣固讓, 言甚切至. 時諸王・公卿亦言平王有社稷大功, 合居儲位. 睿宗嘉成器之意, 乃許之. 玄宗又以成器嫡長, 再抗表固讓, 睿宗不許. 乃下制曰 : ‘左衛大將軍・宋王成器, 朕之元子, 當踐副君. 以隆基有社稷大功, 人神僉屬, 由是朕前懇讓, 言在必行. 天下至公, 誠不可奪. 爰符立季之典, 庶協從人之願. 成器可雍州牧・揚州大都督・太子太師, 別加實封二千戶. 賜物五千段・細馬二十匹・奴婢十房・甲第一區・良田三十頃’.”

211) 『舊唐書』 卷175 「懷懿太子湊傳」, 4538면, “由是稽諸前典, 式展追榮, 特峻彝章, 表恩泉壤. 雖禮命之儀則爾, 而天倫之恨何攄? 遐想幽魂, 宜膺寵數. 可贈懷懿太子, 有司擇日冊命.”

249. 황제의 칭호로 황후의 시호를 표기했다帝號標后謚

황제의 칭호로 황후의 시호를 기록하는 것은 범엽의 『후한서(後漢書)』에서 나중에 미루어 쓴(追書) 예이지, 당시의 올바른 법제는 아니다. 광무제(光武帝) 음황후(陰皇后)의 본래 시호는 '열(烈)'이었으나 광무제의 시호와 합쳐 '광렬(光烈)'이라고 했다.[213] 명제(明帝) 마황후(馬皇后)의 본래 시호는 '덕(德)'이었으나 명제의 시호와 합했으므로 '명덕(明德)'이라 했다.[214] 장제(章帝)의 두황후(竇皇后)를 '장덕(章德)',[215] 화제(和帝)의 등황후(鄧皇后)를 '화희(和熹)',[216] 안제(安帝)의 염황후(閻皇后)를 '안사(安思)',[217] 환제(桓帝)의 두황후(竇皇后)를 '환사(桓思)',[218] 영제(靈帝)의 하황후(何皇后)를 '영사(靈思)',[219] 헌제(獻帝)의 조황후(曹皇后)를 '헌목(獻穆)'[220]이라 칭하는 것은 모두 이를 모방한 것이다. 환제 양황후(梁皇后)의 시호인 '의헌(懿獻)' 두 글자는 황제의 시호와 합쳐 병칭하기 불편하여 곧 환제의헌양황후(桓帝懿獻梁皇后)라 칭했으니,[221] 이는 범엽의 『후한서』가 억지로 끌어 붙인 서법임을 알 수 있다.

후세에 이를 살피지 못하고 드디어 황후의 시호를 정할 때 황제의 호칭에 연결시키게 되었다. 예컨대 당(唐) 고조(高祖)가 붕어한 뒤 (고조 황후의 시호를) 고조의 시호와 합하여 태목신황후(太穆神皇后)라 했다.[222]

---

212) 顧炎武(淸), 『日知錄』 卷14 「追尊子弟」, 646면, "古人主但有追尊其父兄, 無尊其子弟者. 唯秦文公太子卒, 賜謚爲靖公, 唐代宗追謚其弟故齊王倓爲承天皇帝."

213) 『後漢書』 卷2 「明帝紀」, 110면, "七年春正月癸卯, 皇太后陰氏崩. 二月庚申, 葬光烈皇后."

214) 『後漢書』 卷3 「章帝紀」, 137면, "六月癸丑, 皇太后馬氏崩. 秋七月壬戌, 葬明德皇后."

215) 『後漢書』 卷4 「和帝紀」, 184면, "閏月辛巳, 皇太后竇氏崩. 丙申, 葬章德皇后."

216) 『後漢書』 卷5 「安帝紀」, 232면, "三月癸巳, 皇太后鄧氏崩. 丙午, 葬和熹皇后."

217) 『後漢書』 卷6 「順帝紀」, 252면, "二月甲申, 葬安思皇后."

218) 『後漢書』 卷8 「靈帝紀」, 333면, "癸巳, 皇太后竇氏崩. 秋七月甲寅, 葬桓思皇后."

219) 『後漢書』 卷9 「獻帝紀」, 368면, "冬十月乙巳, 葬靈思皇后."

220) 『後漢書』 卷10下 「獻穆曹皇后紀」, 455면, "獻穆曹皇后諱節, 魏公曹操之中女也."

221) 『後漢書』 卷7 「桓帝紀」, 304면, "丙午, 皇后梁氏崩. 乙丑, 葬懿獻皇后于懿陵."

문덕황후(文德皇后)가 붕어하자 처음에는 시호를 '문덕(文德)'이라 했으나 태종(太宗)이 붕어하자 시호를 합쳐서 문덕성황후(文德聖皇后)라 했으니,[223] 이는 도리어 남편이 아내를 따른 것이다. 예종(睿宗) 두황후(竇皇后)의 시호는 태상(太常)에서 처음에 '대소성(大昭成)'이라 했으나, 어떤 사람이 『후한서』의 예를 끌어다 "마땅히 '성진(聖眞)' 두 글자를 앞에 붙여 시호를 정해야 합니다. 한 글자씩을 배합하면 '성소(聖昭)' 혹은 '예성(睿成)'이 되어야 하고, 두 글자씩을 배합하면 '대성소성(大聖昭成)' 혹은 '성진소성(聖眞昭成)'이 되어야 합니다"라고 주장했고[趙注 : 예종의 시호가 현진대성대흥효황제(玄眞大聖大興孝皇帝)이기 때문이다],[224] 또 이는 후한(後漢) 때 '광렬' 등의 시호에서 볼 수 있는 예이며, 본 왕조(곧, 당왕조) 때 '태목(太穆)', '문덕(文德)'의 고사라고도 했다. 태상에서 "범엽은 황제의 시호로 황후의 시호를 적었는데 이는 역사가가 일을 기록하는 체례이며, 부인이 반드시 남편과 같아야 하는 것은 아닙니다. 종묘에 들어가 후(后)로 칭하면 그 뜻은 남편에게 걸린 것이고, 종묘에서 태(太)라 칭하면 그 뜻은 아들에게 걸린 것입니다. 문모(文母)[225]는 살았을 때의 호칭이고 문왕(文王)은 시호인데, 주공(周公)이 어찌 남편으로서 아내를 따르게 했겠습니까. 『후한서』는 증거로 삼을 수가 없습니다"라고 반박하니, 조서를 내려 "옳다"고 했다[趙注 : 모두 「황후전」에 보인다].[226]

222) 『新唐書』 卷76 「高祖太穆竇皇后傳」, 3469면, "上元中, 益諡太穆神皇后."
223) 『新唐書』 卷76 「太宗文德長孫皇后傳」, 3472면, "上元中, 益諡文德聖皇后."
224) 『舊唐書』 卷7 「睿宗紀」, 162면, "開元四年夏六月甲子, 太上皇帝崩于百福殿, 時年五十五. 秋七月己亥, 上尊諡曰大聖貞皇帝, 廟曰睿宗. 冬十月庚午, 葬于橋陵. 天寶十三載二月, 改諡曰玄眞大聖大興孝皇帝."
225) 文母 : 文王의 妃. 武王의 母, 太姒.
226) 『新唐書』 卷76 「睿宗昭成竇皇后傳」, 3490면, "初, 太常加諡后曰'大昭成'. 或言 : '法宜引'聖眞'冠諡, 而曰'大昭成', 非也. 以單言配之, 應曰'聖昭'若'睿成'; 以復言配之, 應曰'大聖昭成' · '聖眞昭成'.' 又引太穆皇后始諡穆, 及高祖崩, 合帝諡曰太穆, 追增太穆神皇后; 文德皇后始諡文德, 及太宗崩, 合諡文德聖皇后. 又援范曄著漢光烈等爲比. 太常謂 : '曄以帝號標后諡, 是史家記事體, 婦人非必與夫同也. 入廟稱后, 繫夫; 在朝稱太, 繫子. '文母', 生號也; '文王', 既沒諡也. 周公豈以夫從婦乎? 漢法不

『후한서』「황후기(皇后紀)」 논(論)에서 "전한(前漢) 때 황후는 시호가 없어 모두 황제의 시호를 따라 호칭으로 삼았다. (후한이) 중흥한 뒤 명제(明帝)가 처음으로 '광렬'이란 칭호를 세웠고, 그 뒤에는 '덕(德)'자를 붙이기로 정했으므로 마황후와 두황후는 모두 '덕'자를 칭했다. 채옹(蔡邕)이 처음으로 '화희'라는 시호를 추증했고, '안사'와 '순열(順烈)' 이하는 모두 이에 의거해 붙여졌다"라고 했다.[227] 살펴보건대 채옹의 「시의(諡議)」에서는 "전한 시대에는 어머니에게 시호가 없었으나 명제에 이르러 처음으로 '광렬'이라는 칭호를 세웠다. 이때부터 도리어 황제의 호칭을 따라 '덕'자를 붙여 상하와 우열이 섞여서 하나가 되었으니, 특히 올바른 예제가 아니다. 시호를 정하는 법을 보면, 사람들을 편안하게 하는 데 공이 있는 것을 '동(同)'이라고 하는데,[228] 황제와 황후는 한 몸이니 예법 또한 같아야 한다. 대행황태후(大行皇太后)의 시호는 마땅히 '화희'라고 해야 한다"[229]라고 했다. 이에 따르면 황후에게 그만의 시호가 있게 된 것은 명제가 음황후에게 시호를 올린 것이 처음이고, 이어서 채옹이 등황후에게 시호를 올린 데에서 완성되었다. 또 살펴보건대, 북위(北魏) 도무제(道武帝)가 선조들에게 시호를 올릴 때 황후들은 모두 본래 시호가 없었다.[230] 『북사(北史)』「후비전(后妃傳)」 서(序)에서는 모두 황제의 시호에 따라 황후의 시호로 삼았다고 했다.[231] 지금 살펴보면 예를 들어 신원황후(神元皇后) 두(竇)씨, 환황후(桓皇

可以爲據.' 制曰'可'."

227) 『後漢書』 卷10下 「皇后紀」, 455면, "論曰 : 漢世皇后無諡, 皆因帝諡以爲稱. 雖呂氏專政, 上官臨制, 亦無殊號. 中興, 明帝始建光烈之稱, 其後並以德爲配, 至於賢愚優劣, 混同一貫, 故馬・竇二后俱稱德焉. 其餘唯帝之庶母及蕃王承統, 以追尊之重, 特爲其號, 如恭懷・孝崇之比是也. 初平中, 蔡邕始追正和熹之諡, 其安思・順烈以下, 皆依而加焉."

228) 【王注】 '諡法有功安人曰同'에서 '同'은 마땅히 '熹'가 되어야 하니, 『後漢書』 卷10 「和熹鄧皇后紀」 注에 보인다.

229) 『後漢書』 卷10下 「皇后紀」, 455~456면, 注2 "蔡邕集諡議曰 : '漢世母氏無諡, 至于明帝始建光烈之稱, 是後轉因帝號加之以德, 上下優劣, 混而爲一, 違禮'大行受大名, 小行受小名'之制. 諡法'有功安人曰熹'. 帝后一體, 禮亦宜同. 大行皇太后諡宜爲和熹."

230) 『魏書』 卷2 「道武帝紀」, 34면, "大赦, 改年. 追尊成帝已下及后號諡."

后) 유(惟)씨, 평문황후(平文皇后) 왕(王)씨[232]와 같은 것이 그것이다. 신원(神元), 환(桓), 평문(平文)은 모두 황제의 시호인데, 그 황후에게는 본래 시호가 없었으므로 황제의 시호를 따른 것이다. 도무제 이후에는 황후도 스스로 시호가 있었으니, 예컨대 도무선목황후(道武宣穆皇后) 유(劉)씨,[233] 명원소애황후(明元昭哀皇后) 요(姚)씨[234]가 이러한 예이다. '도무(道武)'와 '명원(明元)'은 황제의 시호이고, '선목(宣穆)'과 '소애(昭哀)'는 황후의 시호인데, 이를 도무선목(道武宣穆)과 명원소애(明元昭哀)라 한 것은 또한 역사가들이 (이후에) 미루어 쓴 예로서, 황제의 호칭을 황후의 시호로 표기한 것이다.

250. 황후 애책문의 존칭皇后哀冊尊稱

덕종(德宗) 소덕황후(昭德皇后)가 죽은 뒤 시랑(侍郎) 이서(李紓)가 책문(冊文)을 지으면서 '대행황후(大行皇后)'라고 칭했다. 덕종이 전례가 아니라고 하며 학사(學士) 오통현(吳通玄)에게 명하여 그것(책문)을 짓도록 하니, 또한 '자후(咨后) 왕(王)씨'라고 했다. 논자들은 또한 틀리다고 생각하였으며, 마땅히 정관(貞觀) 연간에 잠문본(岑文本)이 문덕황후(文德皇后)의 시책(諡冊)

231) 『北史』 卷13 「后妃上」 「序言」, 486면, "魏氏王業之兆, 雖始於神元, 然自昭成之前, 未具言六宮之典, 而章・平・思・昭・穆・惠・煬・烈八帝妃后無聞. 道武追尊祖妣, 皆從帝諡爲皇后."

232) 『北史』 卷13 「后妃上」 「序言」, 485면, "魏神元皇后竇氏, 文帝皇后封氏, 桓皇后惟氏, 平文皇后王氏."

233) 『北史』 卷1 「明元帝紀」, 26면, "永興元年冬十月壬午, 皇帝卽位, 大赦改元, 追尊皇妣爲宣穆皇后"; 『北史』 卷13 「道武宣穆皇后劉氏傳」, 493면, "道武宣穆皇后劉氏, 劉眷女也. …… 道武末年, 后以舊法薨. 明元卽位, 追尊諡位, 配饗太廟. 自此後, 宮人爲帝母, 皆正位配饗焉."

234) 『北史』 卷13 「明元昭哀皇后姚氏傳」, 493면, "明元昭哀皇后姚氏, 姚興女西平長公主也. 明元以后禮納之, 後爲夫人. 后以鑄金人不成, 未升尊位, 然帝寵禮如后. 是後猶欲正位, 后謙不當. 泰常五年, 薨, 帝追恨之, 贈皇后璽綬而加諡焉. 葬雲中金陵."

을 지으면서 '황후 장손(長孫)씨'라 한 것처럼 표기해야 한다고 주장했다[趙注 : 『구당서(舊唐書)』].[235]

251. 합장은 예법을 변통한 것이다祔葬變禮

영혼을 불러 장례 지내는 것은 본래 동한(東漢)에서 시작되었다. 광무제(光武帝)의 누나인 유원(劉元)은 등신(鄧晨)의 아내가 되었으나 (광무제가) 군사를 일으킬 때 해를 당하고 말았다. 나중에 (등)신이 후(侯)로 봉해진 뒤 죽자, 광무제는 누나를 공주로 추존하고 그 영혼을 불러 (등)신과 합장했으니,[236] 이것이 초혼장(招魂葬)의 시초이다. 당(唐) 중종(中宗)의 화사조황후(和思趙皇后)는 앞서 무후(武后)에 의해 유폐당해 죽었는데, 매장한 곳을 알 수 없었다. 중종이 죽은 뒤 논자들은 위후(韋后)에게 죄가 있으니 합장해서는 안 된다고 하며, 곧 조(趙)씨를 황후로 추존하고는 영혼을 불러 합장하는 예를 거행하려고 했다. 박사(博士) 팽경직(彭景直)이 상소하여 "예전에는 초혼례(招魂禮)가 없었으니, 관곽(棺槨)을 준비할 수 없습니다. 마땅히 『한서(漢書)』「교사지(郊祀志)」에 나오는 황제(黃帝)의 의관을 교산(橋山)에 묻었다는 고사[237]에 근거하여, 황후의 위의(褘衣)[238]로 능의 침궁

---

235) 『舊唐書』 卷52 「德宗昭德皇后王氏傳」, 2193면, "德宗昭德皇后王氏, …… 貞元二年, 妃病. 十一月甲午, 冊爲皇后, 是日崩於兩儀殿. 臨畢, 素服視事. 旣大殮成服, 百僚服三日而釋, 用晉文明后崩天下發哀三日止之義, 上服凡七日而釋. 謚曰昭德. 初, 令兵部侍郎李紓撰謚冊文, 旣進, 帝以紓文謂皇后曰'大行皇后' 非禮, 留中不出. 詔翰林學士吳通玄爲之, 通玄又云'咨后王氏', 議者亦以爲非, 知禮者以貞觀中岑文本撰文德皇后謚冊曰'皇后長孫氏', 斯得之矣."

236) 『後漢書』 卷15 「鄧晨傳」, 582~583면, "晨初娶光武姊元. …… 光武卽位, 封晨房子侯. 帝又感悼姊沒於亂兵, 追封謚元爲新野節義長公主, 立廟于縣西. 封晨長子汎爲吳房侯, 以奉公主之祀."

237) 『漢書』 卷25上 「郊祀志上」, 1233면, "其來年冬 上議曰 : '古者先振兵釋旅, 然後封禪' 乃遂北巡朔方, 勒兵十萬餘騎, 還祭黃帝冢橋山. 釋兵涼如. 上曰 : '吾聞黃帝不死, 有冢, 何

(寢宮)[239]에서 혼을 불러내어 옷을 혼여(魂轝)에 두고 태뢰(太牢)[240]로 제사를 올려야 합니다. 옷을 침궁으로 옮긴 뒤 이금(夷衾)[241]으로 덮고서 합장시켜야 합니다"라고 말하니, 그것을 따랐다.[242] 예종(睿宗)의 유후(劉后),[243] 두후(竇后)[244] 역시 모두 무후에게 살해되었는데, 매장한 곳을 알 수 없어서 나중에 또한 혼을 불러 장사지냈으니, 대개 또한 조후(趙后)의 예를 모방했을 것이다.

그러나 예로부터 묘제(墓祭)를 지내지는 않고[245] 단지 사당에 신주를 모시는 것을 중요하게 여겼다. 아마도 혼기(魂氣)는 하늘로 돌아가고 몸의 백(魄)은 땅으로 돌아가기 때문일 것인데, 혼을 불러서 장례를 지내려고 하는 것은 하늘로 돌아간 혼을 땅으로 집어넣으려고 하는 것이니, 이치가 억지로 통하기는 어렵다. 그러므로 의관을 장례 지내면서 반드시 먼저 의

也?' 或對曰:'黃帝以僊上天, 羣臣葬其衣冠.' 旣至甘泉, 爲且用事泰山, 先類祠泰一."

238) 褘衣 : 꿩무늬가 있는 皇后의 祭服.

239) 寢宮 : 陵墓 옆에 설치하여 祭典을 행하는 곳.

240) 太牢 : 소·양·돼지 등 세 가지 犧牲을 갖춘 祭需.

241) 夷衾 : 喪禮用으로 시체나 靈柩를 덮는 천을 가리킨다.

242) 『舊唐書』 卷51 「中宗和思皇后趙氏傳」, 2171면, "中宗爲英王時, 納后爲妃. 旣而妃母公主得罪, 妃亦坐廢, 幽死於內侍省. 則天臨朝, 瓌爲壽州刺史, 坐與越王貞連謀被誅, 公主亦坐死. 神龍元年. 贈后謚爲恭皇后, 贈瓌左衛大將軍. 及中宗崩, 將葬于定陵, 議者以韋后得罪, 不宜祔葬, 於是追謚后爲和思, 莫知瘞所, 行招魂祔葬之禮. 太常博士彭景直上言:'古無招魂葬之禮, 不可備棺槨, 置轀輬. 宜據漢書郊祀志葬黃帝衣冠於橋山故事, 以皇后褘衣於陵所寢宮招魂, 置衣於魂輿, 以太牢告祭, 遷衣於寢宮, 舒於御榻之右, 覆以夷衾而祔葬焉.' 從之."

243) 『舊唐書』 卷51 「睿宗肅明皇后劉氏傳」, 2176면, "文明元年睿宗卽位, 冊爲皇后; 及降爲皇嗣, 后從降爲妃. 長壽中, 與昭成皇后同被譖, 爲則天所殺. 景雲元年, 追謚肅明皇后, 招魂葬於東都城南, 陵曰惠陵. 睿宗崩, 遷祔橋陵. 以昭成太后故, 不得入太廟配饗, 常別祀於儀坤廟. 開元二十年, 始祔太廟."

244) 『舊唐書』 卷51 「睿宗昭成皇后竇氏傳」, 2176면, "光宅元年立爲德妃. 生玄宗及金仙·玉眞二公主. 長壽二人, 爲戶婢團兒誣譖與肅明皇后厭蠱咒詛. 正月二日, 朝則天皇后於嘉豫殿, 旣退而同時遇害. 梓宮祕密, 莫知所在. 睿宗卽位, 謚曰昭成皇后, 招魂葬於都城之南, 陵曰靖陵. 又立廟於京師, 號爲儀坤廟. 睿宗崩, 后以帝母之重, 追尊爲皇太后, 謚仍舊, 祔葬橋陵, 遷神主于太廟."

245) 宋代 趙彦衛의 『雲麓慢鈔』에 따르면 唐 開元 年間에 이르러 寒食에 묘에 가서 절을 올리고 묘를 다듬는 것이 허락되어 이것이 墓祭가 되었다고 한다.

관에 혼을 부르고, 그런 다음에 의관을 장례 지냈는데, 이것은 여전히 혼을 땅으로 넣으려고 하는 것이다. 이미 매장한 곳을 알지 못하면 다시 합장의 허례를 할 필요는 없을 것이니, 단지 신주를 받들어 사당에 합사하기만 하면 될 뿐이다. 생각건대, (서)진(晉) 동해왕(東海王) 사마월(司馬越)은 항(項)[246]에서 죽었고 그 상여가 석륵(石勒)에 의해 불태워졌는데, 그 비였던 배(裴)씨는 장강(長江)을 건너 원제(元帝)에게 가서 혼을 불러 (사마)월을 장례지내고자 했다. 박사 부순(傅純)이 "성인이 예를 만드심에 무덤과 곽을 만들어 형체를 감추었으니 형체를 섬기는 것이 흉하기 때문이며, 사당을 세워 신(神)을 편안하게 했으니, 신을 섬기는 것이 길하기 때문입니다. 형체를 보내 가버리게 하고, 정기를 맞아 돌아오게 하는 것은 무덤과 사당의 큰 차이이니, 형체와 정신이 예제를 달리하기 때문입니다. 실묘(室廟), 침묘(寢廟) 등 제사를 지내는 것이 한 군데가 아닌 것은 정신을 구하는 길을 넓히는 까닭이지만, 유독 무덤에서 제사를 지내지 않는 것은 정신이 거처하는 바가 아니기 때문입니다"라고 말했으며, 결국 조서를 내려 허락하지 않았으니,[247] 이는 진나라 사람들에게 이미 논의를 거쳐 결정된 것이 있었던 것이다.

대종(代宗)의 심후(沈后)【趙注 : 덕종(德宗)의 어머니】는 적에게 사로잡혀 생사를 알지 못했다. 덕종은 즉위한 뒤 거듭 소식을 구했으나 얻지 못했다. 헌종(憲宗) 때에 이르러 여러 신하들이 진나라 유울지(庾蔚之)의 논의를 모방해서 찾아 본 지 3년이 지난 뒤 또한 중수(中壽)[248]를 기다려 상복을

246) 豫州 소속으로 項城은 南頓郡과 陳郡에 있다.

247) 『晉書』 卷59 「東海王越傳」, 1626면, "何倫·李惲聞越之死, 祕不發喪, 奉妃裴氏及毗出自京邑, 從者傾城, 所經暴掠. 至洧倉, 又爲勒所敗, 毗及宗室三十六王俱沒于賊. 李惲殺妻子奔廣宗, 何倫走下邳. 裴妃爲人所略, 賣於吳氏, 太興中, 得渡江, 欲招魂葬越. 元帝詔有司詳議, 博士傅純曰 : '聖人制禮, 以事緣情, 設以藏形, 而事之以凶; 立廟祧以安神, 而奉之以吉. 送形而往, 迎精而還. 此墓廟之大分, 形神之異制也. 至於室廟寢廟祊祭非一處, 所以廣求神之道, 而獨不祭於墓, 明非神之所處也. 今亂形神之別, 錯廟墓之宜, 違禮制義, 莫大於此.' 於是下詔不許. 裴妃不奉詔, 遂葬越於廣陵. 太興末, 墓毁, 改葬丹徒."

입자고 청했다.[249] 이에 이해 9월에 발상했으니, 먼저 위의 한 벌을 만들게 하고 날짜를 가려 대종의 능에 합사하도록 했다.[250] 이는 또한 예법에 없는 예였다. 『진서(晉書)』「이윤전(李胤傳)」을 살펴보면, (이)윤의 할아버지 이민(李敏)은 공손탁(公孫度)의 명령을 피해 바다에 떠다니다가 죽은 곳을 알지 못하게 되었다. (이)윤의 아버지 이신(李信)은 (그의 아버지를) 찾았으나 여러 해가 지나도 소식을 얻지 못했는데, 상례를 행하려고 하면서도 또한 아버지가 여전히 살아 계실까 염려되어, 이웃 사람 가운데 아버지와 나이가 같은 사람이 죽자 비로소 이때에 상례를 치렀다. 나중에 서막(徐邈)의 권고로 아내를 얻었는데, 아들을 낳은 뒤 결국 한 방을 쓰는 것을 그만두었다.[251] 이것이 또한 하나의 고사이다. 『남사(南史)』「심수전(沈洙傳)」을 보면, 건강령(建康令) 심효궤(沈孝軌)의 문생이

---

248) 中壽 : 장수한 나이 중 중간으로 80세를 이른다. 上壽는 『莊子』에서는 100세, 『左傳』에서는 120세라고 한다. 上壽를 100세로 볼 때, 中壽는 80세, 下壽는 60세이며 이를 합쳐 三壽라고 한다.

249) 【王注】 이 글은 원래 『舊唐書』 卷52 「沈后傳」에서 나온 것이다. 『晉書』 卷20 「禮志」, 642면에는 庾蔚之의 말을 인용하여, "二親爲戎狄所破, 存亡未可知者, 宜盡尋求之理. 尋求之理絶, 三年之外, 便宜婚宦, 胤嗣不可絶, 王政不可廢故也. 猶宜以哀素自居, 不豫吉慶之事, 待中壽而服之."이라 했다. 庾蔚之는 宋人인데, 晉事를 논의하였다고 그를 晉人으로 여긴 것은 잘못이다.

250) 『舊唐書』 卷52 「代宗睿眞皇后沈氏傳」, 2189~2190면, "時沈氏封贈拜爵者百餘人. 貞元七年, 詔外曾祖隋陝令沈琳贈司徒, 追封徐國公, 與外祖贈太師易直等立五廟, 以琳爲始, 緣祠廟所須, 官給. 后無近屬, 惟族子房爲近, 德宗用爲金吾將軍, 主沈氏之祀. 憲宗卽位之年九月, 禮儀使奏 : '太后沈氏厭代登眞, 於今二十七載, 大行皇帝至孝惟深, 哀思罔極. 建中之初, 已發明詔, 舟車所至, 靡不周遍, 歲月滋深, 迎訪理絶. 按晉庾蔚之議, 尋求三年之後, 又俟中壽而服之. 今參詳禮例, 伏請以大行皇帝啓攢宮日, 百官擧哀於肅章門內之正殿, 先令有司造褘衣一副, 發哀日令內官以褘衣置於幄. 自後宮人朝夕上食, 先啓告元陵, 次告天地宗廟・昭德皇后廟. 上太皇太后謚冊, 造神主, 擇日祔於代宗廟. 其褘衣備法駕奉迎於元陵祠, 復置於代宗皇帝袞衣之右. 便以發哀日爲國忌.' 詔如奏. 其年十一月, 冊謚曰睿眞皇后, 奉神主祔於代宗之室."

251) 『晉書』 卷44 「李胤傳」, 1253면, "李胤字宣伯, 遼東襄平人也. 祖敏, 漢河內太守, 去官還鄉里, 遼東太守公孫度欲强用之, 敏乘輕舟浮滄海, 莫知所終. 胤父信追求積年, 浮海出塞, 竟無所見, 欲行喪制服, 則疑父尚存, 情若居喪而不聘娶. 後有鄰居故人與其父同年者亡, 因行喪制服. 燕國徐邈與之同州里, 以不孝莫大於無後, 勸使娶妻. 旣生胤, 遂絶房室, 恒如居喪禮, 不堪其憂, 數年而卒."

서찰을 써서 "주인어른의 아버지의 영구가 주(周)나라에 있어 주인어른이 관우(關右)[252]에 사신으로 갔다가 그대로 영구를 맞아들이려고 했으나, 오래도록 돌아오지 않고 있습니다. 이번 달 그믐이면 곧 만 2년이 되니, 주인어른의 동생과 자식들은 이 달 말에 상복을 벗어야 합니까, 아니면 주인어른께서 돌아오기를 기다려 상복을 벗어야 합니까?"라고 질문했다. 강덕조(江德藻)가 "예에서는 시간이 오래 지나도 장례를 치르지 않을 경우 오직 상주만 상복을 벗지 않고 나머지는 각각 상복을 입는 달수를 마치면 상복을 벗으니, 이는 집안에 일이 있어 장례를 치를 수 없는 경우일 뿐이다. (심)효궤가 이미 먼 곳에 있으니 비록 영구를 맞으러 갔다고 해도 돌아올 기약이 없고, 여러 동생들이 끝내 상복을 벗지 않는다면 영원히 혼사가 끊길 것이니, 심수(沈洙)에게 자문해야 할 것이다"라고 말하자, (심)수가 논하길, "예에는 정도를 변통하는 것이 있고 편의에 따르는 것이 있으니, 『예기(禮記)』「상복소기(喪服小記)」의 글은 올바른 예이다. 그러나 위(魏)나라 때 동관(東關) 전투에서 시체를 잃어 장례를 치를 (정해진) 기한이 없게 되자, 논하는 사람들이 종신토록 치르는 상례는 없다고 하며 법제를 만들어 상복을 벗도록 했다. 진(晉)나라 때 난리가 나서 어떤 이는 북정(北庭)[253]에서 죽어 영구를 맞이할 길이 없게 되자 또한 그러한 법제를 분명하게 넓혔다. 지금 (심)효궤가 영구를 모시고 돌아오기에는 정해진 기약이 없으니, 여기 있는 사람들은 상복을 벗어야 할 것이다. 만약 영구가 돌아오게 된다면 별도로 개장의 예를 행하면 된다"라고 했다.[254] 『예기』에서 "개장의 예에서는 시

252) 關右 : 潼關以西를 지칭한다.

253) 北庭 : 漢代에는 匈奴의 땅을 지칭하였으며, 혹은 西域의 별칭으로 사용되었다.

254) 『南史』 卷71 「沈洙傳」, 1745~1746면, "武帝受禪, 加員外散騎常侍, 位揚州別駕從事史, 大匠卿. 有司奏 : '建康令沈孝軌門生陳三兒牒稱, 主人翁靈柩在周, 主人奉使關右, 因欲迎喪, 久而未反. 此月晦卽是再周, 主人弟息見在此者, 爲至月末除靈, 內外卽吉? 爲待主人還情禮申竟?' 以事諮左丞江德藻. 德藻議謂 : '王衛軍云 : '久喪不葬, 唯主人不變, 其餘親各終月數而除.' 此蓋引禮文論在家內有事故未得葬者耳. 孝軌旣在異域, 雖已迎喪, 還期無指, 諸弟若遂不除, 永絶昏嫁, 此於人情, 或未爲允. 中

마(緦麻)[255])를 입는다"[256]) 고 했는데, 차마 상복을 입지 않고 가까운 혈육을 보낼 수는 없기 때문이었다.

252. 종묘에서 황후의 시호를 올렸다諡后於廟

순종(順宗)의 왕(王)황후가 죽자 태상(太常)에서 시호를 올렸고 공경들이 그것을 천지와 종묘에 고하려고 했다. 예원(禮院[257]))에서 "『예기(禮記)』「증자문(曾子問)」편을 살펴보면,[258]) 옛날에는 천자에게는 하늘을 칭하여 애도하는 글을 올렸고, 황후의 시호는 종묘에서 읽었습니다. 『강도집례(江都集禮)』에서 또한 '종묘에서 황후에게 시호를 올린다'라고 했고, 또 '황후는 바깥에서 하는 일이 없으니 교외에서 할 바가 없다'라고 말했습니다. 예에 따르자면 신분이 낮은 사람은 신분이 높은 사람에게 애도하는 글을 올릴 수 없고, 아들은 어머니에게 작위를 내릴 수 없으니, 반드시 종묘에서 시호를 올려야 하는 까닭은 마땅히 조상으로부터

原淪陷以後, 理有事例, 宜諮沈常侍詳議.' 洙議曰 : '禮有變正, 又有從宜. 禮小記云 : '久而不葬者, 唯主喪者不除, 其餘以麻終月數者, 除喪則已.' 注云 : '其餘謂傍親.' 如鄭所解, 子皆應不除, 王軍所引, 此蓋禮之正也. 但魏氏東關之役, 既失亡屍柩, 葬禮無期, 時議以爲禮無終身之喪, 故制使除服. 晉氏喪亂, 或死於虜庭, 無由迎殯, 江左故復申明其制. 李胤之祖, 王華之父, 並存亡不測, 其子制服, 依時釋衰, 此並變禮之宜也. 孝軌雖因奉使便欲迎喪, 而還期未剋, 宜依東關故事, 在此者並應釋除衰麻, 毀靈祔祭; 若喪柩得還, 別行改葬之禮. 自天下寇亂, 西朝傾覆, 若此之徒, 諒非一二, 寧可喪期無數, 而弗除衰服? 朝廷自應爲之限制, 以義斷恩.' 德藻依洙議. 奏可."

255) 緦麻 : 3개월 동안 입는 喪服.

256) 『十三經注疏』『禮記注疏」「檀弓」條의 [疏]에 "案喪服改葬尙服緦麻"라는 구절이 있고, 또한 『春秋穀梁傳』「莊公 3年」條에 "五月葬桓王 傳曰 改葬也. 改葬之禮緦 擧下緬也"라는 내용이 보인다.

257) 禮院 : 唐代 太常寺의 별칭.

258) 『十三經注疏』『禮記注疏」「曾子問」條, "賤不誄貴, 幼不誄長, 禮也."

이루어짐을 받아야 하기 때문입니다. 그러므로 천자는 교외에서 시호를 올리고 후비는 종묘에서 시호를 올리는 것입니다"라고 상주하였다. (이에) 그대로 따랐다.[259]

253. 두 태후를 나란히 칭한 경우兩太后並稱

문종(文宗)이 즉위할 때 경종(敬宗)의 어머니인 왕(王)태후가 아직 생존해 있었고, 문종 자신에게는 어머니 소(蕭)태후가 있었으므로, 이에 경종의 어머니를 보력태후(寶曆太后)라 불렀다.[260] 또 두 태후를 분별하기가 어렵다 하여 거처하는 궁의 이름으로 그들을 구별하도록 조칙을 내렸으니, 보력태후는 의안궁(義安宮)에 거처하고 있었으므로 의안태후(義安太后)라 불렀다.[261] 후에 무종(武宗)이 즉위했을 때 문종의 어머니 소태후가 아직 생존해 있었으므로, 거처를 적경전(積慶殿)으로 옮기고 적경태후(積慶太后)라 불렀다.[262]

---

259) 『舊唐書』 卷52 「順宗莊憲皇后王氏傳」, 2195면, "元和十一年三月, 崩於南內之咸寧殿, 謚曰莊憲皇后. 初, 太常少卿韋縚進謚議, 公卿署定, 欲告天地宗廟. 禮院奏議曰 : '謹按曾子問 : '賤不誄貴, 幼不誄長, 禮也.' 古者天子稱天以誄之, 皇后之謚, 則讀於廟. 江都集禮引白虎通曰 : '皇后何所謚之, 以爲於廟.' 又曰 : '皇后無外事, 無爲于郊.' 傳曰 : '故雖天子, 必有尊也.' 準禮, 賤不得誄貴, 子不得爵母. 所以必謚于廟者, 謚宜受成於祖宗, 故天子謚成于郊, 后妃謚成于廟. 今請準禮, 集百官連署謚狀訖, 讀于太廟, 然後上謚於兩儀殿. 旣符故事, 允合禮經.' 從之."

260) 『舊唐書』 卷17下 「文宗紀」 「史臣曰」, 580면, "時憲宗郭后居興慶宮, 曰太皇太后, 敬宗母寶曆太后及上母蕭太后, 時呼'三宮太后'."

261) 『舊唐書』 卷52 「穆宗恭僖皇后王氏傳」, 2199~2200면, "大和八年詔 : '伏以皇太后與寶曆太后, 每有司行遣, 稱號未分, 禮式非便. 稽諸前代, 詔令所施, 不斥言太后, 以宮名爲稱. 今寶曆太后居義安殿, 宜準故事稱義安太后'."

262) 『舊唐書』 卷52 「穆宗貞獻皇后蕭氏傳」, 2203면, "武宗卽位, 供養彌謹. 蕭太后徙居積慶殿, 號積慶太后."

254. 황태후로서 합장하지 않은 경우皇太后不祔葬

목종(穆宗)이 장례를 치른 지 오래 되었고 그 비 위(韋)씨도 무종(武宗)을 낳고서 역시 이미 죽은 지 오래 되었는데, 무종이 즉위하자 어머니를 목종의 광릉(光陵)에 합장하려고 했다. 재상들이 상주하여 능묘 앞[神道]길이 고요한 가운데 평안하고, 광릉은 장례를 지낸 지 이미 20년이므로 다시 파헤쳐서는 안 되며, 태후를 장사지낸 복릉(福陵) 또한 받들어 쌓은 지가 이미 오래이므로 옮겨서는 안 된다고 하면서, 다만 신주를 받들어 태묘(太廟)에서 목종과 함께 모시기를(祔廟穆宗) 청하니, 이를 따랐다.[263)]

또 명(明) 세종(世宗)[264)]에게는 황후 셋이 있었는데, 효결황후(孝潔皇后)가 첫 번째 부인이었고, 그 다음의 장후(張后)는 폐출되고, 그 다음 효렬황후(孝烈皇后) 방(方)씨가 이었으나 죽었다. 세종은 먼저 그 신주를 태묘에 함께 모시려고 했으나, 여러 신하들이 그 자리는 황비(皇妣 : 세종의 어머니)인 예황후(睿皇后) 다음에 마련하고, 후침(後寢)에 신주를 두는 것은 곧 (할아버지인) 헌종(憲宗)[265)] 묘당에 있는 조비(祖妣 : 할머니)의 오른쪽 자리에

---

263) 【王注】 '祔廟穆宗'은 응당 '祔穆宗廟'라 해야 한다. 『新唐書』 卷77 「后妃傳」에 이르길, "宣懿太后實生嗣君, 當以祔廟, 繇是奉后合食穆宗室."이라 했는데, 본문은 이로부터 간단하게 만들어서 文義를 이루지 못했으니 응당 이처럼 개정해야한다; 『新唐書』 卷77 「穆宗宣懿韋太后傳」, 3507~3508면, "武宗立, 妃已亡, 追册爲皇太后, 上尊謚, 又封后二女弟爲夫人. 有司奏 : '太后陵宜別制號.' 帝乃名所葬園曰福陵. 卽又問宰相 : '葬從光陵與但祔廟孰安?' 奏言 : '神道安於靜, 光陵因山爲固, 且二十年, 不可更穿. 福陵崇築已有所, 當遂就. 臣等請奉主祔穆宗廟便.' 帝乃下詔 : '朕因誕日展禮于太皇太后, 謂朕曰 : '天子之孝, 莫大於承續.' 今穆宗皇帝虛合享之位, 而宣懿太后實生嗣君, 當以祔廟.' 繇是奉后合食穆宗室."

264) 世宗(1507~1566, 재위 1521~1566) : 이름은 朱厚熜이다. 正德 16년(1521) 藩王으로 帝位를 계승하여 年號를 嘉靖이라 하였다. 즉위 초 武宗의 총신 江彬과 錢寧을 살해하고 莊田을 정리하는 등 개혁 정책을 취하였다. 아버지 興獻王을 추존하는 문제로 廷臣과 분쟁이 끊이지 않았다. 또 道教를 믿어 제사지내는 일에 주력하였다. 嘉靖 21년(1542) 궁녀 楊金英 등에게 살해당할 뻔한 사건을 겪은 이후 20여 년 동안 朝臣들을 만나지 않았고, 정사를 嚴嵩에게 맡겼다. 재위중 北虜南倭의 외침에 시달렸으며, 농민봉기가 끊이지 않았다. 후에 丹藥을 복용하다 사망하였다. 永陵에 묻혔다.

265) 憲宗(1447~1487, 재위 1464~1487) : 이름은 朱見深이며, 英宗의 큰아들이다. 正統

장막을 설치함으로써 조고(祖姑: 시할머니)와 함께 모시는 의미를 따르자고 청했다. 세종이 "흠향은 여기서 하고 신주는 저기다 모셔 두는 법이 어디 있는가. 인종(仁宗)[266]은 옮겨 모실 수 있으니 황후의 신주를 짐의 순서에 해당하는 자리에다 두도록 하라" 고 명했다. 여러 신하들이 "황후께서는 비록 함께 모셔야 마땅하기는 하나, 태묘의 차례를 옮기는 것은 신하들이 감히 말할 수 있는 바가 아닙니다"라고 말했다. 세종이 노하여 이내 황후의 신주를 태묘 아홉 번째 방에다 함께 모시도록 했다.[267] (세종의 아들인 목종(穆宗))[268] 융경(隆慶) 연간(1567~1572)에는 여러 신하들의 논의를 따라 원래대로 세종의 첫 번째 부인인 효결황후를 영릉(永陵)에 합장하고 효렬황후의 신주는 홍효전(弘孝殿)으로 옮겼다.[269]

생각건대, 명 헌종의 생모 주(周)씨는 황태후로 높여진 뒤 (헌종의 아들인) 효종(孝宗)[270] 때에 죽었다. 효종이 유건(劉健) 등에게 태묘에 함께 모

14년(1449) 皇太子가 되었으나 景泰帝 때 沂王으로 폐위되었다 天順 元年(1457) 다시 皇太子가 되었다. 재위시 억울한 재판을 공평하게 판결하여 평판이 좋았지만, 傳奉官을 남발하고 法王·佛子를 濫封하고 太監 汪直을 등용하고 西廠을 설치하여 누차 大獄을 일으켜 정치가 부패하였다. 茂陵에 묻혔다.

266) 仁宗(1378~1425, 재위 1424~1325): 이름은 朱高熾이며, 朱棣(永樂帝)의 큰아들이다. 洪武 28년(1395) 燕世子로 봉해졌다. 朱棣가 기병하여 靖難의 변을 일으키자 北平(지금의 北京市)을 수비하였다. 永樂 2년(1404) 皇太子가 되어 永樂帝가 北征할 때 監國으로 정사를 처리하였다. 永樂 22년(1424) 즉위하여 年號를 洪熙라 하였다. 내정의 정돈에 주의하였으나 즉위한 지 1년도 되지않아 죽었다. 獻陵에 묻혔다.

267) 『明史』 卷114 「孝烈方皇后傳」, 3532면, "二十六年十一月乙未, 后崩. 詔曰: '皇后比救朕危, 奉天濟難, 其以元后禮葬.' 預名葬地曰永陵, 謚孝烈, 親定謚禮, 視昔加隆焉. 禮成, 頒詔天下. 及大祥, 禮臣請安主奉先殿東夾室, 帝曰: '奉先殿夾室, 非正也, 可即祔太廟.' 於是大學士嚴嵩等請設位於太廟東, 皇妣睿皇后之次, 後寢藏主則設幄於憲廟皇祖妣之右, 以從祔於祖姑之義. 帝曰: '祔禮至重, 豈可權就. 后非帝, 乃配帝者, 自有一定之序, 安有享從此而主藏彼之禮. 其祧仁宗, 祔以新序, 即朕位次, 勿得亂禮.' 嵩曰: '祔新序, 非臣下所敢言, 且陰不可當陽位.' 乃命姑藏主睿皇后側."

268) 穆宗(1537~1572, 재위 1566~1572): 嘉靖 45년(1566) 즉위하여 다음 해 隆慶으로 改元하였다. 즉위 초 世宗의 遺詔를 받아 이전에 배척된 신하들을 다시 불러들이고 方士들을 엄격히 치죄하였다. 隆慶 2년(1568) 勛戚의 莊田을 제한하였다. 隆慶 5년(1571) 俺答에게 무역을 허락하여 북방민족과의 갈등이 점차 완화되었다. 昭陵에 묻혔다.

269) 『明史』 卷114 「孝烈方皇后傳」, 3533면, "隆慶初, 與孝潔皇后同日上尊謚曰孝烈端順敏惠恭誠祗天聖皇后, 移主弘孝殿."

시는 예법에 대해 물으니 (유)건이 "한(漢)나라 이전에는 한 황제에게 한 황후만을 함께 모셨으며, 두 황후를 함께 모시는 것은 당대(唐代)에 시작되었고, 세 황후를 함께 모시는 것은 송대(宋代)에 시작되었습니다. 세 황후라 하는 것은 하나는 정후, 하나는 계후, 하나는 생모입니다"라고 답했다. 효종이 "일은 모름지기 옛 법도를 따라야 한다. 조종(祖宗) 이래로 한 황제에 한 황후였으니, 이제 함께 모신다면 예법이 붕괴되는 것이 짐(朕)으로부터 시작되는 것이다"라고 하며 (할머니 주씨를) 태묘에 함께 모시지 않았다.[271] (세종) 가정(嘉靖) 연간(1522~1566)에는 능묘의 전각에 옮겨 제사지내고 신주에 황후라고 쓰기는 하되 황제의 시호를 붙이지 않아 정처와 후처를 구별했다. 이후로 목종의 어머니, 신종(神宗)[272]의 어머니, 광종(光宗),[273] 희종(熹宗),[274] 장렬제(莊烈帝)[275]의 어머니에게도 모두 이

---

270) 孝宗(1470~1505, 재위 1487~1505) : 이름은 朱祐樘이며, 憲宗의 셋째 아들이다. 成化 11년(1475) 皇太子가 되었고, 成化 23년(1487) 즉위하였고, 年號를 弘治라 하였다. 재위시 아첨꾼을 몰아내고 僧道의 封號를 없앴다. 정직하고 유능한 신하들을 기용하였다. 재정위기를 해결하기 위해 光祿寺의 비용을 줄이고 宗室과 勛戚이 民田을 침해하는 것을 금하였다. 『大明會典』을 편찬하였고, 『問刑條例』를 修訂하였다. 그의 치세를 '弘治中興'이라고도 칭한다. 泰陵에 묻혔다.

271) 「明史」 卷113 「孝莊錢皇后傳」, 3517~3518면, "弘治十七年, 周太后崩. 孝宗御便殿, 出裕陵圖, 示大學士劉健 · 謝遷 · 李東陽曰 : '陵有二隧, 若者窒, 若者可通往來, 皆先朝內臣所爲, 此未合禮. 昨見成化間彭時 · 姚夔等章奏, 先朝大臣爲國如此, 先帝亦不得已耳. 欽天監言通隧上干先帝陵堂, 恐動地脈, 朕已面折之. 窒則天地閉塞, 通則風氣流行.' 健等因力贊. 帝復問祔廟禮, 健等言 : '祔二后, 自唐始也. 祔三后, 自宋始也, 漢以前一帝一后. 曩者定議合祔, 孝莊太后居左, 今大行太皇太后居右, 且引唐 · 宋故事爲證, 臣等以此不敢復論.' 帝曰 : '二后已非, 況復三后.' 遷曰 : '宋祔三后, 一繼立, 一生母也.' 帝曰 : '事須師古, 太皇太后鞠育朕躬, 朕豈敢忘, 顧私情耳. 祖宗來, 一帝一后. 今並祔, 壞禮自朕始. 且奉先殿祭皇祖, 特座一飯一匙而已. 夫孝穆皇太后, 朕生母也, 別祀之奉慈殿. 今仁壽宮前殿稍寬, 朕欲奉太皇太后於此, 他日奉孝穆皇太后於後, 歲時祭享, 如太廟.' 於是命羣臣詳議. 議上, 將建新廟, 欽天監奏年方有礙. 廷議請暫祀周太后於奉慈殿, 稱孝肅太皇太后. 殿在奉先殿西, 帝以祀孝穆, 至是中奉孝肅而徙孝穆居左焉. 帝始欲通隧, 亦以陰陽家言不果行."

272) 神宗(1563~1620, 재위 1572~1620) : 이름은 朱翊鈞이다. 隆慶 2년(1568) 皇太子가 되었고, 隆慶 6년(1572) 즉위하였고 年號를 萬曆이라 칭하였다. 張居正이 輔政하여 吏治를 정리하고 엄격한 토지조사를 실시하였으며 一條鞭法을 실시하였다. 萬曆 10년(1582) 張居正이 죽자 親政했으나 정치에 관심이 없고 대규모 토목공사를 벌였다. 定陵에 묻혔다.

제도가 적용되었다.[276]

255. 이건성과 이원길의 아들은 주살되었다建成元吉之子被誅

반란을 모의한 자는 일족이 주살되니, 진(秦)나라, 한(漢)나라와 육조(六朝) 이래로 모두 이러한 법을 적용했다[趙注 : 「최인사전(崔仁師傳)」에 보인다].[277] 태종(太宗)이 진왕(秦王)이었을 때 형 이건성(李建成)과 동생 이원길(李元吉)을 죽였는데, 이는 형제간에 서로 해치고 죽인 것에 지나지 않으니,[278] 그

---

273) 光宗(1582~1620, 재위 1620) : 이름은 朱常洛이며, 神宗의 큰아들이다. 神宗이 福王 常洵을 총애하여 황태자가 되지 못하다가 萬曆 29년(1601)에야 皇太子가 되었다. 萬曆 48년(1620) 즉위하여 年號를 泰昌이라 고쳤다. 몸에 병이 많았고, 鴻臚寺丞 李可灼이 바친 紅丸을 복용한 후 사망하였다. 慶陵에 묻혔다.

274) 熹宗(1605~1627, 재위 1620~1627) : 이름은 朱由校이다. 泰昌 元年(1620) 즉위하여 다음 해 天啓로 改元하였다. 聲色과 犬馬를 좋아하고 太監 魏忠賢과 유모 客氏를 총애하였고 東林黨을 탄압하였다. 德陵에 묻혔다.

275) 莊烈帝(1610~1644, 재위 1628~1644) : 廟號는 毅宗이며 이름은 朱由檢이다. 明의 마지막 황제로 熹宗의 아우이다. 즉위하고, 1628년 改元하였는데 연호는 崇禎이다. 1644년 李自成의 반란군이 북경성으로 들어왔을 때, 목매어 자살했다.

276) 『明史』 卷113 「孝肅周太后傳」, 3519면, "嘉靖十五年, 與紀・邵二太后並移祀陵殿, 題主曰皇后, 不繫帝謚, 以別嫡庶. 其後穆宗母孝恪・神宗母孝定・光宗母孝靖・熹宗母孝和・莊烈帝母孝純, 咸遵用其制."

277) 『舊唐書』 卷74 「崔仁師傳」, 2621면, "時議者以漢及魏・晉謀反皆夷三族, 咸欲依士廉等議. 仁師獨駁曰 : '自羲・農以降, 爰及唐・虞, 或設言而人不犯, 或畫象而下知禁. 三代之盛, 泣辜解網, 父子兄弟, 罪不相及, 咸臻至理, 俱爲稱首. 及其世亂, 獄訟滋煩, 周之季年, 不勝其弊, 烈火原於子產, 峭濶起於安于, 韓・李・申・商, 爭持急刻, 參夷相坐, 始於此也. 秦用其法, 遂至土崩. 漢高之務寬大, 未爲盡善; 文帝之存仁厚, 仍多涼德. 遂使新垣族滅, 信・越葅醢, 見譏良史, 謂之過刑. 魏・晉至隋, 有損有益, 凝脂猶密, 秋荼尙煩. 皇上爰發至仁, 念玆刑憲, 酌前王之令典, 探往代之嘉猷, 革弊蠲苛, 可大可久, 仍降綸綍, 頒之九區. 故得斷獄數簡, 手足有措, 刑淸化洽, 未有不安. 忽以暴秦酷法, 爲隆周中典, 乖惻隱之情, 反惟行之令. 進退參詳, 未見其可. 且父子天屬, 昆季同氣, 誅其父子, 足累其心, 此而不顧, 何愛兄弟. 旣欲改法, 請更審量.' 竟從仁師駁議."

당시 태종은 아직 황제가 아니었으므로 '모반[反]'으로 논할 수 없기 때문이다. 그러나 (이)건성의 아들인 안륙왕(安陸王) (이)승도(李承道), 하동왕(河東王) (이)승덕(李承德), 무안왕(武安王) (이)승훈(李承訓), 여남왕(汝南王) (이)승명(李承明), 거록왕(鋸鹿王) (이)승의(李承義)와 (이)원길의 아들인 양군왕(梁郡王) (이)승업(李承業), 어양왕(漁陽王) (이)승란(李承鸞), 보안왕(普安王) (이)승장(李承獎), 강하왕(江夏王) (이)승유(李承裕), 의양왕(義陽王) (이)승도(李承度)는 모두 연좌되어 주살되었고 호적에서도 삭제되었다.[279] 이때 고조(高祖)가 아직 제위에 있었으나 손자들이 모반을 다스리는 형률에 걸려 주살되는 것을 앉아서 보기만 하고 하나도 구할 수 없었으니, 고조 또한 매우 위태로웠던 것이다.

256. 액정궁에 잡아들이는 경우沒入掖庭

일족이 주살되는 경우 장정(壯丁)을 죽인 뒤에 아내와 첩, 며느리 및 자손 가운데 어린아이는 모두 액정궁(掖庭宮)[280]으로 잡아들여 노비로 삼았

278) 『舊唐書』 卷64 「隱太子建成傳」, 2418~2419면, "四日, 太宗將左右九人至玄武門自衛. 高祖已召裴寂·蕭瑀·陳叔達·封倫·宇文士及·竇誕·顔師古等, 欲令窮覈其事. 建成·元吉行至臨湖殿, 覺變, 卽迴馬, 將東歸宮府. 太宗隨而呼之, 元吉馬上張弓, 再三不彀. 太宗乃射之, 建成應弦而斃. 元吉中流矢而走, 尉遲敬德殺之. 俄而東宮及齊府精兵二千人結陣馳攻玄武門, 守門兵仗拒之, 不得入, 良久接戰, 流矢及于內殿. 太宗左右數百騎來赴難, 建成等兵遂敗散. 高祖大驚, 謂裴寂等曰 : '今日之事如何?' 蕭瑀·陳叔達進曰 : '臣聞內外無限, 父子不親, 當斷不斷, 反受其亂. 建成·元吉, 義旗草創之際, 並不預謀, 建立已來, 又無功德, 常自懷憂, 相濟爲惡, 釁起蕭牆, 遂有今日之事. 秦王功蓋天下, 率土歸心, 若處以元良, 委之國務, 陛下如釋重負, 蒼生自然乂安.' 高祖曰 : '善! 此亦吾之夙志也.' 乃命召太宗而撫之曰 : '近日已來, 幾有投杼之惑.' 太宗哀號久之."

279) 『舊唐書』 卷64 「隱太子建成傳」, 2419면, "建成死時年三十八. 長子太原王承宗早卒. 次子安陸王承道·河東王承德·武安王承訓·汝南王承明·鉅鹿王承義並坐誅"; 『舊唐書』 卷64 「巢王元吉傳」, 2422~2423면, "元吉死時年二十四. 有五子 : 梁郡王承業·漁陽王承鸞·普安王承獎·江夏王承裕·義陽王承度, 並坐誅. 尋詔絶建成·元吉屬籍."

다. 예컨대, 번흥(樊興), 전구룡(錢九隴)은 모두 아버지가 죄를 범하여 잡혀 들어오는 처분을 받아 황실의 노비가 되었다[趙注 : 번흥 등의 열전].[281] 무후(武后)가 당(唐)나라 종실을 죽일 때 장성한 자는 모두 죽임을 당했고 어린이는 모두 잡혀 들어가 관노(官奴)가 되었다[趙注 : 「소왕(巢王) 이명전(李明傳)」].[282] 이사도(李師道)가 주살된 뒤 그 어린 아들은 액정궁으로 잡혀 들어갔으니,[趙注 : 「이사도전(李師道傳)」][283] 이는 자손이 어린 경우이다. 제왕(齊王) (이)원길(李元吉)이 주살되자 그 비(妃)는 궁으로 잡혀 들어가 태종(太宗)의 비가 되었다[趙注 : 「소왕 이명전」].[284] 여강왕(廬江王) (이)원(李瑗)이 주살된 뒤 그 후궁(姬)은 궁에 들어와 태종을 모셨다[趙注 : 「왕규전(王珪傳)」].[285] 상관의(上官儀)와 그 아들 (상관)정지(上官庭芝)가 주살된 뒤 (상관)정지의 아내 정(鄭)씨 및 딸 상관완아(上官婉兒)[286]는 액정궁으로 들어가는 처분을 받았다[趙注 : 「상관의전

---

280) 掖庭宮 : 황후와 비빈이 머무는 궁전 지역으로 이른바 後宮에 해당한다. 唐代 長安城의 경우 황제가 거하는 태극궁의 서편에 액정궁이 위치하였으며, 그 안에는 환관이 담당하는 內侍省도 배치되었다.

281) 『舊唐書』 卷57 「樊興傳」, 2300면, "樊興者, 本安陸人也, 父犯罪配沒爲皇家隸人"; 『舊唐書』 卷57 「錢九隴傳」, 2299면, "錢九隴, 本晉陵人也, 父在陳爲境上所獲, 沒爲皇家隸人."

282) 「巢王明傳」이 아니라 「曹王明傳」이라고 해야한다. 巢王은 李元吉이며 曹王은 그의 아들 李明이다. 李元吉의 뒤를 李明이 이어 '巢王明'이라고 한 것은 趙翼의 착오인 듯하다. 『新唐書』 卷80 「曹王明傳」, 3580면, "初, 武后時, 壯者誅死, 幼皆沒爲官奴, 或匿人間庸保."

283) 『舊唐書』 卷124 「李師道傳」, 3541면, "師道妻魏氏及小男並配掖庭."

284) 『新唐書』 卷80 「曹王明傳」, 3579면, "曹王明, 母本巢王妃, 帝寵之, 欲立爲后, 魏徵諫曰 : '陛下不可以辰嬴自累.' 乃止."

285) 『舊唐書』 卷70 「王珪傳」, 2528면, "太宗嘗閒居與珪宴語, 時有美人侍側, 本廬江王瑗之姬, 瑗敗籍沒入宮, 太宗指示之曰 : '廬江不道, 賊殺其夫而納其室. 暴虐之甚, 何有不亡者乎!' 珪避席曰 : '陛下以廬江取此婦人爲是耶, 爲非耶?' 太宗曰 : '殺人而取其妻, 卿乃問朕是非, 何也?' 對曰 : '臣聞於管子曰 : '齊桓公之郭, 問其父老曰 : '郭何故亡?' 父老曰 : '以其善善而惡惡也.' 桓公曰 : '若子之言, 乃賢君也, 何至於亡?' 父老曰 : '不然, 郭君善善而不能用, 惡惡而不能去, 所以亡也'.' 今此婦人尙在左右, 竊以聖心爲是之, 陛下若以爲非, 此謂知惡而不去也.' 太宗雖不出此美人, 而甚重其言."

286) 上官婉兒(664~710) : 唐 陝州 陝縣(지금의 河南省 三門峽市 서쪽) 사람으로 上官儀의 손녀이다. 上官儀가 高宗의 무후폐립 조서를 작성했던 죄목으로 일가가 몰살되자 어머니와 함께 적몰되어 궁중에 들어왔다. 총명하고 문장에 능했으며 행정업무에도 밝아

(上官儀傳)」].[287] 오원제(吳元濟[288])의 아내 심(沈)씨와 이사도의 아내 위(魏)씨는 (남편이) 패망하여 주살된 뒤 모두 잡혀 들어왔다[趙注 : 「오원제전」,[289] 「이사도전」].[290] (이)사도가 주살된 뒤 헌종(憲宗)이 재상에게 "이사고(李師古)의 아내는 (이)사도에게 형수인데, 비록 역적의 일족이라고는 해도 또한 죄의 등급이 내려가야 하며, 이종석(李宗奭)의 아내 역시 사족인데 지금 모두 액정궁에 있으니 법에 비추어 볼 때 다소 심한 것 같다"라고 말하자, 최군(崔羣)이 이는 성군의 어질고 측은히 여기는 마음이라고 상주했다. 이에 (이)사고의 아내 배(裵)씨, 딸 (이)의랑(李宜娘), (이)종석의 아내 위(韋)씨 및 남녀들이 모두 풀려났다[趙注 : 「최군전(崔羣傳)」].[291] 어사(御史) 이효본(李孝本)은 황족으로 이훈(李訓)의 사건에 연좌되어 주살되었는데, 그 딸은 적몰되어

武后의 총애를 받아 武后가 그녀에게 百司의 表奏를 처리하도록 명했다. 中宗복위 이후 더욱 신임을 얻어 安樂公主 등과 함께 권력을 행사하고 뇌물을 받았으며 대거 斜封官을 임명하였다. 景龍 2년(708) 婕妤에서 昭容으로 승진하였고 制命을 관장하였다. 후에 臨淄王 李隆基(玄宗)의 정변 중 피살되었다. 開元初 玄宗이 張說에게 그녀의 詩文集 20卷을 정리할 것을 명했으나 현재 亡佚되었다. 『全唐詩』에 32수의 詩가 전한다.

287) [王注] 「上官儀傳」이 아니라 「昭容上官氏傳」(『舊唐書』 卷51, 『新唐書』 卷76)이라고 해야 한다. 『舊唐書』 卷51 「上官昭容傳」, 2175면, "中宗上官昭容名婉兒, 西臺侍郎儀之孫也. 父庭芝, 與儀同被誅, 婉兒時在襁褓, 隨母配入掖庭"; 『新唐書』 卷76 「上官昭容傳」, 3488면, "上官昭容者, 名婉兒, 西臺侍郎儀之孫. 父廷芝, 與儀死武后時. 母鄭, 太常少卿休遠之姊. 婉兒始生, 與母配掖廷."

288) 吳元濟(783~817) : 唐 滄州 清池(지금의 河北省 滄州 동남) 사람으로 吳少陽의 아들이다. 元和 9년(814) 吳少陽이 죽자 淮西節度使를 계승하였다. 다음 해 王承宗・李師道와 연합하여 唐朝廷에 대항하였다. 憲宗이 군대를 보내 토벌했으나 3년 동안 버텼다. 元和 12년(817) 憲宗이 宰相 裴度에게 諸軍을 이끌고 吳元濟를 토벌하게 하여 누차 승리하였으며 蔡州를 습격하여 점령하였다. 吳元濟는 사로잡혀 長安에서 살해되었다.

289) 『舊唐書』 卷145 「吳元濟傳」, 3952면, "元濟至京, 憲宗御興安門受俘, 百僚樓前稱賀, 乃獻廟社, 徇于兩市, 斬之於獨柳, 時年三十五. 其夜失其首. 妻沈氏, 沒入掖庭."

290) 『舊唐書』 卷124 「李師道傳」, 3541면, "師道妻魏氏及小男並配掖庭."

291) 『舊唐書』 卷159 「崔羣傳」, 4188면, "十四年, 誅李師道, 上顧謂宰臣曰 : '李師古雖自襲祖父, 然朝廷待之始終. 其妻於師道卽嫂叔也, 雖云逆族, 若量罪輕重, 亦宜降等. 又李宗奭雖抵嚴憲, 其情比之大逆亦有不同. 其妻士族也, 今與其子女俱在掖廷, 於法皆似稍深. 卿等留意否?' 羣對曰 : '聖情仁惻, 罪止元兇. 其妻近屬, 倘獲寬宥, 實合弘煦之道.' 於是師古妻裴氏・女宜娘, 詔出於鄧州安置. 宗奭妻韋氏及男女先沒掖廷, 並釋放, 其奴婢・資貨皆復賜之."

궁에 잡혀 들어왔다가 위모(魏謨)가 간언하여 내보내도록 했다[趙注 : 「위모전(魏謨傳)」].[292] 또 원재(元載)의 딸 (원)진일(元眞一)은 어려서 비구니가 되었으나, (원)재가 패망한 뒤 궁에 잡혀 들어갔는데, 덕종(德宗) 때에 비로소 (원)재의 죽음을 알리자 큰 소리로 울며 땅에 몸을 내던졌다. 딸이 출가한 경우에도 역시 처벌을 면할 수 없었던 것이다[趙注 : 「원재전(元載傳)」].[293] 한황(韓滉)이 변주(汴州)에 가서 유현좌(劉玄佐)에게 "어서 천자를 알현해야 할 것입니다. 늙으신 태부인(太夫人)[294]을 며느리, 자손들과 함께 액정궁을 채우게 해서는 안 됩니다"라고 말했으니[趙注 : 「한황전(韓滉傳)」],[295] 대개 당시의 법령이 이와 같았다.

그러나 그 중에서도 또한 귀한 자식을 낳은 경우도 있었다. 숙종(肅宗)이 태자였을 때 현종(玄宗)이 고력사(高力士)에게 명하여 양가의 자녀를 뽑아 그(태자)를 모시도록 했는데, (고)력사가 "서울에서 살펴 택하면 사람들의 비판을 들을 것이니, 액정궁에 있는 사대부의 딸만 못할 것입니다"라고 말했다. 마침 오령규(吳令珪)가 사건에 연좌돼 주살되고 딸이 궁으로

---

292) 『舊唐書』 卷176 「魏謨傳」, 4567~4568면, "御史中丞李孝本, 皇族也, 坐李訓誅, 有女沒入掖廷. 謨諫曰 : '臣聞治國家者, 先資於德義, 德義不修, 家邦必壞. 故王者以德服人, 以義使人. 服使之術, 要在修身, 修身之道, 在於孜孜. 夫一失百虧之戒, 存乎久要之源. 前志曰 : '勿以小惡而爲之, 勿以小善而不爲.' 斯則懼於漸也! 臣又聞, 君如日焉, 顯晦之微, 人皆瞻仰, 照臨之大, 何以掩藏? 前代設敢諫之鼓, 立誹謗之木, 貴聞其過也. 陛下卽位已來, 誕敷文德, 不悅聲色, 出後宮之怨婦, 配在外之鰥夫. 洎今十年, 未嘗採擇. 自數月已來, 天聰稍迴, 留神妓樂, 教坊百人·二百人, 選試未已, 莊宅司收市, 疊疊有聞. 昨又宣取李孝本之女入內. 宗姓不異, 寵幸何名, 此事深累? 修, 有虧一簣. 陛下九重之內, 不得聞知. 凡此之流, 大生物議, 實傷理道之本, 未免塵穢之嫌. 夫欲人不知, 莫若勿爲. 諺曰 : '止寒莫若重裘, 止謗莫若自修.' 伏希陛下照鑒不惑, 崇千載之盛德, 去一旦之玩好. 教坊停息, 宗女遣還, 則大正人倫之風, 深弘王者之體.' 疏奏, 帝卽日出孝本女, 遷謨右補闕."

293) 『新唐書』 卷145 「元載傳」, 4714면, "女眞一, 少爲尼, 沒入掖庭. 德宗時, 始告以載死, 號踊投地, 左右呵止, 帝曰 : '安有聞親喪責其哀殞乎?' 命扶出."

294) 太夫人 : 아버지의 뒤를 이어 아들이 제후가 되었을 때 그 어머니를 지칭한다.

295) 원문에는 '太夫人'이라 되어 있지 않고, '夫人'이라고만 썼다. 『新唐書』 卷126 「韓滉傳」, 4436~4437면, "劉玄佐不朝, 帝密詔滉諷之. 及過汴, 玄佐素憚滉, 修屬吏禮. 滉辭不敢當, 因結爲兄弟, 入拜其母, 置酒設女樂. 酒行, 滉曰 : '宜早見天子, 不可使夫人白首與新婦子孫塡宮掖也.' 玄佐泣悟."

잡혀 들어왔는데, (고)력사가 이를 택해 바쳤으며, (이 사람이) 나중에 대종(代宗)을 낳았으니 곧 장경황후(章敬皇后)이다.[296] 이기(李錡)가 반란을 일으켰다가 주살되자 그 첩 정(鄭)씨가 궁으로 잡혀 들어왔는데, 헌종이 그를 총애하여 나중에 선종(宣宗)을 낳으니, 곧 효명황후(孝明皇后)이다.[297]

『북사(北史)』「최앙전(崔昻傳)」을 살펴보면, 형률 조문의 적몰(籍沒)규정에서는 나이가 예순 살 이상인 부인은 관부에 배치되는 것을 면했다.[298]

257. 당나라의 여화唐女禍

인과응보에 관한 이야기는 본래 애매하고 아득한 것에 속하지만 역시 믿지 않을 수 없는 것도 있다. 당(唐) 고조(高祖)가 처음 진양유수(晉陽留守)였을 때 궁감(宮監) 배적(裴寂)[299]이 사사로이 궁녀를 들여 고조를 모시도록 했다. 나중에 태종(太宗)이 군사를 일으키면서 (배)적에게 이 일로 고조를 위협하게 하여 "둘째 도련님이 의로운 깃발을 든 것은 바로 제가 궁인

296) 『新唐書』 卷77 「肅宗章敬吳太后傳」, 3499면, "肅宗章敬皇后吳氏, 濮州濮陽人. 父令珪, 以郫丞坐事死, 故后幼入掖廷. 肅宗在東宮, 宰相李林甫陰構不測, 太子內憂, 鬢髮班禿. 後入謁, 玄宗見不悅, 因幸其宮, 顧廷宇不汎掃, 樂器塵蠹, 左右無嬪侍, 帝愀然謂高力士曰 : '兒居處乃爾, 將軍叵使我知乎?' 詔選京兆良家子五人虞侍太子, 力士曰 : '京兆料擇, 人得以藉口, 不如取掖廷衣冠子, 可乎?' 詔可."

297) 『新唐書』 卷77 「憲宗孝明鄭太后傳」, 3505면, "憲宗孝明皇后鄭氏, 丹楊人, 或言本尒朱氏. 元和初, 李錡反, 有相者言后當生天子. 錡聞, 納爲侍人. 錡誅, 沒入掖廷, 侍懿安后. 憲宗幸之, 生宣宗."

298) 『北史』 卷32 「崔昻傳」, 1182면, "依律, 婦人年六十以上免配宮."

299) 裴寂(570~629, 혹은 573~632) : 唐 蒲州 桑泉縣(지금의 山西省 臨猗縣 서남) 사람으로 字는 玄眞이다. 隋末 晉陽宮副監이 된 후 李淵과 친구가 되었다. 大業 13년(617) 李淵에게 起兵을 권하고 宮에서 저장한 食糧과 采帛·鎧甲 등을 주어 李淵을 도왔다. 李淵이 長安에 들어가자 李淵에게 稱帝하여 唐을 세울 것을 권했으며, 이 공으로 尙書右僕射가 되었다. 武德 6년(623) 尙書左僕射가 되었고 貞觀 3년(629) 어떤 죄에 연좌되어 免官되고 靜州로 유배되었다. 山羌이 반란을 일으키자 이를 격파하였다. 太宗이 佐命의 功을 생각하여 소환하였으나 도중 죽었다.

으로 공을 모시도록 한 일이 발각되면 일족이 주멸될 것을 염려하기 때문입니다"라고 말하니, 고조의 뜻이 마침내 정해졌다[趙注 : 「배적전(裴寂傳)」].[300] 이는 고조가 군사를 일으킨 것이 실은 여색에서 비롯했다는 것이다. 태종은 동생 (이)원길(李元吉)을 죽이고 곧 (이)원길의 아내를 첩으로 삼았다. 여강왕(廬江王) (이)원(李瑗)이 반란으로 주살되자 그 후궁[姬]이 또 들어와 주위에서 모셨다. 이는 양대 창업 군주가 모두가 여색으로 욕심을 마음대로 하였던 것이다.

(그렇지만) 정관(貞觀) 말엽에 무후(武后)가 이미 궁중에 있었고, 그가 나중에 칭제(稱制)하고 당나라 자손들을 거의 다 죽이라고 명했으며, 궁 안의 추악함은 천 년 동안 손가락질을 받으며 비웃음거리가 될 줄을 누가 알았겠는가. 위후(韋后)[301]는 그녀를 이어서 지저분한 소문이 퍼져 들리게 했고, 아울러 사통한 무삼사(武三思)를 위해 그 추악한 행위를 천진교(天津橋)에 방으로 붙여 장간지(張柬之) 등을 거꾸러뜨렸으며,[302] 이어서 또 안

---

300) 『舊唐書』 卷57 「裴寂傳」, 2285~2286면, "高祖留守太原, 與寂有舊, 時加親禮, 每延之宴語, 間以博奕, 至於通宵連日, 情忘厭倦. 時太宗將擧義師而不敢發言, 見寂爲高祖所厚, 乃出私錢數百萬, 陰結龍山令高斌廉與寂博戲, 漸以輸之. 寂得錢既多, 大喜, 每日從太宗遊. 見其歡甚, 遂以情告之, 寂卽許諾. 寂又以晉陽宮人私侍高祖, 高祖從寂飮, 酒酣, 寂白狀曰 : '二郎密纘兵馬, 欲擧義旗, 正爲寂以宮人奉公, 恐事發及誅, 急爲此耳. 今天下大亂, 城門之外, 皆是盜賊. 若守小節, 旦夕死亡; 若擧義兵, 必得天位. 衆情已協, 公意如何?' 高祖曰 : '我兒誠有此計, 既已定矣, 可從之'."

301) 韋后(?~710) : 唐 京兆府 萬年縣 사람이다. 中宗이 太子일 때 妃로 간택되었고, 嗣聖 元年(684) 皇后가 되었다. 中宗이 폐위될 때 함께 폐위되었다. 中宗이 복위한 후 朝政에 간여하고 武三思에게 정권을 맡겼으며 딸 安樂公主를 武三思의 아들 武崇訓에게 시집보냈다. 또 功臣 王同皎·敬暉·桓彦範을 죽이고 뇌물을 받고 員外官과 斜封官을 대거 임명하였으며, 度牒도 팔았다. 후에 安樂公主와 함께 모의하여 中宗을 독살하고 少帝를 세웠으며, 親族이 모두 軍政의 요직을 장악하였다. 臨朝稱制하면서 武后의 사례를 따르려 하였으나, 臨淄王 李隆基(玄宗)가 병사를 이끌고 入宮하여 살해되었다.

302) 武周朝가 끝나면서 정치적 타격을 받은 武三思는 아들 崇訓이 韋后의 딸 安樂公主와 혼인한 관계를 이용하고, 또 中宗의 寵姬 上官婉兒와 私通하여 中宗의 皇后인 韋后와 관계를 맺었다. 또 武三思는 몰래 사람을 시켜 위후는 추문이 있기 때문에 폐하여야 한다는 내용의 방을 天津橋에 붙이도록 하고는, 中宗에게 이것은 宰相 張柬之 등이 비밀리에 한 짓이며, 표면적으로 위후를 폐하자고 하였지만 실질적으로는 임

락공주(安樂公主)와 함께 중종(中宗)을 독살했다.[303] 궁궐의 여화(女禍)가 여기서 극에 달했다.

현종(玄宗)이 나라 안의 어려움을 평정하게 되자 개원(開元, 713~741)의 치세에는 거의 나라와 백성이 풍족하게 되었으나, 양귀비(楊貴妃) 한 사람이 그것을 망치기에 충분했다. 비록 안사(安史)의 반란이 모두 여인에 대한 총애에서 비롯한 것은 아니지만, 색정이 거칠어지고 의지가 게을러져 다만 즐거움을 탐닉하는 것만을 따랐으므로 올바르지 못한 사람을 임용하고도 깨닫지 못하고 큰 재난이 양성되면서도 알지 못하여, 어양(漁陽)의 북소리[304]가 두 수도를 함락시키고 하삭(河朔)의 세 번진[305]을 이로부터 잃게 되어, 당나라 황실은 이 때문에 나아가지 못하기에 이르렀다. 재난의 근원을 따져 보면 색정이 거칠어져서 영향을 끼친 것에서 시작하지 않은 것이 없다. 그러므로 여색으로 일어난 자는 곧 여색으로 망하니, 이른바 "군주가 이것으로 시작하면 또한 이것으로 끝난다"라는 것이며, "하늘

금을 위태롭게 하는 것이라 상소하게 하여 이들을 모두 쫓아냈다. 『舊唐書』 卷91 「桓彦範傳」, 2931면, "是歲秋, 武三思又陰令人疏皇后穢行, 牓於天津橋, 請加廢黜. 中宗聞之怒, 命御史大夫李承嘉推求其人. 承嘉希三思旨, 奏言 : '彦範與敬暉 · 張柬之 · 袁恕己 · 崔玄暐等教人密爲此牓. 雖託廢后爲名, 實有危君之計, 請加族滅.' 制依承嘉所奏. 大理丞李朝隱執奏云 : '敬暉等旣未經鞫問, 不可卽肆誅夷, 請差御史按罪, 待至, 準法處分.' 大理卿裴談奏云 : '敬暉等祇合據敕斷罪, 不可別俟推鞫, 請並處斬籍沒.' 中宗納其議, 仍以彦範等五人嘗賜鐵券, 許以不死, 乃長流彦範於瀼州, 敬暉於崖州, 張柬之於瀧州, 袁恕己於環州, 崔玄暐於古州, 並終身禁錮, 子弟年十六已上者亦配流嶺外."

303) 710년 정권 장악에 급급한 韋后는 安樂公主와 공모하여 中宗을 독살하였다. 『舊唐書』 卷51 「中宗韋庶人傳」, 2174면, "六月, 帝遇毒暴崩. 時馬秦客侍疾, 議者歸罪於秦客及安樂公主. 后懼, 秘不發喪, 引所親入禁中, 謀自安之策"; 『舊唐書』 卷7 「中宗紀」, 150면, "(景龍 4年)六月壬午, 帝遇毒, 崩于神龍殿, 年五十五. 祕不發喪, 皇后親總庶政."

304) 戰陣에 임하여 馬上에서 치는 장고. 白居易 「長恨歌」에 "漁陽鼙鼓動地來 驚破霓裳羽衣曲(어양의 북소리 땅을 흔들어 울려오니, 예상 우의(서역음악) 아름다운 음악은 놀라서 부서지고 말았네)." 어양은 范陽節度使였던 안록산 관할 하의 군명이다. 文天祥의 「過平原作」에는 "一朝漁陽動鼙鼓 大江以北無堅城"이라는 구절이 있다. 안사의 난 당시 안록산 세력의 기반은 范陽 · 河東 · 平盧節度使 관할지역이었다.

305) 河朔三鎭 : 代宗 이후에 설치된 魏博 · 盧龍 · 成德을 가리킨다.

의 도란 되돌아가기를 좋아한다[天道好還]"[306]는 것이 분명함을 볼 수 있지 않냐고 말하지 않을 수 있겠는가.

258. 무후의 잔인함武后之忍

고래로 무도한 군주 가운데 죽이기를 좋아한 자는 석호(石虎), 부생(苻生), (남)제(南齊) 명제(明帝), 북제(北齊) 문선제(文宣帝), 금(金) 해릉양왕(海陵煬王)[307]이 있고, 영명한 군주 가운데 죽이기를 좋아한 자는 명(明) 태조(太祖)[308]가 있었지만, 그러나 모두 당(唐) 무후(武后)와 같은 잔인함은 없었다. 처음에 자기가 낳은 딸을 스스로 목 졸라 죽이고 왕황후(王皇后)[309]를 모

---

306) 天道好還 : 본래 『老子』 第30章 "以道佐人主者, 不以兵强天下, 其事好還." 이라는 구절에서 유래했으며, '因果報應', '善惡有報' 등과 유사한 의미로 사용되고 있다.

307) 海陵王(1122~1161, 재위 1149~1161) : 성명은 完顔亮, 여진식 이름은 迪古乃이다. 金의 4대 황제로 사촌이었던 熙宗을 시해하고 황제가 되었다. 漢人을 등용하여 국가 기구의 漢化와 황제권의 강화를 꾀했다. 1153년 수도를 燕京으로 옮겼다. 南宋정벌을 도모하였지만 성공하지 못하고, 한편으로는 世宗 完顔雍이 자립하여 불리한 상황에서 부하의 손에 살해되었다.

308) 太祖(1328~1398, 재위 1368~1398) : 濠州 鍾離縣(지금의 安徽省 鳳陽) 사람이며, 성은 朱, 이름은 元璋, 小名은 重八, 興宗, 字는 國瑞이다. 元 至正 4년(1344) 가뭄과 재해, 역병으로 가족을 잃고 皇覺寺에 들어가 중이 되어 淮西 潁州 일대를 떠돌았다. 至正 12년(1352) 郭子興軍에 투신하여 功을 세워 軍官이 되었으며, 郭子興의 양녀 馬氏를 妻로 삼았다. 郭子興이 죽자 군대를 대신 통솔하였고, 至正 16년(1356) 集慶路를 점령하여 應天府(지금의 江蘇省 南京市)로 改名하였다. 至正 23년(1363) 陳友諒을 멸하고 吳王을 자칭했으며, 至正 27년(1367) 張士誠을 멸하였다. 다음 해 帝位에 올라 國號를 大明, 年號를 洪武라 하였다. 군대를 보내 元의 大都를 점령하였고, 洪武 10년(1377) 전국을 통일하였다. 皇權을 강화하여 中書省과 丞相을 폐지하고 몇 차례 대규모 사건을 일으켜 공신들을 대거 주살하였다. 또 아들은 藩王으로 삼아 각지에 주둔케 하여 藩屛으로 삼으려 하였다. 里甲制와 開中法 등을 실시하였고 백성들의 부담을 덜어주는 정책을 취하였다. 사후 南京 鍾山 孝陵에 묻혔으며, 謚號는 高皇帝이다.

309) 王皇后(?~655) : 唐 幷州 祁縣 사람이다. 唐 高宗 李治가 晉王이었을 때 妃가 되었

함한 이래[趙注 : 무후가 소의(昭義)였을 때 딸을 낳았는데, 왕황후가 와서 딸을 보듬어 주고 놀다가 돌아갔다. (무)소의는 몰래 딸을 이불 아래에서 질식시켜 죽이고 고종(高宗)이 오는 것을 엿보아 거짓으로 기쁘게 웃으며 이불을 들추니 딸이 죽어 있었다. 좌우측근들이 "황후께서 방금 오셨습니다"라고 말하고 소의가 슬피 울자, 고종은 노하여 "황후가 내 딸을 죽였구나"라 했다. (왕)황후는 스스로를 해명할 길이 없어 곧이어 폐위되었다],[310] 부모의 사랑(毛裏之愛)[311]을 끊고 사사로이 어여삐 여기는 정을 잃었으니, 실로 이미 사람의 도리를 행한 것이 아니었다.

(무후가) 정(正)황후가 된 뒤 왕황후와 소양제(蕭良娣)는 폐위되었는데, 각각 곤장 200대를 치고 두 손을 뒤로 묶어 술독에 던져 넣고는 "두 여편네를 뼛속까지 취하도록 하라"라고 말했다. 며칠 뒤 (두 사람이) 죽었는데, 그 위에 더하여 시체를 난도질했다.[312] 아울러 장손무기(長孫無忌)와 저수량(褚遂良) 등이 죽음에 이르도록 몰래 손을 썼고,[313] 또 상관의(上官儀)를 죽였다.[314] 그가 손을 써서 일을 행하면 곧 거친 위세가 보통

다. 貞觀 17년(643) 皇太子妃가 되고 永徽元年(650) 高宗이 즉위하자 皇后가 되었다. 자신은 아들이 없는데 蕭肅妃가 총애를 얻자, 高宗에게 武昭儀(후의 武后)를 입궁시킬 것을 권하였다. 武氏가 入宮하여 총애를 얻자 蕭肅妃와 함께 총애를 잃었다. 永徽 6년(655) 폐위되어 庶人이 되었으며, 후에 武后에게 해를 당해 죽었다.

310) 『新唐書』 卷76 「則天武皇后傳」, 3474~3475면, "昭儀生女, 后就顧弄, 去, 昭儀潛斃兒衾下, 伺帝至, 陽爲歡言, 發衾視兒, 死矣. 又驚問左右, 皆曰 : '后適來.' 昭儀卽悲涕, 帝不能察, 怒曰 : '后殺吾女, 往與妃相讒媢, 今又爾邪!' 由是昭儀得入其訾, 后無以自解, 而帝愈信愛, 始有廢后意."

311) 『詩經』 「小雅」 「小弁」, "靡瞻匪父, 靡依匪母, 不屬于毛, 不罹于裏."

312) 『新唐書』 卷76 「高宗王皇后傳」, 3473~3474면, "初, 帝念后, 間行至囚所, 見門禁錮嚴, 進飮食竇中, 惻然傷之, 呼曰 : '皇后·良娣無恙乎? 今安在?' 二人同辭曰 : '妾等以罪棄爲婢, 安得尊稱耶?' 流淚嗚咽. 又曰 : '陛下幸念疇日, 使妾死更生, 復見日月, 乞署此爲'回心院'.' 帝曰 : '朕卽有處置.' 武后知之, 促詔杖二人百, 剔其手足, 反接投釀甕中, 曰 : '令二嫗骨醉!' 數日死, 殊其尸. 初, 詔旨到, 后再拜曰 : '陛下萬年! 昭儀承恩, 死吾分也.' 至良娣, 罵曰 : '武氏狐媚, 翻覆至此! 我後爲猫, 使武氏爲鼠, 吾當扼其喉以報.' 后聞, 詔六宮毋畜猫. 武后頻見二人被髮瀝血爲厲, 惡之, 以巫祝解謝, 卽徙蓬萊宮, 厲復見, 故多駐東都."

313) 『新唐書』 卷223上 「許敬宗傳」, 6336면, "乃陰連后謀逐韓瑗·來濟·褚遂良, 殺梁王·長孫无忌·上官儀."

314) 『新唐書』 卷76 「則天武皇后傳」, 3475면, "麟德初, 后召方士郭行眞入禁中爲蠱祝, 宦人王伏勝發之, 帝怒, 因是召西臺侍郎上官儀, 儀指言后專恣, 失海內望, 不可承宗廟, 與帝意合, 乃趣使草詔廢之. 左右馳告, 后遽從帝自訴, 帝羞縮, 待之如初, 猶意其

사람보다 훨씬 뛰어났는데, 그러나 이는 오히려 투기하는 사람의 통상적인 마음으로 다른 사람을 해쳐 자신을 이롭게 하지 않을 수 없었던 것이라 할 수 있다.

(무후는) 칭제(稱制)한 뒤에는 위엄을 세워 천하를 제압하고자 하여 밀고하는 통로를 열고 혹리(酷吏) 주흥(周興),[315] 내준신(來俊臣),[316] 구신적(邱神勣) 등을 풀어 큰 옥사를 일으키니, 장수와 재상들을 지목하여 서로 이어 연좌시키고 모든 것을 조사하여 모반으로 죄를 논하니, 관리들은 다투어 두루 잡아들이는 것[周內]을 유능하다고 여겼으며,[317] 이에 사람을 죽이는 것이 비는 날이 없게 되었다. 주살된 사람 가운데 대신으로는 배염(裴炎),[318] 유위지(劉禕之),[319] 등현정(鄧玄挺),[320] 염온고(閻溫古),[321]

恚, 且曰 : '是皆上官儀教我!' 后諷許敬宗構儀, 殺之."

315) 周興(?~691) : 唐 雍州 長安縣 사람이다. 젊어서 法律을 익혔고, 尙書都事 · 河陽令 · 司刑少卿 · 秋官侍郎을 역임하였다. 垂拱 연간(685~688) 이후 여러 차례 중요한 재판을 처리하였으며, 전후 수천 명을 살해하였다. 天授 元年(690) 武則天이 즉위하여 周를 세우자 唐宗室 屬籍을 없앨 것을 주청하였고 尙書左丞으로 승진하였다. 다음 해 丘神勣과 역모를 꾀했다는 모함을 받자, 來俊臣이 周興의 심문방식으로 그를 조사하였다. 사형 판결을 받았으나 武則天이 사면하여 嶺南으로 유배되었다. 도중에 원수에게 살해되었다.

316) 來俊臣(651~697) : 唐 雍州 萬年縣 사람이다. 밀고로 武后의 신임을 얻어 侍御史로 승진했으며, 재판은 모두 武后의 뜻을 따라 처리하였다. 天水 2년(691) 左臺御史中丞이 되어 수백 명의 無賴를 모아 刑獄을 담당하게 하고 비밀리에 誣告하여 죄에 연루시키는 방법을 전술했으며, 『羅織經』을 저술하였다. 심문할 때마다 수십 종의 刑具를 준비하여 허위자백을 유도하였다. 武后가 洛陽 麗景門에 推事院을 설치하고 그에게 담당하도록 하였는데, 전후 수천 여 家를 살해하였다. 누차 뇌물수수로 하옥되었으나 武后의 비호로 다시 등용되어 洛陽令 · 司僕少卿을 역임하였다. 후에 武氏 諸王과 太平公主, 張易之 등에게 죄를 얻어 피살되었다.

317) 『新唐書』 卷76 「則天武皇后傳」, 3481면, "然畏人心不肯附, 乃陰忍鷙害, 肆斬殺怖天下. 內縱酷吏周興 · 來俊臣等數十人爲爪吻, 有不慊若素疑憚者, 必危法中之."

318) 裴炎(?~684) : 唐 絳州 聞喜縣 사람이다. 字는 子隆이다. 『左傳』과 『漢書』에 정통하였다. 明經科에 합격하였고 濮州司倉參軍을 거쳐 御史 · 起居舍人 · 兵部侍郎을 역임하였다. 調露 2년(680) 黃門侍郎 同中書門下三品에 임명되었고, 다음 해 侍中이 되었다. 高宗이 죽은 후 遺詔를 받아 中宗을 보좌하였다. 弘道 元年(683) 中書令이 되었고, 政事堂을 中書省으로 옮겼다. 中宗이 韋后의 아버지 韋玄貞을 侍中으로 임명하려 하자 반대하며 따르지 않았다. 후에 武后와 함께 中宗을 폐위하여 廬陵王으로 삼고 豫王 李旦(睿宗)을 옹립하였다. 武后가 臨朝稱制하자 武承嗣가 武氏七廟를 세우고 父祖에

장광보(張光輔),[322] 위현동(魏玄同),[323] 유제현(劉齊賢),[324] 왕본립(王本立),[325] 범리빙(范履冰),[326] 배거도(裴居道),[327] 장행렴(張行廉),[328] 사무자(史務滋),[329] 부유예(傅游藝),[330] 잠장천(岑長倩), 격보원(格輔元), 구양통(歐陽通), 악사회(樂思晦),[331] 소간(蘇幹),[332] 이소덕(李昭德), 이원소(李元素), 손원형(孫元亨), 석포충(石抱忠), 유기(劉奇)[333] 등 수십 명이다. 대장으로는 정무정(程務挺),[334] 이광의(李光誼),[335] 흑치상지(黑齒常之), 조회절(趙懷節),[336] 장건욱(張虔勗),[337] 천헌성(泉獻誠),[338] 아사나원경(阿史那元慶)[339]

게 王爵을 추증하자고 건의하였으나, 그 혼자 반대하며 呂后의 예를 들어 간언하여 武后의 노여움을 샀다. 徐敬業이 반란을 일으키자 武后에게 睿宗에게 권력을 넘겨줄 것을 청하였으며, 결국 모반죄로 모함을 받아 洛陽의 都亭驛에서 참형되었다.

319) 『新唐書』 卷4 「則天順聖武皇后紀」, 86면, "庚午, 殺劉禕之."

320) 『新唐書』 卷4 「則天順聖武皇后紀」, 88면, "己酉, 殺天官侍郎鄧玄挺."

321) 『新唐書』 卷4 「則天順聖武皇后紀」, 88면, "丙子, 流韋待價于繡州, 殺閻溫古."

322) 『新唐書』 卷4 「則天順聖武皇后紀」, 89면, "甲申, 殺張光輔・洛州司馬弓嗣業・洛陽令弓嗣明・陝州參軍弓嗣古・流人徐敬眞."

323) 『新唐書』 卷4 「則天順聖武皇后紀」, 89면, "閏月甲午, 殺魏玄同・夏官侍郎崔察."

324) 『新唐書』 卷4 「則天順聖武皇后紀」, 89면, "臘月丙寅, 殺劉齊賢."

325) 『新唐書』 卷4 「則天順聖武皇后紀」, 90면, "二月丁卯, 殺地官尙書王本立."

326) 『新唐書』 卷4 「則天順聖武皇后紀」, 90면, "五月戊子, 殺范履冰."

327) 『新唐書』 卷4 「則天順聖武皇后紀」, 90면, "甲寅, 殺裴居道."

328) 『新唐書』 卷4 「則天順聖武皇后紀」, 90면, "癸亥, 殺尙書右丞張行廉."

329) 『新唐書』 卷4 「則天順聖武皇后紀」, 91면, "庚子, 殺史務滋."

330) 『新唐書』 卷4 「則天順聖武皇后紀」, 92면, "壬辰, 殺傅游藝."

331) 『新唐書』 卷4 「則天順聖武皇后紀」, 92면, "十月己酉, 殺岑長倩・歐陽通・格輔元. 壬戌, 殺樂思晦・左衛將軍李安靜."

332) 『新唐書』 卷4 「則天順聖武皇后紀」, 93면, "五月乙未, 殺冬官尙書蘇幹・相州刺史來同敏."

333) 『新唐書』 卷4 「則天順聖武皇后紀」, 97면, "六月丁卯, 殺監察御史李昭德・司僕少卿來俊臣"; 『新唐書』 卷4 「則天順聖武皇后紀」, 97면, "神功元年正月壬戌, 殺李元素・孫元亨・洛州錄事參軍綦連耀・箕州刺史劉思禮・知天官侍郎事石抱忠・劉奇・給事中周譒・鳳閣舍人王處力・前涇州刺史王勔・太子司議郎路敬淳・司門員外郎劉順之・右司員外郎宇文全志・來庭縣主簿柳璆."

334) 『新唐書』 卷4 「則天順聖武皇后紀」, 84면, "癸卯, 殺程務挺."

335) 『新唐書』 卷4 「則天順聖武皇后紀」, 89면, "十月癸丑, 殺涼州都督李光誼."

336) 『新唐書』 卷4 「則天順聖武皇后紀」, 89면, "戊午, 殺右武威衛大將軍黑齒常之・右鷹揚衛將軍趙懷節."

등 역시 수십 명이다. (그밖에) 여러 관료로는 주사무(周思茂),[340] 학상현(郝象賢),[341] 설의(薛顗),[342] 배승광(裴承光),[343] 궁사업(弓思業), 궁사명(弓思明), 궁사고(弓思古), 곽정일(郭正一), 궁지원(弓志元), 궁팽조(弓彭祖), 왕령기(王令基),[344] 최찰(崔察), 유창종(劉昌從),[345] 유정경(劉廷景),[346] 유명숙(柳明肅),[347] 소천언(蘇踐言),[348] 백령언(白令言),[349] 교지지(喬知之), 아사나혜(阿史那惠),[350] 두유동(杜儒童), 장초금(張楚金), 원만경(元萬頃), 묘신객(苗神客),[351] 배망(裴望), 배련(裴璉),[352] 위방질(韋方質),[353] 유행실(劉行實), 유

337) 『新唐書』 卷4 「則天順聖武皇后紀」, 92면, "庚申, 殺右玉鈐衛大將軍張虔勗."

338) 泉獻誠은 淵蓋蘇文의 손자이며, 淵男生의 아들이다. 『唐書』에서는 唐 高祖 李淵 때문에 '淵'씨를 '泉'씨로 표기하고 있다. 『新唐書』 卷4 「則天順聖武皇后紀」, 92면, "乙亥, 殺右衛大將軍泉獻誠."

339) 『新唐書』 卷4 「則天順聖武皇后紀」, 93면, "三月己卯, 殺左衛員外大將軍阿史那元慶·白潤府果毅薛大信."

340) 『新唐書』 卷4 「則天順聖武皇后紀」, 87면, "三月壬戌, 殺麟臺少監周思茂."

341) 『新唐書』 卷4 「則天順聖武皇后紀」, 87면, "四月戊戌, 殺太子通事舍人郝象賢."

342) 『新唐書』 卷4 「則天順聖武皇后紀」, 88면, "十一月辛酉, 殺濟州刺史薛顗及其弟駙馬都尉紹."

343) 『新唐書』 卷4 「則天順聖武皇后紀」, 88면, "十二月乙酉, 殺霍王元軌·江都郡王緖及殿中監裴承光."

344) 『新唐書』 卷4 「則天順聖武皇后紀」, 89면, "甲申, 殺張光輔·洛州司馬弓嗣業·洛陽令弓嗣明·陝州參軍弓嗣古·流人徐敬眞. …… 辛丑, 殺陝州刺史郭正一. 丁未, 殺相州刺史弓志元·蒲州刺史弓彭祖·尙方監王令基."

345) 『新唐書』 卷4 「則天順聖武皇后紀」, 89면, "閏月甲午, 殺魏玄同·夏官侍郞崔察. 戊申, 殺彭州長史劉易從."

346) 『新唐書』 卷4 「則天順聖武皇后紀」, 89면, "丁巳, 殺陝州刺史劉延景."

347) 『新唐書』 卷4 「則天順聖武皇后紀」, 90면, "六月戊申, 殺汴州刺史柳明肅."

348) 『新唐書』 卷4 「則天順聖武皇后紀」, 90면, "癸卯, 殺太常丞蘇踐言."

349) 『新唐書』 卷4 「則天順聖武皇后紀」, 90면, "八月辛亥, 殺許王素節之子瑒·曾江縣令白令言."

350) 『新唐書』 卷4 「則天順聖武皇后紀」, 90면, "壬戌, 殺將軍阿史那惠·右司郎中喬知之."

351) 『新唐書』 卷4 「則天順聖武皇后紀」, 90면, "癸亥, 殺尙書右丞張行廉·太州刺史杜儒童. 甲子, 殺流人張楚金. 戊辰, 殺流人元萬頃·苗神客."

352) 『新唐書』 卷4 「則天順聖武皇后紀」, 90면, "九月乙亥, 殺鉅鹿郡公晃·麟臺郎裴望及其弟司膳丞璉."

353) 『新唐書』 卷4 「則天順聖武皇后紀」, 91면, "丁卯, 殺流人韋方質."

행유(劉行瑜), 유행감(劉行感), 유건통(劉虔通),[354] 운홍사(雲弘嗣),[355] 이안정(李安靜),[356] 배비궁(裴匪弓), 범운선(范雲仙),[357] 설대신(薛大信),[358] 내동민(來同敏),[359] 유순지(劉順之), 우문전지(宇文全志), 유구(劉璆),[360] 염지미(閻知微)[361] 등 수십백 명으로, 모두 머리를 나란히 하고 죽으러 갔는데, 마치 양이나 돼지를 잡는 것과 같았다. 심지어 구신적, 내준신 등 한때 무후를 위해 사력을 다하여 조정 신료들을 해친 자 역시 살해되었다.[362]

외지로 유배된 사람들에 대해서는 또 만국준(萬國俊)[363]을 영남(嶺南)으로 파견해 3백 명을 살해했으며, 또 여섯 사람의 어사(御史)를 나누어 검

354) 『新唐書』 卷4 「則天順聖武皇后紀」, 91면, "戊寅, 殺雅州刺史劉行實及其弟渠州刺史行瑜·尙衣奉御行感·兄子左鷹揚衛將軍虔通."

355) 『新唐書』 卷4 「則天順聖武皇后紀」, 92면, "九月乙亥, 殺岐州刺史雲弘嗣."

356) 『新唐書』 卷4 「則天順聖武皇后紀」, 92면, "壬戌, 殺樂思晦·左衛將軍李安靜."

357) 『新唐書』 卷4 「則天順聖武皇后紀」, 93면, "甲寅, 殺尙方監裴匪躬·內常侍范雲仙."

358) 『新唐書』 卷4 「則天順聖武皇后紀」, 93면, "三月己卯, 殺左衛員外大將軍阿史那元慶·白潤府果毅薛大信."

359) 『新唐書』 卷4 「則天順聖武皇后紀」, 93면, "五月乙未, 殺冬官尙書蘇幹·相州刺史來同敏."

360) 『新唐書』 卷4 「則天順聖武皇后紀」, 97면, "神功元年正月壬戌, 殺李元素·孫元亨·洛州錄事參軍綦連耀·箕州刺史劉思禮·知天官侍郎事石抱忠·劉奇·給事中周譒·鳳閣舍人王勮力·前涇州刺史王勔·太子司議郎路敬淳·司門員外郎劉順之·右司員外郎宇文全志·來庭縣主簿柳璆."

361) 【王注】 閻知微는 突厥에 투항하여 적에게 들어갔다가 후에 默啜可汗이 그를 돌려보내어 마침내 族誅당했는데, 그가 죽음으로 벌을 받음은 당연한 것이나, 그 일로 인해 연루되어 죽은 이는 대부분 억울함을 면할 수 없으니, 예컨대 『通鑑』 卷206에 이르길, '疏親有先未相識而同死者'라 한 것이 그 예이다. 『新唐書』 卷4 「則天順聖武皇后紀」, 99면, "族閻知微."

362) 『新唐書』 卷4 「則天順聖武皇后紀」, 91면, "乙未, 殺丘神勣·左豹韜衛將軍衛蒲山"; 『新唐書』 卷4 「則天順聖武皇后紀」, 97면, "六月丁卯, 殺監察御史李昭德·司僕少卿來俊臣."

363) 萬國俊: 唐 河南府 洛陽縣 사람이다. 垂拱 연간 司刑評事가 되었고 來俊臣 등과 함께 『羅織經』을 편찬하여 무리들에게 誣告로 죄인을 만드는 법을 전수하였다. 天授 2년(691) 右臺監察御史가 되어 來俊臣과 함께 재판과 심문을 처리하며 李氏宗室과 朝貴들의 주륙을 예사로 삼았다. 長壽 2년(693) 廣州에 파견되어 嶺南에 유배된 사람들을 조사하였는데 삼백여 명을 濫殺하고 反狀을 조작하여 보고하였다. 朝散大夫 肅政臺侍御史로 발탁되었다.

남(劍南), 검중(黔中) 등의 군으로 보내 유배된 죄인들을 모두 죽이니, (파견된 어사들은) 다들 사람을 죽인 수가 적을까 봐 두려워했는데, 유광업(劉光業)이 죽인 사람이 9백여 명이었고, 그 나머지도 적은 경우가 역시 5백 명보다 적지 않았다.[364] 비록 명 태조가 호유용(胡惟庸)[365]과 남옥(藍玉)[366]의 무리를 주살했지만 이보다 지나치지는 않았다. 그러나 이는 오히려 조정 안팎의 관료들이었으며, 친척은 아니었다.

월왕(越王) 이정(李貞)[367]과 낭야왕(琅邪王) 이충(李沖)이 군사를 일으켜 (당나라) 왕실을 회복하려고 했으나 일이 어그러져 주살되었으며,[368] 이

---

364) 『新唐書』 卷76 「則天武皇后傳」, 3482면, "有上封事言嶺南流人謀反者, 太后遣攝右臺監察御史萬國俊就按, 得實卽論決. 國俊至廣州, 盡召流人, 矯詔賜自盡, 皆號哭不服, 國俊驅之水曲, 使不得逃, 一日戮三百餘人. 乃誣奏流人怨望, 請悉除之. 於是太后遣右衛翊府兵曹參軍劉光業·司刑評事王德壽·苑南面監丞鮑思恭·尙輦直長王大貞·右武衛兵曹參軍屈貞筠, 皆攝監察御史, 分往劍南·黔中·安南等六道訊鞫, 而擢國俊左臺侍御史. 光業等亦希功于上, 惟恐殺人之少. 光業殺者九百人, 德壽殺七百人, 其餘亦不減五百人. 太后久乃知其冤, 詔六道使所殺者還其家. 國俊等亦相踵而死, 皆見有物爲厲云."

365) 胡惟庸(?~1380) : 明初 鳳陽府 定遠縣 사람이다. 元 至正 15년(1355) 朱元璋에 투신하여 主簿·知縣·太常寺卿, 中書省參知政事 등을 역임하였다. 洪武 6년(1373) 右丞相으로 승진하였고 후에 左丞相이 되었다. 오랫동안 宰相이 되어 위엄이 皇帝에 버금갔고, 널리 功臣들을 결집하여 太祖의 의심을 샀다. 洪武 13년(1380) 宦官 雲奇의 고변으로 처형되었다.

366) 藍玉(?~1393) : 明 鳳陽府 定遠縣 사람이다. 常遇春의 妻弟로 常遇春 밑에서 전공을 세웠다. 누차 朱元璋에게 천거되어 군대를 통솔하였으며, 벼슬이 大都督府僉事에 이르렀다. 洪武 12년(1379) 西番 정벌에 공을 세워 永昌侯에 봉해졌다. 洪武 20년(1387) 大將軍 馮勝 휘하에 종군하여 元의 나하추를 사로잡고, 馮勝이 罷官된 후 大將軍이 되었다. 다음 해 군대를 이끌고 北征하여 北元을 크게 격파하여 涼國公에 봉해졌다. 공을 믿고 교만하였으며 莊園과 노예를 모으고 民田을 점유하는 등 불법을 저질렀다. 洪武 26년(1393) 錦衣衛指揮 蔣瓛의 무고로 피살되었다.

367) 李貞(627~688) : 唐 太宗의 여덟째 아들로 어머니는 燕妃이다. 貞觀 5년(631) 漢王에 봉해졌고, 이후 原王, 越王으로 徙封되었다. 徐州·揚州·相州·安州 등의 都督과 刺史를 역임하였다. 武后가 臨朝稱制하자 太子太傅 豫州刺史에 제수되었다. 武后가 장차 皇室을 주륙할 것이라고 의심하여 宗室諸王과 함께 기병하기로 약속하였다. 아들 琅邪王 李沖이 먼저 起兵하였으나, 諸王이 응하지 않아 起兵이 실패하자 자살하였다. 開元 6년(718) 昭陵에 배장되었다.

368) 『新唐書』 卷76 「則天武皇后傳」, 3480면, "始作崇先廟于西京, 享武氏. 承嗣僞款洛水石, 導使爲帝, 遣雍人唐同泰獻之, 后號爲'寶圖', 擢同泰游擊將軍. 於是汜人又上

에 한왕(韓王) (이)원가(李元嘉), 노왕(魯王) (이)영기(李靈夔), 범양왕(范陽王) (이)애(李藹),[369] 황공(黃公) (이)선(李譔), 동완공(東莞公) (이)융(李融),[370] 곽왕(霍王) (이)원궤(李元軌), 강도왕(江都王) (이)서(李緖),[371] 서왕(舒王) (이)원명(李元明), 여남왕(汝南王) (이)위(李瑋), 파양공(鄱陽公) (이)인(李諲), 광한공(廣漢公) (이)밀(李謐), 문산공(汶山公) (이)진(李蓁), 광도왕(廣都王) (이)숙(李璹),[372] 항산왕(恒山王) (이)궐(李厥), 강왕(江王) (이)원상(李元祥)[373] 및 그 아들 (이)교(李皎), 사정왕(嗣鄭王) (이)경(李璥),[374] 예장왕(豫章王) (이)단(李亶),[375] 장왕(蔣王) (이)위(李煒), 안남군왕(安南郡王) (이)영(李穎), 우국공(鄅國公) (이)소(李昭),[376] 등왕(滕王) (이)원영(李元嬰)의 아들 여섯

瑞石, 太后乃郊上帝謝況, 自號聖母神皇, 作神皇璽, 改寶圖曰'天授聖圖', 號洛水曰永昌水, 圖所曰聖圖泉, 勒石洛壇左曰'天授聖圖之表', 改汜水曰廣武. 時柄去王室, 大臣重將皆撓不得逞, 宗室孤外無寄足地. 於是, 韓王元嘉等謀擧兵唱天下, 迎還中宗. 琅邪王沖・越王貞先發, 諸王倉卒無應者, 遂敗. 元嘉與魯王靈夔等皆自殺, 餘悉坐誅, 諸王牽連死滅殆盡, 子孫雖嬰褓亦投嶺南."

369) [王注] '藹'는 『舊唐書』「武后紀」 및 두 책의 本傳(『舊唐書』 卷64, 『新唐書』 卷79)에 보이나, 『新唐書』「則天后紀」에서는 곧 '靄'로 썼다. 原刻本에는 '靄'로 했는데, 西畬本이 다수를 따라 '藹'으로 고쳐 썼으니, 지금 이를 따른다.

370) 『新唐書』 卷4 「則天順聖武皇后紀」, 87면, "九月丙辰, 左豹韜衛大將軍麴崇裕爲中軍大總管, 岑長倩爲後軍大總管, 以拒越王貞; 張光輔爲諸軍節度. 削越王貞及琅邪郡王沖屬籍, 改其姓爲虺氏. 貞死之. 丙寅, 赦豫州. 殺韓王元嘉・魯王靈夔・范陽郡王靄・黃國公譔・東莞郡公融及常樂公主, 皆改其姓爲虺氏."

371) 『新唐書』 卷4 「則天順聖武皇后紀」, 88면, "十二月乙酉, 殺霍王元軌・江都郡王緖及殿中監裴承光."

372) 『新唐書』 卷4 「則天順聖武皇后紀」, 88면, "四月甲辰, 殺汝南郡王瑋・鄱陽郡公諲・廣漢郡公謐・汶山郡公蓁・零陵郡王俊・廣都郡公璹, 徙其家于巂州."

373) 『舊唐書』 卷64 「江王元祥傳」, 2435~2436면, "其時韓王元嘉・虢王鳳・魏王泰狀貌亦偉, 不逮於元祥. 又眇一目. 永隆元年薨, 贈司徒・并州大都督, 陪葬獻陵, 諡曰安"; 『新唐書』 卷79 「舒王元名傳」, 3558면, "武后時, 亶爲丘神勣所構, 繫詔獄死, 元名坐遷利州, 尋被殺."

374) 『新唐書』 卷4 「則天順聖武皇后紀」, 89면, "己未, 殺嗣鄭王璥."

375) 『舊唐書』 卷64 「舒王元名傳」, 2434면, "永昌年, 與子亶俱爲丘神勣所陷, 被殺"; 『舊唐書』 卷6 「則天皇后紀」, 121면, "秋七月, 殺豫章王亶, 遷其父舒王元名於和州."

376) 『新唐書』 卷4 「則天順聖武皇后紀」, 90면, "辛未, 殺南安郡王穎・鄅國公昭及諸宗室李直・李敞・李然・李勳・李策・李越・李黯・李玄・李英・李志業・李知言・李玄貞."

명, 기왕(紀王) (이)신(李愼)의 아들 의양왕(義陽王) (이)종(李琮), 초국공(楚國公) (이)예(李叡), 양양공(襄陽公) (이)수(李秀), 광화공(廣化公) (이)헌(李獻), 건평공(建平公) (이)흠(李欽),[377] 조왕(曹王) (이)명(李明)[378] 및 기타 종실 이진(李眞), 이창(李敞), 이연(李然), 이훈(李勳), 이책(李策), 이월(李越), 이암(李黯), 이원(李元), 이영(李英), 이지업(李志業), 이지언(李知言), 이원정(李元貞),[379] 거록공(鉅鹿公) (이)황(李晃)[380] 등 수십 명을 죽이고 이들을 종실 명부에서 삭제했다. 어린 아이들은 영남[嶺表]으로 유배를 보냈는데,[381] 또 여섯 어사에게 살해되었다. 비록 (남제 명제) 소란(蕭鸞)이 고제(高帝)와 무제(武帝)의 자손을 살해했고, (금 해릉왕) 완안량(完顏亮)이 태조(太祖)와 태종(太宗)의 자손을 살해했다고 하지만[382] 역시 이보다 지나치지는 않았다. 그러나 이는 오히려 이(李)씨 종실이며 무(武)씨 일족은 아니라고 할 수 있다.

무원경(武元慶), 무원상(武元爽)은 무후의 오빠이고 무유량(武惟良),[383] 무회운(武懷運) 등은 무후 오빠의 아들인데, (무)원경, (무)원상은 마침내 일에 연좌되어 죽었다.[384] 무후 언니의 딸은 고종에게 사랑을 받아 위국

377) 『新唐書』 卷80 「義陽王琮傳」, 3578면, "琮義陽王, 叡楚國公, 秀襄陽郡公, 獻廣化郡公, 欽建平郡公, 五人並爲武后所殺."

378) 『新唐書』 卷80 「曹王明傳」, 3579면, "永隆中, 坐太子賢事, 降王零陵, 徙黔州. 都督謝祐逼殺之, 帝聞, 悼甚, 黔官吏皆坐免."

379) 『新唐書』 卷4 「則天順聖武皇后紀」, 90면, "辛未, 殺南安郡王穎·鄅國公昭及諸宗室李直·李敞·李然·李勳·李策·李越·李黯·李玄·李英·李志業·李知言·李玄貞."

380) 『新唐書』 卷4 「則天順聖武皇后紀」, 90면, "九月乙亥, 殺鉅鹿郡公晃·麟臺郎裴望及其弟司膳丞璡."

381) 『新唐書』 卷4 「則天順聖武皇后紀」, 88면, "大殺唐宗室, 流其幼者于嶺南."

382) 金 世宗이 자립하여 즉위하면서 海陵王의 잘못으로 지적한 내용 중 하나이기도 하다. 『金史』 卷5 「海陵王紀」, 116면, "東京留守曹國公烏祿卽位于遼陽, 改元大定, 大赦. 數海陵過惡: 弑皇太后徒單氏, 殺太宗及宗翰、宗弼子孫及宗本諸王, 毁上京宮室, 殺遼豫王、宋天水郡王、郡公子孫等數十事."

383) 武惟良(?~666): 唐 幷州 文水縣(지금의 山西省 文水 동쪽) 사람으로 이름은 守官, 字는 惟良이다. 武后의 어머니 楊氏를 섬겨 衛尉少卿·始州刺史를 역임하였다. 후에 高宗이 泰山에 封禪할 때 武后가 魏國夫人 賀蘭氏를 독살하면서 그 또한 주살되었다.

부인(魏國婦人)으로 봉해졌는데, 무후는 몰래 그를 독살하고 또한 (무)유량, (무)회운에게 죄를 돌려 그들을 죽였다.[385] 그러나 이는 오히려 어머니가 다른 오빠와 조카들이라 본래 서로 화목하지 않았다고 할 수 있다.

고종의 아들이면 무후의 여러 아들이기도 한데, 후궁이 낳은 (이)충(李忠)은 이미 황태자로 책립되었지만 무후에게 아들 (이)홍(李弘)이 있었기 때문에 기꺼이 황태자의 자리를 양보하고는 양왕(梁王)으로 봉해졌으나, 곧 폐위되어 검주(黔州)로 유배되었다가 사사되었다.[386] 택왕(澤王) (이)상금(李上金)은 후궁 양(楊)씨의 소생이고, 허왕(許王) (이)소절(李素節)은 소숙비(蕭淑妃)의 소생이었는데, 무삼사(武三思)가 주흥에게 넌지시 말해 그들이 모반한다고 무고하게 하자, (이)소절을 역정(驛亭)[387]에서 목 졸라 죽였다. (이)상금은 그 소식을 듣고 또한 스스로 목매어 죽었고, (이)상금의

---

384) 『新唐書』 卷76 「則天武皇后傳」, 3476~3477면, “始, 士彠娶相里氏, 生子元慶·元爽. 又娶楊氏, 生三女: 伯嫁賀蘭越石, 蚤寡, 封韓國夫人; 仲即后; 季嫁郭孝愼, 前死. 楊以后故, 寵日盛, 徙封榮國. 始, 兄子惟良·懷運與元慶等遇楊及后禮薄, 后銜不置. 及是, 元慶爲宗正少卿, 元爽少府少監, 惟良司衛少卿, 懷運淄州刺史. 它日, 夫人置酒, 酣, 謂惟良曰: ‘若等記疇日事乎? 今謂何?’ 對曰: ‘幸以功臣子位朝廷, 晚緣戚屬進, 憂而不榮也.’ 夫人怒, 諷后僞爲退讓, 請惟良等外遷, 無示天下私. 繇是, 惟良爲始州刺史; 元慶, 龍州; 元爽, 濠州, 俄坐事死振州. 元慶至州, 憂死.”

385) 『舊唐書』 卷183 「武承嗣傳」, 4728면, “乾封年, 惟良與弟淄州刺史懷運, 以岳牧例集於泰山之下. 時韓國夫人女賀蘭氏在宮中, 頗承恩寵. 則天意欲除之, 諷高宗幸其母宅, 因惟良等獻食, 則天密令人以毒藥貯賀蘭氏食中, 賀蘭氏食之, 暴卒, 歸罪於惟良·懷運, 乃誅之. 仍諷百僚抗表請改其姓爲蝮氏, 絶其屬籍.”

386) 『新唐書』 卷81 「燕王忠傳」, 3586면, “燕王忠字正本. 帝始爲太子而忠生, 宴宮中, 俄而太宗臨幸, 詔宮臣曰: ‘朕始有孫, 欲共爲樂.’ 酒酣, 帝起舞, 以屬羣臣, 在位皆舞, 賚賜有差. 貞觀二十年, 始王陳.永徽初, 拜雍州牧.王皇后無子, 后舅柳奭說后, 以忠母微, 立之必親己, 后然之, 請於帝; 又奭與褚遂良·韓瑗·長孫无忌·于志寧等繼請, 遂立爲皇太子. 后廢, 武后子弘甫三歲, 許敬宗希后旨, 建言: ‘國有正嫡, 太子宜同漢劉彊故事.’ 帝召見敬宗曰: ‘立嫡若何?’ 對曰: ‘正本則萬事治, 太子, 國本也. 且東宮所出微, 今知有正嫡, 不自安; 竊位而不自安, 非社稷計.’ 帝曰: ‘忠固自讓.’ 敬宗曰: ‘能爲太伯, 不亦善乎?’ 於是降封梁王·梁州都督, 賜甲第, 實封戶二千, 物二萬段. 俄徙房州刺史. 忠寖懼不聊生, 至衣婦人衣, 備刺客. 數有妖夢, 嘗自占. 事露, 廢爲庶人, 囚黔州承乾故宅. 麟德初, 宦者王伏勝得罪於武后, 敬宗乃誣忠及上官儀與伏勝謀反, 賜死, 年二十二.”

387) 驛亭: 驛站. 驛馬를 교대하던 곳.

일곱 아들과 (이)소절의 아홉 아들도 아울러 주살되었으며, 어린아이들은 모두 뇌주(雷州)에 유폐되었다.[388] 그러나 이는 오히려 무후 자신의 소생은 아니었다고 할 수 있다.

태자 (이)홍은 무후의 친아들로서 황태자(儲貳)로 책립되어 어질고 덕이 있음이 천하에 알려졌으나, 그가 소숙비의 딸 가운데 액정궁(掖廷宮)에 유폐된 자를 시집보내자고 청했다 하여, (무후는) 결국 그를 미워하게 되었으며,[389] 또한 그 총명함이 자기에는 불편하다고 여겨 끝내 그를 독살하고 말았다. (이)홍이 죽고 난 뒤 그 동생 (이)현(賢)을 태자로 세웠는데, 역시 무후의 친아들이었지만 또한 꺼리는 마음을 건드렸다 하여 사람을 시켜서 그의 은밀한 일을 폭로하게 했다. 고종은 그 죄를 가볍게 하고자 했으나, 무후가 "큰 의로움은 개인적인 친분을 없애는 것이니 용서할 수 없습니다"라고 말하자, 이에 폐위하여 서인으로 삼고 파주(巴州)로 유배시켰으며, 나중에 또한 구신적을 보내 그를 핍박해 죽였고[390] 아울러 그 아들 (이)광순(李光順)도 죽였다.[391] 겨우 남은 아들 하나 (이)수례(李守禮)도 역시 궁중에 유폐되어 누차 매를 맞았는데, 현종(玄宗) 때 기왕(岐王)이 일찍

388) 『舊唐書』 卷86 「澤王上金傳」, 2826면, "載初元年, 武承嗣使酷吏周興誣告上金·素節謀反, 召至都, 繫於御史臺. 舒州刺史·許王素節見殺於都城南驛, 因害其支黨. 上金恐懼, 自縊死. 子義珍·義玫·義璋·義環·義瑾·義璲七人並配流顯州而死. 神龍初, 追復上金官爵, 封庶子義珣爲嗣澤王"; 『舊唐書』 卷86 「許王素節傳」, 2827면, "素節被殺之時, 子瑛·琬·璣·瑒等九人並爲則天所殺; 惟少子琳·瓘·璆·欽古以年小, 特令長禁雷州. 神龍初, 封瓘爲嗣許王."

389) 『新唐書』 卷81 「孝敬皇帝弘傳」, 3589면, "義陽·宣城二公主以母故幽掖廷, 四十不嫁, 弘聞眙惻, 建請下降. 武后怒, 卽以當上衛士配之, 由是失愛."

390) 『新唐書』 卷81 「章懷太子賢傳」, 3591면, "時正諫大夫明崇儼以左道爲武后所信, 崇儼言英王類太宗, 而相王貴, 賢聞, 惡之. 宮人或傳賢乃后姊韓國夫人所生, 賢益疑, 而后撰少陽政範·孝子傳賜賢, 數以書讓勒, 愈不安. 調露中, 天子在東都, 崇儼爲盜所殺, 后疑出賢謀, 遣人發太子陰事, 詔薛元超·裴炎·高智周雜治之, 獲甲數百首於東宮. 帝素愛賢, 薄其罪, 后曰 : '賢懷逆, 大義滅親, 不可赦.' 乃廢爲庶人, 焚甲天津橋, 貶大安普州刺史, 流訥言於振州, 坐徙者十餘人. 開耀元年, 徙賢巴州. 武后得政, 詔左金吾將軍丘神勣檢衛賢第, 迫令自殺, 年三十四."

391) 『新唐書』 卷81 「章懷太子賢傳」, 3591면, "光順爲樂安王, 徙義豐, 被誅. 守義爲犍爲王, 徙封桂陽, 薨."

이 그가 비 오는 날과 맑은 날을 알 수 있다고 상주하여 현종이 그 까닭을 묻자, (이수례가) 대답하기를 "저는 다름이 아니라 천후(天后 : 武則天) 때 매를 맞아 흉터가 생겨서 비가 오면 몹시 괴롭고 맑게 개이면 좋아지기 때문일 뿐입니다"라고 답했다.[392] 또한 중종(中宗)의 아들 소왕(邵王) (이)중윤(李重潤)은 무후의 손자이고 영태공주(永泰公主)는 무후의 손녀이며, 공주의 남편 무연기(武延基)는 손녀사위인데, 세 사람은 일찍이 장역지(張易之) 등이 궁중에 출입하면 아마도 이롭지 않은 것이 있을 것이라고 사사로이 말했으며, 무후는 그 말을 듣고는 모두 자살할 것을 명령했다.[393] 태평공주(太平公主)의 남편인 부마(駙馬) 설소(薛紹)는 친사위였지만, 역시 개인적인 원한으로 그를 죽였다.[394] 이는 욕심을 멋대로 하려는 것 때문에 친자손을 죽인 것이니 하늘의 도리마저 없앤 것이다. 그러나 이는 오히려 욕망을 마음대로 하기에 불편해서 죽인 것이라고 할 수 있다.

설회의(薛懷義)는 침실에 들어와 시중을 들어 총애가 한 때 으뜸이었으니, 행군대총관(行軍大總管)에 임명하여 장군 열여덟 명을 이끌고 묵철가한(默啜可汗)[395]을 격퇴하게 함에 재상 이소덕, 소미도(蘇味道)를 그의 장사

---

392) 『舊唐書』 卷86 「邠王守禮傳」, 2833~2834면, "雖積陰累日, 守禮白於諸王曰 : '欲晴.' 果晴. 愆陽涉旬, 守禮曰 : '卽雨.' 果連澍. 岐王等奏之, 云 : '邠哥有術.' 守禮曰 : '臣無術也. 則天時以章懷遷謫, 臣幽閉宮中十餘年, 每歲被敕杖數頓, 見瘢痕甚厚. 欲雨臣脊上卽沉悶, 欲晴卽輕健, 臣以此知之, 非有術也.' 涕泗霑襟, 玄宗亦憫然. 二十九年薨, 年七十餘, 贈太尉"; 『新唐書』 卷81 「邠王守禮傳」, 3592면, "常負息錢數百萬.或勸少治居產, 守禮曰 : '豈天子兄無葬者邪?' 諸王每白上以爲歡. 岐王嘗奏守禮知雨暘, 帝問故, 答曰 : '臣無它, 當天后時, 太子被罪, 臣幽宮中, 歲被敕杖凡四三, 累創痕膚, 前雨則沈懣, 霽則佳, 以此知之.' 因泣下, 帝爲惻然. 薨, 年七十, 贈太尉."

393) 『舊唐書』에서는 武后가 자살하도록 한 것이 아니라 '杖殺'한 것으로 되어 있다. 『舊唐書』 卷86 「懿德太子重潤傳」, 2835면, "大足元年, 爲人所構, 與其妹永泰郡主·婿魏王武延基等竊議張易之兄弟何得恣入宮中, 則天令杖殺, 時年十九."

394) 『舊唐書』 卷183 「太平公主傳」, 4738면, "太平公主者, 高宗少女也. 以則天所生, 特承恩寵.初, 永隆年降駙馬薛紹. 紹, 垂拱中被誣告與諸王連謀伏誅, 則天私殺攸暨之妻以配主焉."

395) 默啜可汗(?~716, 재위 691~716) : 唐代 後突厥의 2대 可汗이다. 郁督軍山을 北庭, 黑沙를 南庭으로 삼고 영토를 넓혔으며, 해마다 唐을 공격하였다. 武則天은 여러 차례 可汗으로 책봉하였다. 神功 元年(697) 六州降戶와 單于都護府의 땅, 곡물, 布帛,

(長史), 사마(司馬)로 삼기에 이르렀으니,396) 사랑이 지극했다고 할 수 있다. 그러나 나중에는 의심 때문에 태평공주에게 힘센 아낙 수십 명을 잠복시키게 해 그를 잡아 죽이고는 삼태기수레에 시체를 실어 백마사(白馬寺)로 돌려보냈다.397) 이는 또한 애정이 가장 도타운 사람이지만 역시 애정을 가르고 그 목숨을 끊은 것이다. 『신당서(新唐書)』에서는 "차마 결단을 내려야 할 때에는 비록 (한 때) 매우 아꼈다 하더라도 조금도 감안해 주지 않았다"라고 말했다.398) 실로 천고에 이처럼 잔인한 사람은 없었도다!

생각건대, 고래로 태후가 욕심을 멋대로 하여 아들을 죽인 경우를 보면, 북위(北魏) 문명풍태후(文明馮太后)는 행동거지가 올바르지 않았으며, 총애하던 자로[內寵] 이혁(李奕)399)이란 이가 있었는데, 헌문제(獻文帝)가 다른 일로 그를 죽이자 풍태후는 결국 헌문제를 죽였다.400) 그러나 헌문제

鐵, 農具 등을 받고 화친하였다. 神龍 2년(706) 唐將 沙吒忠義를 대파하고 카를룩과 키르키즈, 투르키시 등을 격파하였다. 開元 3년(716) 拔也古를 격파하고 돌아오다가 拔也古의 기습으로 살해되었다.

396) 싸우도록 명령을 내렸으나, 적이 물러나버렸기에 실제로 전투를 벌인 것은 아니었다. 『舊唐書』 卷183 「薛懷義傳」, 4742면, "長壽二年, 默啜復犯塞, 又以懷義爲代北道行軍大總管, 以李多祚、蘇宏暉爲將. 未行, 改朔方道行軍大總管, 以內史李昭德爲行軍長史, 鳳閣侍郎、平章事蘇味道爲行軍司馬, 契苾明、曹仁師、沙吒忠義等十八將軍以討之. 未行虜退, 乃止"; 舊唐書』 卷194上 「突厥上」 「默啜傳」, 5168면, "長壽二年, 率寇靈州, 殺掠人吏. 則天遣白馬寺僧薛懷義爲代北道行軍大總管, 領十八將軍以討之, 旣不遇賊, 尋班師焉."

397) 『舊唐書』 卷183 「薛懷義傳」, 4743면, "其後益驕倨, 則天惡之, 令太平公主擇膂力婦人數十, 密防慮之. 人有發其陰謀者, 太平公主乳母張夫人令壯士縛而縊殺之, 以輦車載屍送白馬寺. 其侍者僧徒, 皆流竄遠惡處."

398) 『新唐書』 卷76 「則天武皇后傳」, 3476면, "帝與后偶坐, 生殺賞罰惟所命. 當其忍斷, 雖甚愛, 不少隱也."

399) 李奕(?~470) : 北魏 趙郡 平棘縣(지금의 河北省 趙縣) 사람으로 字는 景世이다. 散騎常侍·宿衛監·都官尙書를 역임하였다. 용모가 아름다워 馮太后의 애인이 되었다. 당시 中秘書 李訢이 李奕의 형 李敷의 죄 20여 조항을 열거하여 獻文帝에게 상주하자 獻文帝는 李奕과 李敷를 죽였다.

400) 『魏書』 卷13 「文成文明皇后馮氏傳」, 328면, "顯祖卽位, 尊爲皇太后. 丞相乙渾謀逆, 顯祖年十二, 居于諒闇, 太后密定大策, 誅渾, 遂臨朝聽政. 及高祖生, 太后躬親撫養. 是後罷令, 不聽政事. 太后行不正, 內寵李奕, 顯祖因事誅之, 太后不得意. 顯祖暴崩, 時言太后爲之也."

는 풍태후의 친아들은 아니었다. 효명제(孝明帝)의 어머니 영후(靈后) 호(胡)씨는 몸소 (효)명제를 낳았는데, 황제가 어려서 등극하자 태후는 나쁘고 더러운 짓을 마음대로 행했다. 나중에 황제가 성장해서 모자 사이에 싫어하는 틈이 생겨나자, 태후는 결국 (효)명제를 독살했고 나중에 이주영(爾朱榮)에 의해 황하(黃河)에 빠져 죽게 되었다.[401] 이는 단지 무후의 실덕(失德)만 있고 무후의 웅대한 재능[雄才]은 없던 것이니, 또한 (같이 더불어) 더 말할 필요도 없는 것이다.

259. 무후는 간언을 받아들이고 사람을 볼 줄 알았다武后納諫知人

무후(武后)의 음탕하고 악독함은 극에 달했지만, 간언을 받아들이고 사람을 볼 줄 아는 안목은 또한 스스로 남들이 미치지 못할 바가 있었다. 처음 칭제(稱制)했을 때 유인궤(劉仁軌)가 상소를 올려 여후(呂后)를 경계(警戒)로 삼아야 한다고 했는데, 무후는 곧 무승사(武承嗣)[402]에게 조칙

---

401) 『魏書』 卷13 「宣武靈皇后胡氏傳」, 339~340면, "太后自以行不修, 懼宗室所嫌, 於是內爲朋黨, 防蔽耳目, 肅宗所親幸者, 太后多以事害焉. 有蜜多道人, 能胡語, 肅宗置於左右. 太后慮其傳致消息, 三月三日於城南大巷中殺之. 方懸賞募賊, 又於禁中殺領左右・鴻臚少卿谷會・紹達, 並帝所親也. 母子之間, 嫌隙屢起. 鄭儼慮禍, 乃與太后計, 因潘充華生女, 太后詐以爲男, 便大赦改年. 肅宗之崩, 事出倉卒, 時論咸言鄭儼・徐紇之計. …… 及武泰元年, 尒朱榮稱兵渡河, 太后盡召肅宗六宮皆令入道, 太后亦自落髮. 榮遣騎拘送太后及幼主於河陰. 太后對榮多所陳說, 榮拂衣而起. 太后及幼主並沉於河."

402) 武承嗣(?~698) : 唐 幷州 文水縣 사람이며, 武則天의 조카이다. 文明 元年(684) 禮部尙書에서 太常卿 同中書門下三品이 되어 朝政에 참여하였다. 武后에게 복종하지 않는 李氏子孫과 大臣들을 제거할 것과 武氏조상을 王으로 봉하고 宗廟를 세울 것을 청하였다. 후에 魏王에 봉해졌다. 鳳閣舍人 張嘉福을 사주하여 자신을 皇太子로 삼아달라고 주청하게 하였으나 狄仁杰 등의 반대로 성공하지 못하였다. 재상의 직책에서 파직되자 울분으로 죽었다.

을 가져가게 해서 그를 위로하고 회유했다[趙注 : 「유인궤전(劉仁軌傳)」].[403] 대식국(大食國)에서 사자(獅子)를 바치자, 요숙(姚璹)이 기이한 물건을 귀하게 여기지 말아야 한다고 상주했는데, 무후는 곧 조서를 내려 그 사신이 오는 것을 그만두게 했다. 구정(九鼎)이 완성되어 황금으로 도금을 하고자 했으나, 역시 (요)숙이 간언을 해서 그만두었다[趙注 : 「요숙전(姚璹傳)」].[404] 무후가 늦겨울에 무예를 익히도록 하기를 바라자 담당 관리가 초봄으로 날짜를 옮겨 연기했는데, 왕방경(王方慶[405])이 초봄에는 무예를 익힐 수 없다고 간언하자 곧 그 말을 따랐다[趙注 : 「왕방경전(王方慶傳)」].[406] 늦가을

---

403)『舊唐書』卷84「劉仁軌傳」, 2796면, "則天臨朝, 加授特進, 復拜尚書左僕射·同中書門下三品, 專知留守事. 仁軌復上疏辭以衰老, 請罷居守之任, 因陳呂后禍敗之事, 以申規諫. 則天使武承嗣齎璽書往京慰喩之曰 : '今日以皇帝諒闇不言, 眇身且代親政. 遠勞勸誡, 復表辭衰疾, 怪望既多, 徊徨失據. 又云'呂后見嗤於後代, 祿·産貽禍於漢朝', 引譬喩良深, 愧慰交集. 公忠貞之操, 終始不渝; 勁直之風, 古今罕比. 初聞此語, 能不罔然; 靜而思之, 是爲龜鏡. 且端揆之任, 儀刑百辟, 況公先朝舊德, 遐邇具瞻. 願以匡救爲懷, 無以暮年致請.' 尋進封郡公."

404)『舊唐書』卷89「姚璹傳」, 2903면, "時有大石國使請獻獅子, 璹上疏諫曰 : '獅子猛獸, 唯止食肉, 遠從碎葉, 以至神都, 肉既難得, 極爲勞費. 陛下以百姓爲心, 慮一物有失, 鷹犬不蓄, 漁獵總停. 運不殺以闡大慈, 垂好生以敷至德, 凡在翾飛蠢動, 莫不感荷仁恩. 豈容自菲薄於身, 而厚資給於獸, 求之至理, 必不然乎.' 疏奏, 遽停來使. 又九鼎初成, 制令黃金千兩塗之. 璹進諫曰 : '夫鼎者神器, 貴在質朴自然, 無假別爲浮飾. 臣觀其狀, 先有五彩輝煥, 錯雜其間, 豈待金色, 方爲炫耀?' 則天又從之."

405) 王方慶(?~702) : 唐 雍州 咸陽縣 사람으로 이름은 綝, 字는 方慶이다. 16세에 越王府參軍이 되었으며, 武后가 臨朝稱制한 후 廣州都督으로 발탁되어 吏治를 엄격하게 하였다. 萬歲通天 元年(696) 鸞臺侍郎 同平章事가 되었다.『三禮』에 능했으며 이를 근거로 奏疏를 올리니 대개 채택되었다. 연로하여 閑職을 청하자 麟臺監修國史에 제수되었다. 박학하고 저술을 좋아하여 雜書 200여 卷을 저술하였고,『雜禮答問』을 지었다. 현재『園林草木疏』1卷이 전한다.

406)『舊唐書』卷89「王方慶傳」, 2900면, "聖曆二年壹月, 則天欲季冬講武, 有司稽緩, 延入孟春. 方慶上疏曰 : '謹按禮記月令 : '孟冬之月, 天子命將帥講武, 習射御角力.' 此乃三時務農, 一時講武, 以習射御, 角校才力, 蓋王者常事, 安不忘危之道也. '孟春之月, 不可以稱兵.' 兵者, 甲胄干戈之總名. 兵金性, 剋木, 春盛德在木, 而擧金以害盛德, 逆生氣. '孟春行冬令, 則水潦爲敗, 雪霜大摯, 首種不入.' 蔡邕月令章句云 : '太陰新休, 少陽尚微, 而行冬令以導水氣, 故水潦至而敗生物也. 雪霜大摯, 折陽者也. 太陰干時, 雨雪而霜, 故大傷首種. 首種, 謂宿麥也, 麥以秋種, 故謂之首種. 入, 收也, 春爲沍寒所傷, 故至夏麥不成長也.' 今孟春講武, 是行冬令, 以陰政犯陽氣, 害發生之德. 臣恐水潦敗物, 霜雪損稼, 夏麥不登, 無所收入也. 伏望天恩不違時令, 至孟冬教

에 배꽃이 피어 무후가 나가서 그것을 재상에게 보이자 모두 (무후의) 어짊[仁]이 초목에까지 미쳤다고 했으나, 두경검(杜景儉)[407] 홀로 음양이 조화롭지 못해 그렇게 된 것이라 하자, 무후가 "진짜 재상이구나"라고 감탄했다[趙注 : 「두경검전(杜景儉傳)」].[408] 하북(河北) 백성 중에 거란(契丹)에 사로 잡혔던 자들에 대해 무의종(武懿宗)이 그들을 죽이라는 상소를 올리려고 했는데, (두)경검은 (그들은) 위협을 당해 그렇게 된 것이니 그들을 용서해야 한다고 했다. 왕구례(王求禮)가 아울러 "(무)의종은 적을 만났을 때 물러나 움츠리고서는 도리어 위협을 당한 백성들에게 죄를 더하려고 하오니, 청컨대 (무)의종을 참수하여 하북 백성들에게 사과하십시오"라고 말하자, 무후는 바로 하북(백성들)을 사면했다[趙注 : 「두경검전」 「왕구례전(王求禮傳)」].[409] 장정규(張庭珪)[410]가 큰 불상 만드는 것에 대해 간쟁하자, 곧 그

習, 以順天道.' 手制答曰 : '比爲久屬太平, 多歷年載, 人皆廢戰, 並悉學文. 今者用整兵威, 故令敎習. 卿以春行冬令, 則水潦爲敗, 擧金傷木, 則便害發生. 循覽所陳, 深合典禮, 若違此請, 乃月令虛行. 佇啓直言, 用依來表'."

407) 杜景儉 : 唐 冀州 武邑縣 사람으로 原名은 元方이다. 明經科에 급제하였고 司刑丞에 제수되었다. 天授中 徐有功·來俊臣·侯思止와 함께 詔獄을 처리했는데, 그와 徐有功만이 관대하게 평결하여 "徐有功과 杜景儉을 만나면 반드시 살고, 來俊臣과 侯思止를 만나면 반드시 죽는다"라는 말이 떠돌았다. 延載 元年(694) 鳳閣侍郎 同平章事에 제수되었다. 李昭德의 黨이라는 이유로 溱州刺史로 좌천되었다. 神功 元年(697) 鳳閣侍郎 同平章事가 되었으며, 秋官尙書, 并州長史를 역임하였다.

408) 『舊唐書』 卷90 「杜景儉傳」, 2911~2912면, "天授中, 與徐有功·來俊臣·侯思止專理制獄, 時人稱云 : '遇徐·杜者必生, 遇來·侯者必死.' 累遷洛州司馬, 尋轉鳳閣侍郎·同鳳閣鸞臺平章事. 則天嘗以季秋內出梨花一枝示宰臣曰 : '是何祥也?' 諸宰臣曰 : '陛下德及草木, 故能秋木再花, 雖周文德及行葦, 無以過也.' 景儉獨曰 : '謹按洪範五行傳 : '陰陽不相奪倫, 瀆之卽爲災.' 又春秋云 : '冬無愆陽, 夏無伏陰, 春無淒風, 秋無苦雨.' 今已秋矣, 草木黃落, 而忽生此花, 瀆陰陽也. 臣慮陛下布敎施令, 有虧禮典. 又臣等忝爲宰臣, 助天理物, 理而不和, 臣之罪也.' 於是再拜謝罪, 則天曰 : '卿眞宰相也!'"

409) 『舊唐書』 卷90 「杜景儉傳」, 2912면, "時契丹入寇, 河北諸州多陷賊中. 及事定, 河內王武懿宗將盡論其罪. 景儉以爲皆是驅逼, 非其本心, 請悉原之. 則天竟從景儉議"; 『舊唐書』 卷101 「王求禮傳」, 3154면, "則天朝爲左拾遺, 遷監察御史. 性忠謇敢言, 每上封彈事, 無所畏避. 時契丹李盡忠反叛, 其將孫萬榮寇陷河北數州, 河內王武懿宗擁兵討之, 畏懦不敢進. 旣而賊大掠而去, 懿宗條奏滄·瀛百姓爲賊詿誤者數百家, 請誅之. 求禮執而劾之曰 : '此詿誤之人, 比無良吏敎習, 城池又不完固, 爲賊驅逼, 苟徇圖全, 豈素有背叛之心哉! 懿宗擁強兵數十萬, 聞賊將至, 走保城邑, 罪當誅戮. 今乃移禍於詿

것을 윤허하고 아울러 불러 만나서 대면하며 위로했다[趙注 : 「장정규전(張庭珪傳)」].[411] 주경칙(朱敬則)[412]이 엄격한 형률을 고쳐서 관대한 정치를 할 것을 청하자 역시 그를 따랐다[趙注 : 「주경칙전(朱敬則傳)」].[413] 이교(李嶠)가 예전

誤之人, 豈是爲臣之道? 請斬懿宗以謝河北百姓.' 懿宗大懼, 則天竟降制赦之."

410) 본문에서는 '張庭珪'라고 했으나, 『舊唐書』 원문에는 '張廷珪'라고 하였다.

411) 『舊唐書』 卷101 「張廷珪傳」, 3150~3152면, "長安中, 累遷監察御史. 則天稅天下僧尼出錢, 欲於白司馬坂營建大像. 廷珪上疏諫曰 : '夫佛者, 以覺知爲義, 因心而成, 不可以諸相見也. 經云 : '若以色見我, 以音聲求我, 是人行邪道, 不能見如來.' 此眞如之果不外求也. 陛下信心歸依, 發宏誓願, 壯其塔廟, 廣其尊容, 已徧於天下久矣. 蓋有住於相而行布施, 非最上第一希有之法. 何以言之? 經云 : '若人滿三千大千世界七寶以用布施, 及恆河沙等身命布施, 其福甚多. 若人於此經中受持及四句偈等爲人演說, 其福勝彼.' 如佛所言, 則陛下傾四海之財, 殫萬人之力, 窮山之木以爲塔, 極冶之金以爲像, 雖勞則甚矣, 費則多矣, 而所獲福不愈於一禪房之匹夫. 菩薩作福德, 不應貪著, 蓋有爲之法不足高也. 況此營建, 事殷木土, 或開發盤礴, 峻築基階, 或塞穴洞, 通轉採斫, 輾壓蟲蟻, 動盈巨億. 豈佛標坐夏之義, 愍蠢動而不忍害其生哉! 又役鬼不可, 唯人是營, 通計工匠, 率多貧窶, 朝驅暮役, 勞筋苦骨, 簞食瓢飮, 晨炊星飯, 飢渴所致, 疾疹交集. 豈佛標徒行之義, 愍畜獸而不忍殘其力哉! 又營築之資, 僧尼是稅, 雖乞丐所致, 而貧闕猶多. 州縣徵輸, 星火逼迫, 或謀計靡所, 或鬻賣以充, 怨聲載路, 和氣未洽. 豈佛標隨喜之義, 愍愚蒙而不忍奪其産哉! 且邊朔未寧, 軍裝日給, 天下虛竭, 海內勞弊. 伏惟陛下愼之重之, 思菩薩之行爲利益一切衆生, 應如是布施, 則其福德若南西北方四維上下虛空不可思量矣. 何必勤於住相, 凋蒼生之業, 崇不急之務乎! 臣以時政論之, 則宜先邊境, 蓄府庫, 養人力; 臣以釋教論之, 則宜救苦厄, 滅諸相, 崇無爲. 伏願陛下察臣之愚, 行佛之意, 務以理爲上, 不以人廢言, 幸甚幸甚.' 則天從其言, 卽停所作, 仍於長生殿召見, 深賞慰之."

412) 朱敬則(635~709) : 唐 亳州 永城縣 사람으로 字는 少連이다. 咸亨中 洹水尉가 되었고, 武后가 臨朝稱制한 후 右補闕에 제수되었다. 長安 3년(703) 正諫大夫 兼 修國史, 同鳳閣鸞臺平章事에 제수되었다. 인재 등용을 우선시하고 자세한 일은 살피지 않았다. 張易之 형제가 魏元忠·張說을 무고하자 이들을 변호하여 減刑시켰다. 후에 宗楚客 등의 모함을 받아 廬州刺史가 되었다. 저서에는 『十代興亡論』 10卷이 있으나 현재 亡佚되었고, 『全唐文』에 14편의 글이 전한다.

413) 『舊唐書』 卷90 「朱敬則傳」, 2913~2914면, "敬則以則天初臨朝稱制, 天下頗多流言異議, 至是旣漸寧晏, 宜絶告密羅織之徒, 上疏曰 : '臣聞李斯之相秦也, 行申·商之法, 重刑名之家, 杜私門, 張公室, 棄無用之費, 損不急之官, 惜日愛功, 疾耕急戰, 人繁國富, 乃屠諸侯. 此救弊之術也. 故曰 : 刻薄可施於進趨, 變詐可陳於攻戰. 兵猶火也, 不戢將自焚. 況鋒鏑已銷, 石城又毁, 諒可易之以寬泰, 潤之以淳和, 八風之樂以柔之, 三代之禮以導之. 秦旣不然, 淫虐滋甚, 往而不返, 卒至土崩, 此不知變之禍也. 陸賈·叔孫通之事漢王也, 當滎陽·成皐之間, 糧饋已窮, 智勇俱困, 不敢開一說, 效一奇, 唯進豪猾之材, 薦貪暴之客. 及區宇適平, 干戈向戢, 金鼓之聲未歇, 傷痍之痛

에 혹리(酷吏)에게 집안이 망한 자들의 원한을 씻어 줄 것을 청하자 무후는 허락하지 않았으나, 환언범(桓彦範) 등이 또 열 차례 상소를 올리자 결국 그에 따랐다[趙注 : 이교 등의 열전].[414] 소안환(蘇安桓)이 상주하여 정권을 태자에게 돌려줄 것을 청했으나,[415] 무후는 또한 노하지 않았다. 그런

尙聞, 二子顧眄, 綽有餘態, 乃陳詩書, 說禮樂, 開王道, 謀帝圖. 高皇帝忿然曰 : '吾以馬上得之, 安事詩書乎!' 對曰 : '馬上得之, 可馬上理之乎?' 高皇默然. 於是陸賈著新語, 叔孫通定禮儀, 始知天子之尊, 此知變之善也. 向使高皇排二子而不用, 置詩書而不顧, 重攻戰之吏, 尊首級之材, 複道爭功, 張良已知其變, 拔劍擊柱, 吾屬不得無謀. 卽晷漏難逾, 何十二帝乎? 亡秦之續, 何二百年乎? 故曰 : 仁義者, 聖人之蘧廬; 禮經者, 先王之陳迹. 然則祝祠向畢, 芻狗須投; 淳精已流, 糟粕可棄. 仁義尙捨, 況輕此者乎? 自文明草昧, 天地屯蒙, 二叔流言, 四凶構難. 不設鉤距, 無以應天順人; 不切刑名, 不可摧姦息暴. 故置神器, 開告端, 曲直之影必呈, 包藏之心盡露. 神道助直, 無罪不除; 人心保能, 無妖不戮. 以玆妙算, 窮造化之幽深; 用此神謀, 入天人之秘術. 故能計不下席, 聽不出闈, 蒼生晏然, 紫宸易主. 大哉偉哉, 無得而稱也! 豈比造攻鳴條, 大戰牧野, 血變草木, 頭折不周, 可同年而語乎? 然而急趨無善迹, 促柱少和聲, 拯溺不規行, 療飢非鼎食. 卽向時之妙策, 乃當今之芻狗也. 伏願覽秦·漢之得失, 考時事之合宜, 審糟粕之可遺, 覺蘧廬之須毁. 見機而作, 豈勞終日乎? 陛下必不可偃蹇太平, 徘徊中路. 伏願改法制, 立章程, 下恬愉之辭, 流曠蕩之澤, 去萋菲之牙角, 頓姦險之鋒芒, 窒羅織之源, 掃朋黨之迹, 使天下蒼生坦然大悅, 豈不樂哉!' 則天甚善之."

414) 『舊唐書』卷94 「李嶠傳」, 2992면, "時酷吏來俊臣構陷狄仁傑·李嗣眞·裴宣禮等三家, 奏請誅之, 則天使嶠與大理少卿張德裕·侍御史劉憲覆其獄. 德裕等雖知其枉, 懼罪, 並從俊臣所奏. 嶠曰 : '豈有知其枉濫而不爲申明哉! 孔子曰 : '見義不爲, 無勇也'.' 乃與德裕等列其枉狀, 由是忤旨, 出爲潤州司馬"; 『舊唐書』卷91 「桓彦範傳」, 2928면, "時又內史李嶠等奏稱 : '往屬革命之時, 人多逆節, 鞫訊決斷, 刑獄至嚴, 刻薄之吏, 恣行酷法. 其周興·丘勣·來俊臣所劾破家者, 並請雪免.' 彦範又奏請自文明元年以後得罪人, 除揚·豫·博三州及諸謀逆魁首, 一切赦之. 表疏前後十奏, 辭旨激切, 至是方見允納. 彦範凡所奏議, 若逢人主詰責, 則辭色無懼, 爭之愈厲. 又嘗謂所親曰 : '今旣躬爲大理, 人命所懸, 必不能順旨詭辭, 以求苟免'."

415) 『舊唐書』卷187 「蘇安恆傳」, 4880~4481면, "長安二年, 又上疏曰 : '忠臣不順時而取寵, 烈士不惜死而偸生. 故君道不明者, 忠臣之過歟! 臣道不軌者, 烈士之過歟! 昔者先皇晏駕, 留其顧託, 將以萬機殷廣, 令陛下兼知其事. 雖唐堯·虞舜居其位, 而共工·驩兜在其間, 陛下骨肉之恩阻, 陛下子母之愛忘. 臣謂聖情以運祚將喪, 極斯大節; 天下謂陛下微弱李氏, 貪天之功. 何以年在耄倦, 而不能復子明辟, 使忠言莫進, 姦佞成朋, 夷狄紛擾, 屠害黎庶. 陛下雖納隍軫念, 亦罔能救此生靈. …… 臣聞見過不諫, 非忠臣也; 畏死不言, 非勇士也. 臣何惜一朝之命, 而不安萬乘之國哉! 故曰 : 苟利國家, 雖死可矣. 願陛下稍輟萬機, 詳臣愚見. 陛下若以臣爲忠, 則從諫如流, 擇是而用; 若以臣爲不忠, 則斬取臣頭, 以令天下.' 疏奏不納."

데 이것들은 오히려 그 논의한 것이 조정의 정치에 해당하는 것이었다.

무후가 가장 총애하였기 때문에, (그들에 대하여) 말하기를 꺼리는 사람은 의당 설회의(薛懷義), 장역지(張易之), 장창종(張昌宗) 같은 자가 없었지만, 소량사(蘇良嗣)[416]는 (설)회의를 조정에서 만나자 좌우에 명해서 그 뺨을 치도록 했으며, (설)회의가 무후에게 하소연하자, 무후는 다만 북문으로 출입하고 남아(南牙)[417]로 다니다가 재상과 만나지 말도록 경계를 할 뿐이었으며, (소)량사에게 죄를 주었다는 말은 들리지 않았다[趙注 : 「소량사전(蕭良嗣傳)」].[418] (설)회의가 백정을 승려로 출가시키자 어사(御史) 주구(周矩)가 그것을 탄핵했는데, 무후가 "짐이 곧 그에게 명하여 어사대(御史臺)[419]로 가도록 하겠다[赴臺]"라고 말했다. (설)회의는 와서 평상에

---

416) 蘇良嗣(606~690) : 唐 雍州 武功縣 사람이다. 高宗 때 周王府司馬, 荊州長史를 지냈다. 垂拱 元年(685) 納言 溫國公에 제수되었고, 다음 해 文昌左相 同鳳閣鸞臺三品에 임명되었다. 일찍이 薛懷義의 무례함을 보고 좌우에게 설회의의 뺨을 때리게 하였다. 載初 元年(690) 特進이 加官되었다.

417) 南牙 : 宮中의 南方에 있는 諸 官署. 宰相을 말하기도 한다(『資治通鑑』 卷207 「唐紀」 「中宗神龍元年(705) 春正月 癸卯」條, 6580면, "北門 · 南牙, 同心協力, 以誅凶豎, 復李氏社稷. [胡注曰] : 南牙謂宰相, 北門謂羽林諸將").

418) 『新唐書』 卷103 「蘇良嗣傳」, 3991면, "遇薛懷義于朝, 懷義偃蹇, 良嗣怒, 叱左右批其頰, 曳去. 武后聞之, 戒曰 : '弟出入北門, 彼南衙宰相行來, 毋犯之.' 載初元年, 罷左相, 加特進, 仍知政事. 與韋方質素不平, 方質坐事誅, 引逮之. 后辨其非, 良嗣悸, 謝不能興, 輿還第, 卒, 年八十五."

419) 御史臺 : 官署名이다. 秦漢時代 御史가 감찰을 담당하면서 御史府를 서리했는데, 蘭臺, 혹은 憲臺라고도 한다. 南朝 梁 · 陳과 北魏 · 北齊에 御史臺가 있었으며, 隋唐 · 五代에도 계속되었다. 감찰기관으로 百官의 糾彈과 조정의 기강 肅正을 담당하였다. 처음에는 풍문을 듣고도 탄핵하였고 소송을 처리하지 않았으나 貞觀 이후 獄訟을 처리하게 되어 臺獄을 설치하였다. 開元 14년(726) 受事御史를 두어 매일 한 명이 劾狀을 관장하도록 하였다. 중대한 안건은 御史臺와 刑部 · 大理寺가 함께 심문하였다. 長官은 御史大夫, 次官은 御史中丞이며, 侍御史 · 殿中侍御史 · 監察御史가 있었다. 龍朔 2년(662) 憲臺로 개칭했다가 咸亨 元年(670) 원래대로 바꾸었다. 光宅 元年(684) 左肅政臺로 改稱하여 京官을 감찰하고 군대를 監軍하였다. 또 右肅政臺를 설치하여 州縣을 감찰하고 風俗을 살피도록 하였다. 神龍 元年(705) 左右御史臺로 바꾸었으며, 太極 元年(712) 右臺를 폐지하였다 다시 설치하였으며, 또 폐지하였다. 東都 洛陽에도 御史臺를 설치하여 東都留臺라 칭하였다. 中唐 이후 外官이 御史臺의 관직을 겸할 경우 外臺라 불렀다.

엎드려 눕자, (주)구가 관리를 불러 그를 조사하려고 하였는데, (설)회의는 갑자기 말을 타고 가 버렸다. (주)구가 이를 아뢰자 무후가 "이 도인은 풍병을 앓고 있어 힘들게 조사할 수가 없다. 그가 출가시킨 승려들은 경이 조사하는 것을 허락하노라"라고 말했고, (주)구는 그들을 모두 유배보냈다. 나중에 (주)구가 (설)회의의 참소를 받아 관직에서 파면되기는 했으나, 역시 죄를 더했다는 말은 들리지 않았다[趙注 : 「주구전(周矩傳)」].[420] 무후는 만년에 장역지, (장)창종 형제를 더욱 사랑했다. (장)역지가 위원충(魏元忠)이 태자를 끼고서 오랜 친구가 되려고 했다고 모함하는 상소를 올리며 장열(張說)을 끌어들여 증인으로 삼았다. 조정에서 (장)열을 조사하게 되자 (장열은) (위)원충이 그런 말을 한 적이 없다고 말했다. 비록 (위)원충을 고요위(高要尉)로 폄직하고, (장)열을 흠주(欽州)에 유배하기는 했지만, 그들을 사형에 처했다는 말은 들리지 않았다. (장)역지가 뇌물을 받은 일이 발각되어 어사대에서 탄핵을 받게 되자, 환언범, 원서기(袁恕己)[421] 등에게 조서를 내려 그를 국문하게 했으며, (환)언범 등은 (그의) 죄가 일족을 주살하는 것에 해당한다고 상주했다. (장)창종은 무후를 위해 단약(丹藥)을 만든 공이 있다고 스스로 말했고, 조서를 내려 그를 석방하기는 했지만, 뇌물을 받은 것에 대해서는 여전히 그 형 (장)창의(張昌儀), (장)동휴(張同休)에게 죄를 돌려 관직을 파면했

420) **[王注]** 이는 『舊唐書』 「周矩傳」이 아니라 「薛懷義傳」(『舊唐書』 卷183)이라고 해야 한다; 『舊唐書』 卷183 「薛懷義傳」, 4742~4732면, "懷義後厭入宮中, 多居白馬寺, 刺血畫大像, 選有膂力白丁度爲僧, 數滿千人. 侍御史周矩疑其姦, 奏請劾之, 不許, 固請之, 則天曰 : '卿且退, 朕卽令去.' 矩至臺, 薛師亦至, 乘馬蹋階而下, 便坦腹於牀. 矩召臺吏, 將按之, 遽乘馬而去. 矩具以聞, 則天曰 : '此道人風病, 不可苦問. 所度僧任卿勘當.' 矩按之, 窮其狀以聞, 諸僧悉配遠州. 遷矩天官員外郞, 竟爲薛師所構, 下獄, 免官."

421) 袁恕己(?~706) : 唐 滄州 東光縣 사람이다. 長安中 司刑少卿, 相王府司馬를 지냈다. 神龍 元年(705) 張易之 형제 주살에 참여하였고 相王을 따라 南衙兵을 통제하여 비상사태에 대비하였다. 이 공으로 中書侍郎 同中書門下三品에 제수되었으며 中書令으로 승진하고 南陽郡公에 봉해졌다. 武三思에게 모함을 받아 파직되었고, 후에 王同皎와 통모했다는 죄목으로 環州(지금의 廣西省 環江 서북)로 유배되었다가 酷吏 周利貞에게 살해되었다.

는데, 또한 (환)언범 등에게 죄를 주었다는 말은 들리지 않았다. (장)창종이 점술가를 불러다 점을 쳐서 자기에게 천자가 될 운명이 있다고 하자,[422] 송경(宋璟)은 이를 탄핵하는 상소를 올려 옥으로 보내 철저하게 조사해야 한다고 청했다. 무후는 거짓으로 허락하고는 (송)경을 유주(幽州)에 사신으로 보내고 따로 최신경(崔神慶)에게 조사하도록 해서 그 죄를 면하게 했다. (송)경은 여전히 고집스럽게 상주하여 (장)창종을 참수해야 한다고 하자, 이옹(李邕)도 "송경의 말이 옳습니다"라고 말했다. 무후는 비록 그 말을 들어 주지는 않았으나 또한 일찍이 (송)경, (이)옹 등에게 죄를 주지도 않았다[趙注 : 「장창종전」].[423] (장)역지가 촉(蜀) 지방의 상인인 송패자(宋覇子) 등을 데려다 입궁시켜 무후 앞에서 연회를 베풀자, 위안석(韋安石)[424]은 미천한 부류들이 연회에 참석해서는 안 된다고 상주하고 좌우를 돌아보며 그들을 쫓아냈다. 무후는 더욱 (위안석을) 위로하고 격려했으되, (위)안석을 벌했다는 말은 들리지 않았다[趙注 : 「위안석전」].[425] 그렇지만 이는 오히려 무후의 음란하고 지저분한 추태에 대해

---

422) 『舊唐書』 卷96 「宋璟傳」, 3030면, "昌宗私引相工李弘泰觀占吉凶, 言涉不順, 爲飛書所告, 璟廷奏請窮究其狀."

423) 『舊唐書』 卷78 「張昌宗傳」, 2707~2708면, "又御史大夫魏元忠嘗奏二張之罪, 易之懼不自安, 乃誣奏元忠與司禮丞高戩云 : '天子老矣, 當挾太子爲耐久朋.' 則天曰 : '汝何以知之?' 易之曰 : '鳳閣舍人張說爲證.' 翌日, 則天召元忠及說廷詰之, 皆妄. 則天尙以二張之故, 逐元忠爲高要尉, 張說長流欽州. 長安二年, 易之贓賂事發, 爲御史臺所劾下獄, 兄司府少卿昌儀・司禮少卿同休皆貶黜. 及則天臥疾長生院, 宰臣希得進見, 唯易之兄弟侍側, 恐禍變及己, 乃引用朋黨, 陰爲之備. 人有牓其事于路, 左臺御史中丞宋璟請按之. 則天陽許, 尋敕宋璟使幽州按都督屈突仲翔, 令司禮卿崔神慶鞫之. 神慶希旨, 雪昌宗兄弟."

424) 韋安石(651~714) : 唐 雍州 萬年縣 사람이다. 明經科에 합격하였고, 乾封尉, 雍州司兵參軍을 역임하였다. 蘇良嗣의 추천으로 膳部員外郎, 幷州司馬를 역임하였고, 幷州・德州・鄭州 등지의 刺史를 지냈다. 久視 元年(700) 鸞臺侍郎 同鳳閣鸞臺平章事에 제수되었다. 당시 武三思와 張易之 형제가 총애를 받아 전횡을 저질렀는데, 면전에서 그들을 꾸짖어 朝臣들이 '眞宰相'이라고 칭찬하였다. 中宗・睿宗 복위 후 侍中, 中書令을 지냈으며 郇國公에 봉해졌다. 太平公主가 太子(玄宗)를 폐하려고 그를 끌어드리려 했으나 거절하며 가지 않았다. 후에 유배되자 분사하였다.

425) 『舊唐書』 卷92 「韋安石傳」, 2956면, "時張易之兄弟及武三思皆恃寵用權, 安石數折辱之, 甚爲易之等所忌. 嘗於內殿賜宴, 易之引蜀商宋霸子等數人於前博戲, 安石

바로 간언한 것은 아니었다.

주경칙은 상소를 올려 미소년들을 선발하는 것에 대해 간언하며 "폐하께서 총애하는 사람으로 설회의, 장역지, (장)창종이 있습니다. 그런데 근래에 또 듣건대 상식(尙食)[426] 유모(柳模)는 그 아들 (유)양빈(柳良賓)이 깔끔하고 용모가 아름답다고 스스로 말했다 하며, 장사(長史) 후상(侯祥)은 성기가 힘차고 커서 궁 안에서 모시는 일을 충분히 감당할 수 있다고 말했다 합니다"라고 말했다. 환언범은 (장)창종이 송경에게 탄핵을 받았으나, 무후가 (장)창종을 옥에 보내는 것을 기꺼히 하지 않을 것이라 여겨 또한 상주하여 "폐하께서는 관료에 대한(簪履)[427] 은혜가 오래되어 차마 형벌을 가하지 못하십니다"라고 말했다.[428] 이는 모두 무후가 총애하는 사람을 어여삐 여기는 것을 바로 들추어내었던 것으로 수치스러워할 만한 것이니, 적이 아니라면 감당하기 어려운 것이었다. 그러나 무후

跪奏曰 : '蜀商等賤類, 不合預登此筵.' 因顧左右令逐出之, 座者皆爲失色, 則天以安石辭直, 深慰勉之. 時鳳閣侍郎陸元方在座, 退而告人曰 : '此眞宰相, 非吾等所及也.' 則天嘗幸興泰宮, 欲就捷路, 安石奏曰 : '千金之子, 且有垂堂之誡; 萬乘之尊, 不宜輕乘危險. 此路板築初成, 無自然之固, 鑾駕經之, 臣等敢不請罪.' 則天登時爲之迴輦. 安石俄又擧奏易之等罪狀, 初有敕付安石及夏官尙書唐休璟推問, 未竟而事變."

426) 尙食 : 天子의 御膳을 관장하는 관명으로 秦 이후 두어졌다. 後漢 이후 이 관직은 太官・湯官에 병합되었다. 北齊 때 尙食局이 두어지고, 典御 두 명을 두었으며, 北周에서는 內膳上士中士를 두었고, 隋에서는 典御를 奉御라 하였다. 唐代에 들어서도 隋制를 이었다가 龍朔 연간에 奉膳大夫라 개칭하였다가 咸亨初 옛 관명을 복구했다(『通典』「職官典」「諸卿中」「殿中監」「尙食局」條 참조).

427) 簪履 : 원뜻은 비녀와 신이지만, 고관의 복장이라는 뜻으로도 사용된다.

428) 『舊唐書』 卷91 「桓彦範傳」, 2927~2928면, "時司僕卿張昌宗坐遣術人李弘泰占己有天分, 御史中丞宋璟請收付制獄, 窮理其罪, 則天不許. 彦範上疏曰 : '昌宗無德無才, 謬承恩寵, 自宜粉骨碎肌, 以答殊造, 豈得苞藏禍心, 有此占相? 陛下以簪履恩久, 不忍先刑; 昌宗以逆亂罪多, 自招其咎. 此是皇天降怒, 非唯陛下故誅. 違天不祥, 乞陛下裁擇. 原其本奏, 以防事敗, 事敗卽言奏訖, 不敗則候時爲逆. 此乃姦臣詭計, 疑惑聖心, 今果遂其所謀, 陛下何忍不察? 若昌宗措此占相, 奏後不合更與弘泰往還, 尙令修福, 復擬禳厄, 此則期於必遂, 元無悔心. 縱雖奏聞, 情實難恕, 此而可捨, 誰其可刑? 況經兩度事彰, 天恩並垂捨宥, 昌宗自爲得計, 人亦以爲應運, 卽不勞兵甲, 天下皆從, 萬方譏之, 以爲陛下縱成其亂也. 君在, 臣圖天分, 是爲逆臣, 不誅, 社稷亡矣. 伏請付鸞臺鳳閣三司考竟其罪'."

는 그들에게 죄를 주지 않았을 뿐만 아니라, 도리어 (주)경칙에게는 비단 백 단(段)을 하사하면서 "경이 아니었다면 그런 말을 들을 수 없었을 것이다"라고 말했고,[429] (송)경과 (환)언범에 대해서도 역시 끝까지 보호하고 일을 맡겼다.

무릇 (설)회의, (장)역지 등이 침실 사이에서 어떤 말로 선량한 사람들을 헐뜯을 수 없었겠는가만, 그러나 무후는 끝내 거기에 동요되지 않았으니, 그가 인재를 분명히 판별하고 국시(國是)를 잘 지킬 수 있었던 것에는 다른 사람들을 크게 넘어서는 바가 있었던 것이며, 그녀가 (설)회의, (장)역지 등을 본 바는 용모가 반반한 남첩[面首]과 같은 것에 불과했다. 군주가 재부로서 온 세상을 가지게 되면 걸핏하면 후궁이 수백 명에 이르는데, 무후는 이미 스스로 여주(女主)가 되었지만 총애하는 자가 몇 명에 불과했으므로, 진실로 또한 너무 괴이하게 여길 만한 것이 없었으며, 그러므로 무후는 처음부터 (그런 사실들을) 숨겨야 한다고 생각하지 않았고, 또한 숨길 필요가 없는 것 같이 생각되었던 것이다.

사람을 쓰고 정치를 행하는 큰 근본에 있어서는 홀로 그 중심을 잡고서, 늙어서도 어지럽게 흔들리지 않았다. 육지(陸贄)가 "무후는 인심을 모으고 뛰어난 인재를 발탁했으니, 당시에는 사람을 잘 알아보는 명석함을 칭송했고, 이후 역대 조정에서는 (그녀가) 등용한 많은 선비에 의지했습니다" 고 말했다.[430] 이강(李絳) 역시 무후는 관직으로 임명한 것이

---

429) 『舊唐書』 卷78 「張昌宗傳」, 2706~2707면, "天后令選美少年爲左右奉宸供奉, 右補闕朱敬則諫曰 : '臣聞志不可滿, 樂不可極. 嗜慾之情, 愚智皆同, 賢者能節之不使過度, 則前聖格言也. 陛下內寵, 已有薛懷義·張易之·昌宗, 固應足矣. 近聞尙舍奉御柳模自言子良賓潔白美鬚眉, 左監門衛長史侯祥云陽道壯偉, 過於薛懷義, 專欲自進堪奉宸內供奉. 無禮無儀, 溢於朝聽. 臣愚職在諫諍, 不敢不奏.' 則天勞之曰 : '非卿直言, 朕不知此.' 賜綵百段."

430) 『舊唐書』 卷139 「陸贄傳」, 3803면, "往者則天太后踐祚臨朝, 欲收人心, 尤務拔擢, 弘委任之意, 開汲引之門, 進用不疑, 求訪無倦, 非但人得薦士, 亦許自擧其才. 所薦必行, 所擧輒試, 其於選士之道, 豈不傷於容易哉! 而課責旣嚴, 進退皆速, 不肖者旋黜, 才能者驟升, 是以當代謂知人之明, 累朝賴多士之用. 此乃近於求才貴廣, 考課貴精之效也."

엄청나게 많기는 했지만, 개원(開元) 연간의 명신 대부분은 무후가 뽑은 데에서 나왔다고 말했다.[431] 『구당서』「본기」 찬(贊)에서도 "무후는 관작을 아끼지 않고 호걸을 끌어 모아 스스로를 돕게 했는데, 하나라도 들어맞는 말이 있으면 번번이 벼슬의 차례(높고 낮음)에 상관없이 등용했고, 직책에 맞지 않으면 또한 버리거나 죽이는 데에 조금도 용서하지 않았으며, 실질적인 인재와 참된 어진 이를 취하는 데에 힘썼다"라고 했다.[432] 그러므로 구구하게 침실 안의 일을 제대로 다스리지 않은 것이란 본디 그 지엽적인 예절에 불과하다. 사람을 알아보고 일을 잘 맡겨 권세가 아래로 옮겨지지 않았으니, 여인네 가운데 영명한 군주가 아니라고 말할 수 없다.

생각건대, (북)위(北魏) 문명풍태후(文明馮太后)는 비록 헌문제(獻文帝)를 독살하기는 했지만, 헌문(제)의 아들 효문제(孝文帝)를 자애롭게 길러 성인으로 자립하게 할 수 있게 하였다. 효문제는 비록 제위에 오르기는 했지만 성품이 겸손하고 공손해서 일은 모두 태후에게 재결을 받았다. 태후는 지혜가 많았지만 시기심이 많고 잔인해서 죽이거나 상벌을 내리는 것이 순식간에 결정되었다. 왕예(王叡)[433]는 태후의 침실에 몇 년 동안 드

---

431) 『舊唐書』 卷164 「李絳傳」, 4288면, "臣聞理生於危心, 亂生於肆志. 玄宗自天后朝出居藩邸, 嘗莅官守, 接時賢於外, 知人事之艱難. 臨御之初, 任姚崇·宋璟, 二人皆忠鯁上才, 動以致主爲心. 明皇乘思理之初, 亦勵精聽納, 故當時名賢在位, 左右前後, 皆尙忠正. 是以君臣交泰, 內外寧謐."

432) [王注] 살펴보면, 『舊唐書』 卷6 「則天皇后紀」, 133면의 "史臣曰 : …… 然猶泛延讜議, 時禮正人, 初雖牝司司晨, 終能復子明辟, 飛語辯元忠之罪, 善言慰仁傑之心, 尊時憲而抑幸臣, 聽忠言而誅酷吏. 有旨哉! 有旨哉!"라 했다. 비록 武后를 긍정하는 말이지만, 本文과는 다른 것이 많다. 明代 于愼行의 『讀史漫錄』 卷7에 "武后操誅賞之柄, 以籠絡天下, 故嘗有不測之恩威, 鼓舞一世. 所嘗親信, 一不稱職輒加刑戮, 不少顧惜. 至乃危言切諫, 或以誹謗上聞, 往往優容, 終無所問. 故能駕御一世, 莫敢誰何, 當時英賢亦樂爲之用. 使在丈夫, 漢武之流也"라 했는데, 本文의 뜻이 이와 비슷하니, 아마도 곧 그 說을 대략 취하고서 '舊書本紀贊'이라고 잘못 말한 것일 것이다.

433) 王叡(434~481) : 北魏 太原郡 晉陽縣(지금의 山西省 太原市 서남) 사람으로 字는 洛誠이며, 羌族이다. 天文·卜筮에 능하고 신체가 크고 아름다워 文明太后의 총애를 받아 給事中으로 특진하였다. 散騎常侍·侍中·吏部尙書를 거쳤으며, 太原公에 봉

나들다가 곧 재상이 되었다. 이충(李沖)[434]은 재능으로 임용되었지만 그 역시 침실 휘장 안에서 총애를 받은 데에서 비롯했고, 하사받은 재물은 다 셀 수가 없었다. 그러나 태후는 성품이 엄격하고 분명해서 좌우에 허물이 있으면 곧잘 매질을 가했는데, 그래도 곧 이어 또 처음과 같이 대우했고, 혹은 다시 부귀함을 더해 주었다. 그러므로 사람들은 (그녀가 준) 이로움에 마음을 두고 죽을 때까지 (그녀에게서) 물러날 생각을 하지 않았다.[435] 태후는 또한 밖으로 인망이 있는 원비(元丕),[436] 유명근(游明根) 등을 예로 대우하여, 왕예 등을 장려하고 칭찬할 때마다 번번이 (원)비 등을 끌어 참석시켜서 사사로움이 없음을 보였다.[437]

해졌다. 太和 4년(480) 尙書令 中山王에 제수되었다. 帷幄을 출입하며 機密을 관장하고 政事를 처리하였다.

434) 李沖(450~498) : 北魏 隴西郡 狄道縣(지금의 甘肅省 臨洮縣) 사람으로 本名은 思沖이며, 孝文帝가 字를 思順으로 고쳤다. 中書學生 · 內秘書令을 지냈으며, 馮太后의 총애를 받았다. 太和 10년(486) 三長制를 실시하고 民調를 정하고 租稅와 요역을 기준에 따라 부과할 것을 상주하여 실시되자 모두가 이를 편하게 여겼다. 中書令 隴西公에 제수되었다. 孝文帝의 親政 이후 律令과 禮儀를 정하였고 吏部尙書를 역임하였다. 孝文帝가 그의 딸을 夫人으로 삼았다. 洛陽 遷都 후 새 수도의 토목공사를 主持하였으며, 孝文帝가 南齊를 공격할 때 留守를 명받았다. 후에 御史中尉 李彪와 사이가 나빠 憤死하였다.

435) 『魏書』 卷13 「文成文明皇后馮氏傳」, 329면, "自太后臨朝專政, 高祖雅性孝謹, 不欲參決, 事無巨細, 一稟呂於太后. 太后多智略, 猜忍, 能行大事, 生殺賞罰, 決之俄頃, 多有不關高祖者. 是以威福兼作, 震動內外. 故杞道德 · 王遇 · 張祐 · 苻承祖等拔自微閹, 歲中而至王公; 王叡出入臥內, 數年便爲宰輔, 賞賚財帛以千萬億計, 金書鐵券, 許以不死之詔. 李沖雖以器能受任, 亦由見寵帷幄, 密加錫賚, 不可勝數. 后性嚴明, 假有寵待, 亦無所縱. 左右纖介之愆, 動加捶楚, 多至百餘, 少亦數十. 然性不宿憾, 尋亦待之如初, 或因此更加富貴. 是以人人懷於利欲, 至死而不思退."

436) 元丕(422~503) : 北魏宗室이다. 太武帝 때 興平子에 봉해졌으며, 獻文帝 때 벼슬이 尙書令에 이르렀다. 孝文帝 즉위 후 東陽王에 봉해졌으며, 侍中 司徒公에 제수되었다. 孝文帝가 南齊를 공격하려하며 洛陽으로 遷都했을 때 廣陵王 元羽와 함께 平城을 留守하였다. 胡俗을 좋아하여 漢俗으로 바꾸는 것을 원하지 않았다. 후에 아들 隆과 超 등이 모반하여 伏誅되었지만, 그는 사형을 면하여 太原百姓이 되었다. 宣武帝 때 칙령으로 洛陽에 머물렀다. 여섯 명의 皇帝를 70년 동안 섬겼으며, 후에 三老에 임명되었다.

437) 『魏書』 卷13 「文成文明皇后馮氏傳」, 330면, "太后外禮民望元丕 · 游明根等, 頒賜金帛輿馬, 每至褒美叡等, 皆引丕等參之, 以示無私."

260. 미워하는 사람의 이름을 고친 경우 改惡人姓名

어떤 사람을 미워하여 그 성명을 고치는 것은 대개 『좌전(左傳)』에서 말한 도올(檮杌), 도철(饕餮), 혼돈(渾沌), 궁기(窮奇) 같은 것에 바탕을 둔 것이나,[438] 이것은 다만 좋지 않은 이름을 더한 것일 뿐으로 그 성명을 바꾼 것은 아니었고, 또 조정의 법제도 아니었다. 좋지 않은 성과 이름으로 바꾼 것으로는, 왕망(王莽)이 (흉노)선우(匈奴單于) 낭지아사(囊知牙斯)가 순종하지 않는다 하여 흉노선우를 항노선우(降奴單于)로 고치도록 했으니,[439] 이로 이미 그 단초를 열었다. 후한(後漢) 환제(桓帝)는 양기(梁冀)를 주살하고서 양(梁)씨 성을 미워했는데, 당시 등(鄧)황후가 아직 양씨 성을 하고 있었으므로 곧 황후의 성을 박(薄)씨로 고치도록 했으니,[440] 이것은 성을 고친 것이다. 오(吳)나라 손호(孫皓)는 하정(何定)을 죽이고서 그 악함이 장포(張布)[441]와 같다 하여 이름을 고쳐 하포(何布)라 했으니,[442] 이는

---

438) 『春秋左氏傳』「文公 18年」條, “昔帝鴻氏有不才子, 掩義隱賊, 好行凶德, 醜類惡物, 頑嚚不友, 是與比周醜, 天下之民, 謂之渾敦.少皞氏有不才子, 毁信廢忠, 崇飾惡言, 靖譖庸回, 服讒蒐慝, 以誣盛德, 天下之民, 謂之窮奇. 顓頊有不才子, 不可教訓, 不知話言, 告之則頑, 舍之則嚚, 傲很明德, 以亂天常, 天下之民, 謂之檮杌. 此三族也, 世濟其凶增, 其惡名以, 至于堯堯不能去. 縉雲氏有不才子, 貪于飮食, 冒于貨賄, 侵欲崇侈, 不可盈厭, 聚斂積實, 不知紀極, 不分孤寡, 不恤窮匱, 天下之民, 以比三凶, 謂之饕餮.”

439) 『漢書』 卷99中 「王莽傳」에 따르면, ‘降奴單于’로 고친 것이 아니라 ‘降奴服于’로 고쳤다(『漢書』 卷99中 「王莽傳」, 4121면, “更名匈奴單于曰降奴服于”).

440) 『後漢書』 卷10下 「桓帝鄧皇后傳」, 444면, “桓帝鄧皇后諱猛女, 和熹皇后從兄子鄧香之女也. 母宣, 初適香, 生后. 改嫁梁紀, 紀者, 大將軍梁冀妻孫壽之舅也. 后少孤, 隨母爲居, 因冒姓梁氏. 冀妻見后貌美, 永興中進入掖庭, 爲采女, 絶幸. 明年, 封兄鄧演爲南頓侯, 位特進. 演卒, 子康嗣. 及懿獻后崩, 梁冀誅, 立后爲皇后. 帝惡梁氏, 改姓爲薄, 封后母宣爲長安君.”

441) 張布 : 吳 景帝 孫休가 죽은 뒤 태후 朱氏를 설득해 孫皓를 즉위시키도록 한 인물이다. 그러나 당초 기대와는 달리 손호가 폭정을 일삼자 그를 즉위시킨 것을 후회하게 되었는데, 혹자가 이를 빌미로 손호에게 참소하여 바로 처형되었다. 『三國志』「吳書」 卷48 孫皓傳」, 1163면, “元興元年八月, 以上大將軍施績·大將軍丁奉爲左右大司馬, 張布爲驃騎將軍, 加侍中, 諸增位班賞, 一皆如舊. …… 皓旣得志, 麤暴驕盈, 多忌諱, 好酒色, 大小失望. (濮陽)興·(張)布竊悔之. 或以譖皓, 十一月, 誅興·布.”

이름을 고쳐버린 것이다[趙注 : 손준(孫峻)과 손림(孫琳)이 권세를 멋대로 휘두르며 악행을 일삼다가 주살되었는데, 오주(吳主) 손휴(孫休)는 그 종실 호적에서 삭제해 버리고 다만 고준(故峻), 고림(故琳)이라고 불렀으니,[443] 이는 또 다른 하나의 방법이다].

(동)진(東晉) 성제(成帝) 때에 남돈왕(南頓王) 사마종(司馬宗)[444]이 죄가 있어 주살되었는데, 그 가족은 폄하되어 사마(司馬)씨에서 마(馬)씨로 성을 바꾸었다.[445] 송(宋) 경릉왕(竟陵王) 유탄(劉誕)[446]이 모반죄로 주살되자, 효무제(孝武帝)는 그 성을 유(留)씨로 고쳤다[趙注 : '유(留)'와 '유(劉)'는 음이 같다].[447] 또 효무제는 진희왕(晉熙王)의 어머니 사(謝)씨의 성을 사(射)씨로 바꾸었다.[448]

---

442)『三國志』「吳書」卷48「孫皓傳」, 1169면, "何定姦穢發聞, 伏誅. 皓以其惡似張布, 追改定名爲布."

443)『三國志』「吳書」에는 '孫琳'이 아니라 '孫綝'으로 기록되어 있다(『三國志』「吳書」卷64「孫綝傳」, 1451면, "綝死時年二十八. 休恥與峻·綝同族. 特除其屬籍, 稱之曰故峻·故綝云").

444) 司馬宗(?~326) : 晉宗室로 字는 延祚이며, 汝南王 司馬亮의 아들이다. 南頓縣侯에 봉해졌다가 公으로 승진되었다. 劉喬를 토벌한 공으로 王으로 봉해졌다. 永嘉中 형 司馬羕과 함께 南渡하였다. 司馬睿가 稱帝한 후 散騎常侍가 되었고, 明帝 때 左衛將軍이 되었다. 大寧 2년(324) 擧兵하여 王敦을 토벌하였다. 司徒 王導 및 護軍將軍 庾亮과 불화하여 勇士를 모아 심복으로 삼았다. 明帝가 죽고 庾太后가 臨朝稱制할 때 驃騎將軍이 되었으나 兵權을 잃어 원망하였다. 御史中丞 鍾雅가 그가 모반한다고 탄핵하여 庾亮이 趙胤에게 그를 체포하도록 하자, 병사를 이끌고 항거하였으나 趙胤에게 살해되었다.

445)『晉書』卷7「成帝紀」, 170면, "車騎將軍·南頓王宗有罪, 伏誅, 貶其族爲馬氏."

446) 劉誕(433~459) : 劉宋 文帝의 여섯째 아들로 字는 休文이다. 元嘉 20년(443) 廣陵王에 봉해졌다. 후에 雍州刺史, 安東將軍, 會稽太守를 역임하였다. 太子 劉劭가 文帝를 죽이고 자립하자 군대를 이끌고 이를 토벌하였다. 사태가 마무리된 후 侍中 驃騎大將軍 襄州刺史에 제수되었고 竟陵王으로 改封되었다. 孝建中 南郡王의 반란을 평정하였다. 전후 누차 전공을 세워 孝武帝가 시기하여 南徐州刺史와 南兗州刺史 등 외직으로 나갔다. 大明 3년(459) 孝武帝가 侯로 降封하고 沈慶之를 보내 토벌하여 살해하였다.

447)『宋書』卷79「竟陵王誕傳」, 2036면, "隊主沈胤之·義征客周滿·胡思祖馳至, 誕執玉鐶刀與左右數人散走, 胤之等追及誕於橋上, 誕擧刀自衛, 胤之傷誕面, 因墜水, 引出殺之, 傳首京邑. 時年二十七. 因葬廣陵, 貶姓留氏. 同黨悉誅, 殺城內男爲京觀, 死者數千, 女口爲軍賞."

448)『宋書』卷72「晉熙王昶傳」, 1869~1870면, "太宗旣以燮繼昶, 乃下詔曰 : '虎狼護子, 猴猨負孫, 毒性薄情, 亦有仁愛, 故識念氣類, 尙均羣品, 況在人倫, 可忘天屬. 晉熙太妃謝氏, 沈刻無親, 物理罕比, 征北公雖孝道無替, 而遭此不慈, 自少及長, 闕恩鞠之□, 乃至休否莫關, 寒溫不訪, 晨昏屛塞, 定省靡因. 事無違忤, 動致誚責, 毒句發口, 人所難聞. 加惡備苦, 過於讎隙, 遂事憤於宗姻, 義傷於行路. 公故妃郗氏, 婦禮無

(남)제(齊) 명제(明帝)는 어복후(魚腹侯) (소)자향(蕭子響)을 죽이고 그 성을 소(蛸 : 갈거미)씨로 고쳤다[趙注 : '소(蛸)'와 '소(蕭)'는 음이 같다].[449] 양(梁) 무제(武帝) 동생의 아들인 (소)정덕(蕭正德)이 (북)위(北魏)로 달아났다가 곧이어 다시 도망쳐 돌아오자 무제는 그 성을 배(背)씨로 고쳤다.[450] 예장왕(豫章王) 소종(蕭綜)[451]이 (북)위로 달아나자 무제는 그 패역함을 미워하여 그 아들 (소)직(蕭直)의 성을 패(悖)씨로 고쳤다.[452] 무릉왕(武陵王) (소)기(蕭紀)가 군사를 일으켰다가 주살되었는데, (양) 원제(元帝)는 그 성을 도철씨로 고쳤다.[453] 수(隋)나라 때 양현감(楊玄感)이 반란을 일으켰다가 주살되자, 양제(煬帝)는 그 성을 효(梟 : 올빼미)씨로 고쳤다.[454] 당(唐) 고종(高宗)의 왕(王)황후와 소양제(蕭良娣)는 무후(武后)에게 살해되었는데, 무후는 왕황후의 성을 망(蟒 : 이무기)씨로 고치고, 소양제의 성을 효(梟)씨로 고쳤다.[455] 무후는 또 그 조

違, 逢此嚴酷, 遂以憂卒, 用夭盛年. 又謝氏食則豐珍, 衣則文麗, 奉己之餘, 播覃羣下; 而諸孫纊不溫體, 食不充飢, 付於姆孎之手, 縱以任軍之路. 遇其所生, 棄若糞土, 糸監縷比於重囚, 窮困過於下使. 誠皇規方遠, 沙塞將一, 公修短不諱, 亦難豫圖. 兼妾女累弱, 一第領主, 防閑之道, 人理斯急. 朕所以詔第六子燮奉公爲胤, 欲以毗整一門, 爲公繼紹. 但謝氏待骨肉至親, 尙相棄蔑; 況以義合, 免苦爲難. 患萌防漸, 危機須斷, 便可還其本家, 削絶蕃秩.' 先是改謝氏爲射氏."

449) 『南齊書』 卷40 「魚復侯子響傳」, 706면, "有司奏絶子響屬籍, 削爵土, 收付廷尉法獄治罪. 賜爲蛸氏."

450) 『魏書』 卷98 「島夷蕭衍傳」, 2176면, "正光元年, 衍改稱普通, 至三年, 其弟子西豐侯正德棄衍來奔, 尋復亡歸, 衍初忿之, 改其姓爲背氏, 旣而復焉, 封爲臨賀王."

451) 蕭綜(502~532) : 字는 世謙이며, 梁 武帝의 둘째 아들로 豫章王에 봉해졌다. 어머니 吳淑媛은 南齊 東昏侯의 宮人이었다가 武帝의 총애를 얻었다. 후에 蕭綜은 자신이 東昏侯의 아들임을 알고 다른 뜻을 품었다. 普通 6년(525) 彭城에 주둔하게 되자 밤에 北魏로 달아나 贊으로 개명하고 字를 德文이라 했다. 北魏에 항복했던 南齊宗室 蕭寶夤이 長安에서 반란을 일으키자 두려워하여 도망가다가 河橋에서 잡혔으나 조정에서는 무관하다고 보았다. 北魏 孝莊帝 때 太尉가 되었고 壽陽公主와 결혼하였다. 후에 齊州刺史가 되었으나 城民에게 쫓겨 옷을 바꿔 입고 도망가다 죽었다. 후에 吳人들이 그 시체의 뼈를 훔쳐 江東으로 돌아왔으나, 武帝는 蕭綜을 자신의 아들이라 여겨 蕭氏墓에 장사지냈다.

452) 『梁書』 卷55 「豫章王綜傳」, 824면, "於是有司奏削爵土, 絶屬籍, 改其姓爲悖氏."

453) 『梁書』 卷55 「武陵王紀傳」, 828면, "有司奏請絶其屬籍, 世祖許之, 賜姓饕餮氏."

454) 『隋書』 卷70 「楊玄感傳」, 1619면, "公卿請改玄感姓爲梟氏, 詔可之."

455) 『舊唐書』 卷51 「高宗廢后王氏傳」, 2170면, "武昭儀令人皆縊殺之. 后母柳氏·兄

카 무유량(武惟良), 무회운(武懷運)을 죽이고 모두 성을 복(蝮 : 살무사)씨로 고쳤다.[456] (당이 주(周)로 바뀐) 혁명이 일어난 뒤 낭야왕(琅邪王) (이)충(李沖), 월왕(越王) (이)정(李貞)이 군사를 일으켜 당나라를 회복하려고 했으나, 일이 어그러져 살해되었고 모두 성이 훼(虺 : 살무사)씨로 고쳐졌다.[457] 이 일에 연좌된 한왕(韓王) (이)원가(李元嘉), 노왕(魯王) (이)영기(李靈夔), 범양왕(范陽王) (이)애(李藹), 황공(黃公) (이)선(李譔), 동완공(東莞公) (이)융(李融), 상락공주(常樂公主) 역시 훼씨로 고쳐졌다.[458] 거란(契丹) 수령 이진충(李盡忠)[459]과 손만영(孫萬榮)[460]이 반란을 일으키자, 무후는 군사를 보내 그들을 토벌하도록 하고 이진충의 이름을 이진멸(李盡滅)로, 손만영을 손만참(孫萬斬)으로 바꾸었다.[461] 돌궐(突厥) 묵철(가한)(默啜可汗)이 쳐들어와 노략질을 하자 그 이름을 고쳐 참철(斬啜)이라 했다.[462] 또 골돌록(가한)(骨咄祿

尙衣奉御全信及蕭氏兄弟, 並配流嶺外. 遂立昭儀爲皇后. 尋又追改后姓爲蟒氏, 蕭良娣爲梟氏."

456) 『舊唐書』 卷5 「高宗紀下」, 90면, "丁未, 殺司衛少卿武惟良 · 淄州刺史武懷運, 仍改姓蝮氏."

457) 『舊唐書』 卷76 「越王貞傳」, 2662면, "於是制削貞及沖屬籍, 改姓虺氏."

458) 『舊唐書』 卷6 「則天皇后紀」, 119면, "丙寅, 斬貞及沖等, 傳首神都, 改姓爲虺氏. 曲赦博州. 韓王元嘉 · 魯王靈夔 · 元嘉子黃國公譔 · 靈夔子左散騎常侍范陽王藹 · 王元軌及子江都王緖 · 故虢王元鳳子東莞公融坐與貞通謀, 元嘉 · 靈夔自殺, 元軌配流黔州, 譔等伏誅, 改姓虺氏."

459) 李盡忠(?~696) : 契丹人으로 孫萬榮의 인척이다. 松漠都督에 임명되었다. 萬歲通天 元年(696) 孫萬榮과 함께 반란을 일으켜 營州都督을 살해하고 無上可汗을 자칭하였다. 여러 차례 唐兵을 패배시켰다.

460) 孫萬榮(?~697) : 唐 契丹酋長이다. 垂拱初 右玉鈐衛將軍 歸誠州刺史에 제수되었다. 萬歲通天 元年(696) 妹弟 松漠都督 李盡忠과 함께 營州都督을 살해하고 起兵하였다. 무리가 수만에 이르렀으며, 수차례 唐將을 패배시켰다. 李盡忠이 죽은 후 무리를 이끌고 冀州와 幽州를 함락시켰으나 다음 해 奚와 突厥이 후방을 공격하자 달아나다 家奴에게 살해되었다.

461) 『舊唐書』 卷199下 「契丹傳」, 5350면, "萬歲通天中, 萬榮與其妹壻松漠都督李盡忠, 俱爲營州都督趙翽所侵侮, 二人遂擧兵殺翽, 據營州作亂. 盡忠卽窟哥之胤, 歷位右武衛大將軍兼松漠都督. 則天怒其叛亂, 下詔改萬榮名爲萬斬, 盡忠爲盡滅."

462) 『舊唐書』 卷194上 「突厥上」 「默啜傳」, 5169면, "默啜又出自恒岳道, 寇蔚州, 陷飛狐縣. 俄進攻定州, 殺刺史孫彦高, 焚燒百姓廬舍, 虜掠男女, 無少長皆殺之. 則天大怒, 購斬默啜者封王, 改默啜號爲斬啜."

可汗)이 쳐들어와 노략질을 하자, 그 이름을 고쳐 부졸록(不卒祿)이라 하였다.[463] 중종(中宗) 때에는 성왕(成王) (이)천리(李千里)가 무삼사(武三思)의 일당인 종초객(宗楚客)[464] 등을 죽이려고 하다가 이기지 못하고 주살되었는데, 성이 복(蝮)씨로 고쳐졌다.[465] 현종(玄宗) 즉위 초에 태평공주(太平公主)가 반역을 모의했을 때에 두회정(竇懷貞)이 죄를 두려워하여 물에 투신해 죽자, 그 시체를 찾아 난도질하고 성을 독(毒)씨로 고쳤다.[466] 종실 이진(李晉) 역시 태평(공주)의 모의에 참여하였다가 주달되었고 성이 여(厲)씨로 바뀌었다.[467] 이 모든 것은 난세에 올바르지 못한 추악한 예들이다.

261. 조회에서 하례를 올릴 때 가까이 모시는 신하들이 먼저 예를 행했다朝賀近臣先行禮

조회에서 하례[朝賀[468])를 올릴 때 가까이서 모시는 여러 신하들은 전

463) 『舊唐書』 卷194上 「突厥上」 「骨咄祿傳」, 5167~5168면, "初, 寶璧見常之破賊, 遽表請窮其餘黨, 則天詔常之與寶璧計議, 遙爲聲援. 寶璧以爲破賊在朝夕, 貪功先行, 又令人出塞二千餘里覘候, 見元珍等部落皆不設備, 遂率衆掩襲之. 既至, 又遣人報賊, 令得設備出戰, 遂爲賊所覆, 寶璧坐此伏誅. 則天大怒, 因改骨咄祿爲不卒祿."

464) 宗楚客(?~710) : 唐 蒲州 汾陰縣 사람으로 字는 叔敖이다. 武則天의 從姊의 아들이다. 進士 出身으로 戶部侍郎이 되었으나 후에 뇌물수수로 嶺南으로 유배되었다. 萬歲通天 2년(697) 檢校夏官侍郎 同平章事가 되었으나 다시 축출되었다. 神龍初 太僕卿이 되었다가 兵部尙書 同平章事에 제수되었다. 韋后에 아부하여 中書令이 되었다. 紀處訥과 함께 朋黨이 되어 '宗紀'라 불렸다. 후에 臨淄王 李隆基(玄宗)가 거병하여 韋氏와 武氏를 주살할 때 피살되었다.

465) 『舊唐書』 卷76 「成王千里傳」, 2650~2651면, "三年, 又領廣州大都督・五府經略安撫大使. 節愍太子誅武三思, 千里與其子天水王禧率左右數十人斫右延明門, 將殺三思黨與宗楚客・紀處訥等. 及太子兵敗, 千里與禧等坐誅, 仍籍沒其家, 改姓蝮氏."

466) 『舊唐書』 卷183 「竇懷貞傳」, 4725면, "先天二年, 太平公主逆謀事洩, 懷貞懼罪, 投水而死, 追戮其屍, 改姓毒氏."

467) 『舊唐書』 卷60 「長平王叔良傳」, 2346면, "德良孫晉, 先天中, 爲殿中監, 兼雍州長史, 甚有威名, 紹封新興王. 尋坐附會太平公主伏誅, 改姓厲氏."

468) 朝賀 : 신하가 입조하여 임금에게 하례하는 것, 또는 그 말.

각 계단에 차례를 나누어 시립(侍立)해야 하므로, 먼저 내전(內殿)에서 예를 행한 뒤에 이어서 정전(正殿)으로 왔는데, 이러한 제도는 아마도 당(唐)나라 무종(武宗) 때부터 시작되었을 것이다. 회창(會昌) 2년(842)에 중서성(中書省)에서 "설날에 함원전(含元殿)으로 행차하시면 백관들이 와서 대열을 짓는데, 오직 재상 및 두 성(省)의 관리들은 모두 부채[扇][469]를 펴기 전에는 난간 안쪽에 서고, 부채가 펴지면 곧 어전(御前)에 시립합니다. 이렇게 되면 재상과 가까이서 모시는 신하들은 도리어 예를 행할 수 없습니다. 청컨대 궁전에 행차하시는 날 재상과 두 성의 관리들은 향로를 놓은 탁자 앞에 시립했다가 부채가 펴지기를 기다려 두 번 절을 한 뒤 절을 마치면 궁전에 올라 시립하도록 하고, 그런 다음에 백관들이 예를 행하도록 하십시오"라고 상주하니, 그것을 따랐다[趙注 : 본기].[470]

262. 대신에 대한 몸수색大臣搜檢

한(漢)나라 제도에서는 대신이 칼을 차고 신을 신은 채 궁전에 오르는 자는 대부분 나무칼을 차고 무기를 가질 수 없게 했으니, 아마도 작은 일부터 주의하고[防微] 해로운 조짐을 막으려는[杜漸[471]] 뜻이었을 것이다. 위·진(魏·晉) 이래로는 드디어 영(令)으로 정해서, 나아가 알현하는 경우 반드시 먼저 몸수색을 하도록 해, 비록 재상이라도 면할 수가 없었다. 당(唐)나라 문종(文宗)이 비로소 그것을 그만두도록 명했는데, 그 조서에서

---

469) 扇 : 여기서 말하는 부채는 임금이 거동할 때 쓰던 의장기를 가리킨다.

470) 『舊唐書』 卷18上 「武宗紀」, 590~591면, "中書奏 : '元日御含元殿, 百官就列, 唯宰相及兩省官皆未開扇前立於欄檻之內, 及扇開, 便侍立於御前. 三朝大慶, 萬邦稱賀, 唯宰相侍臣同介胄武夫, 竟不拜至尊而退, 酌於禮意, 事未得中. 臣等請御殿日昧爽, 宰相·兩省官鬪班於香案前, 俟扇開, 通事贊兩省官再拜, 拜訖, 升殿侍立.' 從之."

471) 杜漸 : '杜漸防萌'이라고 하면, 사물의 싹트는 시초를 막아 후환이 없게 한다는 뜻이다. 여기서는 '防萌' 대신 '防微'로 사용하였지만, 뜻은 같다고 할 수 있다.

"일을 맡겼으면 의심하지 말아야 하고, 의심하면 일을 맡기지 말아야 한다. 그런데 위·진 이래로 공연히 의례적으로 몸수색을 하는 묵은 습속이 아직 남아 있다. 짐은 바야흐로 큰 믿음을 받들었으니, 하물며 우리 재상[台宰]에게 또 어찌 사이를 두겠는가. 이후 자신(전)(紫宸殿)에서 조회에 참석했다가 뭇 신료들이 물러간 뒤 재상이 다시 일을 상주하러 오면, 검사를 마땅히 그만두도록 하라"라고 했다[趙注 : 본기].[472] 이 조서가 있기 이전에는 대신에 대한 몸수색이 오래도록 관례가 되고 있었음을 알 수 있다. 군주와 신하는 한 몸인데, 어찌 이와 같이 의심하고 방비하기에 이르렀는가만, 문종은 정치의 요체를 알았다고 할 수 있다. 그러나 금(金)나라 희종(熙宗) 때 해릉(왕)(海陵王)이 재상이 되어 십여 명과 함께 칼을 차고 입궁했는데,[473] 시위(侍衛) 등은 이를 보고도 예사로 여겨 결국 시역이 성공했으니, 이는 또한 관용함이 지나쳐서는 안 된다는 것이다.

263. 도첩度牒

송(宋)나라 때 기근을 구휼하고 큰 공사를 일으킬 때면 곧잘 도첩(度牒)[474] 수십 도(道)[475]를 청해서 비용을 충당했는데, 그 값이 초(鈔) 1백~2백 관(貫)

472) 『舊唐書』 卷17上 「文宗紀」, 526면, "五月壬戌朔. 戊辰, 詔 : '元首股肱, 君臣象類, 義深同體, 理在坦懷. 夫任則不疑, 疑則不任. 然自魏·晉已降, 參用覇制, 虛議搜索, 因習尙存. 朕方推表大信, 置人心腹, 庶使諸侯方嶽, 鼓洽道化, 夷貊飛走, 暢泳治功. 況吾台宰, 又何間焉. 自今已後, 紫宸坐朝, 衆僚旣退, 宰臣復進奏事, 其監搜宜停'."

473) 이때는 親王 이하의 사람들이 칼을 차고 입궁하는 것만을 금지하였다(『金史』 卷4 「熙宗紀」, 73면, "己巳, 始禁親王以下佩刀入宮").

474) 度牒 : 새로 중이 되려는 이에게 국가에서 발행한 出家를 허락하는 書. 도첩을 가진 자만 租稅와 徭役을 면제해주었으며, 入寂하거나 還俗할 경우 반납해야 했다.

475) 道 : 量詞로 사용되었다.

에서 3백 관에 이르기까지 같지 않았다.476) 승려[緇流]477)에게 무슨 이로운 바가 있어서 그것을 샀는지 알 수 없는데, 「이덕유전(李德裕傳)」을 살펴보게 되면, 당(唐)나라 이래로 도첩이 중요했음을 알 수 있다. 서주절도사(徐州節度使) 왕지흥(王智興)은 상소를 올려 회수(淮水)와 사수(泗水) 부근에 단(壇)을 설치하고 사람들을 승려로 출가시키면서 한 사람마다 두 견(絹)을 납부하면478) 바로 도첩을 주어 보낼 것을 허락해 달라고 했다. 이덕유(李德裕)는 이때 절서관찰사(浙西觀察使)였는데, "강회(江淮) 지역 사람들이 그것을 듣고, 집에 장정 셋이 있는 경우 반드시 장정 하나를 보내 머리를 깎게 하니, 그 뜻은 요역을 피하고 재산을 감추려 하는 데에 있습니다. 지금 산산도(蒜山渡)에서 날마다 백여 명을 통과시키고 있으니, 만약 금지하지 않는다면 1년 안에 60만 장정을 잃을 것입니다"라고 말했다.479) 이에 의하면 일단 도첩을 얻을 경우 정전(丁錢)을 면제받고 가산을 숨길 수 있었으니, 따라서 남의 명의를 도용해 속이거나 세금을 포탈했음을 알 수 있고, (결국) 이것이 백성들이 우르르 몰려갔던 까닭인 것이다. 그러니 나라에서 도첩을 팔면 비록 돈을 얻을 수는 있었지만, 실은 모르는 사이에 장정과 농지에 대한 조세를 없애는 것이었으니, 곧 또한 무엇이 이익이었겠는가.

---

476) 대표적인 사례로는 『宋史』 卷34 「孝宗紀」, 641면, "(乾道 3年)四川旱, 賜制置司度牒四百, 備振濟" 및 『宋史』 卷35 「孝宗紀」, 687면, "(淳熙 14年)八月辛未, 賜度牒一百道・米四萬五千石, 備振紹興府饑." 등이 보인다.

477) 緇流 : 緇徒. 검은 옷을 입은 무리, 즉 승려를 말한다.

478) 【王注】 '每人納二絹'은 『舊唐書』 卷174 「李德裕傳」에는 '納二緡'이라 되어 있고, 『新唐書』 卷180 「李德裕傳」에는 '輸錢二千'이라 했으니, 본문의 '絹'字는 마땅히 '緡'이라 써야 한다.

479) 『舊唐書』 卷174 「李德裕傳」, 4514면, "元和已來, 累敕天下州府, 不得私度僧尼. 徐州節度使王智興聚貨無厭, 以敬宗誕月, 請於泗州置僧壇, 度人資福, 以邀厚利. 江・淮之民, 皆羣黨渡淮. 德裕奏論曰 : '王智興於所屬泗州置僧尼戒壇, 自去冬於江・淮已南, 所在懸牓招置. 江・淮自元和二年後, 不敢私度. 自聞泗州有壇, 戶有三丁必令一丁落髮, 意在規避王徭, 影庇資產. 自正月已來, 落髮者無算. 臣今於蒜山渡點其過者, 一日一百餘人, 勘問唯十四人是舊日沙彌, 餘是蘇・常百姓, 亦無本州文憑, 尋已勒還本貫. 訪聞泗州置壇次第, 凡僧徒到者, 人納二緡, 給牒卽回, 別無法事. 若不特行禁止, 比到誕節, 計江・淮已南, 失却六十萬丁壯. 此事非細, 繫於朝廷法度.' 狀奏, 卽日詔徐州罷之."

권20

264. 당나라 때 환관의 폐해唐代宦官之禍

동한(東漢) 및 (청) 앞의 명(明)나라에서는 환관의 폐해가 심하긴 했지만, 그래도 (이때에는) 군주의 권세를 훔쳐서 천하에 잔학한 행위를 거리낌 없이 하는 것이었다. (그러나) 당(唐)나라시대에는 환관의 권세가 도리어 군주의 위에 있어 군주를 세우거나 시해하거나 폐위하는 것이 아이들 장난과 같았으니, 실로 고래로 일찍이 없던 변고이다. 재난의 시초를 따져 보면, 모두 그들(환관)에게 금병(禁兵)을 장악하고 기밀을 담당하게 한 데에서 비롯했으니, 이른바 태아(太阿)[1]를 거꾸로 쥐고 칼자루[柄]를 넘겨준

1) 太阿 : 名劍의 이름. 春秋時代 楚나라의 寶劍으로, 歐冶子와 干將이 함께 만든 명검이라고 한다. 『舊唐書』 卷173 「陳夷行傳」, 4495면, "夷行日 : '自三數年來, 姦臣竊權, 陛下不可倒持太阿, 授人鐏柄.' (楊)嗣復曰 : '齊桓用管仲於讎虜, 豈有太阿之慮

것이었으며, 그 세력이 이미 형성된 뒤로는 비록 영명한 군주와 밝게 살피는 재상이 있더라도 역시 그들을 어찌할 수가 없었다. 몸이 궁궐[禁闈] 안에 있으므로 사(社)에 사는 쥐나 성에 사는 여우[城狐][2]처럼 본래 쉽게 권위를 훔쳐 멋대로 하였으니, 이는 곧 병권을 담당하지 않고 어명을 받들지 않으면서도 한가롭고 매우 밀접한 위치에서 간단한 말만으로도 때로 군주의 마음을 움직이고 일의 단초를 올리고 내릴 수 있었던 것이었으므로, 천하가 이미 쏠리듯이 그를 따르게 되었다.

예컨대 고력사(高力士)가 총애를 받고 있을 때에는 요행을 바라는 사람들이 그를 한번 보려고 하는 것이 하늘나라 사람을 보듯 하였다. 숙종(肅宗)이 동궁(東宮)에 있을 때 또한 그를 형으로 섬겼고, 여러 제후왕과 공주들은 그를 '어르신[翁]'이라 불렀으며, 군주의 친족[戚里]들도 그를 높여 '어르신[爹]'라고 불렀고, 장상(將相)과 대신들은 모두 그를 통해 벼슬길에 나아갔다.[3] 일찍이 불사(佛寺)와 도관(道觀)을 각각 한 군데씩 짓고 나서, 종이 완성되자 공경들에게 연회를 베풀며 한번 종을 칠 때마다 예물로 10만전(錢)을 바치도록 했는데, 스무 번이나 종을 치는 사람도 있었다.[4]

乎?' 上不悅";『新唐書』卷132「吳兢傳」, 4528면, "帝東封太山, 道中數馳射爲樂. 兢諫曰:'方登岱告成, 不當逐狡獸, 使有垂堂之危·朽株之殆.' 帝納之. 明年(開元十四年)六月, 大風. 詔羣臣陳得失. ……(兢)又曰:'政悖德隱, 厥風發屋壞木.' 風, 陰類, 大臣之象. 恐陛下左右有姦臣擅權, 懷謀上之心. 臣聞百王之失, 皆由權移於下, 故曰:'人主與人權, 猶倒持太阿, 授之以柄'."

2) 城狐: 성 안에 사는 여우. 임금 곁에 있는 소인의 비유로 쓰인다.

3) 원문에서는 '戚里'를 언급하지 않고, 駙馬들이 그를 '어르신[爺]' 이라고 했다고 썼다. '爺'와 '爹'는 모두 '아비'의 뜻을 가지고 있어 서로 통하는 글자로 볼 수 있다.『舊唐書』卷184「高力士傳」, 4757~4758면, "故常止於宮中, 稀出外宅. 若附會者, 想望風彩, 以冀吹噓, 竭肝膽者多矣. 宇文融·李林甫·李適之·蓋嘉運·韋堅·楊愼矜·王鉷·楊國忠·安祿山·安思順·高仙芝因之而取將相高位, 其餘職不可勝紀. 肅宗在春宮, 呼爲二兄, 諸王公主皆呼'阿翁', 駙馬輩呼爲'爺'."

4)『新唐書』卷207「高力士傳」, 5859면, "於來廷坊建佛祠, 興寧坊立道士祠, 珍樓寶屋 國貲所不逮. 鍾成, 力士宴公卿, 一扣鍾, 納禮錢十萬, 有佞悅者至二十扣, 其少亦不減十";『舊唐書』卷184「高力士傳」, 4758면, "力士資産殷厚, 非王侯能擬, 於來庭坊造寶壽佛寺, 興寧坊造華封道士觀, 寶殿珍臺, 侔於國力. 於京城西北截澧水作碾並轉五輪, 日碾麥三百斛. 初, 寶壽寺鐘成, 力士齋慶之, 擧朝畢至. 凡擊鐘者, 一擊百

이보국(李輔國)이 총애를 받고 있을 때에는 사람들이 (그를 언급할 때) 감히 그(이보국)의 관직을 말하지 못하고 다만 '오랑(五郎)'이라고만 불렀다. 이규(李揆)는 국정을 담당하면서도 성이 같은 후손[子姓]으로써 그(이보국)를 섬겼다.[5] 일찍이 조서를 위조해서 상황(上皇)을 서내(西內)[6]로 옮겨 울분으로 죽게 하기도 했다.[7]

그밖에 어조은(魚朝恩)은 곽자의(郭子儀)의 공이 높은 것을 시기하여 그의 병권을 중지시키도록 참소했다.[8] 정원진(程元振[9])은 내진(來瑱)을 참소하여 사사시켰고,[10] (정원진과 사이가 안 좋았던) 이광필(李光弼)은

千; 有規其意者, 擊至二十杵, 少尙十杵."

5)『新唐書』卷208「李輔國傳」, 5880면, "貴幸至不敢斥官, 呼五郞. 李揆當國, 以子姓事之, 號'五父'";『舊唐書』卷184「李輔國傳」, 4760면, "中貴人不敢呼其官, 但呼五郞. 宰相李揆, 山東甲族, 位居台輔, 見輔國執子弟之禮, 謂之五父."

6) 西內 : 唐代 長安의 大極殿을 지칭한다. 大明殿을 東內라 하는 것에 대비되는 칭호이다.

7)『舊唐書』卷9「玄宗紀下」, 235면, "乾元三年七月丁未, 移幸西內之甘露殿. 時閹宦李輔國離間肅宗, 故移居西內. 高力士・陳玄禮等遷謫, 上皇寖不自懌";『舊唐書』, 卷184「李輔國傳」, 4760면, "上元元年, 上皇嘗登長慶樓, 與公主語, 劍南奏事官過朝謁, 上皇令公主及如仙媛作主人. 輔國起微賤, 貴達日近, 不爲上皇左右所禮, 慮恩顧或衰, 乃潛畫奇謀以自固. 因持盈待客, 乃奏云 : '南內有異謀,' 矯詔移上皇居西內, 送持盈於玉眞觀, 高力士等皆坐流竄."

8)『新唐書』卷137「郭子儀傳」, 4602면, "魚朝恩素疾其功, 因是媒孼之, 故帝召子儀還, 更以趙王爲天下兵馬元帥, 李光弼副之, 代子儀領朔方兵";『舊唐書』卷120「郭子儀傳」, 3453면, "中官魚朝恩素害子儀之功, 因其不振, 媒孼之, 尋召還京師. 天子以趙王係爲天下兵馬元帥, 李光弼副之, 委以陝東軍事, 代子儀之任. 子儀雖失兵柄, 乃心王室, 以禍難未平, 不遑寢息."

9) 程元振(?~764) : 唐 京兆府 三原縣(지금의 陝西省 三原縣 동북) 사람이다. 환관이며, 代宗을 옹립하여 총애를 얻어 右監門衛將軍 知內侍省事에 임명되었고, 李輔國을 대신해 判元帥行軍司馬 驃騎大將軍이 되었다. 禁兵을 총지휘하여 위세가 천하에 떨쳤다. 功臣과 賢能한 사람을 시기하여 大將 來瑱을 무고하여 죽이고 宰相 裴冕을 배척했으며 李光弼을 모함하여, 인심이 동요하고 方鎭이 떨어져나가게 하였다. 廣德元年(763) 吐蕃의 침입사실을 알리지 않아 代宗이 長安을 버리고 도망가게 하였다. 太常博士 柳伉이 그의 죄를 상소하자, 代宗은 그가 자신을 옹립한 공을 참작해 관직을 삭탈하고 鄕里로 추방하였다. 후에 옷을 바꿔 입고 몰래 長安으로 들어왔으나 다시 쫓겨나 江陵에 이르러 죽었다.

10)『新唐書』卷144「來瑱傳」, 4701면, "是時, 程元振居中用事, 疾瑱, 乃告與巫祝言不順. 會王仲昇歸, 又言由瑱與賊合, 故陷賊. 帝積怒, 遂下詔削除官爵, 貶播川尉, 員外

결국 감히 입조할 수 없었다.[11] 또 배면(裴冕)[12]을 참소하여 재상 자리를 그만두고 시주(施州)로 쫓겨나게 했는데, 이로써 방진(方鎭)이 분열하고 토번(吐藩)이 쳐들어 와 대종(代宗)이 매우 다급하게 달아나게 되어, 여러 도(道)의 군사를 불렀으나 하나도 오는 이가 없게 되었다.[13] 이는 그래도 오히려 아직 병권을 장악하거나 기밀을 관장하지 않았던 시기의 일이었다【趙注 : 살펴보건대, 대종은 (이)보국을 제거하고자 했으나 그가 병권을 장악하고 있는 것을 두려워했으니, 이는 대종 때 환관이 이미 병권을 담당했다는 것이다. 하지만, 대종은 광평왕(廣平王) 신분으로 원수(元帥)가 되었고, 즉위한 뒤에도 여전히 원수부(元帥府)[14]가 남아 있어서 (이)보국을 원수행군사마(元帥行軍司馬)로 삼았다.[15] 정원진은 그것을 이었고,[16] 어조은 또한 관군용사(觀軍容使)[17]였으니,[18] 이는 모두

置. 及雩, 賜死, 籍其家."

11)『新唐書』卷136「李光弼傳」, 4590면, "及來瑱爲元振讒死, 光弼愈恐. 吐蕃寇京師, 代宗詔入援, 光弼畏禍, 遷延不敢行."

12) 裴冕(?~769) : 唐 河東 사람으로 字는 章甫이다. 天寶初 門蔭으로 渭南尉가 되었으며, 후에 河西節度使 哥舒翰의 벽소로 行軍司馬가 되었다. 天寶 15年(756) 肅宗을 따라 靈武에 갔으며, 杜鴻漸 등과 함께 즉위를 권하였다. 中書侍郎 同平章事로 발탁되어 관직과 僧道의 도첩을 팔아 군자금을 마련할 것을 건의하여 安史의 난을 평정하였다. 右僕射·劍南西川節度使를 지냈으며, 大曆 4年(769) 宰相으로 임용되었으나 한 달도 넘지 않아 죽었다.

13)『舊唐書』卷184「程元振傳」, 4762면, "元振欲報私憾, 誣瑱之罪, 竟坐誅. 宰臣裴冕爲肅宗山陵使, 有事與元振相違, 乃發小吏贓私, 貶冕施州刺史. 來瑱名將, 裴冕元勳, 二人旣被誣陷, 天下方鎭皆解體, 元振猶以驕豪自處, 不顧物議."

14) 元帥府 : 元帥는 군사작전 때 군대를 총지휘하였으며 전쟁이 끝나면 없앴다. 安史의 난 이후 天下兵馬都元帥를 두었다가 大曆 8년(773) 없앴다. 후에 諸道의 兵馬를 모아 전쟁할 때 元帥 혹은 都統을 두어 전시 최고 군사령관으로 삼았다. 대개 親王이 명목상 元帥가 되었으나, 副元帥가 실제로 총사령관 역할을 했으며, 이하 元帥府 幕職에는 行軍長史·行軍司馬·掌書記·判官·參謀·兵馬使·都虞候 등이 있다.

15)『舊唐書』卷184「李輔國傳」, 4760면, "輔國判元帥行軍司馬, 專掌禁兵, 賜內宅居止."

16)『舊唐書』卷184「程元振傳」, 4761~4762면, "代宗卽位, 以功拜飛龍副使·右監門將軍·上柱國, 知內侍省事. 尋代輔國判元帥行軍司馬, 專制禁兵, 加鎭軍大將軍·右監門衛大將軍, 封保定縣侯, 充寶應軍使";『新唐書』卷207「程元振傳」, 5861면, "張皇后謀立越王, 元振見太子, 發其姦, 與李輔國助討難, 立太子, 是爲代宗. 拜右監門衛將軍, 知內侍省事. 帝以藥子爲判元帥行軍司馬, 固辭, 乃以命元振, 封保定縣侯."

17) 觀軍容使 : 使職名이다. 唐 乾元 2년(759) 郭子儀·李光弼 등 아홉 명의 節度使가 相州에서 安慶緖를 포위했는데, 朝政에서는 총사령관을 임명하지 않고 宦官 魚朝恩

잠시 관장한 것일 뿐이며 아직 상시적으로 병권을 주관할 수 있었던 것은 아니다].

덕종(德宗)이 경사(涇師, 경원절도사(涇原節度使) 군대)의 변란 와중에 금군(禁軍)이 급박한 가운데 제대로 소집되어 모이지 않자, 장안(長安)으로 돌아온 이후로는 무신에게 금병을 맡기려 하려 하지 않았으며, 곧 신책(神策), 천위(天威) 등의 부대에 호군중위(護軍中尉),[19] 중호군(中護軍)[20] 등의 관직을 두고, 환관 두문창(竇文場), 곽선명(霍仙鳴) 등에게 이를 주관하도록 했으니, 이에 금군이 모두 환관에게 귀속되었다.[21] 그 뒤에 또한 추밀(樞密)의 직책[22]이 생겨, 모든 조칙과 어명을 받들어 왕명을 출납하는 일을 대부분 그들(환관)에게 맡기니, 이에 기밀을 담당하는 중요한 일에 환관들이 참여하게 되었다[趙注 : 「이길보전(李吉甫傳)」을 살펴보면, 헌종(憲宗) 초기에 중서(中書)의 말

을 觀軍容使로 삼았으니, 실제로는 監軍使의 역할이었다. 후에 左右神策軍觀軍容使가 있어 左右中尉의 위에 있었다. 唐末에는 權宦 田令孜가 스스로 左右神策十軍 兼十二衛觀軍容使가 되어 南北衙 전체의 禁衛兵을 통솔하였다.

18) 『舊唐書』 卷184 「魚朝恩傳」, 4763면, "九節度討安慶緒於相州, 不立統帥, 以朝恩爲觀軍容宣慰處置使. 觀軍容使名, 自朝恩始也."

19) 護軍中尉 : 中尉로 약칭된다. 唐 貞元 12년(796) 左右神策護軍中尉를 두어 宦官을 임명하였다. 본래 神策軍을 監軍하는 宦官의 加號로 존경과 총애를 나타낸다. 후에 神策禁軍을 장악한 자들이 모두 이 직책을 가지게 되어 권세가 가장 큰 환관이 되었다.

20) 中護軍 : 官名. 唐 貞元 12년(796) 左右神威軍中護軍을 두어 宦官을 임명하였다. 左右神威軍의 監軍使에게 덧붙여진 加號로 존경과 총애를 받음을 나타냈다.

21) 『舊唐書』 卷184 「宦官傳」 「序言」, 4754면, "德宗避涇師之難, 幸山南, 內官竇文場·霍仙鳴擁從. 賊平之後, 不欲武臣典重兵, 其左右神策·威等軍, 欲委宦者主之, 乃置護軍中尉兩員·中護軍兩員, 分掌禁兵, 以文場·仙鳴爲兩中尉, 自是神策親軍之權, 全歸於宦者矣. 自貞元之後, 威權日熾, 蘭錡將臣, 率皆子蓄, 藩方戎帥, 必以賄成, 萬機之與奪任情, 九重之廢立由己."

22) 樞密使 : 官名으로 唐 永泰 2년(766) 처음 설치되었다. 본래 表奏를 접수하여 皇帝에 바치고, 皇帝의 의도를 宰相에게 전달하는 역할을 맡았다. 대개 宦官들이 맡았으며, 정식기구와 屬官이 없었다. 그러나 皇帝와 가깝고 機密에 참여하고 전해 들으며 聖旨를 전달하기 때문에 권력을 농단하기 쉬웠다. 唐後期 점차 軍國大政에 참여하여 皇帝의 옹립과 재상의 任免에 관여하였다. 唐末 朱溫이 宦官을 주살한 후 처음으로 朝臣 蔣玄暉를 樞密使로 임명하였다. 五代 後梁 開平 元年(907) 樞密院을 崇政院으로 바꾸어 樞密使를 崇政院使로 改稱하였다. 後唐 同光 元年(923) 樞密院의 명칭을 회복하였다가 後晉 天福 4년(939) 樞密院을 폐지하였다. 후에 다시 설치하여 五代 끝까지 계속 유지되었다. 樞密使 밑에 樞密副使, 혹은 參知樞密院事를 두었다. 宋代에는 樞密使와 宰相이 軍政을 각각 담당하여 지위와 직권이 모두 중한 제도가 만들어졌다.

단관리 활환(滑渙)이 추밀사(樞密使) 유광기(劉光琦)와 친해 자주 외람되게 권세를 휘둘렀다.[23] 또한 「배게전(裴垍傳)」을 보면, 이강(李絳)이 한림승지(翰林承旨)[24]일 때 환관 양수겸(梁守謙)이란 이가 기밀 명령을 관장했다.[25] 이것은 기밀을 담당하는 직책이 대개 덕종 말기, 헌종 초기에 시작되었다는 것이다. 또한 「엄준미전(嚴遵美傳)」을 보면, 추밀사는 일을 보는 관청이 없이 그저 문서를 쌓아 두는 기둥 세 개짜리 건물이 있을 뿐이었는데, 나중에는 결국 황지(黃紙)를 붙일 수 있는(貼黃)[26] 건물과 책상을 가지게 되었고 재상 등과 함께 중요한 사안을 결정했다.[27] 이 두 가지(병권(兵權)과 기무(機務))는 모두 극히 중요한 직책이므로, 하나만 가져도 이미 권력을 잡고 위세를 세워 안팎을 제압하기에 충분한데, 하물며 두 가지가 모두 그들(환관)이 거머쥐는 바가 되었음에랴.

처음에는 오히려 총애를 빌미로 존귀함을 훔치며 군주의 권세를 끼고 아래를 제압했지만, 나중에는 그것이 켜켜이 쌓여 돌이키기 어렵게 되었으며, 바로 곁에 있으면서 뱃속의 근심이 되었으니, 군주를 끌어내리고 두는 것이 또한 그 손바닥 안에 있었다. 「희종본기(僖宗本紀)」 찬(贊)에서 "목종(穆宗) 이래로 여덟 황제인데, 환관에 의해 옹립된 경우가 일곱 임금이었다"[28]라고 기록했다. 이제 본기를 살펴보면, 헌종 때 태자 (이)녕(李寧)이 죽자 중위(中尉) 토돌승최(吐突承璀)가 풍왕(灃王) (이)운(李惲)을 황태자로 세우려고 했으나, (이)운의 어머니가 미천하여 황태자로 세울 수 없게 되자, 수왕(遂王) (이)유(李宥)를 황태자로 삼았다.[29] 헌종이 붕어하자 환관 진홍

---

23) 『舊唐書』 卷148 「李吉甫傳」, 3993면, "憲宗初卽位, 中書小吏滑渙與知樞密中使劉光琦昵善, 頗竊朝權, 吉甫請去之."

24) 翰林承旨 : 翰林學士承旨라고도 한다. 唐代 翰林學士는 대개 6員이었는데, 그 중 承旨 한 명이 더욱 중요하여 學士의 우두머리에 해당했다. 宋代에도 자질이 우수한 翰林學士 한 명을 翰林學士承旨로 임명했다.

25) 『舊唐書』 卷148 「裴洎傳」, 3991면, "洎因請密其謀, 憲宗曰 : '此唯李絳·梁守謙知之.' 時絳承旨翰林, 守謙掌密命."

26) 貼黃 : 唐代 조서에 고칠 데가 있으면 黃紙를 첨부해 정정함을 이른다. 후대에는 上疏 등에 뜻이 미진한 데가 있으면 황지를 끝에 첨부해 부연한다는 뜻으로도 썼다.

27) 『新唐書』 卷207 「嚴遵美傳」, 5872면, "遵美歷左軍容使, 嘗歎曰 : '北司供奉官以胯衫給事, 今執笏, 過矣. 樞密使無聽事, 唯三楹舍藏書而已, 今堂狀帖黃決事, 此楊復恭奪宰相權之失也'."

28) 『新唐書』 卷9 「僖宗紀」, 281면, "贊曰 : '唐自穆宗以來八世, 而爲宦官所立者七君. ……'."

지(陳弘志)는 (토돌)승최와 (이)운을 살해하고 황태자를 즉위시켰으니, 이가 목종이다.[30] [趙注 : 『구당서(舊唐書)』「왕수징전(王守澄傳)」을 보면, 헌종이 붕어하자 (왕)수징[31]과 마진담(馬進潭), 양수겸 등이 목종을 옹립했다고 했으니,[32] 아마도 모두 진홍지와 함께 모의한 자들일 것이다.] 이는 목종의 옹립이 진홍지 등의 힘에서 비롯했다는 것이다. 그러나 목종은 오히려 헌종 때 이미 황태자로 책립되었고 (진)홍지 등은 그를 (황제로) 추대하기만 한 것이므로 아직 마음대로 황제를 세운 것은 아니다.

경종(敬宗)은 밤에 사냥을 갔다가 궁으로 돌아와 환관 유극명(劉克明), 전무성(田務成), 허문단(許文端), 장군 소좌명(蘇佐明), 왕가헌(王嘉憲), 석정관(石定寬) 등 스물여덟 명과 술을 마셨는데, 경종이 취해 방에 들어가 옷을 갈아입자, 전각의 등불이 갑자기 꺼지면서 유극명 등이 함께 경종을 살해하고,[33] 소좌명 등이 황제의 명령을 거짓으로 꾸며 강왕(絳王)을 옹립했다. 추밀사 왕수징과 중위 양수겸은 금군을 이끌고 적을 토벌한 뒤 강왕을 죽이고 강왕(江王)을 맞이하여 즉위시켰으니, 이가 문종(文宗)이다.[34] 이는 문

---

29) 『舊唐書』 卷184 「吐突承璀傳」, 4769면, "惠昭太子薨, 承璀建議請立澧王寬爲太子, 憲宗不納, 立遂王宥."

30) 『新唐書』 卷8 「穆宗紀」, 221면, "十五年正月庚子, 憲宗崩, 陳弘志殺吐突承璀及澧王. 辛丑, 遺詔皇太子卽皇帝位于柩前, 司空兼中書令韓弘攝爲宰."

31) 王守澄(?~835) : 宦官으로 元和中 徐州監軍이 되었다. 후에 소환되어 內常侍 陳弘志와 함께 憲宗을 시해하고 穆宗을 옹립하였다. 長慶中 知樞密事가 되었다. 寶曆 2년말(827년초) 宦官 劉克明 등이 敬宗을 살해하자 梁守謙 등과 함께 劉克明을 살해하고 文宗을 옹립하였다. 右神策中尉가 되었다. 太和 5년(831) 宰相 宋申錫이 宦官주살을 모의하다 일이 누설되자 사람을 시켜 宋申錫이 모반했다고 무고하여 쫓아냈다. 太和 8년(834) 李訓과 鄭州를 천거했다. 다음 해 李訓과 鄭州가 文宗의 뜻에 따라하 宦官 仇士良을 끌어들여 그의 권력을 나누었으며, 후에 독살하였다.

32) 『舊唐書』 卷184 「王守澄傳」, 4769면, "王守澄, 元和末宦者. 憲宗疾大漸, 內官陳弘慶等弑逆. 憲宗英武, 威德在人, 內官祕之, 不敢除討, 但云藥發暴崩. 時守澄與中尉馬進潭·梁守謙·劉承偕·韋元素等定冊立穆宗皇帝."

33) 『舊唐書』 卷17上 「敬宗紀」, 522면, "十二月甲午朔. 辛丑, 帝夜獵還宮, 與中官劉克明·田務成·許文端打毬, 軍將蘇佐明·王嘉憲·石定寬等二十八人飲酒. 帝方酣, 入室更衣, 殿上燭忽滅, 劉克明等同謀害帝. 卽時殂於室內, 時年十八."

34) 『新唐書』 卷8 「文宗紀」, 229~230면, "寶曆二年十二月, 敬宗崩, 劉克明等矯詔以絳王悟句當軍國事. 壬寅, 內樞密使王守澄楊承和·神策護軍中尉魏從簡梁守謙奉江王而立之, 率神策六軍·飛龍兵誅克明, 殺絳王. 乙巳, 江王職皇帝位于宣政殿."

종의 옹립이 왕수징 등의 힘에서 비롯했다는 것이다. 그러나 이는 오히려 경종에게 아직 태자가 없었으므로 적을 토벌하고 군주를 세운 것이니, 또한 아직은 올바름에서 나온 것이다.

문종이 재위하고 있을 때 이미 경종의 아들 (이)성미(李成美)를 황태자로 삼았고, 문종의 병세가 크게 악화되자(大漸)[35] 재상 이각(李玨)과 추밀사 유홍일(劉弘逸) 등이 다시 밀명을 받들어 (이)성미를 감국(監國)으로 삼았으나, 곧 중위 구사량(仇士良),[36] 어홍지(魚弘志)가 조서를 위조해 (이)성미를 폐위하고 영왕(潁王) (이)전(李瀍)을 황태제(皇太弟)로 삼아 즉위하게 했으니 이가 바로 무종(武宗)이다.[37] 이는 무종의 옹립이 구사량 등의 힘에서 비롯했다는 것이다. 이 경우는 곧 선제(先帝)가 세운 태자를 폐위하고 제멋대로 바꾼 것이니 그 악랄함은 다시 진홍지, 왕수징 등과 비교할 바가 아니다.

무종이 붕어하자 중위 마원지(馬元贄)가 광왕(光王) (이)이(李怡)를 황태숙(皇太叔)으로 삼아 즉위시켰으니, 이가 선종(宣宗)이다.[38] 【趙注 : 당시 무종에게는 아직 태자가 없었다.】 이는 선종의 옹립이 마원지의 힘에서 비롯했다는 것이다. 선

35) 大漸 : 임금의 병세가 아주 위독함을 이른다.

36) 仇士良(?~843) : 唐 循州 興寧縣(지금의 廣東省 興寧縣 동북) 사람으로 字는 匡美이다. 順宗 때 宦官이 되어 東宮에 들어갔다. 전후 平盧와 奉常 등 節度使의 監軍이 되었고, 수차 內外五坊使를 역임하였는데, 탐욕이 끝이 없었다. 文宗 때 左神策軍中尉 兼 左街功德使로 발탁되어 宦官 王守澄과 권력을 나누었다. 太和 9년(835) 文宗이 朝臣 李訓 등에 의존해 '甘露之變'을 일으켜 宦官들을 주살하려고 하였으나 실패하자 그는 宦官 魚弘志와 함께 朝臣을 대거 살육하였다. 特進 右驍衛大將軍이 되고 권세가 나날이 강해져 文宗이 家奴에게 제압되었다고 말할 정도였다. 開成 5년(840) 文宗이 죽자 조서를 위조하여 潁王 李瀍(武宗)을 옹립하여 驃騎大將軍 楚國公에 제수되었다. 致仕후 다른 환관들에게 격구와 수렵, 聲色으로 皇帝를 교란시켜 독서하지 못하도록 하고 儒臣들과 친하지 못하도록 하라고 권했다.

37) 『舊唐書』 卷18上 「武宗紀」, 583~584면, "初, 文宗追悔莊恪太子殂不由道, 乃以敬宗子陳王成美爲皇太子, 開成四年冬十月宣制, 未遑冊禮. 五年正月二日, 文宗暴疾, 宰相李瀍・知樞密劉弘逸奉密旨, 以皇太子監國. 兩軍中尉仇士良・魚弘志矯詔迎潁王於十六宅…… 是夜, 士良統兵士於十六宅迎太弟赴少陽院, 百官謁見於東宮思賢殿."

38) 『新唐書』 卷8 「武宗紀」, 245면, "(會昌六年)三月壬戌, 不豫. 左神策軍護軍中尉馬元贄立光王怡爲皇太叔, 權句當軍國政事. 甲子, 皇帝崩于大明宮, 年三十三"; 『新唐書』 卷8 「宣宗紀」, 245면, "會昌六年, 武宗疾大漸, 左神策軍護軍中尉馬元贄立光王爲皇太叔."

종은 병이 점차 악화되자 기왕(夔王) (이)자(李滋)를 추밀사 왕귀장(王歸長), 마공유(馬公儒) 등에게 부탁했으나, 중위 왕종실(王宗實)과 기원실(丌元實)은 조서를 위조해 운왕(鄆王)을 황태자로 세워 즉위시켰으니, 이가 곧 의종(懿宗)[39])이다.[40]) 이는 의종의 옹립이 왕종실의 힘에서 비롯했다는 것이다. 의종의 병세가 점차로 악화되자 중위 유행심(劉行深), 한문약(韓文約)은 보왕(普王)을 황태자로 삼아 즉위하게 했으니, 이가 곧 희종(僖宗)이다.[41]) 이는 희종의 옹립이 유행심 등의 힘에서 비롯했다는 것이다. 희종의 병세가 점차 악화되자 여러 신하들은 길왕(吉王) (이)보(李保)가 가장 어질고 또한 나이가 많다 하여 그를 세우려고 했으나, 관군용사 양복공(楊復恭)이 군사를 이끌고 수왕(壽王)을 맞이해 황태제로 삼아 즉위하게 하니, 이가 곧 소종(昭宗)이다.[42]) 이는 소종의 옹립이 양복공의 힘에서 비롯했다는 것이다.

이 예닐곱 황제를 모두 따져 보면, 끌어다 옹립하는 권한은 모두 환관에게 돌아가 재상이라도 또한 함께 간여할 수 없었다. 게다가 이뿐만이 아니라, 헌종과 경종 두 황제는 진홍지, 유극명 등에게 시해되기에 이르렀고,[43]) 소종은 또한 유계술(劉季述)에게 유폐되었으니,[44]) 측근에서 모시

---

39) 懿宗(833~873, 재위 859~873) : 이름은 李漼, 初名은 溫이며, 宣宗의 큰아들이다. 鄆王에 봉해졌으며, 宣宗이 병들자 左神策軍中尉 王宗實 등이 조서를 위조하여 太子로 삼았으며, 宣宗 사후 즉위하였다. 政事에 태만하였으며, 宴會를 자주 베풀었고, 佛教를 독실하게 믿어 佛骨을 鳳翔에 봉안하였다. 咸通 元年(860) 裘甫가 浙東에서, 咸通 9년(868) 龐勳이 桂林에서 난을 일으켰다. 藩鎭에서 자주 兵亂이 일어났으며, 南詔의 침입이 빈번하였으며, 사후 王仙芝와 黃巢가 난을 일으켰다. 簡陵에 묻혔으며, 諡號는 睿文皇帝이다.

40) 『新唐書』 卷9 「懿宗紀」, 255면, "大中十三年八月, 宣宗疾大漸, 以夔王屬內樞密使王歸長馬公儒・宣徽南院使王居方等. 而左神策護軍中尉王宗實・副使丌元實矯詔立鄆王爲皇太子. 癸巳, 卽皇帝位于柩前."

41) 『新唐書』 卷9 「僖宗紀」, 263~264면, "咸通十四年七月, 懿宗疾大漸, 左右神策護軍中尉劉行深・韓文約立普王爲皇太子. 辛巳, 卽皇帝位于柩前."

42) 『舊唐書』 卷20上 「昭宗紀」, 735면, "文德元年二月, 僖宗暴不豫. 時初復宮闈, 人心傾矚, 遽聞被疾, 軍民駭愕. 及大漸之夕, 而未知所立. 羣臣以吉王最賢, 又在壽王之上, 將立之, 唯軍容楊復恭請以壽王監國. 三月六日, 宣遺詔立爲皇太弟. 八日, 柩前卽位, 時年二十二."

43) 『舊唐書』 卷15 「憲宗紀下」, 472면, "是夕, 上崩於大明宮之中和殿, 享年四十三. 時

는 신하의 흉악함이 이에 이르러 극에 달했다. 그 사이에 일을 바로잡고 경계하려는 뜻을 가진 어질고 뛰어난 군주가 없었던 것은 아니다. 예컨대 헌종은 총애로 (권력을) 빌려주는 바가 없어, 여전여(呂全如)가 멋대로 녹나무 재목[樟材]을 가져다 집을 수리하자 감옥에 보내 자살하게 했고,[45] 곽민(郭旻)이 술에 취해 야간 통금을 위반하자 곧 매를 쳐서 죽였는데,[46] 이로 인해 흉악한 기세가 조금 그치기는 했지만 그러나 나중에 결국 (자신은) 시해를 당했다. 문종은 이훈(李訓), 정주(鄭注) 등에 의지하여 환관을 주살하고자 했으나, 감로(甘露)의 변란으로 도리어 구사량 등이 멋대로 반역을 행하며 조정 신하들을 마구 죽여 궁궐에 시체를 늘어놓게 되었으니,[47] 문종 또한 스스로 보전하지 못할까 근심하고 두려워하다가 겨우 죽음을 면하게 되었다. 선종이 비로소 그들(환관)의 권력을 조금씩 줄였으나[趙注 : 당초 연영전(延英殿)[48]에서 일을 상주하면 황제가 재상과 함께 가부(可否)를 결정했는데, 추밀사가 옆에 있으면서 함께 내용을 들을 수 있었으므로, 나간 뒤에 간혹 황제의 뜻을 위조해 고쳐서 바꾸는 경우가 있었다. 선종이 처음으로 명령을 내려 연영전에서 (재상을) 불러 대면할 때[召對] 중위 두 명은 먼저 내려가게 하고, 추밀사는 전각 서쪽에서 기다렸다가 재상이 일을 다 상주하고 나서야 책상 앞에서 사안을 받도록 했으니, 조금이

以暴崩, 皆言內官陳弘志弑逆, 史氏諱而不書. 辛丑, 宣遺詔"; 『舊唐書』 卷17上 「敬宗紀」, 522면, "十二月甲午朔. 辛丑, 帝夜獵還宮, 與中官劉克明・田務成・許文端打毬, 軍將蘇佐明・王嘉憲・石定寬等二十八人飮酒. 帝方酣, 入室更衣, 殿上燭忽滅, 劉克明等同謀害帝, 卽時殂於室內, 時年十八."

44) 『舊唐書』 卷175 「德王裕傳」, 4546면, "光化末, 樞密使劉季述・王仲先等幽昭宗於東內, 冊裕爲帝 ……."

45) [王注] 이 일은 『新唐書』 卷207 「劉貞亮傳」에 보이며, '全如'는 '如全'으로 써야 한다.

46) 『新唐書』 卷207 「劉貞亮傳」, 5869면, "憲宗之立, 貞亮爲有功, 然終身無所寵假. 呂如全歷內侍省內常侍・翰林使 坐擅取樟材治第, 送東都獄, 至閿鄕自殺. 又郭旻醉觸夜禁, 杖殺之."

47) 『舊唐書』 卷17下 「文宗紀」, 562면, "時李訓・鄭注謀誅內官, 詐言金吾仗舍石榴樹有甘露, 請上觀之. 內官先至金吾仗, 見幕下伏甲, 遽扶帝輦入內, 故訓等敗, 流血塗地. 京師大駭, 旬日稍安."

48) 延英殿 : 大明宮 내에 있는 궁전으로 內朝에 해당하는 紫宸殿 옆에 위치하였다. 『唐六典』(北京 : 中華書局, 1992) 卷7 「尙書工部」, 218면, "宣政之左曰東上閤, 右曰西上閤. 次西曰延英門, 其內之左曰延英殿, 右曰含象殿."

나마 거짓으로 위조하는 폐단을 방지하게 되었다], 의종과 희종 때에 이르러서는 또한 예전처럼 되고 말았다.

문종은 일찍이 주(周) 난왕(赧王)과 한(漢) 헌제(獻帝)가 강력한 신하에게 제어를 받기는 했으나 자신은 집에서 부리는 하인(과 같은 환관)에게 제어를 당하므로 난왕이나 헌제만도 못하다고 하며 주지(周墀) 앞에서 눈물을 흘렸다.[49] 학사(學士) 최신유(崔愼由)는 밤에 당직을 서다가 갑자기 구사량이 불러 비전(祕殿)으로 갔는데, 뒤를 이을 군주를 다시 세우라는 조서를 기초하라고 하자 (최)신유는 죽음으로 거부했다. (구)사량은 (최신유를) 끌고 소전(小殿)으로 가서 황제를 만났는데, (구)사량 등이 황제의 과오를 하나하나 헤아리자 황제는 머리를 숙이고 있을 뿐이었다.[50] 유계술은 소양원(少陽院)에 소제(昭帝)를 가두어 두고는 또한 막대기로 땅에 금을 그으면서 황제를 꾸짖으며 "어느 날 어떤 일에서 네가 내 말을 따르지 않았으니, 죄가 하나이다"라고 말하며 수십 가지에 이르고도 그만 두지 않았다.[51] 양복공은 모반을 꾀하면서 이미 그의 양자 (양)수신(楊守信)을 신책군사(神策軍使)로 삼고, 또 (양)수정(楊守貞), (양)수충(楊守忠) 및 조카 (양)수량(楊守亮)을 절도사(節度使)로 삼아 안팎으로 지원세력을 심어 놓았다. (양)수량에게 "승천문(承天門[52])은 곧 수(隋)나라 황실(양씨)

49)『新唐書』卷207「仇士良傳」, 5873~5374면, "開成四年, 苦風痺, 少間, 召宰相見延英, 退坐思政殿, 顧左右曰 : '所直學士謂誰?' 曰 : '周墀也.' 召至, 帝曰 : '自爾所況, 朕何如主?' 墀再拜曰 : '臣不足以知, 然天下言陛下堯, 舜主也.' 帝曰 : '所以問, 謂與周赧·漢獻孰愈?' 墀惶駭曰 : '陛下之德, 成·康·文·景未足比, 何自方二主哉?' 帝曰 : '赧·獻受制彊臣, 今朕受制家奴, 自以不及遠矣!' 因泣下, 墀伏地流涕."

50)『新唐書』卷207「仇士良傳」, 5875면, "始, 士良·弘志憤文宗與李訓謀, 屢欲廢帝. 崔愼由爲翰林學士, 直夜未半, 有中使召入, 至祕殿, 見士良等坐堂上, 帷帳周密, 謂愼由曰 : '上不豫已久, 自卽位, 政令多荒闕, 皇太后有制更立嗣君, 學士當作詔.' 愼由驚曰 : '上高明之德在天下, 安可輕議? 愼由親族中表千人, 兄弟羣從且三百, 何可與覆族事? 雖死不承命.' 士良等默然, 久乃啓後戶, 引至小殿, 帝在焉. 士良等歷階數帝過失, 帝俛首. 旣而士良指帝曰 : '不爲學士, 不得更坐此'."

51)『新唐書』卷208「劉季述傳」, 5894면, "帝方坐乞巧樓, 見兵入, 驚墮, 將走, 季述·仲先持帝坐, 以所持釦杖畫地責帝曰 : '某日某事, 爾不從我 罪一也.' 至數十未止."

52) 承天門 : 長安城 太極宮(隋 때의 大興宮)의 南門으로 唐代 皇帝들은 이곳에서 大

의 옛 재산이니, 너는 그저 곡식을 저장하고 군사를 훈련시키기만 하면 되고 조정에다 바칠 필요는 없다. 내가 잡초 같은 놈들 가운데 수왕(壽王)[53]을 세웠는데, 즉위하고 나서는 '계책을 정한 나라의 원로[定策國老: 곧 宦官]'를 끌어내리니, 이처럼 배반하는 문생천자(門生天子)가 있구나"라는 내용의 편지를 썼다.[54] 이로써 아래가 업신여기고 위가 쇠약해지는 극단적인 모습을 볼 수 있다.

마침내 조정의 기강이 (환관들에 의해) 무너지고 흩어지니, 나라의 힘은 날로 약해지고 방진은 날로 강해져서 환관이 비록 병권을 장악했다고 해도 도리어 바깥 번진과 결탁해서 도움으로 받지 않을 수 없었다. 이에 한전회(韓全誨) 등은 천자를 협박해 봉상(鳳翔)으로 옮기고 이무정(李茂貞)에게 의탁했다. (이는) 주전충(朱全忠)의 공격에 빌미를 제공하여 그 포위가 해를 넘기게 되었는데, 힘은 다하고 형세는 급박하게 되자, 황제는 (이)무정과 함께 (한)전회 등 네 명과 위처정(韋處廷) 등 스물두 명을 죽여 (주전충에) 화친을 구하고, 또 소사(小使) 이계이(李繼彝) 등 열 사람을 죽였다. 성문이 열린 뒤에 또 환관 70여 명을 죽였는데, (주)전충은 또 경조(京兆)에 명을 내려 환관 일당 백여 명을 주살했다.[55] 장안으로 돌아온 뒤에는 결국 제오가범(第五可範) 이하 8백여 명을 모두 죽였으니, 슬퍼 울부짖는 소리가 길가까지 들렸다. 여러 도(道)에 있는 감군(監軍)들도 또한 소재지에서 사사했다.[56] (이는) 아마도 동한 말엽에 환관을 주살한 것에 못

赦를 선포하거나, 조서를 반포하였다.

53) 昭宗 李曄가 제위에 오르기 전에 봉해진 王名이다.

54) 『舊唐書』 卷184 「楊復恭傳」, 4775면, "…… 李茂貞收興元, 進復恭前後與守亮私書六十紙, 內訴致仕之由云 : 承天是隋家舊業, 大姪但積粟訓兵, 不要進奉. 吾於荊榛中援立壽王, 有如此負心門生天子, 旣得尊位, 乃廢定策國老. 其不遜如是"; 『新唐書』 卷208 「楊復恭傳」, 5892면, "茂貞上復恭與守亮書曰 : '承天門者, 隋家舊業也, 兒但積粟訓兵, 何進奉爲? 吾披荊榛立天子, 旣得位, 乃廢定策國老, 奈負心門生何!' 門生, 謂天子也, 其不臣類此."

55) 『新唐書』 卷208 「韓全誨傳」, 5901면, "茂貞懼, 復誅小使李繼彝等十人, 於是開壘門. 全忠猶攻北壘, 帝遣寵顔, 賜御巾箱寶器, 使罷兵, 又捕殺中官七十人, 全忠亦使京兆誅黨與百餘人."

지않았을 것이니, 수염이 없다고 해서 잘못 죽은 사람이 있을 정도였다. 당나라에서 환관들이 설친 국면은 여기에 이르러 비로소 결말을 맺었으나, 나라 역시 망하고 말았다. 송기(宋祁)는 "나무를 태워 좀을 공격했는데, 좀은 다 없어졌으나 나무 또한 불타고 말았다" 고 평가했다.[57] 그러니 그 시초가 실로 환관에게 권력을 빌려준 데에서 비롯하여, 금군을 장악하고 기밀을 독점하게 해서 결국 그것이 무겁게 쌓이고 돌이키기 어렵게 되어 이러한 극한 상황에 이르게 되었음을 알겠도다.

265. 환관이 (지방으로) 사신으로 나가고 군대를 감독함으로써 생긴 폐단中官出使及監軍之弊

환관이 사신으로 나가고 군사를 감독하는 것은 역대 왕조에서 모두 있었지만, 그 폐해가 또한 당(唐)나라 때만큼 심한 적이 없었으니, 작게는 뇌물을 구하고 크게는 재난의 단서를 만들었다. 이제 『신당서(新唐書)』와 『구당서(舊唐書)』에서 그러한 예를 살펴보자. 「고력사전(高力士傳)」을 보면, 이 당시 환관이 사신으로 나가서 혹 공덕을 수행하거나 새와 짐승을 사기도 했는데, 사신에서 돌아오면서 얻은 것이 걸핏하면 만을 헤아릴 수 있도록 많았다. 장안(長安)의 좋은 저택과 이름난 정원, 좋은 농토와 훌륭한 자산을 차지한 사람 가운데 열에 예닐곱이 환관이었다.[58] (그런데) 이는

---

56) 『新唐書』 卷208 「韓全誨傳」, 5901면, "李克用引軍去, 帝還京師. 胤·全忠議, 盡誅第五可範等八百餘人於內侍省, 哀號之聲聞于路, 留單弱數十人, 備宮中灑掃. 胤以鎭人性謹厚, 旣詔王鎔擇五十人爲敕使, 內諸司宦官主領者皆罷. 於是追諸道監軍, 所在賜死, 其財產籍入之."

57) 『新唐書』 卷207 「宦者上」 「序言」, 5856면, "禍始開元, 極於天祐, 凶愎參會, 黨類殲滅, 王室從而潰喪, 譬猶灼火攻蠹, 蠹盡木焚, 詎不哀哉."

58) 『舊唐書』 卷184 「高力士傳」, 4757면, "監軍則權過節度, 出使則列郡辟易. 其郡縣豐贍, 中官一至軍, 則所冀千萬計, 修功德, 市鳥獸, 詣一處, 則不啻千貫, 皆在力士可

오히려 황제와 가깝다는 위세를 이용하여 부정하게 재물을 차지한 것에 불과했다. 안록산(安祿山)이 반란을 일으키려고 할 때, 양국충(楊國忠) 등이 황제(현종(玄宗)) 앞에서 애써 말하니, 현종은 환관 보구림(輔璆林)으로 하여금 그(안록산)의 상황을 엿보도록 했는데, (보구림은) 많은 뇌물을 받고 돌아와 (안)록산이 반란을 일으키지 않을 것이라고 말하니, 이에 (안)록산은 더욱 물자를 징발해 갖추어 군사를 일으킬 수 있었다.[59]

봉상청(封常淸)은 동도(東都, 곧 낙양(洛陽))에 있다가 전투에 패하여 섬(주)(陝州)로 달아나면서 고선지(高仙芝)에게 퇴각하여 동관(潼關)을 지킬 것을 권했는데,[60] 환관 변령성(邊令誠)이 그들이 패하여 물러난 상황을 상주하니 두 대장이 같은 날 처형을 당하고 말았다.[61] 복고회은(僕固懷恩)이 자기의 의기만 믿고 원통함을 호소하자, 대종(代宗)은 환관 낙봉선(駱奉先)에게 그를 타이르도록 했는데, (낙)봉선은 (복고회은이 마련한) 연회 (초대)

否. 故帝城中甲第, 畿甸上田・菓園池沼, 中官參半於其間矣"; 『新唐書』 卷207 「高力士傳」, 5858면, "中人若黎敬仁・林昭隱・尹鳳翔・韓莊・牛仙童・劉奉廷・王承恩・張道斌・李大宜・朱光輝・郭全・邊令誠等, 並內供奉, 或外監節度軍, 脩功德, 市鳥獸, 皆爲之使, 使還, 所裒獲, 動巨萬計, 京師甲第池園・良田美產, 占者什六, 寵與力士略等, 然悉藉力士左右輕重乃能然."

59) 『新唐書』 卷206 「楊國忠傳」, 5851면, "已草詔, 帝使謁者輔璆琳覘祿山, 未還, 帝致詔坐側. 而璆琳納金, 固言不反. 帝謂國忠曰 : '祿山無二心, 前詔焚之矣'"; 『舊唐書』 卷200上 「安祿山傳」, 5369면, "楊國忠屢奏祿山必反. 十二載, 玄宗使中官輔璆琳覘之, 得其賄賂, 盛言其忠. 國忠又云'召必不至', 洎召之而至."

60) 『舊唐書』 卷104 「高仙芝傳」, 3206~3207면, "十一月, 安祿山據范陽叛. 是日, 以京兆牧・榮王琬爲討賊元帥, 仙芝爲副. 命仙芝領飛騎・擴騎及朔方・河西・隴右應赴京兵馬, 并召募關輔五萬人, 繼封常淸出潼關進討, 仍以仙芝兼御史大夫. 十二月, 師發, 玄宗御望春亭慰勞遣之, 仍令監門將軍邊令誠監其軍, 屯於陝州. 是月十一日, 封常淸兵敗於汜水. 十三日, 祿山陷東京, 常淸以餘衆奔陝州, 謂仙芝曰 : '累日血戰, 賊鋒不可當. 且潼關無兵, 若狂寇奔突, 則京師危矣. 宜棄此守, 急保潼關.' 常淸・仙芝乃率見兵取太原倉錢絹, 分給將士, 餘皆焚之. 俄而賊騎繼至, 諸軍惶駭棄甲而走, 無復隊伍. 仙芝至關, 繕修守具, 又令索承光守善和戍. 賊騎至關, 已有備矣, 不能攻而去, 仙芝之力也."

61) 『舊唐書』 卷104 「封常淸」, 3209면, "玄宗聞常淸敗, 削其官爵, 令白衣於仙芝軍效力. 仙芝令常淸監巡左右廂諸軍, 常淸衣皂衣以從事. 監軍邊令誠每事干之, 仙芝多不從. 令誠入奏事, 具言仙芝・常淸逗撓奔敗之狀. 玄宗怒, 遣令誠齎敕至軍並誅之."

를 받지 않고 말을 훔쳐 타고 달려 돌아오니, (복고)회은은 의심과 두려움으로 결국 반란을 일으키고 말았다.[62] 이보신(李寶臣)이 마침 명령을 받들어 전승사(田承嗣)를 토벌하여 공이 있자, 대종은 환관 마승천(馬承倩[63])에게 그(이보신)를 위문하도록 했다. 그런데 (이)보신이 선물한 비단이 적다고 (마)승천은 욕하며 그것을 땅에 던져 버리자 (이)보신은 좌우를 둘러보며 부끄러운 기색이 있었으며, 이어 (이보신은) 도리어 (전)승사와 연합하여 조정의 명령을 거역하고 말았다.[64]

덕종(德宗) 말년에는 잠시 번진이 조용했는데, 절도사(節度使)들이 죽게 되면 반드시 먼저 환관을 보내 군사들의 동정을 엿보도록 하니, 부장 가운데 물망이 있는 이들은 번번이 많은 뇌물을 환관에게 주어 자신을 추천하도록 했으며, 덕종은 이에 따라 절도사를 제수하니, 이로부터 절도사의 임면이 환관의 입에서 나오게 되었다.[65] 무종(武宗)이 택로(澤潞)(번진)[66]을

---

62)『舊唐書』卷121「僕固懷恩傳」, 3482~3483면, “至是, 又爲(辛)雲京所拒, 懷恩怒, 上表列其狀, 頓軍汾州. 會中官駱奉先使于雲京, 雲京言懷恩與可汗爲約, 逆狀已露, 乃與奉先厚結歡. 奉先廻至懷恩所, 其母數讓奉先曰 : ‘爾等與我兒約爲兄弟, 今又親雲京, 何兩面乎? 雖然, 前事勿論, 自今母子兄弟如初.’ 酒酣, 懷恩起舞, 奉先贈纏頭綵. 懷恩將酬其祝, 奉先遽告發, 懷恩曰 : ‘明日端午, 請宿爲令節.’ 奉先固辭, 懷恩苦邀之, 命藏其馬. 中夕謂其從者曰 : ‘向者責吾, 又收吾馬, 是將害我也.’ 奉先懼, 遂踰垣而走. 懷恩驚, 遽令追還其馬. 奉先使廻, 奏其反狀. 懷恩累奏請誅雲京·奉先, 上以雲京有功, 手詔和解之, 懷恩遂有貳於我.”

63) [王注] 이것은『舊唐書』卷142「王武俊傳」에 근거한 것인데,『新唐書』卷211「李寶臣傳」에는 ‘馬希倩’이라 쓰고 있다.『新唐書』卷211「李寶臣傳」, 5947면, “於是天子遣中人馬希倩勞寶臣, 寶臣歸使者百縑, 使者恚, 抵諸道, 寶臣顧左右愧甚.”

64)『舊唐書』卷142「王武俊傳」, 3872면, “大曆十年, 田承嗣因薛嵩死, 兼有相·衛·磁·邢·洺五州. 承嗣遣將盧子期寇磁州, 詔令寶臣與李正己·李勉·李承昭·田神玉·朱滔·李抱眞各出兵討之. 諸軍與子期戰于淸水, 大破之, 寶臣將有節生擒子期以獻, 代宗嘉其功, 使中貴人馬承倩齎詔宣勞. 承倩將歸, 止傳舍, 寶臣親遺百縑. 承倩詬詈, 擲出道中, 寶臣顧左右有愧色. 還休府中, 諸將散歸, 寶臣潛伺屛間, 獨武俊佩刀立于門下. 召入, 解刀與語, 曰 : ‘見向者頑豎乎?’ 武俊曰 : ‘今閣下有功尙爾, 寇平後, 天子以幅紙之詔召置京下, 一匹夫耳, 可乎?’ 寶臣曰 : ‘爲之若何?’ 武俊曰 : ‘不如玩養承嗣, 以爲己資.’ …… 武俊曰 : ‘朱滔爲國屯兵滄州, 請擒送承嗣以取信.’ 許之. 立選銳士二千, 皆乘駿馬, 通夜馳三百里, 晨至滔營, 掩其不備. 滔軍出戰, 大敗, 擒類滔者, 滔故得脫. 自此寶臣與田承嗣·李正己更相爲援, 皆武俊萌之.”

65)『舊唐書』卷147「杜黃裳傳」, 3974면, “黃裳奏曰 : ‘德宗自艱難之後, 事多姑息. 貞

토벌할 때 태원(太原) 장수 양변(楊弁)이 사람들을 선동하여 반란을 일으키자, 무종은 환관 마원관(馬元貫)[67]에게 가서 타이르도록 했다. 그런데 (마원관은) 뇌물을 받고 돌아와 태원에는 15리에 걸쳐 밝게 빛나는 갑옷이 펼쳐져 있으니 토벌할 수 없다고 말했는데, 이덕유(李德裕)가 그 말을 끊고서야 비로소 말이 막혔으니,[68] 이는 도리어 반란자가 깃발과 부절[旄節]을 위협하여 주도록[脅授]하는 꼴이 된 것이다. 이는 환관들이 사신으로 나가는 것은 다만 뇌물을 마음대로 받았을 뿐 국사에 도움이 없었고, 또한 반대로 화를 만들기도 했다는 것이다.

또한 환관이 군사를 감독하는 것[監軍]으로 인한 폐해가 있었다. 개원(開元)(713~741), 천보(天寶) 연간(742~756)에 토번(吐蕃) 여러 나라를 토벌할 때부터 이미 환관이 대장의 군사를 감독하는 예가 있었으며, 어조은(魚朝恩)이 관군용사(觀軍容使)가 되자, 망산(邙山) 전투에서 이광필(李光弼)은 험지에 의지해 진을 치려고 했으나 (어)조은은 평지에 진을 치도록 했고, 결국 큰 패배를 초래했다[趙注 : 「이광필전(李光弼傳)」].[69] 배탁(裴度), 위고(韋皐), 이덕유

元中, 每帥守物故, 必先命中使偵伺其軍動息, 其副貳大將中有物望者, 必厚賂近臣以求見用, 帝必隨其稱美而命之, 以是因循, 方鎭罕有特命帥守者. 陛下宜熟思貞元故事, 稍以法度整肅諸侯, 則天下何憂不治!”

66) 澤潞鎭 : 昭義軍이라고도 한다. 澤州와 潞州는 지금의 山西省 남부지역인데, 東都인 洛陽, 三府의 하나인 太原과 지리적으로 가깝다.

67) [王注] 이 이름은 『舊唐書』 卷174 「李德裕傳」에 보이고, 『新唐書』 卷180 「李德裕傳」에는 ‘馬元實’이라 썼는데, ‘貫’字는 아마도 ‘實’에서 ‘宀’이 떨어져서 만들어진 것일 듯하다.

68) 『舊唐書』 卷174 「李德裕傳」, 4526~4527면, “時王師方討澤潞, 三年十二月, 太原橫水戍兵因移戍榆社, 乃倒戈入太原城, 逐節度使李石, 推其都將楊弁爲留後. 武宗以賊稹未殄, 又起太原之亂, 心頗憂之, 遣中使馬元貫往太原宣諭, 覘其所爲. 元貫受楊弁賂, 欲保祐之. 四年正月, 使還, 奏曰 : ‘楊弁兵馬極多, 自牙門列隊至柳子, 十五餘里, 明光甲曳地.’ 德裕奏曰 : ‘李石比以城內無兵, 抽橫水兵一千五百人赴榆社, 安能朝夕間便致十五里兵甲耶?’ 元貫曰 : ‘晉人驍敢, 盡可爲兵, 重賞招致耳.’ 德裕曰 : ‘招召須財, 昨橫水兵亂, 止爲欠絹一匹. 李石無處得 楊弁從何致耶? 又太原有一聯甲, 並在行營, 安致十五里明光耶?’ 元貫詞屈. 德裕奏曰 : ‘楊弁微賊, 決不可恕. 如國力不及, 寧捨劉稹.’ 卽時請降詔, 令王逢起榆社軍, 又令王元逵兵自土門入, 會于太原. 河東監軍呂義忠聞之, 卽日召榆社本道兵, 誅楊弁以聞.”

69) 『舊唐書』 卷110 「李光弼傳」, 3310면, “觀軍容使魚朝恩屢言賊可滅之狀, 朝旨令光

등이 상주한 바에 의하면, 대개 군사를 감독하는 자들은 정예 병력을 먼저 뽑아 자신을 호위하도록 하고 나약한 자들을 출전하게 했으며, 전투에서 이기면 먼저 승전을 보고하고, 때때로 패배하면 온갖 것으로 깔보고 창피를 주며 군정을 참견하고 어지럽히니,[70] 장수들이 주도적 역할을 마음대로 할 수가 없었다. 전투를 감독할 때마다 번번이 깃발을 세워 스스로 표시하고, 조금이라도 이기지 못하게 되면 바로 깃발을 말고는 가 버리니 대군이 왕왕 그를 따라 도망가 버렸다. 그러므로 유벽(劉闢)이 반란을 일으키자 두황상(杜黃裳)은 감군(監軍)을 쓰지 말고 고숭문(高崇文)[71]에게 전적으로 맡겨 토벌하게 하자고 청했다.[72] 그런데 백거이(白居易)가 상소에서 "한전의(韓全義)가 회서(淮西)를 토벌하는 것을 가량국(賈良國)이 감독했고, 고숭문이 촉(蜀)을 토벌하는 것을 유정량(劉貞亮)이 감독했습니다"라고 했다.[73] 이렇게 보면 (두)황상이 비록 상주했다고는 해도 감군은 여

弼速收東都. 光弼屢表:'賊鋒尙銳, 請候時而動, 不可輕進.' 僕固懷恩又害光弼之功, 潛附朝恩, 言賊可滅. 由是中使督戰, 光弼不獲已, 進軍列陣於北邙山下. 賊悉精銳來戰, 光弼敗績, 軍資器械並爲賊所有. 時李抱玉亦棄河陽, 光弼渡河保聞喜. 朝旨以懷恩異同致敗, 優詔徵之. 光弼自河中入朝, 抗表請罪, 詔釋之."

70)『舊唐書』卷170「裴度傳」, 4418면, "時諸道兵皆有中使監陣, 進退不由主將, 戰勝則先使獻捷, 偶創則凌挫百端. 度至行營, 並奏去之, 兵柄專制之於將, 皆喜悅."

71) 高崇文(746~809): 唐 幽州 사람으로 祖籍은 渤海이다. 젊어서 平盧軍에 종군하였고, 貞元中 韓全義를 따라 長武城에 주둔하고 군을 잘 통솔하여 벼슬이 金吾將軍에 이르렀다. 일찍이 吐蕃軍을 대파하여 渤海郡王에 봉해졌다. 元和 元年(806) 劉辟이 반란을 일으키자 宰相 杜黃裳의 천거로 左神策軍行營節度使가 되어 劉辟을 사로잡아 長安에 보냈다. 이 공으로 南平郡王에 봉해지고 劍南西川節度使가 되었다. 다음해 邠寧慶三州節度使가 더해졌다.

72)『舊唐書』卷140「劉闢傳」, 3826~3827면, "時憲宗初卽位, 以無事息人爲務, 遂授闢檢校工部尙書, 充劍南西川節度使. 闢益凶悖, 出不臣之言, 而求都統三川, 與同幕盧文若相善, 欲以文若爲東川節度使, 遂舉兵圍梓州. 憲宗難於用兵, 宰相杜黃裳奏:'劉闢一狂蹶書生耳, 王師鼓行而俘之, 兵不血刃. 臣知神策軍使高崇文驍果可任, 擧必成功'";『舊唐書』卷147「杜黃裳傳」, 3973~3974면, "劉闢作亂, 議者以劍南險固, 不宜生事; 唯黃裳堅請討除, 憲宗從之. 又奏請不以中官爲監軍, 祗委高崇文爲使."

73)『新唐書』卷119「白居易傳」, 4301면, "會王承宗叛, 帝詔吐突承璀率師出討, 居易諫:'唐家制度, 每征伐, 專委將帥, 責成功, 比年始以中人爲都監. 韓全義討淮西, 賈良國監之; 高崇文討蜀, 劉貞亮監之. 且興天下兵, 未有以中人專統領者. …… 後世且傳中人爲制將自陛下始, 陛下忍受此名哉? 且劉濟等洎諸將必恥受承璀節制, 心有不

전히 철폐되지 않았던 것이다[趙注 : 「백거이전」].

배탁(裴度)이 오원제(吳元濟)를 토벌하면서 비로소 감군을 없애고 주장이 병권을 전담할 수 있게 하자고 상주했는데, 법령(호령)이 이미 하나가 되어 나오게 되자 전투마다 모두 공이 있어 결국 회채(淮蔡)[74]를 평정하게 되었다[趙注 : 「배탁전」].[75] 그 뒤 회창(會昌) 연간(841~846)에 유진(劉稹)을 토벌할 때 이덕유 역시 감군이 군사에 간여하지 못하도록 하고 군사 백 명 가운데 한 명만을 감군의 호위병으로 허락해야 한다고 상주하니, 이로부터 호령이 엄정하게 정돈되어 결국 택로(澤潞)(번진)을 평정하게 되었다[趙注 : 「이덕유전」][76]. 이를 보면 환관들이 군사를 감독하는 것은 폐해만 있고 이익이 없음을 분명히 볼 수 있다. 이것은 그래도 전투에 임할 때이므로 (환관을) 써서 감찰하는 것이 아직은 말할 근거가 있다.

일이 없는 평상시에도 각 번진에서는 또한 반드시 환관이 군사를 감독했다. 예컨대 육장원(陸長源)이 죽자 감군 구문진(俱文珍)은 송주자사(宋州刺史) 유전량(劉全諒)을 몰래 불러 변(汴)에 들어가도록 해서 소란을 평정했다[趙注 : 「육장원전」].[77] 왕승종(王承宗)이 죽자 여러 장수들이 왕승원(王承元)[78]

樂, 無以立功. 此乃資承宗之姦, 挫諸將之銳.' 帝不聽."

74) 淮蔡 : 淮西鎭을 뜻한다. 淮西鎭은 彰義軍이라고도 한다. 至德 元年(756) 淮南西道節度使를 설치했다가 大曆後 治所를 蔡州(지금의 河南省 汝南)로 정하고 申光蔡節度使로 改名하고 申州·光州·蔡州 3州를 관할하였다. 貞元 14년(798) 彰義軍이라 불렀다. 李希烈·吳少誠·吳元濟 등이 할거하여 反唐세력에 참여하였다. 元和 12년(817) 唐에 수복되어 淮西節度使로 고쳤다가 다음 해 폐지되었다.

75) 『舊唐書』 卷170 「裴度傳」, 4418면, "旣離京, 淮西行營大將李光顔, 烏重胤謂監軍梁守謙曰 : '若俟度至而有功, 卽非我利. 可疾戰, 先事立功.' 是月六日, 將出兵, 與賊戰於賈店, 爲賊所敗. 度二十七日至郾城, 巡撫諸軍, 宣達上旨, 士皆賈勇. 時諸道兵皆有中使監陣, 進退不由主將, 戰勝則先使獻捷, 偶衄則凌挫百端. 度至行營, 並奏去之, 兵柄專制之於將, 皆喜悅. 軍法嚴肅, 號令畫一, 以是出戰皆捷. 度遣使入蔡州 …… 十月十一日, 唐鄧節度使李愬, 襲破懸瓠城 擒吳元濟."

76) 『新唐書』 卷180 「李德裕傳」, 5342면, "先是, 韓全義敗於蔡, 杜叔良敗於深, 皆監軍宦人制其權, 將不得專進退, 詔書一日三四下, 宰相不豫. 又諸道銳兵票士, 皆監軍取以自隨, 每督戰, 乘高建旗自表, 師小不勝, 輒卷旗去, 大兵隨以北. 繇是王師所向多負. 至討回鶻·澤潞, 德裕建請詔書付宰司乃下, 監軍不得干軍要, 率兵百人取一以爲衛. 自是, 號令明壹, 將乃有功."

에게 남은 일을 주관할 것(主留務)[79]을 청했는데, (왕)승원이 “천자께서 환관[中貴人][80]에게 군사를 감독하게 하셨으니, 마땅히 (그와) 더불어 의논하여야 한다”라고 말했다. 감군이 여러 사람의 뜻에 따라 찬성을 하였으나, (왕)승원은 이를 받아들이지 않았다[趙注 : 「왕승원전」].[81] 이는 또한 국난을 평정하고 분쟁을 해결하는 이로움이 없었던 것은 아닌 경우였지만, 그 가운데 어진 이는 백에 하나도 안 되었고, 세력을 믿고 일을 일으키는 무리만 발꿈치를 서로 이었을 정도였다. 하삭(河朔)의 여러 번진에 있는 자들은 이미 그 반란을 제압할 수 없게 되자, 다만 번진을 위해 책봉이나 계승을 청하기만 할 뿐이었고, 중주(中州) 각 번진에 있던 자들은 거리낌 없이 포악하게 굴거나 협박하며, 혹은 권한에 간섭해서 어지럽히거나 혹은 죄를 거짓으로 꾸며 고했다. 요남중(姚南仲)[82]이 정활(鄭滑)의 절도사로 있다가 감군 설영진(薛盈珍)에게 무고를 당했는데, 비장(裨將) 조문흡(曹文洽)이란 이가 불평하며 그 일을 상주한 사람을 죽이고는 목을 베어 자살함으로써

77) 『舊唐書』 卷13 「德宗紀下」, 389면, “是日, 汴州軍亂, 殺陸長源及節度判官孟叔度・丘穎, 軍人臠而食之, 監軍俱文珍以宋州刺史劉逸準久爲汴之大將, 以書招之, 俾靜亂”; 『新唐書』 卷151 「陸長源傳」, 4823면, “長源死, 監軍俱文珍密召宋州刺史劉全諒使總後務. 全諒至, 其夜軍復亂, 殺大將及部曲五百人乃定.”

78) 『舊唐書』 卷142 「王承宗」 「王承元傳」 및 『新唐書』 卷211 「王承宗傳」. 왕승종과 왕승원은 王士眞의 첫째, 둘째 아들로서 형제간이었다. 왕승종은 죽기 전 鎭州, 冀州, 深州, 趙州 네 개의 州를 관할하고 있었다.

79) 본래 ‘留後’라고 하면 節度使가 有故할 때 그 직무를 대리하던 벼슬을 가리키는데, 여기서 ‘留務를 주관한다(主留務)’는 표현이나 혹은 ‘留務를 맡는다(知留務)’는 표현 등은 결국 留後가 됨을 의미한다고 볼 수 있다.

80) 中貴人 : 內官 중에서 총애를 받는 사람을 뜻하였으나, 후세에는 오직 환관을 이르게 되었다.

81) 『舊唐書』 卷142 「王承元傳」, 3883면, “元和十五年冬, 承宗卒, 祕不發喪, 大將謀取帥於旁郡. 時參謀崔燧密與握兵者謀, 乃以祖母爲國夫人之命, 告親兵及諸將, 使拜承元. 承元拜泣不受. 諸將請之不已, 承元曰 : ‘天子使中貴人監軍, 有事盍先與議.’ 及監軍至, 因以諸將意贊之. …… 遂於衙門都將所理視事, 約左右不得呼留後, 事無巨細, 決之參佐. 密疏請帥, 天子嘉之, 授銀青光祿大夫、檢校工部尙書, 兼滑州刺史、義成軍節度、鄭滑觀察等使. 鄰鎭以兩河近事諷之, 承元不聽, 諸將亦悔.”

82) 姚南仲 : 華州 下邽사람으로, 乾元初에 制科에 登第하였다. 同州刺史, 滑州刺史, 義成軍節度、鄭滑觀察使 등의 직을 역임했으며, 벼슬이 尙書左僕射에 이르렀다.

(요)남중의 억울함을 밝혔다. (요)남중이 입조하자 덕종(德宗)이 "(설)영진이 군정을 어지럽혔는가?"라고 물으니, (요)남중이 "(설)영진과 같은 자는 도처에 있으니 (서진의) 양호(羊祜), 두예(杜預[83])가 다시 살아나도 군을 다스리고 백성을 다스릴 수 없을 것입니다"라고 대답했다[趙注 : 「요남중전」].[84] 홍주(洪州) 감군이 자사(刺史) 이위(李位)가 반역을 도모한다고 무고하였는데, 불러들여 장안으로 오도록 하고 궁궐 호위대 안[仗內]으로 보내 조사하게 하자, 설존성(薛存誠)이 힘써 밖[85]에다 맡겨 조사해야 한다고 청하는데 의지해 비로소 결백함을 증명할 수가 있었다[趙注 : 「설존성전」].[86] 양오릉(楊於陵)이 영남(嶺南)을 다스리다가 감군 허수진(許遂振)에게 무고를 당했는데, 헌종(憲宗)은 곧 (양)오릉의 관직을 낮추도록 명했으나 배계(裴洎)의 간언에 의지해 비로소 이부시랑(吏部侍郎[87])으로 바뀌었다[趙注 : 「배계전」].[88] 이

---

83) 羊祜와 杜預는 西晉代 都督荊州諸軍事로서 해당 지역에서 백성을 잘 다스리고, 지역을 안정시켜 西晉의 통일의 기틀을 만들고 공헌했던 인물들이다. 荊州 지역민들은 羊祜를 위해 추모비(곧, 墮淚碑)를 세웠으며, 杜預를 '杜父'로 부르며 존경했다.

84) 『舊唐書』 卷153 「姚南仲傳」, 4083면, "貞元十五年, 代李復爲鄭滑節度使. 監軍薛盈珍恃勢奪軍政, 南仲數爲盈珍讒毁, 德宗頗疑之. 十六年, 盈珍遣小使程務盈馳驛奉表, 誣奏南仲陰事. 南仲裨將曹文洽亦入奏事京師, 伺知盈珍表中語. 文洽私懷憤怒, 遂晨夜兼道追務盈, 至長樂驛及之, 與同舍宿, 中夜殺務盈, 沈盈珍表於廁中, 乃自殺. …… 南仲慮釁深, 遂乞入朝. 德宗曰 : '盈珍擾軍政耶?' 南仲對曰 : '盈珍不擾軍政, 臣自慰陛下法耳. 如盈珍輩所在有之, 雖羊·杜復生, 撫百姓, 御三軍, 必不能成愷悌父母之政, 師律善陣之制矣.' 上默然久之."

85) 본문에서 말하는 '밖[外]'은 곧 御史臺를 뜻한다. 어사대는 감찰기관으로 百官의 糾彈과 조정의 기강 肅正을 담당하였으며, 특히 貞觀 이후 獄訟을 처리하게 되었다.

86) 『舊唐書』 卷153 「薛存誠傳」, 4090면, "洪州監軍高重昌誣奏信州刺史李位謀大逆, 追赴京師. 上令付仗內鞫問. 存誠一日三表, 請付位於御史臺. 及推案無狀, 位竟得雪"; 『新唐書』 卷162 「薛存誠傳」, 5002면, "江西監軍高重昌妄劾信州刺史李位謀反, 追付仗內詰狀. 存誠一日三表, 請付位御史臺. 及按, 果無實."

87) 吏部侍郎 : 官名. 隋 大業 3년(607) 처음 설치되었으며, 尙書省 吏部의 차관이다. 唐 武德 7년(624) 없어졌다가 貞觀 2년(628) 다시 설치되었다. 隋에서는 1員을 두었으나, 唐에서는 2員을 두었고, 品階는 正四品上이었다. 원래 8·9品官員의 銓選를 담당하였으나, 景雲後 吏部尙書와 함께 6品 이하의 인선을 담당하였다. 開元後 吏部尙書와 兵部尙書를 대개 宰相, 혹은 外職에서 겸하면서 吏部의 사무는 吏部侍郎이 실제로 主持하였다. 高宗·武后 때 司列少常伯, 天官侍郎으로 고쳤으며, 玄宗末 文部侍郎으로 고쳤다가 후에 모두 이전처럼 바꾸었다.

는 번진을 맡은 신하를 견제한 폐해이다.

감군 왕정원(王定遠)은 절도사 이열(李說)보다 덕이 있어, 군정을 모두 홀로 결정하고 장교와 관리도 모두 스스로 임명하고 제수했다. 팽령인(彭令茵)을 전굉(田宏)으로 대체시키자 (팽)령인이 승복하지 않아, (왕)정원은 곧 그를 참수하고 시체를 말똥 가운데에 묻었고, 가족들이 시신을 달라고 청했지만 얻지 못했다. (이)열이 그것을 상주하자 (왕)정원은 검을 뽑아 (이)열을 찔렀는데, (이)열은 달아나서 화를 면했다[趙注:「이열전」].[89] 유승해(劉承偕)는 택로군(澤潞軍)을 감독하면서 절도사 유오(劉悟)를 업신여겼는데, 삼군(三軍)이 화를 내고 떠들썩하여 (유)승해를 죽이려고 했으나, (유)오가 구해 주어 면했다. 목종(穆宗)이 배탁에게 어떻게 처리해야 하는지를 물으니, (배)탁은 오직 (유)승해를 참수하는 방법이 있을 뿐이라고 상주했다[趙注:「배탁전」].[90] 이는 군사들에게 변란을 격발시킨 폐단이다.

엄수(嚴綬)가 태원(太原)에 있을 때 군정이 하나같이 감군 이보광(李輔

---

88)『舊唐書』卷148「裴垍傳」, 3990면, "楊於陵爲嶺南節度使, 與監軍許遂振不和, 遂振誣奏於陵, 憲宗令追與慢官, 垍曰:'以遂振故罪一藩臣, 不可.' 請授吏部侍郎";『新唐書』卷169「裴垍傳」, 5148면, "嶺南節度使楊於陵爲監軍許遂振所誣, 詔授冗官, 垍曰:'以一中人罪藩臣, 陛下之法安在?' 更授美官."

89)『舊唐書』卷146「李說傳」, 3958~3959면, "是歲七月, 定遠署虞候田宏爲列將, 以代彭令茵. 令茵不伏, 揚言曰:'超補列將, 非功不可, 宏有何功, 敢代予任!' 定遠聞而含怒, 召令茵斬之, 埋於馬糞之中, 家人請尸, 不與, 三軍皆怨. 說具以事聞. 德宗以定遠有奉天扈從之功, 恕死停任. 制未至, 定遠怒說奏聞, 趨府謀殺說, 昇堂未坐, 抽刀刺說, 說走而獲免."

90)『舊唐書』卷170「裴度傳」, 4424~4425면, "先是監軍使劉承偕恃寵凌節度使劉悟, 三軍憤發大譟, 擒承偕, 欲殺之. 已殺其二傔, 悟救之獲免, 而囚承偕. …… 上顧謂度曰:'劉悟拘承偕而不遣, 如何處置?' 度辭以藩臣不合議軍國事. 上固問之且曰:'劉悟負我, 我以僕射寵之, 近又賜絹五萬疋, 不思報功, 翻縱軍凌辱監軍, 我實難奈此事.' 度對曰:'承偕在昭義不法, 臣盡知之, 昨劉悟在行營與臣書, 數論其事. 是時有中使趙弘亮在臣軍, 仍持悟書將去, 欲自奏, 不知奏否?' 上曰:'我都不知, 悟何不密奏其事, 我豈不能處置?' 度曰:'劉悟武臣, 不知大臣體例. 雖然, 臣竊以悟縱有密奏, 陛下必不能處置. 今日事狀如此, 臣等面論, 陛下猶未能決, 悟單辭豈能動聖聽哉?' 上曰:'前事勿論, 直言此時如何處置?' 度曰:'陛下必欲收忠義之心, 使天下戎臣爲陛下死節, 唯有下半紙詔書, 言任使不明, 致承偕亂法如此, 令悟集三軍斬之. 如此則萬方畢命, 羣盜破膽, 天下無事矣. 苟不能如此, 雖與劉悟改官賜絹, 臣亦恐於事無益'."

光)에게서 나왔으므로, (엄)수는 다만 두 손을 마주 잡고 아무 일도 하지 않았다. 나중에 입조했을 때 마침 식사를 회랑 아래에서 주는데, 환관 마강조(馬江朝)라는 이가 와서 앵두를 하사하자, (엄)수는 번진에 있을 때 일찍이 (마)강조를 알았으므로 이에 저도 모르게 무릎을 꿇고 절했다[趙注 : 「엄수전」].[91] 감군에게는 위엄이 쌓여 거리낌 없이 횡행한 것이 하루 아침 저녁의 연고가 아니며 그 유래된 바가 점진적이었음을 볼 수 있다. 환관이 군사를 장악하고 어명을 받드는데서 나타나는 폐단을 적어 본 것에 따라 아울러 (지방에) 사신으로 나가고 군대를 감독하는 두 가지 일도 언급해 보았는데, 역시 이전 시대의 득(得)과 실(失)이 집결된 것이었다.

266. 당나라 환관에는 복건福建[閩]과 광동廣東[廣] 출신이 많았다唐宦官多閩廣人

당(唐)나라 때에는 여러 도(道)에서 어린 환관을 바쳤으니 이를 '사백(私白)'이라 불렀는데, 복건(福建)[閩]과 광동(廣東)[嶺] 출신이 가장 많았다. 예컨대 고력사(高力士)는 본래 고주(高州) 사람인 풍앙(馮盎[92])의 후예로, 영남토격사(嶺南討擊使) 이천리(李千里)가 그를 바쳤다.[93] 뒷날 토돌승최(吐突承

91) 『舊唐書』 卷146 「嚴綬傳」, 3960면, "嘗預百僚廊下食, 上令中使馬江朝賜櫻桃. 綬居兩班之首, 在方鎭時識江朝, 語次, 不覺屈膝而拜, 御史大夫高郢亦從而拜. 是日, 爲御史所劾, 綬待罪于朝, 命釋之. 翌日, 責江朝, 降官一等"; 『新唐書』 卷129 「嚴綬傳」, 4485면, "始就廊下食, 在百官上, 帝使中人賜含桃, 綬見拜之, 爲御史劾奏, 綬慚懼待罪, 詔釋綬而貶中人."

92) 馮盎 : 字는 明達, 高州 良德 사람이다. 隋代에는 宋康令, 漢陽太守 등을 지냈으나, 唐 高祖 武德 연간에 唐에 항복하였으며, 5世에 걸친 지역 기반을 인정받아 上柱國, 高州總管에 임명되고 越國公에 봉해졌다(『新唐書』 卷110 「馮盎傳」 참조).

93) 『新唐書』 卷207 「高力士傳」, 5858면, "高力士, 馮盎曾孫也. 聖曆初, 嶺南討擊使李千里上二閹兒, 曰金剛, 曰力士, 武后以其彊悟, 敕給事左右. 坐累逐出之, 中人高延福養爲子, 故冒其姓."

璀)와 양복광(楊復光)은 모두 복건 출신 사람이었는데,[94] 당시에는 복건 지역을 '환관이 배출되는 곳[中官區藪]'이라고 불렀다. 함통(咸通) 연간(860~873)에 두선유(杜宣猷)가 민중관찰사(閩中觀察使)가 되어 매년 명절마다 관리를 보내 그들 선조에게 제사를 지내도록 하니, 당시 이를 '칙사묘호(敕使墓戶)'라고 했다[趙注 : 「두선유전」].[95]

267. 당나라 절도사의 폐해唐節度使之禍

당(唐)나라 관제에 절도사(節度使)보다도 좋지 않은 것이 없었다. 처음에는 자사(刺史)의 선악을 규찰하는 자로 도독(都督)이 있었는데, 나중에 그 권한이 무겁게 되자 바꾸어 십도안찰사(十道按察使)를 두었으며, 개원(開元) 연간에 혹은 채방(採訪), 관찰(觀察), 처치(處置), 출척(黜陟) 등의 호칭이 더해졌으니,[96] 이는 문관이 주군(州郡)을 통어하는 것이었다. 무관은 군사를

94) 『新唐書』 卷207 「宦者上」「吐突承璀傳」, 5869면, "吐突承璀字仁貞, 閩人也"; 『新唐書』 卷207 「宦者上」「楊復光傳」, 5875면, "楊復光, 閩人也, 本喬氏."

95) 【王注】 『舊唐書』와 『新唐書』에는 모두 「杜宣猷傳」이 없고, 이 일은 『新唐書』 卷207 「吐突承璀傳」에 보인다; 『新唐書』 卷207 「吐突承璀」, 5870면, "是時, 諸道歲進閹兒, 號'私白', 閩·嶺最多, 後皆任事, 當時謂閩爲中官區藪. 咸通中, 杜宣猷爲觀察使, 每歲時遣吏致祭其先, 時號'敕使墓戶'."

96) 『新唐書』 卷37 「地理志」「序言」, 959~960면, "唐興, 高祖改郡爲州, 太守爲刺史, 又置都督府以治之, 然天下初定, 權置州郡頗多. 太宗元年, 始命併省, 又因山川形便, 分天下爲十道 …… 景雲二年, 分天下郡縣, 置二十四都督府以統之. 旣而以其權重不便, 罷之. 開元二十一年, 又因十道分山南·江南爲東·西道, 增置黔中道及京畿·都畿, 置十五採訪使, 檢察如漢刺史之職"; 『新唐書』 卷49下 「百官志」「外官」條, 1310 ~1311면, "貞觀初, 遣槍使十三人巡省天下諸州, 水旱則遣使, 有巡察, 安撫·存撫之名. 神龍二年, 以五品以上二十人爲十道巡察使, 按擧州縣, 再周而代. 景雲二年, 置都督二十四人, 察刺史以下善惡, 置司擧從事二人, 秩比侍御史. 揚·益·幷·荊四州爲大都督, 汴·兗·魏·冀·蒲·綿·秦·洪·潤·越十州爲中都督, 皆正三品; 齊·鄜·涇·襄·

관장하다가 일이 있어 출정하게 되면 곧 대총관(大總管)을 설치했고, 일이 없을 때에는 변방 요지에 주둔하며 지키니, 이런 자를 일러 대도독(大都督)이라 했다. 고종(高宗) 영휘(永徽) 연간(650~655) 이후로 도독 가운데 사지절(使持節)의 직함을 가지는 자를 일컬어 절도사라 했지만, 아직 그로써 관직명이 된 것은 아니었다. 경운(景雲) 2년(711)에 하발연사(賀拔延嗣)를 양주도독(涼州都督) 하서절도사(河西節度使)로 임명하였는데, 절도사라는 관직은 이로부터 시작되었다.[97] 그렇지만 여전히 다만 군사를 통어할 뿐이었고 주군에는 그 자체로 안찰사(按察使) 등이 있어 그에 대한 감독을 맡았다. 개원(開元) 연간(713~741)에 이르러 삭방(朔方), 농우(隴右), 하동(河東), 하서(河西) 등 여러 번진에 모두 절도사를 두었는데,[98] 매번 여러 주를 한 진으로 삼으니, 절도사가 곧 이 여러 주를 다스리고 주의 자사는 모두 절도사에게 속하게 되었으므로 절도사 가운데에는 안찰사, 안무사(安撫使), 지탁사(支度使)를 겸하는 자가 많았다.[99] 이미 그 땅을 가지고 또 그 백성을 가지고 또 그 군대를 가지고 또 그 재부(財賦)를 가지게 되니, 이에 방진의

安·潭·遂·通·梁·夔十州爲下都督, 從三品. 當時以爲權重難制, 罷之, 唯四大都督府如故. 置十道按察使, 道各一人. 開元二年, 曰十道按察採訪處置使, 至四年罷, 八年復置十道按察使. 秋·冬巡視州縣, 十年又罷. 十七年復置十道·京都·兩畿按察使, 二十年曰採訪處置使, 分十五道, 天寶末, 又兼黜陟使, 乾元元年, 改曰 '觀察處置使'."

97) 【王注】 이 문장은 『唐會要』 卷78 「諸使」中篇에 보이는데, 그때는 2년 4월이다. 『通鑑考異』에서 『太上皇實錄』을 인용하여 景雲 元年 薛訥이 이미 幽州鎭守 經略節度大使가 되었다고 하였으니, 그때는 더 (賀拔)延嗣 이전이라 『(資治)通鑑』(卷210)이 그것을 취한 것이다. 또 『考異』는 『統紀』를 인용하여 '賀拔延秀'라고 쓰면서 역시 2년 4월에 두었다.

98) 『新唐書』 卷50 「兵志」 「方鎭」條, 1329면, "其軍, 城, 鎭, 守捉皆有使, 而道有大將一人, 曰大總管, 已而更曰大都督. 至太宗時, 行軍征討曰大總管, 在其本道曰大都督. 自高宗永徽以後, 都督帶使持節者, 始謂之節度使, 然猶未以名官. 景雲二年, 以賀拔延嗣爲涼州都督·河西節度使. 自此而後, 接乎開元, 朔方·隴右·河東·河西諸鎭, 皆置節度使."

99) 『新唐書』 卷49下 「百官志」, 1309면, "節度使·副大使知節度事·行軍司馬·副使·判官·支使·掌書記·推官·巡官·衙推各一人, 同節度副使十人, 館驛巡官四人, 府院法直官·要籍·逐要親事各一人, 隨軍四人. 節度使封郡王, 則有奏記一人; 兼觀察使, 又有判官·支使·推官·巡官·衙推各一人; 又兼安撫使, 則有副使·判官各一人; 兼支度·營田·招討·經略使, 則有副使·判官各一人; 支度使復有遣運判官·巡官各一人."

세력이 날로 강해졌다.

안록산(安祿山)은 절도사로서 군사를 일으켜 거의 천하를 뒤집을 뻔했다. 안록산과 사사명(史思明)이 이미 평정된 뒤에도 무사나 장수 가운데 공적으로 군진에서 일어나 제후나 왕이 된 사람들은 모두 절도사에 제수되었으니, 영역이 큰 경우는 이어진 주(州)가 열 몇 개였고, 작은 경우라도 오히려 서너 개를 겸했으며, 소속된 문무 관원들은 모두 그 스스로 배치해 두었고 조정에다 명을 청하지 않았다. 힘이 커지고 세력이 왕성해지자 마침내 꼬리가 너무 커서 흔들 수 없는 것과 같은 형세를 이루었다. 혹은 아비가 죽은 뒤 아들이 그 군사를 장악하여 다른 사람에게 대신하게 하지 않았고, 혹은 선택이 군졸들로부터 나와 왕왕 스스로 장수를 택해 '유후(留後)'라 부르고는 조정에다 임명을 요구했다. 천자는 힘으로 번진을 제압할 수 없어, 곧 부끄러움을 품고 수치를 참으면서 그들을 달랬다. 임시방편으로 안정시키는 것이 심해질수록 방진은 더욱 교만해졌다. 처음에 조정의 근심거리가 된 것은 다만 하삭(河朔)의 세 번진[河朔三鎭][100]뿐이었으나, 그 뒤로 치청(淄青),[101] 회채(淮蔡) 등에서 각 지역을 차지해 강성하게 일어나지 않는 곳이 없게 되었다. 심지어 동화(同華)[102]는 서울에서 매

---

100) 河朔三鎭 : 河北三鎭이라고도 한다. 唐 安史의 난 이후 安史의 舊將 田承嗣를 魏博節度使, 李寶臣을 成德節度使, 李懷仙을 盧龍節度使로 삼았다. 이 三鎭은 重兵을 거느리고 각자 스스로 文武將吏를 선발하고 賦稅를 징수하였다. 또 節度使의 세습과 교체도 朝政의 命을 받들지 않고 子孫에게 전하거나 部將이 상관을 죽이고 스스로 節度使가 되어 지금의 河北·河南·山東일대에 웅거하여 唐末까지 계속되었다. 三鎭은 명의상 唐朝의 藩鎭이었지만, 실제로는 독립왕국이었다.

101) 淄青 : 唐 方鎭의 이름으로 寶應 元年(762) 설치되었다. 당시 平盧節度使 侯希逸이 史朝義와 奚에게 쫓겨 青州로 내려왔는데, 淄青節度使로 제수되어 平盧의 이름은 없어졌다. 후에 淄青, 淄青平盧, 平盧 등의 이름으로 불렸으며, 治所는 青州이다. 貞元中 治所를 鄆州(지금의 山東省 東平縣 서북)로 옮겼다. 관할구역은 점차로 바뀌어 大曆末 15州를 지배했으나, 元和 연간 唐이 李師道를 멸한 후 三鎭으로 분할하면서 관할구역은 점점 작아졌다. 咸通後 淄州·青州·鄧州·萊州·齊州·棣州 6州(지금의 山東省 북부와 동부)를 거느렸다. 天祐初 朱溫에게 합병되었다. 五代 後梁 때 平盧로 칭해졌다. 본문에서 말하는 淄青은 高句麗人 李正己·李納·李師古·李師道 4대가 山東 12州(처음에는 15州)에 50여 년간 할거하였던 시기를 지칭한다.

우 가까운데도 주지광(周智光)이 그곳에서 반란을 일으켰다.[103] 택로(澤潞) 역시 경기 지역에 이어져 있는데도 노종사(盧從史), 유진(劉稹) 등이 거기에서 반란을 일으켰다.[104]

(당나라) 말기에 이르러서는 천하가 모두 방진으로 분열되었고, 주전충(朱全忠)이 마침내 양(梁)의 군사를 거느리고 당나라의 조명을 옮겼다. 폐해의 근원을 따져 보면 모두 절도사가 군사와 백성에 대한 권한을 장악했기 때문이었다. 송(宋)나라가 문신에게 주(州)의 일을 담당하게 하고부터 역대로 그것을 계승해서 마침내 줄기는 약하게 하고 가지를 강하게 하는 것[弱幹强枝]으로 다시 돌아가는 근심이 없게 되었다. 송 태조(太祖)와 조보(趙普)[105]의 계책은 생각이 깊은 것이었으나,[106] 논자들은 다만 송나라가 힘이 약했던 것이 여기에서 비롯한다고들 하니, 이는 다만 외부의 공격을 제어하는 힘이 약해서 스스로 강하기에 충분치 않았던 것만 알고, 근심을 아직 싹트기 전에 없앤 것은 모르는 것이다. 진실로 밖에 강한 적이 있거나 안에 도적떼가 있는 것이 아니었다면, 백성들은 편안하게 농사짓고 가축을 기를 수 있어 항상 전쟁의 고통에 시달리는 지경에는 이르지 않았으니, 잘 드러나지 않는 그러한 공적을 어찌 가볍게 따질 수 있겠는가.

---

102) 同州는 長安의 서북쪽, 華州는 長安의 동쪽에 위치해 있다.

103) 『舊唐書』 卷11 「代宗紀」, 285면, "(大曆元年十二月)癸卯, 同華節度使周智光專殺陝州監軍張志斌·前虢州刺史龐充, 據華州謀叛."

104) 『舊唐書』 卷184 「吐突承璀傳」, 4768면, "仍奏昭義節度使盧從史素與賊通, 許爲承宗求節鉞. 乃誘潞州牙將烏重胤謀執從史送京師"; 『舊唐書』 卷172 「李石傳」, 4486면, "時澤潞劉稹阻兵, 以石嘗爲太原副使, 諳練北門軍政, 故代劉沔鎭之."

105) 趙普(921~992) : 字는 則平이고, 幽州 薊사람이나, 그 아버지 대부터 河南 洛陽으로 이주하였다. 宋 太祖의 측근으로, 태조 즉위 후 佐命功臣으로서 右諫議大夫, 樞密直學士가 되었다. 태조는 그를 手足과 같이 친하게 여겼으며, 재상으로 삼은 뒤에는 대소사를 모두 그에게 물어 결정하였다. 본래 吏의 일은 익숙하였지만, 학문은 부족하여 태조가 독서를 권하였는데, 만년에는 손에서 책을 놓지 않았다. 태종에게도 우대되었으며, 曹彬과 함께 개국공신 중 첫 번째로 꼽혔다. 사후 眞宗 때 韓王으로 追封되었다.

106) 『宋史』 卷256 「趙普傳」, 8932면, "遂勸帝遣使分詣諸道, 徵丁壯籍名送京師, 以備守衛; 諸州置通判, 使主錢穀. 由是兵甲精銳, 府庫充實."

268. 방진의 군대가 자기 영역을 나서기만 하면 탁지부에서 물자를 공급해 주기를 바랐다 方鎭出境卽仰度支供餽

여러 방진은 각각 땅을 멋대로 차지하고 있어 거두는 세금이 군대를 양성하기에 충분했지만, 조정에서 그들을 이용해 반란을 토벌하려고 하면, 일단 자기 영역을 나설 때마다 조정에서 의복과 군량을 지급해 줄 것을 바랐으니, 이것은 군대를 동원하는 것 때문에 국력이 곤궁하게 된 까닭이었다. 왕정주(王廷湊)를 토벌할 때에는 여러 번진의 병력이 15만이었는데, 자기 영역을 나서자마자 바로 탁지(度支)[107]에 요청을 하니, 이에 남북공군원(南北供軍院)을 설치했던 것이다. 탁지에서 운송하는 것이 왕왕 적에게 차단이 되는 경우가 많아 공군원(供軍院)에 이르지 못하곤 했다[趙注 : 「왕정주전」].[108] 이동첩(李同捷)을 토벌할 때에는 여러 군대가 들판에 있자, 조정에서는 특별히 공군양료사(供軍糧料使)를 설치했는데, 날마다 쓰는 비용이 점차 많아졌다. 여러 장수들은 작은 승리가 있을 때마다 번번이 그 수치를 과장해서 부당하게 상을 요구했으니, 실로 조정을 곤란하게 하고 적의 숨통을 틔워주고자 하는 것이었다. 비단이며 군마며 그들에게 사여한 것은 셀 수도 없었다[趙注 : 「이동첩전」].[109] 유총(劉總)은 출병해서 왕승종(王

107) 度支[司] : 官署名으로 尙書省 戶部의 두 번째 관청으로 天下의 物産을 관장하고 租賦의 징수와 물자의 출납 등 財政사무를 처리하였다. 長官은 度支郎中 한 명으로 財政收入을 담당하였고, 次官은 度支員外郎 한 명으로 財政支出을 담당하였다. 이밖에 度支主事 등이 있었다. 安史의 난 이후 戶部 諸司의 직권은 유명무실하였으나 度支가 담당한 財賦의 出納은 나날이 중요하여 宰相이나 戶部尙書·戶部侍郞이 度支사무를 겸하였다.

108) 『舊唐書』 卷142 「王廷湊傳」, 3886~3387면, "國家自憲宗誅除羣盜, 帑藏虛竭, 穆宗卽位, 賞賜過當, 及幽·鎭共起, 征發百端, 財力殫竭. 時諸鎭兵十五萬餘, 纔出其境, 便仰給度支, 置南北供軍院. 旣深入賊境, 輦運艱阻, 芻薪不繼, 諸軍多分番樵採. 俄而度支轉運車六百乘, 盡爲廷湊邀而虜之, 兵食益困. 賊圍深州數重, 雖光顔之善將, 亦無以施其方略. 其供軍院布帛衣賜, 往往不得至院, 在途爲諸軍强奪, 而懸軍深者, 率無支給."

109) 『舊唐書』 卷143 「李同捷傳」, 3907면, "時諸軍在野, 朝廷特置供軍糧料使, 日費寖多. 兩河諸帥每有小捷, 虛張俘級, 以邀賞賚, 實欲困朝廷而緩賊也, 繒帛征馬, 賜之

承宗)을 토벌하다가 무강현(武强縣)을 차지하게 되자, 결국 양쪽에 다 마음을 두고는, 조정에서 내리는 상을 이익으로 취했다[110)][趙注 : 「왕승종전」].[111)]

실제로 마음이 나라를 위한 경우를 보면, 다만 이용(李鄘)이 회남(淮南) 군사 2만 명을 거느리고 이사도(李師道)를 토벌하면서 군량을 일찍이 담당관에게 공급해 달라고 바라지 않았다[趙注 : 「이용전」].[112)] 왕지흥(王智興)은 이동첩(李同捷)을 토벌하러 가면서 역시 다섯 달 군량을 스스로 마련했다[趙注 : 「왕지흥전」].[113)] 조정에서는 모두 이들을 특별히 칭찬했다. 반역을 토벌하는 것은 나라에서 본디 그 비용을 아껴서는 안 되지만, 가령 당나라의 교만한 번진 같다면 곧 국력이 그들 때문에 피폐해지고 반역자의 세력은 또한 더욱 확장되는 것이다. 그러므로 이사도를 토벌할 때 위박(魏博)의 전홍정(田弘正)이 여양(黎陽)에서 황하(黃河)를 건너겠다고 청하자, 배탁(裴度)이 그래서는 안 된다고 하며 "여양에서 황하를 건너면 이미 자기 영역에서 멀리 떨어지게 되므로, 곧 활주(滑州)[114)]에 이르러 다만 탁지 물자 공급을 바라게 될 것이니, 당분간 하북(河北)에서 군대의 힘을 기르게 하느니만 못합니다. 서리가 내린 뒤를 기다려 양유(揚劉)에서 황하를 건너면 바로 운주(鄆州)의 적 영역에 도달할 수 있을 것입니다"라고 말했다[趙注 : 「배탁전」].[115)] 유진(劉稹)을 토벌할 때 이덕유(李德裕)가 또한 "지금까지 조정에서

無算."

110) 『舊唐書』 卷143 「劉總傳」, 3902면, "及王承宗再拒命, 總遣兵取賊武强縣, 遂駐軍持兩端, 以利朝廷供饋賞賜. 是時吳元濟尙存, 王承宗方跋扈, 易定孤危, 憲宗暫務姑息, 加總同中書門下平章事"; 『新唐書』 卷212 「劉總傳」, 5975면, "承宗再拒命, 總遣兵取武彊, 按軍兩端, 以私饋賚. 憲宗知之, 外示崇寵, 進同中書門下平章事."

111) 【王注】 이 일은 『舊唐書』 卷143과 『新唐書』 卷212의 「劉總傳」에 보이니, 「王承宗傳」이 아니다.

112) 『新唐書』 卷146 「李鄘傳」, 4745면, "李師道謀撓沮之, 鄘以兵二萬分壁鄆境, 貲餉不仰有司."

113) 『新唐書』 卷172 「王智興傳」, 5203면, "李同捷以滄德叛, 智興請悉師三萬齎五月糧討賊."

114) 滑州 : 隋 大業 3년(607) 東郡으로 개칭했다가 唐初에 활주로 개칭하였다. 天寶 元年(742) 靈昌郡으로 개칭했다가 乾元 元年(758) 다시 滑州로 복원되었다. 관할구역은 지금의 河南省 延津, 滑縣 등지에 해당한다.

반역을 토벌할 때엔 군사들이 자기 영역을 나서면 곧 탁지의 비용을 써서 물자를 공급했습니다. 이런 까닭으로 일부러 적을 피하며 나아가지 않아[逗撓] 국력을 곤궁하게 하였습니다. 혹은 몰래 적과 내통을 해서 현(縣) 하나나 요새 하나를 취하고도 대단한 승리라고 하니, 이른바 군사가 출동하고도 공이 없었던 까닭입니다. 이제 마땅히 왕원규(王元逵), 하홍경(何弘敬) 등에게 명을 내려 (큰) 주(州) 단위만을 취하게 하고 현(縣)은 취하지 말도록 해야 합니다"라고 상주했는데, 얼마 되지 않아 과연 적을 평정했다[趙注 : 「이덕유전」].116) 이는 또한 적을 토벌하고 도모하는 하나의 술책이었다.

---

115) 『舊唐書』 卷170 「裴度傳」, 4420~4421면, "十三年, 李師道翻覆違命, 詔宣武、義成、武寧、橫海四節度之師與田弘正會軍討之. 弘正奏請取黎陽渡河, 會李光顔等軍齊進. 帝召宰臣於延英議可否, 皆曰 : '閫外之事, 大將制之, 旣有奏陳, 宜遂其請.' 度獨以爲不可, 奏曰 : '魏博一軍, 不同諸道. 過河之後, 却退不得, 便須進擊, 方見成功. 若取黎陽渡河, 旣纔離本界, 便至滑州, 徒有供餉之勞, 又生顧望之勢. …… 若欲於河南持重, 則不如河北養威. 不然, 則且秣馬厲兵, 候霜降水落, 於楊劉渡河, 直抵鄆州. 但得至陽穀已來下營, 則兵勢自盛, 賊形自撓.' 上曰 : '卿言是矣.' 乃詔弘正取楊劉渡河. 及弘正軍旣濟河而南, 距鄆州四十里築壘, 賊勢果蹙. 頃之, 誅師道"; 『新唐書』 卷173 「裵度傳」, 5212~5213면, "弘正請自黎陽濟, 合諸節度兵, 宰相皆謂宜, 度曰 : '魏博軍度黎陽, 卽叩賊境, 封畛比聯, 易生顧望, 是自戰其地. 弘正 · 光顔素少斷, 士心盤桓, 果不可用. 不如養威河北, 須霜降水落, 絶陽劉, 深抵鄆, 以營陽穀, 則人人殊死, 賊勢窮矣.' 上曰 : '善.' 詔弘正如度言." 본문의 '揚劉'는 『舊唐書』에는 '楊劉'로, 『新唐書』에서는 '陽劉'로 되어 있는데, '揚', '楊', '陽'은 자주 서로 통용되는 글자이다.

116) 『舊唐書』 卷174 「李德裕傳」, 4526면, "何弘敬、王元逵承詔, 聳然從命. …… 及弘敬、元逵出兵, 德裕又奏曰 : '貞元、大和之間, 朝廷伐叛, 詔諸道會兵, 纔出界便費度支供餉, 遲留逗撓, 以困國力, 或密與賊商量, 取一縣一柵以爲勝捷, 所以師出無功. 今請處分元逵、弘敬, 只令收州, 勿攻縣邑.' 帝然之. 及王宰、石雄進討, 經年未拔澤潞. 及弘敬、元逵收邢、洺、磁三州, 稹黨遂離, 以至平殄, 皆如其算"; 『新唐書』 卷180 「李德裕傳」, 5338~5339면, "德裕每疾貞元 · 太和間有所討伐, 諸道兵出境, 卽仰給度支, 多遷延以困國力. 或與賊約, 令懈守備, 得一縣一屯以報天子, 故師無大功. 因請勅諸將, 令直取州, 勿攻縣."

269. 방진의 교만한 병사들方鎭驕兵

진(秦), 한(漢), 육조(六朝) 이래 반란을 일으키는 장수는 있어도 반란을 일으키는 병사는 없었다. 당(唐)나라 중엽 이후에는 방진 병사들이 일으킨 반란이 자주 있게 되었다. 대개 번수(藩帥 : 절도사)들이 이미 신하의 절개를 지키지 않았으므로, 그 부하들이 이를 본받아 번수를 내쫓거나 살해하는 것을 예사 일로 보는 것은 괴이할 것이 없다. 번수가 된 자들은 이미 그들의 변란이 팔꿈치와 겨드랑이[肘腋 : 가까운 곳]의 병환이 될 것을 염려했고, 또 그들의 마음을 붙잡아 둠으로써 손톱이나 어금니[爪牙 : 심복]와 같은 도움으로 삼고자 했으므로, 결국 위엄과 명령으로 병사들을 감히 제압하지 못하고, 오로지 후하게 은혜롭게 베푸는 것만 믿고 있었으니, 이것이 교만한 병사들이 더욱 제멋대로 방자하게 된 이유이다. 이제 『신당서(新唐書)』와 『구당서(舊唐書)』 각 열전에서 이를 살펴보자.

「유현좌전(劉玄佐傳)」을 보면, 변군(汴軍 : 선무군(宣武軍))은 이충신(李忠臣) 이래 사졸의 교만함이 심했는데, (유)현좌에 이르러 더욱 상사(賞賜)를 후하게 했기 때문에 백성들은 더욱 곤궁하게 되었다. 그 뒤 대수(大帥 : 절도사)를 살해하고 제멋대로 노략질을 했으니, 모두 이익을 탐내어 그렇게 했던 것이다.[117] 「이질전(李質傳)」을 보면, 변군 아병(牙兵) 2천 명은 모두 날마다 술과 음식을 지급 받았으므로 물력(物力 : 경제력)이 그들 때문에 다하게 되었다.[118] 「치사미전(郗士美傳)」을 보면, 택로(澤潞)에서는 노종사(盧從史) 이래 날마다 300명분의 음식을 마련하여 아병을 먹였다.[119] 「왕식전

---

117) 『舊唐書』 卷145 「劉玄佐傳」, 3932면, "是以汴之卒, 始於李忠臣, 訖於玄佐, 而日益驕恣, 多逐殺將帥, 以利劚劫"; 『新唐書』 卷214 「劉玄佐傳」, 6000면, "性豪縱, 輕財好厚賞, 故下益困. 汴自李忠臣以來, 士卒驕, 不能自還, 至玄佐彌甚. 其後殺帥長, 大鈔劫, 狃于利而然也."

118) 『舊唐書』 卷156 「李質傳」, 4138면, "有詔以韓充鎭汴, 充未至, 質權知軍州事, 使衙牙兵二千人, 皆日給酒食, 物力爲之損屈. 充將至, 質曰 : '若韓公始至, 頓去二千人日膳, 人情必大去; 若不除之, 後當無繼. 不可留此弊以遺吾帥.' 遂處分停日膳而後迎充."

(王式傳)」을 보면,[120] 서주(徐州)에서는 왕지흥(王智興) 이래 사납고 대찬 병사 2천 명을 불러 모아 은도(銀刀), 조기(鵰旗), 문창(門槍), 협마(挾馬) 등으로 불렀는데, 나중에 이들이 점차 교만해져서 절도사가 그때마다 조치를 취하기에 겨를이 없었다. 전모(田牟)가 서주를 담당하게 되어서는(무녕군절도사(武寧軍節度使)가 되어) 그들과 함께 어울려 앉아 술을 마시며 등을 두드리고 할 때에는 박판을 잡고 병사들을 위해 노래를 불렀다. 그 무리들이 날마다 소비하는 비용은 만을 헤아렸으며, 손님을 모시는 연회가 있을 때마다 반드시 먼저 술과 음식을 실컷 먹었고, 추울 때나 무더운 여름비가 내릴 때나 술잔이 앞에 가득했는데도 오히려 떠들썩하고, 걸핏하면 절도사를 쫓아낼 궁리를 했다. 온장(溫璋)이 절도사로 오자 사졸들은 평소 그가 엄격하다는 말을 들어 모두 걱정하고 의심했다. (온)장은 성심껏 군사들을 달래고 위로했지만 끝내 (그들의 의심하는 마음은) 풀리지 않았고, 그들에게 술과 음식을 주었지만 입에 한 방울도 대지 않았는데, (그들은) 한 달도 되지 않아 결국 (온)장을 쫓아냈다. 마침 왕식(王式)이 의성군(義成軍)과 충무군(忠武軍)을 거느리고 절동(浙東)의 도적 구보(仇甫)를 격파한 뒤 돌아오는데, 황제가 왕식을 (무녕군절도사로 삼아) 서주에 주진하게 하니 서주의 군사들이 자못 두려워했다. 부임한 지 사흘 만에 (왕)식은 (의성군과 충무군) 두 번진 병사들을 위로하며 돌아가게 했는데, 그들은 이미 갑옷을 입고 무기를 쥐고 있었으므로 곧 교만한 병사들을 포위하여 모두 죽이도록 하니, 그 수가 모두 3천 여명이었으며, 이로 말미암아 흉악한 무리들이 모두 주멸되었다.[121]

119) 『新唐書』 卷143 「郗士美傳」, 4696면, "昭義自李抱眞以來皆武臣, 私廚月費米六千石・羊千首・酒數十斛, 潞人困甚. 士美至, 悉去之, 出稟錢市物自給. 又盧從史時, 日具三百人膳以餉牙兵, 士美曰 : '卒於牙, 固職也, 安得廣費爲私恩?' 亦罷之."

120) **[王注]** 「王式傳」은 『新唐書』와 『舊唐書』에 모두 「王播傳」 뒤(『舊唐書』 卷164, 『新唐書』 卷167)에 붙였으며, 아래 문장에서 말한 徐州 驕卒의 形成 및 王式에게 살해된 바는 단지 그 일을 간략하게 말하고 있을 뿐이고, 상세한 것은 『舊唐書』 卷19上 「懿宗本紀」 「咸通三年」條에 보이니, 이것이 本篇에서 일을 서술하면서 의거한 바이다.

121) 『舊唐書』 卷19上 「懿宗紀」 「咸通三年」條, 653면, "七月, 徐州軍亂, 以浙東觀察使王

또, 「온조전(溫造傳)」을 보면, 흥원군(興元軍)에서 절도사 이강(李絳)을 살해하자, 조서가 내려 온조[122]를 절도사로 삼았는데, 도중에 촉(蜀)을 정벌하고 돌아오는 군사들을 만나자 (온)조는 그들을 설득해서 자신을 따르게 하였다. (번진에) 도착해서 크게 잔치를 열고 흥원군이 (이)강을 살해한 상황을 물은 뒤 곧 촉을 정벌하고 온 군사들에게 흥원군 군사들을 다 죽이도록 명하니, 그 수가 모두 8백 명이었다. 잘라낸 머리 백 개로는 (이)강에게 제사를 지내고 30개로는 그 일과 관련해 죽은 관료들에게 제사를 지냈으며, 나머지는 한강(漢江 : 한수(漢水))에 던져 버렸다.[123] 아마도 교만함이 극에 달하고 멋대로 행동하여 꺼리는 바가 없게 되자, 또한 풀을 베고 사냥을 하듯 죽이지 않을 수 없었을 것이다.

式檢校工部尙書·徐州刺史·御史大夫·武寧軍節度·徐泗濠觀察等使. 初, 王智興得徐州, 召募凶豪之卒二千人, 號曰 銀刀·鵰旗·門槍·挾馬等軍, 番宿衙城. 自後寖驕, 節度使姑息不暇. 田牟鎭徐日, 每與驕卒雜坐, 酒酣撫背, 時把板爲之唱歌. 其徒日費萬計. 每有賓宴, 必先厭食飮酒, 祁寒暑雨, 酒盈前, 然猶諠譟邀求, 動謀逐帥. 前年壽州刺史溫璋爲節度使, 驕卒素知璋嚴酷, 深負憂疑. 璋開懷撫諭, 終爲猜貳, 給與酒食, 未嘗瀝口, 不期月而逐璋. 上是以式代璋. 時式以忠武·義成之師三千平定仇甫, 便詔式率二鎭之師渡淮. 徐卒聞之, 懼其勢, 無如之何. 至大彭館, 方來迎謁. 居三日, 犒勞兩鎭兵令還, 旣擐甲執兵, 卽命環驕卒殺之. 徐卒三千餘人, 是日盡誅, 由是凶徒悉殄."

122) 溫造(766~835) : 唐 太原郡 祁縣 사람으로 字는 簡輿이다. 처음에 은거하여 벼슬하지 않다가 후에 徐州節度使의 參謀가 되어 幽州節度使 劉濟의 귀부를 설득하였다. 長慶 元年(821) 起居舍人을 거쳐 鎭州四面諸軍宣慰使가 되어 幽州節度使 劉聰이 거느릴 9州를 항복하게 하였다. 후에 朗州刺史가 되어 2千頃을 개간하여 사람들이 右史渠라 칭하였다. 侍御史·御史中丞·尙書右丞을 역임하였다. 太和 4년(830) 興元軍이 난을 일으켜 節度使 李絳을 살해하자 山南西道節度使가 되어 주모자를 주살하였다. 兵部侍郎·東都留守·河陽節度使·御史大夫·禮部尙書를 지냈다. 文集 80卷이 있으나 亡佚되었다.

123) 『新唐書』 卷91 「溫造傳」, 3786면, "興元軍亂, 殺李絳, 謂造可夷其亂, 文宗亦以爲能, 乃授檢校右散騎常侍·山南西道節度使, 許以便宜從事. …… 而興元將志忠·張丕·李少直自蜀還, 造喩以意, 皆曰 : '不敢二.' 乃用八百人自從, 五百人爲前軍. 旣入, 前軍呵護諸門. 造至, 欲大宴, 視聽事, 曰 : '此隘狹, 不足饗士.' 更徙牙門. 坐定, 將卒羅拜, 徐曰 : '吾欲聞新軍去住意, 可悉前, 舊軍無得進.' 勞問畢, 就坐, 酒行, 從兵合, 卒有覺者, 欲引去, 造傳言叱之, 乃不敢動. 旣問軍中殺絳狀, 志忠·丕夾階立, 拔劍傳呼曰 : '悉殺之!' 圍兵爭奮, 皆斬首, 凡八百餘人. 親殺絳者, 醢之; 號令者, 殊死. 取百級祭絳, 三十級祭死事官王景延等, 餘悉投之漢江. 監軍楊叔元擁造靴祈哀, 造以兵出之. 詔流康州. 叔元, 始激兵亂者也, 人以造不戮爲恨."

그러나 주수(主帥) 가운데 올바름으로 스스로를 지킬 수 있는 이가 있으면, 또한 살육에 의지하지 않고도 군사들을 다스릴 수 있는 경우도 있었다. 이질(李質)이 변군(汴軍) 병마사(兵馬使)였을 때에는 날마다 2천 명의 음식을 지급하여 쓰는 비용이 많았는데, 마침 새 절도사 한충(韓充)이 오게 되자 (이)질이 "만약 한공(韓公)이 와서 2천 명의 식비를 갑자기 없앤다면 사람들 마음이 반드시 원망할 것이다"라고 말하고는 날마다 음식 차리는 것을 중단하고 (한)충을 맞았다.[124] 치사미(郗士美)는 택로에서 날마다 아병 300명에게 음식을 제공하는 것을 법에 어긋난 것이라 여겨 "군사가 본진을 지키는 것은 본래 직책인데, 어찌 비용을 많이 소모할 수 있겠는가"라고 말하며 드디어 그것을 그만두게 하였다.[125] 그러나 두 번진에서 또한 감히 난동을 부리는 자가 없었으니, 이는 역시 장수가 충분히 사람을 복종시킬 수 있었던 데에 까닭이 있었다.

270. 도적이 재상을 살해한 두 사건이 있었다 盜殺宰相有二事

당(唐)나라 때 도적이 재상을 살해한 것으로 두 사건이 있으니, 하나는 원화(元和) 10년(815)의 일로 도적이 무원형(武元衡)[126]을 암살하고 배탁(裴

124) 『舊唐書』 卷156 「李質傳」, 4138면, "有詔以韓充鎭汴, 充未至, 質權知軍州事, 使衙牙兵二千人, 皆日給酒食, 物力爲之損屈. 充將至, 質曰 : '若韓公始至, 頓去二千人日膳, 人情必大去; 若不除之, 後當無繼. 不可留此弊以遺吾帥.' 遂處分停日膳而後迎充."

125) 『新唐書』 卷143 「郗士美傳」, 4696면, "又盧從史時, 日具三百人膳以餉牙兵, 士美曰 : '卒衛於牙, 固職也, 安得廣費爲私恩?' 亦罷之."

126) 武元衡(758~815) : 唐 河南府 緱氏縣(지금의 河南省 偃師縣 남쪽) 사람으로 字는 伯蒼이다. 建中 進士로 華原令 · 比部員外郎 · 御史中丞을 거쳤다. 엄격하고 공평함을 견지하여 德宗이 '眞宰相器'라고 극찬하였다. 元和 2년(807) 門下侍郎 同平章事가 되어 藩鎭을 억제할 것을 주장하여 憲宗이 특히 신임하였다. 후에 劍南西川節度使 臨淮郡王에 제수되었다. 儉約으로 蜀을 다스렸다. 元和 8년(813) 다시 재상이 되어

度)을 칼로 찔렀으나 상처만 입고 죽지는 않은 일이다.[127] 또 하나는 개성(開城) 3년(838)에 도적이 화살을 쏘아 이석(李石)을 다치게 했으나 말이 달리는 바람에 벗어날 수 있던 일이다.[128] 생각건대 원화 연간(806~820)에 조정에서는 오원제(吳元濟)를 토벌하려고 했는데, 왕승종(王承宗)이 그를 용서해 달라고 청하며 사람을 시켜 중서성(中書省)에 일을 진술하도록 하였지만, 자못 공손하지 않아 (무)원형이 질타하고는 쫓아 버렸다. 얼마 지나지 않아 (무)원형이 이른 아침에 정안리(靖安里)[129] 집을 나오는데, 밤 시간이 아직 다 끝나지 않은 때였다. 도적은 어둠을 틈타 등불을 끄라고 소리쳐 말하고는, (무)원형에게 화살을 쏘아 어깨를 맞히고 또한 그 왼쪽 정강이를 내리쳤다. 수행하는 하인이 격투를 벌였으나 이기지 못하고 모두 놀라 달아나 버리니, 마침내 (무)원형를 해치고 두개골을 내려쳐 가지고 도망가 버렸다. 순찰하는 관리들이 도적이 재상을 죽였다고 떠들썩하게 전달하니 십여 리에 이어져 조당(朝堂 : 조정)에까지 알려졌는데, 살해된 사람의 이름을 알지 못하다가 잠시 뒤에 도망갔던 말이 돌아와 곧 살펴보고 알게 되었다[趙注 : 「무원형전」].[130]

淮西節度使 吳元濟의 토벌을 主持하였으나 淄青節度使 李師道에게 암살되었다. 五言詩에 능하였으며, 저서에는 『文集』 10卷이 있는데, 현재 3卷이 존재한다. 또 『臨淮詩集』 2卷이 있다.

127) 『舊唐書』 卷15 「憲宗紀下」, 453면, "(元和 10年 6月)癸卯, 鎭州節度使王承宗遣盜夜伏於靖安坊, 刺宰相武元衡, 死之; 又遣盜於通化坊刺御史中丞裴度, 傷首而免. 是日, 京城大駭, 自京師至諸門加羣兵"; 『新唐書』 卷7 「憲宗紀」, 214면, "(元和 10年)六月癸卯, 盜殺武元衡."

128) 『舊唐書』 卷17下 「文宗紀下」, 572면, "(開成 3年 春正月)甲子, 宰臣李石遇盜於親仁里, 中劍, 斷其馬尾, 又中流矢, 不甚傷. 是時, 京城大恐, 捕盜不獲, 旣而知仇士良所爲. 害稼處放逋賦, 仍以本處常平倉賑貸. 是日大雪."

129) 靖安坊은 街東에 위치하고, 萬年縣 관할 하에 있었다.

130) 『舊唐書』 卷168 「武元衡傳」, 4160~4161면, "時王承宗遣使奏事, 請赦吳元濟. 請事於宰相, 辭禮悖慢, 元衡叱之, 承宗因飛章詆元衡, 咎怨頗結. 元衡宅在靜安里, 九年六月三日, 將朝, 出里東門, 有暗中叱使滅燭者, 導騎訶之 賊射之中肩. 又有匿樹陰突出者, 以棓擊元衡左股. 其徒馭已爲賊所格奔逸, 賊乃持元衡馬, 東南行十餘步害之批其顱骨懷去. 及呼偕至, 持火照之, 見元衡已踣於血中, 卽元衡宅東北隅墻之外. 時夜漏未盡, 陌上多朝騎及行人, 鋪卒連呼十餘里, 皆云賊殺宰相, 聲達朝堂, 百官恟恟,

배탁이 통화리(通化里)[131]를 나왔을 때 도적 셋이 검으로 (배)탁을 치니, 처음에는 신발 끈을 끊었고 다음에는 등을 맞혔으나 겨우 홑옷만을 끊어 버릴 수 있었다. 다시 그 머리에 작은 상처를 입히자 (배)탁이 말에서 떨어졌는데, 마침 (배)탁은 털모자를 쓰고 있었으므로 상처가 깊게 나지는 않았다. 도적이 또 칼을 휘두르며 (배)탁을 쫓아왔으나, (배)탁의 하인 왕의(王義)가 적을 붙잡고 늘어지며 매우 위급하다고 계속 소리치자, 도적은 (왕)의의 손을 자르고 벗어났다. (배)탁은 이미 도랑으로 떨어져 있었는데, 도적은 (배)탁이 이미 죽었을 것이라 여기고는 내버려둔 채 가버렸다[趙注 : 「배탁전」].[132]

이 날 헌종(憲宗)은 놀라고 슬퍼하며 조회를 끝낸 뒤 애통해 했고, 금오(위)(金吾衛)와 (경조)부(府), (만년)현(縣)[133]에 조서를 내려 대대적으로 수색하도록 했다. 어떤 사람이 말을 전달해 "도적을 찾지 말라. 궁지에 몰리면 반드시 난이 일어날 것이다"라고 말했고, 또한 길에 떨어진 투서에서도 "나를 조급하게 하지 말라. 내가 먼저 너를 죽일 것이다"라고 씌여 있었다. 허맹용(許孟容)[134]이 황제에게 "나라의 재상의 시체가 길모퉁이에

未知死者誰也. 須臾, 元衡馬走至, 遇人始辨之. 旣明, 仗至紫宸門, 有司以元衡遇害聞, 上震驚, 朝而坐延英, 召見宰相. 惋慟者久之, 爲之再不食";『新唐書』卷152「武元衡傳」, 4834면, "王承宗上疏請赦吳元濟, 使人白事中書, 悖慢不恭, 元衡叱去. 承宗怨, 數上章誣詆. 未幾入朝, 出靖安里第, 夜漏未盡, 賊乘暗呼曰 : '滅燭!' 射元衡中肩, 復擊其左股, 徒御格不勝, 皆駭走, 遂害元衡, 批顱骨持去. 邏司傳譟盜殺宰相, 連十餘里, 達朝堂, 百官恟懼, 未知主名. 少選, 馬逸還第, 中外乃審知. 是日, 仗入紫宸門, 有司以聞, 帝震驚, 罷朝, 坐延英見宰相, 哀慟, 爲再不食."

131) 通化坊은 주작대로에 맞닿아있으며, 街西 지역에 속하므로 長安縣 소속이었다.『太平御覽』과『兩京城坊考』에서는 '通化坊'과 '敦化坊'이 혼재되어 나타나는데, 敦化坊은 曲江池와 맞닿은 지역으로 街東 萬年縣 관할이 된다. 여기서는『增訂唐兩京城坊考』(徐松(淸) 撰, 李健超 增訂, 三秦出版社, 1996) 附「唐長安城圖－唐玄宗開元29년(741)에 의거하였다.

132)『舊唐書』卷170「裴度傳」, 4414~4415면, "十年六月, 王承宗·李師道俱遣刺客刺宰相武元衡, 亦令刺度. 是日, 度出通化里, 盜三以劍擊度, 初斷帶, 次中背, 纔絶單衣, 後微傷其首, 度墮馬. 會度帶氈帽, 故創不至深. 賊又揮刃追度, 度從人王義乃持賊連呼甚急, 賊反刃斷義手, 乃得去. 度已墮溝中, 賊謂度已死, 乃捨去."

133) 이 단락은 裴度과 관련된 서술이 아니라, 武元衡 사건에 대한 서술에서 이어지는 부분이다. 때문에 해당 지역은 靖安坊을 관할하는 萬年縣으로 보아야할 것이다.

134) 許孟容(743~818) : 唐 京兆府 長安縣 사람으로 字는 公範이다. 大曆 進士이며, 明

버려졌는데도 도적을 잡지 않으면 조정의 치욕입니다"라고 말하자, 황제는 이에 조서를 내려 적을 잡는 자는 천만 전(錢)을 상으로 주고 5품 관직을 제수한다고 했으며, 동시(東市)와 서시(西市)에 돈을 쌓아두고 신고를 접수했다. 이에 신책군(神策軍) 장수 왕사칙(王士則), 왕사평(王士平) 등이 장안(張晏) 등 열여덟 명을 체포해 (왕)승종이 파견한 자들이라고 하며 그들을 모두 참수했다[趙注 : 「무원형전」].[135] 당시 왕승종과 이사도(李師道)는 모두 사람을 보내 서울에서 몰래 일을 일으켜 능묘의 의장용 창을 부러뜨리고 볏짚을 쌓아둔 것을 불태우곤 했는데, 얼마 지나지 않아 동도방어사(東都防禦使) 여원응(呂元膺)이 이사도의 사저에서 도적 문찰(門察), 자가진(訾嘉珍)을 붙잡았고, 그들이 스스로 처음에 (무)원형을 죽이기로 모의했다고 말했다. 마침 장안이 먼저 발각되었으므로 (이들은) (이)사도를 고발함으로써 상을 가로챘던 것이다. 황제는 몰래 그들을 죽이라고 명령을 내렸다[趙注 : 「여원응전」].[136] 그런데 「이사도전(李師道傳)」에서는 (문)찰, (자)가진이 곧 (무)원형을 살해한 자라고 했는데,[137] 나중에 전홍정(田弘正)이 이사도를

經科에도 급제하였다. 貞元 4년(788) 張建封이 徐州節度使가 되자 從事로 벽소되었고, 李納에게 罷兵을 권유하여 濠州刺史로 전임되었다. 德宗이 그의 능력을 알고 禮部員外郎으로 삼았으며 給事中이 되었다. 衢州刺史・太常少卿을 거쳐 元和初 刑部侍郎이 되었고, 元和 4년(809) 京兆尹이 되었다. 神策軍將이 교만 방자하여 府縣에서 이를 제어하지 못하던 상태였는데, 軍吏들이 다른 사람에게 빌린 돈을 갚지 않자, 이들을 체포하여 감옥에 집어넣자 모두 두려워하였다. 후에 兵部侍郎, 知禮部貢擧, 河南尹, 吏部侍郎, 東都留守 등을 역임하였다.

135) 『新唐書』 卷152 「武元衡傳」, 4834~4835면, "詔金吾・府・縣大索, 或傳言曰 : '無搜賊, 賊窮必亂.' 又投書於道曰 : '毋急我, 我先殺汝.' 故吏卒不窮捕. 兵部侍郎許孟容言於帝曰 : '國相橫尸路隅而盜不獲, 爲朝廷辱.' 帝乃下詔 : '能得賊者賞錢千萬, 授五品官. 與賊謀及舍賊能自言者亦賞. 有不如詔, 族之.' 積錢東西市以募告者. 於是左神策將軍王士則・左威衛將軍王士平以賊聞, 捕得張晏等十八人, 言爲承宗所遣, 皆斬之. 逾月, 東都防禦使呂元膺執淄淸留邸賊門察・訾嘉珍, 自言始謀殺元衡者, 會晏先發, 故藉之以告師道而竊其賞, 帝密誅之."

136) [王注] 이 구절은 『新唐書』 및 『舊唐書』의 「呂元膺傳」에는 없으니, 마땅히 『新唐書』 「武元衡傳」(卷152, 4935면)이라 해야 한다.

137) 『舊唐書』 卷124 「李師道傳」, 3539면, "初, 師道多買田於伊闕、陸渾之間, 凡十所處, 欲以舍山棚而衣食之. 有訾嘉珍、門察者, 潛部分之, 以屬圓靜, 以師道錢千萬僞理嵩山之佛光寺, 期以嘉珍竊發時擧火於山中, 集二縣山棚人作亂. 及窮按之, 嘉珍、

죽인 뒤 그 문서를 조사하자 과연 (무)원형을 죽인 것에 대해 상을 준 항목이 있었다[趙注 : 「장홍정전(張弘靖傳)」].[138] 이것이 원화 연간의 일이다.

문종(文宗)은 감로(甘露)의 변란을 당해 재상 왕애(王涯) 등이 모두 환관 구사량(仇士良)에게 살해되자 결국 이석을 재상으로 임명했다. (이)석은 올바름을 지키며 조정에 서서 폄하하는 일이 적지 않았으므로 조정이 그에 의지했다. (이)석은 친인리(親仁里)에 살았는데, 막 날이 밝아 조정에 들어가려고 할 때, 도적이 상부(尙父) 곽자의(郭子儀)의 집에서 나타나 활을 당기며 쫓아왔다. 화살이 겨우 어깨에 닿자 말이 달아나 돌아갔는데, 도적이 이미 방문(坊門)에 숨어 있다가 (이)석이 탄 말의 꼬리를 잘랐으나, (이)석은 결국 말이 내달려서 집으로 돌아올 수 있었다. 황제는 소식을 듣고서 놀라 경악했다. 이날 온 장안이 크게 두려워하여 상참관(常參官)[139] 가운데 조정에 들어온 자가 아홉 명뿐이었다. 그러고 나서 구사

門察, 乃賊武元衡者, 元膺具狀以聞. 及誅吳元濟, 師道恐懼, 上表乞聽朝旨, 請割三州弁遣長子入侍宿衛, 詔許之."

138) [王注] 살펴보면 「張弘靖傳」은 『舊唐書』 卷129의 列傳이다. 『舊唐書』 卷124 「李師道傳」, 3539면에 門察, 訾嘉珍이 武元衡을 살해했다고 본 것은, 李師道가 두 사람의 報告를 잘못 믿은 것에서 비롯되었다. 이 두 사람은 원래 武元衡 살해할 준비를 꾀했으나 아직 행동으로 옮기지는 않았는데, 武元衡이 이미 王承宗이 보낸 張晏에게 살해되니, 그러므로 두 사람은 곧 공을 탐하여 상을 요구했던 것이다. 李師道는 그 진위를 판별하지 않고 또한 바로 그들에게 상을 주었다. 이것이 당일의 실제 정황인데, 呂元膺의 신문으로 이미 명확해졌지만, 본문에서는 도리어 兩端을 유지하면서 단정적인 말을 하지 않고 마치 여전히 懸案인 것처럼 하고 있다. 『舊唐書』 卷129 「張弘靖傳」, 3610~3611면, "吳少陽死, 其子元濟擅主留務, 憲宗怒, 欲下詔誅之. 弘靖請先命弔贈使, 待其不恭, 然後加兵, 憲宗從其議. 尋加中書侍郎平章事. 盜殺宰相武元衡, 京師索賊未得. 時王承宗邸中有鎭卒張晏輩數人, 行止無狀, 人多意之, 詔錄付御史陳中師按之, 皆附致其罪, 如京中所說. 弘靖疑其不直, 驟於上前言之, 憲宗不聽, 竟殺張晏輩. 及田弘正入鄆, 按簿書, 亦有殺元衡者, 但事曖昧, 互有所說, 卒未得其實. 又殺張晏後, 憲宗欲遂伐承宗. 弘靖以爲戎事並興, 鮮有濟者, 不若倂攻元濟, 待淮西平, 然後悉師河朔. 憲宗業已北討, 不爲之止, 然亦重違其言. 弘靖知終不聽用, 遂自陳乞罷政事. 俄檢校吏部尙書、同中書門下平章事, 充太原節度使. 行未及鎭, 果下詔誅承宗."

139) 常參官 : 『舊唐書』 「職官志」에 따르면, 唐代의 常參官은 5品 이상의 職事官, 8品 이상의 供奉官, 員外郎, 監察御史, 太常博士를 지칭한다(『舊唐書』 卷43 「職官志」 「尙書都省」 「吏部尙書」, 1819면, "凡京司有常參官 : 謂五品以上職事官 · 八品已上供奉官 · 員外郎 · 監察御史 · 太常博士").

량이 사람을 보내 한 짓이라는 것을 알게 되었고, 황제 역시 그것을 알았지만 어떻게 할 수가 없었으므로, (이)석은 결국 재상 자리를 그만두기를 청하며 물러났다.[140] 이것이 개성 연간(836~840)의 일이다. 개성 연간의 적은 끝내 잡을 수 없었다.

아마도 원화 연간의 일은 번진에서 사람을 보내 몰래 저지른 것이어서 신책군 장병이 그들을 체포하여 죽일 수 있었지만, 개성 연간의 일은 환관이 한 짓이고 신책군은 곧 환관이 장악한 것이라서 적을 체포할 수 없었을 것이다.

271. 여섯 등급으로 죄를 정하고 사흘 만에 상복을 벗는 것에 관한 논의六等定罪三日除服之論

안록산(安祿山)의 변란이 일어나자 당(唐)나라 조정 신하들 가운데 지위가 높은 경우로 재상 진희열(陳希烈) 같은 이와 황제와 가까운 경우로 부마 장계(張垍) 같은 이가 모두 기꺼운 마음으로 적을 따르고 뻔뻔한 얼굴로 그를 위해 신하가 되었으니, 이는 곧 극형에 처한들 어찌 지나치다 할

140) 『舊唐書』 卷172 「李石傳」, 4486면, “三年正月五日, 石自親仁里將曙入朝, 盜發於故郭尙父宅, 引弓追及, 矢纔破膚, 馬逸而回. 盜已伏坊門, 揮刀斫石, 斷馬尾, 竟以馬逸得還私第. 上聞之駭愕, 遣中使撫問, 賜金瘡藥, 因差六軍兵士三十人衞從宰相. 是日, 京師大恐, 常參官入朝者九人而已, 旬日方安. 石拜章辭位者三, 乃加金紫光祿大夫·中書侍郎·同平章事·江陵尹·荊南節度使. 李訓之亂, 人情危迫, 天子起石於常僚之中, 付以衡柄. 石以身徇國, 不顧患難, 振擧朝綱, 國威再復. 而中官仇士良切齒惡之, 而伏戎加害. 天子深知其故, 畏逼而不能理 乃至罷免”; 『新唐書』 卷131 「李石傳」, 4516면, “三年正月, 將朝, 騎至親仁里, 狙盜發, 射石傷, 馬逸, 盜邀斫之坊門, 絶馬尾, 乃得脫. 天子駭愕, 遣使者慰撫, 賜良藥. 始命六軍衛士二十人從宰相. 是日京師震恐, 百官造朝纔十一. 石因臥家固辭位, 有詔以中書侍郎平章事·荊南節度使. 始, 訓, 注亂, 權歸閹豎, 天子畏偪, 幾不立. 石起爲相, 以身徇國, 不恤近倖, 張權綱, 欲彊王室, 收威柄. 而仇士良疾之, 將加害, 帝知其然, 而未爲之, 遂罷去.”

수 있겠는가. 이에 광평왕(廣平王)이 동경(東京 : 낙양(洛陽))을 수복한 뒤 (진)희열 등 수백 명을 장안(長安)으로 압송해보내자, 최기(崔器)는 법도[儀注]를 정하여 적에게 항복한 관리들은 모두 맨머리에 맨발(露頭跣足)로 함원전(含元殿)[141] 앞에서 가슴을 치고 머리를 조아려야 하며, 임금을 수행한 관리들에게 그 모습을 보이게 하고, 아울러 하나같이 주살할 것을 청했다. (그런데) 이현(李峴)은 그에 대해 논쟁하여 "나라를 새롭게 하는 법도가 아닙니다. 적에게 항복한 가짜 관리들 가운데 혹은 폐하의 친척이 있고, 혹은 훈구대신의 자손들이 있으니, 하나같이 극한 형법에 처한다면, 인자하게 용서하는 덕을 어그러뜨릴지도 모릅니다. 더구나 남은 적이 아직 평정되지 않아 적에게 항복한 자들이 오히려 많은데, 만약 모두 주살한다면 이는 적을 따르는 마음을 더욱 굳게 할 것입니다"라고 말하며 여섯 등급으로 죄를 정하자고 주장했다[趙注 : 최기, 이현 등의 열전].[142]

『구당서(舊唐書)』에서는 (이)현의 이 상주문로 몸을 보전해서 살아남게 된 사람이 헤아릴 수 없었다고 했으며, 『신당서(新唐書)』에서도 역시 이로 인해 관리들[衣冠]이 다시 살게 되었고 적 역시 사람들에게 천자를 원망하게 시킬 수도 없었으니 모두 (이)현의 힘이었다고 했다. 이는 모두 (최)기의 주장이 마땅함을 지나친 것이라 하고, (이)현의 주장이 공평함을 지킨

---

141) 含元殿 : 唐 長安城 大明宮 앞의 正殿으로 龍朔 3년(663) 세워졌다. 長安 元年(701) 大明殿으로 개칭되었다가 神龍 元年(705) 다시 含元殿으로 개칭되었다. 면적은 약 1,900m²이다. 高宗 이후 大明宮에 거주했던 皇帝들은 元正과 冬至에 含元殿에서 정사를 보았다. 含元殿과 丹鳳門이 서로 배합되어 國家大典을 거행하는 外朝의 땅이 되었다. 예컨대 玄宗이 日本의 遣唐使를 맞이한 곳이기도 하며, 黃巢도 이곳에서 稱帝하였다.

142) 『舊唐書』 卷10 「肅宗紀」, 247~248면, "(至德 2年 冬10月)庚申, 安慶緖與其黨奔河北. 壬戌, 廣平王入東京, 陳兵天津橋南, 士庶歡呼路側. 陷賊官僞署侍中陳希烈 · 中書令張土自等三百餘人素服待罪. …… 己巳, 文武脅從官免冠徒跣, 朝堂待罪, 禁之府獄, 命中丞崔器劾之"; 『舊唐書』 卷115 「崔器傳」, 3374면, "克復二京, 爲三司使. 器草儀注, 駕入城, 令陷賊官立於含元殿前, 露頭跣足, 撫膺頓首請罪, 以刀杖環, 令扈從羣官宰臣已下視之. 及收東京, 令陳希烈已下數百人如西京之儀. 器性陰刻樂禍, 殘忍寡恩, 希旨奏陷賊官準律並合處死. 肅宗將從其議 三司使 · 梁國公李峴執奏, 固言不可, 乃六等定罪, 多所原宥, 唯陳希烈 · 達奚珣斬於獨柳樹下."

것이라고 한 것이다. 생각건대, 이 당시 소화(蕭華)가 반란군으로부터 귀순해 와서 상주하여 "적에게 붙어 벼슬을 하고 있는 관리 중에 안경서(安慶緖)를 위해 하북(河北)까지 달려간 자들이 있는데, 광평왕께서 은혜로운 명을 내려 석방했다는 소식을 듣고 모두 서로를 돌아보면서 후회하고 한탄했습니다. 그런데 최기가 형벌을 매우 무겁게 해야 한다고 주장했다는 소식을 듣게 되자 사람들 마음이 다시 흔들렸습니다"라고 상주했다[趙注 : 「최기전(崔器傳)」].[143] 이면(李勉)이 또한 숙종(肅宗)에게 "악의 근원이 아직 제거되지 않았고 그에 물들어 더럽혀진 사람이 많지만, 모두 마음을 씻고 귀화하려고 하는데, 만약 그들을 모두 죽인다면 천하를 몰아 흉악한 도적을 돕는 것이 될 것입니다"라고 상주했으니, 이로 인해 몸을 보전하여 살게 된 사람이 많았다.[144] 아마도 당시 형세로는 가벼운 법을 따르지 않을 수 없는 바가 있었을 것이지마는, 그러나 한 때의 임시적 조치는 반란군 무리로부터 손을 떼도록 하게만 쓰면 되는 것이니, 만약 결국 (이)현이 상주한 것을 정론이라고 한다면 이는 그릇된 것이다. 당당하게 천하를 통일한 조정에서 봉록을 먹고 관직을 받았다가 하루아침에 적이 닥치자 바로 기꺼운 마음으로 적을 따랐다. 이러한 이를 주살하지 않고서야 나라의 법도가 어디에 있겠는가! 그러나 당시에 (이)현을 옳고 (최)기를 그르다고 하지 않는 이가 없었으니, 이는 무슨 일인가?

---

143) 『舊唐書』 卷115 「崔器傳」, 3374면, "後蕭華自相州賊中仕賊官歸闕, 奏云 : '賊中仕官等重爲安慶緖所驅, 脅至相州 初聞廣平王奉宣恩命, 釋放陳希烈已下, 皆相顧曰 : '我等國家見待如此, 悔恨何及.' 及聞崔器議刑太重, 衆心復搖.' 肅宗曰 : '朕幾爲崔器所誤'."

144) 『舊唐書』 卷112 「李峴傳」, 3345면, "初收東京 受僞官陳希烈已下數百人, 崔器希旨深刻, 奏皆處死; 上意亦欲懲勸天下, 欲從器議. 時峴爲三司使, 執之曰 : '夫事有首從 情有輕重, 若一概處死, 恐非陛下含弘之義, 又失國家惟新之典. 且羯胡亂常, 無不凌據, 二京全陷, 萬乘南巡, 各顧其生, 衣冠蕩覆. 或陛下親戚, 或勳舊子孫, 皆置極法, 恐乖仁恕之旨. 昔者明王用刑, 殲厥渠魁, 脅從罔理. 況河北殘寇未平, 官吏多陷, 苟容漏網, 適開自新之路, 若盡行誅, 是堅叛逆之黨, 誰人更圖順困獸猶, 況數萬人乎!' 崔器, 呂諲, 皆守文之吏, 不識大體, 殊無變通. 廷議數日, 方從峴奏, 全活甚衆. 其料敵決事皆此類."

또한 예를 들자면, 대종(代宗)이 죽으면서 관리와 백성들[吏民]에게 사흘 뒤 상복을 벗으라는 유조를 남겼다. 상곤(常袞)[145]은 관리[吏] 가운데 관청의 서리와 같은 이들은 본디 마땅히 일반 백성들과 경우가 같지만, 조정 신하들은 의당 27일을 기준으로 삼아야 한다고 주장했다. 이에 반해 최우보(崔祐甫)[146]는 관리[吏]는 바로 모든 관료를 가리켜 말한 것이니 백관이 모두 사흘 뒤 상복을 벗는 것이 마땅하다고 했다.[147] 무릇 돌아가신 임금의 빈소에서 음악을 금하여 조용하게 하는 것이 이제 한창인데, 비록 유조가 있다고 해도 신하가 어찌 장례를 치르자마자 바로 상을 마칠 수 있단 말인가. 상곤의 주장이 자연히 정론이 되지만, 당시에는 또한 (최)우보

145) 常袞(729~783) : 唐 京兆府 사람이다. 天寶 進士로 代宗初 翰林學士, 知制誥, 中書舍人, 禮部尙書 등을 지냈다. 大曆 12년(777) 元載가 죽자 門下侍郎 同平章事로 승진하였다. 官俸을 증가시켰고, 賣官賣職의 폐해를 없앴으며, 문장이 뛰어난 사람이 아니면 임용되지 못하도록 하였다. 德宗初 潮州刺史로 좌천되었다가 福建觀察使로 승진하였다. 福建에 鄕校를 설치하고 스스로 교육하는 등 文風이 처음으로 흥하고 歲貢士가 內地와 같게 되어 福建 사람들이 그를 추앙하였다. 文集 10卷이 있으나 이미 亡佚되었다.

146) 崔祐甫(721~780) : 唐 京兆府 長安縣 사람으로 字는 貽孫이다. 天寶 進士로 代宗 때 中書舍人에 이르렀다. 성격이 강직하여 늘 宰相 常袞과 쟁론을 벌였다. 德宗 즉위 후 常袞의 상주로 河南少尹으로 좌천되었다가, 常袞이 좌천된 후 門下侍郎 同平章事, 中書侍郎 同平章事를 역임하였다. 인재 추천과 선발에 뛰어난 능력을 발휘하였다. 李正己가 錢 30萬緡을 바치자 이를 淄靑軍의 將士들에게 回賜하라고 주청하여 李正己가 두려워하였다. 文集 30卷이 있으나 이미 亡佚되었다.

147) 『舊唐書』 卷119 「崔祐甫傳」, 3439면, "代宗初崩, 發哀於西宮, 以獨受任遇, 哀逾等禮. …… 及緖與禮司議羣臣喪服, 曰 : '案禮, 爲君斬衰三年. 漢文權制, 猶三十六日. 國家太宗崩, 遺詔亦三十六日, 而羣臣延之, 旣葬而除 約四月也. 高宗崩, 服絶輕重, 如漢故事, 武太后崩亦然. 及玄宗・肅宗崩, 始變天子喪爲二十七日. 且當時遺詔雖曰 : '天下吏人三日釋服', 在朝羣臣實服二十七日而除, 則朝臣宜如皇帝之制.' 祐甫執曰 : '伏準遺詔, 無朝臣庶人之別, 但言'天下人吏, 敕到後出臨, 三日皆釋服', 則朝野中外, 何非天下? 凡百執事, 誰非吏職? 則皇帝宜二十七日而羣臣當三日也.' …… 緖聞之, 不堪其怒. 乃上言祐甫率情變禮, 輕議國典, 請謫爲潮州刺史. 內議太重 改爲河南少尹"; 『新唐書』 卷142 「崔祐甫傳」, 4666~4667면, "帝崩, 緖與禮官議 : '禮, 爲君斬衰三年. 漢文帝權制三十六日. 我太宗文皇帝崩, 遺詔亦三十六日, 羣臣不忍, 旣葬而除, 略盡四月. 高宗如漢故事. 玄宗以來, 始變天子喪絶二十七日. 乃者, 遺詔雖曰 : '天下吏民, 三日釋服' 羣臣宜如皇帝服二十七日乃除.' 祐甫曰 : '遺詔無臣, 庶人之別, 是皇帝宜二十七日, 而羣臣三日也.' ……."

가 옳고 상곤이 그르다고 하지 않는 이가 없었다. 대개 육조(六朝) 이래로 군주와 신하 사이의 대의가 분명치 않아, 목숨을 탐하고 자신을 이롭게 하며 나라를 배반하고 군주를 잊는 것을 이미 일상적인 일처럼 보게 되었다. 당나라가 비록 천하를 통일한 지 백여 년이 되었지만, 보고 들으며 익히고 따르는 것은 오히려 아직 모두 고쳐지지 않았았다. (비록) 안상산(顏常山),[148] 노중승(盧中丞),[149] 장수양(張睢陽)[150] 등 의분에 떨친 사람은 하나하나 다 셀 수 없다. (그렇지만) 송(宋)나라 이후가 되어서야 비로소 충의를 무겁게 여기는 것을 알게 되니, 비록 힘에 미치지 않는 것이 있더라도 오히려 힘써 나아갔던 것이며, 이 어찌 올바른 학문이 밝게 창성한 효과가 아니겠는가.

272. 간가, 제맥, 궁시, 오방소사가 백성을 괴롭힌 예 間架除陌宮市五坊小使之病民

덕종(德宗) 초기에 양염(楊炎)을 등용해 재상에 임명하고 양세(兩稅)의 법[151]을 정하니 천하가 그 혜택을 받았다. 당초 당(唐)나라에서는 조용조

148) 顏常山 : 顏杲卿(692~756)을 지칭한다. 顏杲卿이 安史의 난 당시 常山太守로 있었기 때문에 생긴 별칭이다. 顏杲卿의 字는 昕이며, 顏之推의 5대손이자 顏眞卿의 從兄이다. 안록산이 반란을 일으키자, 그는 안진경과 함께 玄宗을 위한 의병을 일으켜 반란군의 배후를 위협했다. 비록 史思明에게 포위되어 체포되었으나, 끝까지 굴하지 않고 안록산의 반역을 힐난하다가 처형되었다.

149) 盧中丞 : 盧奕(709~755)을 가리킨다. 형인 盧奐과 이름을 나란히 했던 그는 天寶 11년(752), 御史中丞이 되었으며, 안록산의 난 때에 東都 洛陽을 수비하면서 끝까지 충절을 지키다가 결국 살해되었다.

150) 張睢陽 : 張巡(709~757)을 지칭한다. 안록산이 난을 일으켰을 때, 그는 許遠과 함께 睢陽城을 지켰다. 포위된 지 몇 개월동안 양식이 떨어졌어도 항거하였으나, 결국 성이 함락된 뒤 피살되었다.

151) 兩稅法 : 唐後期의 주요 稅制이다. 安史의 난 이후 均田制가 완전히 파괴되어 流民이 발생하고 戶籍이 문란하여 租庸調를 징수할 수 없게 되자 建中 元年(780) 宰相 楊

(租庸調)[152]의 법을 제정했는데, 개원(開元) 연간(713~741) 이래로 토지와 호적 장부(版籍)를 만들지 않아, 장정들은 세월이 흘러 죽고 농토는 매매되어 주인이 바뀌었으며 빈부의 정도는 오르내려 모두 예전과 같은 것이 아니었는데도 호부(戶部)에서는 해마다 내용도 없는 문서를 올렸다. 또한 변경을 지키는 자는 조(租)와 용(庸)을 면제하고 6년이 지나면 병역을 면제해 돌아가게 해야 했는데, 그러나 현종(玄宗)이 이민족들을 상대로 전쟁을 벌이는 바람에 변방을 지키는 사람 가운데 죽는 이가 많았지만, 변방 장수들은 이것을 숨겨 제대로 보고하지 않았으므로 죽은 사람이 호적에서 삭제되지 않았다. 왕홍(王鉷)은 호구사(戶口使[153])가 되자, 호적은 있지만 장정이 존재하지 않는 것을 세금을 숨기고 내지 않는다고 여겨, 이에 옛 호적을 기준으로 30년 누적된 조용(租庸)을 재촉하니, 백성들이 결국 크게 곤란하게 되었다. 지덕(至德) 연간(756~757) 이후 천하에 병란이 일어나자 세금을 거두어들이는 명목이 모두 수백 가지나 되었는데, 폐지된 것도 없애지 않고 겹친 것도 제거하지 않았으니, 백성들은 세금을 열흘마다 나르고 달마다 바치느라 쉴 때가 없었다. 관리들은 이로써 간악한 짓을 저질렀고, 장정이 많은 부유한 사람들은 관리, 학생, 승려, 도사 등의 명분으로 면제를 받을 수 있었지만, 가난한 사람들은 의탁할 바가 없어 장정으로 그대로 남게 되었다. 그러므로 상층에게는 세금이 면제되고 하층에게는 세금이 보태져서, 천하가 모두 흩어져 떠도는 사람이 되었고 고향 땅에

炎의 주장으로 실시되었다. 夏稅와 秋稅로 나누어 1년에 두 차례 징수하여 兩稅法이란 명칭이 생겼다. 建中 연간 이전의 戶稅·地稅·租庸調 등을 통합한 것으로 主客戶의 구분 없이 부과하였으며, 九品官員·商人·客戶 등도 모두 세금을 납부해야 했다. 또 일부는 錢으로 징수하였다. 실시 이후 朝政의 수입이 증가하고 백성들의 力役 부담이 줄어들었다. 그러나 錢으로 세금을 계산하여 물가파동과 錢 가치의 상승으로 납세자의 부담이 증가하였다.

152) 租庸調 : 唐代의 稅制. 租는 穀物, 庸은 勞役, 調는 布로 거두는 세.

153) 戶口使 : 使職名으로, 唐 開元 12년(724) 宇文融을 諸道安輯戶口使로 충임하였고, 天寶 4년(745) 王鉷을 勾當戶口色役使로 임명하였다. 逃戶의 조사와 戶籍의 심사 등을 담당하였다.

발붙이고 사는 사람은 백에 너덧 밖에 안 됐다.[154] 양염은 이에 양세법(兩稅法)을 시행하자고 청하여 모든 비용은 먼저 그 액수를 헤아려 백성에게 부과해서 가을과 여름에 두 번 거두어들이고, 조, 용, 잡요는 모두 생략하되 정액(丁額)은 없애지 말고, 농토에 대한 세금은 대력(大曆) 14년(779)을 기준으로 해서 공평하게 거두자고 했다.[155] 천하가 과연 그것을 편하게 여겼다【趙注 : 「양염전(楊炎傳)」】. 이는 황제가 자못 사람을 등용하고 재물을 다스릴 줄 알아 조금이나마 백성의 근심을 풀어준 것이다.

그러나 뒤이어 하남(河南), 하북(河北)에서 전쟁을 벌여 한 달에 백여 만 민(緡)을 소비하게 되자, 노기(盧杞), 조찬(趙贊) 등의 계책을 들어 상인들의 자본금에서 천만이 넘는 것을 거두어 남는 자금을 바치도록 해 군비를

---

154) 『舊唐書』 卷118 「楊炎傳」, 3420~3421면, "初定令式, 國家有租賦庸調之法. 開元中, 玄宗修道德, 以寬仁爲理本, 故不爲版籍之書, 人戶寖溢, 隄防不禁. 丁口轉死, 非舊名矣; 田畝移換, 非舊額矣; 貧富升降, 非舊第矣. 戶部徒以空文總其故書, 蓋得非當時之實. 舊制, 人丁戍邊者, 蠲其租庸, 六歲免歸. 玄宗方事夷狄, 戍者多死不返, 邊將怙寵而諱, 不以死申, 故其貫籍之名不除. 至天寶中, 王鉷爲爲戶口使, 方務聚斂, 以丁籍且存, 則丁身焉往, 是隱課而不出耳. 遂案舊籍, 計除六年之外, 積徵其家三十年租庸. 天下之人苦而無告, 則租庸之法弊久矣. 迄至德之後, 天下兵起, 始以兵役, 因之饑癘, 徵求運輸, 百役並作, 人戶凋耗, 版圖空虛. 軍國之用, 仰給於度支・轉運二使; 四方征鎭, 又自給於節度・都團練使. 賦斂之司數四, 而莫相統攝, 於是綱目大壞, 朝廷不能覆諸使, 諸使不能覆諸州, 四方貢獻, 悉入內庫. 權臣猾吏, 因緣爲姦, 或公託進獻, 私爲贓盜者動萬萬計. 河南・山東・荊襄・劍南有重兵處, 皆厚自奉養, 王賦所入無幾. 吏職之名, 隨人署置; 俸給厚薄, 由其增損. 故科斂之名凡數百 廢者不削, 重者不去, 新舊仍積, 不知其涯. 百姓受命而供之, 瀝膏血, 鬻親愛, 旬輸月送無休息. 吏因其苛, 蠶食于人. 凡富人多丁者, 率爲官爲僧, 以色役免; 貧人無所入則丁存. 故課免於上, 而賦增於下. 是以天下殘瘁, 蕩爲浮人, 鄕居地著者百不四五, 如是者殆三十年"; 『新唐書』 卷145 「楊炎傳」, 4723~4724면.

155) 『舊唐書』 卷118 「楊炎傳」, 3421~3422면, "炎因奏對, 懇言其弊, 乃請作兩稅法, 以一其名, 曰 : '凡百役之費, 一錢之斂, 先度其數而賦於人, 量出以制入. 戶無主客, 以見居爲簿; 人無丁中, 以貧富爲差. 不居處而行商者, 在所郡縣稅三十之一, 度所與居者均, 使無僥利. 居人之稅, 秋夏兩徵之, 俗有不便者正之. 其租庸雜徭悉省, 而丁額不廢, 申報出入如舊式. 其田畝之稅, 率以大曆十四年墾田之數爲準而均徵之. 夏稅無過六月, 秋稅無過十一月. 逾歲之後, 有戶增而稅減輕及人散而失均者, 進退長吏, 而以尙書度支總統焉.' 德宗善而行之, 詔諭中外. 而掌賦者沮其非利, 言租庸之令四百餘年, 舊制不可輕改. 上行之不疑, 天下便之. 人不土斷而地著, 賦不加斂而增入, 版籍不造而得其虛實, 貪吏不誡而姦無所取. 自是輕重之權, 始歸於朝廷."

조달하고 전쟁이 끝나면 관부에서 보상을 받도록 했다. 이에 경조(京兆)에 명을 내려 강제로 책임을 지우고 대대적으로 거두어들였으며, (상점에) 늘어놓은 것을 점검해서 전부가 아니라고 의심이 되면 곧 매를 쳐서 빼앗으니, 스스로 목을 매는 사람이 계속 이어졌으나 겨우 80만을 얻을 수 있을 뿐이었다. 또한 전당포[質庫]와 곡식을 저장한 곳에서는 넷 가운데 하나를 바치도록 했으나 역시 겨우 200만에 이르렀을 뿐이었고, 시장에서는 이미 모두 상점 문을 닫아버렸다.[156] 이에 간가(間架),[157] 제맥(除陌)[158]에 관한 법령을 두었으니, 지붕의 도리[架][159] 두 개를 한 칸으로 쳐서, 상급은 2천, 중급은 1천, 하급은 5백으로 매겨 관리가 산가지를 들고 집으로 들어가 도리와 칸 수를 계산했는데, 숨겨서 다 말하지 않은 것이

---

156) 『舊唐書』 卷135 「盧杞傳」, 3714~3715면, "初, 上卽位, 擢崔祐甫爲相, 頗用道德寬大, 以弘上意, 故建中初政聲藹然, 海內想望貞觀之理; 及杞爲相, 諷上以刑名整齊天下. 初, 李希烈請討梁崇義, 崇義誅而希烈叛, 盡據淮右・襄・鄧之郡邑. 恒州李寶臣死, 其子惟岳邀節鉞, 遂與田悅締結以抗王師, 由是河北・河南連兵不息. 度支使杜佑計諸道用軍月費一百餘萬貫, 京師帑廩不支數月; 且得五百萬貫, 可支半歲, 則用兵濟矣. 杞乃以戶部侍郎趙贊判度支, 贊亦計無所施, 乃與其黨太常博士韋都賓等謀行括率, 以爲泉貨所聚, 在於富商, 錢出萬貫者, 留萬貫爲業, 有餘, 官借以給軍, 冀得五百萬貫. 上許之, 約以罷兵後以公錢還, 敕旣下, 京兆少尹韋禎督責頗峻, 長安尉薛萃荷校乘車, 搜人財貨, 意其不實, 旣行榜箠, 人不勝寃痛, 或有自縊而死者, 京師囂然如被賊盜. 都計富戶田宅奴婢等估, 纔及八十八萬貫. 又以爲櫃納質積錢貨貯粟麥等, 一切借四分之一, 封其櫃窖, 長安爲之罷市, 百姓相率千萬邀宰相於道訴之. 初雖慰諭, 後無以遏, 卽疾驅而歸. 計僦質與借商, 纔二百萬貫. 德宗知下民流怨, 詔皆罷之, 然宿師在野, 日須供饋"; 『新唐書』 卷223下 「盧杞傳」, 6352~6353면.

157) 間架稅 : 唐 建中 4년(783) 戶部侍郎 趙贊이 判度支가 되어 처음으로 징수하였다. 집 2架를 1間으로 하여 삼등분으로 세금을 매겨 1間 당 上等은 2,000文, 中等은 1,000文, 下等은 500文을 징수하였다. 기타 재산이 없는 집 주인은 數百 貫을 내야 했다. 1間을 보고하지 않으면 杖 60에 처하고, 고발자는 상으로 錢 50貫을 주었으며, 집주인이 상금을 부담하도록 하였다. 間架稅를 만든 후 반발이 심하였고, 涇原兵이 반란을 일으킨 후 폐지하였다.

158) 除陌錢 : 唐 德宗 때 징수한 雜稅로 墊陌, 抽貫이라고도 한다. 建中 4년(783) 軍費의 부족으로 戶部侍郎 趙贊이 처음으로 징수하였다. 公私의 出納과 民間交易 당시 1貫(1,000文) 당 20文에서 50文을 징수하였다. 100文을 누설하면 그 錢財를 몰수하고, 2千錢을 은닉하면 杖 60에 처했으며, 이를 고발한 사람은 10貫을 주었다. 이 세금을 징세한 후 백성들의 원성이 높아 涇原兵의 난 이후 폐지되었다.

159) 도리 : 서까래를 받치기 위해 기둥과 기둥에 걸쳐놓는 나무.

도리 둘이면 곧 죄에 따라 벌을 주고, 신고를 한 사람에게는 5만 전(錢)을 상으로 주었다. 공적, 사적인 무역에 대해 예전 법령에서는 천 전마다 20을 계산했으나, 50으로 더하여 주쾌(主儈)[160]가 판 것을 기록해 그 계산에 넣도록 청했으며, 거간 없이 알아서 서로 매매한 경우 스스로 말하도록 했는데, 숨기고 다 말하지 않은 것이 있으면 천 전마다 2만을 몰수하고 고발하는 사람에게는 만 전을 상으로 주었다. 이로 말미암아 주쾌가 권세를 잡을 수 있게 되었고 고발이 어지럽게 일어났으며, 위에서 거두어 들이는 바는 반이 안 되었으나 원망하고 비방하는 소리는 천하에 가득 찼다. 경사(涇師 : 경원군(涇原軍))의 반란이 일어나게 되자, 시장에서 "너희 상인들이 빌린 저당을 빼앗지 않을 것이다! 너희들에게 간가, 제맥에 관한 세금을 거두지 않을 것이다!"라고 호령하여 말하니, 이에 황제는 봉천(奉天)으로 달아나고 장안(長安)은 지키지 못하게 되었다.[161] 이성(李晟)이 장안을 수복한 뒤 비로소 궁궐로 돌아오게 되었으니, 여기서 또한 조금이나마 전철을 살펴 백성들의 안정을 구할 수 있었으나, 또한 배연령(裴延齡), 이실(李實)[162] 등을 등용하여 멋대로 세금을 징수하는 일이 많아졌다. (배)연령은 황실 금고에 2천만이 모자란다고 거짓으로 말하고는 별도의 금고를 설치해 여분[羨餘]을 만들어 천자의 개인적인 비용을 충당하자고 청했다. 이에 저잣거리를 샅샅이 수색해 들어온 돈을 빼앗아 바침으

160) 主儈 : 거간, 중개인. 상인.

161) 『新唐書』 卷223下 「盧杞傳」, 6353면, "贊術窮, 於是間架·除陌之暴縱矣. 其法 : 屋二架爲間, 差稅之, 上者二千, 中千, 下五百, 吏執籌入第室計之, 隱不盡, 率二架抵罪, 告者以錢五萬畀之. 凡公私貿易, 舊法率千錢算二十, 請加五十, 主儈注所售, 入其算有司; 其自相市, 爲私籍自言, 隱不盡, 率千錢沒二萬, 告者以萬錢畀之. 由是主儈得操其私以爲姦, 公上所入常不得半, 而恨誹之聲滿天下. 及涇師亂, 呼於市曰 : '不奪而商人僦質矣, 不稅而間架·除陌矣!' 其倡和造作以召怨挻亂, 皆爲之."

162) 李實 : 唐宗室로 門蔭으로 入仕하였다. 貞元中 山南東道節度使 李皐의 判官이 되었고, 후에 留後가 되었는데, 軍資를 지나치게 징수하여 士卒이 노하여 살해하려고 하자 長安으로 도망갔다. 司農卿, 京兆尹 등을 거쳤으며, 京兆尹 재직 중에도 租賦를 지나치게 징수하여 백성들이 모두 가혹함에 고생했다. 貞元 21년(805) 順宗 즉위 후 通州長史로 좌천되었다.

로써 그 말을 실제로 행했다. 장인(匠人)들을 붙잡아 협박해서 일을 하게 하여, (이를) '칙색(敕索)'이라 부르면서도 그 값을 갚지 않았고, '화고(和雇)'라 부르면서도 그 임금을 주지 않았다[趙注 : 「배연령전(裴延齡傳)」].[163] 이실은 경조윤(京兆尹)이 된 뒤 난폭하고 가혹하게 세금을 걷어 백성들이 안심하고 살수가 없었는데, 광대 성보단(成輔端)은 우스개로 욕을 만들어 "진(秦)나라 땅에 2백 년이 지나면서[164] 어느 때에 이와 같은 싸구려 농촌이 되었나. 한 경(頃)의 보리 싹에 보리쌀이 다섯 석이요, 집 세 칸에 2천 전이로구나"라고 말했으니,[165] 백성들이 모두 밭과 집을 팔아 세금을 냈던 것을 말한 것이다. (이)실은 상주를 올려서 천한 광대가 나라를 비방했다 하여 그를 죽였다[趙注 : 「이실전(李實傳)」].[166] 이는 조정 관리들이 혹독한 세금으로 백성을 해치는 것을 일로 삼았던 것이다.

---

163) 『舊唐書』 卷135 「裴延齡傳」, 3722면, "前歲秋首, 班宏喪亡, 特詔延齡繼司邦賦. 數日之內, 遽衒功能, 奏稱 : '勾獲隱欺, 計錢二十萬貫, 請貯別庫以爲羨餘, 供御所須, 永無匱乏.' 陛下欣然信納, 因謂委任得人. 旣賴盈餘之財, 稍弘心意之欲, 興作浸廣, 宣索漸多. 延齡務實前言, 且希睿旨, 不敢告闕, 不敢辭難. 勾獲旣是虛言, 無以應命; 供辦皆承嚴約, 苟在及期. 遂乃搜求市廛, 豪奪入獻; 追捕夫匠, 迫脅就功. 以敕索爲名, 而不酬其直; 以和雇爲稱, 而不償其傭. 都城之中, 列肆爲之晝閉; 興役之所, 百工比於幽囚. 聚詛連郡, 遮訴盈路, 持綱者莫敢致詰, 巡察者莫敢爲言. 時有訐而言之, 翻謂黨邪醜直. 天子轂下, 囂聲沸騰, 四方觀瞻, 何所取則. 蕩心于上, 斂怨于人, 欺天陷君, 遠近危懼, 此其罪之大者也"; 『新唐書』 卷167 「裴延齡傳」, 5107~5108면.

164) 唐이 關中을 중심으로 건국한 이후 약 200년이 되었다.

165) [王注] 『舊唐書』 卷135 「李實傳」에는 '山河'는 '城池'로, '五石'은 '石五'로 되어 있다.

166) 『舊唐書』 卷135 「李實傳」, 3731면, "貞元十九年, 爲京兆尹, …… 二十年春夏旱, 關中大歉, 實爲政猛暴, 方務聚斂進奉, 以固恩顧, 百姓所訴, 一不介意. 因入對, 德宗問人疾苦, 實奏曰 : '今年雖旱, 穀田甚好.' 由是租稅皆不免, 人窮無告, 乃徹屋瓦木, 賣麥苗以供賦斂. 優人成輔端因戲作語, 爲秦民艱苦之狀云 : '秦地城池二百年, 何期如此賤田園, 一頃麥苗伍石米, 三間堂屋二千錢.' 凡如此語有數十篇. 實聞之怒, 言輔端誹謗國政, 德宗遽令決殺. 當時言者曰 : '瞽誦箴諫, 取其詼諧以託諷諫, 優伶舊事也. 設謗木, 採芻蕘, 本欲達下情, 存諷議, 輔端不可加罪.' 德宗亦深悔, 京師無不切齒以怒實"; 『新唐書』 卷167 「李實傳」, 5112면, "累進司農卿, 擢拜京兆尹, 封嗣道王. 怙寵而愎, 不循法度. 貞元二十年旱, 關輔飢, 實方務聚斂以結恩, 民訴府上, 一不問. 德宗訪外疾苦, 實詭曰 : '歲雖旱, 不害有秋.' 乃峻責租調, 人窮無告, 至徹舍鬻苗輸于官. 優人成輔端爲俳語諷帝, 實怒, 奏賤工謗國, 帝爲殺之. 或言 : '古者, 瞽誦箴諫, 雖詼諧託諭, 何誅焉?' 帝悔, 然不罪實."

또한 환관에게 궁시(宮市)[167]를 담당하도록 허락하니 수십 명을 두어 가게 옆에서 물건을 조사하도록 하며 (이를) '백망(白望)'이라 불렀는데, 증명할 수 있는 조문(詔文)이 없어도 그냥 궁시라고만 하면 곧 누구도 감히 누구냐고 따지지를 못했고, 대체로 값을 쳐주되 열에 하나도 보상하지 않았다. 또한 샛문[閤闥]으로 바치는 것과 파발군의 수고비[脚直]를 요청하니 무거운 짐을 지고 점포로 달려갔다가 그냥 돌아오게 되는 경우가 있기도 했다. 어떤 백성은 나귀 한 마리에 실은 땔감을 팔았는데, 환관이 비단 몇 자로 바꾸고는 다시 여타 비용까지 쳐서 나귀까지 몰고 관아로 들어가 버렸다. 그 백성이 땔감을 그냥 바치고 비단은 사양한 채 (나귀를 몰고) 돌아가려고 했으나 허락되지 않자, 화를 내며 "죽기밖에 더하겠는가!"라고 말하고는 결국 환관을 가격했다. 담당 관리가 그를 붙잡아 일을 아뢰자, 황제는 환관을 쫓아내고 그 백성에게 비단 열 필을 하사하기는 했으나, 궁시는 철폐되지 않았다. 간언하는 신하들이 상소를 올렸으나 모두 받아들여지지 않았다. 경조(윤) 오주(吳湊)가 상주하여 궁중에서 필요한 것은 신하들에게 책임을 맡겨 처리할 수 있으니 반드시 궁사(宮使)를 보낼 필요는 없다고 했지만, 역시 답하지 않았다. 마침 장건봉(張建封)이 입조해 그것을 말하니 비로소 차츰 그치게 되었다[趙注 : 「장건봉전」 「오주전」].[168]

---

167) 宮市 : 唐代 宦官이 宮中에서 필요한 용품을 시장에서 낮은 가격으로 강제로 구매하여 백성들의 資財를 약탈하는 방식을 말한다. 天寶 연간 실행되었으며, 貞元 연간 宮市使가 白望 수백 명을 東市와 西市 등에 두어 필요로 하는 물건을 강제로 사서 皇宮으로 가져간 다음 물건 가격의 1/10도 지불하지 않았다. 順宗 즉위 후 五坊小兒 등과 함께 없앴다.

168) 『舊唐書』 卷140 「張建封傳」, 3830~3831면, "時宦者主宮中市買, 謂之宮市, 抑買人物, 稍不如本估. 末年不復行文書, 置白望數十百人於兩市及要鬧坊曲, 閱人所賣物, 但稱宮市, 則斂手付與, 眞僞不復可辨, 無敢問所從來及論價之高下者, 率用直百錢物買人直數千物, 仍索進奉門戶及價銀. 人將物詣市, 至有空手而歸者, 名爲宮市, 其實奪之. 嘗有農夫以驢馱柴, 宦者市之, 與絹數尺, 又就索門戶, 仍邀驢送柴至內. 農夫啼泣, 以所得絹與之, 不肯受, 曰 : '須得爾驢.' 農夫曰 : '我有父母妻子, 待此而後食; 今與汝柴, 而不取直而歸, 汝尙不肯, 我有死而已.' 遂毆宦者. 街使擒之以聞, 乃黜宦者, 賜農夫絹十匹. 然宮市不爲之改, 諫官御史表疏論列, 皆不聽. 吳湊以戚里爲京兆尹, 深言其弊. 建封入覲, 具奏之, 德宗頗深嘉納; 而戶部侍郎, 判度支蘇弁希宦

또 다만 이것만이 아니었으니, 환관들에게 오방소사(五坊小使[169])를 멋대로 부리도록 또한 허락하여 지방에서 멋대로 해를 끼쳤다. 매년 가을에 경기 일대에서 매와 개를 기르면서 가는 곳마다 그 음식을 바치라고 요구했다. (또한) 조금이라도 뜻에 맞지 않으면 민가의 대문과 우물에 그물을 펼쳐놓고 출입하거나 물을 긷지 못하게 하고는 "내가 받들어 보살피는 새를 놀라게 한다" 고 말했다. 또한 술집에 떼로 모여 멋대로 먹고 마시다가 갈 때가 되면 뱀이 든 한 상자를 남겨놓고 주의를 주며 "내가 이 뱀을 새한테 먹이로 주니, 뱀을 잘 먹여야 하며 배고프거나 목마르게 해서는 안 된다"라고 말하고는, 술집 주인이 뇌물을 많이 주어야 비로소 뱀을 가지고 가려고 했다[趙注 : 「배탁전(裴度傳)」].[170] 호현령(鄠縣令) 최발(崔發)은 문밖에서 시끄럽게 싸우는 소리를 들었는데, 속리가 오방소사가 백성을 때린다고 아뢰었다. (최)발은 속리에게 오방소사를 체포하도록 명령을 내렸지만, 그때 이미 날이 어두워져 있었다. 나중에 황제가 그 말을 듣고는 노하여 (최)발을 잡아다 옥에 가두었다. (황제가) 누각에 행차하는 날 갇혀 있던 (최)발이 닭 횃대 아래에 있자, 환관 50여 명이 장대를 들고 (최)발

者之旨, 因入奏事, 上問之, 弁對曰 : '京師游手墮業者數千萬家, 無土著生業, 仰宮市取給.' 上信之, 凡言宮市者皆不聽用"; 『新唐書』 卷159 「吳湊傳」, 4955면, "貞元十四年夏, 大旱, 穀貴, 人流亡, 帝以過京兆尹韓皐, 罷之. 卽召湊代皐, 已謝, 督視事, 明日詔乃下. 湊爲人彊力劬儉, 瞿瞿未嘗擾民, 上下愛向. 京師苦宮市彊估取物, 而有司附媚中官, 率阿從無敢爭. 湊見便殿, 因言 : '中人所市, 不便宵民, 徒紛紛流議. 宮中所須, 責臣可辦. 若不欲外吏與聞禁中事, 宜料中官高年謹信者爲宮市令, 平賈和售, 以息衆讙.' …… 帝輒順可."

169) 五坊小使 : 五坊小兒, 혹은 五坊戶라고 하며, 五坊에서 使役했던 이들을 지칭한다. 五坊은 雕坊, 鶻坊, 鷂坊, 鷹坊, 狗坊이며, 殿中省에 속한다. 五坊小使는 太監令의 명령에 따라 진귀한 새와 개를 잡아들였으나, 이를 명목으로 백성들을 괴롭히는 존재가 되었다. 貞元 21년(805) 順宗 즉위 후 王叔文과 王伾가 집권하며 없앴다.

170) 『舊唐書』 卷170 「裴度傳」, 4414면, "九年十月, 改御史中丞. 宣徽院五坊小使, 每歲秋按鷹犬於畿甸, 所至官吏必厚邀供餉, 小不如意, 卽恣其須索, 百姓畏之如寇盜. 先是, 貞元末, 此輩暴横尤甚, 乃至張網羅於民家門及井 不令出入汲水, 曰 : '驚我供奉鳥雀.' 又聚於賣酒食家, 肆情飮啖. 將去, 留蛇一篋, 誡之曰 : '吾以此蛇致供奉鳥雀, 可善飼之, 無使飢渴.' 主人賂而謝之, 方肯攜蛇篋而去. 至元和初, 雖數治其弊, 故態未絶"; 『新唐書』 卷173 「裴度傳」, 5209~5210면.

을 때려 얼굴이 터지고 이가 부러졌으며, 조서를 내려 죄수들을 모두 석방했는데도 (최)발은 풀려나지 않았다. 이발(李渤)이 상소를 써서 그에 대해 극력으로 논하여 따졌다[趙注 : 「이발전(李渤傳)」].[171] 덕종은 심하게 어리석지는 않았는데도 아랫사람들이 백성을 학대하도록 내버려 둔 것이 이에 이르렀으니,[172] 아마도 천성이 이익을 좋아하고 소인배들과 친하기를 즐겨했기 때문에 그가 세상에 끼친 해악이 결국 이 지경에 이르렀을 것이다.

273. 호사스러운 연회豪宴

대력(大曆) 2년(767)에 곽자의(郭子儀)가 입조하자 대종(代宗)은 조서를 내려 연각국(輭脚局)이라는 연회를 베풀었는데, 재상 원재(元載), 왕진(王縉),[173] 복야(僕射) 배면(裴冕), 제오기(第五琦), 여간(黎幹) 등이 각각 30만 전(錢)을 내놓아 (곽)자의의 집에서 연회를 베풀었다.[174] 이때 전신공(田

171) 『舊唐書』 卷171 「李渤傳」, 4441~4442면, "寶曆元年, 改元大赦. 先是, 鄠縣令崔發聞門外喧, 縣吏言五坊使下毆擊百姓. 發怒, 命吏捕之, 曳捽旣至, 時已曛黑, 不問色目. 良久與語, 乃知是一內官. 天子聞之怒, 收發繫御史臺. 御樓之日, 放繫囚, 發亦在雞竿下. 時有品官五十餘人, 持仗毆發, 縱橫亂擊, 發破面折齒, 臺吏以席蔽之 方免. 是日繫囚皆釋, 發獨不免. 渤疏論之曰 : '縣令不合曳中人, 中人不合毆御囚, 其罪一也. 然縣令所犯在恩前, 中人所犯在恩後. 中人橫暴, 一至於此, 是朝廷馴致使然. 若不早正刑書, 臣恐四夷之人及藩鎭奏事傳道此語, 則慢易之心萌矣.' 渤又宣言于朝云 : '郊禮前一日, 兩神策軍於青城內奪京兆府進食牙盤, 不時處置, 致有毆擊崔發之事.' 上聞之, 按問左右, 皆言無奪食事"; 『舊唐書』 卷171 「李渤傳」, 4442면.

172) **[王注]** 거론한 鄠縣令 崔發이 內官에 구타된 일과 李渤이 이를 논한 것은 곧 敬宗 때의 일이며 德宗과는 관계가 없다. 또한 李渤의 상소(『舊唐書』 卷171) 이외에 張仲方 역시 疏를 올려 이를 논했으니, 『舊唐書』 卷99 「張九齡傳」에 부기된 「張仲方傳」에 보인다.

173) 王縉(700~781) : 唐 太原郡 祁縣 사람으로 字는 夏卿이다. 黃門侍郎 同平章事를 역임하였다. 大曆 3년(768) 幽州節度使 李懷仙이 部將에게 살해되자 盧龍節度使가 되어 幽州에 이르러 朱希彩에게 군대를 맡기고 돌아왔다. 불교를 독실히 믿어 元載·杜鴻漸과 함께 代宗에게 불교를 믿을 것을 권하였다. 후에 括州刺史로 좌천되었다가 太子賓客으로 전임되었다.

神功) 역시 황제를 알현하러[朝覲] 장안(長安)에 와 있었는데, 아울러 연회를 베풀 것을 청하니, 이에 어조은(魚朝恩) 및 (곽)자의, (전)신공 등이 번갈아 접대 준비를 했는데, 공경대신 가운데 자리에 늘어앉은 자가 백여 명이었고, 한 번 연회에 든 비용이 10만 관(貫)에 이르렀다[趙注 : 「곽자의전(郭子儀傳)」].[175] 역시 이 당시 장수, 재상들의 사치를 볼 수 있다.

274. 이름난 아버지의 자식 중에 도리에 어긋난 사람이 많았다名父之子多敗德

방현령(房玄齡)과 두여회(杜如晦)[176]는 당(唐)나라 일대의 명신이지만, (방)현령의 아들 방유애(房遺愛),[177] (두)여회의 아들 두하(杜荷)는 모두 모

174) 『舊唐書』 卷120 「郭子儀傳」, 3463면, "(大曆 2年)二月, 子儀入朝, 宰相元載・王縉・僕射裴冕・京兆尹黎幹・內侍魚朝恩共出錢三十萬, 置宴於子儀第, 恩出羅錦二百匹, 爲子儀纏頭之費, 極歡而罷."

175) [王注] 이 일은 『舊唐書』 卷120 「郭子儀傳」 및 卷11 「代宗本紀」에 보이는데, 本紀의 기재가 비교적 상세하다. 『舊唐書』 卷11 「代宗紀」, 286면, "(大曆 2年 3月)甲戌, 魚朝恩宴子儀・宰相・節度・度支使・京兆尹於私第. 乙亥, 子儀亦置宴于其第. 戊寅, 田神功宴于其第. 時以子儀元臣, 寇難漸平, 蹈舞王化, 乃置酒連宴. 酒酣, 皆起舞. 公卿大臣列坐於席者百人. 子儀・朝恩・神功一宴費至十萬貫."

176) 杜如晦(585~630) : 唐 京兆府 杜陵縣 사람으로 字는 克明이다. 隋末 滏陽尉에 임명되었다. 唐兵이 關中에 들어오자 秦王 李世民(太宗)이 兵曹參軍으로 임명하였다. 전쟁에 종군하여 機密을 다루며 임기응변에 능하여 당시 사람들이 탄복하였으며, 秦王府 十八學士의 으뜸이 되었다. 武德 9년(626) 玄武門의 變에 참여하여 兵部尙書로 발탁되었고 蔡國公에 봉해졌다. 貞觀 2년(628) 吏部尙書로 승진하였고, 다음 해 尙書右僕射가 되어 房玄齡과 함께 朝政을 같이 관장하였다. 臺閣의 規模와 典章制度는 이 두 사람이 제정하였는데, "杜如晦는 판단에 능하고, 房玄齡은 謀議에 능하다"라고 하며 良相을 말할 때 반드시 '房・杜'라 칭하였다.

177) 『舊唐書』 卷66 「房遺愛傳」, 2467면, "次子遺愛, 尙太宗女高陽公主, 拜駙馬都尉, 官至太府卿・散騎常侍. 初, 主有寵於太宗, 故遺愛特承恩遇, 與諸主禮秩絶異. 主旣驕恣, 謀黜遺直而奪其封爵, 永徽中誣告遺直無禮於己. 高宗令長孫無忌鞫其事, 因得公主與遺愛謀反之狀. 遺愛伏誅, 公主賜自盡, 諸子配流嶺表. 遺直以父功特宥之, 除名

반을 일으켜 주살되었다.[178] 상관의(上官儀)는 고종(高宗)이 무후(武后)를 폐위하는 데에 찬성했다가 일이 이루어지지 않자 주살되었는데,[179] 그 손녀 (상관)완아(上官婉兒)는 궁에 잡혀 들어와 무후에게 빌붙어 총애를 받았고, 또한 위후(韋后)를 도와 역모를 꾸몄다.[180] 적인걸(狄仁傑[181])의 아들 (적)경휘(狄景暉)는 위주(魏州)에서 벼슬살이를 했는데, 탐욕스럽고

爲庶人. 停玄齡配享";『新唐書』卷96「房遺愛傳」, 3858면, "次子遺愛, 誕率無學, 有武力. 尙高陽公主, 爲右衛將軍. 公主, 帝所愛, 故禮與它胥絶. 主驕蹇, 疾遺直任嫡, 遺直懼, 讓爵, 帝不許. 主稍失愛, 意怏怏. 與浮屠辯機亂, 帝怒, 斬浮屠, 殺奴婢數十人, 主怨望, 帝崩, 哭不哀. 高宗時, 出遺直汴州刺史, 遺愛房州刺史. 主又誣遺直罪, 帝敕長孫無忌鞫治, 乃得主與遺愛反狀, 遺愛伏誅, 主賜死. 遺直以先勳免, 貶銅陵尉. 詔停配享."

178)『舊唐書』卷66「杜如晦傳」, 2469면, "子構襲爵, 官至慈州刺史, 坐弟荷謀逆, 徙於嶺表而卒. 初, 荷以功臣子尙城陽公主, 賜爵襄陽郡公, 授尙乘奉御. 貞觀中, 與太子承乾謀反, 坐斬";『新唐書』卷96「杜如晦傳」, 3860면, "構位慈州刺史. 次子荷, 性暴詭不循法, 尙城陽公主, 官至尙乘奉御, 封襄陽郡公. 承乾謀反, 荷曰 : '琅邪顔利仁善星數, 言天有變, 宜建大事, 陛下當爲太上皇. 請稱疾, 上必臨問, 可以得志.' 及敗, 坐誅. 臨刑, 意象軒驁. 構以累貶死嶺表."

179)『新唐書』卷76「高宗則天武皇后傳」, 3475면, "麟德初, 后召方士郭行眞入禁中爲蠱祝, 宦人王伏勝發之, 帝怒, 因是召西臺侍郎上官儀, 儀指言后專恣, 失海內望, 不可承宗廟, 與帝意合, 乃趣使草詔廢之. 左右馳告, 后遽從帝自訴, 帝羞縮, 待之如初, 猶意其恚, 且曰 : '是皆上官儀教我!' 后諷許敬宗構儀, 殺之."

180)『舊唐書』卷51「上官昭容傳」, 2175면, "中宗上官昭容名婉兒, 西臺侍郎儀之孫也. 父庭芝, 與儀同被誅, 婉兒時在襁褓, 隨母配入掖庭. 及長, 有文詞, 明習吏事. 則天時, 婉兒忤旨當誅, 則天惜其才不殺, 但黥其面而已. 自聖曆已後, 百司表奏, 多令參決. 中宗卽位, 又令專掌制命, 深被信任. 尋拜爲昭容, 封其母鄭氏爲沛國夫人. 婉兒既與武三思淫亂, 每下制敕, 多因事推尊武氏而排抑皇家.……婉兒又通於吏部侍郎崔湜, 引知政事. 湜嘗充使開商山新路, 功未半而中宗崩, 婉兒草遺制, 曲敍其功而加褒賞. 及韋庶人敗, 婉兒亦斬於旗下."

181) 狄仁傑(630~700) : 唐 幷州 太原 사람으로 字는 懷英이다. 高宗 때 明經科에 급제하여 汴州參軍이 되었고, 儀鳳中 大理丞이 되어 해마다 17,000명의 사건을 판결하였는데, 공평하다는 평가를 받았다. 侍御史·度支郎中·寧州刺史·冬官侍郎·江南巡撫使·文昌左丞·豫州刺史 등을 거쳐 天授 2년(691) 地官侍郎 同平章事가 되었다. 來俊臣의 모함으로 하옥되어 彭澤令으로 좌천되었다가 魏州刺史·幽州都督을 지냈다. 神功 元年(697) 鸞臺侍郎 同平章事, 納言, 內史를 역임하여 河北道行軍元帥가 되어 突厥의 공격을 저지하였다. 張柬之·姚崇·桓彦範·敬暉 등 일대의 명신을 추천하였고, 武后가 武三思를 太子로 삼으려 할 때 廬陵王을 太子로 삼도록 하여 唐朝의 命運을 이어가게 하였다. 睿宗 때 梁國公으로 追封되었다. 文集 10卷이 있으나 전하지 않고,『全唐文』에 9편의 글과『全唐詩』에 한 수의 詩가 실려 있다.

포악하여 백성들의 미움을 받아 (적)인걸의 생사(生祠)[182]까지 훼손되었다.[183] 송경(宋璟)은 올곧다는 명성이 천하에 떨쳤으나, 그 아들 송혼(宋渾) 등은 방탕하며 올바른 행실이 없어 사람들의 평판에 천박하게 여기는 바가 되었다.[184] 이필(李泌)은 어진 재상이었으나, 그 아들 (이)번(李繁)은 오히려 배연령(裵延齡)과 일당이 되었는데, 양성(陽城)이 (배)연령을 탄핵하면서 (이)번에게 상소의 초고를 써 달라고 부탁하자, (이)번은 상소의 내용을 가만히 기억했다가 (배)연령에게 알려 먼저 상주할 수 있도록 했다.[185] 이는 모두 유명한 아버지의 아들이면서도 덕을 어그러뜨려 그 가문의 명성을 땅에 떨어뜨린 것으로, 이해할 수가 없는 일이다.

다만 이의부(李義府)는 무후에게 붙었지만 그 아들 (이)잠(李湛)은 오히려 장간지(張柬之) 등과 함께 장역지(張易之) 형제를 주살했으니,[186] 아들

---

182) 生祠 : 공덕이 있는 사람을 仰慕하여 그를 생전부터 奉祀하는 사당.

183) 당시 狄景暉는 魏州의 司功參軍이었다. 『舊唐書』 卷89 「狄仁傑傳」, 2895면, “仁傑嘗爲魏州刺史, 人吏爲立生祠. 及去職, 其子景暉爲魏州司功參軍, 頗貪暴, 爲人所惡, 乃毁仁傑之祠”; 『新唐書』 卷115 「狄仁傑傳」, 4214면, “景暉, 官魏州司功參軍, 貪暴爲虐, 民苦之, 因共毁其父生祠, 不復奉. 至元和中, 田弘正爲魏博, 始奏葺之, 血食不絶.”

184) 『舊唐書』 卷96 「宋璟傳」, 3036면, “次渾, 與右相李林甫善. 引爲諫議大夫・平原太守・御史中丞・東京採訪使. 次恕 都官郎中・劍南採訪判官, 依倚權勢, 頗爲貪暴. 渾在平原, 重徵一年庸調. 作東畿採訪使, 又使河南尉楊朝宗影娶妻鄭氏. 鄭氏卽薛稷外孫, 姊爲宗婦, 孀居有色, 渾有妻, 使朝宗聘而渾納之, 奏朝宗爲赤尉. 恕在劍南, 有雒縣令崔珪, 恕之表兄, 妻美, 恕誘而私之, 而貶珪官. 又養刺客李晏. 至九載, 並爲人所發, 贓私各數萬貫. 林甫奏稱璟子渾就東京臺推, 恕就本使劍南推, 皆有實狀, 渾流嶺南高要郡, 恕流海康郡. 尙, 其載又爲人訟其贓, 貶臨海長史. 其子華・衡, 居官皆坐贓, 相次流貶. 其後渾會赦, 量移至東陽郡下, 請託過求, 及役使人吏, 求其資課, 人不堪其弊, 訟之, 配流潯江郡. 然兄弟盡善飮謔, 俳優雜戲, 衡最粗險, 廣平之風教, 無復存矣. 廣德後, 渾除太子諭德, 爲物議薄之, 乃留寓於江嶺卒.”

185) 『舊唐書』 卷139 「李泌傳」, 3623~3624면, “子繁, 少聰警, 有才名, 無行義. 泌爲相, 嘗引薦夏縣處士北平陽城爲諫議大夫. 城道直, 旣遇知己, 深德之. 及泌歿, 戶部尙書裵延齡巧佞奉上, 德宗信任, 竊弄威權, 擧朝側目. 城中正之士, 尤忿嫉之. 一日盡疏其過惡, 欲密論奏, 以繁故人子, 爲可親信, 遂示其疏草, 兼請繁繕寫. 繁旣寫, 悉能記之. 其夕乃徑詣延齡, 具述其事. 延齡聞之, 卽時請對, 盡以城章中欲論事件, 一一先自解. 及城疏入, 德宗以爲妄, 不之省.”

186) 『舊唐書』 卷82 「李湛傳」, 2771면, “義府少子湛, 年六歲時, 以父貴授周王文學. 神龍初, 累遷右散騎常侍, 襲封河間郡公. 時鳳閣侍郎張柬之將誅張易之兄弟, 遂引湛

이 아비의 실패를 회복할 수 있었던 경우[幹蠱]라고 할 수 있다. 이세적(李世勣)[187]이 죽음을 앞두고, 그 동생 (이)필(李弼)에게 "나는 방현령, 두여회, 고계보(高季輔) 등이 고생 끝에 집안을 일으키고 또한 그 명망이 후손들에게 넉넉하게 전해졌으나 모두 어리석은 자손을 만나 집안이 온통 망가지는 것을 보았다. 내 아들 가운데 만약 품행이 인륜에 맞지 않는 놈이 있으면, 빨리 때려죽인 뒤에 상주하여 아뢰도록 해라"라고 말했으니,[188] 아들이 집안을 보전하기를 바라는 마음이 절실했다고 할 수 있을 것이다. 그러나 (이)세적은 무후에게 붙어 지위를 공고히 하고

爲左羽林將軍, 令與敬暉等啓請皇太子, 備陳將誅易之兄弟意, 太子許之. 及兵發, 湛與右羽林大將軍李多祚等詣東宮迎皇太子, 拒而不時出, 湛進啓曰 : '豎逆反道亂常, 將圖不軌, 宗杜危敗, 實在須臾. 湛等諸將與南衙執事克期誅翦, 伏願殿下暫至玄武門, 以副爲望.' 太子曰 : '凶豎悖亂, 誠合誅夷, 然聖躬不豫, 慮有驚動. 公等且止, 以俟後圖.' 湛曰 : '諸將棄家族, 共宰相同心戮力, 匡輔社稷, 殿下奈何不哀其懇誠而欲陷之鼎鑊? 湛等微命, 雖不足惜, 殿下速出自止?.' 太子乃馳馬就路. 湛從至玄武門, 斬關而入, 率所部兵直至則天所寢長生殿, 環繞侍. 因奏 : '臣等奉令誅逆賊易之·昌宗, 恐有漏洩, 遂不獲預奏. 輒陳兵禁掖, 是臣等死罪.' 則天謂湛曰 : '卿亦是誅易之軍將耶? 我於汝父子恩不少, 何至是也!' 則天移就上陽宮, 因留湛宿衛, 中宗卽位, 拜右羽林大將軍, 進封趙國公, 加實封通前滿五百戶."

187) 李世勣(594~669) : 李勣이라고도 한다. 唐 曹州 離狐縣 사람으로 滑州 衛南으로 徙居하였다. 本姓은 徐, 이름은 世勣, 字는 懋功이다. 武德初 李氏로 賜姓되었고, 永徽中 이름을 勣으로 표기하였다. 大業末 瓦崗軍에 투신하였다가 후에 李密을 섬기면서 黎陽倉을 습격하였다. 武德初 唐에 투신하여 黎州總管 右武候大將軍 曹國公에 제수되었다. 李世民을 따라 竇建德과 王世充을 평정했으며, 劉黑闥·徐圓郎·輔公祏 등과의 전쟁에도 참여하였다. 太宗 즉위 후 幷州都督이 되었고, 貞觀 4년(630) 李靖과 함께 突厥을 격파하였다. 貞觀 11년(637) 英國公에 봉해지고 兵部尙書에 임명되었다가 朔州道行軍總管이 되어 薛延陀 등을 토벌하였다. 晉王 李治가 태자가 된 후 太子詹事 左衛率, 同中書門下三品이 되었고, 高宗 즉위 후 재상이 되었다. 高宗이 王皇后를 폐하고 武后를 세우려 할 때 소극적으로 동의하였다. 總章 元年(668) 高句麗를 정벌하였다. 昭陵에 묻혔다.

188) 『舊唐書』 卷67 「李勣傳」, 2489면, "與弟弼特存友愛, 閨門之內, 肅若嚴君. …… 忽謂弼曰 : '…… 我見房玄齡·杜如晦·高季輔辛苦作得門戶, 亦望垂裕後昆, 並遭癡兒破家蕩盡. 我有如許豚犬, 將以付汝, 汝可防察, 有操行不倫·交遊非類, 急打殺, 然後奏知. ……'"; 『新唐書』 卷93 「李勣傳」, 3821면, "於是奏樂宴飮, 列子孫于下. 將罷, 謂弼曰 : '我卽死, 欲有言, 恐悲哭不得盡, 故一訣耳! 我見房玄齡·杜如晦·高季輔皆辛苦立門戶, 亦望爲後, 悉爲不肖子敗之. 我子孫今以付汝, 汝可愼察, 有不厲言行·交非類者, 急榜殺以聞, 毋令後人笑吾, 猶吾笑房·杜也. ……'."

집안을 보전했지만 그 아들 (이)경업(李敬業)은 군사를 일으켜 무후를 토벌하다 일족이 주살되었다.[189] 비록 집안을 보전하지는 못했지만 또한 아버지의 수치를 씻을 수 있었던 것이라고 할 수 있다.

275. 이적의 자손李勣子孫

이적(李勣)의 자손에 관해 『구당서(舊唐書)』 열전에서는 (이)적의 아들[190] 경업(敬業)이 군사를 일으켜 무후(武后)를 토벌하다가 패해 죽은 뒤 일족이 연좌되어 주살됐다고 했는데, 그 자손 가운데 토번(吐蕃)으로 도망쳐 들어간 자가 있었다. 정원(貞元) 연간(785~805)에 토번의 장수 서사인(徐舍人)이라는 자가 연주(延州)를 약탈했는데, 승려 연소(延素)에게 "나는 본래 영공(英公)[191]의 5대손이다. 무후의 변을 당해 내 조상이 의거를 일으켰지만 성공하지 못해서 자손들이 영락해 떠돌았으니, 이처럼 산 것이

189) 『舊唐書』 원문에 따르면, 李敬業은 李勣의 아들이 아니라, 손자이다. 『舊唐書』 卷67 「李敬業傳」, 2490~2491면, "勣孫敬業. 高宗崩, 則天太后臨朝, 旣而廢帝爲廬陵王, 立相王爲皇帝, 而政由天后, 諸武皆當權任, 人情憤怨. 時給事中唐之奇貶授括蒼令, 長安主簿駱賓王貶授臨海丞, 詹事司直杜求仁黜黟縣丞, 敬業坐事左授柳州司馬, 其弟盩厔令敬猷亦坐累左遷, 俱在揚州. 敬業用前盩厔尉魏思溫謀 據揚州. 嗣聖元年七月, 敬業遣其黨監察御史薛璋先求使江都, 又令雍州人韋超詣璋告變, 云'揚州長史陳敬之與唐之奇謀逆', 璋乃收敬之繫獄. 居數日, 敬業矯制殺敬之, 自稱揚州司馬, 詐言'高州首領馮子猷叛逆, 奉密詔募兵進討.' 是日開府庫, 令士曹參軍李宗臣解繫囚及丁役·工匠, 得數百人, 皆授之以甲. 錄事參軍孫處行拒命, 敬業斬之以徇. 遂據揚州, 鳩聚民衆, 以匡復廬陵爲辭. 乃開三府 : 一曰匡復府, 二曰英公府, 三曰揚州大都督府. 敬業自稱匡復府上將, 領揚州大都督, 以杜求仁·唐之奇·駱賓王爲府屬, 餘皆僞署職位. 旬日之間, 勝兵有十餘萬. …… 則天命左玉鈐衛大將軍李孝逸將兵三十萬討之, 追削敬業祖·父官爵, 剖墳棺, 復本姓徐氏."

190) 앞의 편과 마찬가지로 여기서도 李敬業을 李勣의 아들이라고 서술하였으나, 李敬業은 李勣의 손자이다.

191) 英公 : 李勣을 가리킨다. 그는 貞觀 11년(637) 英國公으로 봉해졌다. 『舊唐書』 卷67 「李勣傳」, 2486면, "父憂解, 尋起復舊職. 十一年, 改封英國公, 代襲蘄州刺史, 時並不就國, 復以本官遙領太子左衛率."

3대가 되었다. 비록 대대로 (토번에서) 직책을 맡고 있지만, 근본을 생각하는 마음을 일찍이 잊어본 적이 없다"라고 말했다.[192] 이는 (이)세적의 자손 가운데 다시는 중국에 있는 자가 없었다는 것이다. 그러나 「위차공전(衛次公傳)」을 보면, (위)차공이 병부시랑(兵部侍郎)이었을 때 영공 이적, 대리경(大理卿) 서유공(徐有功)[193]의 자손이 모두 허물이 있어 뽑힐 수가 없었는데, (위)차공이 "그대들 조상은 왕실에 공이 있으니, 어찌 통상적인 격식에 제한을 받겠는가"라고 하며 그들을 우대하여 임명했다고 한다.[194] 이는 이적의 후손들 가운데 그대로 당(唐)나라에서 벼슬한 사람이 있었다는 것이다.

276. 안록산이 체포되어 서울로 보내진 일安祿山執送京師之事

「장구령전(張九齡傳)」을 보면, 범양절도사(范陽節度使) 장수규(張守珪)[195]

192)『舊唐書』卷67「李勣傳」, 2492면, "勣諸子孫坐敬業誅殺, 靡有遺胤, 偶脫禍者, 皆竄胡越. 貞元十七年, 吐蕃陷麟州, 驅掠民畜而去. 至鹽州西橫槽烽, 蕃將號徐舍人者, 環集漢俘於呼延州, 謂僧延素曰 : '師勿甚懼, 予本漢人, 司空・英國公五代孫也. 屬武太后毀喪王室, 吾祖建義不果, 子孫流落絶域, 今三代矣. 雖代居職任, 掌握兵要, 然思本之心, 無忘於國. 但族屬已多, 無由自拔耳. 此地蕃漢交境, 放師還鄉.' 數千百人, 解縛而遣之";『新唐書』卷216下「吐蕃傳下」, 6099면, "十七年, 寇鹽州, 陷麟州, 殺刺史郭鋒, 湮隍墮陴, 係居人, 掠党項諸部, 屯橫槽烽. 虜將徐舍人者, 語俘道人延素曰 : '我乃司空英公裔孫也. 武后時, 家祖以兵尊王室不克, 子孫奔播絶域, 今三世矣. 我雖握兵, 心未嘗忘歸也, 顧不能自拔耳.' 陰使延素夜逸."

193) 徐有功(635, 혹은 641~702) : 唐 洛州 偃師縣 사람으로 이름은 弘敏, 字는 有功이다. 明經科에 급제하여 蒲州司法參軍이 되었다. 載初 元年(689) 司刑丞이 되어 재판을 공정하게 처리하여 살아난 집이 數十百家에 이르렀다. 정직함이 인정되어 계속 獄官을 지냈다. 벼슬은 司刑少卿, 司僕少卿에 이르렀다.

194)『舊唐書』卷159「衛次公傳」, 4180면, "徵爲兵部侍郎. 選人李勣・徐有功之孫名在黜中, 次公召而謂之曰 : '子之祖先, 勳在王府, 豈限常格.' 並優秩而遣之."

195) 張守珪(?~739) : 唐 陝州 河北縣 사람이다. 北庭 공격에 종사하여 공을 세워 幽州良社府 果毅가 되었다. 開元 15년(727) 瓜州刺史, 黑離軍使, 瓜州都督이 되었다. 開

가 비장(裨將) 안록산(安祿山)을 보내 해(奚), 거란(契丹)을 토벌하게 했으나 패하자, (안록산을) 포박해서 장안(長安)으로 보내 조정의 법대로 행할 것을 청했다. (장)구령이 판(判)을 써서 "사마양저(司馬穰苴)[196]가 출사할 때 반드시 장가(莊賈)를 주살했습니다. 손무(孫武)가 전술을 가르칠 때 또한 (오왕(吳王) 합려(闔閭)가 총애하는) 궁녀를 참수했습니다.[197] (장)수규의 군령이 시행된다면 (안)록산은 죽음을 면치 못합니다"라고 간언했는데, 임금(현종(玄宗))은 특별히 그(안록산)를 풀어 주었다. (장)구령은 (안)록산의 얼굴에 모반의 형상이 있다고 상주하며 죄에 따라 주살할 것을 청했다. (그러나) 현종은 "경은 왕이보(王夷甫)[198]가 석륵(石勒)을 알아보았다는 고사를 들어 충성스런 좋은 신하를 그릇되게 해치려고 하지 말라" 고 말하니, 결국 (안록산은) 방면되어 돌아갔다.[199] 이는 (안)록산이 죄를 지어 장

元 21년(733) 河北節度副大使가 되었다가 採訪處置使를 겸하였으며, 누차 契丹을 공격하여 평정하였다. 輔國將軍, 右羽林大將軍, 御史大夫가 되었다. 후에 부하의 패배를 보고하지 않은 죄로 括州刺史로 좌천되었다.

196) 司馬穰苴 : 春秋時代 齊 景公 때의 인물이다. 晉과 燕이 제나라를 침공하자, 晏嬰이 그를 추천하여 장군으로 임명되었다. 이때 경공에게 총애하는 신하(곧, 莊賈)를 보내어 군대를 감독하게 해줄 것을 청하였는데, 莊賈가 약속된 시간에 도착하지 않자, 군법에 따라 그를 참형에 처하였으며, 그를 구하러 말을 달려온 경공의 사자 역시 처벌을 하여 군대의 기강을 바로잡았다. 제나라의 잃었던 영토를 찾고, 大司馬가 되었으나, 후에 참소를 받아 물러난 뒤 병이 나서 죽었다.

197) 春秋時代 말, 吳王 闔閭는 孫武의 병법서를 읽고, 그를 초빙하여서는 궁녀들로 시범을 보이기를 원했다. 손무는 180명의 궁녀를 두 부대로 나누고, 오왕이 가장 아끼는 후궁 두 명을 각 부대의 대장으로 삼았다. 손무의 명령을 궁녀들이 따르지 않자, 손무는 바로 대장으로 삼았던 후궁들을 참수하였고, 다른 이들을 다시 대장으로 뽑으니, 곧 질서가 잡히고 강한 군대로 변모했다고 한다.

198) 王夷甫 : 西晉시대 宰相 王衍을 지칭하며, 夷甫는 그의 字이다.

199) 『舊唐書』 卷99 「張九齡傳」, 3099면, "時范陽節度使張守珪以裨將安祿山討奚·契丹敗績, 執送京師, 請行朝典. 九齡奏劾曰 : '穰苴出軍, 必誅莊賈; 孫武教戰, 亦斬宮嬪. 守珪軍令必行, 祿山不宜免死.' 上特捨之. 九齡奏曰 : '祿山狼子野心, 面有逆相, 臣請因罪戮之, 冀絶後患.' 上曰 : '卿勿以王夷甫知石勒故事, 誤害忠良.' 遂放歸藩"; 『新唐書』 卷126 「張九齡傳」, 4429~4430면, "安祿山初以范陽偏校入奏, 氣驕蹇, 九齡謂裴光庭曰 : '亂幽州者, 此胡雛也.' 及討奚·契丹敗, 張守珪執如京師, 九齡署其狀曰 : '穰苴出師而誅莊賈, 孫武習戰猶戮宮嬪, 守珪法行于軍, 祿山不容免死.' 帝不許, 赦之. 九齡曰 : '祿山狼子野心, 有逆相, 宜卽事誅之, 以絶後患.' 帝曰 : '卿無以王

안으로 호송된 일이 실제로 있었다는 것이다. 그러나 「장수규전」을 살펴보면 전혀 그러한 일이 없다[趙注 : 『신당서(新唐書)』와 『구당서(舊唐書)』가 모두 같다]. 「(안)록산전」에서도 역시 다만 (안)록산이 패하여 마땅히 참형을 받아야 했으나 (안)록산이 "공은 두 오랑캐를 없애고 싶지 않으십니까. 어찌 장사를 죽이십니까!"라고 소리쳐 말하자, (장)수규가 드디어 그를 풀어 주었고, 나중에 적들을 많이 생포하자 (안)록산을 발탁해 비장(裨將)으로 임명하고 아울러 그를 양자로 삼았다고 한다[趙注 : 『신당서』와 『구당서』가 역시 같다].[200] 이는 또한 체포되어 장안으로 보내진 일이 없었다는 것이다. 이 당시 대장은 사람을 죽이고 살리는 권한이 손안에 있어 죽이고 싶으면 바로 죽였는데, 이미 죽이지 않고 석방한 뒤에 왜 또 장안으로 보내 조정의 법대로 행할 것을 청했겠는가? 이는 곧 전해진 소문이 와전된 것으로 실제의 일은 아니라 의심되기도 한다. 그러나 (안)록산이 반란을 일으킨 뒤 현종은 촉(蜀)에 있으면서 (장)구령의 선견지명을 생각하여 조서를 내려 그를 기리고 관작을 추증했는데, 조서의 문장 가운데서 "앞서 깨달은 것은 점괘와 들어맞았다"라는 구절이 있으니,[201] 곧 그 일을 가리키는 것이다.

또 유우석(劉禹錫[202])이 좌천되어 지방관으로 쫓겨 가면서 쫓겨난 신하

衍知石勒而害忠良.' 卒不用. 帝後在蜀, 思其忠, 爲泣下, 且遣使祭於韶州, 厚幣卹其家. 開元後, 天下稱曰曲江公而不名云. 建中元年, 德宗賢其風烈, 復贈司徒."

200) 『舊唐書』 卷200上 「安祿山傳」, 5367면, "及長, 解六蕃語, 爲互市牙郎. 二十年, 張守珪爲幽州節度, 祿山盜羊事覺, 守珪剝坐, 欲棒殺之, 大呼曰 : '大夫不欲滅兩蕃耶? 何爲打殺祿山!' 守珪見其肥白, 壯其言而釋之. 令與鄕人史思明同捉生, 行必獲, 拔爲偏將. 常嫌其肥, 以守珪威風素高, 畏懼不敢飽食. 以驍勇聞, 遂養爲子"; 『新唐書』 卷225上 「安祿山傳」, 6411~6412면, "張守珪節度幽州, 祿山盜羊而獲, 守珪將殺之, 呼曰 : '公不欲滅兩蕃邪? 何殺我?' 守珪壯其語, 又見偉而肥, 釋之, 與史思明俱爲捉生. 知山川水泉處, 嘗以五騎禽契丹數十人, 守珪異之, 稍益其兵, 有討輒剋, 拔爲偏將. 守珪醜其肥, 由是不敢飽, 因養爲子. 後以平盧兵馬使擢特進·幽州節度副使."

201) 『舊唐書』 卷99 「張九齡傳」, 3100면, "至德初, 上皇在蜀, 思九齡之先覺, 下詔褒贈, 曰 : '正大廈者柱石之力, 昌帝業者輔相之臣. 生則保其榮名, 歿乃稱其盛德, 飾終未允於人望, 加贈實存乎國章. 故中書令張九齡, 維嶽降神, 濟川作相, 開元之際, 寅亮成功. 讜言定其社稷, 先覺合於著策, 永懷賢弼, 可謂大臣. 竹帛猶存, 樵蘇必禁, 爰從八命之秩, 更進三台之位. 可贈司徒, 仍遣使就韶州致祭'."

는 좋은 지역으로 부임하지 못한다는 예에 따랐다고 하는데, 그것은 (장)구령이 재상일 때 상주한 것과 관련된 것이므로 (유우석은) 그를 원망하여 "곡강(曲江)[203]은 오랑캐 놈에게 반역의 형상[反相]이 있음을 알아볼 수 있었으니 충분히 명신이 될 만하다. 그러나, (좋은) 끝이 없게 되었으니,[204] 어찌 쫓겨난 신하의 벼슬길을 막아야 한다고 건의한 것에 대한 응보가 아니겠는가"라고 말했다.[205] 이는 (안)록산이 장안으로 호송되어 응당 참수당할 것을 사면되었던 일을 말하는 것이며, 또 당시 모든 사람들이 함께 보고 들은 실제의 일이라는 것으로 연결된다.

---

202) 劉禹錫(772~842) : 唐 洛陽 출신으로 字는 夢得이다. 貞元 進士로 博學鴻詞科에도 급제하여 太子校書가 되었다. 淮南節度使 杜佑의 막료가 되었고, 후에 監察御史를 지냈다. 貞元末 王叔文·王伾의 改革에 참여하여 宦官의 전횡과 藩鎭의 할거에 반대하였다. 개혁이 실패한 후 朗州司馬로 좌천되었고, 잠시 長安으로 돌아갔다가 다시 播州·連州로 좌천되었다. 이후 夔州·和州·蘇州·同州刺史를 역임하였고, 檢校禮部尙書 兼 太子賓客을 지냈다. 柳宗元과 친했으며, 詩歌는 白居易와 함께 이름을 나란히 하여 '劉·白'이라 불렸다. 저서에는 『劉夢得文集』이 있다.

203) 曲江 : 여기서는 曲江 사람이었던 張九齡을 지칭한다. 『舊唐書』 卷99 「張九齡傳」, 3097면, "張九齡字子壽, 一名博物. 曾祖君政, 韶州別駕, 因家于始興, 今爲曲江人."

204) 張九齡은 인재 추천을 잘못한 데 연루되어 말년에 荊州大都督府 長史로 좌천되었으며, 얼마 지나지 않아 사망하였다. 『舊唐書』 卷99 「張九齡傳」, 3099면, "初, 九齡爲相, 薦長安尉周子諒爲監察御史. 至是, 子諒以妄陳休咎, 上親加詰問, 令於朝堂決殺之. 九齡坐引非其人, 左遷荊州大都督府長史. 俄請歸拜墓, 因遇疾卒, 年六十八, 贈荊州大都督, 謚曰文獻."

205) **[王注]** 이 문장은 『舊唐書』 卷160 「劉禹錫傳」에 보이는데 大意를 취했을 뿐, 原文은 아니다. 『舊唐書』 卷160 「劉禹錫傳」, 4211면, "禹錫積歲在湘·澧間, 鬱悒不怡, 因讀張九齡文集, 乃其意曰 : '世稱曲江爲相, 建言放臣不宜於善地, 多徙五谿不毛之鄕. 今讀其文章, 自內職牧始安, 有瘴癘之歎, 自退相守荊州, 有拘囚之思, 託諷禽鳥, 寄辭草樹, 鬱然與騷人同風. 嗟夫, 身出於遐鄙, 一失意而不能堪, 矧華人士族, 而必致醜地, 然後快意哉! 議者以曲江爲良臣, 識胡雛有反相, 羞與凡器同列, 密啓廷諍, 雖古哲人不及, 而燕翼無似, 終爲餒魂. 豈忮心失恕, 陰謫最大, 雖二美莫贖耶? 不然, 何袁公一言明楚獄而鍾祉四葉. 以是相較, 神可誣乎?'"

277. 수양에서 순절한 사람으로 또한 요은이 있다 睢陽殉節尙有姚誾

수양(睢陽)[206]의 난국에 관해 장순(張巡)[207]과 허원(許遠)은 실로 천고에 모두가 아는 바이고, 그 다음으로 남제운(南霽雲),[208] 뇌만춘(雷萬春)[209]이 여전히 인구에 회자되고 있다. 그런데 순국한 사람 가운데 오히려 요은(姚誾)이 있음은 잘 알지 못한다. (요)은은 본래 요숭(姚崇)의 종손(從孫)으로 (장)순, (허)원과 함께 (수양성을) 지켰다.[210] 『구당서(舊唐書)』 본기에 의하면, 윤자기(尹子奇)가 수(양)를 함락할 때 장순, 요은, 허원을 해쳤다고 했는데, 여기에서 (요)은은 오히려 (허)원의 앞에 이름이 적혀 있다.[211] 『신당서(新唐書)』 본기 또한 안경서(安慶緖)가 수양을 함락할 때 태수 허원과

---

206) 睢陽 : 河南 宋州 소속으로 오늘날 商丘縣 남쪽에 위치. 당나라 때 張巡이 安祿山과의 싸움에 수양성에 웅거하였으므로, 張巡의 별칭으로도 사용되었다.

207) 張巡(709~757) : 唐 蒲州 河東縣(지금의 山西省 永濟縣 서쪽) 사람이다. 일설에는 鄧州 南陽縣(지금의 河南省 南陽市) 사람이라고도 한다. 開元 進士로 天寶中 淸河令・眞源令을 역임하였다. 安祿山이 난을 일으키자 眞源縣의 吏民을 이끌고 雍丘를 지켰으며, 후에 睢陽으로 물러나 太守 許遠과 함께 군대를 합쳐 6천여 명으로 城을 지켜 반군의 남하를 막았다. 전후 400여 회의 크고 작은 싸움에서 적 12만을 죽였으나, 河南節度使 賀蘭進明이 구원병을 보내지 않아 城이 함락되고 포로가 되었고, 끝내 굴복하지 않고 죽었다.

208) 南霽雲(?~757) : 唐 魏州 頓丘縣 사람이다. 安祿山의 난 때 巨野尉 張沼를 따라 토벌하였다. 후에 張巡을 좇아 睢陽을 지켰다. 至德 2년(757) 안록산의 部將 尹子奇가 공격하자 화살을 쏘아 尹子奇의 왼쪽 눈을 맞혔다. 張巡의 명을 받들어 精騎 30명을 이끌고 포위망을 돌파하여 臨淮로 가서 구원병을 요청하였으나, 河南節度使 賀蘭進明이 구원을 거절하였다. 城이 함락된 후 굴복하지 않고 張巡 등과 함께 죽었다.

209) 雷萬春(?~757) : 張巡을 섬겨 偏將이 되었다. 天寶 15년(756) 安祿山의 반군 4만이 雍丘에서 張巡을 포위할 때 城 위에서 적의 화살 6개를 맞고도 움직이지 않아 적장을 놀라게 하였다. 寧陵에서 적장 楊朝宗을 격파하고 만여 명을 죽였다. 汴水가 흐르지 않자 후에 張巡을 따라 睢陽을 지켰으나 성이 함락될 때 전사하였다.

210) 『舊唐書』 卷187下 「姚誾傳」, 4902면, "姚誾者, 浹州平陸人, 故相梁國公崇之姪孫. …… 歷壽安尉・城父令, 與張巡素相親善. 以守睢陽之功, 至德二年春, 加檢校尙書侍郎"; 『新唐書』 卷192 「姚誾傳」, 5543면, "姚誾者, 開元宰相崇從孫."

211) 『舊唐書』 卷10 「肅宗紀」, 247면, "(至德 2年冬十月)癸丑, 賊將尹子奇陷睢陽, 害張巡・姚誾・許遠."

장순, 운주자사(鄆州刺史) 요은, 좌금오위(左金吾衛) 장군 남제운이 모두 죽었다고 기록하고 있다.[212] 이는 (『신당서』『구당서』의) 본기에 모두 (요)은이 기록돼 있는 것이다. 곧 『신당서』와 「구당서』「장순전(張巡傳)」 안에서도 역시 (요)은과 함께 사로잡혀 살해되었다고 기록되어 있고,[213] 「허원전(許遠傳)」 안에서도 또한 (요)은과 함께 수양성을 지키면서 해를 넘겼다고 하였으며,[214] 「(장)순전」과 「(허)원전」 뒤에는 또 모두 「(요)은전」이 있다. 아직 죽기 전에는 조정에서 조서를 내려 (장)순을 어사중승(御史中丞)으로, (허)원을 시어사(侍御史[215])로, (요)은을 이부낭중(吏部郎中)으로 임명했다.[216] 죽은 뒤에는 조서를 내려 (장)순을 양주대도독(揚州大都督)으로, (허)원을 형주대도독(荊州大都督)으로, (요)은을 노주대도독(潞州大都督)으로 추증했다.[217] 이는 세 사람이 같이 성을 지켰고 같이 순국하였으며 같이 벼슬을 받았고 같이 추증되어 하나도 다른 것이 없다는 것이나, 지금은 단지 (장)순과 (허)원 두 사람의 이름만 전해지고, (요)은은 그 성씨를 거론하는 사람조차 없으니, 그 어찌 이른바 복불복이라 할 것인가.

---

212) 『新唐書』 卷6 「肅宗紀」, 159면, "癸丑, 安慶緖陷睢陽, 太守許遠及張巡 · 鄆州刺史姚誾 · 左金吾衛將軍南霽雲皆死之."

213) 『舊唐書』 卷187下 「張巡傳」, 4901~4902면, "十月, 城陷, 巡與姚誾 · 南霽雲 · 許遠, 皆爲賊所執"; 『新唐書』 卷192 「張巡傳」, 5539~5540면, "十月癸丑, 攻城, 士病不能戰. …… 亦不肯降. 乃與姚誾 · 雷萬春等三十六人遇害."

214) 『舊唐書』 卷187下 「許遠傳」, 4902면, "祿山之亂, 不次拔將帥, 或薦遠素練戎事, 玄宗召見, 拜睢陽太守, 累加侍御史 · 本州防禦使. 及賊將伊子奇攻圍, 遠與張巡 · 姚誾嬰城拒守經年, 外救不至, 兵糧俱盡而城陷. 尹子奇執送洛陽, 與哥舒翰 · 程千里, 俱囚之客省. 及安慶旣敗, 渡河北走, 使嚴莊皆害之."

215) 侍御史 : 隋唐五代시기 御史臺의 속관으로 百官의 糾彈과 재판의 판결을 처리하며, 나이가 많고 자격이 있는 사람이 御史臺의 일상 사무를 주관하는데, 이를 雜端이라 한다. 상주하는 곳을 臺院이라 칭한다. 隋代에는 여덟 명, 唐代에는 네 명을 두었고, 品階는 從六品下이다. 武后 때 侍御史에 內供奉 약간 명을 두었다. 中唐 이후 外官이 겸임하였다.

216) 『新唐書』 卷192 「張巡傳」, 5537면, "…… 遠以告巡, 巡召登城, 讓之, 斬首示賊. 因出薄戰, 子琦敗, 獲車馬牛羊, 悉分士, 秋豪無入其家, 有詔拜巡御史中丞, 遠侍御史, 誾吏部郎中."

217) 『新唐書』 卷192 「張巡傳」, 5541면, "天子下詔, 贈巡揚州大都督, 遠荊州大都督, 霽雲開府儀同三司 · 再贈揚州大都督, 並寵其子孫. …… 又贈姚誾潞州大都督, 官一子."

살펴보건대, (장)순과 (허)원의 열전을 나란히 둔 것은 본래 한유(韓愈)에서 시작되었고, 『신당서』「(장)순전」「(허)원전」 말미에는 수양 사람들이 지금까지 그들을 제사지내며 쌍묘(雙廟)라 부르고 있다고 했으니,[218] (장)순과 (허)원을 쌍충(雙忠)이라 칭하며, (요)은을 언급하지 않는 것은 당대(唐代)에 이미 그러했다. 어쩌면 성을 지킨 공적이 조금 뒤떨어지기 때문이란 말인가? 그러나 성을 지키다 도중에 같이 죽었는데 죽은 뒤에 명성이 너무나 다른 것은 따돌림 당하는 것임을 면할 수 없으므로, 특별히 그를 드러내어 알리려고 한다.

살펴보면, (장)순이 남(제운)과 뇌(만춘) 두 장수를 보내 적을 영릉(寧陵)에서 격파할 때 또한 별장(別將) 스물다섯 명이 더 있었으니, 석승평(石承平), 이사(李辭), 육원굉(陸元鍠), 주규(朱珪), 송약허(宋若虛), 양진위(楊振威), 경경(耿慶), 마일승(馬日升), 장유청(張維淸), 염탄(廉坦), 장중손(張重孫), 경추(景趨), 조연성(趙連城), 왕삼(王森), 교소준(喬紹俊), 장공묵(張恭默), 축충(祝忠), 이가은(李嘉隱), 책량보(翟良輔), 손정교(孫廷皎), 풍안(馮顔) 등인데[趙注 : 『신당서』「장순전」에 보이며, 나머지 네 명은 이름을 빠뜨렸다],[219] 나중에 모두 (장)순과 함께 죽었다. 그러니 (장)순이 죽을 때 같이 살육된 서른여섯 사람 가운데 석승평 등도 역시 그 안에 포함된다. 지금 이미 이름이 「(장)순전」에 있으므로 (장)순과 (허)원의 묘당 안에 마땅히 제사를 더하여 (요)은을 정위(正位)에 두고, 또 석승평 등은 종사(從祀) 반열에 두어야 할 것이다.

218) 『新唐書』 卷192 「張巡傳」, 5541면, "自是訖僖宗, 求忠臣後, 無不及三人者. 大中時, 圖巡・遠・霽雲像于凌煙閣. 睢陽至今祠享, 號'雙廟'云."

219) 『新唐書』 卷192 「姚誾傳」, 5543면, "巡之遣霽雲・萬春敗賊於寧陵也, 別將二十有五 : 石承平・李辭・陸元鍠・朱珪・宋若虛・楊振威・耿慶禮・馬日昇・張惟淸・廉坦・張重・孫景趨・趙連城・王森・喬紹俊・張恭默・祝忠・李嘉隱・翟良輔・孫廷皎・馮顔, 其後皆死巡難, 四人逸其姓名."

278. 당나라 초기 삼례, 『한서』 『문선』에 관한 학문唐初三禮漢書文選之學

육조(六朝)시대 사람들은 삼례(三禮[220])에 관한 학문을 가장 중요하게 여겼는데, 당(唐)나라 초기에도 여전히 그러했다. 장사형(張士衡)은 유궤사(劉軌思)로부터 『모시(毛詩)』와 『주례(周禮)』를 배웠고, 또한 웅안생(熊安生), 유작(劉焯)으로부터 『예기(禮記)』를 배웠는데, 모두 큰 뜻을 정밀하게 탐구했다.[221] 당시 그 학업을 받은 이로 가공언(賈公彦[222])을 드는데[趙注 : 「장사형전(張士衡傳)」], (가)공언은 『주례의소(周禮義疏)』 50권, 『의례의소(儀禮義疏)』 40권을 지었다.[223] (가)공언의 아들 (가)대은(賈大隱)도 역시 그 학업을 전수했다.[224] 또한 이현식(李玄植)이 있어 (가)공언으로부터 예학을 배워서 『삼례음의(三禮音義)』를 찬술해 세상에 퍼졌다[趙注 : 「가공언전(賈公彦傳)」].[225] 왕공(王恭)은 삼례에 정통해서 따로 의증(義證)을 만들었는데, 매우 정밀하고 범위가 넓었으며, 개문의(蓋文懿), 개문달(蓋文達)도 모두 당시의 큰 유학자

---

220) 三禮 : 『禮記』 『儀禮』 『周禮』를 가리킨다.

221) 『舊唐書』 卷189上 「張士衡傳」, 4949면, "及長, (劉)軌思授以毛詩・周禮, 又從熊安生及劉焯受禮記, 皆精究大義. 此後講五經, 尤攻三禮"; 『新唐書』 卷198 「張士衡傳」, 5648면, "士衡九歲居母喪, 哀慕過禮, 博士劉軌思見之, 爲泣下, 奇其操, 謂文慶曰 : '古不親教子, 吾爲君成就之' 乃授以詩・禮. 又從熊安生・劉焯等受經, 貫知大義."

222) 賈公彦 : 唐 洺州 永年縣(지금의 河北省 永年縣 동남) 사람이다. 永徽中 벼슬이 太學博士에 이르렀다. 처음에 대유학자 張士衡에게 배웠다. 저서에는 『周禮義疏』 50卷과 『儀禮義疏』 『孝經疏』 『論語疏』 『禮記正義』 등이 있다.

223) 『舊唐書』 卷189上 「賈公彦傳」, 4950면, "賈公彦, 洺州永年人. 永徽中, 官至太學博士. 撰周禮義疏五十卷・儀禮義疏四十卷."

224) 『新唐書』 卷198上 「賈大隱傳」, 5649~5650면, "子大隱, 儀鳳中, 爲太常博士. 會太常仲春告瑞太廟, 宗問禮官 : '何世而然?' 大隱對曰 : '古者祭以首時, 薦以仲月. 近世元日奏瑞, 則二月告廟. 告者必有薦, 本于始, 不得其時焉.' 遷累中書舍人. 垂拱中, 博士周悰請武氏廟爲七室, 唐廟爲五, 下比諸侯. 大隱奏言 : '秦・漢母后稱制, 未有戾古越禮者. 悰損國廟數, 勃大義, 不可以訓.' 武后不獲已, 僞聽之. 時皆服大隱沈正不詭從, 有大臣體. 終禮部侍郎."

225) 『舊唐書』 卷189上 「賈公彦傳」, 4950면, "時有趙州李玄植, 又受三禮於公彦, 撰三禮音義行於代. 玄植兼習春秋左氏傳於王德韶, 受毛詩於齊威, 博涉漢史及老, 莊諸子之說."

였는데 매번 강의할 때마다 반드시 선배 유생들의 뜻을 두루 거론했고 (왕)공이 말한 바를 널리 폈다[趙注 : 「공영달전(孔穎達傳)」].[226] 왕현감(王玄感)은 일찍이 『예기승건(禮記繩愆)』을 지었는데, 서견(徐堅), 유지기(劉知幾) 등이 그에 대해 깊이 감탄하고 칭찬했다[趙注 : 「왕현감전(王玄感傳)」].[227] 왕방경(王方慶)은 삼례에 더욱 정통하여 배우는 사람이 질문하는 바가 있으면 반드시 그 오묘함을 궁구했으니, 문하생들이 이를 엮어 『잡례답문(雜禮答問)』을 만들었다[趙注 : 「왕방경전(王方慶傳)」].[228] 그밖에도 저무량(褚无量),[229] 위유(韋逌),[230] 고중서(高仲舒),[231] 당휴경(唐休璟),[232] 소안항(蘇安恒)[233] 같은 이들이 모두

---

226) 『舊唐書』 卷73 「孔穎達傳」, 2603면, "王恭者, 滑州白馬人也. 少篤學, 博涉六經. 每於鄉閭教授, 弟子自遠方至數百人. 貞觀初, 徵拜太學博士, 其所講三禮, 皆別立義證, 甚爲精博. 蓋文懿·文達等皆當時大儒, 罕所推借, 每講三禮, 皆遍擧先達義, 而亦暢恭所說"; 『舊唐書』 卷189上 「蓋文達傳」, 4951면, "蓋文達, 冀州信都人也. 博涉經史, 尤明三傳. 性方雅, 美鬚貌, 有士君子之風. 刺史竇抗嘗廣集儒生, 令相問難, 其大儒劉焯·劉軌思·孔穎達咸在坐, 文達亦參焉. 旣論難, 皆出諸儒意表, 抗大奇之, 問曰 : '蓋生就誰受學?' 劉焯對曰 : '此生岐嶷, 出自天然. 以多問寡, 焯爲師首.' 抗曰 : '可謂氷生於水而寒於水也'."

227) 『舊唐書』 卷189下 「王元感傳」, 4963면, "長安三年, 表上其所撰尙書糾謬十卷·春秋振滯二十卷·禮記繩愆三十卷, 幷所注孝經·史記稿草, 請官給紙筆, 寫上祕書閣. …… 鳳閣舍人魏知古·司封郎中徐堅·左史劉知幾·右史張思敬, 雅好異聞, 每爲元感申理其義, 連表薦之."

228) 『舊唐書』에는 '禮雜答問'이라고 했고, 『新唐書』에는 '雜禮答問'으로 되어 있다. 『舊唐書』 卷89 「王方慶傳」, 2901면, "方慶博學好著述, 所撰雜書凡二百餘卷. 尤精三禮, 好事者多詢訪之. 每所酬答, 咸有典據, 故時人編次, 名曰禮雜答問. 聚書甚多, 不減祕閣, 至於圖畫, 亦多異本. 諸子莫能守其業, 卒後尋亦散亡"; 『新唐書』 卷116 「王綝傳」, 4225면, "方慶博學, 練朝章, 著書二百餘篇, 尤精三禮. 學者有所咨質, 酬復淵詣, 故門人次爲雜禮答問."

229) 『舊唐書』 卷102 「褚无量傳」, 3164~3165면, "褚无量, 字弘度, 杭州鹽官人也. 幼孤貧, 勵志好學. …… 及長, 尤精三禮及史記, 擧明經, 累除國子博士."

230) 『舊唐書』 卷102 「韋逌傳」, 3185면, "逌, 學業亦亞於(韋)述, 尤精三禮, 與述對爲學士, 迪同爲禮官, 時人榮之. 累遷考功員外郎、國子司業, 以風疾卒."

231) 『舊唐書』 卷187上 「高仲舒傳」, 4877면, "子仲舒, 博通經史, 尤明三禮及詁訓之書."

232) 『新唐書』 卷111 「唐休璟傳」, 4149면, "唐璿字休璟, 以字行, 京兆始平人. 曾祖規, 爲後周驃騎大將軍. 休璟少孤, 授易於馬嘉運, 傳禮於賈公彦, 擧明經高第. 爲吳王府典籤, 改營州戶曹參軍."

233) 『舊唐書』 卷187上 「蘇安恒傳」, 4879면, "蘇安恒, 冀州武邑人也. 博學, 尤明周禮及春秋左氏傳"; 『新唐書』 卷112 「蘇安恒傳」, 4167면, "蘇安恒, 冀州武邑人. 博學, 尤明

삼례에 정통했으니, 각 열전에 보인다.

지금 여러 유생들의 논저 가운데 『신당서(新唐書)』와 『구당서(舊唐書)』에 보이는 것을 보자. 예컨대 왕방경, 장제현(張齊賢)은 매달마다 모두 고삭(告朔)[234]할 것을 논한 학설이 있다[趙注 : 『구당서』 「왕방경전」, 『신당서』 「장제현전(張齊賢傳)」].[235] 왕현감은 3년상을 27개월로,[236] 장간지(張柬之)는 25개월로 여겼는데,[237] 하나는 정강성(鄭康成, 곧 정현)의 학설에 바탕을 둔 것이고, 다른 하나는 왕숙(王肅)의 학설에 바탕을 둔 것이었다[趙注 : 『구당서』 「장간지전(張柬之傳)」, 『신당서』 「왕현감전」]. 사현찬(史玄燦)은 체협(禘祫)[238]에서 3년과 5년의 차이에 대해 논했다[趙注 : 「위도전(韋縚傳)」].[239] 주자사(朱子奢)는 7묘(廟), 9묘의 제

周官・春秋左氏學."

234) 告朔 : 여러 설이 있는데, 淸의 고증학자들의 설에는 '달마다의 政令을 백성에게 布告함'이라고 한다. 朱子는 제후가 해마다 섣달에 천자에게서 다음 해의 달력을 받아 사당에 간직하였다가 매월 초하룻날 희생을 바치고 그 달의 달력을 받아 국내에서 사용하게 했다고 하였다.

235) 『舊唐書』 卷89 「王方慶傳」, 2898~2899면, "時有制, 每月一日於明堂行告朔之禮, 司禮博士辟閭仁諝奏議, 其略曰 : …… 則天又令春官廣集羣儒, 取方慶・仁諝所奏議, 以定得失"; 『新唐書』 卷199 「張齊賢傳」, 5672~5674면, "武后詔百官議告朔于明堂, 讀時令, 布政事, 京官九品以上・四方朝集使皆列於廷. …… 成均博士吳楊吾等共言 : '秦滅學, 告朔禮廢. 今用四孟月・季夏, 至明堂告五時帝堂上, 請兼如齊賢・方慶議.' 不數歲, 禮亦廢."

236) [王注] 『新唐書』 卷199 「王玄感傳」과 『舊唐書』 卷91 「張柬之傳」에는 모두 말하길, 王玄感은 36개월을 주장하였고, 27개월을 주장한 것은 鄭玄이라고 하였으니, 이는 王玄感의 주장이 아니다. 『新唐書』 卷199 「王元感傳」, 5666~5668면, "元感初著論三年之喪以三十有六月, 譏詆諸儒. 鳳閣舍人張柬之破其說曰 : '三年之喪, 二十五月, 由古則然. …… 昔鄭玄以中月而禫者, 內容一月, 自喪至禫, 凡二十七月. 今旣用之, 而二十五月初無疑論. 大抵子於親喪, 有終身之痛, 創巨者日久, 痛深者愈遲, 何歲月而止乎? …… 畏名教之嚴也.' 當世謂柬之言不詭聖人, 而元感論遂廢."

237) 『舊唐書』 卷91 「張柬之傳」, 2938면, "今無端構造異論, 旣無依據, 深可歎息. 其二十五月, 先儒考校, 唯鄭康成注儀禮'中月而禫', 以'中月間一月, 自死至禫凡二十七月.' 又解禫云 : '言澹澹然平安之意也.' 今皆二十七月復常, 從鄭議也. 踰月入禫, 禫旣復常, 則二十五月爲免喪矣. 二十五月・二十七月, 其議本同."

238) 禘祫 : 임금이 조상의 魂을 合祭하는 큰 제사.

239) 『新唐書』 卷122 「韋縚傳」, 4359면, "高宗上元三年, 將祫享. 議者以禮緯三年祫, 五年禘; 公羊家五年再殷祭. 二家舛互, 諸儒莫能決. 太學博士史玄璨曰 : '…… 則禘後三年而祫, 又二年而禘, 合於禮.' 議遂定. 後睿宗喪畢, 祫於廟. 至開元二十七年, 禘

도에 대해 논했다[趙注 : 「주자사전(朱子奢傳)」].[240] 위만석(韋萬石), 심백의(沈伯儀), 원만경(元萬頃), 범리빙(范履冰) 등은 교구(郊丘) 명당(明堂)의 배치에 대해 논했다[趙注 : 「심백의전(沈伯儀傳)」].[241] 모두 각각 근거가 있었으며, 학설을 표절한 것과는 달랐다.

논리를 근거로 하며 당시의 정치를 열거한 것으로는 다음과 같은 것이 있다. 노리빙(盧履冰), 원행충(元行沖)은 아버지가 살아계시면 어머니를 위해 3년 상복을 입는 것이 잘못임을 논했고,[242] 팽경직(彭景直)은 능묘에서

祭五, 祫祭七. 是歲, 縚奏 : '四月嘗已禘, 孟冬又祫, 祀禮叢數, 請以夏禘爲大祭之源.' 自是相循, 五年再祭矣."

240) [王注] 『新唐書』 卷198 「儒學上」 「朱子奢傳」에 唐初 太廟의 制를 논의하며, 朱子奢가 말하기를, 漢의 韋玄成은 五廟를 주장하였고 鄭玄이 이것을 따랐으며, 劉歆이 七廟를 주장하였고 王肅이 그것을 따랐다고 했다. 朱子奢가 七廟의 說을 주장했지만, 九廟란 문장은 없다; 『新唐書』 卷198 「朱子奢傳」, 5647~5648면, "始, 武德時, 太廟享止四室, 高祖崩, 將祔主于廟, 帝詔有司詳議. 子奢建言 : '漢丞相韋玄成奏立五廟, 劉歆議當七, 鄭玄本玄成, 王肅宗歆, 於是歷代廟議不能一. 且天子七廟, 諸侯五, 降殺以兩, 禮之正也. 若天子與子·男同 則間無容等, 非德厚游廣·德薄游狹之義. 臣請依古爲七廟. 若親盡, 則以王業所基爲太祖, 虛太祖室以俟無疆 迭遷乃處之.' …… 有詔如敬宗議. 然言七廟者, 本之子奢."

241) 『新唐書』 卷199 「沈伯儀傳」, 5664~5665면, "初, 太常少卿韋萬石議明堂大享事, 上言 : '鄭玄說祀五天帝, 王肅謂祀五行帝. 貞觀禮從玄, 至顯慶禮祀昊天上帝, 乾封詔書祀五天帝兼祀昊天, 上元詔書從貞觀禮·儀鳳初詔祀事一用周制. 今應何欒?' 高宗乃詔尙書省集諸儒議, 未能定. 於是大享參用貞觀、顯慶二禮. …… 伯儀曰 : '…… 今請以高祖配圜丘、方澤, 太宗配南北郊, 高宗配五天帝.' 鳳閣舍人元萬頃·范履氷等議 : '今禮昊天上帝等五祀, 咸奉高祖·太宗兼配, 以申孝也. 詩昊天章'二后受之', 易'薦上帝配祖, 考', 有兼配義. 高祖·太宗旣先配五祀, 當如舊. 請奉高宗歷配焉.' 自是郊·丘, 三帝並配云."

242) 『舊唐書』 卷27 「禮儀志」, 1023면, "開元五年, 右補闕盧履氷上言 : '准禮, 父在爲母一周除靈, 三年心喪. 則天皇后請同父沒之服, 三年然始除靈. 雖則權行, 有紊彝典. 今陛下孝理天下, 動合禮經, 請仍舊章, 庶通典.' 於是下制令百官詳議; 舅及嫂叔服不依舊禮, 亦合議定"; 『舊唐書』 卷27 「禮儀志」, 1030~1031면, "左散騎常侍元行沖奏議曰 : '天地之性, 惟人最靈者, 蓋以智周萬物, 惟睿作聖, 明貴賤, 辨尊卑, 遠嫌疑, 分情理也. 是以古之聖人, 徵性識本, 緣情制服, 有申有厭. 天父·天夫, 故斬衰三年, 情理俱盡者, 因心立極也. 生則齊體, 死則同穴, 比陰陽而配合, 同兩儀而成化. 而妻喪杖期, 情禮俱殺者, 蓋以遠嫌疑, 尊乾道也. 父爲嫡子三年斬衰, 而不去職者, 蓋尊祖重嫡, 崇禮殺情也. 資於事父以事君, 孝莫大於嚴父. 故父在, 爲母罷職齊周而心喪三年, 謂之尊厭者, 則情申而禮殺也. 斯制也, 可以異於飛走, 別於華夷. 羲·農·堯·

날마다 제사지내는 것이 잘못임을 논했고,[243] 강자원(康子元)은 허경종(許敬宗)이 먼저 섶 위에 희생을 놓고 태운 뒤에 제사지낸다고 한 것이 잘못임을 논박했고,[244] 여간(黎幹)은 귀숭경(歸崇敬)이 경황제(景皇帝[245])를 천지에 배향하자고 청한 것이 잘못임을 논박했고,[246] 당소(唐紹), 장흠서(蔣

舜, 莫之易也; 文·武·周·孔, 同所尊也. 今若捨尊厭之重, 虧嚴父之義, 略純素之嫌, 貽非聖之責, 則事不師古, 有傷名教矣. 姨兼從母之名, 卽母之女黨, 加於舅服, 有理存焉. 嫂叔不服, 避嫌疑也. 若引同爨之緦, 以忘推遠之跡, 旣乖前聖, 亦謂難從. 謹詳三者之疑, 請依古爲當.' 自是百僚議竟不決."

243) 『新唐書』 卷199 「彭景直傳」, 5669면, "彭景直, 瀛州河間人. 中宗景龍末, 爲太常博士. 時獻·昭·乾三陵皆日祭, 景直上言: 在禮, 陵不日祭, 宗廟有月祭, 故王者設廟·祧·壇·墠, 爲親疏多少之殺. 立七廟·一壇·一墠. 曰考廟, 曰王考廟, 曰皇考廟, 曰顯考廟, 皆月祭. 遠廟爲祧, 享嘗乃止. 去祧爲壇, 去壇爲墠. 有禱祭之, 無禱乃止. 譙周曰: '天子始祖·高祖·曾祖·祖·考之廟, 皆朔加薦, 以象生時朔食, 號月祭, 二祧廟不月祭.' 則古無日祭者. 今諸陵朔·望進食, 近古之殷事; 諸節進食, 近古之薦新. 鄭玄曰: '殷事, 月之朔·半, 薦新奠也.' 於儀禮, 朔·半日, 猶常日朝夕也, 旣大祥, 卽四時焉, 此其祭皆在廟云. 近世始以朔·望諸節祭陵寢, 唯四時及臘, 五享于廟. 尋經質禮, 無日祭於陵之文. 漢時, 京師自高祖下至宣帝, 與太上皇·悼皇考陵旁立廟. 園各有寢·便殿, 故日祭諸寢, 月祭諸便殿. 貢禹以禮節煩數, 白元帝願罷郡, 國廟. 丞相韋玄成等後因議七廟外寢園皆無復脩. 議者亦以祭不欲數 宜復古四時祭於廟. 劉歆引春秋外傳曰: '祖·禰日祭, 曾·高月祀, 二祧時享, 壇·墠歲貢.' 魏·晉以降, 不祭墓. 唐家擇古作法, 臣謂宜罷諸陵日祭, 如禮便."

244) 『新唐書』 卷200 「康子元傳」, 5701면, "玄宗將東之太山 說引子元·果·堅·縚商裁封禪儀. 初, 高宗之封, 中書令許敬宗議: '周人尙臭, 故前祭而燔柴.' 說·堅·子元白奏: '周官: 樂六變, 天神降. 是降神以樂, 非緣燔也. 宋·齊以來, 皆先嚌福酒, 乃燎. 請先祭後燔, 如貞觀禮便.' 行果與趙冬曦議, 以爲: '先燎降神, 尙矣. 若祭已而燔, 神無由降'."

245) 景皇帝: 唐高祖의 할아버지인 李虎를 지칭한다. 『新唐書』 卷1 「高祖紀」, 7면, "(武德元年六月)己卯, 追謚皇高祖曰宣簡公; 皇曾祖曰懿王; 皇祖曰景皇帝, 廟號太祖, 祖妣梁氏曰景烈皇后; 皇考曰元皇帝, 廟號世祖, 妃獨孤氏曰元貞皇后; 妃竇氏曰穆皇后."

246) 『新唐書』 卷145 「黎幹傳」, 4717~4718면, "初, 唐家郊祭天地, 以高祖神堯皇帝配. 寶應元年, 杜鴻漸爲太常卿·禮儀使, 於是禮儀判官薛頎·集賢校理歸崇敬等共建: '神堯獨受命之主, 非始封君, 不得冒太祖配天地. 景皇帝受封于唐, 卽商之契·周之后稷, 請奉景皇帝配天地, 於禮宜甚.' 幹非之, 乃上十詰·十難, 傅經誼, 抵鄭玄, 以折頎·崇敬等, 曰: '頎等引禘者至日祭天於圓丘, 周人以遠祖配, 今宜以景皇帝爲始祖, 配昊天圓丘. 臣幹一詰: 國語稱有虞氏·夏后氏並禘黃帝, 商禘舜, 周禘嚳. 二詰: 商頌'長發, 大禘也' 三詰: 周頌'雍, 禘太祖也' 四詰: 祭法, 虞·夏並禘黃帝, 商·周俱禘嚳. 五詰: 大傳'不王不禘, 王者禘其祖之所自出, 以其祖配之.' 六詰: 爾雅'禘, 大祭也'. 七詰: 家語'凡四代帝王所郊, 皆以配天; 所謂禘, 五年大祭也.' 八詰: 盧植

欽緖), 저무량은 축흠명(祝欽明)이 황후가 교천(郊天)에 제사지내는 것을 도와야 한다고 한 것이 잘못임을 논박했고,[247] 진정절(陳貞節)은 은(隱), 장회(章懷), 의덕(懿德), 절민(節愍) 네 태자[248] 사당에 사계절 제사지내는 것이 잘못임을 논했으니,[249] 모두 각 열전에 보인다.

이순풍(李淳風)[250]이 태미(太微)[251]의 신을 천(天)으로 삼을 수 없다고 논변한 것은 「소덕언전(蕭德言傳)」에 보인다.[252] 위술(韋述)이 당이모부는 상

以'禘, 祭名. 禘, 諦也, 事取明諦, 故云' 九詰 : 王肅言'禘, 五年大祭' 十詰 : 郭璞亦云. 此經傳先儒皆不言祭昊天於圓丘, 根證章章, 故臣謂禘止五年宗廟大祭, 了無疑晦'."

247) 『舊唐書』 卷189下 「祝欽明傳」, 4967면, "太常博士唐紹・蔣欽緖對曰 : '皇后南郊助祭, 於禮不合. 但欽明所執, 是祭宗廟禮, 非祭天地禮. 謹按魏・晉・宋及齊・梁・周・隋等歷代史籍, 至於郊天祀地, 並無皇后助祭之事.' 帝令宰相取兩家狀對定."

248) 隱太子는 太宗의 형 李建成이고, 그 외는 모두 고종의 자식들로서 태자가 되었던 章懷太子 李賢, 懿德太子 李重潤, 節愍太子 李重俊를 가리킨다.

249) 『新唐書』 卷200 「陳貞節傳」, 5693~5694면, "陳貞節, 潁川人. 開元初, 爲右拾遺. 初, 隱・章懷・懿德・節愍四太子並建陵廟, 分八署, 置官列吏卒, 四時祠官進饗. 貞節以爲非是, 上言 : '王者制祀, 以功德者猶親盡而毁, 四太子廟皆別祖, 無功於人, 而園祠時薦, 有司守衛, 與列帝侔. 金奏登歌, 所以頌功德, 詩曰 : '鍾鼓旣設, 一朝饗之.' 使無功而頌, 不曰舞詠非度邪? 周制 : 始祖乃稱小廟. 未知四廟欲何名乎? 請罷卒吏, 詔祠官無領屬, 以應禮典. 古者別子爲祖, 故有大・小宗. 若謂祀未可絶, 宜許所後子孫奉之'."

250) 李淳風(602~670) : 唐 岐州 雍縣(지금의 陝西省 鳳翔縣) 사람이다. 어려서 天算・星占의 학문을 익혔다. 貞觀初 太史局에 들어갔고, 貞觀 7년(633) 渾天黃道儀를 만들어 黃道의 經緯와 赤道의 經緯, 지평선의 經緯를 측정할 수 있었다. 貞觀 15년(641) 太史丞이 되어 國史 편찬에 참여하였고, 貞觀 22년(648) 太史令으로 승진하였다. 高宗 때 조서를 받들어 梁述・王眞儒 등과 『周髀』 『九章』 등 10部 算經을 注釋하여, 國子監 수학교과서로 사용하였다. 龍朔 2년(662) 祕閣郎中이 되었다. 麟德 元年(664) 麟德曆을 만들어 다음 해 반포하였다. 별도로 『乙巳占』 10卷을 지어 이전의 천문연구 성과를 완결지었으며, 『晉書』와 『隋書』의 「天文志」와 「律曆志」를 편찬하였다.

251) 太微 : 별자리의 이름. 북극을 중심으로 天體를 크게 紫微垣, 太微垣, 天市垣 세 구역으로 나누고, 이 세 개의 垣 안에 다시 작은 별자리를 두었다.

252) 『新唐書』 卷198 「蕭德言傳」, 5654~5655면, "初, 太尉長孫無忌等議 : '祠令及禮用鄭玄六天說, 圓丘祀昊天上帝, 南郊太微感帝, 明堂太微五帝. 直據緯爲說, 不指蒼旻爲天, 而以昊天帝當北辰耀魄寶, 郊・明堂當太微五帝. 唐家祀圓丘, 太史所上圖, 昊天上帝外自有北辰. 令李淳風曰 '昊天上帝位于壇, 北辰・斗列第二垓' 與緯書駁異. 司馬遷天官書, 太微宮五精之神, 五星所奉, 有人主象, 故名曰帝, 猶房・心有天王象, 安得盡爲天乎? 日月麗于天, 草木麗于地, 以日月爲天, 草木爲地, 昧者不信也. 周官'兆五帝四郊', 又有'祀五帝', 皆不言天. 知太微之神, 非天也. 經稱'郊祀后稷', 王肅以郊・圓丘爲一, 玄析而二之, 曰圓丘, 曰郊, 非聖人意. 今祠令固守玄說, 與著式相違,

복을 입을 필요가 없다고 논한 것은 「위도전(韋縚傳)」에 보인다.[253] 증거를 인용함에 있어서 해박하지 않은 것이 없고, 증명하여 논변함에 있어서 확실하지 않은 것이 없으니, 천백세에 표준이 될 만하다. 그 뒤에 원행충은 조서를 받들어 위징(魏徵)의 『유례(類禮)』[254]를 경서에 열거하고 여러 유생들과 함께 주소를 지어 50편을 완성했으며, 그것을 학관에 세우려 하다가 장열(張說)에게 제지를 받자, (원)행충은 다시 글을 지어 그에 대해 논변했다.[255] 대력(大曆) 연간(766~779)에는 여전히 중자릉(仲子陵), 원이(袁彝), 위동(韋彤), 위채(韋茝)가 있어 예학으로 그 가학을 이름냈다.[256] 이로

宜有刊正. 且經'嚴父莫大於配天', '宗祀文王於明堂, 以配上帝.' 明堂之祀, 天也, 星不足配之矣. 月令'孟春祈穀上帝', 春秋'啓蟄而郊, 郊而後耕', 故郊后稷以祈農, 詩'春夏祈穀于上帝', 皆祭天也. 著之感帝, 尤爲不稽. 請四郊迎氣祀太微五帝, 郊·明堂罷六天說, 止祀昊天. 方丘旣祭地, 又祭神州北郊, 皆不載經, 請止一祠.' 詔曰:'可'."

253) 『新唐書』 卷122 「韋縚傳」, 4357~4358면, "於是韋述議曰:'自高祖至玄孫幷身謂之九族. 由近及遠, 差其輕重, 遂爲五服. …… 女子嫁, 殺其家之喪. 所存者遠, 抑者私也. 若外祖及舅加一等, 而堂舅及姨著服, 則中外其別幾何? 且五服有上殺之義, 伯叔父母服大功, 從父昆弟亦大功, 以其出於祖, 服不得過於祖也. 從祖祖父母、從祖父母、從祖昆弟皆小功, 以其出於曾祖, 服不得過曾祖也. 族祖祖父母、族祖父母、族昆弟皆緦, 以其出於高祖, 服不得過高祖也. 堂姨、舅出外曾祖, 若爲之服, 則外曾祖父母、外伯叔祖父母亦可制服矣. 外祖至大功, 則外曾祖小功、外高祖緦. 推而廣之, 與本族無異. 棄親錄疏, 不可謂順. 且服皆有報, 則堂甥、外曾孫、姪女之子皆當服. 聖人豈薄其骨肉恩愛哉? 蓋本於公者末於私, 義有所斷, 不得不然. 苟可加也, 則可減也, 如是, 禮可隳矣. 請如古便.'"

254) 『新唐書』 卷57 「藝文志」, 1434면, "魏徵次禮記二十卷, 亦曰類禮."

255) 『舊唐書』 卷102 「元行沖傳」, 3178~3181면, "初, 有左衛率府長史魏光乘奏請行用魏徵所注類禮, 上遽令行沖集學者撰義疏, 將立學官. 行沖於是引國子博士范行恭·四門助教施敬本檢討刊削, 勒成五十卷, 十四年八月奏上之. 尙書左丞相張說駁奏曰:'今之禮記, 是前漢戴德·戴聖所編錄, 歷代傳習, 已向千年, 著爲經敎, 不可刊削. 至魏孫炎始改舊本, 以類相比, 有同抄書, 先儒所非, 竟不行用. 貞觀中, 魏徵因孫炎所修, 更加整比, 兼爲之注, 先朝雖厚加賞錫, 其書竟亦不行. 今行沖等解徵所注, 勒成一家, 然與先儒第乖, 章句隔絶, 若欲行用, 竊恐未可.' 上然其奏, 於是賜行沖等絹二百匹, 留其書貯於內府, 竟不得立於學官. 行沖恚諸儒排己, 退而著論以自釋, 名曰釋疑. 其詞曰 ……."

256) 【王注】 이는 모두 『新唐書』 卷200 「儒學下」 「啖助傳」에 보인다. 『新唐書』 卷200 「啖助傳」, 5707면, "大曆時, 助、匡、質以春秋, 施士匄以詩, 仲子陵、袁彝、韋彤、韋茝以禮, 蔡廣成以易, 强蒙以論語, 皆自名其學, 而士匄、子陵最卓異."

써 당나라 사람들이 삼례를 마음깊이 탐구하면서 옛 뜻을 고찰해 시정을 판단하여 쓸모 있는 학문을 하기에 힘썼지, 다만 박식함을 자랑했던 것은 아니었음을 알 수 있다.

다음은 『한서(漢書)』에 관한 학문인데, 역시 당나라 초기 사람들이 다투어 숭상한 바였다. 수(隋)나라 때부터 소해(蕭該)는 『한서』에 정통했는데, 일찍이 『한서음의(漢書音義)』를 지어 당시에 귀하게 여겨졌다[趙注 : 「소해전(蕭該傳)」].[257] 포개(包愷) 역시 『한서』에 정통하여 세상에서 『한서』를 배우는 자는 소(蕭)씨, 포(包)씨 두 학파를 대종으로 삼았다[趙注 : 「포개전(包愷傳)」].[258] 유진(劉臻)은 두 『한서』에 정통해서 사람들이 '한성(漢聖)'이라고 칭했다[趙注 : 「유진전(劉臻傳)」].[259] 또 장충(張沖)이 있어 『한서음의』 12권을 지었고,[260] 우중문(于仲文)은 『한서간번(漢書刊繁)』 30권을 찬술하였는데,[261] 이는 『한서』의 학문에 대해 수나라 사람들이 이미 마음을 다해 탐구했고 당나라에 이르러서 더욱 고찰하여 탐구함을 업으로 삼았다는 것이다. 안사고(顔師古)는 태자 (이)승건(李承乾)을 위해 『한서』에 주를 달아 해석하고 상세히 밝혔는데, (이)승건이 표를 지어 그것을 올리자 태종(太宗)은 비각(祕閣)에 편집하도록 명했다. 당시 사람들은 두정남(杜征南),[262] 안비서(顔祕書)[263]가 좌구명(左邱明),[264] 반맹견(班孟堅)[265]의 충신

257) 『隋書』 卷33 「經籍志」, 953면, "漢書音義, 十二卷, 國子博士蕭該撰."

258) 『隋書』 卷75 「包愷傳」, 1716면, "東海包愷, 字和樂. 其兄愉, 明五經, 愷悉傳其業. 又從王仲通受史記·漢書, 尤稱精究. 大業中, 爲國子助敎. 于時漢書學者, 以蕭, 包二人爲宗匠."

259) 『隋書』 卷76 「劉臻傳」, 1731면, "臻無吏幹, 又性恍惚, 耽悅經史, 終日覃思, 至於世事, 多所遺忘. …… 精於兩漢書, 時人稱爲漢聖."

260) 『隋書』 卷75 「張沖傳」, 1724면, "吳郡張沖, 字叔玄. 仕陳爲左中郎將, 非其好也, 乃覃思經典, 撰春秋義略, 異於杜氏七十餘事, 喪服義三卷, 孝經義三卷, 論語義十卷, 前漢音義十二卷. 官至漢王侍讀."

261) 『隋書』 卷60 「于仲文傳」, 1455면, "撰漢書刊繁三十卷, 略覽三十卷."

262) 杜征南 : 西晉의 杜預로서 『左傳』을 注했다. 당시 征南大將軍을 역임했기 때문에 이렇게 불렀다.

263) 顔祕書 : 顔師古를 지칭한다. 당시 祕書監을 역임했기에 이렇게 불렀다.

264) 左丘明 : 春秋時代 魯나라의 학자로, 『左氏傳』과 『國語』의 저자로 알려진 인물이다.

이라고 했다.[266] 그 숙부인 안유진(顔游秦)이 앞서 『한서결의(漢書決疑)』를 지었는데, (안)사고는 그 뜻을 많이 취했다.[267] 이 안사고가 주석한 『한서』는 지금에 이르기까지 표준으로 받들어지는 것이다[趙注 : 「안사고전(顏師古傳)」]. 방현령(房玄齡)은 그 문장이 번잡하여 살피기 어렵다고 여겨 다시 경파(敬播)에게 명해 그 요체를 취해서 40권을 만들게 했다.[268] 당시 『한서』에 관한 학문이 크게 성행하자, 또한 유백장(劉伯莊)이 『한서음의』 20권을 지었다.[269] 진경통(秦景通)과 그 아우 진위(秦暐)는 모두 『한서(漢書)』에 정통해서 대진군(大秦君), 소진군(小秦君)이라 불렸는데, 당시 『한서』를 배우는 자들은 그 지도를 받지 않으면 올바른 법도가 없는 것으로 여겨졌다. 또한 유납언(劉納言)이 있어 역시 『한서』로써 집안을 이름냈다[趙注 : 「경파전(敬播傳)」].[270] 요사렴(姚思廉)은 어려서 아버지 (요)찰(姚察)로부터 『한서』에 관한 학문을 받았다[趙注 : 「요사렴전(姚思廉傳)」].[271] (요)사렴의 손자 요반(姚班)은 (요)찰이 지은 『한서훈찬(漢書訓纂)』을 나중에 『한서』에 주석을 한 자들이 (요찰의) 성씨를 숨기고 자기 학설이라며 훔치는 경우가 많다고 여겨, (요)반이 이에 『한서소훈(漢書紹訓)』 40권을 지어

---

265) 班孟堅 : 班固를 가리킨다. 그의 字가 孟堅이다.

266) 『新唐書』 卷198 「顔師古傳」, 5642면, "又爲太子承乾注班固漢書上之, 賜物二百段・良馬一, 時人謂杜征南・顔祕書爲左丘明・班孟堅忠臣."

267) 『新唐書』 卷198 「顔游秦傳」, 5643면, "師古叔游秦, …… 撰漢書決疑, 師古多資取其義."

268) 『舊唐書』 卷189上 「敬播傳」, 4954면, "時梁國公房玄齡深稱播有良史之才, 曰 : '陳壽之流也.' 玄齡以顔師古所注漢書, 文繁難省, 令播撮其機要, 撰成四十卷, 傳於代."

269) 『舊唐書』 卷189上 「劉伯莊傳」, 4955면, "劉伯莊, 徐州彭城人也. …… 撰史記音義・史記地名・漢書音義各二十卷, 行於代."

270) 『舊唐書』 卷189上 「秦景通傳」, 4955~4956면, "秦景通, 常州晉陵人也. 與弟暐尤精漢書, 當時習漢書者皆宗師之, 常稱景通爲大秦君, 暐爲小秦君. 若不經其兄弟指授, 則謂之'不經師匠, 無足採也.' 景通, 貞觀中累遷太子洗馬, 兼崇賢館學士. 爲漢書學者, 又有劉納言, 亦爲當時宗匠"; 『新唐書』 卷198 「敬播傳」, 5657면, "景通者, 晉陵人. 與弟暐俱有名, 皆精漢書, 號'大秦君'・'小秦君'. 當時治漢書, 非其授者, 以爲無法云."

271) 『新唐書』 卷102 「姚思廉傳」, 3978면, "姚思廉, 本名簡, 以字行, 陳吏部郎書察之子. 陳亡, 察自吳興遷京兆, 遂爲萬年人. 思廉少受漢書於察, 盡傳其業. 寡嗜欲, 惟一於學, 未嘗問家人生貲."

그 가학을 밝게 드러내었다[趙注 : 「요숙전(姚璹傳)」].[272] 또한 고윤(顧胤)은 『한서고금집(漢書古今集)』 20권을 지었다[趙注 : 「고윤전(顧胤傳)」].[273] 이선(李善)[274]은 『한서변혹(漢書辨惑)』 30권을 지었다[趙注 : 「이선전(李善傳)」].[275] 왕방경은 일찍이 임희고(任希古)에게 『사기(史記)』와 『한서』를 배웠는데, (임)희고가 벼슬을 옮기자 (왕)방경도 그대로 그를 따라가서 학업을 마쳤다[趙注 : 「왕방경전」].[276] 그밖에도 예컨대 학처준(郝處俊)은 『한서』 읽기를 좋아하여 암송할 수 있었다[趙注 : 「학처준전(郝處俊傳)」].[277] 배염(裴炎) 역시 『좌씨전(左氏傳)』 『한서』를 좋아했다[趙注 : 「배염전(裴炎傳)」].[278] 이는 또한 당나라 사람들이 『한서』를 깊이 탐구하여 각각 옛 학설을 받들어 따르며 감히 자기 뜻대로 억지로 파고들지는 않았다는 것이다.

양(梁) 소명태자(昭明太子)의 『문선(文選)』에 대한 학문의 경우, 역시 소해가 『음의(音義)』를 지은 것에서 시작되었다. 당나라에 들어선 뒤에는 조

---

272) 『舊唐書』 卷89 「姚珽傳」, 2907면, "珽嘗以其曾祖察所撰漢書訓纂, 多爲後之注漢書者隱沒名氏, 將爲己說; 珽乃撰漢書紹訓四十卷, 以發明舊義, 行於代"; 『新唐書』 卷102 「姚珽傳」, 3982면, "始, 曾祖察嘗撰漢書訓纂, 而後之注漢書者, 多竊取其義爲己說, 珽著紹訓以發明舊義云."

273) 『舊唐書』 卷73 「顧胤傳」, 2600면, "顧胤者, 蘇州吳人也. …… 胤又撰漢書古今集二十卷, 行於代."

274) 李善(?~689) : 唐 揚州 江都縣(지금의 江蘇省 揚州市) 사람이다. 顯慶中 崇賢館直學士가 되었고, 후에 秘書郎 등을 거쳤다. 학식이 있지만 글짓는 것을 잘하지 못하여 注釋에만 몰두하였다. 죄를 지어 姚州로 귀양갔다가 사면되어 돌아와 汴鄭之間에 거주하며 『文選』 교육을 業으로 삼았다. 開元 연간 呂延濟 등 다섯 명의 『文選』에 함께 주를 달았는데, 후세 사람들이 李善의 原注와 합하여 1권의 책을 만들어 『六臣注文選』이라 하였다. 蘇軾은 五臣의 주가 형편없어 李善의 注에 미치지 못한다고 평가하였다.

275) 『舊唐書』 卷189上 「李善傳」, 4946면, "李善者, 揚州江都人. …… 又撰漢書辯惑三十卷. 載初元年卒" 및 『新唐書』 卷58 「藝文志」, 1457면, "李善『漢書辨惑』二十卷."

276) 『舊唐書』 卷89 「王方慶傳」, 2897면, "方慶年十六, 起家越王府參軍. 嘗就記室任希古受史記·漢書, 希古遷爲太子舍人, 方慶隨之卒業."

277) 『舊唐書』 卷84 「郝處俊傳」, 2797면, "郝處俊, 安州安陸人也. …… 及長, 好讀漢書, 略能暗誦"; 『新唐書』 卷115 「郝處俊傳」, 4215면, "郝處俊, 安州安陸人. …… 及長, 好學, 嗜漢書, 崖略暗誦."

278) 『舊唐書』 卷87 「裴炎傳」, 2843면, "裴炎, 絳州聞喜人也. …… 在館垂十載, 尤曉春秋左氏傳及漢書."

헌(曹憲)이 『문선음의(文選音義)』를 지어 가장 세상에서 중요하게 여겨졌으니, 강회(江淮) 사이의 지역에 『문선』을 배우는 자들은 모두 그것을 저본으로 삼았다. 또한 허엄(許淹), 이선, 공손라(公孫羅)가 있어 서로 이어 『문선』으로 가르치니, 이로 말미암아 그 학문이 크게 성행했다.[279] (허)엄, (공손)라는 각각 『문선음의』를 지어 세상에 퍼졌고,[280] (이)선은 『문선주해(文選註解)』 60권을 지어서 표문과 함께 올려 비단 120필을 하사받았다.[281] 지금까지 『문선』에 관해 말하는 이들은 (이)선의 주석본을 정본으로 여긴다. 두보(杜甫)의 시에서도 또한 '『문선』의 뜻에 익숙하고 정통하다'라는 구절이 있으니,[282] 대개 이것이 본디 시문에 관한 학문의 시조이기 때문이다.

279. 당나라 때 고문은 한유와 유종원에서 시작하지 않았다唐古文不始于韓柳

『신당서(新唐書)』「문예전(文藝傳)」 서문을 보면 "당(唐)나라가 일어난 지 백여 년 뒤에 여러 유생들이 스스로 명가임을 다투었다. 대력(大曆, 766~779) 및 정원(貞元, 785~805) 연간에 뛰어난 재능을 가진 이들이 무리 지어 나타나 도의 정수에 깊이 몰입하고 성인의 끝자락에 은혜를 입었으니, 이때 한유(韓愈)가 창도하고 유종원(柳宗元), 이고(李翺),[283] 황보식

279) 『舊唐書』 卷189上 「曹憲傳」, 4946면, "所撰文選音義, 甚爲當時所重. 初, 江淮間爲文選學者, 本之於憲, 又有許淹・李善・公孫羅復相繼以文選教授, 由是其學大興於代."

280) 『舊唐書』 卷189上 「許淹傳」, 4946면, "許淹者, 潤州句容人也. 少出家爲僧, 後又還俗. 博物洽聞, 尤精詁訓. 撰文選音十卷"; 『舊唐書』 卷189上 「公孫羅傳」, 4946면, "公孫羅, 江都人也. 歷沛王府參軍, 無錫縣丞. 撰文選音義十卷, 行於代."

281) 『舊唐書』 卷189上 「李善傳」, 4946면, "李善者, 揚州江都人. …… 嘗注解文選, 分爲六十卷, 表上之, 賜絹一百二十匹, 詔藏于祕閣."

282) 杜甫의 「宗武生日」이라는 詩 가운데 '熟精文選理'라는 구절이다.

(皇甫湜)[284] 등이 호응하여 당대(唐代)의 문장은 완연히 한 시대의 모범이 되었으니, 이는 그 극치에 도달한 것이었다" 고 했다.[285] 이는 송경문(宋景文 : 송기)이 당대의 고문을 한유가 창도하여 시작한 바로 여긴다는 것이나, 실상은 그렇지 않다. 『구당서(舊唐書)』「한유전(韓愈傳)」을 살펴보면, 대력 및 정원 연간의 문사들은 옛 학문을 숭상하는 일이 많아 양웅(楊雄), 동중서(董仲舒)의 서술, 창작법을 본받았으며, (그 가운데) 독고급(獨孤及)[286]과 양숙(梁肅)[287]이 가장 심오하다고 일컬어졌다. (한)유는 그 무리를 따라 교제하며 열심히 연구하고 우러러보면서 스스로 한 시대에 떨치고자 했는데, 진사(進士)로 뽑히려 공경들 사이에 글을 보내니,

---

283) 李翶(772~841) : 唐 隴西郡 成紀縣 사람으로 字는 習之이다. 일설에는 趙郡 사람이라고도 한다. 어려서 儒學을 배웠으며, 옛 것을 좋아하였다. 貞元 進士로 校書郎 · 國子博士 · 史館修撰 · 諫義大夫 · 中書舍人 · 山南東道節度使 등을 지냈다. 韓愈를 따라 문장이 당시에 유명했다. 佛教의 배척할 것을 주장하였다. 저서에는 『李文公集』이 있다.

284) 皇甫湜(777?~835?) : 唐 睦州 新安縣(지금의 浙江省 淳安縣) 사람으로 字는 持正이다. 元和 進士로 陸渾尉를 거쳐 工部郎中에 이르렀다. 思想은 韓愈에게 기울어졌으며, 韓愈에게서 古文을 배웠다. 문장이 기이하고 심오하였다. 裴度이 東都留守일 때 判官으로 삼았다. 詩는 대개 亡佚되었고, 현재 『全唐詩』에 3수의 詩만 전한다. 宋代 사람들이 『皇甫持正文集』 6卷을 輯補하였다.

285) 『新唐書』 卷201 「文藝志上」 「序言」, 5725~5726면, "是時, 唐興已百年, 諸儒爭自名家. 大 · 貞元間, 美才輩出, 擩嚌道眞, 涵泳聖涯, 於是韓愈倡之, 柳宗元 · 李翶 · 皇甫湜等和之, 排逐百家, 法度森嚴, 抵轢晉 · 魏, 上軋漢 · 周, 唐之文完然爲一王法, 此其極也. 若侍從酬奉則李嶠 · 宋之問 · 沈佺期 · 王維, 制冊則常楊炎 · 陸贄 · 權德輿 · 王仲舒 · 李德裕, 言詩則杜甫 · 李白 · 元稹 · 白居易 · 劉禹錫, 譎怪則李賀 · 杜牧 · 李商隱, 皆卓然以所長爲一世冠, 其可尙已."

286) 獨孤及(725~777) : 唐 洛陽 사람으로 字는 至之이다. 天寶末 華陰尉가 되었고, 代宗 때 江淮都統 李峘의 벽소로 掌書記가 되었고 左拾遺 · 太常博士 · 濠州刺史 · 舒州刺史 · 常州刺史 등을 지냈다. 古文에 능했으며, 李華 · 蕭穎士와 이름을 나란히 하고 騈儷文의 文風에 반대하였다. 詩에도 능했으며, 門人들이 『毗陵集』 30卷, 『內詩』 3卷을 편찬하였다.

287) 梁肅(753~793) : 唐 安定(지금의 甘肅省 涇川縣 북쪽) 사람으로 字는 敬之이다. 建中初 文詞淸麗科에 합격하였고 太子校書郎, 右拾遺를 역임하였으며, 淮南節度使 杜佑의 벽소로 掌書記가 되었다. 후에 監察御史 · 右補闕 · 翰林學士 · 太子侍讀을 지냈다. 散文에 능했으며, 獨孤及의 전수를 받아 韓愈에게 본보기가 되었다. 文筆이 古朴하고 儒家의 倫常名教를 선양하였다. 原集은 이미 亡佚되었고, 『全唐文』에 문장 6卷이 전한다.

재상 정여경(鄭餘慶)[288]이 그를 위해 칭찬을 늘어놓아 이로 인해 이름이 알려지게 되었다.[289] 여기에서 (한)유에 앞서 일찍부터 고문으로 이름난 문장가가 있었음을 알 수 있다. 지금도 독고급의 『문집』은 여전히 세간에서 읽히고 있는데, 이미 변려체의 문장을 변화시켜 산문을 쓰고 있으며, 뛰어난 대목에서는 선진(先秦)이나 서한(西漢)의 유풍이 있으나, 다만 아직 스스로 새로운 방면을 열지 않았을 뿐이다. 또 육선공(陸宣公 : 육지(陸贄))의 상주문도 비록 변려체로 짝을 맞추는 습관에서 벗어나지는 못했으나, 일의 정황을 절실하게 지적하고 미세한 부분까지 모두 빈틈없게 하였으며 그 문장의 기세가 또한 크고 넓게 흘러 돌아서, 가지 않을 수 없는 곳까지 이르렀으니, 어찌 변려체로 짝을 맞추었다고 하여 그것을 하찮게 여길 수 있겠는가. 이는 모두 (한)유 앞에 있었으니, 본래 이미 일찍부터 그러한 기풍을 연 사람들이 있었던 것이다.

---

288) 鄭餘慶(746~820) : 唐 鄭州 滎陽縣 사람으로 字는 居業이다. 大曆 進士이며, 德宗 때 翰林學士 · 工部侍郎을 거쳐 貞元 14년(798) 中書侍郞 同平章事에 제수되었다가 후에 郴州司馬로 좌천되었다. 憲宗 즉위 후 다시 宰相이 되었다. 4朝를 섬기면서 강직하고 권신과 간신을 두려워하지 않았다. 후에 中書省 主書 滑渙이 宦官과 결탁하여 朝政에 간여하는 것을 탄핵하여 宰相에서 물러나 太子賓客이 되었다. 후에 國子祭酒, 吏部尙書, 山南西道節度使, 鳳翔節度使, 尙書左僕射 兼太子少師를 거쳤고, 滎陽郡公에 봉해졌다. 六經에 정통하였고, 奏議는 대개 經義古語에서 인용하여 吏들이 대개 이해하지 못하였다. 청렴하였으며, 사후 집에 남은 재산이 없어서 穆宗이 1개월 분의 俸料를 주어 장사지내는데 보태게 하였다. 文集 50卷이 있으나 현재 亡佚되었다.

289) 『舊唐書』 卷160 「韓愈傳」, 4195면, "韓愈字退之, 昌黎人. …… 大曆 · 貞元之間, 文字多尙古學, 效楊雄 · 董仲舒之述作, 而獨孤及 · 梁肅最稱淵奧, 儒林推重. 愈從其徒遊, 銳意鑽仰, 欲自振於一代, 洎擧進士, 投文於公卿間, 故相鄭餘慶頗爲之延譽, 由是知名於時."

280. 당나라 전후기에 쌀값이 오르내린 액수唐前後米價貴賤之數

정관(貞觀) 연간에는 쌀 한 말이 3전(錢)이었다[趙注 : 「위징전(魏徵傳)」].[290] 현종(玄宗)이 동쪽 태산(泰山)에 봉선을 행한 해(725)에 동군(東郡)에서는 쌀 한 말이 10전이었고, 청(주)(青州), 제(주)(齊州)에서는 쌀 한 말이 5전이었다[趙注 : 「본기」].[291] 안(록산)(安祿山), 사(사명)(史思明)의 반란 이후로는 전쟁이 그치지 않아 농토가 황폐해지고 아울러 탄호(攤戶)[292]의 폐해가 있었다. 예컨대 이발(李渤[293])이 상소에서 말한 바 "위남현(渭南縣) 장원향(長源鄉)은 본래 400호(戶)가 있었지만 지금은 겨우 100호입니다. 문향현(閿鄉縣)에는 본래 3,000호가 있었지만 지금은 겨우 1,000호뿐입니다. (이는) 도망간 집의 세금을 나누어 배정하기 때문인데, 열 집 가운데 다섯 집이 도망가면 곧 아직 도망가지 않은 다섯 집에 그 빠진 세금을 나누어 배정하니, 돌을 우물에 던져 바닥에 닿지 않으면 그치지 않는 것과 같습니다"라고 한 것이다[趙注 : 「이발전(李渤傳)」].[294] 이런 까닭에 도망하는 집은 더욱 많아지고 농사

---

290) 『新唐書』 卷97 「魏徵錢」, 3869면, "於是帝卽位四年, 歲斷死二十九, 幾至刑措, 米斗三錢."

291) 『舊唐書』 卷8 「玄宗紀」, 188~189면, "(開元 13年)冬十月癸丑, 新造銅儀成, 置於景運門內, 以示百官. 辛酉, 東封泰山, 發自東都. …… 十二月己巳, 至東都. 時累歲豐稔, 東都米斗十錢, 青·齊米斗五錢."

292) 攤戶 : 없어진 호구의 세금을 남은 호가 나누어서 내는 것.

293) 李渤(773~831) : 唐 洛陽 사람으로 字는 濬之이다. 廬山과 小室山에 은거하였으며, 憲宗의 부름을 거절하였다. 후에 韓愈의 권유로 洛陽에 나왔다. 元和 9년(814) 淮西를 토벌할 때 「平賊三術」을 올렸으며, 『御戎新錄』을 지어 바쳐 著作郎이 되었다가 丹王府參軍으로 좌천되었다. 穆宗 즉위 후 考功員外郎이 되었다가 다시 좌천되어 虔州刺史와 江州刺史가 되었다. 중앙으로 돌아와 諫義大夫와 給事中에 발탁되었으나, 鄠縣令 崔發을 옹호하다가 다시 桂州刺史로 좌천되었다. 文宗 때 太子賓客이 되었다. 『全唐文』에 25편의 문장과 『全唐詩』에 5수의 詩가 전한다.

294) 『舊唐書』 卷171 「李渤傳」, 4438면, "時皇甫鎛作相, 剝下希旨. 會澤潞節度使郗士美卒, 渤充弔祭使, 路次陝西, 渤上疏曰 : '臣出使經行, 歷求利病. 竊知渭南縣長源鄉本有四百戶, 今纔一百餘戶, 閿鄉縣本有三千戶, 今纔有一千戶, 其他州縣大約相似. 訪尋積弊, 始自均攤逃戶. 凡十家之內, 大半逃亡, 亦須五家攤稅. 似投石井中, 非到底不止, 攤逃之弊, 苛虐如斯, 此皆聚斂之臣剝下媚上, 唯思竭澤, 不慮無魚. 乞降詔

짓는 것은 더욱 적어졌다. 대종(代宗) 영태(永泰) 원년(765)에는 경사(京師 : 장안(長安))에서 쌀 한 말이 천사백(전)이었다[趙注 : 「본기」].[295] 경기 일대[畿甸]에는 이삭을 주워 궁궐 주방에 공급했다[趙注 : 「유안전(劉晏傳)」].[296] 보리가 익은 뒤에 이르러서야 시장에 술 취한 사람이 있게 되자 이미 뽐내어서 상서로운 일이라 했다. 정관, 개원(開元) 연간과 비교하면 거의 수십백 배에 이르니, 사서를 읽는 사람은 여기에서 세태의 변화를 볼 수 있다.

공격을 받아 전투가 벌어지는 지역은 성이 포위되어 양식이 끊기므로 더욱 통상적인 이치로 논할 수 없다. 노경(魯炅[297])이 남양(南陽)을 지킬 때 적장 무령순(武令珣), 전승사(田承嗣) 등이 몇 달 동안 공격하자 쌀 한 말이 4만~5만에 이르렀으나 값은 있어도 쌀이 없었고, 쥐 한 마리 값이 4백이었다[趙注 : 「노경전(魯炅傳)」].[298] 안경서(安慶緖)가 상주(相州)에서 포위되자 쌀

書, 絶攤逃之弊. 其逃亡戶以其家產錢數爲定, 徵有所欠, 乞降特恩免之. 計不數年, 人必歸於農矣. 夫農者, 國之本, 本立然後可以議太平. 若不由玆, 而云太平者, 謬矣.' 又言道途不修, 驛馬多死. 憲宗覽疏驚異, 卽以飛龍馬數百匹, 付畿內諸驛. 渤旣以草疏切直, 大忤宰相, 乃謝病東歸."

295) 『舊唐書』 卷11 「代宗紀」, 279면, "(永泰元年 秋七月)庚子, 雨. 時久旱, 京師米斗一千四百, 他穀食稱是."

296) 『舊唐書』 卷123 「劉晏傳」, 3511~3512면, "時新承兵戈之後, 中外艱食, 京師米價斗至一千, 官廚無兼時之積, 禁軍乏食, 畿縣百姓乃挼穗以供之. 晏受命後, 以轉運爲己任, 凡所經歷, 必究利病之由"; 『新唐書』 卷149 「劉晏傳」, 4794면, "俄進御史大夫, 領東都·河南·江淮轉運·租庸·鹽鐵·常平使. 時大兵後, 京師米斗千錢, 禁膳不兼時, 甸農挼穗以輸."

297) 魯炅(703~759) : 唐 幽州 薊縣(지금의 北京市 서남) 사람이다. 天寶 6년(747) 吐蕃을 격파하여 右領軍大將軍이 되었다. 安祿山의 반란 때 南陽太守였는데, 후에 山南節度使가 되어 嶺南·黔中·山南東道의 子弟兵 5만을 이끌고 葉縣을 지키다가 패하여 南陽으로 물러나 1년 동안 지켰다. 城中의 식량이 다하여 소의 가죽과 뼈를 삶아 먹으며 밤낮으로 苦戰하여 적을 물리쳐 적들이 江·漢으로 南侵하는 것을 막았다. 至德 2년(757) 포위망을 뚫고 襄陽에 이르렀는데, 추격해온 田承嗣의 군대를 격파하여 이 공으로 御史大夫 襄鄧等十州節度使에 제수되고 岐國公에 봉해졌다. 乾元 2년(759) 郭子儀 등 아홉 명의 節度使와 함께 鄴을 포위했으나 흐르는 화살에 맞고 패하자 분사하였다.

298) 『舊唐書』 卷114 「魯炅傳」, 3362면, "炅收合殘卒, 保南陽郡, 爲賊所圍. 尋而潼關失守, 賊使哥舒翰招之, 不從. 又使僞將豫州刺史武令珣等攻之, 累月不能克. 武令珣死, 又令田承嗣攻之. 潁川太守來瑱·襄陽太守魏仲犀合勢救之. 犀使弟孟馴爲將, 領兵至明府橋, 望賊而走, 遂大敗. 炅城中食盡, 牛皮筋角而食之, 米斗至四五十千, 有價

한 말에 7만 전이었다[趙注 : 「안경서전(安慶緖傳)」].299) 황소(黃巢)가 장안(長安)을 차지하자 백성들이 산채로 도망쳐 들어가 여러 해 동안 농사를 짓지않고 버려두었으며, 적은 그저 빈 성만 지킬 뿐이었으니, 곡물가격이 치솟아 쌀 한 말이 3만이 되었다. (그러자) 관병(官兵)이 모두 산채에 있는 백성을 잡아 적에게 양식으로 팔았는데, 한 사람 값이 수십만이었다[趙注 : 「황소전(黃巢傳)」].300) 양행밀(楊行密)이 양주(楊州)를 포위하자 성 안에서는 풀뿌리, 나무열매, 가죽주머니, 가죽띠가 모두 없어졌고, 바깥에 있는 군사들은 사람을 잡아와서 팔았는데, 사람 하나가 5만이었다. 장웅(張雄)이 군량이 있어 교환해서 사고팔기로 약속했는데, 금 한 근이나 통서대(通犀帶)301) 한 가닥으로 쌀 다섯 되를 얻을 수 있었다[趙注 : 「고병전(高駢傳)」].302)

無米, 鼠一頭至四百文, 餓死者相枕藉";『新唐書』卷147「魯炅傳」, 4751면, "炅挐散兵保南陽. 潼關失守, 賊使哥舒翰招下, 不從, 使武令珣攻之. 令珣死, 田承嗣繼往. 潁川來瑱·襄陽魏仲犀合兵援炅. 仲犀弟孟馴兵至明府橋, 望賊走. 炅城中食盡, 米斗五十千, 一鼠四百, 餓者相枕藉."

299) 이때는 쥐 한 마리의 가격도 수천 전에 달했다고 한다.『舊唐書』卷200上「安慶緖傳」, 5373면, "慶緖自十月被圍至二月, 城中人相食, 米斗錢七萬餘, 鼠一頭直數千, 馬食隤牆麥及馬糞濯而飼之";『新唐書』卷225上「安慶緖傳」, 6423면, "城中棧而處, 糧盡, 易口以食, 米斗錢七萬餘, 一鼠錢數千, 屑松飼馬, 隤牆取麥秸, 濯糞取芻; 城中欲降不得. 賊更以太淸代乾祐將."

300)『舊唐書』卷200下「黃巢傳」, 5394면, "時京畿百姓皆砦於山谷, 累年廢耕耘, 賊坐空城, 賦輸無入, 穀食騰踊, 米斗三十千. 官軍皆執山砦百姓, 鬻於賊爲食, 人獲數十萬";『新唐書』卷225下「黃巢傳」, 6460면, "於時畿民柵山谷自保, 不得耕, 米斗錢三十千, 屑樹皮以食, 有執柵民鬻賊以爲糧, 人獲數十萬錢."

301) 通犀帶 : 通犀는 물소뿔로 당시 귀한 보물의 일종이었다. 通犀帶는 물소뿔로 만든 띠를 가리킨다.

302) [王注]『舊唐書』卷182「高駢傳」附「秦彦傳」으로 써야 할 것이다.『舊唐書』卷182「秦彦傳」, 4715~4716면, "五月, 壽州刺史楊行密率兵攻彦, 遣其將張神劍令統兵屯灣頭山光寺. …… 重圍半年, 城中芻糧並盡, 草根木實·市肆藥物·皮囊革帶, 食之亦盡. 外軍掠人而賣, 人五十千. 死者十六七, 縱存者鬼形鳥面, 氣息奄然. 張雄多軍糧, 相約交市. 城中以寶貝市米, 金一斤, 通犀帶一, 得米五升."

281. 장안의 땅기운長安地氣

땅 기운의 성쇠는 시간이 오래 지나면 반드시 변하게 된다. 당(唐)나라 개원(開元), 천보(天寶) 무렵의 땅기운은 서북쪽에서 동북쪽으로 옮겨가는 일대 변국이었다. 진중(秦中)은 예로부터 제왕의 땅이어서 주(周), 진(秦), 서한(西漢)이 번갈아 그곳을 도읍으로 삼았고, 부진(苻秦 : 전진(前秦)), 요진(姚秦 : 후진(後秦)), 서위(西魏), 후주(後周)가 그 사이사이 할거했으며, 수(隋) 문제(文帝)는 용수산(龍首山)[303] 아래로 천도했는데,[304] 옛 장안(長安)성에서 떨어진 거리가 겨우 20리 정도로 여전히 진(秦)나라 땅이었으니, 이로부터 천하를 하나로 모아 크나큰 통일제국을 이루었다. 당나라가 그것을 이어 개원, 천보 연간에 이르기까지 장안의 번성은 극에 달했다.

번성이 극에 달하면 반드시 쇠퇴하는 것이 본래의 이치이다. 이 무렵 땅기운은 서쪽에서 동북쪽으로 옮겨가려고 하고 있었으므로, 갑자기 안(록산), 사(사명)의 반란이 그 단초의 조짐을 보였다. 이후 하삭(河朔)의 세 번진(곧, 노룡(盧龍) · 성덕(成德) · 위박(魏博))은 명목상 비록 당나라에 속해 있었으나, 거의 형식적으로 구속, 지배하는[羈縻] 화외(化外)의 외국과 같아 다시는 팔이 손가락을 부리는 것처럼 할 수 없었으니, 아마도 동북쪽의 기운이 흥하려고 하매 서쪽의 기운은 이미 그것을 모두 싸서 거두어 끌어

303) 龍首山 : 龍首原이라고도 하며 關中에 위치한다. 전체 길이가 60里이고, 최고 높이가 20丈, 가장 낮은 곳이 6~7丈이다. 전설에 의하면 黑龍이 南山에서 나와 渭水에서 물을 마시고 길을 가다가 산이 되었다고 한다. 漢代의 長安城은 山原의 동쪽에 있으며, 그 北坡에 의존하여 만들었다. 隋 · 唐 長安城은 龍南坡에 따라 세웠으며, 大明宮과 含元殿 · 宣政殿 · 紫宸殿이 모두 龍首山原의 위에 세워졌다.

304) 『隋書』 卷1 「高祖紀」, 17~18면, "(開皇 2年)丙申, 詔曰 : '朕祗奉上玄, 君臨萬國, 屬生人之敝, 處前代之宮. 常以爲作之者勞, 居之者逸, 改創之事, 心未遑也. …… 然則京師百官之府, 四海歸向, 非朕一人之所獨有. 苟利於物, 其可違乎! 且殷之五遷, 恐人盡死, 是則以吉凶之土, 制長短之命. 謀新去故, 如農望秋, 雖暫劬勞, 其究安宅. 今區宇寧一, 陰陽順序, 安安以遷, 勿懷胥怨. 龍首山川原秀麗, 卉物滋阜, 卜食相土, 宜建都邑一, 定鼎之基永固, 無窮之業在斯. 公私府宅, 規模遠近, 營構資費, 隨事條奏.' 仍詔左僕射高熲、將作大匠劉龍、鉅鹿郡公賀婁子幹、太府少卿高龍叉等創造新都."

갈 수가 없었던 듯하다. 동북의 기운이 이제 막 일어나되 아직 번성하지는 않았기에, 비록 서쪽에 제어되지는 않았지만 여전히 서쪽을 제어할 수도 없었다. 서쪽의 기운은 점차 쇠퇴하기는 했지만 아직 고갈되지는 않았으므로, 동북을 제어할 수는 없었지만 여전히 동북에 제어되지는 않았다. 그러나 어찌할 도리도 없이 기운이 하루하루 없어져 황제의 거처도 결국 편안할 수 없었으며, 이에 현종(玄宗)은 (안)록산을 피해 성도(成都)[305]로 피난가게 되었고, 대종(代宗)은 토번(吐蕃)을 피해 섬주(陝州)로 피난가게 되었으며,[306] 덕종(德宗)도 경원군[涇師 : 涇原軍]를 피해 봉천(奉天), 양(주)(梁州), 양(주)(洋州)으로 피난가게 되었으니,[307] 땅기운이 위태롭게 불안해지고 화평한 기운이 소모되어 점차 흩어졌다. 희종(僖宗) 때 이르러서는 성도, 흥원(興元),[308] 봉상(鳳翔)으로 도망가고,[309] 소종(昭宗)은 사성(莎城)으

305) 成都 : ① 唐代 縣名. 지금의 四川省 成都市이며, 隋唐시대 益州와 成都府의 治所였다. ② 府名. 武德 元年(618) 隋의 蜀郡을 개칭하여 益州를 설치하였으며, 治所는 成都였다. 天寶 연간 成都・新都・蜀・新繁 등 10縣을 관할하였다. 至德 2년(757) 成都府로 개칭되었다. 五代 때 前蜀과 後蜀의 都城이 되었다. 번화하고 부유하기가 당시 揚州와 同列이었으며, "揚州가 첫째, 益州가 두 번째(揚一益二)"라는 말이 당시 유행하였다.

306) 代宗 光德 元年(763) 吐蕃이 黨項・吐谷渾 등 20여 만 명을 이끌고 長安을 점령하자 代宗은 陝州(지금의 河南省 陝縣)로 피난하였다. 그 후 吐蕃이 스스로 물러가자 代宗은 환도할 수 있었다.

307) 建中 4년(783) 淮西節度使 李希烈이 河朔三鎭과 淄青鎭과 결탁하여 난을 일으키자 唐은 涇原 등지에 주둔군을 파견하여 토벌하려 하였다. 涇原節度使 姚令言이 이끄는 5천의 군사가 長安에 도착하였으나 상을 받지 못하니, 長安 동쪽의 滻水에 도착했을 때 군사들이 소란을 일으켰다. 德宗은 奉天(지금의 陝西省 乾縣)으로 피난하였다. 涇原軍은 朱泚를 共主로 추대하였으나, 李懷光과 李晟이 반군을 격파하였다. 그러나 후에 盧杞의 참언을 듣고 李懷光을 푸대접하자, 李懷光이 朱泚와 연합하여 奉天을 공격하였으며 德宗은 梁州로 도망하였다.

308) 『舊唐書』 卷39 「地理志」 「山南道」, 1528면, "梁州興元府, 隋漢川郡. 武德元年, 置梁州總管府, 管梁・洋・集・興四州. 梁州領南鄭・褒中・城固・西四縣. ⋯⋯ 興元元年六月, 昇爲興元府. 官員資序, 一切同京兆・河南二府."

309) 黃巢가 廣明 元年(880) 長安을 점령하자 전권을 장악했던 환관 田令孜는 僖宗을 데리고 興元으로 도망갔다가 후에 다시 남쪽 成都로 피난하였다. 그 후 黃巢의 난이 평정되고 僖宗은 다시 長安으로 되돌아왔으나, 河中節度使 王重榮이 田令孜와 사이가 좋지 않아 李克用과 함께 長安을 공격하였다. 이에 僖宗은 興元으로 피난하였다. 그 후 王重榮의 난이 평정되자 長安으로 돌아가기 위해 鳳翔을 지나던 중 李昌符가 난을 일으켰다.

로, 화주(華州)로 도망갔다가 또한 봉상에서 위협을 당해 낙양(洛陽)으로 옮겨졌으며,[310] 장안은 이로부터 손상되어 군현이 되고 말았다.

장안이 손상되어 군현이 되었을 때에 거란(契丹)의 (야율)아보기(阿保機)[311]는 이미 요(하)(遼河) 일대에서 일어났으니, 이는 바로 땅기운이 서쪽에서 동북으로 옮겨갔다는 진정한 소식이었다. 다만, 기운이 비록 동북으로 옮겨갔으나 아직 다 결집된 것은 아니었기에 겨우 유(주)(幽州), 계(주)(薊州) 일대만을 차지하게 되었고 중원(中原)을 통일하지는 못했다. 그런데 기운이 동북으로 옮겨가는 중에 낙양과 변량(汴梁)[312]이 있어 그 때문에 거쳐 가고 몰래 끌리게 되었으니, 풍수가들이 말하는 '과협(過峽)'[313]과 같은 것이었다. 1백~2백 년이 흘러 동북의 기운은 쌓여서 더

---

310) 昭宗이 즉위한 후 각지의 節度使들의 세력이 강하여 中央政府는 유명무실하였다. 昭宗이 殿後四軍을 신설하는 등 중앙군을 강화하자, 鳳翔節度使 李茂貞은 자기를 제거하기 위한 목적이라고 생각하고 乾寧 3년(896) 長安을 공격하였다. 昭宗은 華州로 도망가서 節度使 韓建에 의지했으나, 오히려 韓建의 협박으로 신설한 중앙군을 철폐하게 되었다. 이후 宰相 崔胤이 환관들을 제거하고자 宣武節度使 朱全忠과 결탁하여 군대를 長安으로 불러들였다. 宦官들은 昭宗을 납치하여 鳳翔으로 도망가 李茂貞의 도움을 받았으나, 天復 2년(902) 朱全忠의 군대가 鳳翔을 포위하자, 李茂貞은 韓全誨 등 72명을 살해하고 朱全忠과 화해하였으며, 昭宗은 다시 長安으로 돌아올 수 있었다. 이후 昭宗은 朱全忠의 꼭두각시가 되었는데, 崔胤이 朱全忠을 제거하고자 兵備를 준비하자, 朱全忠은 崔胤을 탄핵하고 곧 죽였다. 이후 朱全忠은 昭宗을 洛陽으로 옮겨 자기의 통제하에 두었다.

311) 耶律阿保機(872~926, 재위 907~926) : 契丹 迭剌世裏 가족 출신으로 옛 성은 耶律이다. 일찍이 大小 黃頭室韋部를 항복시켰고, 901년 迭剌部의 酋長으로 선출되었다. 북쪽으로 室韋, 동북으로 女眞, 서남으로 奚를 정벌하였고, 남쪽으로 唐의 河北·河東을 약탈하였다. 907년 八部酋長들에 의해 可汗으로 추대되었다. 916년 八部를 합병하고 稱帝하여 天皇王이라 자칭하고 국호를 契丹, 연호를 神冊이라 하였다. 漢人 韓延徽 등을 모사로 삼아 제도를 세우고 法律과 文字를 제정하였으며, 민심을 안전시키고 생산을 발전시켰다. 전후 回鶻·黨項·突厥遺部를 정벌하였다. 926년 渤海國을 멸망시켰다. 諡號는 太祖이다.

312) 汴梁 : 開封府의 별칭이다. 開封은 戰國時代 魏의 都城 大梁이었기 때문에 후세 습관적으로 이 땅을 大梁, 혹은 梁으로 불렀다. 隋唐時代 이 지역에 汴州가 설치되었는데, 약칭으로 汴이라 불렀다. 金元시대 이후 양자를 합쳐서 汴梁이라 칭하였다. 元은 이 지역에 汴梁路를 설치하였다.

313) 過峽 : 풍수지리에서, 내려오던 산줄기가 主山을 만들어 다시 일어나려 할 때에 안장처럼 잘록하게 된 부분을 이르는 말이다. 즉, 산봉우리와 산봉우리를 이어주는 고개

욱 견고하게 되었으니, 이에 금원(金源)[314]은 결국 천하의 반을 차지하게 되었고, 원(元)나라와 명(明)나라는 드디어 천하 모두를 차지하게 되었다. 우리 청(淸)나라에 이르러서는 단지 천하 모두를 차지했을 뿐만 아니라, 서북쪽 변방 수만 리를 확장하여 모두 동북쪽에 제어되도록 했으니, 이는 제왕의 기운이 모두 동북에 결집되어있다는 명확한 증거이다. 그러니 (기운이) 옮겨가는 관건이 바로 개원, 천보 당시에 있었음을 알 수 있다. 이제 『당서(唐書)』에 기록된 내용 가운데 개(원), (천)보 연간 이후 장안의 모습이 날로 점차 쇠퇴해 가는 부분을 뽑아 기록함으로써, 땅기운의 변화를 증명할 수 있을 것이다.

당나라 사람들의 시에서 읊조린 장안 도회의 번성, 궁궐의 장려함 및 위곡(韋曲)[315]의 꾀꼬리 울고 꽃 피는 봄날, 곡강(曲江)의 정자와 객관, 광운담(廣運潭)의 기이한 보물과 이채로운 비단, 화청궁(華淸宮)[316]의 향기로운 수레와 보배로운 말 등은 천보 연간에 이르러 극치를 이루었다. 안록산의 군대가 장안을 함락한 뒤에도 궁전은 훼손되지 않았고, 서울을 수복할 때 향적사(香積寺)[317]에서 싸웠는데, 적장 장통유(張通儒)는 장안을 지키고 있다가 패했다는 소식을 듣고 곧바로 달아나 버려 불태우고 노략질할 겨를이 없었으므로[趙注 : 다만 태묘(太廟)가 오래 전에 적에게 불태워졌으므로, 숙종(肅宗)은 장안에 들어와서 구묘(九廟)의 신주를 만들고 장락전(長樂殿)에서 제사를 올렸다],[318] 도회의

로 가늘고 낮은 부분을 가리킨다.

314) 金源 : 金國의 別稱. 金은 按出虎라 불렸는데, 그 舊土가 按出虎水의 근원이었기 때문에 붙여진 이름이다.

315) 韋曲 : 唐 長安城 南郊에 위치한 唐代 遊覽勝地. 이 명칭은 韋氏가 오래도록 거주한 것에서 유래했다.

316) 華淸宮 : 京兆府 昭應縣 驪山의 서북쪽 산록에 위치한다. 驪山에 온천이 있어서 貞觀 18년(644) 太宗이 湯泉宮을 지었다. 咸亨 2년(671, 혹은 咸亨 3년, 즉 672년이라는 설도 있다) 溫泉宮으로 改名하였다. 天寶 6년(747) 玄宗이 새로 확장하고 羅城과 百司廨署를 두었고 華淸宮이라 불렀다. 宮의 동북쪽부터 飛霜殿 · 玉女殿 · 長生殿 · 老君殿 · 朝元閣 · 羯鼓樓 등이 있었다. 玄宗은 冬十月 전후 華淸宮으로 옮겨 政事를 처리하고 연회를 즐겼으며, 연말이나 다음 해 초에 長安으로 돌아갔다.

317) 香積寺 : 현재 西安市 부근에 위치하며, 唐 永隆 2年(681)에 건립되었다.

웅대함과 화려함이 예전과 같았다.[319]

대종 때에 토번이 불사른 것은 오직 거리의 집들이었고 궁전은 그대로 예전과 같았다. 주차(朱泚)가 반란에 이성(李晟)이 장안을 수복할 당시에는 여러 장수들이 먼저 외성을 공략하고 그런 뒤에 북쪽으로 궁궐을 소탕하자고 청했다. (이)성은 "만약 방(坊)과 시장을 수복하면 지역이 좁아 사람들이 북적거릴 것이니 올바른 계책이 아니다. 적병은 모두 금원(禁苑) 가운데에 있으니 금원으로부터 공격하면 적은 달아나기에도 겨를이 없어 궁궐이 안전하게 보존될 것이다"라고 말했다. 이내 광태문(光泰門)으로 들어가니 (주)차는 과연 도망쳐 달아났다.[320] 먼 곳에 사는 사람들 중에는 하룻밤이 지나서야 비로소 알게 된 경우도 있을 정도였으니, 방과 시장도 또한 근심이 없었던 것이다. 그러므로 (이)성이 올린 표에는 "종을 다는 기둥도 놀래지 않았고, 종묘의 모습도 예전과 같습니다"라고 하는 말이 있었다.[321] 아마도 땅기운이 여전히 백여 년이나 남아 있었기에 하루아침에 다 없어지게 되지는 않았던 것이다.

황소(黃巢)가 반란을 일으켰을 때에도 아홉 도로와 황제의 세 거처(三內)[322]에서 궁실은 여전히 전과 다름없었으나, 여러 도(道)에서 온 근왕병

---

318) 『舊唐書』 卷10 「肅宗紀」, 249면, "禮畢, 上皇詣長樂殿謁九廟神主, 卽日幸興慶宮"; 『舊唐書』 卷10 「肅宗紀」, 252면, "辛亥, 九廟成, 備法駕自長安殿迎九廟神主入新廟. 甲寅, 上親享九廟, 遂有事於圓丘, 卽日還宮."

319) 『舊唐書』 卷10 「肅宗紀」, 247면, "(至德 2年 9月)丁亥, 元帥廣平王統朔方・安西・迴紇・南蠻・大食之衆二十萬, 東向討賊. 壬寅, 與賊將安守忠・李歸仁等戰于香積寺西北, 賊軍大敗, 斬首六萬級, 賊帥張通儒棄京城東走. 癸卯, 廣平王收西京. 甲辰, 捷書至行在, 百僚稱賀, 卽日告捷于蜀. 上皇遣裴冕入京, 啓告郊廟社稷."

320) 『新唐書』 卷154 「李晟傳」, 4867면, "乃引兵叩都門, 賊不敢出, 振旅而還. 明日, 會諸將圖所向, 對先拔外城 然後淸宮. 晟曰 : '外城有里閈之隘, 若設伏格戰, 居人囂潰, 非計也. 賊重兵精甲聚苑中, 今直擊之, 是披其心腹, 將圖走不暇.' 諸將曰 : '善.' 乃自東渭橋移壁光泰門, 以薄都城, 連溝柵."

321) 『舊唐書』 卷133 「李晟傳」, 3670면, "六月四日, 晟破賊露布至梁州, 上覽之感泣, 羣臣無不隕涕, 因上壽稱萬歲, 奏曰 : '李晟虔奉聖謨, 盪滌兇醜. 然古之樹勳, 力復都邑者, 往往有之; 至於不驚宗廟, 不易市肆, 長安人不識旗鼓, 安堵如初, 自三代以來, 未之有也'."

이 적을 격파한 뒤 성에 들어와 재화를 다투며 서로 공격하고 불을 지르며 노략질하자, 시장의 가게는 열 가운데 예닐곱이 없어졌고[323] 대내(大內)에는 단지 함원전(含元殿)만 홀로 남았으며, 그 밖에는 서내(西內 : 태극궁(太極宮)), 남내(南內 : 흥경궁(興慶宮)) 및 광계궁(光啓宮)만이 있을 뿐이었다. 희종이 촉(蜀) 지방에 있을 때 경조윤(京兆尹) 왕휘(王徽)에게 조서를 내려 수리해 복구하도록 했는데, (왕)휘는 약간 성곽을 수리하고 사람들을 모여 살게 하고는[完聚] 표를 올려 황제에게 돌아오기를 청했으며, 그 표에 "당초 높이 복구할 것을 논의했으나, 아직 장려함을 온전히 하지는 못했습니다"라는 말이 있으니,[324] 지난날의 경관을 다 복구한 것이 아님을 알 수 있다. 소종 때에 이르러서는 왕중영(王重榮)과 이극용(李克用)의 사원(沙苑)[325] 전투 때문에 전령자(田令孜)가 황제를 협박해 도망가도록 하고는 방과 시장을 불태우고 아울러 궁성에도 불을 지르니, 겨우 소양(昭陽), 봉래(蓬萊) 두 궁만 남게 되었다.[326] 서울로 돌아온 뒤, 앉은 자리가 따뜻해

---

322) 三內 : 황제가 거처하는 곳으로 大內라고도 한다. 唐代의 大內는 西內(太極宮), 東內(大明宮), 南內(興慶宮) 등으로 구성되었다.

323) 『舊唐書』 卷19下 「僖宗紀」, 722면, "(光啓元年 12月)乙亥, 沙陀逼京師, 田令孜奉僖宗出幸鳳翔. 初, 黃巢據京師, 九衢三內, 宮室宛然. 及諸道兵破賊, 爭貨相攻, 縱火焚剽, 宮室居市閭里, 十焚六七. 賊平之後, 令京兆尹王徽經年補葺, 僅復安堵. 至是, 亂兵復焚, 宮闕蕭條, 鞠爲茂草矣."

324) 『舊唐書』 卷178 「王徽傳」, 4642면, "時京師收復之後, 宮寺焚燒, 園陵毀廢, 故車駕久而未還, 乃以徽爲大明宮留守・京畿安撫制置修奉園陵等使. 徽方治財賦, 又兼制置, 王畿之人, 大半流喪, 乃招合遺散, 撫之如子. 數年之間, 版戶稍葺, 東內齋閣, 繕完有序. 徽拜表請車駕還京曰 : '…… 今雖初議修崇, 未全壯麗 ……'."

325) 沙苑 : 長安 동쪽 지역으로 渭水를 면하고 있다. 牧畜에 적합한 지역으로 唐代에는 沙苑監이 설치되기도 했다.

326) 『新唐書』 卷208 「田令孜傳」, 5887~5888면, "養子匡祐宣慰河中, 王重榮厚爲禮, 匡祐傲甚, 擧軍怒, 重榮因數令孜罪, 責其無禮, 監軍和解乃去. 匡祐還, 訴令孜, 且勸圖之. 令孜白以兩鹽池歸鹽鐵使, 卽自兼兩池榷鹽使. 重榮不奉詔, 表暴令孜十罪. 令孜自將討重榮, 率邠寧朱玫・鳳翔李昌符, 合鄜・延・靈・夏等兵凡三萬, 壁沙苑. 重榮說太原李克用連和, 克用上書請誅令孜・玫, 帝和之, 不從. 大戰沙苑, 王師敗. 玫走還邠州, 與昌符皆恥爲令孜用, 還與重榮合. 神策兵潰還, 略所過皆盡. 克用逼京師, 令孜計窮, 乃焚坊市, 劫帝夜啓開遠門出奔. 自賊破長安, 火宮室・舍廬十七, 後京兆王徽葺復粗完, 至是令孜唱曰 : '王重榮反.' 命火宮城, 唯昭陽, 蓬萊三宮僅存."

지지도 않았는데, 또 이무정(李茂貞)의 위협 때문에 화주로 도망을 갔고,[327] 기군(岐軍 : 봉상절도사(鳳翔節度使)의 군대)이 장안으로 들어오자 궁실과 가게, 민가는 다 잿더미가 되고 말았다.[328] 중화(中和) 연간(881~885) 이래 왕휘가 수리해서 얽어 만든 공은 여기에 이르러 또한 쓸어서 흔적도 없이 없어졌으며, 이에 장안의 왕기는 쇠퇴하고 말라 버려 남은 것이 없게 되었다[趙注 : 「이성(전)」「왕휘(전)」「전령자(전)」 및 「황소(전)」 등 열전에 보인다].

282. 황소와 이자성黃巢李自成

유적(流賊) 가운데에는 딱 맞게 서로 닮은 경우가 있다. 황소(黃巢)[329]는 처음에 왕선지(王仙芝)를 따라 도적이 되었는데, (왕)선지가 주살되고서 비로소 도적의 우두머리가 되었다.[330] 이자성(李自成)[331] 또한 먼저 고영상

---

327) 【王注】 沙苑之戰은 僖宗 光啓 元年(885)의 일이고, 田令孜가 황제를 협박하여 도망가게 한 것 역시 僖宗 때의 일이다. 華州로 도망간 황제는 곧 昭宗이다. 乾寧 2年(895)에 李克用이 李茂貞 등과 長安에서 혼전을 벌이자, 昭宗은 우선 南山으로 도피했다가 이듬해 華州로까지 옮겼다. 이 문장은 僖宗 때의 일을 昭宗시기에 섞어 넣은 것으로 특히 잘못된 것이다. 또한 沙苑之戰은 王重榮·李克用이 朱玫·李昌符 및 田令孜가 장악하고 있던 神策軍 등과 對戰한 것인데 이 문장은 단지 한쪽만을 언급하여 마치 王·李 두 사람이 교전한 것처럼 되어 있어 語意가 또한 명료하지 않다.

328) 『舊唐書』 卷20上 「昭宗紀」, 759면, "(乾寧3年 秋七月)時岐軍犯京師, 宮室廛閭, 鞠爲灰燼, 自中和已來葺構之功, 掃地盡矣."

329) 黃巢(?~884) : 唐 曹州 冤句縣 사람이다. 소금장수로 騎射에 능하고 任俠을 좋아하였다. 누차 進士에 급제하지 못하자 乾符 2년(875) 무리를 모아 王仙芝의 난에 호응하였다. 乾符 5년(878) 王仙芝가 죽자 우두머리로 추대되어 黃王이 되어 衝天大將軍이라 칭하고 연호를 王霸라 하였다. 中原을 공격했으나 패하자 長江을 건너 江西·浙西·浙東·福建·廣東 등지를 돌아다녔다. 廣明 元年(880~881) 洛陽과 長安을 점령하고 帝位에 올라 國號를 大齊, 연호를 金統이라 하였다. 오래지 않아 長安이 唐軍에 포위되어 물자공급이 곤란하자 中和 3년(883) 長安을 버리고 蔡州를 점령하고 陳州를 공격했으나 실패하여 주력이 와해되었다. 泰山 狼虎谷으로 후퇴하여 자살하였다. 혹은 조카 林言에게 살해되었다고도 한다.

(高迎祥)[332]을 좇아 도적이 되었다가[333] (고)영상이 사로잡히자 (이)자성이 비로소 도적의 우두머리가 되었으니,[334] 서로 유사한 첫 번째이다. (황)소는 일개 도적으로 일을 일으켜 수도를 함락시키고 궁궐을 차지하고서 제호를 참칭하고 연호를 고쳤다.[335] (이)자성 또한 도적으로 일을 일으켜 수도를 함락시키고 궁궐을 차지하고 제호를 참칭하고 연호를 고쳤으니,[336] 서로 유사한 두 번째이다. (황)소가 아직 장안(長安)에 들어가기 전에는 그

---

330) 『舊唐書』 卷200下 「黃巢傳」, 5392면, "巢徒黨旣盛, 與仙芝爲形援. 及仙芝敗, 東攻亳州不下, 乃襲破沂州據之, 仙芝餘黨悉附焉."

331) 李自成(1606~1645) : 明 陝西省 米脂縣 사람이다. 여러서 가난하여 중이 되었다가 天啓 6년(1626) 驛卒이 되었다. 崇禎 3년(1630) 무리를 이끌어 蜂起하여 후에 高迎祥에게 투신하였다. 崇禎 9년(1636) 高迎祥이 죽자 闖王이라 칭하였다. 陝西·甘肅·四川·河南 등지에서 활동하다가 崇禎 16년(1643) 襄陽에서 新順王을 자칭하고 襄陽을 襄京으로 고쳤으며 內閣六府를 두었다. 같은 해 黎州에서 陝西總督 孫傳庭의 주력을 격파하고 西安을 점령하였으며, 다음 해 西安에서 건국하여 國號를 大順, 年號를 永昌이라 하였다. 같은 해 3월 北京을 점령하여 明을 멸망시켰다. 후에 吳三桂와 淸軍을 山海關에서 맞아 싸웠으나 패하였다. 北京으로 돌아가 帝位에 오른 후 山西·陝西를 거쳐 湖廣으로 달아났다. 永昌 2년(1645) 通山 九宮山에서 복병을 만나 살해되었다. 일설에는 夾山에서 중이 되었다고 한다.

332) 高迎祥(?~1636) : 明 陝西省 安塞縣 사람이다. 李自成의 舅父이며, 일설에는 結義兄弟라고도 한다. 崇禎 元年(1628) 王二의 蜂起에 응하여 기병하였고, 闖王이라 칭하였다. 崇禎 4년(1631) 李自成이 참여하였고, 王自用과의 연합에 참여하여 36營 首領 중 한 사람이 되었다. 陝西에서 河南으로 들어갔다가 다시 陝西로 들어가 鳳翔 등을 점령하고 다시 河南을 거쳐 鳳陽을 점령하고 皇室 祖陵을 불태웠다. 후에 陝西巡撫 孫傳庭에게 붙잡혀 北京에 호송되어 살해되었다.

333) 『明史』 卷309 「李自成傳」, 7949면, "崇禎元年, 陝西大饑, 延綏缺餉, 固原兵劫州庫. 白水賊王二, 府谷賊王嘉胤, 宜川賊王左掛·飛山虎·大紅狼等, 一時並起. 有安塞馬賊高迎祥者, 自成舅也, 與饑民王大梁聚衆應之. 迎祥自稱闖王, 大梁自稱大梁王."

334) 『明史』 卷262 「孫傳庭傳」, 6786면, "當是時, 賊亂關中, 有名字者以十數, 高迎祥最强, 拓養坤黨最衆, 所謂闖王, 蝎子塊者也. 傳庭設方略, 親擊迎祥於盩厔之黑水峪, 擒之, 及其僞領哨黃龍·總管劉哲, 獻俘闕下. 錄功, 增秩一等. 而賊黨自是乃共推李自成爲闖王矣."

335) 『新唐書』 卷225下 「黃巢傳」, 6458면, "巢齋太淸宮, 卜日舍含元殿, 僭卽位 號大齊. …… 大赦, 建元爲金統."

336) 『明史』 卷309 「李自成傳」, 7963면, "十七年正月庚寅朔, 自成稱王於西安, 僭國號曰大順, 改元永昌, 改名自晟. 追尊其曾祖以下, 加諡號, 以李繼遷爲太祖. 設天佑殿大學士, 以牛金星爲之. 增置六政府尙書, 設弘文館·文諭院·諫議·直指使·從政·統會·尙契司·驗馬寺·知政使·書寫房等官."

날카로운 기세를 당해 낼 수 없었지만, 장안에 들어가 제위를 참칭한 뒤에는 반역의 운세가 이미 다 차서 얼마 되지 않아 한번 패한 뒤 다시는 일어설 수 없게 되었다. (이)자성이 양(주)(襄州), 섬(주)(陝州)에서 북경(北京)으로 향할 때에는 흉포한 위세를 또한 대적할 수 없었지만, 북경에 들어가 제위를 참칭한 뒤에는[337] 반역의 운세가 또한 다 차서 얼마 되지 않아 역시 한번 패한 뒤 다시는 일어설 수 없게 되었으니, 서로 유사한 세 번째이다. (황)소는 백성들의 노래에 "유생을 만나서 살육하면 군사가 반드시 망할 것이다"라는 말이 있어 드디어 군중에 유생을 해칠 수 없도록 주의를 주었는데, 포로가 된 백성 가운데 유생이라고 칭하는 자는 번번이 풀어 주었다. 복주(福州)에 가서 사람 죽이기를 삼 베듯이 하면서도 교서랑(校書郎)[338] 동박(董樸)의 집을 지나면서는 명령을 내려 "이 사람은 유생이다"라 하고 곧 불을 끄고 태우지 않았다.[339] (이)자성이 등용한 우금성(牛金星)[340]은 거인(擧人)[341]이지만 급제하지는 못한 사람으로서, 매번 진사(進士) 출신 관리들에게는 악독한 짓을 했지만 군중에 거인을 해치지 말라

---

337) 『明史』 卷309 「李自成傳」, 7967면, "二十九日丙戌僭帝號於武英殿, 追尊七代皆爲帝后, 立妻高氏爲皇后. 自成被冠冕, 列仗受朝. 金星代行郊天禮."

338) 校書郎 : 官名으로 隋唐 秘書省과 著作局에 秘書郎을 설치하여 典籍의 校勘을 맡았다. 文士들이 起家할 때 좋은 보직이었다. 隋初 12명을 두었다가 煬帝 때 40명으로 늘렸으며, 唐代에는 10명을 두었다. 品階는 正九品上이다. 唐代 弘文館과 崇文館에도 校書郎을 두었는데, 品階는 從九品下이다. 또 司經局에는 太子校書郎을 두었는데, 品階는 從九品下이다. 모두 명예로운 관직이었는데, 秘書省 校書郎이 가장 좋았다.

339) 『新唐書』 卷225下 「黃巢傳」, 6454면, "初, 軍中謠曰 : '逢儒則肉, 師必覆.' 巢入閩, 俘民給稱儒者, 皆釋, 時六年三月也. 儳路圍福州, 觀察使韋岫戰不勝, 棄城遁, 賊入之, 焚室廬, 殺人如蓺. 過崇文館校書郎黃璞家, 令曰 : '此儒者, 滅炬弗焚'."

340) 牛金星 : 明 河南省 寶豐縣 사람이다. 天啓 擧人으로 崇禎 14년(1641) 李自成軍에 들어가 智謀로써 신임을 얻었다. 崇禎 16년(1643) 襄陽을 점령하고 官爵名號를 정할 때 左輔가 되었다. 다음 해 李自成이 西安에서 大順 정권을 세우자 天佑殿大學士에 임명되었다. 北京을 점령한 후 즉위를 권하였다. 李自成이 北京을 탈출할 때 李巖을 무고하여 살해한 후 李自成軍을 이탈하였다. 淸初 아들 집에 寄居하였다.

341) 擧人 : 明代 科擧시험 중 鄕試에 합격한 사람을 지칭한다. 下層紳士로 會試에 참여할 자격이 있었다. 鄕里에서 지위가 官紳과 동등하였으며, 官府를 끼고 鄕曲에서 武斷하였다.

고 주의를 줬다. 하남(河南)에 이르러 적장이 어떤 현령 하나를 잘못 죽였는데, 어떤 사람이 "이 사람은 거인입니다"라고 알려주자 모두가 놀라 달아나 버렸으니,[342] 서로 유사한 네 번째이다. (황)소는 장안에 들어가 당(唐)나라 관리 가운데 3품 이상은 모두 정직시키고 4품 이하는 모두 예전 임무를 그대로 하도록 명했다.[343] (이)자성은 북경에 들어가서 역시 3품 이상은 모두 정직시키고 4품 이하는 그대로 예전처럼 일하게 했으니,[344] 서로 유사한 다섯 번째이다. 어쩌면 도적 가운데 (황)소의 고사를 아는 사람이 있어 그를 모방했던 것인가?

또한 (황)소는 패한 뒤 낭호곡(狼虎谷)으로 도망갔다가 임언(林言)에게 참수되었으니, 그 일은 『당서(新唐書)』 및 『(자치)통감(資治通鑑)』에 보이지만,[345] 그러나 소설가들은 (황)소가 실제 죽지 않았으며 나중에 숭(산)(嵩山)과 낙(수)(洛水) 사이에서 승려가 되었다고 하며 그의 상에다 글을 썼는데, "철갑옷 입은 것이 다하여 승려의 옷을 입었네"라는 구절이 있었다. (이)자성은 구궁산(九宮山)에 숨어 있다가 마을 백성들에게 맞아 죽었으니, 그 일은 『명사(明史)』에 보이지만,[346] 논자들은 그가 거느린 병력이 여전

342) 『明史』 卷293 「李貞佐傳」, 7518면, "寶豐之陷也, 擧人李得笥短衣雜中, 爲所執. 賊謀主牛金星者, 故擧人也, 勸賊重用擧人, 賊所至獲擧人, 卽授以官. 得笥終不自言, 賊莫知其爲擧人也, 役使之, 不肯, 伺賊寐將刺之, 賊覺 被殺. 或告賊曰 : '此擧人也.' 賊懼, 棄其屍而去."

343) 『新唐書』 卷225下 「黃巢傳」, 6458면, "巢齋太淸宮, 卜日舍含元殿, 僭卽位, 號大齊. …… 大赦, 建元爲金統. 王官三品以上停, 四品以下還之."

344) 『明史』 卷309 「李自成傳」, 7966면, "自四品以下少詹事梁紹陽 · 楊觀光等無不汚僞命, 三品以上獨用故侍郎侯恂. 其餘勳戚 · 文武諸臣奎 · 純臣 · 演 · 藻德等共八百餘人, 送宗敏等營中, 拷掠責賕賂, 至灼肉折脛, 備諸慘毒."

345) 『舊唐書』 卷200下 「黃巢傳」, 5398면, "賊自相猜間, 相殺於營中, 所殘者千人, 中夜遁去, 克用追擊至濟陰而還. 賊散於兗 · 鄆界. 黃巢入泰山, 徐帥時溥遣將張友與尙讓之掩捕之. 至狼虎谷, 巢將林言斬巢及二弟鄴 · 揆等七人首, 俘妻子皆送徐州"; 『新唐書』 卷225下 「黃巢傳」, 6463면, "(廣明四年)六月, 時溥遣將陳景瑜與尙讓追戰狼虎谷, 巢計蹙, 謂林言曰 : '我欲討國姦臣, 洗滌朝廷, 事成不退, 亦誤矣. 若取吾首獻天子, 可得富貴, 毋爲他人利.' 言, 巢出也, 不忍. 巢乃自刎, 不殊, 言因斬之, 及兄存 · 弟鄴 · 揆 · 欽 · 秉 · 萬通 · 思厚, 並殺其妻子, 悉函首, 將詣溥"; 『資治通鑑』 卷256 「唐紀72」 「僖宗 中和四年 六月」條, 8311면.

히 수십만이 있었는데 어떻게 마을 백성의 손에 죽게 될 수 있었겠냐고 하여, 마침내 또한 그가 무당(武當)에서 승려가 되었다고 전하기도 했다. 이는 두 도적의 앞뒤 행적이 얼마나 딱 맞게 서로 닮은 것인가.

346) 『明史』 卷309 「李自成傳」, 7968면, "順治二年二月, 我兵攻潼關, 僞伯馬世耀以六十萬迎戰, 敗死. 潼關破, 自成遂棄西安, 由龍駒寨走武岡, 入襄陽, 復走武昌. 我兵兩道追躡, 連蹙之鄧州·承天·德安·武昌, 窮追至賊老營, 大破之者八. 當是時, 左良玉東下, 武昌虛無人. 自成屯五十餘日, 賊尚五十餘萬, 改江夏曰瑞符縣. 尋爲我兵所迫, 部衆多降, 或逃散. 自成走咸寧·蒲圻, 至通城, 竄於九宮山. 秋九月, 自成留李過守寨, 自率二十騎略食山中, 爲村民所困, 不能脫, 遂縊死. 或曰村民方築堡, 見賊少, 爭前擊之, 人馬俱陷泥淖中, 自成腦中鉏死."